VICTORIA FORNER

HISTOIRE PROSCRITE
Le rôle des agents juifs dans l'histoire contemporaine

IV

L'HOLOCAUSTE JUIF, UN NOUVEAU DOGME DE FOI POUR L'HUMANITÉ

Victoria Forner

HISTOIRE PROSCRITE
*Le rôle des agents juifs
dans l'histoire contemporaine*
IV
L'HOLOCAUSTE JUIF, UN NOUVEAU
DOGME DE FOI POUR L'HUMANITÉ

Illustration de couverture :
Denkmal für die ermordeten Juden
(*Mémorial pour les Juifs assassinés d'Europe*) à Berlin

HISTORIA PROSCRITA IV
*La actuación de agentes judíos en la Hª Contemporánea
Holocausto judío, nuevo dogma de fe para la humanidad*
Première publication par Omnia Veritas en 2017

Traduit de l'espagnol et publié par
OMNIA VERITAS LTD
OMNIA VERITAS®
www.omnia-veritas.com

© Omnia Veritas Limited - Victoria Forner - 2025

Tous droits réservés. Aucune partie de cette publication ne peut être reproduite par quelque moyen que ce soit sans la permission préalable de l'éditeur. Le code de la propriété intellectuelle interdit les copies ou reproductions destinées à une utilisation collective. Toute représentation ou reproduction intégrale ou partielle faite par quelque procédé que ce soit, sans le consentement de l'éditeur, de l'auteur ou de leur ayants cause, est illicite et constitue une contrefaçon sanctionnée par les articles du Code de la propriété intellectuelle.

CHAPITRE XII 11

L'HOLOCAUSTE JUIF, NOUVEAU DOGME DE FOI POUR L'HUMANITÉ 11
Partie 1 - Persécution et déportation des Juifs d'Europe 14
   De l'émigration à l'expulsion 15
   La déportation des Juifs hongrois 28
Partie 2 - Les camps en Allemagne 46
   Buchenwald : les témoignages de Paul Rassinier et Eugen Kogon 48
   Dachau 63
   Bergen-Belsen 69
Partie 3 - Belzec, Treblinka et Sobibor, trois "camps d'extermination" 77
   Belzec 78
   Extermination par électrocution à Belzec 80
   Autres moyens d'extermination à Belzec 87
   Des courants à haute tension aux tuyaux d'échappement 92
   Le "rapport Gerstein" sur Belzec 96
   Wilhelm Pfannenstiel, témoin à Belzec 101
   Recherches archéologiques à Belzec 103
   Belzec, camp de transit 111
   Treblinka 114
   Confusion sur la méthode d'extermination à Treblinka 117
   Le monoxyde de carbone est également indispensable pour Treblinka. ... 121
   Treblinka, un camp légendaire où tout est possible. 124
   Le procès de John Demjanjuk à Jérusalem 130
   Investigation de Treblinka avec GPR (Ground Penetrating Radar) 132
   Sobibór 134
Partie 4 - Auschwitz 143
   I. G. Farben 145
   Propagande des organisations juives aux États-Unis 149
   Le War Refugee Board (WRB), à l'origine de la fable d'Auschwitz 152
   Les aveux de Rudolf Höss, deuxième pilier de la fable d'Auschwitz ... 155
   Sur les fours crématoires d'Auschwitz-Birkenau 164
   Le taux de mortalité élevé à Birkenau 168
   Le *rapport Leuchter* sur Auschwitz-Birkenau et Majdanek 170
   Brève analyse du *rapport Leuchter* 173
   David Cole, un révisionniste juif, dénonce la fable d'Auschwitz 183
   Le *rapport Rudolf* et l'enquête médico-légale à Auschwitz 187
Partie 5 - La persécution des révisionnistes pour délit d'opinion 193
1) Principales victimes de persécutions en Allemagne : 195
   Joseph Burg, un révisionniste juif persécuté par les nazis et les sionistes 195
   Thies Christophersen condamné pour avoir "jeté le discrédit sur l'État". 197
   Wilhem Stäglich, le juge qui a exigé la justice pour l'Allemagne 200
   Ernst Zündel, "Dynamo révisionniste", un modèle de résistance 203
   Germar Rudolf : persécution et destruction d'un éminent scientifique 221
   Horst Mahler, du gauchisme radical au négationnisme 233
   Sylvia Stolz, l'avocate intransigeante 242
   Günter Deckert, un symbole persistant de la liberté d'expression 250
   Udo Walendy, emprisonné pour avoir publié des textes révisionnistes 253
   Ursula Haverbeck. La condamnation indécente d'une vieille dame vénérable .. 255
   Reinhold Elstner, le révisionniste qui s'est immolé par le feu 261

2. les principales victimes de persécutions en France : 265
    François Duprat, assassiné par des terroristes juifs 265
    Roger Garaudy, le philosophe mis au pilori pour avoir dénoncé Israël 266
    Robert Faurisson, l'incontournable alma mater du révisionnisme 274
    Vincent Reynouard, "Les cœurs se soulèvent !" 286
3) Principales victimes de persécutions en Autriche : 289
    Gerd Honsik, victime de la capitulation du PSOE face au sionisme 289
    David Irving condamné à trois ans de prison à Vienne 294
    Wolfgang Fröhlich, le "canari" qui chante encore dans sa cage 298
4. Principales victimes de persécutions en Suisse : 302
    Jürgen Graf et Gerhard Förster condamnés pour avoir écrit et publié des livres 302
    Gaston-Armand Amaudruz, un an de prison pour un octogénaire 306
5. Principales victimes de persécutions en Belgique et aux Pays-Bas : 308
    Siegfried Verbeke, combattant obstiné de la liberté d'expression 308
6. Principales victimes de persécutions en Espagne 313
    Pedro Varela, un honnête libraire victime de la haine et de l'intolérance sectaire
    313
    Post Scriptum 330
    Autres libraires et éditeurs persécutés en Catalogne 332
7. Principales victimes de persécutions en Suède : 336
    Ditlieb Felderer, le juif moqueur à la satire corrosive 336
    Ahmed Rahmi, architecte de *Radio Islam* et principal révisionniste musulman 339
8. Principales victimes de persécutions en Australie : 342
    Frederick Töben, emprisonné en Allemagne, en Angleterre et en Australie 343
9. Autres victimes de persécutions pour des délits de pensée : 351
    Tous contre l'évêque catholique Richard Williamson 351
    Haviv Schieber, le juif qui s'est taillé les poignets pour éviter la déportation en Israël 355
    Hans Schmidt, l'Américain emprisonné pour quatre mots 356
    Arthur Topham, condamné au Canada pour "haine" des Juifs 357
10. Annexe sur la persécution impitoyable des nonagénaires 359
    Laszlo Csatary 360
    Samuel Kunz 361
    Johan Breyer 361
    Oskar Gröning 361
    Reinhold Hanning 362
    Siert Bruins 363
    Une femme de 91 ans 363

CHAPITRE XIII **365**

LE PREMIER GRAND MENSONGE DU 21ÈME SIÈCLE : LES ATTENTATS DU 11
SEPTEMBRE 2001 365
    Un nouveau Pearl Harbour ou le mensonge nécessaire pour déclencher la guerre
    366
    Événements importants avant les attentats 369
    Les attaques 373
    Faits marquants après les attentats 381
    Oussama ben Laden, Al-Qaïda et la fausse piste arabo-musulmane 385
    La vérité est connue, mais tous se taisent et obéissent. 388

BIBLIOGRAPHIE 391
AUTRES LIVRES 409

CHAPITRE XII

L'HOLOCAUSTE JUIF, UN NOUVEAU DOGME DE FOI POUR L'HUMANITÉ

Jamais dans l'histoire de l'humanité il n'y a eu une circonstance telle que celle que nous allons étudier dans ce chapitre : un fait historique est devenu un dogme de foi et ne peut être remis en question par les historiens, les scientifiques ou les chercheurs de n'importe quelle branche du savoir. Deux historiens juifs, Pierre Vidal-Naquet et Léon Poliakov, ont signé la déclaration de foi qui est devenue universellement acceptée. Ils y déclarent : "Il n'y a pas lieu de se demander comment une telle mort massive a été techniquement possible. Elle a été possible parce qu'elle a eu lieu. C'est le point de départ obligé de toute recherche historique sur le sujet. C'est cette vérité qu'il faut simplement rappeler. L'existence des chambres à gaz ne peut être discutée". Aujourd'hui, remettre en cause tout l'attirail qui entoure le mythe de l'Holocauste est un crime de lèse-pensée et est devenu un délit dans le code pénal de nombreux pays. Des révisionnistes ont été poursuivis et condamnés à des années de prison pour haine raciale ou antisémitisme. Ils sont mis à l'écart par les médias et leurs travaux ne méritent aucune attention, car ils sont considérés comme sans intérêt et ne doivent pas être diffusés.

Bien sûr, si les arguments et les thèses du révisionnisme étaient des pamphlets dépourvus de la moindre rigueur, on pourrait accepter le désintérêt général pour leur démarche ; mais ce n'est pas le cas, bien au contraire. Les travaux présentés couvrent les différents aspects de la prétendue extermination de six millions de Juifs et sont extrêmement convaincants. Tout lecteur soucieux de découvrir la vérité historique trouvera dans les travaux des révisionnistes tout ce que l'on peut exiger d'un chercheur rigoureux. Malgré cela, le nombre de pays occidentaux prétendument démocratiques qui promulguent des lois portant atteinte à la liberté de pensée et d'expression en relation avec l'Holocauste augmente d'année en année. Ces pays sont aujourd'hui les suivants : Allemagne, Autriche, Belgique, Bosnie-Herzégovine, Canada, Espagne, France, Pays-Bas, Hongrie, Liechtenstein, Luxembourg, Pologne, Portugal, République tchèque, Roumanie et Suisse.

Lors du procès de Nuremberg, les vainqueurs ont accusé l'Allemagne vaincue, et plus précisément les nazis, d'avoir planifié et ordonné l'extermination physique des Juifs d'Europe et d'avoir utilisé des chambres à gaz comme armes de destruction massive pour mener à bien cette extermination. Depuis lors, le mythe de l'Holocauste a été consolidé par une propagande médiatique massive et la collaboration inconditionnelle des dirigeants occidentaux. Le 26 novembre 1991, Ian J. Kagedan, directeur des relations gouvernementales de la Loge B'nai B'rith du Canada, déclarait *au Toronto Star* : "Le dogme de l'Holocauste juif est la pierre angulaire de l'arc du Nouvel Ordre Mondial, le principe fondamental de la religion du Nouvel Âge".

Pour atteindre cet objectif, les "médias de masse" - télévision, agences, journaux, maisons d'édition et industrie cinématographique - sont totalement sous contrôle. Les sociétés de production hollywoodiennes, fleuron de l'empire de la propagande juive, investissent chaque année des milliards dans la production ininterrompue de films spectaculaires de propagande et de lavage de cerveau pour le monde entier : 170 films sur l'Holocauste sont sortis sur le marché mondial rien qu'entre 1989 et 2003. Tous ces moyens permettent de créer un monde imaginaire dans l'esprit des spectateurs, ce qui permet de falsifier l'histoire. Ce n'est pas seulement la doctrine de l'Holocauste qui est promue, mais toute idée utile à la réalisation de l'utopie juive de domination de la Terre. Toutes les nations et toutes les races ont énormément souffert pendant la Seconde Guerre mondiale, mais aucune race ou nation n'a exploité ses souffrances comme l'ont fait les Juifs qui, après la fin de la guerre, sont apparus comme la minorité triomphante. Max Nussbaum l'a reconnu le 11 avril 1953 : "La position du peuple juif dans le monde aujourd'hui", a-t-il déclaré, "est, en dépit de nos énormes pertes, dix fois plus forte qu'elle ne l'était il y a vingt ans".

En 1980, le professeur Robert Faurisson résumait en une phrase les conclusions de la recherche révisionniste : "Les prétendues chambres à gaz hitlériennes et le prétendu génocide des Juifs forment un seul et même mensonge historique, qui a permis une gigantesque escroquerie politico-financière, dont les principaux bénéficiaires sont l'État d'Israël et le sionisme et dont les principales victimes sont le peuple allemand - mais pas ses dirigeants - et le peuple palestinien dans son ensemble". L'Holocauste est donc le point central d'une stratégie mise en place par les organisations juives internationales, mais il est surtout une chimère sioniste, puisqu'il a été conçu par les sionistes comme une ruse pour atteindre leurs objectifs. Les plus acharnés à faire sortir les Juifs d'Europe sont les sionistes, qui disposent de multiples organisations pour les envoyer en Palestine. Faurisson, né en 1929 d'un père français et d'une mère écossaise, professeur de latin et de grec, spécialiste de l'analyse des textes littéraires français modernes et contemporains, ainsi que de la critique des textes et des documents, a enseigné à la Sorbonne et à l'université de Lyon jusqu'à ce qu'il soit interdit d'enseignement en raison de ses positions révisionnistes. Agressé physiquement à dix reprises par des fanatiques juifs, il a été banni des médias français : presse, radio et télévision, et a été condamné à plusieurs reprises par les tribunaux. Il a comparu pour la dernière fois devant le tribunal de Paris le 11 juillet 2006.

Les musées de l'Holocauste, plus de 250 dans le monde, sont devenus les temples d'une nouvelle religion enseignée dans les écoles du monde occidental, non pas comme une doctrine rudimentaire, mais comme un fait historique incontestable transformé en dogme de foi. Aucune religion n'a aujourd'hui le pouvoir d'emprisonner les apostats qui ne croient en aucun de ses dogmes, et pourtant les hérétiques de la religion de l'Holocauste juif sont persécutés, arrêtés, jugés, condamnés et emprisonnés. Pourquoi ne peut-on pas remettre en question ce qui s'est réellement passé pendant la Seconde Guerre mondiale ? Qui sont les révisionnistes et quels sont les principaux résultats de leurs recherches minutieuses ? Pourquoi des chercheurs prestigieux issus de différents domaines de la connaissance et de la culture sont-ils traités comme des criminels pour avoir porté les résultats de leurs travaux à la connaissance de l'opinion publique internationale ? Pourquoi peut-on nier Dieu, le Christ, Mahomet, offenser les chrétiens et les musulmans, mépriser les symboles de toutes les religions, alors que, d'un autre côté, remettre en question l'Holocauste est considéré comme de l'antisémitisme et est passible de poursuites pénales ? Ces questions et d'autres encore seront au centre de notre attention dans les pages qui composent ce douzième chapitre.

PARTIE 1 - PERSÉCUTION ET DÉPORTATION DES JUIFS D'EUROPE

Le fait que les Juifs aient soutenu les Britanniques pendant la Grande Guerre et proposé de faciliter l'entrée des Américains dans le conflit en échange de la *déclaration Balfour* a été considéré comme une trahison en Allemagne. Les sentiments antijuifs se sont accrus à l'époque de la République de Weimar, une période où l'influence des Juifs, bien qu'ils ne représentent que 1% de la population allemande, était consolidée dans tous les domaines : en plus d'être les apôtres du communisme, ils contrôlaient l'économie, la culture et étaient largement prédominants dans les professions juridiques et judiciaires, les soins de santé, le show-business.... Tout cela a conduit les nazis, à tort ou à raison, à les considérer comme un élément pervers de la communauté, car ils jugeaient leurs valeurs décadentes et les voyaient comme un facteur de dégénérescence de la vie culturelle allemande. Convaincus de leur influence néfaste, ils tentent de promouvoir leur émigration totale d'Allemagne. Comme nous l'avons vu, une grande majorité des Juifs allemands avaient déjà émigré avec une grande partie de leurs biens en 1939. Dans sa publication *Unity in Dispersion*, le Congrès juif mondial affirme que "la majorité des Juifs allemands ont réussi à quitter l'Allemagne avant le début des hostilités" et reconnaît qu'environ 400 000 Juifs ont quitté le pays avant septembre 1939. L'Institut de l'émigration juive de Prague a également déclaré que 260 000 Juifs avaient quitté l'ancienne Tchécoslovaquie. À cela s'ajoutent 220 000 des 280 000 Juifs autrichiens qui ont également émigré avant le début de la guerre. Sur la base de ces chiffres, on estime qu'il ne reste plus que 360 000 Juifs dans les trois pays.

En guise de préambule et de point de départ, il convient de rappeler quelques faits déjà exposés dans les chapitres précédents afin de situer la question de la persécution des Juifs, voulue par le sionisme international pour favoriser l'afflux de populations en Palestine. Comme on le sait, alors que le boycott économique et la déclaration de "guerre sainte" contre l'Allemagne avaient pour effet d'exacerber les sentiments antijuifs parmi les citoyens allemands, le ZVFD, "Zionistische Vereinigung für Deutschland" (Union sioniste d'Allemagne) profita de la circonstance et s'empressa de chercher un accord avec Hitler pour que les Juifs allemands soient envoyés en Palestine dans les meilleures conditions possibles. Les nazis jouent naïvement le jeu et commencent à collaborer avec le sionisme. Des auteurs juifs comme Lenni Brenner, Klaus Polkhen, Ralph Schönman et d'autres ont montré qu'il n'y avait aucun doute sur ce fait, qui a été dénoncé par le CV "Centralverein deutscher Staatsbürger Jüdische Glaubens" (Union centrale des citoyens allemands de confession juive). Cette organisation, favorable à l'assimilation et à l'intégration des Juifs dans la société dans laquelle ils vivent, déclare que les actions du ZVFD, dont les objectifs sont exactement opposés, ont été pour eux "un coup de poignard dans le dos". Ainsi, alors que les sionistes agissent librement et publient sans entrave le journal *Jüdische Rundschau*, Hitler commence à prendre des mesures contre les organisations juives non sionistes. Rappelons également que la loge du B'nai B'rith n'a été interdite qu'au début de la guerre en 1939.

Nous renvoyons le lecteur au chapitre huit, où le pacte secret entre le Troisième Reich et la Palestine juive a été expliqué en détail. Lors du 18e congrès sioniste qui s'est tenu à Prague en août 1933, une résolution antihitlérienne a été rejetée à une écrasante majorité, tandis qu'une résolution interdisant toute forme de protestation antinazie a été adoptée. Nous savons que l'accord Haavara, pierre angulaire de l'entente entre nazis et sionistes, a été signé par le ZVFD, le ministère allemand des affaires économiques et la Banque anglo-palestinienne, qui était un instrument de l'Agence juive. En 1937, la collaboration est intense et les sionistes, dont l'objectif prioritaire est de dépasser les Arabes en nombre d'habitants, demandent aux nazis de maintenir leur pression antisémite et d'intensifier l'émigration des Juifs vers la Palestine. Rappelons qu'en 1938, un millier de Juifs sont formés dans des camps en Allemagne et en Autriche pour les préparer à travailler en Palestine.

Craignant que les Juifs émigrant d'Allemagne et de Pologne puissent s'installer en toute sécurité en Amérique ou dans d'autres pays européens, l'Organisation sioniste mondiale refuse de participer à la conférence d'Evian qui se tient en France durant la deuxième semaine de juillet 1938. Rien n'est plus contraire aux intérêts des sionistes que la réinstallation dans les pays d'accueil : leur but est de provoquer les persécutions qui leur permettront de diriger l'émigration des Juifs d'Europe vers la Palestine. L'Allemagne propose 3 milliards de marks à la Croix-Rouge internationale ou à la Société des Nations pour gérer l'argent et le donner aux pays désireux d'accueillir les Juifs dont les nazis ne veulent pas sur leur territoire, mais la réticence de la plupart des pays à accepter les émigrants sert les objectifs du sionisme international. La conférence d'Évian a été une honte à tous égards et a montré clairement au monde que les sionistes ne se préoccupaient que d'amener le plus rapidement possible des millions de Juifs en Terre sainte afin de proclamer l'État d'Israël en Palestine.

De l'émigration à l'expulsion

Soucieuse de préserver sa position vis-à-vis des pays arabes du Moyen-Orient, la Grande-Bretagne commence à durcir sa position à l'égard de l'immigration juive en Terre sainte. En mai 1939, Londres publie le Livre blanc et l'entrée des sionistes en Palestine est réduite à peau de chagrin. L'Allemagne, quant à elle, poursuit sa politique d'encouragement à l'émigration et à l'évacuation afin de se débarrasser définitivement des Juifs, et ce n'est qu'en 1941 que des plans de déportation vers l'Europe de l'Est commencent à être esquissés. Le volume 13 du procès militaire de Nuremberg (TMN) contient un rapport présenté par l'accusation américaine. Il s'agit du dossier NG-2586, un document en plusieurs parties résumant la politique allemande en matière de déportation des Juifs. Arthur Robert Butz reproduit intégralement le texte dans *The Hoax of the Twentieth Century*, un ouvrage publié en 1976 qui reste essentiel pour comprendre une grande partie de ce qui s'est passé pendant la guerre. L'auteur du mémorandum, daté du 21 août 1942, est Martin Luther, haut fonctionnaire du Foreign Office. De même, dans *Les Mythes fondateurs de la politique israélienne (*1996), Roger Garaudy cite plusieurs textes qui coïncident avec l'important document présenté par Arthur R. Butz.

Selon les documents découverts par ces auteurs et d'autres, les nazis ont décidé de favoriser par tous les moyens l'émigration juive de leur territoire. Le maréchal Göring, plénipotentiaire pour la mise en œuvre du plan quadriennal, crée en 1939 le Département central du Reich pour l'émigration juive et en confie la direction au lieutenant général SS Reinhard Heydrich, chef de la police de sécurité. Le ministère des Affaires étrangères est devenu membre du comité du Département central du Reich en février 1939. Il est intéressant de rappeler, comme personne ou presque ne le fait, que Chaim Weizmann, président de l'Organisation sioniste mondiale et de l'Agence juive, a déclaré la guerre à l'Allemagne au nom des Juifs du monde entier le 5 septembre 1939, quelques jours seulement après l'invasion de la Pologne. Le 8 septembre, le *Jewish Chronicle* reproduisait les propos de Weizmann : "Les Juifs font cause commune avec la Grande-Bretagne et se battront dans le camp des démocraties....". L'Agence juive est prête à prendre des mesures immédiates pour utiliser la main-d'œuvre, les compétences techniques et les ressources des Juifs".

Dans le dossier NG-2586 présenté par les Américains à Nuremberg, on peut lire : "La guerre actuelle offre à l'Allemagne l'occasion et aussi l'obligation de résoudre le problème juif en Europe". Ce document indique qu'après la victoire écrasante sur la France, il a été proposé en juillet 1940 "l'expulsion de tous les Juifs d'Europe et la demande à la France de l'île de Madagascar comme territoire d'accueil pour les Juifs". Le philosophe Roger Garaudy, député communiste et membre du Comité central, vice-président de l'Assemblée nationale entre 1956-1958, précise que c'est le 24 juin 1940, après la défaite française, que Heydrich a envoyé une lettre à Ribbentrop proposant "eine territoriale Endlösung" (une solution finale territoriale), qui consistait en la déportation à Madagascar. Dans cette lettre, Heydrich informe le ministre Ribbentrop que "le problème des quelque 3 250 000 Juifs des régions sous contrôle allemand ne peut plus être résolu par l'émigration, de sorte qu'une solution finale territoriale s'impose".

Le chef du département juif du ministère des Affaires étrangères, Franz Räder, prévient en juillet 1940 qu'il faudra quatre ans pour déplacer tous les Juifs vers l'île française et que l'opération nécessitera des "moyens considérables". En d'autres termes, dans l'euphorie du fantastique succès de la guerre éclair contre la France, les nazis passent de la recherche de l'émigration des Juifs d'Allemagne à l'expulsion des pays conquis. Pour ce faire, le ministère des Affaires étrangères du Reich accepte d'entreprendre les travaux préparatoires à cette opération. L'Office principal de sécurité du Reich (RSHA, "Reichssicherheitshauptamt") accepte la tâche de mettre en œuvre l'évacuation et de superviser le plan Madagascar, une déportation à grande échelle qui ne pouvait être entreprise que par cet organisme d'État. Le plan détaillé d'évacuation et d'installation des Juifs à Madagascar élaboré par le RSHA est approuvé par le ministère des Affaires étrangères en août 1940. Le projet, qui comportait plusieurs phases, devait être financé par une banque intereuropéenne. Paul Schmidt, interprète d'Hitler, dans son livre *Hitler's Interpreter. L'histoire secrète de la diplomatie allemande 1935-1945*, Paul Schmidt, interprète d'Hitler, rappelle qu'Hitler a dit à Mussolini qu'"un État d'Israël pourrait être fondé à Madagascar".

En France, aux Pays-Bas et en Belgique, les autorités administratives allemandes reçoivent des ordres concernant les mesures à prendre dans ces pays. Avec l'approbation de l'ambassade d'Allemagne à Paris, le commandement militaire en France est le premier à publier un décret sur le traitement des Juifs dans la France occupée, le 27 septembre 1940, suivi par des textes similaires aux Pays-Bas et en Belgique. Comme les lois allemandes, ces décrets ne tiennent pas compte de la citoyenneté des Juifs, ce qui suscite immédiatement des critiques à l'étranger. L'ambassade des États-Unis a déposé une note de protestation. Le document NMT NG-2586 contient le commentaire suivant à ce sujet : "Le ministre des Affaires étrangères du Reich a décidé, dans le cas des protestations américaines, qu'il ne jugeait pas judicieux de faire édicter des règlements militaires prévoyant une exception pour les Juifs américains. Ce serait une erreur de rejeter les objections de pays amis (Espagne et Hongrie) et, d'autre part, de faire preuve de faiblesse à l'égard des Américains".

En plus d'être une opération logistique extrêmement coûteuse et compliquée, le transfert des Juifs d'Europe vers Madagascar nécessitait l'utilisation de trains, de bateaux et d'autres moyens de transport prioritaires pour la poursuite de l'effort de guerre. Avec l'invasion de la Russie en juin 1941, les choses prennent une tournure définitive : le plan Madagascar est reconnu comme irréalisable, et l'idée commence à s'imposer qu'il est plus facile de déplacer les Juifs vers l'Europe de l'Est, où s'ouvrent de nouvelles zones de réinstallation. Le 31 juillet 1941, Göring, à nouveau sous l'influence de l'ivresse de la victoire produite par l'avancée rapide en URSS, envoie à Heydrich la fameuse lettre souvent citée par des historiens juifs tels que Raoul Hilberg, Gerald Reitlinger et Leon Poliakov pour étayer ses thèses exterminationnistes. Voici un extrait de cette lettre reproduit par Arthur R. Butz dans *The Hoax of the Twentieth Century*, extrait du volume 13 du NMT (Nuremberg Military Trials) :

"En complément de la mission qui vous a été confiée par le décret du 24 janvier 1939, à savoir résoudre la question juive par l'émigration et l'évacuation, qui est la voie la plus favorable dans les conditions actuelles, je vous charge maintenant d'effectuer tous les préparatifs relatifs aux questions d'organisation, de fait et de finances en vue d'une solution complète de la question juive dans les territoires d'Europe soumis à l'influence allemande.
Si la compétence d'autres organisations centrales est affectée par cette question, ces organisations doivent être impliquées.
Je vous demande également de me faire parvenir dans les plus brefs délais un projet décrivant les mesures organisationnelles, opérationnelles et financières déjà prises pour la mise en œuvre de la solution finale envisagée de la question juive".

Ceux qui prétendent que ce texte est la preuve que la "solution finale" a consisté en un meurtre de masse des Juifs d'Europe suppriment généralement la référence à "l'émigration et l'évacuation". Les historiens juifs et les partisans des gentils affirment que c'est à la conférence de Wannsee, près de Potsdam, que l'extermination des Juifs d'Europe a été décidée. La conférence de Wannsee s'est tenue le 20 janvier 1942. Heydrich, suivant les instructions qu'il a reçues, réunit tous les services concernés par l'évacuation des Juifs vers l'Est. Martin Luther, auteur du mémorandum NG-2856 soumis par l'accusation américaine au NMT, écrit ce qui suit dans ce document :

"... Le lieutenant général SS Heydrich a organisé le 20 janvier 1942 une conférence réunissant toutes les organisations concernées, à laquelle ont participé des secrétaires d'État d'autres ministères et moi-même en tant que membre du ministère des Affaires étrangères. Lors de cette conférence, le général Heydrich a expliqué que le maréchal du Reich Göring l'avait nommé sur les instructions du Führer et que ce dernier avait désormais autorisé l'évacuation des Juifs vers l'Est au lieu de l'émigration.....
Lors de la conférence du 20 janvier 1942, j'ai exigé que toutes les questions relatives aux pays extérieurs à l'Allemagne soient soumises à l'accord préalable du ministère des Affaires étrangères, exigence à laquelle le lieutenant général Heydrich a souscrit et qui a été fidèlement respectée, tout comme le Bureau principal de sécurité du Reich (RSHA) chargé des affaires juives, qui, dès le début, a pris toutes les mesures en coopération sans heurts avec le ministère des Affaires étrangères. Le RSHA a agi dans cette affaire avec une prudence presque exagérée".

De nombreux Juifs allemands avaient déjà émigré, certains en Palestine, profitant de l'accord de Haavara, d'autres aux États-Unis ou dans d'autres pays européens. Après la conférence de Wannsee, ceux qui n'avaient pas encore émigré ont commencé à être évacués. De même, les gouvernements de Slovaquie, de Croatie et de Roumanie acceptent la politique d'évacuation et ne demandent pas le rapatriement des Juifs de leurs pays qui se trouvent sur le territoire allemand, mais acceptent leur déportation vers l'Europe de l'Est. Grâce au rapport de Martin Luther, sous-secrétaire d'État au ministère des Affaires étrangères présent à Wannsee, le NMT apprend que les effectifs ne couvrant pas les besoins, il est demandé aux Slovaques d'organiser la déportation de 20 000 jeunes Juifs, ce que le gouvernement slovaque accepte. Les Slovaques informent le ministère des Affaires étrangères du Reich qu'ils sont prêts à verser 500 marks par juif évacué. Cette décision incite l'épiscopat slovaque à faire part au gouvernement slovaque de ses objections aux déportations. Le mémorandum de Luther contient un paragraphe très significatif sur l'effet de la protestation de l'Église slovaque :

> "... Entre-temps, 52 000 Juifs ont été expulsés de Slovaquie. Grâce à l'influence de l'Église et à la corruption de certains fonctionnaires, 35 000 Juifs ont obtenu une légitimation spéciale. Cependant, le ministre-président Tuka souhaite que l'évacuation des Juifs se poursuive et demande donc l'aide de l'influence diplomatique du Reich. L'ambassadeur est autorisé à faire pression sur le chef de l'État, le Dr Tiso, qui est informé que l'exclusion de 35 000 Juifs surprend l'Allemagne, d'autant plus que la coopération de la Slovaquie sur le problème juif a été très appréciée jusqu'à présent. Ces instructions ont été transmises par le sous-secrétaire d'État à la division politique et par le secrétaire d'État".

Il existe une autre source d'origine juive qui complète le mémorandum de Martin Luther, à savoir le *rapport du Comité de sauvetage juif de Budapest*, un document manuscrit de 188 pages rédigé par le Dr Rudolf Israel Kastner (Rezsö Kasztner), publié en partie par son compatriote juif Lenni Brenner dans son ouvrage *51 Documents. Zionist Collaboration with the Nazis* (2002). Selon les écrits de Kastner, en mars 1942, des vagues de Juifs slovaques sont entrées en Hongrie en tant que réfugiés. Au cours de ce même mois de mars, les dirigeants du Comité de sauvetage juif de Bratislava, Erwin Steiner, Gisi Fleischman et Rav Weissmandel, ont contacté les nazis pour qu'ils mettent fin aux déportations de Juifs slovaques contre rançon. Le texte de Kastner se poursuit comme suit :

> "L'Allemand responsable, le capitaine Wisliczeny, déclare qu'après la déportation de 55 000 Juifs, il est prêt à renoncer à la déportation des 25 000 Juifs restants pour 50 000 dollars, soit deux dollars pour chaque vie. L'argent est censé venir de l'étranger, mais il n'arrive pas ou très lentement. Wislizceny attend de nombreuses semaines la somme convenue, puis envoya sa propre demande de paiement en transférant

trois mille Juifs en Pologne. Après cela, l'argent est arrivé et les déportations ont cessé".

En 1948, le Comité international de la Croix-Rouge (CICR) publie à Genève un rapport en trois volumes, le *Rapport du Comité international de la Croix-Rouge sur ses activités pendant la Seconde Guerre mondiale*, auquel nous nous référerons désormais, puisque Arthur R. Butz reproduit les pages 641 à 657 du premier volume, qui appartiennent au chapitre VI ("Catégories spéciales de civils") et se réfèrent spécifiquement à la situation des Juifs dans divers pays européens. Il confirme que des milliers de Juifs ont été contraints de quitter la Slovaquie, mais il ajoute : "une grande partie de la minorité juive a été autorisée à rester dans le pays et, à certaines périodes, la Slovaquie a même été considérée comme un refuge pour les Juifs, en particulier ceux qui venaient de Pologne. Ceux qui sont restés en Slovaquie semblent avoir été en sécurité jusqu'à la fin du mois d'août 1944, date du soulèvement contre les forces allemandes. Quant aux Juifs slovaques internés dans des camps, le rapport précise : "S'il est vrai que la loi du 15 mai 1942 a entraîné l'internement de plusieurs milliers de Juifs, ceux-ci ont été conduits dans des camps où les conditions de nourriture et d'hébergement étaient tolérables et où les détenus étaient autorisés à effectuer un travail rémunéré dans des conditions similaires à celles du marché du travail libre. En 1944, la communauté juive avait presque complètement cessé d'immigrer de force dans les territoires contrôlés par l'Allemagne".

D'autre part, les Croates ont également jugé bon de déporter les Juifs de Croatie, bien que l'évacuation de quelque 4 à 5000 Juifs des zones occupées par les Italiens à Dubrovnik et Mostar n'ait pas reçu l'approbation de Rome. De mai 1943 à fin 1945, le rapport du CICR indique que la délégation de la Croix-Rouge "a assisté la communauté juive de Zagreb, qui recevait en moyenne 20 000 francs suisses par mois de l'American Joint Distribution Committee de New York". Le rapport ajoute qu'en octobre 1944, "les autorités allemandes, conformément aux mesures prises dans les pays voisins, ont arrêté les Juifs de Zagreb et confisqué leurs stocks de nourriture". La délégation de la Croix-Rouge a cependant réussi à obtenir du gouvernement croate la restitution de ces stocks.

La déportation des Juifs étrangers sur le territoire français pose également problème. Otto Abetz, ambassadeur d'Allemagne dans la France occupée, les considère comme des éléments qui ne peuvent en aucun cas faire l'objet d'un traitement privilégié, car la responsabilité de nombre d'entre eux dans des actes de terreur et de sabotage a été démontrée. Là encore, les Juifs italiens en France constituent un revers supplémentaire. Les intérêts économiques de l'Italie jouent un rôle décisif et les Allemands estiment que s'ils ne peuvent être évacués, ils doivent au moins être rapatriés par Mussolini. Des membres du Comité international de la Croix-Rouge visitent les camps dans le sud de la France. Dans le camp de Gurs, six mille

Juifs du Palatinat bavarois sont assistés par des "mesures appropriées". En outre, le rapport du CICR fournit des informations sur les Juifs de Pologne en France qui ont obtenu l'autorisation d'entrer aux États-Unis. Ainsi, selon la Croix-Rouge, "ils ont été pris pour des citoyens américains par les occupants allemands, qui ont accepté de reconnaître la validité d'environ trois mille passeports délivrés aux Juifs par les consulats d'Amérique du Sud". Le rapport révèle qu'"ils ont été hébergés dans des camps exclusivement réservés aux Américains à Vittel".

Quant aux Juifs bulgares et roumains, les négociations avec ces pays confirment une fois de plus que la "solution finale" était territoriale et visait à expulser les Juifs de la sphère d'influence de l'Allemagne en Europe. En Roumanie, en particulier, le pire moment pour les Juifs a été la prise du pouvoir par la "Garde de fer", avec le soutien de la Gestapo et des SS, en septembre 1940. Les Juifs sont alors victimes de persécutions et de déportations, mais en septembre 1941, le maréchal Antonescu prend le pouvoir et la collaboration commence. Le délégué de la Croix-Rouge à Bucarest reçoit une lettre d'Antonescu dans laquelle il déclare : "Le gouvernement roumain rejette toute solution pratique contraire aux coutumes civilisées et au détriment de l'esprit chrétien qui domine la conscience du peuple roumain. Le CICR a travaillé en étroite collaboration avec la Croix-Rouge roumaine. Le document que nous avons utilisé indique qu'à partir de 1943 "la tâche du Comité en Roumanie a été facilitée par le fait que le délégué a su inspirer confiance au gouvernement roumain". En décembre 1943, comme l'atteste le rapport du CICR, "M. Mihan Antonescu a rencontré ce délégué, ce qui a grandement facilité les activités du Comité en faveur des Juifs". Voyons l'extrait complet :

> "Ces discussions se sont concentrées sur le cas des Juifs déportés à travers le Dniestr vers l'Ukraine, qui étaient originaires de Bessarabie et de Bucovine. Ces provinces ont été restituées à la Roumanie après la Première Guerre mondiale, mais, en vertu du traité germano-soviétique, elles sont retombées sous la domination soviétique au début de la Seconde Guerre mondiale. Après les changements de 1941, la Roumanie, qui était devenue l'alliée de l'Allemagne contre l'URSS, a réoccupé ces deux provinces. Les Juifs, que les Roumains considèrent comme coupables d'avoir trop bien accueilli le retour dans le giron de la Russie, sont déportés. Le plan du gouvernement roumain, préparé en accord avec l'Allemagne, semble être d'installer ces Juifs dans des territoires de la région de la mer d'Azov. Mais cela ne peut se faire que si l'URSS est vaincue. Face aux victoires russes, le gouvernement roumain a décidé fin 1943 de rapatrier les survivants de cette déplorable déportation, dont le nombre est passé de 200 000 à 78 000. M. Mihan Antonescu a soutenu les efforts du délégué à Bucarest pour se voir confier la tâche de fournir les moyens de ce rapatriement et l'a autorisé à parcourir la Transnistrie pour distribuer des vêtements et de l'aide à ces malheureux. En outre, le

délégué réussit à obtenir que les Juifs de Czernowitz, les seuls à être encore obligés de porter l'étoile jaune, cessent de la porter, car cette marque les exposait à la brutalité des troupes allemandes qu'ils rencontraient".

Le fait que 122 000 déportés ne soient pas revenus n'implique pas qu'ils aient été exterminés, ni que tous aient nécessairement perdu la vie. Il est possible que beaucoup d'entre eux aient choisi de rester en Union soviétique. Dans un rapport de décembre 1944, la section de Bucarest de la Croix-Rouge déclare : "Grâce aux dépêches du Comité mixte de New York et aux collectes effectuées sur place, il a été possible de venir en aide à 183 000 Juifs rapatriés". En résumé, les documents allemands qui ont survécu montrent que les plans de l'Allemagne n'avaient rien à voir avec l'extermination massive des Juifs d'Europe. Tous les rapports de la Croix-Rouge montrent également que les Allemands ont fait ce que les documents disaient, ce qui a été confirmé par des autorités neutres et parfois même par des sources hostiles.

Arthur R. Butz fournit dans *The Hoax of the Twentieth Century* des textes des actes de la Conférence de Wannsee, contenus dans le document NG-2586-G présenté à Nuremberg (NMT) par les Américains. "Le programme d'émigration, peut-on y lire sans ambiguïté, a été remplacé par l'évacuation des Juifs vers l'Est comme possibilité plus complète, conformément à l'autorisation préalable du Führer. Alors que ces références à l'évacuation vers l'Est sont répétées à l'envi, aucun texte n'a été trouvé qui prouve l'existence d'un programme d'extermination. C'est ce que reconnaît le professeur juif Aryeh Leon Kubov, du Centre israélien de documentation juive de Tel Aviv, qui déclare sans ambages : "Il n'existe aucun document signé par Hitler, Himmler ou Heydrich qui parle d'extermination des Juifs... et le mot "extermination" n'apparaît pas dans la lettre de Göring à Heydrich en rapport avec la solution finale de la question juive". La presse alliée a également fait état à plusieurs reprises pendant la guerre du programme de réinstallation. Voici quelques paragraphes significatifs de NG-2586-G, qui, étonnamment, sont brandis par les propagandistes de l'Holocauste pour tenter de prouver que la "solution finale" était un programme d'extermination :

> "De manière appropriée, les Juifs seront maintenant amenés à l'Est, dans la zone de la solution finale, pour être utilisés comme main-d'œuvre. Dans de grands groupes de travail, avec séparation des sexes, les Juifs capables de travailler se rendront dans ces régions et seront employés à la construction de routes, tâche dans laquelle une bonne partie d'entre eux tombera sans aucun doute par sélection naturelle. Les autres qui pourront finalement survivre - sans doute les plus résistants - devront être traités de manière appropriée, car ces personnes, qui représentent la sélection

naturelle, seront considérées comme le germe d'une nouvelle évolution juive si la liberté leur est accordée (voir l'expérience de l'histoire).
Dans le programme de mise en œuvre de la solution finale, l'Europe doit être ratissée d'ouest en est. La zone du Reich, y compris le protectorat de Bohême-Moravie, devra être prise en charge à l'avance, uniquement pour des raisons d'hébergement et d'autres besoins socio-politiques. Les Juifs évacués seront d'abord transférés, groupe par groupe, dans des ghettos de transit, d'où ils pourront ensuite être transportés vers l'est.
Une disposition importante pour l'exécution complète de l'évacuation, comme l'explique le général SS Heydrich, est la détermination exacte des catégories de personnes à inclure. Il n'est pas prévu d'évacuer les Juifs âgés de plus de 65 ans, mais de les emmener dans un ghetto pour personnes âgées - Theresienstadt est en cours de construction. À côté de ces groupes de personnes âgées - sur les quelque 280 000 Juifs qui, au 31/10/1941, se trouvaient dans l'ancien Reich et en Autriche, 30% environ ont plus de soixante-cinq ans -, les Juifs gravement blessés et décorés de guerre (Croix de fer, première classe) devront également être inclus dans les ghettos pour personnes âgées.....
En ce qui concerne le problème de l'effet de l'évacuation des Juifs sur la vie économique, le secrétaire d'État Neumann a indiqué que les Juifs employés dans d'importantes industries de guerre ne pouvaient pas être évacués pour le moment, étant donné qu'il n'y aurait pas de remplaçants adéquats. Le général Heydrich a souligné que ces Juifs, conformément à la directive qu'il a approuvée pour l'exécution de l'évacuation actuelle, ne seraient pas évacués".

Afin de déraciner complètement les Juifs évacués, on les dépouille de leurs biens : argent, meubles, bijoux, entreprises, etc. pour qu'ils n'aient rien qui les pousse à revenir un jour. C'est précisément ce dont les sionistes ont besoin : des gens qui n'ont rien à perdre et à qui l'on offrira protection et nouvelle vie dans le futur État d'Israël. Il est donc indéniable que des centaines de milliers de Juifs ont été déportés et que leurs biens ont été confisqués. Leur situation et celle des autres prisonniers, comme nous le verrons plus loin, s'est progressivement dégradée au fur et à mesure que les conditions de vie dans les camps se détérioraient en raison de l'inévitable défaite de l'Allemagne. Il n'est pas facile de chiffrer le nombre de déportés, car de nombreux Juifs européens ont émigré aux États-Unis, en Palestine ou se sont retrouvés en territoire soviétique, comme ce fut le cas pour les Juifs polonais dans les territoires occupés par l'URSS. En outre, quelque 300 000 d'entre eux ont quitté la Pologne après l'invasion allemande pour se rendre également dans la zone communiste.

D'autre part, le fait que les Juifs émigrant d'Europe vers les États-Unis l'aient fait avec des passeports allemands, autrichiens, hollandais, polonais, etc. ne permet pas d'avoir des chiffres fiables. On sait cependant qu'après la fin de la guerre, l'immigration juive aux États-Unis a été très importante, alors même que les sionistes opéraient librement dans les camps de personnes déplacées et s'efforçaient d'en renvoyer le plus grand nombre en Palestine. Ces camps étaient contrôlés par l'UNRRA, une agence de l'ONU dirigée d'abord par Herbert Lehman, puis par Fiorello La Guardia. Ces deux sionistes ont permis à des officiers britanniques et américains sans uniforme de donner une formation militaire à des milliers de Juifs, les préparant ainsi à l'invasion de la Palestine. En 1944, près d'un demi-million de sionistes se trouvaient déjà en Terre sainte. Cinq ans plus tard, en 1949, le gouvernement israélien déclarait qu'il y avait 925 000 Juifs en Palestine. En 1957, près d'un million d'Arabes étaient réfugiés dans les pays voisins, tandis que la population juive avait doublé pour atteindre 1 868 000 personnes.

Reitlinger et Hilberg, se basant sur des documents allemands et des rapports de la Croix-Rouge néerlandaise pour les Juifs hollandais (environ 100 000), donnent des chiffres très similaires pour le nombre total de déportés d'une douzaine de pays d'Europe occidentale : Allemagne, Autriche, Tchécoslovaquie, Danemark, France, Belgique, Luxembourg, Norvège, Pays-Bas, Italie, Yougoslavie et Grèce. Selon Reitlinger, il y en aurait eu 816 000, tandis que Hilberg en aurait dénombré 870 000. Comme tous deux sont des exterminateurs ou des exterminés, ils partent du principe que tous ont été tués.

En revanche, les révisionnistes insistent sur le fait que les Juifs et les Gentils ont été utilisés comme main-d'œuvre et affirment qu'il était absurde de mettre en place un programme de réinstallation à l'Est et d'organiser une opération logistique compliquée et coûteuse en pleine guerre dans le seul but de liquider les Juifs. Les questions qu'ils posent sont les suivantes : à quoi bon gaspiller de l'argent, des milliers de tonnes de carburant, du personnel et d'innombrables trains pour transporter des troupes et des munitions si c'est pour tuer des Juifs à des milliers de kilomètres de leur lieu d'origine ? Pourquoi la construction des camps a-t-elle été entreprise si c'est pour servir de lieux de mise à mort ? N'aurait-il pas été plus facile d'exécuter les Juifs après leur arrestation si c'était bien ce qui était prévu ?

Il est particulièrement difficile de savoir plus ou moins exactement ce qui s'est passé en Pologne. Une source juive, l'*American Jewish Year Book 1948-1949*, évalue à 390 000 le nombre de Juifs vivant en Pologne à la fin de l'année 1945. En revanche, un journaliste juif canadien, Raymond Arthur Davies, communiste convaincu ayant vécu en URSS pendant la guerre, a publié à New York, en 1946, *Odyssée de l'enfer*. Il y révèle que Schachmo Epstein, le chef du Comité juif antifasciste, lui a avoué que l'Union soviétique avait sauvé au moins 3 500 000 Juifs européens grâce à l'évacuation et à d'autres mesures. Selon Davies, 250 000 Juifs polonais vivant dans la Pologne occupée par les Allemands ont fui vers l'Union soviétique en 1939. Il détaille le rôle prépondérant des Juifs en URSS, où des milliers d'usines et d'installations de guerre étaient dirigées par des Juifs.

Davies note qu'un très grand nombre d'entre eux ont atteint des postes de direction dans l'armée et l'administration. C'est ce que confirme un autre auteur juif, Ralph Nunberg, dans *The Fighting Jew* (1945), également publié à New York, dans lequel Nunberg reconnaît fièrement que pas moins de 313 généraux soviétiques étaient juifs. R. A. Davies, quant à lui, raconte ses contacts avec des officiers juifs de l'Armée rouge, qui se sont vantés auprès de lui d'avoir éliminé des soldats allemands lors d'exécutions de masse. Ce journaliste canadien révèle qu'il disposait d'informations crédibles selon lesquelles pas moins de 35 000 Juifs européens combattaient aux côtés des partisans de Tito.

Arthur R. Butz se réfère à une étude d'une vingtaine de pages rédigée par Meir Korzen et publiée par le gouvernement israélien (*Yad Vashem Studies*, vol. 3). Selon Korzen, des centaines de milliers de Juifs polonais ont été dispersés en URSS dans le cadre d'un programme d'évacuation qui a débuté en juin 1940. À partir de septembre 1941, nombre de ces réfugiés se sont vu accorder la citoyenneté soviétique, mais n'ont pas pu quitter l'URSS. À la fin de la guerre, comme nous l'avons vu, Beria choisit parmi ces Juifs les nouveaux dirigeants du régime communiste polonais. Korzen écrit qu'"ils ont changé leurs noms pour des noms à consonance polonaise afin de garder secrète leur origine juive". Le Joint Distribution Committee de New York a maintenu le contact avec les réfugiés juifs en Union soviétique pendant la guerre et les a aidés dans leurs déplacements d'après-guerre. Dans son ouvrage sur les Juifs polonais déportés et dispersés en Union soviétique, Korzen, bien qu'il ait été aidé par le gouvernement sioniste dans ses recherches, reconnaît que son rapport contient d'énormes lacunes dans les chiffres. Quant aux Juifs vivant déjà en URSS, un recensement du début de l'année 1939 fait état de plus de trois millions d'individus. Parmi eux, selon le premier recensement d'après-guerre, quelque deux millions et demi sont restés dans le pays malgré la vague d'émigration vers la Palestine et les États-Unis et les pertes qu'ils ont inévitablement subies pendant la guerre.

Parmi ces victimes, il convient de noter qu'une légende veut que les "Einsatzgruppen" (groupes d'opérations) aient exterminé les Juifs russes au moyen de chambres à gaz mobiles et d'exécutions massives. Lors du procès de Nuremberg, le représentant soviétique du ministère public, Roman Rudenko, a accusé les Einsatzgruppen d'avoir assassiné pas moins d'un million de Juifs. Dans *La destruction des Juifs d'Europe*, Raul Hilberg avance le chiffre de 900 000. Le fait est que ces groupes d'opérations, quatre unités spéciales composées d'éléments de la Gestapo (police secrète d'État) et du SD (service de sécurité des SS), totalisant quelque trois mille hommes, ont éliminé sans pitié les Juifs et les non-Juifs qui faisaient partie des partisans qui harcelaient continuellement les Allemands sur le territoire russe. Leur activité constituant une menace majeure pour l'armée, Hitler donne carte blanche à Himmler pour agir comme il l'entend sous sa propre responsabilité. Ainsi, en représailles des attaques contre les troupes allemandes, des partisans, des commissaires et des fonctionnaires communistes sont pendus ou fusillés immédiatement après leur capture. Il est à noter que les partisans ne lésinent pas sur les moyens pour liquider les soldats qui tombent entre leurs mains.

Le Reichsfuhrer SS Heinrich Himmler rend visite à Mussolini à Rome le 11 octobre 1942 et se plaint au Duce que des milliers de Juifs dans les territoires occupés sont des partisans engagés dans le sabotage et l'espionnage. Himmler reconnaît que des femmes et des enfants collaborent avec les partisans en URSS et admet que de nombreux Juifs capturés ont été sommairement exécutés par des unités allemandes. Mussolini aurait profité de l'entrevue pour rappeler à Himmler que l'Église catholique était opposée à des mesures extrêmes contre les Juifs et l'a averti qu'une politique d'excès pourrait modifier l'attitude de Pie XII, qui préconisait une victoire de l'Axe sur l'Union soviétique.

Il ne fait donc aucun doute que le nombre de Juifs qui ont gonflé les rangs de ces groupes de partisans opérant à l'arrière était considérable, de sorte que des dizaines de milliers d'entre eux, peut-être environ 80 000, femmes et enfants compris, ont été exécutés. En temps de guerre, de tels crimes sont monnaie courante dans les armées. Rappelons que les Américains au Vietnam, par exemple, n'ont eu aucun scrupule à napalmer les populations civiles dans les villages qui étaient censés offrir un abri ou un refuge aux guérilleros "vietcongs". Il faut noter, d'autre part, que de nombreux meurtres attribués aux Einsatzgruppen ont été commis par des nationalistes ukrainiens qui haïssaient profondément les Juifs depuis l'époque de la guerre civile qui avait suivi la révolution de 1917. De plus, entre le 22 juin et le 2 juillet 1941, les communistes ont massacré de nombreux Ukrainiens avant de battre en retraite. Aux yeux de la population civile, les Juifs soviétiques sont tenus pour responsables de ces massacres, car ils sont considérés comme les complices des criminels communistes.

Pour des raisons de sécurité, les Juifs polonais ont été regroupés pendant la guerre dans des ghettos situés dans les plus grandes villes. Divers auteurs juifs évoquent les grands ghettos de Lodz, Varsovie, Bialystok, Lwow et Grodno. En Lituanie et en Lettonie, il y avait des ghettos à Vilna, Kovno et Riga. Comme toujours au cours de l'histoire, dans ces ghettos, les Juifs se gouvernent eux-mêmes par l'intermédiaire du "Judenrat", un Conseil juif doté de sa propre police. Le Conseil juif collabore inévitablement avec les autorités allemandes, qui lui demandent souvent de la main-d'œuvre recrutée par les autorités juives elles-mêmes. De ce fait, il existe des organisations opposées au "Judenrat", dont les membres sont considérés comme des marionnettes au service des Allemands. Cependant, grâce à cette collaboration, les Allemands lèvent l'interdiction initiale des écoles juives et les enfants juifs sont éduqués dans des écoles fonctionnant sous l'autorité du Conseil du ghetto ou dans le privé. La vie culturelle du ghetto est marquée par la production de livres et par des représentations théâtrales et musicales.

En outre, une agence juive d'aide sociale, la "Jüdische Unterstützungsstelle" (JUS), fournit aux ghettos de la nourriture, des médicaments et des vêtements, qu'elle obtient auprès de l'administration civile allemande. La JUS entretient également des contacts avec la Croix-Rouge allemande et des organisations étrangères qui fournissent de l'argent et d'autres biens. Jusqu'en décembre 1941, la majeure partie de cette aide étrangère provenait du Joint Distribution Committee, mais l'entrée en guerre des États-Unis a rendu ces activités illégales.

Eugene M. Kulisher, autorité reconnue dans le domaine de la démographie et des mouvements migratoires, étudie le problème de l'expulsion et de l'évacuation des Juifs dans une section importante de *The Displacement of Population in Europe* (1943), un texte accessible en ligne sur Internet. Ce livre, considéré comme absolument fiable car l'auteur utilise comme sources jusqu'à deux douzaines d'institutions européennes, révèle ce que les ennemis de l'Allemagne savaient certainement de la politique nationale-socialiste à l'égard des Juifs, indépendamment de la campagne de propagande mensongère. En ce qui concerne les ghettos, Kulisher rapporte que les premiers ont été créés à Lodz au cours de l'hiver 1939-1940. Le ghetto de Varsovie a été créé à l'automne 1940. Tous les Juifs vivant à l'extérieur du ghetto ont reçu l'ordre d'y entrer et les Polonais vivant à l'intérieur ont reçu l'ordre de le quitter. Le 18 octobre 1941, *le New York Times* rapporte que les autorités allemandes ont dû envoyer de nombreuses ambulances à Varsovie pour désinfecter le ghetto, où vivaient quelque 400 000 personnes sur une superficie de 6,4 km2 entourant l'ancien ghetto médiéval. Les épidémies dans les ghettos sont connues pour être fréquentes et sont attribuées par les Allemands au "manque de discipline" des habitants. De nombreux Juifs de l'étranger ont été transportés dans le ghetto de Varsovie et, au printemps 1942, près d'un demi-million de personnes y vivaient.

Selon les milieux polonais de Londres, quelque 1 300 000 Juifs ont été regroupés dans onze ghettos disséminés dans différentes parties du pays. Au début de l'été 1942, l'Institut des affaires juives avance le chiffre de 1,5 million. Les 28 octobre et 10 novembre 1942, le secrétaire d'État à la sécurité du gouvernement général polonais édicte des règlements sur les ghettos juifs dans cinq districts du gouvernement général : Varsovie, Lublin, Cracovie, Radom et Galicie. Selon Kulisher, en novembre 1942, tous les Juifs du gouvernement général étaient confinés dans deux types de zones : les ghettos situés à l'intérieur des grandes villes et les villes purement juives dont la population non juive avait été évacuée. Au total, il y avait treize ghettos et quarante-deux villes juives dans l'ensemble du Gouvernement général polonais.

Après l'invasion de l'URSS, des ghettos ont été créés en Ukraine occidentale, en Biélorussie occidentale, dans les États baltes et dans la Russie occupée. Si l'invasion de l'URSS s'était soldée par une défaite soviétique, la politique de réinstallation des Juifs en Europe de l'Est se serait certainement poursuivie comme prévu, et les masses rassemblées au sein du gouvernement général polonais se seraient retrouvées dans ces ghettos dans des pays plus à l'est. Des centaines de milliers de Juifs sont passés par les camps de transit, considérés comme des camps d'extermination par l'historiographie officielle, au cours de leur voyage vers l'Est. Lorsqu'une nouvelle réinstallation est annoncée, il appartient au Conseil juif du ghetto de soumettre aux autorités allemandes les listes des personnes à déplacer.

Le soulèvement du grand ghetto de Varsovie, le 19 avril 1943, a entraîné une accélération du transport des Juifs vers l'Est. Après une résistance acharnée et une bataille qui a bénéficié d'une couverture et d'une publicité mondiales, le soulèvement a été réprimé le 16 mai et le ghetto a finalement été liquidé. Le nombre de victimes est estimé à 12 000 et environ 60 000 de ses habitants sont déplacés vers l'est. Treblinka devient le camp de transit pour cette nouvelle réinstallation. Trois mois plus tard, le ghetto de Bialystock est également expulsé. Des affrontements ont lieu pendant quelques jours, mais la résistance est faible. Selon l'*encyclopédie de l'Holocauste*, le 18 août, les déportations ont commencé vers Treblinka, où les exterminationnistes affirment que les déportés ont été gazés, Majdanek, Poniatowa ou Auschwitz. Un train transportant 1200 enfants, initialement prévu pour être envoyé en Palestine, passe par Treblinka et est finalement dirigé vers Theresienstadt, le "camp modèle", où se déroulent de nombreuses activités culturelles et artistiques, notamment dans le domaine de la musique.

La déportation des Juifs hongrois

Grâce au *Rapport du Comité de sauvetage juif de Budapest* (*The Report of the Budapest Jewish Rescue Committee*), nous disposons d'informations très intéressantes sur les activités des sionistes à Budapest pendant la guerre. Rudolf Israel Kastner, également connu sous le nom de Reszö Kasztner, président du Comité et auteur du rapport manuscrit, a soumis le document en 1946 à la WZO (Organisation sioniste mondiale). Kastner ayant été liquidé le 15 mars 1957 à Tel Aviv par Zeev Eckstein, un ancien agent des services secrets israéliens, il est utile de revenir brièvement sur cet assassinat avant d'aborder la controverse sur le sort des Juifs hongrois.

L'assassinat du Dr Kastner en mars 1957 a été le premier crime politique de l'histoire d'Israël. Quelqu'un a décidé que Rudolf Kastner ferait mieux de disparaître, apparemment parce qu'il en savait trop sur la collaboration sioniste avec les nazis et sur sa responsabilité dans certains événements. Le criminel, Zeev Eckstein, bien que repenti, n'a jamais abandonné les personnes qui lui avaient ordonné d'éliminer Kastner. Tout commence en 1952, lorsqu'un hôtelier de Jérusalem, Malquiel Grünwald, accuse des membres du gouvernement travailliste de collaboration avec les nazis. Kastner, qui était en 1952 le porte-parole de Dov Yosef, le ministre de l'Industrie et du Commerce du gouvernement de Ben Gourion, est particulièrement visé. En 1953, le gouvernement travailliste, poussé par Kastner, a poursuivi Grünwald pour diffamation. Au cours du procès, l'avocat de Grünwald, Shmuel Tamir, accuse Kastner d'avoir témoigné en faveur du colonel SS Kurt Becher à Nuremberg et produit une lettre de Kastner à Eleazer Kaplan, un fonctionnaire de l'Agence juive présidée par David Ben Gourion et Moshe Sharett, dans laquelle il écrit : "Kurt Becher était colonel dans la SS et servait de liaison entre Himmler et moi-même pour notre travail de sauvetage. Il a été libéré de la prison de Nuremberg par les forces d'occupation alliées grâce à mon intervention personnelle". Le juge Halevi a voulu savoir qui avait autorisé Kastner à défendre Becher au nom de l'Agence juive et du Congrès juif mondial. Kastner a alors craché une liste de personnalités de l'Agence juive en Israël.

Les choses se compliquent à tel point que le 29 juin 1955, *le New York Times* rapporte que le gouvernement israélien, qui est en procès avec Kastner, est invité à démissionner. Le procès dura trois ans. Joel Brand, un proche collaborateur de Kastner que beaucoup auraient voulu voir mort, témoigne devant le tribunal et il est établi que David Ben Gourion, Moshe Sharett et Chaim Weizmann lui-même sont également impliqués dans la prétendue extermination des Juifs hongrois : une extermination inexistante que la propagande avait certifiée et qu'il n'était plus possible de nier. Finalement, le juge Hálevi, au vu de toutes les preuves, a donné raison à Malquiel Grünwald, et le gouvernement d'Israël a fait appel devant la Cour suprême. Le meurtre de Kastner a eu lieu avant la décision de la Cour suprême, qui a finalement statué en 1958 qu'il n'était pas coupable de collaboration, car, comme l'a écrit l'un des juges, "il n'y a pas de loi qui puisse imposer des obligations à un dirigeant dans une situation d'urgence à l'égard de ceux qui dépendent de sa direction et suivent ses instructions". Cependant, la Cour suprême a estimé qu'il avait commis un parjure au nom d'un nazi.

Ceci étant expliqué, nous pouvons maintenant examiner le rapport soumis par Kastner à la WZO en 1946, sachant que son éditeur, Lenni Brenner, n'en publie que des extraits choisis par lui-même dans *51 Documents. La collaboration sioniste avec les nazis*. Kastner, l'un des dirigeants, sinon le président, du "Vaadat Ezra Vö-Hazalah" (Comité de secours et de sauvetage juif) à Budapest, confirme que, outre une horde de Juifs de Slovaquie, des vagues de Juifs polonais sont entrés en Hongrie en tant que réfugiés en mars 1942. Nombre d'entre eux ont bénéficié d'une aide financière, d'un logement et de faux documents légaux de la part du Comité. Pour aider la grande multitude de réfugiés slovaques et polonais, il aurait fallu puiser dans les fonds du "Keren KaYemeth" (Fonds national juif) et du "Karen HeYesod" (Fonds de fondation), mais les dirigeants sionistes qui les contrôlent refusent de les fournir au motif qu'ils ont déjà été collectés pour la Palestine. Cependant, à l'automne 1942, les organisations d'aide de l'Agence juive d'Istanbul, dirigées par Chaim Barlas, envoient au Comité de Budapest une "somme modeste" destinée à l'aide aux Juifs polonais. Selon Kastner, l'organisation chargée du sauvetage des Juifs polonais portait le nom de code "Tikhul" et était dirigée par Joel Brand, dont le témoignage lors du procès de Kastner à Tel-Aviv a suscité des interrogations.

Tout se passe relativement bien jusqu'en mars 1944, date à laquelle les Allemands occupent la Hongrie, craignant que les Hongrois ne rompent leur alliance avec eux. Les premiers à apprendre l'imminence de l'occupation sont les dirigeants du Comité de sauvetage juif qui, le 14 mars, reçoivent de Joseph Winniger, l'un de leurs collaborateurs au sein du Service de renseignement militaire, des informations confidentielles qui les mettent en état d'alerte. Une conférence fut immédiatement convoquée, à laquelle participèrent Otto Komoly, Joseph Fischer, Ernest Marton, Hillel Danzig, Moshe Schweiger, Joel Brand et Rudolf Kastner. Le comité de sauvetage juif de Budapest décide d'alerter immédiatement Istanbul. En outre, il prend contact avec le Comité de Bratislava, qui a de bonnes relations avec les responsables SS, afin de connaître les intentions des Allemands à l'égard des Juifs hongrois. D'autre part, la Haganah, instrument de protection des Juifs, doit être immédiatement activée. La Haganah refuse de se manifester au cours des trois ou quatre premiers mois suivant l'occupation, notamment parce que Moshe Schweiger, son chef en Hongrie, est arrêté par les SS.

Au cours des premiers jours de l'occupation, qui débute le 19 mars, les membres du "Vaadah" (Comité de sauvetage juif) et les dirigeants sionistes se réunissent à plusieurs reprises pour planifier le travail à accomplir. Otto Kolmony est chargé de contacter les hommes politiques hongrois et les églises chrétiennes, à qui il demande de l'aide. Moshe Krause est chargé de se placer sous la protection de l'ambassade de Suisse et de demander l'intervention de diplomates neutres. Le Dr Kastner et Joel Brand sont chargés d'établir des relations avec les Allemands. Dieter Wisliczeny, assistant d'Adolf Eichmann et chef des "Judenkommandos" à Budapest, est le contact qui leur permet d'entamer des négociations avec les SS.

Le 5 avril 1944, Kastner et Brand sont reçus par Wisliczeny, à qui ils présentent leurs aspirations qui, selon le rapport de Kastner à la WZO, sont les suivantes : sauvegarder la vie des Juifs hongrois, ne pas les ghettoïser, empêcher les déportations et permettre aux Juifs hongrois munis de visas d'émigrer et d'entrer dans d'autres pays. Voici ce que Kastner a écrit à propos de la réponse : "...Naturellement", a déclaré Wisliczeny, "nous insistons sur le fait que l'influence des Juifs dans tous les domaines doit être radicalement réduite. Mais nous n'insistons pas pour qu'ils soient placés dans des ghettos ou déportés. Cette possibilité ne pourrait se réaliser que si nous recevions des ordres de nos supérieurs directement de Berlin". Examinons le fragment de la réponse de Wisliczeny qui fait référence à l'immigration vers d'autres pays : "En ce qui concerne l'immigration, je dois demander des instructions à mes supérieurs. Personnellement, je ne pense pas que notre haut commandement soit intéressé par une immigration en nombre limité. Mais si vous étiez prêt à concevoir un plan pour l'immigration d'au moins cent mille Juifs, nous essaierions d'influencer Berlin pour que cela soit possible."

Le rapport de Kastner ajoute que Wisliczeny a demandé deux millions de dollars et a exigé, en signe de "bonne volonté" et pour montrer que les Juifs avaient la capacité de réunir l'argent, que dix pour cent soient payés à l'avance, soit deux cent mille dollars à payer en pengös, la monnaie hongroise en vigueur à l'époque. La conversion s'élevait à six millions et demi de pengös et devait être effectuée au marché noir. Les Juifs décident de payer cette somme afin de maintenir la connexion et de gagner du temps. Il faut savoir que Budapest était depuis des années une ville qui avait accueilli des réfugiés d'Europe centrale et orientale et était ainsi devenue un épicentre de l'"Alijah" (immigration juive vers la Palestine). Quant au capitaine Dieter Wisliczeny, il fut plus tard chef de la Gestapo en Slovaquie et finit entre les mains des communistes tchèques, qui le torturèrent jusqu'à en faire une mauviette dans la prison de Bratislava en novembre 1946 avant de l'exécuter. Poliakov et d'autres exterminationnistes utilisent ses déclarations pour soutenir l'extermination de six millions de Juifs.

Adolf Eichmann, directeur de la politique juive au Reich Security Main Office (RSHA) de la SS et spécialiste de toutes les questions juives, était resté dans l'ombre, mais il entre en scène dès que les négociations commencent à prendre forme.[1] Joel Brand est reçu par Eichmann le 25 avril 1944. La rencontre a lieu à l'hôtel Majestic de Budapest. Kastner reproduit mot pour mot dans son rapport les mots par lesquels il a commencé l'entretien :

> Je me suis renseigné et j'ai constaté que le "Joint" est en mesure d'effectuer les paiements (après l'expérience en Autriche et en Tchécoslovaquie, tout ce qui avait trait aux Juifs et à l'argent était synonyme de "Joint"). Bien sûr, je suis au courant des conférences entre Krumey et vous, mais ce n'est qu'une broutille. Maintenant, je vous offre

---

[1] L'affaire Adolf Eichmann est devenue un événement mondial lorsque, le 2 mai 1960, il a été capturé en Argentine par des agents du Mossad, qui l'ont transféré en Israël pour y organiser un simulacre de procès. Les médias du monde entier apportent leur soutien à la parodie de Jérusalem. Les 28 novembre et 5 décembre 1960, le magazine *Life* publie les prétendues mémoires d'Eichmann afin de préparer l'opinion publique internationale. Bien qu'il n'ait jamais été accusé d'avoir participé à des exécutions de Juifs, après avoir subi des tortures et un lavage de cerveau appropriés, il témoigne au procès qu'il a été responsable de l'extermination de plus de six millions de Juifs. En outre, alors qu'il savait qu'il allait être exécuté, il a été contraint de rédiger des "aveux authentiques" dans lesquels il ratifiait et augmentait le nombre de Juifs qu'il avait éliminés. Pour en savoir plus sur cette affaire, le lecteur peut lire *La vérité sur le procès Eichmann* de Paul Rassinier, publié en 1962.

la grande opportunité de sauver un million de Juifs hongrois. J'ai entendu dire que Roosevelt, dans un discours radiodiffusé, avait exprimé ses craintes pour la vie des Juifs hongrois. Je vais maintenant vous donner l'occasion de faire quelque chose pour eux. Je n'ai pas besoin d'argent. Je ne sais pas quoi en faire. J'ai besoin de matériel de guerre, en particulier de camions. C'est pourquoi j'ai décidé de vous autoriser à vous rendre à Istanbul afin que vous puissiez transmettre cette généreuse offre allemande à vos amis là-bas. Je transférerai tous les Juifs hongrois en Allemagne, ils seront récupérés à un endroit précis. J'attendrai deux semaines pour recevoir une réponse d'Istanbul. Vous reviendrez immédiatement d'Istanbul pour m'apporter la réponse de vos amis. Si la réponse est positive, vous pouvez emmener tous les Juifs en ce qui me concerne, mais si la réponse est négative, vous devrez en subir les conséquences".

Il est à noter que la parenthèse dans le fragment est un verbatim, donc une déclaration de Kastner, qui admet que les Allemands connaissaient bien la puissance du Joint Distribution Committee de New York, dont les agents en URSS, nous l'avons vu, étaient farouchement combattus par Staline. Quant à Hermann Krumey, nom donné dans le texte, c'est un collaborateur d'Eichmann. Kastner note dans son rapport que les phrases d'Eichmann étaient brèves et mordantes, et que Brand a tenté de le convaincre qu'il serait plus facile de parvenir à un accord si les Allemands renonçaient à leurs projets de déportation. Joel Brand a demandé à Adolf Eichmann de suspendre ces projets car "il serait plus facile de conclure cette affaire". Il semble logique que si la solution finale avait été un plan d'extermination des Juifs d'Europe, l'offre d'Eichmann n'aurait pas été possible. S'il y avait eu un ordre supérieur et un plan d'extermination, la proposition d'Eichmann de les échanger contre des camions n'aurait pas été possible.

Joel Brand s'est rendu à Istanbul à bord d'un avion de transport allemand. Avant le voyage, entre le 8 et le 17 mai, il négocie avec Eichmann à Budapest. Eichmann, convaincu de la forte influence des Juifs sur les Alliés, notamment les Américains, est persuadé que l'offre de dix mille camions pour un million de Juifs, c'est-à-dire un camion pour la vie de cent personnes, sera acceptée. "Vous pouvez assurer à vos amis, garantit-il, que nous n'utiliserons pas les camions au front, mais à l'intérieur. Tout au plus, en cas d'urgence, ils pourraient être utilisés à l'étranger, sur le front russe." Dès le départ de Joel Brand pour la Turquie, les contacts avec Eichmann sont repris par Kastner et Hansi Brand (l'épouse de Joel). En mai, les déportations ont déjà commencé. Sur ce qu'Eichmann leur a dit à ce sujet, Kastner écrit dans son rapport : "Il n'y avait absolument aucune chance qu'il suspende ou arrête les déportations. Nous ne devions pas penser qu'il était si stupide, car s'il arrêtait les déportations, personne à l'étranger ne négocierait avec lui. Nous devions faire un effort pour être plus efficaces à Istanbul. Il ne se laissait pas prendre pour un imbécile et sa patience avait des limites". Après l'entretien, ils se dépêchent d'envoyer un télégramme à Istanbul pour annoncer que les déportations ne s'arrêteront pas et qu'il faut agir vite car le temps joue contre eux.

Kastner fait état d'une nouvelle réunion, le 22 mai, au cours de laquelle Eichmann confirme qu'il autorise l'émigration de six cents Juifs sélectionnés ; toutefois, en raison des obligations d'Hitler envers le Grand Mufti de Jérusalem, il ne leur permet pas de se rendre en Palestine via Istanbul, mais ils doivent se rendre en Allemagne, puis en France et en Espagne, d'où ils pourront partir pour l'Afrique. Dans les jours qui suivent, des télégrammes sont reçus d'Istanbul dans lesquels Brand dit avoir des discussions pleines d'espoir et que plusieurs délégués britanniques et américains de l'Agence juive le soutiennent, mais tout cela se termine par un grand fiasco et Brand n'est jamais revenu à Budapest. À notre avis, si la livraison de dix mille camions devait sauver la vie de centaines de milliers de Juifs, il est incompréhensible que l'opération n'ait pas été autorisée. Si l'extermination des Juifs hongrois avait bien eu lieu, les dirigeants sionistes qui l'auraient empêchée seraient coupables devant l'histoire et devant leur peuple.

Voici un très bref résumé des vicissitudes de Joel Brand. Dans le quatrième volume de *L'effondrement de l'Occident : The Next Holocaust and Its Aftermath*, Francisco Gil-White consacre le chapitre XXI, intitulé "The 'Kastner Case'", à un récit détaillé de ce qui s'est passé. Gil-White affirme être redevable à Ben Hecht, qui a assisté au procès en tant que journaliste et a publié en 1961 un compte rendu documenté du procès dans *Perfidy*, qui est la source principale de Gil-White. Les informations sur le procès de Tel Aviv contre Kastner sont d'un grand intérêt, mais nous nous intéressons maintenant à la gestion de l'affaire par Brand depuis son arrivée à Istanbul avec Bandi Grosz. Selon cet auteur américain, personne ne les a attendus à l'aéroport et ils ont trouvé un logement dans un hôtel, où ils ont reçu la visite d'un représentant de l'Agence juive qui les a conduits au Comité de secours et d'assistance d'Istanbul.

Brand explique qu'il doit retourner à Budapest dans deux semaines pour libérer les 100 000 premiers Juifs. Il est toutefois décidé que la présence d'un haut responsable de l'Agence juive est nécessaire. Venia Pomeranietz est donc désignée pour amener Moshe Sharett à Istanbul. Compte tenu du refus britannique d'autoriser Sharett à entrer en Turquie, Chaim Barlas, chef de l'Agence juive à Istanbul, propose à Brand de se rendre en Syrie britannique pour le rencontrer, mais Brand craint d'être arrêté par les Britanniques et, Eichmann lui ayant dit que son retour et sa parole suffiraient, il demande à être autorisé à retourner à Budapest avec une lettre du Comité de secours et d'assistance indiquant que l'accord a été approuvé. Après une discussion acrimonieuse, Barlas oblige Brand à se rendre en Syrie en compagnie d'Ehud Avriel du mouvement Halutzin (Pionniers).

Lorsque le train s'est arrêté à Ankara, a déclaré Brand au juge Halevi, Avriel est descendu du train pendant quelques minutes, puis deux agents, l'un du parti révisionniste de Vladimir, Jabotinsky, et l'autre d'Agudat Israel, un parti sioniste religieux, sont montés pour l'avertir de ne pas poursuivre son voyage, car les Britanniques l'attendaient à Alep pour l'arrêter. Dans sa déclaration, Brand affirme qu'Avriel l'a rassuré et l'a encouragé à poursuivre le voyage. Dès qu'ils sont arrivés à Alep, Ehud Avriel est descendu de la voiture sous prétexte de prendre des dispositions, et les agents britanniques ont alors procédé à l'arrestation de Brand. Ils l'emmènent à leur quartier général où, en leur présence, il est finalement interrogé par Moshe Sharett, le chef du département politique de l'Agence juive qui deviendra plus tard ministre des Affaires étrangères et Premier ministre d'Israël. Sharett, qui entretient d'excellentes relations avec le gouvernement de Londres, lui annonce qu'il ne peut plus retourner à Istanbul ou à Budapest. "J'ai été surpris et j'ai amèrement protesté", a déclaré Brand au juge Hálevi, "mais il m'a dit qu'il n'y avait pas d'autre solution".

Finalement, Joel Brand a été emmené au Caire via la Palestine. Là, il est interrogé à plusieurs reprises par les Britanniques et entame une grève de la faim de 17 jours en signe de protestation. Quatre mois plus tard, il est libéré, mais contraint d'entrer en Palestine. Brand écrit naïvement à Chaim Weizmann, président de l'Organisation sioniste mondiale (OSM), pour lui raconter ce qui s'est passé, lui demander d'accepter l'offre d'Eichmann et lui expliquer que les Juifs sont trahis par leurs dirigeants en Palestine. La réponse de Weizmann, datée du 29 décembre 1944 à Rehovot, a été présentée au tribunal de Tel Aviv comme preuve par Shmuel Tamir, l'avocat du dénonciateur Grünwald. En voici le texte :

> "Cher Monsieur Brand,
> Veuillez me pardonner d'avoir mis autant de temps à répondre à votre lettre. Comme vous l'avez certainement vu dans la presse, j'ai beaucoup voyagé et je n'ai généralement pas eu un moment de libre depuis mon arrivée ici. J'ai lu votre lettre et le mémorandum ci-joint et je serai heureux de vous rencontrer un jour de la semaine prochaine, vers le 10 janvier.
> Mlle Itin, ma secrétaire, vous contactera pour organiser l'entretien.
> Je vous adresse mes plus cordiales salutations.
> Sincèrement, Chaim Weizmann".

Il est intéressant de noter qu'après avoir écrit à Brand pour lui proposer une interview, Weizmann est revenu sur sa promesse et la rencontre n'a jamais eu lieu. Joel Brand a conclu son témoignage devant le juge Halevi en ces termes : "Que j'aie eu tort ou non, que ce soit pour le bien ou pour le mal, j'ai maudit les dirigeants officiels des Juifs depuis lors. Toutes ces choses me tourmenteront jusqu'au jour de ma mort. C'est beaucoup plus que ce qu'un homme peut supporter".

La déportation des Juifs hongrois au printemps 1944 a fait l'objet d'une discussion constante entre les chercheurs révisionnistes, qui ont débattu entre eux afin de déterminer le plus précisément possible ce qui s'est réellement passé. La version officielle proposée par les exterminationnistes reprend les estimations du Congrès juif mondial de 1945 et 1946, selon lesquelles quelque 600 000 Juifs sont morts. En 2000 encore, Arthur R. Butz a débattu avec Jürgen Graf dans un long article intitulé "On the 1944 Deportations of Hungarian Jews", publié dans *The Journal of Historical Review*. Graf, écrivain et militant suisse bien connu qui a publié en 1992 le livre *Der Holocaust auf dem Prüfstand*, publié pour la première fois en Argentine en espagnol sous le titre *El Holocausto bajo la lupa* (1997), admet que 438 000 Juifs ont été déportés à Auschwitz entre mai et juillet 1944, mais nie qu'ils aient été gazés.

En 2001, Samuel Crowell, un autre auteur révisionniste, a rejoint le débat avec un nouvel article, "New Light on the Fate of Hungarian Jews", également publié dans *The Journal of Historical Review*. Ce chercheur américain rappelle que Jean-Claude Pressac, l'auteur qui soutient la thèse de 600 000 à 700 000 morts à Auschwitz, réduit considérablement le nombre de Juifs hongrois déportés à Auschwitz entre 160 000 et 240 000. Samuel Crowell conteste la déportation massive à Auschwitz et affirme que de nombreux Juifs hongrois ont été transférés dans divers camps, dont Dora, Buchenwald, Bergen-Belsen, Gross Rosen, Mauthausen, Szeged, Strasshof..., et apporte la preuve qu'en juin 1944, 20 000 Juifs ont été envoyés à Strasshof.

L'une des sources de Crowell est l'historien hongrois Szabolcs Szita, qui dresse une liste de près de 400 camps et de leurs satellites où les Juifs hongrois sont arrivés.[2] En outre, Szita ajoute les noms de plus de cinq cents localités, dont beaucoup n'étaient pas associées à des camps de concentration, qui ont accueilli des Juifs déportés de Hongrie. Parmi ces localités, il cite Unterlüss, près de Hanovre, ou Moerfelde-Walldorf. Il existe des preuves qu'un grand nombre de femmes hongroises travaillaient à Unterlüss. On sait également qu'environ 1700 femmes hongroises, après avoir été transférées en mai d'Auschwitz, ont travaillé à Moerfelde-Walldorf sur une piste d'atterrissage pour l'entreprise Züblin, une société de construction. Szabolcs Szita mentionne également des Hongrois travaillant dans différents camps de concentration près des pays baltes, tels que Kovno, Klooga, Riga-Kaiserwald, Stuthoff et d'autres. Dans le sous-camp de Dundaga, entre 2000 et 5000 femmes hongroises, arrivées d'Auschwitz à

---

[2] Szabolcs Szita a été nommé par le gouvernement de Viktor Orbán directeur du Centre de commémoration de l'Holocauste à Budapest. Le livre de Szita, *Coexistence-Persécution-Holocauste*, publié en 2001 et récompensé par le ministère de l'éducation du premier gouvernement Orbán, fournit des informations importantes sur l'histoire des Juifs hongrois. Le contenu de l'ouvrage de M. Szita n'ayant pas plu aux dirigeants juifs, une campagne de critique de ses opinions a été lancée.

partir du mois de mai, ont travaillé. En d'autres termes, Szita et d'autres historiens confirment qu'au lieu de l'extermination prévue, il y a eu une large distribution des Juifs d'Auschwitz vers diverses zones occupées par les Allemands, où ils ont été forcés de travailler.

Le rapport du CICR de 1948 confirme que, comme en Slovaquie, les Juifs hongrois jouissaient d'une certaine liberté d'action. Il y avait des lois anti-juives, mais il n'y avait pas de danger. Jusqu'en mars 1944, ceux qui obtenaient des visas pour la Palestine étaient libres de quitter le pays. Puis, pour éviter que la Hongrie n'abandonne son alliance avec l'Allemagne face à la défaite attendue d'Hitler, les troupes allemandes occupent le pays. Le 18 mars, le Führer convoque le régent, l'amiral Horthy, à son quartier général. Selon le rapport du CICR, il "exprima son indignation devant le fait que près d'un million de Juifs de Hongrie jouissaient d'une liberté illimitée". Après l'occupation, un nouveau gouvernement sous autorité allemande suspend l'émigration juive et les persécutions commencent. C'est entre mai et juillet que les déportations les plus importantes ont lieu afin d'employer les Juifs comme ouvriers.

Arthur R. Butz non seulement nie que des Juifs hongrois aient été gazés à Auschwitz, mais il considère qu'il était impraticable de transférer 438 000 d'entre eux vers le fameux camp à un moment critique de la guerre où les moyens de transport étaient nécessaires pour les besoins de la guerre. Cet auteur cite un texte daté du 19 avril 1944 dans lequel les autorités allemandes font allusion aux "plus grandes difficultés" à trouver des trains disponibles pour le transfert des 10 000 Juifs dont elles ont besoin comme main d'œuvre. Le 27 avril, un nouveau rapport confirme qu'il a finalement été possible de transporter 4000 personnes, qui sont arrivées à Auschwitz vers le 1er mai. Des documents attestent d'un second transport de 4000 Juifs vers le camp de travail, dont 2000 ont été enregistrés le 22 mai et 2000 autres le 24 mai. Cependant, la pénurie de trains empêche la déportation des cinquante mille nécessaires. Il faut également noter que le 6 juin 1944, jour J, le débarquement en Normandie commence et que les Allemands se trouvent dans une situation désespérée sur les deux fronts. Les chemins de fer étaient essentiels pour le transport des troupes et du matériel afin d'éviter l'effondrement. Il est impossible de comprendre comment des trains en très grand nombre ont pu être affectés à la déportation de masse au détriment des priorités et de la capacité opérationnelle de l'armée. Pour défendre sa thèse, Arthur R. Butz affirme que le chiffre de 438 000 Juifs, prétendument déportés en deux mois, équivaut aux deux tiers des déportations d'Allemagne, d'Autriche et d'Europe de l'Ouest en trois ans (1941-1944). Autre fait incompréhensible que les exterminationnistes n'expliquent pas : pourquoi les Allemands ont-ils perdu du temps et des ressources à déporter des centaines de milliers de personnes à Auschwitz pour les tuer, alors qu'ils auraient pu le faire, si tel était bien le but, en les fusillant en Hongrie ou dans les montagnes slovaques traversées par les trains.

Avant de poursuivre, il convient de préciser qu'au début de l'année 1944, les Juifs hongrois étaient environ 750 000, selon les chiffres fournis par les Allemands eux-mêmes. On ne sait pas si ce chiffre inclut les réfugiés polonais et slovaques qui ont franchi la frontière en masse parce que la Hongrie était considérée comme un refuge sûr. Les sionistes ayant utilisé la Hongrie comme tremplin pour canaliser l'immigration vers la Palestine, il faut supposer qu'un afflux supplémentaire de Juifs d'Europe de l'Est est entré dans le pays à cette fin. 300 000 d'entre eux vivaient à Budapest au printemps 1944. Si le nombre de déportés des mois de mai et juin correspondait au chiffre donné par les exterminationnistes, cela reviendrait à accepter la disparition de tous les Juifs hongrois vivant en province, puisque les Juifs de la capitale n'ont pas été évacués. Par ailleurs, il faut noter qu'en novembre 1944, 100 000 Juifs sont arrivés à Budapest en provenance de différentes régions du pays, ce qui signifie que le nombre de déportés est inférieur au nombre de Juifs déportés en novembre 1944.

Le fait qu'en mars 1944 les Allemands aient rendu publique leur intention de déporter les Juifs hongrois a été immédiatement saisi par les propagandistes juifs pour lancer une campagne sur l'histoire de l'extermination des Juifs hongrois, qui incluait toutes sortes d'atrocités. Arthur R. Butz cite dans *The Hoax of the Twentieth Century* une vingtaine de rapports publiés entre février et août 1944 dans *le New York Times*, fleuron de la presse écrite juive aux États-Unis. Examinons-en quelques-uns. Le 10 mai, un article de Joseph M. Levy affirme que la Hongrie prépare "l'anéantissement des Juifs hongrois par les moyens les plus diaboliques". Gratuitement, sans la moindre preuve, il est affirmé que le gouvernement Sztójay est "sur le point de commencer l'extermination d'environ un million d'êtres humains". Avec la plus grande impudence, Joseph M. Levy écrit : "Le gouvernement hongrois a décrété la création, dans diverses régions de Hongrie, de "bains spéciaux" pour les Juifs. Ces bains ne sont rien d'autre que d'immenses chambres à gaz prêtes pour le meurtre de masse, tout comme celles ouvertes en Pologne en 1941". Une semaine plus tard, le 18 mai, le même article affirme que huit cent mille Juifs des provinces des Carpates ont été "envoyés dans les camps d'extermination en Pologne".

Citant des sources hongroises en provenance de Turquie, *le New York Times* du 2 juillet insère en page 12 un article indiquant que "350 000 Juifs sont prêts à être déportés vers les camps de la mort en Pologne". Le même article indiquait que 400 000 avaient déjà été envoyés le 17 juin et ajoutait : "on pense que les 350 000 restants seront exécutés d'ici le 24 juillet". Le 6 juillet, on peut lire en page 6 : "Le Congrès juif mondial a été informé il y a plus de quinze jours que cent mille Juifs récemment déportés de Hongrie en Pologne ont été gazés dans le grand camp de concentration allemand d'Oswiecim" (toponyme polonais d'Auschwitz). Le 4 août, un courrier de la résistance polonaise est cité comme source, annonçant "que des Juifs hongrois étaient envoyés à Oswiecim au rythme de douze trains toutes les vingt-quatre heures". Pour choquer davantage l'opinion publique américaine, il ajoute que "dans leur hâte, les Allemands ont commencé à tuer des petits enfants avec des matraques". Toujours pendant la Première Guerre mondiale, les propagandistes, on le sait, ont lancé une campagne contre l'Allemagne. Leurs soldats étaient accusés de manger des enfants belges et de les jeter en l'air pour les embrocher avec leurs baïonnettes. La différence est que les Britanniques se sont ensuite rétractés et que leur ministre des affaires étrangères a présenté des excuses à l'Allemagne devant la Chambre des communes, où il a reconnu qu'il s'agissait de propagande de guerre ; mais aujourd'hui, au XXIe siècle, la propagande sur les atrocités commises par les nazis à l'encontre des Juifs ne cesse de prendre de l'ampleur.

Le professeur Butz reproduit dans son ouvrage jusqu'à une cinquantaine de documents présentés au procès de Nuremberg, qui sont utilisés par les exterminationnistes pour prouver que plus de 400 000 Juifs ont été déportés entre le 15 mai et le début juillet 1944. Un exemple du manque de fiabilité de certains d'entre eux est le document NG-2233, qui affirme de manière absurde que le programme d'extermination avait la priorité sur la production militaire en ce qui concerne les chemins de fer. On peut raisonnablement soupçonner que nombre de ces textes sont des faux qui s'appuient sur la collaboration, après la guerre, de nazis qui ont bénéficié d'une immunité et ont échappé aux poursuites. La plupart sont des copies ronéotypées de télégrammes envoyés au ministère des Affaires étrangères par Edmund Veesenmayer, le plénipotentiaire du ministère en Hongrie. Veesenmayer était un accusé dans le procès de la Wilhelmstrasse, la 11e affaire du NMT, l'un des douze procès organisés par les Américains entre 1946 et 1949. Le procureur juif Robert Kempner, qui a pris en charge la "section des ministères politiques", utilise les stratégies les plus sales pour obtenir les déclarations qu'il souhaite. Selon l'*Encyclopedia Judaica*, Kempner était "procureur en chef".[3] Veesenmayer a déclaré qu'il pouvait

---

[3] Nous avons déjà parlé de ce Robert Kempner au chapitre onze, plus précisément dans la section consacrée à l'assemblée de Nuremberg. Nous ajouterons maintenant que ce juif d'origine allemande avait émigré aux États-Unis en 1939 et que, pendant la guerre, il fut l'un des nombreux juifs qui travaillèrent au sein de l'OSS (l'Intelligence Service), dont, curieux exemple, Herbert Marcuse, le célèbre philosophe de l'École de Francfort, auteur de *L'homme unidimensionnel*. Comme cela a été expliqué, la coercition a été un outil régulier de Kempner lors de ses interrogatoires à Nuremberg, où il a volé de nombreux documents originaux. Kempner a dissimulé le document Schlegelberger, qui montrait qu'Hitler avait ordonné en mars 1942 que la solution de la question juive soit reportée à la fin de la guerre. David Irving l'a publié en 1977 dans *Hitler's War*. En 1951, Kempner est le représentant d'Israël à Bonn et joue un rôle de premier plan dans les négociations sur les compensations accordées par l'Allemagne à l'État sioniste et aux victimes des persécutions nazies. En 1952, il apparaît à nouveau aux États-Unis dans le cadre de l'enquête de la Chambre des représentants sur le massacre de la forêt de Katyn, au sujet duquel Kempner avait témoigné en faveur des Soviétiques au sein du TMI, tout en sachant qu'il existait des preuves de la culpabilité de l'URSS, exposant ainsi sa malhonnêteté.

recevoir jusqu'à vingt ordres par jour et que certains d'entre eux se contredisaient. Il a déclaré que ses rapports étaient rédigés par des assistants et qu'il les signait après les avoir examinés d'un coup d'œil. Il a finalement été condamné à vingt ans de prison, mais au début de l'année 1952, il était libre.

À notre avis, certains documents démontrent les incohérences et les incertitudes des Allemands, notamment au moment où Eichmann négociait avec le Comité de sauvetage juif à Budapest et attendait la démarche de Joel Brand à Istanbul, où les sionistes devaient obtenir dix mille camions pour sauver tous les Juifs de Hongrie de la déportation. Trois documents datés du 28 au 30 avril 1944, NG-5595, NG-5596 et NG-5597, confirment l'arrestation de 194 000 Juifs à la suite d'"opérations spéciales". Dans le document NG-2059, daté du 8 mai 1944, Veesenmayer déclare : "Un certain nombre de Juifs qui devaient être déportés ont été mis au travail sur des projets militaires en Hongrie". Un rapport dactylographié contenu dans le document NG-2980 est particulièrement révélateur. Il admet que le conseiller spécial pour les affaires juives à l'ambassade d'Allemagne à Budapest, von Adamovic, "n'a aucune idée du but et de la manière de mettre en œuvre les mesures antijuives". Le rapport fait également référence à la visite d'Adamovic au bureau d'Eichmann, où il a appris que 116 000 Juifs avaient été déportés vers le Reich et que la déportation de 200 000 autres était imminente. Dans ce contexte, il est précisé que la concentration de 250 000 Juifs des provinces situées au nord et au nord-ouest de Budapest devait commencer le 7 juin.

Grâce au rapport de Kastner, nous savons que le 9 juin 1944, Eichmann attendait encore que les efforts de Joel Brand à Istanbul portent leurs fruits, afin que les membres de la "Vaadah" (Comité de sauvetage juif) bénéficient de la protection des Allemands et des Hongrois, ce qui leur permettait de continuer à aider les réfugiés polonais et slovaques. Kastner reconnaît que des responsables de la jeunesse sioniste leur rendent visite quotidiennement et que l'ambassadeur Wesenmayer intercède en leur faveur auprès du gouvernement hongrois, ce qui leur donne de l'espoir. Si les espoirs concernant Istanbul ne permettaient pas de sauver tous les Juifs hongrois", écrit Kastner, textuellement, "nous devrions au moins protéger certains d'entre eux des chambres à gaz". Le rapport ayant été remis à la WZO en 1946, il est logique que Kastner ait mentionné les chambres à gaz, puisque la version officielle et la propagande avaient déjà établi que des millions de Juifs avaient été gazés.

Lenni Brener, éditeur du *Rapport du Comité de sauvetage juif de Budapest*, sélectionne un extrait du rapport qui relate les négociations de Kastner avec Eichmann au cours du mois de juin pour le transport de 1300 Juifs vers la Palestine. Le jour où notre 'Aliyah' devait commencer", écrit Kastner, "approchait. Le groupe n'avait pas été entièrement constitué..... Entre-temps, nous avons marchandé avec Eichmann le nombre de participants. Sous le titre "inclusion du groupe Klansenburger", une augmentation d'un millier de personnes a été obtenue. Compte tenu du grand nombre de personnalités provinciales, il a donné l'autorisation d'augmenter le nombre de places de deux cents. Le jour du départ, le nombre de participants disposant d'une autorisation officielle s'élevait à treize cents". À la lecture de ces mots, il ne fait aucun doute qu'au mois de juin 1944, Eichmann collaborait avec les sionistes pour sauver la vie de "Prominents". C'est le mot anglais qui figure dans le texte. Naturellement, la vie de ceux qui n'étaient pas en vue avait moins de valeur. Pour son intérêt, nous traduisons de l'anglais l'extrait "A Noah's Ark : The composition of the transport for abroad".

"Le départ du groupe a été fixé au 30 juin. Une fois de plus, nous avons dû établir une "première" liste. Les 1300 places ont été réparties entre les catégories suivantes, conformément à la Vaadah.
1. orthodoxes (réfugiés de Budapest. Compilation de Philip Freudiger)
2. les réfugiés polonais, slovaques et yougoslaves (selon leurs propres listes).
3. les principaux neurologues (liste de Samuel Stern).
4. Sionistes, titulaires de certificats (sur recommandation du présidium du département de Palestine)
5) Halutz, Hongrois et jeunes réfugiés : Dror Habonin, Makkabi, Hazan, Hashomer, Hazair, Noar Hazioni, Mizrachi Akiba (selon leur propre liste).
6. Révisionnistes (sur recommandation du leader révisionniste Gottesman).
7. Les payeurs, dont les contributions ont permis de couvrir le coût de tous les transports.
8. Les personnes sauvées des provinces.
9. Personnalités juives éminentes dans les domaines religieux, scientifique et culturel.
10. Orphelins. Un groupe d'orphelins de l'orphelinat de Budapest, plus 17 orphelins de Pologne. Leur cas est confié au docteur Georg Polgar, éminent dirigeant du Bureau juif de la santé, qui fait également partie du convoi".

Une fois de plus, il apparaît clairement que la plupart des victimes des nazis étaient les Juifs les plus pauvres, ceux qui ne pouvaient éviter la persécution et la déportation parce qu'ils n'avaient ni les moyens de fuir ni l'influence suffisante pour être pris en considération par les organisations qui négociaient avec les autorités allemandes dans les différents pays occupés. Le texte souligne que l'élite spirituelle du judaïsme hongrois a été invitée à quitter le pays, ainsi que des personnalités de tous horizons. Le rapport cite à titre d'exemple les noms d'un architecte, d'un oculiste, d'un psychologue, d'un radiologue, d'un interniste, d'un pianiste et même d'un chanteur d'opéra. Dans un autre paragraphe, Kastner insiste sur les personnalités que lui et son équipe ont réussi à sauver :

> "En outre, de nombreuses personnalités de la vie publique de Siebenbürgen amenées par le Klausenberg auraient pu être sauvées grâce à cette action. Il convient d'en citer quelques-unes. Les docteurs Theodor et Joseph Fisher, Joel Titelbaum, le rabbin hassidique mondialement connu qui était un opposant convaincu au mouvement sioniste. À l'exception d'Otto Kolmony et du Dr Rezsö Kasztner (lui-même), qui sont restés à Budapest pour poursuivre le travail, les personnalités suivantes ont quitté le pays dans les transports : la direction de l'Organisation sioniste hongroise, les collaborateurs du Fonds national, ainsi que certains collaborateurs et membres de la Vaadah : Ernst Szilagy, Moshe Rosenberg, Joseph Weinberger, Ede Morton, le Dr Sarah Friedlander, le Dr Elisabeth Kurz. D'autres personnalités et rabbins orthodoxes de premier plan complètent le tableau".

D'autres projets de collaboration avec les nazis apparaissent dans le rapport de Kastner, où il note comme succès du Comité juif de Budapest le sauvetage de 17 000 Juifs de province qui ont été emmenés en Autriche. Il mentionne également qu'à 15h30, le 19 août 1944, ils se sont rendus en Suisse avec une liste de 318 Juifs qu'ils avaient l'intention de libérer du camp de Bergen-Belsen, un objectif qu'ils ont atteint une fois de plus : le 21 août, le groupe a été conduit à Bâle à partir d'un petit poste frontalier allemand. Lenni Brenner reproduit également dans ses *51 documents* une lettre du représentant suisse de l'Office des réfugiés de guerre, Roswell D. McClelland, que Kastner avait jointe à son rapport à la WZO. On sait qu'entre l'automne 1944 et le printemps 1945, les négociations entre les dirigeants allemands et Saly Mayer, le représentant suisse du Joint Distribution Committee, se sont poursuivies sous la médiation de Rudolf Kastner. À la suite de ces rencontres, deux groupes de Juifs hongrois qui avaient été déportés de Budapest en juin 1944, soit un total de 1673 personnes, ont été libérés du camp de concentration de Bergen-Belsen et sont arrivés en Suisse en décembre 1944. Pour autant que l'on puisse en juger, les prétendus exterminateurs ont à plusieurs reprises consenti à faciliter le sauvetage de groupes de Juifs et, comme ils l'avaient fait dès le début de la montée au pouvoir des nazis, ont continué à négocier et à collaborer avec les organisations sionistes.

Le rapport du Comité international de la Croix-Rouge confirme également que le gouvernement hongrois était prêt à soutenir l'augmentation de l'émigration juive. En août, le CICR a donc contacté les gouvernements britannique et américain et a obtenu une déclaration commune de leur part exprimant leur volonté de soutenir l'émigration juive de Hongrie par tous les moyens possibles. Le CICR a transmis à Budapest le message suivant du gouvernement américain :

"Le gouvernement des États-Unis a été informé par le CICR que le gouvernement hongrois est prêt à permettre à certaines catégories de réfugiés d'émigrer de Hongrie.... compte tenu des considérations humanitaires concernant les Juifs hongrois, le gouvernement des États-Unis exprime à nouveau sa conviction qu'il sera ainsi négocié pour le bien de tous les Juifs qui sont autorisés à quitter la Hongrie et à atteindre les territoires alliés ou d'autres territoires neutres et qu'il leur sera trouvé des refuges temporaires où ils pourront vivre en toute sécurité. Les gouvernements des pays neutres ont été informés de ces intentions et ont été invités à permettre aux Juifs hongrois qui atteignent leurs frontières d'entrer sur leur territoire".

À la fin du mois d'août, le cours de la guerre indique clairement que les Allemands ne pourront pas tenir longtemps en Hongrie, car les revers qu'ils subissent se poursuivent déjà et ils reculent sur les fronts de l'est et de l'ouest. La Vaadah, qui a négocié jusqu'au bout avec Eichmann, commence à coopérer avec les groupes juifs de la résistance, auxquels elle fournit de l'argent, des armes et des munitions. "Les groupes 'Haluzim' restés à Budapest, dit le rapport de Kastner, se préparaient à l'éventualité d'une confrontation armée avec les Allemands dans les rues de Budapest. Le 8 octobre 1944, les autorités hongroises annoncent la suspension des déportations et le démantèlement du camp de Kistarcea, où étaient concentrés et libérés les intellectuels, médecins et ingénieurs juifs. Une fois de plus, on assiste donc au traitement particulier d'une élite de Juifs. Le 15 octobre, l'amiral Miklós Horthy, régent de Hongrie depuis le 1er mars 1920, demande un armistice aux puissances alliées, ce qui met en alerte les Juifs qui attendaient ce moment. Le rapport du CICR note que des membres de ces groupes de résistance ont tiré sur les troupes allemandes depuis des maisons, mais le plan de Horthy a échoué et le régent a été arrêté. Le 16 octobre, le parti de la Croix fléchée de Ferenc Szálasi s'empare du pouvoir et l'état de siège est déclaré à Budapest. Dès lors, la politique à l'égard des Juifs se durcit et la répression s'intensifie.

Les Juifs sont immédiatement expulsés de Budapest et leurs biens sont confisqués. Il est à noter que la moitié des biens immobiliers de la ville est détenue par des propriétaires juifs. Dans l'entre-deux-guerres, le pouvoir de cette minorité ethnique, qui représentait 6% de la population, n'avait fait que croître dans tout le pays, malgré la haine que leur vouaient de nombreux Hongrois à la suite des crimes de la dictature communiste imposée par Bela Kun et d'autres communistes juifs en 1919-1920. Cette haine chez certains Hongrois a sans doute conduit à des vols et à d'autres excès pendant quelques jours, ce qui a provoqué la plainte immédiate du délégué de la Croix-Rouge auprès du ministère de l'Intérieur, qui a publié le 20 octobre un décret interdisant les pillages. La délégation fut immédiatement offerte comme refuge aux membres du Conseil juif ou du Sénat juif, et le délégué obtint du gouvernement hongrois qu'il annonce à la radio que les bâtiments du CICR bénéficieraient de la même immunité que les ambassades.

Le gouvernement pro-allemand de Szálasi envoie 6000 Juifs valides de Budapest vers l'Allemagne par groupes de 1000. La marche, qui doit passer par Vienne, se fait à pied, ce qui amène le commandant d'Auschwitz, le "grand exterminateur" Rudolf Höss, et le colonel général Jüttner, arrivé à Budapest à l'invitation de Kurt Becher, à prendre pitié des Juifs et à ordonner l'arrêt de la marche. "Le commandant d'Auschwitz, contre la marche à pied". C'est par cette phrase que Kastner commence le chapitre VI de son rapport, intitulé "La prise de pouvoir par la Croix fléchée". Suivent ses propres mots :

> "À l'invitation de Becher, d'importants visiteurs allemands arrivent à Budapest le 16 novembre : le chef de la Waffen SS, le colonel général Jüttner, et le commandant d'Auschwitz, le lieutenant-colonel Höss. Sur la route entre Vienne et Budapest, ils assistent à l'horrible marche à pied. Les corps entassés le long de la route, les gens épuisés, font une impression douloureuse sur les cavaliers allemands.... Jüttner ordonne au Judenkommando de Budapest de suspendre immédiatement la marche".

Logiquement, une telle incohérence dépasse l'entendement et on ne voit pas comment il est possible que Höss, le monstre qui aurait gazé des milliers de Juifs chaque jour sans le moindre scrupule, puisse éprouver des sentiments humanitaires et ordonner l'arrêt de la marche. Quoi qu'il en soit, l'interruption est de courte durée : le 21 novembre, Eichmann revient dans la capitale hongroise après une absence temporaire et, cinq jours plus tard, il ordonne la reprise de la marche. Les rapports du CICR et du Comité de secours juif donnent tous les détails des moyens qu'ils ont mobilisés pour aider les marcheurs en leur fournissant des fournitures, des médicaments et d'autres ressources. La Croix-Rouge suédoise, la Division A de la Croix-Rouge internationale et l'ambassade de Suisse sont quelques-unes des organisations mentionnées par Kastner. Le rapport du CICR reconnaît également l'aide généreuse de l'évêque de Gyor, une ville située à l'ouest de Budapest, à mi-chemin entre la capitale hongroise et Vienne. L'évêque met à la disposition du délégué de la Croix-Rouge l'abbaye de Panonalma, un monastère bénédictin qui accueille un millier d'orphelins "sans distinction de race ou de religion". En ce qui concerne les convois de Juifs qui marchaient 25 à 30 kilomètres par jour en direction des camps de travail en Allemagne, le rapport indique que l'évêque a travaillé en étroite collaboration avec le délégué :

> Il organise un centre de secours "en route" qu'il finance lui-même et qui est géré par des représentants du Comité. Il met des milliers de Juifs à l'abri des intempéries, au moins pendant quelques heures, lors de leur terrible exode. Les "groupes de transport" de la délégation leur envoyaient de la nourriture au fur et à mesure, payaient des paysans pour

transporter les plus faibles, à 15 ou 20, dans leurs chariots, leur fournissaient des soins médicaux et leur distribuaient des médicaments".

Le nouveau gouvernement hongrois oblige les hommes âgés de seize à soixante ans et les femmes de moins de quarante ans à travailler à la fortification de Budapest. Le reste de la population juive est confiné dans quatre ghettos près de la capitale. Néanmoins, les Juifs munis de passeports ou de visas pour la Palestine, la Suisse, la Suède, l'Espagne ou le Portugal parviennent à échapper à l'évacuation. En novembre, ceux qui restent à Budapest sont regroupés dans un ghetto avec 100 000 Juifs venus de province dans la capitale. Malgré les bombardements incessants de la ville et la pénurie générale de vivres, la Croix-Rouge parvient à envoyer des secours et du matériel au ghetto. Dès la libération de Budapest, précise le rapport du CICR, le délégué et les organisations juives locales ont mis en place, avec des fonds du Comité mixte de New York, des réserves de nourriture et de médicaments indispensables. Les autorités russes avaient ordonné à tous les étrangers de quitter Budapest...".

Qualifier de libération l'entrée des communistes dans la ville est un cruel sarcasme, surtout si l'on considère ce qui s'est passé. L'ordre donné aux étrangers de quitter Budapest visait probablement à supprimer les témoins des crimes qui ont suivi la "libération". Comme plus tard en Allemagne, des centaines de milliers de femmes hongroises, peut-être près d'un million, ont été violées par les soldats soviétiques grâce à la permissivité de leurs officiers, dont beaucoup, pour autant que nous le sachions, étaient juifs. En plus des 600 000 prisonniers de guerre, 230 000 civils ont été entraînés dans le goulag soviétique, ces véritables camps de la mort dont personne ne veut se souvenir. Selon les estimations les plus prudentes, un demi-million de Hongrois ont perdu la vie dans les camps d'internement, abattus dans la rue ou assassinés au n° 60 d'Andrássy-út, dans les cellules duquel opéraient généralement des hommes de main juifs.

Après quarante ans de dictature communiste, le bâtiment de l'avenue Andrássy à Budapest a été transformé en 2002 en un musée connu sous le nom de "Terror Háza Múzeum" (Maison de la Terreur). L'écrivain nationaliste hongrois Louis Marschalko, auteur du livre *Les conquérants du monde*, dénonce le fait que les classes moyennes, les intellectuels et les dirigeants nationaux ont été assassinés et que les présidents des soi-disant "tribunaux révolutionnaires" étaient des juges juifs. Marschalho dénonce le fait qu'en Europe occidentale, un Juif hongrois né aux États-Unis, le colonel Martin Himmler, a mené la campagne de vengeance contre 300 000 Hongrois qui avaient échappé aux communistes. Dans les publications sionistes, Martin Himmler est considéré comme ayant "vengé l'effusion de sang juif innocent".

Puisque, comme nous l'avons vu avec l'exemple de l'évêque de Gyor, l'Église hongroise a pris position contre la persécution des Juifs hongrois et les a aidés, nous terminerons en évoquant le cas du cardinal catholique Jozsef Mindszenty, qui a protégé les Juifs pendant la guerre et qui, après la guerre, a essayé de faire de même pour les chrétiens persécutés par les communistes. En tant qu'évêque de Veszprem en 1944, Mindszenty a sauvé des Juifs que les Allemands voulaient déporter en leur donnant des sauf-conduits papaux. Après l'arrivée au pouvoir du gouvernement Szálasi, il est arrêté, car il est considéré comme un ennemi des Allemands et un protecteur des Juifs. Après la guerre, comme il l'avait fait pour les Juifs persécutés par les nazis, le cardinal considère qu'il est de son devoir de défendre les chrétiens persécutés et de dénoncer la campagne de vengeance déclenchée par les communistes juifs. Cette attitude lui vaut d'être considéré comme un antisémite.

Il est arrêté en 1948 et jugé en 1949. Louis Marschalko dénonce les deux principaux communistes juifs qui se sont opposés à Mindszenty : Mátyás Rákosi-Roth (Mátyás Rosenfeld), secrétaire général du Parti des travailleurs devenu en 1952 président du Conseil des ministres, et Jozsef Revai (Moses Kahana), ministre de l'Éducation qui a orchestré la campagne contre le cardinal catholique. Parmi les prêtres qui l'ont trahi, il cite Istvan Balogh (alias Izrael Bloch). D'autres Juifs ont témoigné contre lui : Ivan Boldizsar (Bettelheim), chef de la propagande du gouvernement communiste ; Yuli Reismann, chef du département de la publicité ; Gera-Grünzweig, également propagandiste du gouvernement ; Hanna F. Sulner, experte en écriture qui a falsifié les manuscrits du cardinal présentés au procès, et son mari Laszlo Sulner.

Les Sulner s'enfuient en Autriche le 6 février 1949, où ils dénoncent l'imposture du procès contre le cardinal Mindszenty et exposent le microfilm des faux documents sur lesquels ils ont travaillé. Laszlo meurt à Paris à l'âge de trente ans et Hanna, convaincue que son mari a été empoisonné par des agents communistes, émigre aux États-Unis en 1950, où elle devient l'une des principales autorités du pays en matière d'identification des manuscrits.

Partie 2 - Les camps en Allemagne

Il existe aujourd'hui de nombreux ouvrages qui prouvent sans l'ombre d'un doute que les camps d'extermination n'ont pas existé en tant que tels. Ceux qui s'obstinent à tromper les étudiants en histoire du monde entier en prenant pour acquis cette thèse fabriquée par la propagande sont soit des enseignants ignorants, soit des enseignants malhonnêtes. Dans les parties suivantes du chapitre, nous tenterons de présenter toutes les preuves que les chercheurs révisionnistes ont découvertes afin que le lecteur puisse juger si elles méritent ou non d'être prises en considération. Si la fonction des camps était l'extermination massive des détenus, comment comprendre que le 28 décembre 1942, Heinrich Himmler, Reichsführer de la SS, ait donné l'ordre suivant : "Le taux de mortalité dans les camps de concentration doit être abaissé à tout prix". Le 20 janvier 1943, le général SS Richard Glücks, responsable de l'inspection des camps de concentration, envoie une circulaire à tous les commandants de camp dans laquelle il ordonne : "Tous les moyens doivent être mis en œuvre pour abaisser le taux de mortalité". Ces ordres sont-ils compatibles avec l'objectif d'extermination ?

Les mesures prises pour lutter contre l'épidémie de typhus qui s'est répandue dans le camp au cours de l'été 1942 seront examinées en détail dans la partie consacrée à Auschwitz. Nous aurons alors l'occasion de replacer ces ordres dans le contexte dans lequel ils ont été émis. Selon les données présentées à Himmler par le général SS Oswald Pohl, chef du WVHA ("Wirtschafts-Verwaltungshauptamt"), il y avait 115 000 détenus dans les camps de concentration en août 1942, dont 12 217 sont morts au cours du même mois, soit 12,21%. Grâce à des mesures d'hygiène, de nutrition et d'autres procédures, le taux de mortalité est tombé à 2,80% en mai 1943. Sur les 203 000 détenus présents dans les camps à cette date, 5 700 sont décédés. Ce chiffre est présenté comme un succès des mesures prises pour exécuter les ordres du Reichsführer SS. Il est à noter que ces nombres totaux de prisonniers dans les camps, tels que rapportés par les autorités allemandes, coïncident avec ceux de la Croix-Rouge qui, dans son rapport de 1948, évalue à 224 000 le nombre de prisonniers en août 1943. Dans ce même rapport, la Croix-Rouge indique qu'un an plus tard seulement, c'est-à-dire en août 1944, il y avait 524 000 prisonniers dans l'ensemble du système concentrationnaire allemand.

Dans les pages qui suivent, on verra que l'effondrement total des camps est la conséquence de la défaite de l'Allemagne, dont la population civile a été privée des biens les plus élémentaires pendant les dernières années de la guerre et massacrée en masse par les bombardements de saturation des grandes villes. Avant cet effondrement du système concentrationnaire, les camps allemands étaient bien conçus pour remplir leur mission et étaient de loin les mieux équipés. Rappelons que les camps de la mort d'Eisenhower ne disposaient d'aucun abri pour les prisonniers et que les conditions de vie dans le goulag soviétique étaient tout à fait déprimantes.

Allemande d'origine juive, Margarete Buber, après avoir passé plusieurs années dans un camp de concentration en URSS, rentre en Allemagne en août 1940 avec un contingent de déportés. Malheureusement, elle n'est pas libérée, mais internée au camp de Ravensbrück. En 1950, elle publie à Londres *Under Two Dictators*, dans lequel elle raconte son expérience. Elle trouve le camp allemand d'une propreté irréprochable, avec de vastes pelouses et des fleurs. Les bains sont réguliers, les draps sont changés toutes les semaines, ce qu'elle considère comme un luxe inimaginable après son expérience précédente. Les repas sont composés de pain blanc, de saucisses, de margarine et de bouillie sucrée avec des noix. Margarette Buber mange pour la première fois à Ravensbrück le 3 août 1940 et demande à son voisin s'il s'agit d'un repas spécial ou d'une fête. L'homme est inexpressif et elle insiste pour demander s'ils mangent toujours comme ça. Après avoir répondu par l'affirmative, la détenue s'étonna que quelqu'un puisse être aussi heureux. Frau Buber considérait la caserne de Ravensbrück comme un palais comparé à la boue surpeuplée du camp soviétique. Le premier dimanche, elle a mangé du ragoût de bœuf, du chou rouge et des pommes de terre, un vrai festin selon elle. En 1943, cependant, des détenus d'autres camps ont commencé à arriver et à encombrer le camp, et tout a changé. Au début de l'année 1945, les détenus d'Auschwitz et d'autres camps de l'Est arrivaient épuisés et affamés, mais aussi les dizaines de milliers de réfugiés allemands qui fuyaient les Soviétiques.

Dans un premier temps, entre 1933 et 1939, les nazis ont utilisé les camps pour emprisonner des éléments arrêtés pour leurs activités anti-régime : libéraux, sociaux-démocrates et surtout communistes. L'historien juif Gerald Reitlinger admet qu'avant la guerre, la population des camps était d'environ 20 000 personnes, dont moins de trois mille juifs détenus non pas parce qu'ils étaient juifs, mais en raison de leurs activités antinazies. Comparé aux millions de prisonniers soviétiques traités comme des esclaves dans les camps de l'URSS, ce chiffre est dérisoire. En 1939, l'Allemagne comptait six camps principaux : Dachau, ouvert en 1933 ; Sachsenhausen, dans la ville d'Oranienburg, exploité à partir de 1936 et doté à partir de 1940 du camp satellite de Gross-Rosen ; Buchenwald, près de Weimar, établi à l'été 1937 ; Flossenbürg (1938) ; Mauthausen, près de Linz (1938) ; et Ravensbrück, un camp de femmes publié dans le Mecklembourg (1939).

L'écrivain juif Lion Feuchtwanger évalue à cent le nombre de Juifs emprisonnés à Dachau en 1936, dont soixante depuis 1933. Hans Beimler, un autre communiste juif allemand assassiné en Espagne en 1936, a passé un mois à Dachau en 1933. La même année, son livre *Four Weeks in the Hands of Hitler's Hell-Hounds. Le camp d'extermination nazi de Dachau* (*Four Weeks in the Hands of Hitler's Hell-Hounds. Le camp d'extermination nazi de Dachau).* Dans cet ouvrage sensationnel, aux allures de pamphlet, il tentait déjà de répandre l'idée que Dachau était un camp d'extermination.[4]

Buchenwald : les témoignages de Paul Rassinier et Eugen Kogon

Si l'on fait abstraction du pamphlet de Beimler, les premiers ouvrages dignes d'intérêt sur les camps de concentration ont été rédigés par deux prisonniers de Buchenwald. Le premier, *Der SS-Staat. Das System der deutschen Konzentrationslager (L'État SS. Le système concentrationnaire allemand)*, paraît en 1946. Il a été publié en Espagne en 1965 sous le titre *Sociología de los campos de concentración (Sociologie des camps de concentration)*. Son auteur, Eugen Kogon, juif allemand ayant passé six ans à Buchenwald, n'a jamais douté de l'existence des chambres à gaz, bien qu'il n'en ait eu connaissance que par la propagande et les récits de prétendus témoins. Le second ouvrage, *Le Mensonge d'Ulysse*, publié pour la première fois en anglais en 1961, est l'œuvre de Paul Rassinier, considéré comme le premier historien révisionniste. Le fait que Rassinier soit issu de la gauche radicale rend son ouvrage d'autant plus précieux que peu de militants de gauche ont l'honnêteté de regarder la vérité historique en face. Idéologiquement, intellectuellement, affectivement, personne ne pouvait être moins enclin que lui à défendre Hitler et le national-socialisme. À l'âge de 16 ans, Rassinier adhère au Parti communiste français en 1922, mais en est exclu en raison de ses positions d'extrême gauche en 1932. Avec le juif Boris Souvarin, il participe à une organisation communiste indépendante jusqu'en 1934, date à laquelle il rejoint la section française de l'Internationale ouvrière. Arrêté le 30 octobre 1943 pour ses activités dans la Résistance française, Rassinier est déporté à Buchenwald, puis à Dora-Mittelbau. Libéré en 1945, il rentre en France en tant qu'invalide. Ses opinions politiques lui valent rapidement de nombreux ennemis, jusqu'à des agressions physiques,

---

[4] Hans Beimler a participé à la guerre civile espagnole. Il était membre du bataillon Thälmann, dont il était commissaire politique. Officiellement, il meurt fin novembre 1936 en défendant Madrid. Ses funérailles ont été exploitées par la propagande politique. Un cortège funèbre de six ou sept voitures est organisé de Madrid à Albacete. Même la radio annonce l'arrivée du héros international, accompagné de Santiago Carrillo, Fernando Claudín et d'autres dirigeants communistes. Son corps a été exposé et les travailleurs d'Albacete ont défilé devant le cercueil du camarade. Ce qui est certain, en revanche, c'est que Beimler a été abattu d'une balle dans le dos par le NKVD, ce qui laisse supposer qu'il était trotskiste. Son amie Antonia Stern a accusé Richard Steimer, le général Hoffman, d'être l'auteur du meurtre. On sait aujourd'hui qu'après la cérémonie funéraire, le médecin légiste et du gouvernement civil, José Carrilero, a examiné le corps alors que Carrillo et sa compagnie avaient déjà quitté Albacete. Il a pris des photos de la tête et a constaté qu'il y avait une blessure par balle derrière la partie moyenne de l'oreille droite et une sortie par la voûte crânienne opposée. Le docteur Carrilero a également conclu que les balles provenaient d'un revolver ou d'un pistolet et non d'un fusil.

des procès et l'ostracisme social. Certains ont eu le culot de le qualifier de "néo-nazi". Lorsqu'il écrit *Le mensonge d'Ulysse*, Rassinier n'ose pas encore, malgré ses doutes, nier l'existence des caméras ; mais au fur et à mesure de ses recherches, il acquiert la conviction qu'elles n'existent pas.[5]

Le contenu combiné des deux livres donne une image complète du fonctionnement de Buchenwald, qui était initialement un camp de prisonniers ("Straflager"), puis est devenu un camp de travail ("Arbeitslager") et enfin un camp de concentration ("Konzentrationslager" ou KZ). Les deux auteurs expliquent en détail quelles étaient les catégories de prisonniers et leurs relations, qui exerçait le contrôle et quelles étaient les installations du camp. Le fait que l'ouvrage de Rassinier ait été publié quatre ans plus tard lui permet de commenter le livre de Kogon dans Le *mensonge d'Ulysse* et de critiquer parfois son manque d'objectivité et son caractère partial à de nombreuses reprises. Les deux auteurs s'accordent, par exemple, sur le fait que les camps de concentration ont d'abord été conçus pour emprisonner les ennemis du régime national-socialiste. Ils s'accordent également sur le fait que la gestion des camps, la "Haftlingsführung", était entre les mains des détenus eux-mêmes. Les SS qui, selon Rassinier, étaient une cinquantaine à diriger le camp de Buchenwald, furent rapidement débordés et durent organiser les détenus et nommer parmi eux le premier "Lagerältester", prisonnier en chef chargé de maintenir la discipline, qui dépendait d'un officier SS appelé "Lagerführer". Le "Lagerschreiber", prisonnier chargé de tâches administratives, rendait compte au Lagerführer.

---

[5] Paul Rassinier, qui a enseigné l'histoire au Lycée de Belfort jusqu'en 1943, mérite certainement plus d'attention, mais la longueur de notre travail ne nous permet pas de lui consacrer l'espace que l'importance de sa figure mérite. Par cette note, nous entendons le présenter brièvement aux lecteurs qui ne le connaissaient pas et rendre un modeste hommage au courage et à l'honnêteté de ce grand intellectuel, à qui le révisionnisme doit tant. Après les épreuves subies à Buchenwald et à Dora, le plus logique aurait été le ressentiment et la recherche d'un peu de sérénité ; pourtant, malgré sa santé précaire, Rassinier a consacré les années de sa vie données par Dieu à la recherche de la vérité historique et de la justice pour l'Allemagne. Après que ses camarades communistes eurent réussi, en novembre 1946, à le priver de son siège de député à l'Assemblée constituante, il commença ses recherches sur ce qui s'était passé, qui ont donné lieu à onze livres. Nous avons déjà utilisé comme source son dernier ouvrage, *Les Responsables de la Seconde Guerre Mondiale* (1967). *L'opération Vicaire* (1965) et *Le véritable procès Eichmann ou les vainqueurs incorrigibles* (1962) sont particulièrement importants. Lors du procès Eichmann, plusieurs témoins ont commis le délit de faux témoignage en affirmant avoir vu des prisonniers partir pour les chambres à gaz. Paul Rassinier rejette le mensonge de la méchanceté intrinsèque des Allemands et considère comme une imposture l'affirmation selon laquelle ils auraient gazé en masse les Juifs d'Europe. Après avoir lu les ouvrages de divers propagandistes falsificateurs, Rassinier dénonce comme éhonté le livre *Docteur à Auschwitz* de Miklos Nyizli, un menteur cynique qui prétend que 25 000 personnes ont été gazées quotidiennement à Auschwitz pendant quatre ans et demi, pour un total de plus de quarante millions. Paul Rassinier a parcouru l'Europe à la recherche d'un témoin oculaire des exterminations dans les chambres à gaz, mais il n'en a trouvé aucun.

Normalement, sur proposition du Lagerältester, le Lagerführer nommait des chefs de blocs de prisonniers, les "Blockaltesten".

De cette manière, les SS n'assuraient que la garde extérieure du camp, de sorte qu'on ne les voyait généralement guère à l'intérieur du camp. Lorsqu'ils apparaissent, ils sont accompagnés, écrit Rassinier, "d'une véritable compagnie de chiens merveilleusement dressés, toujours prêts à mordre et capables de rechercher à quelques dizaines de kilomètres un prisonnier qui se serait évadé". De même, les commandos qui quittaient chaque matin le camp pour travailler à l'extérieur et parcouraient cinq ou six kilomètres à pied étaient bien sûr gardés par deux ou quatre SS, selon l'importance du groupe, qui brandissaient une arme et portaient un chien muselé. Ce gardien intervient rarement, car ce sont les prisonniers qui constituent la police du travail du camp, les fameux kapos (Konzentrationslager Arbeitspolizei), qui veillent à ce que tout le monde travaille. Des milliers de Juifs jouaient le rôle de kapos et d'"oberkapo" (chef des kapos). Ces derniers portaient un brassard avec une étoile de David bleue sur laquelle était inscrite l'inscription OBERKAPO, généralement en lettres capitales.

Lors de la désignation du Lagerältester, il semble que, devant le choix entre un criminel, identifié par un triangle vert, et un prisonnier politique, qui portait un triangle rouge, les SS aient d'abord choisi les criminels, qui à leur tour désignaient les Kapos et les chefs de bloc (Blockaltesten) de leur propre monde. Ce sont donc les criminels qui sont chargés de contribuer au maintien de la discipline et du contrôle. Rassinier écrit à ce sujet ce qui suit :

> "Ce n'est que lorsque les camps ont pris un certain développement, lorsqu'ils sont devenus de véritables centres ethnographiques et industriels, qu'il a fallu que des hommes d'une certaine valeur morale et intellectuelle apportent à la SS-Führung une aide effective. La SS-Führung se rend compte que les criminels sont la lie de la population, à la campagne comme ailleurs, et qu'ils sont bien en deçà de l'effort qui leur est demandé. Les SS se tournent donc vers les politiques. Un jour, un Lagerältester vert doit être remplacé par un Lagerältester rouge, qui se met aussitôt à liquider le Lagerältester vert de tous les postes au profit du Lagerältester rouge. C'est ainsi qu'est née la lutte entre les Verts et les Rouges, qui est rapidement devenue permanente. Cela explique aussi pourquoi les anciens camps, Buchenwald et Dachau, étaient aux mains des politiques lorsque nous les avons connus, alors que les jeunes camps, encore en période de Straflager (prison) ou d'Arbeitslager (travail), restaient, sauf par le plus grand des hasards, aux mains des Verts".

Quant au code couleur des triangles portés par les détenus, nous voudrions l'expliquer en passant. Comme on l'a vu, le vert était la couleur des criminels. Si le criminel était également juif, le triangle vert était superposé à un triangle jaune pour former l'étoile de David. Un triangle rouge était également superposé au triangle jaune dans le cas des hommes politiques d'origine juive placés en détention préventive. En outre, les triangles rouges précisent l'origine du prisonnier par une lettre à l'intérieur : un "F" indique la nationalité française ; un "S", la nationalité espagnole ; le triangle rouge sans lettre est destiné aux prisonniers politiques allemands. Le triangle noir était réservé aux prisonniers asociaux. Là encore, le noir sur le jaune indique que le prisonnier est un asocial juif. Le triangle marron était réservé aux gitans et le rose aux homosexuels. Il existait quelques autres variantes, mais il est inutile de s'attarder sur ces détails.

En ce qui concerne les installations de Buchenwald, tant Kogon que Rassinier fournissent de nombreuses informations agrémentées d'anecdotes variées. Eugen Kogon a passé un an à la tête de la garde-robe ("Effektkammer") avant de devenir secrétaire du médecin-chef du camp, le Dr Ding-Schuller. Ces deux postes montrent que sa position était privilégiée. À l'infirmerie, il a eu accès à des documents d'un grand intérêt, dont certains sont reproduits dans son livre. Par exemple, l'ordre précité du Reichsführer SS Heinrich Himmler sur l'urgence de réduire la mortalité dans les camps, qui, à Buchenwald, est consigné dans le carnet de correspondance secret sous le numéro 66/42. Il portait la signature du général Kludre. Elle stipule :

> "Les médecins du camp doivent surveiller la nourriture des prisonniers plus étroitement qu'ils ne l'ont fait jusqu'à présent et, en accord avec les administrations, soumettre leurs propositions d'amélioration au commandant du camp. Celles-ci ne doivent cependant pas rester lettre morte, mais être régulièrement contrôlées par les médecins du camp..... Le taux de mortalité dans chaque camp doit être considérablement réduit, car le nombre de prisonniers doit être ramené au niveau exigé par le Reichsführer SS. Les médecins-chefs des camps doivent s'y employer par tous les moyens..... Le meilleur médecin d'un camp de concentration n'est pas celui qui croit devoir se faire remarquer par une dureté malvenue, mais celui qui maintient la capacité de travail aussi élevée que possible par sa vigilance et en se déplaçant d'un poste de travail à l'autre".

Le récit de Kogon détaille les recherches menées dans la "section d'étude du typhus et des virus", dont l'objectif premier était d'évaluer les vaccins possibles contre la fièvre typhoïde. Le chef de cette section était le médecin-chef de Buchenwald, le dénommé Ding-Schuller. Située dans les blocs 46 et 50, cette section de recherche était, selon Kogon, "un modèle de propreté apparente et était bien installée". Là, poursuit Kogon, "on isolait tous les typhiques qui étaient naturellement contaminés sur le terrain ou qui l'étaient déjà lorsqu'on les lui remettait. Ils y ont été soignés dans la mesure où ils ont résisté à cette terrible maladie". Le lecteur peut penser que l'existence d'infirmeries à Buchenwald est exceptionnelle, mais il n'en est rien : il y avait des infirmeries dans tous les camps, y compris dans les camps dits d'extermination. Des centaines d'enfants juifs sont nés à Auschwitz, ce qui est une "contradictio in terminis" selon les principes de la logique. "Le camp de concentration de Dachau, écrit Kogon, disposait très tôt d'un service dentaire. À Buchenwald, un service a été mis en place en juin 1939, avec des installations très modernes, mais sans personnel formé à cette spécialité. Il ne fait aucun doute que l'accès à un service dentaire est un luxe que de nombreuses personnes en Europe ne peuvent pas se permettre aujourd'hui ; pourtant, Kogon cherche dans son récit à minimiser cet aspect. En voici un extrait :

> "... Progressivement, des dentistes prisonniers ont été admis au service dentaire ; au fil du temps, une situation s'est développée dans laquelle les prisonniers n'étaient pas traités comme des hommes de main des SS, mais, au contraire, les SS étaient traités comme des prisonniers. Depuis 1938, il existait à Buchenwald deux services dentaires pour les SS, l'un pour le commandement et le bataillon des crânes, l'autre pour les troupes et leurs familles. Tous deux étaient équipés de manière moderne. Il y avait une grande différence entre le traitement des commandants et celui des soldats. Alors que ces derniers devaient se faire extraire toutes les dents malades, on s'efforçait de sauver celles des commandants SS. Toutes les prothèses dentaires des commandants SS étaient fabriquées avec de l'or provenant de la bouche de prisonniers morts ou assassinés. Dans la production des prothèses dentaires, une distinction stricte était également faite entre les soldats et les commandants. Les bridges n'étaient fabriqués que pour les commandants SS.
> Le personnel composé de prisonniers a cherché dès le début à aider les camarades autant que possible. Dans tous les services, le travail s'est fait dans l'illégalité et au péril de sa vie, d'une manière difficilement imaginable. Des dentiers, des prothèses et des ponts ont été réalisés pour les prisonniers dont les dents avaient été cassées par les SS ou pour ceux qui les avaient perdues en raison de la situation générale dans le camp....".

Le travail illégal n'est pas vraiment compris. Quant aux SS qui cassaient les dents des prisonniers, outre l'absurdité de casser les dents de quelqu'un et de les réparer ensuite, il faut rappeler que les mauvais traitements étaient généralement infligés par des kapos et autres hommes de main choisis parmi les prisonniers pour maintenir l'ordre et la discipline. Kogon lui-même se contredit lorsqu'il écrit : "Certains prisonniers qui ont maltraité leurs camarades ou les ont même battus à mort n'ont évidemment jamais été punis par les SS et ont dû être tués par la justice des prisonniers". Paul Rassinier certifie qu'il est vrai que les états-majors des camps SS n'intervenaient généralement pas dans les querelles entre prisonniers, et qu'il ne fallait donc pas s'attendre à ce que la justice soit rendue. Selon Kogon, les SS "ne savaient vraiment pas ce qui se passait derrière les barbelés". À titre d'exemple, Kogon lui-même raconte qu'un matin, il a trouvé un prisonnier pendu à un bloc. Il était mort "après avoir été horriblement battu et avoir reçu des coups de pied". Le chef de bloc ou "Blockältester", un Vert nommé Osterloh, l'avait pendu pour simuler un suicide et protéger ainsi l'auteur du crime. Il ne faut pas comprendre que les SS ne pratiquaient pas la violence sur les prisonniers, mais qu'en général les kapos et les chefs de block leur épargnaient cette peine. Parfois, écrit Rassinier, un SS se distingue des autres par sa brutalité, mais cela arrive rarement et, en tout cas, il ne se montre jamais plus inhumain que ceux cités plus haut".

Paul Rassinier consacre le chapitre V de son ouvrage, soit une quarantaine de pages, à commenter le livre de Kogon. Après l'avoir lu, écrit-il, j'ai refermé le livre. Puis je l'ai rouvert. Et sous le titre de la page de garde, j'ai écrit en sous-titre : "o plegaria pro domo" (prière en faveur de ses intérêts). Rassinier considère que Kogon a donné des assurances au noyau communiste prépondérant dans le camp pour obtenir le poste à l'infirmerie. Kogon lui-même reconnaît qu'en tant que secrétaire du médecin, il a suggéré et rédigé des pétitions qu'il soumettait à sa signature. "J'avais le docteur Ding-Schuller entre les mains", admet-il ouvertement. Voici un paragraphe significatif :

> "Au cours des deux dernières années que j'ai passées en tant que secrétaire du médecin, j'ai rédigé, avec l'aide de spécialistes du bloc 50, au moins une demi-douzaine de rapports médicaux sur le typhus exanthématique signés par le Dr Ding-Schuller.... Je ne mentionnerai qu'en passant le fait que j'étais également chargé d'une partie de sa correspondance privée, y compris des lettres d'amour et de condoléances. Souvent, il ne lisait même pas les réponses, il me jetait les lettres après les avoir ouvertes et me disait : "Envoyez ce Kogon. Tu sais déjà ce qu'il faut répondre. C'est une veuve qui cherche du réconfort...".

Rassinier critique en particulier la déclaration d'Eugen Kogon, qui reconnaît sa soumission à la "direction clandestine du camp", en référence à la Häftlingsführung, dont les actions n'étaient d'ailleurs pas clandestines. Kogon laisse entendre qu'il craignait que son livre ne compromette certains politiciens communistes ou socialistes qui contrôlaient Buchenwald. Le texte mérite d'être cité dans son intégralité :

> "Afin de dissiper certaines craintes et de montrer que ce récit ne risquait pas de devenir un réquisitoire contre certains prisonniers qui avaient occupé une position dominante dans le camp, je l'ai lu, au début de l'année 1945, alors qu'il était presque terminé et qu'il ne manquait que les deux derniers chapitres sur un total de douze, à un groupe de quinze personnes qui avaient appartenu à la direction clandestine du camp ou qui représentaient certains groupes politiques de prisonniers. Ces personnes ont approuvé son exactitude et son objectivité. Elles ont assisté à la lecture :

1. Walter Bartel, communiste de Berlin, président du Comité international des camps.
2. Heinz Baumeister, social-démocrate de Dortmund, membre depuis des années du secrétariat de Buchenwald, secrétaire adjoint du bloc 50.
3. Ernst Busse, communiste de Solingen, Kapo de l'infirmerie des prisonniers.
4. Boris Banilenko, chef de la Jeunesse communiste d'Ukraine, membre du comité russe.
5. Heins Eiden, communiste de Tèves, premier Lägeraltester.
6. Baptist Feilen, communiste d'Aix-la-Chapelle, Kapo de la blanchisserie.
7. Franz Hackel, indépendant de gauche, de Prague. Un de nos amis sans rôle dans le camp.
8. Stephan Heymann, communiste de Mannerheim, du bureau d'information du camp.
9) Werner Hilpert, Zentrum Leipzig, membre du comité international de terrain.
10. Otto Horn, communiste viennois, membre du comité autrichien.
11. A. Kaltschin, prisonnier de guerre russe, membre du comité russe.
12. Otto Kipp, communiste de Dresde, Kapo supplémentaire à l'infirmerie des prisonniers.
13. Ferdinand Römhild, communiste de Francfort-sur-le-Main, secrétaire de l'infirmerie des prisonniers.
14. Ernst Thappe, social-démocrate, président de la commission allemande.
15. Walter Wolf, communiste, chef du bureau d'information du camp".

En d'autres termes, l'objectivité et l'exactitude des propos de Kogon sont attestées par ses copains communistes, un groupe de hauts responsables de Buchenwald, qui, comme cela est clairement démontré, était aux mains des Rouges. En 1945, il n'y avait pas un seul chef de camp qui n'était pas communiste ou socialiste. Pour Rassinier, il est clair qu'Eugen Kogon a évité tout commentaire pouvant servir d'accusation contre la Häftlingsführung et a dirigé la plupart de ses griefs contre les membres de la SS : "Aucun historien", écrit candidement Rassinier en 1950, "ne l'acceptera jamais. Au contraire, on peut fondamentalement penser que, ce faisant, il a payé une dette de reconnaissance à ceux qui, dans le camp, lui ont donné un travail tranquille et avec lesquels il a des intérêts communs à défendre aux yeux de l'opinion publique". Kogon lui-même reconnaît dans *Der SS-Staat. Das System der deutschen Konzentrationlager* (*Sociologie des camps de concentration*) que les détenus qui servaient de kapos, qui avaient aussi des contremaîtres, étaient les plus violents envers leurs codétenus, car la plupart d'entre eux étaient des dépravés. Dans certains commandos, notamment dans les commandos de construction, de creusement de fossés et de canalisation, ainsi que dans les mines", écrit Kogon, "il n'y avait pour le prisonnier ordinaire d'autre moyen de préserver sa vie que la corruption, qui atteignait des limites et prenait des formes inimaginables.

Comme Buchenwald était un camp expérimental pour les médecins SS et que Kogon était bien placé pour savoir ce qui s'y faisait, son livre contient de nombreuses informations sur les opérations et les expériences qui y ont été menées. Kogon en profite cependant pour discréditer et accuser le personnel SS des pires pratiques. Selon lui, "le meurtre conscient des patients à l'infirmerie était plus banal pour les SS que les expérimentations". Dans son acharnement à diffamer les SS, il ajoute : "Il y avait des camps de concentration, comme Auschwitz, où cela se faisait de manière systématique. Lorsque le nombre de malades dépassait un certain seuil, ils étaient "pulvérisés". Pour ce faire, deux personnes tenaient le prisonnier et lui faisaient une injection de 10 cc. de phénol directement dans le cœur". Logiquement, en 1944, année où le livre est déjà terminé, Eugen Kogon ne pouvait pas être au courant de ces pratiques criminelles à l'infirmerie d'Auschwitz. La seule chose qu'il réussit à faire avec ces affirmations, c'est de se mettre dans l'embarras et de discréditer son livre, qui contient pourtant des faits intéressants sur les services sanitaires, comme l'information selon laquelle l'hôpital disposait d'un traitement ambulatoire, d'un traitement stable, d'un service dentaire et d'un service de convalescence.

Quant aux autres équipements qui rendaient la dureté de la vie à Buchenwald plus supportable, il s'agissait de ceux qui étaient généralement disponibles dans la plupart des camps, y compris à Auwschitz, le camp de la mort théorique, qui disposait d'une salle de concert, de salles de danse, d'une piscine, d'une librairie, d'une église non confessionnelle où étaient célébrés les mariages, d'un bureau de poste, de terrains de football, d'une salle de cinéma et de théâtre, d'un bordel pour les travailleuses, de centres artistiques, de crèches pour les mères et les bébés, et d'une cuisine ultramoderne. À Auschwitz, comme à Dachau, Westerbrook, Ravensbruck, Buchenwald et dans d'autres camps, les pièces de monnaie ou l'argent à usage interne servaient à stimuler le travail des prisonniers. Voyons ce que Kogon et Rassinier disent du fonctionnement de ces services et installations à Buchenwald.

En ce qui concerne le service postal à Buchenwald, Kogon explique que la correspondance entre le prisonnier et ses proches a toujours été autorisée : on pouvait écrire deux fois par mois. L'envoi de colis contenant de la nourriture, des vêtements, du tabac, etc. a également été généralement autorisé à partir de 1941. La réception d'argent, qui servait à acheter de la nourriture à la cantine, était limitée à 30 marks par mois et par prisonnier. Kogon note qu'"un tiers des occupants des camps de concentration étaient en mesure de recevoir de l'argent de leurs proches". Nous lui donnons la parole :

"Le prisonnier n'avait que deux possibilités d'utiliser l'argent : acheter à la cantine ou verser des pots-de-vin. Certains kapos avaient non pas des centaines, mais des milliers de marks. Ils menaient une vie conforme à l'argent dont ils disposaient. À cet égard, il existe des différences irritantes. Jusqu'en 1943, les cantines des camps de concentration étaient approvisionnées de manière centralisée par l'administration du camp de concentration de Dachau. Dans la période d'avant-guerre, il était possible d'y acheter beaucoup de choses, y compris des gâteaux et des conserves raffinées. Je me souviens d'un kapo qui, lorsque la cantine pouvait encore l'offrir, avait l'habitude de prendre le petit-déjeuner suivant : un demi-litre de lait avec des biscuits et des gâteaux, des sardines et de la viande en conserve avec des petits pains et de la confiture de fraises et de la crème".

Rassinier désigne la "Banque" comme l'institut d'émission du papier-monnaie spécial qui n'était valable qu'à l'intérieur du camp de concentration. Cet argent, distribué sous forme de primes de rendement, a été introduit à Buchenwald à l'automne 1943, précise Kogon, qui ajoute qu'à partir de 1942, des colis de la Croix-Rouge ont commencé à arriver dans le camp "pour les étrangers dont les noms et les numéros de prisonniers étaient connus de la Croix-Rouge de leur pays ou de la Croix-Rouge de Genève". Selon les chiffres fournis par la Croix-Rouge internationale elle-même, de l'automne 1943 à mai 1945, environ 1 112 000 colis d'un poids total de quatre mille cinq cents tonnes ont été envoyés dans les camps de concentration.

En ce qui concerne les sports pratiqués à Buchenwald, Kogon raconte que les jeunes détenus ont obtenu des SS la permission de jouer au football. Il semble, ajoute-t-il, que les SS y voyaient une sorte de propagande pour la bonne santé et la bonne humeur des détenus". Quoi qu'il en soit, plusieurs équipes sont formées, jusqu'à douze, qui peuvent s'entraîner et organiser des tournois. Les prisonniers se présentaient sur le terrain "dans une tenue sportive impeccable", ce que notre source attribue aux "secrets de la corruption dans le camp". Outre le football, on y jouait au handball, à la pelote et au base-ball. Les prisonniers ont également réussi à introduire la boxe. C'est absurde, estime Kogon, mais c'est vrai : le camp de concentration avait des athlètes qui donnaient même des représentations de leur force et de leur habileté inébranlables.

À partir de 1938, il y eut à Buchenwald une fanfare rudimentaire, qui fut améliorée et perfectionnée au fil des ans. En 1940, le commandant du camp, Hermann Florstedt, ordonna la formation d'une fanfare régulière avec des instruments à vent. À partir de ce moment-là, les prisonniers de la fanfare furent exemptés des travaux physiques durs et eurent du temps libre pour répéter. En 1941, les musiciens ont reçu les uniformes de la Garde royale yougoslave. "Dès lors, les membres de la fanfare, avec leurs costumes et tout l'attirail, ressemblaient à des chefs d'orchestre de cirque", raconte Kogon, qui rapporte également que les quatuors à cordes donnaient "quelques récitals estimables". Les jours fériés, la fanfare jouait pour les camarades des blocks, et des concerts étaient également donnés sur la place de revue. Le dimanche après-midi, la radio du camp diffusait les concerts philharmoniques des stations allemandes. Aujourd'hui, en me souvenant de ces concerts", commente librement Kogon, "je ne veux pas penser aux dizaines de milliers de victimes qui, au même moment, ont été martyrisées à mort ou emmenées dans les chambres à gaz de tant de camps".

Peu avant le début de la guerre, il existait à Buchenwald une bibliothèque comprenant environ 14 000 volumes et quelque 2000 ouvrages non reliés. Après le déclenchement de la guerre, selon Kogon, qui admet que les bibliothèques "possédaient des livres de grande valeur", le prêt de livres écrits dans les langues des pays en guerre avec l'Allemagne a été interdit, bien qu'ils aient continué à être consultés à la bibliothèque. À partir de 1941, des séances de cinéma sont organisées à Buchenwald, où des films culturels ou de divertissement sont régulièrement projetés. Paul Rassinier note qu'à chaque séance de cinéma, toutes les places étaient réservées aux kapos et autres détenus faisant partie de la direction du camp, la "Häftlingsführung".

Au cours de l'été 1943, un décret signé par Himmler prévoit l'ouverture de maisons closes dans les camps de concentration. Il y avait des bordels à Dachau, Mauthausen, Sachsenhausen et d'autres. Buchenwald semble avoir été le premier. Kogon explique que dans chaque bordel se trouvaient entre dix-huit et vingt-deux filles du camp de femmes de Ravensbrück, qui "étaient venues volontairement en promettant d'être libérées dans six mois". Sur l'objectif et l'utilisation de la maison close, connue sous l'euphémisme "Sonderbau" (maison spéciale), Kogon indique que sa fonction principale était de "corrompre les hommes politiques". Il écrit à ce propos que la Häftlingsführung, qu'il s'obstine absurdement à appeler la "direction illégale du camp", demandait aux hommes politiques de ne pas la fréquenter. Les hommes politiques, assure Kogon, ont suivi les instructions, de sorte que l'objectif des SS a été contrecarré.

Rassinier n'est pas d'accord avec les commentaires et interprétations de Kogon et considère son interprétation comme une démonstration de pudibonderie puritaine et hypocrite et précise que le bordel, comme le cinéma, "n'était accessible qu'aux gens de la Häftlingsführung". Pour exposer l'incohérence, Rassinier reproduit dans *Le Mensonge d'Ulysse* ces paroles de Kogon : "Certains détenus sans moralité, et parmi eux un grand nombre d'hommes politiques, ont eu des relations horribles, d'abord par l'homosexualité, puis par la pédérastie après l'arrivée des jeunes". Rassinier soutient que louer les hommes politiques parce qu'ils ne se sont pas laissés corrompre par le bordel n'a aucun sens si l'on admet ensuite que beaucoup ont corrompu les jeunes et termine en disant : "J'ajouterai encore que c'est précisément pour ôter toute excuse et toute justification à cette corruption des mineurs que les SS avaient prévu le bordel dans tous les camps".

Le livre d'Eugen Kogon a été publié en France en 1947 sous le titre *L'Enfer organisé. Le système des camps de concentration*. Dans sa volonté de présenter les SS comme les principaux organisateurs de "l'enfer organisé", cet auteur, qui a témoigné le 16 avril 1947 au procès de Buchenwald, n'hésite pas à attribuer aux SS des crimes qu'il n'aurait jamais pu connaître en 1945. Rappelons qu'il a lu son livre devant ses collègues politiques dès cette année-là. Ainsi, par exemple, il écrit : "Lorsque la grossesse d'une femme était constatée dans un commandement extérieur de femmes, elle était envoyée, si elle était juive, à Auschwitz pour y être gazée, et si elle n'était pas juive, à Ravensbrück pour y être gazée et avortée". Plus loin, il insiste : "Lorsque les gazages à Auschwitz ont été arrêtés parce que l'évacuation était déjà envisagée, les femmes juives enceintes, puis toutes les autres, ont été transférées au "camp de résidence" de Bergen-Belsen pour y mourir de faim". En citant ironiquement l'expression "camp de séjour", Kogon ne fait, à notre avis, que faire preuve d'un cynisme et d'une impudeur honteux. Avec ces déclarations éhontées, il se prête sans vergogne et sans preuve à la propagande. Si l'intention était de faire mourir de faim les femmes enceintes, pourquoi les transférer à Bergen-Belsen pour ce faire : elles auraient pu être exécutées directement à Auschwitz ou simplement laissées aux Soviétiques. Ce qui est certain, c'est que de nombreuses femmes juives ont accouché à Auschwitz et qu'à la fin de la guerre, la famine sévissait non seulement dans les camps, y compris le camp "de résidence" de Bergen-Belsen, mais aussi dans toute l'Allemagne.

Pour conclure la comparaison entre les ouvrages de Paul Rassinier et d'Eugen Kogon, qui revient à comparer un intellectuel honnête sorti physiquement ruiné de Buchenwald avec un propagandiste de l'Holocauste sans scrupules, nous verrons ce qu'ils disent tous les deux des punitions infligées aux prisonniers. Une fois de plus, il convient de rappeler que ce sont les chefs de block et les kapos, qui ont leurs contremaîtres, qui signalent aux SS les comportements inappropriés quand ils ne les sanctionnent pas eux-mêmes par des gifles, des coups de pied, des insultes et autres humiliations. En effet, lorsque c'est la direction du camp qui, en raison de la gravité de la faute, entend imposer un châtiment corporel, elle doit demander et recevoir la confirmation de Berlin. Rassinier affirme que les traces ou les preuves de mauvais traitements ont été dissimulées non seulement aux visiteurs étrangers, "mais même aux plus hautes personnalités de la SS et du IIIe Reich". Voici son raisonnement :

> J'imagine que si ces personnalités avaient été présentes à Dachau et Birkenau, elles auraient reçu des explications aussi pertinentes sur les chambres à gaz que sur le "rack" de Buchenwald. Et je pose la question : comment peut-on prétendre après cela que toutes les horreurs dont les camps ont été le théâtre ont fait l'objet d'un plan concerté au plus haut niveau ? Dès que Berlin, malgré tout ce qu'on lui cachait, découvrait

quelque chose d'anormal dans l'administration des camps, des rappels à l'ordre étaient adressés à la direction de la SS".

Rassinier reproduit ensuite le texte d'une ordonnance du 4 avril 1942, également citée par Kogon, qui stipule ce qui suit :

> Le Reichsführer SS et chef de la police allemande a ordonné que lorsque, dans ses décrets sur les châtiments corporels (tant pour les hommes détenus dans les prisons de protection et de détention provisoire que pour les femmes détenues), le mot "aggravé" est ajouté, l'exécution du châtiment doit se faire sur les fesses nues. Dans tous les autres cas, la méthode utilisée jusqu'à présent conformément aux instructions antérieures du Reichsführer SS sera suivie".

Eugen Kogon confirme que la direction du camp devait faire certifier par le médecin du camp que le prisonnier était en bonne santé ; mais il s'empresse d'ajouter que "la pratique était tout autre", confirmant ainsi l'appréciation de Rassinier selon laquelle les excès ont été commis en violation des ordres. Kogon, qui loue et exalte la supériorité morale des Rouges, les prisonniers communistes, toujours au-dessus des autres prisonniers, certifie : "Le médecin a assisté à l'opération. On connaît très peu de cas où les médecins du camp ont mis fin à l'administration des coups au profit des prisonniers." Et il ajoute :

> "Parfois, les prisonniers étaient obligés d'infliger eux-mêmes des châtiments corporels à leurs camarades. Certains n'avaient pas le courage d'assumer les conséquences de leur refus, mais il y avait parfois quelqu'un qui était prêt à le faire. Les prisonniers politiques refusent catégoriquement ou se battent d'une manière qui ne plaît pas aux SS. Ils étaient alors condamnés à la même peine ou 'adoucis' d'une autre manière".

La preuve que Rassinier a raison de dire que les mauvais traitements infligés par les officiers SS constituent des violations du règlement est l'exécution de deux commandants de camp : Karl Otto Koch et Hermann Florstedt. Le premier était commandant de Buchenwald lorsqu'il fut arrêté en 1943 et remplacé par Hermann Pister. Son arrestation a eu lieu dans le cadre de l'enquête sur un réseau de corruption dans les camps qui incluait l'assassinat de certains prisonniers qui en savaient trop. Koch est exécuté par les SS en 1945. Quant à Florstedt, commandant notoire de Majdanek, après avoir été jugé et condamné par un tribunal, il a également été pendu en 1945 en présence des détenus. Les deux affaires ont fait l'objet d'une enquête par le juge SS Dr. Konrad Morgen, qui a enquêté sur 800 cas de cruauté et de corruption dans les camps de concentration. À la suite de ses enquêtes, deux cents SS responsables des camps de concentration ont été condamnés.

Le 13 mars 1944, Paul Rassinier est envoyé à Dora-Mittelbau près de Nordhausen, le camp de travail où sont construits les fameux V1 et V2 ainsi que des moteurs d'avion dans une usine souterraine, en fait un tunnel. Des civils sont également employés dans les différentes usines du tunnel. Là, avec des journées de travail de douze heures, les conditions étaient extrêmement dures, insupportables pour les plus faibles. Si l'on ajoute à ces conditions le typhus et d'autres maladies, on comprend que le taux de mortalité ait été très élevé. Ce texte de Rassinier permet au lecteur de se faire une idée de la situation :

"31 mars 1944. Depuis huit jours, les Kapos, les Lagerschutz et les chefs de bloc (tous prisonniers) sont particulièrement irrités. Plusieurs prisonniers sont morts sous les coups : des poux ont été trouvés non seulement dans le tunnel mais aussi dans les commandos à l'extérieur. La SS-Führung (direction des SS) a tenu la Häftlingsführung (direction des prisonniers) pour responsable de cet état de fait. De plus, le temps a été épouvantable toute la journée : le froid était plus vif que d'habitude et une pluie glaciale entrecoupée d'averses tombait sans discontinuer. Le soir, nous sommes arrivés sur la place gelés, trempés et affamés à l'extrême - espérons que l'entraînement ne dure pas trop longtemps ! Pas de chance : à dix heures du soir, nous sommes toujours debout sous les trombes d'eau, attendant la "rupture de rangs" qui nous libérera. Elle arrive enfin, c'est fini, nous allons pouvoir boire notre soupe chaude en vitesse et nous laisser tomber sur la paille. Nous arrivons au block : les chaussures sont nettoyées, puis, nous gardant à l'extérieur avec un panneau, le chef de block, debout sur le bord de la porte, nous fait un discours. Il annonce que, comme on a trouvé des poux, tout le camp va être désinfecté.... Cela commence ce soir : cinq blocks, dont le 35e, ont été désignés pour la désinfection. En conséquence, nous ne mangerons la soupe qu'après l'opération...".

Avec la fin de la guerre, les services et les équipements se dégradent progressivement dans tous les camps. La nuit, explique Rassinier, deux ambulances arrivaient dans les blocs : l'une ("Aussere Ambulance") prodiguait des soins immédiats aux malades accidentés qui ne remplissaient pas les conditions d'hospitalisation ; l'autre ("Innere Ambulance") hospitalisait ceux qui le nécessitaient après un examen. Au cours de l'été 1944, "tout le camp s'envenime", dit Rassinier, qui décrit la dégradation constante de l'état de santé des détenus : furonculose, œdèmes, néphrites, plaies aux mains et aux pieds, doigts coupés, bras et jambes cassés font l'objet des soins de l'ambulance. En décembre 1944, Dora est devenu un grand camp et ne dépend plus de Buchenwald. En janvier 1945, ses installations, conçues pour 15 000 personnes, en accueillent environ 50 000. Le pain et la farine ne sont plus disponibles. Les prisonniers doivent se contenter de deux ou trois petites pommes de terre, et la ration de margarine, de soupe et de saucisse est réduite de moitié.

L'effondrement progressif de Dora a un impact sur Paul Rassinier, dont l'endurance est mise à rude épreuve. Le 8 avril 1944, après avoir rampé fiévreusement dans le camp, le corps enflé, Rassinier réussit à entrer pour la première fois à l'infirmerie, d'où il sort le 27 avril. Le 5 mai, il doit rentrer et reste en convalescence pendant quatre mois, jusqu'au 30 août. Il fait six allers-retours à l'infirmerie. Le 10 mars 1945, il est admis pour la dernière fois. "J'ai été malade, cela va sans dire, même gravement malade, car je le suis encore, mais...". Ainsi, avec ces points de suspension, Paul Rassinier met fin à la seule plainte concernant sa mauvaise santé.

D'autre part, les actes de sabotage dans le tunnel de Dora se poursuivent. Les SS finissent par découvrir que des prisonniers russes mettent hors service un grand nombre de V1 et de V2 en urinant sur les équipements radio. Les Russes, explique Rassinier, maîtres du pillage, le sont aussi du sabotage et de l'entêtement : rien ne les arrête. Ils fournissent aussi le plus gros contingent de pendus. Ils le fournissent pour une raison supplémentaire : ils croient avoir réussi à mettre au point une technique d'évasion ! Rassinier précise que de mars 1944 à avril 1945, il ne se passe pas une semaine sans que trois ou quatre pendus pour sabotage ne soient découverts. Ensuite, ajoute-t-il, ils ont été pendus par groupes de dix ou vingt, à la vue de tous. L'opération se déroulait sur la place, en présence de tous". Ainsi, entre incidents continuels, bombardements, sabotages, pendaisons et famine, Paul Rassinier, le père du révisionnisme, passe ses derniers jours dans le camp. Le 7 avril 1945, il est inclus dans un transport d'évacuation, un convoi de vieux wagons, et c'est la libération.

Ce qui reste à dire sur Buchenwald, c'est la célébrité qu'il a acquise après la guerre pour les activités présumées de Karl Koch, le commandant arrêté en 1943 et fusillé en 1945, et de sa femme Ilse Koch. Cette notoriété est due en grande partie au livre de Christopher Burney, un ancien prisonnier qui a publié en 1945 *Solitary Confinement : The Dungeon Democracy* in London, un pamphlet dont certains libraires osent demander 135 euros pour la première édition, pensant peut-être qu'il s'agit d'un ouvrage d'expérience personnelle ayant valeur de témoignage. Rien n'est moins vrai, car lorsque Burney arrive à Buchenwald au début de 1944, Koch est déjà arrêté et Hermann Pister, le commandant du camp de concentration, est l'un des plus doux que l'on ait connus. En décrivant Karl Koch, cet auteur opportuniste le dépeint comme l'homme le plus cruel qu'il ait jamais connu, qui passait son temps à imaginer des moyens cruels de tuer les prisonniers. Burney ajoute qu'Ilse Koch embrassait les prisonniers parce que son mari était homosexuel et les envoyait ensuite au crématorium. Ceux dont la peau était artistiquement tatouée étaient préalablement écorchés pour en faire des abat-jour artistiques.

Eugen Kogon fait référence à deux ordres du Reichsführer SS Himmler, l'un daté du 23 septembre 1940 et l'autre du 23 décembre 1942, selon lesquels les dentistes devaient retirer les dents en or des prisonniers décédés et l'or des prisonniers vivants "qui n'était pas réparable". Il est toutefois significatif qu'une petite somme d'argent ait été versée sur leur compte. L'or des dents des morts", poursuit Kogon, "accompagné d'une preuve d'origine précise, du nom et du numéro du défunt, ainsi que d'une preuve du poids, était envoyé au quartier général de Berlin, où il était transformé en or neuf pour les prothèses dentaires". Selon les rapports mensuels, entre 182 et 504 grammes d'or étaient ainsi collectés chaque mois. Kogon explique que le major Koch a fait fabriquer un pendentif en or pour sa chaîne de montre, sur lequel il a gravé les dates de naissance de ses enfants. Comme pour les dents en or, tout ce qui avait de la valeur était prélevé sur les corps des défunts. Christopher Burney lui-même explique que lorsqu'un détenu mourait, les médecins du camp examinaient le cadavre et récupéraient tout ce qui pouvait avoir de l'intérêt. Arthur R. Butz rappelle que des expériences médicales étaient menées à Buchenwald et, sans accorder le moindre crédit à l'histoire d'Ilse Koch racontée par Burney, estime que c'est de là que devaient provenir les peaux tatouées.

Quant à Ilse Koch, après sa condamnation devant un tribunal militaire américain, le général Lucius Clay, gouverneur militaire américain, réexamine le dossier et estime que, malgré les témoignages présentés lors de son procès, Mme Koch ne peut être liée aux écrans tatoués et autres objets trouvés dans la résidence du commandant de Buchenwald en 1945 pour une raison simple : elle n'y vivait plus depuis 1943, puisqu'elle avait été arrêtée avec son mari. Dès que sa peine est commuée, le rabbin Stephen Samuel Wise et d'autres personnes influentes protestent avec véhémence, mais le général Clay ne change pas de position et reste ferme. Lorsque Ilse Koch est libérée du centre de détention où elle était détenue en octobre 1949, les Américains font pression sur les autorités allemandes pour qu'elles poursuivent Mme Koch, "la chienne de Buchenwald", qui est à nouveau arrêtée et poursuivie pour l'affaire des peaux tatouées et le traitement qu'elle a infligé aux prisonniers. Bien que la défense ait prouvé que les déclarations faites lors des deux procès étaient contradictoires, Ilse Koch a été reconnue coupable et condamnée à la prison à vie. En 1967, elle se suicide par pendaison dans sa cellule.

Après la prise de Buchenwald par les troupes américaines, les citoyens allemands de Weimar, à quelque six kilomètres de là, ont été contraints de visiter le camp en mai 1945 et ont défilé en masse devant des tables alignées à l'extérieur. L'idée était de leur montrer les atrocités nazies à travers une exposition d'objets, dont des morceaux de peau tatouée, un abat-jour en peau humaine et deux têtes réduites à la taille d'un poing. Il s'agit d'une opération conçue par la division de la guerre psychologique, à laquelle travaillait à l'époque le célèbre réalisateur juif hollywoodien Billy Wilder, qui réalisait des films de propagande à Buchenwald. Eugen Kogon a également collaboré avec le département de la guerre psychologique ("Sykewar"), responsable de la production de nombreux faux documents sur Buchenwald.

L'idée macabre d'exposer les têtes réduites, provenant d'un musée ou d'une collection d'anthropologues, est venue d'un autre juif, Albert G. Rosenberg, qui, comme Wilder, faisait partie de la Psychological Warfare Division (division de la guerre psychologique). Les têtes provenaient presque certainement d'Amérique du Sud. Certaines tribus amazoniennes, comme les Jíbaros, réduisaient la tête de leurs ennemis dans le cadre d'un rituel visant à piéger leur esprit dans la tête afin de l'empêcher de s'échapper par la bouche ou les yeux et de leur nuire à l'avenir. Le 13 décembre 1945, la preuve documentaire USA-254, consistant en une tête réduite d'un supposé Juif, qui avait été embaumée et conservée, a été exposée lors de l'un des procès de Nuremberg.

Pour conclure ces pages sur Buchenwald, il ne reste plus qu'à ajouter que le film de propagande réalisé fut largement diffusé. Aux côtés des citoyens de Weimar contraints de visiter le camp, un certain nombre de figurants ont été amenés à simuler les réactions nécessaires : les pleurs, l'horreur, la honte, l'indignation. L'objectif est de faire naître chez les Allemands des sentiments de culpabilité et de remords, puis de les montrer au monde entier. Il s'agit de commencer à préparer la dénazification de la société allemande. L'utilisation de photos et de films trafiqués est l'un des instruments récurrents de la propagande. Le révisionniste anglais Richard Harwood (pseudonyme de Richard Verrall), auteur du livre *Did Six Million Really Die*, décrit dans cet ouvrage un cas révélateur de ces falsifications rapporté par le magazine britannique *Catholic Herald* le 29 octobre 1948. À Kassel, tous les Allemands ont été contraints de regarder un film sur les "atrocités" de Buchenwald. Un médecin de Göttingen qui assiste à la projection se reconnaît sur l'écran, bien qu'il n'y soit jamais allé. Il a immédiatement compris qu'il s'agissait des images des victimes du génocide de Dresde, qu'il avait assistées après le bombardement criminel des Alliés. Comme on s'en souvient, les corps des morts ont été brûlés pendant plusieurs semaines en piles de quatre à cinq cents cadavres.

Dachau

Avant de commencer à étudier en détail les camps de Pologne où les exterminationnistes affirment que six millions de Juifs ont été tués, il est nécessaire de dire quelques mots sur deux camps de concentration très cités par les porte-parole de l'Holocauste : Dachau et Bergen-Belsen. Dès le 14 juillet 1959, l'hebdomadaire catholique *Our Sunday Visitor*, publié à Huntington (Indiana) et tiré à l'époque à environ un million d'exemplaires, publiait une lettre de l'avocat Stephen S. Pinter, qui avait séjourné à Dachau pendant environ un an et demi, dans laquelle il excluait catégoriquement l'existence de chambres à gaz dans le camp.

> "J'ai passé dix-sept mois à Dachau après la guerre en tant que procureur du ministère américain de la guerre et je peux témoigner qu'il n'y avait pas de chambre à gaz à Dachau. Ce qu'on a montré aux visiteurs et aux badauds et qu'on leur a dit à tort être une chambre à gaz était en fait un crématorium. Il n'y avait pas de chambre à gaz à Dachau, ni dans aucun autre camp de concentration en Allemagne. On nous a dit qu'il y en avait une à Auschwitz, mais comme il s'agissait d'une zone d'occupation russe, nous n'avons pas été autorisés à enquêter, car les Russes ne l'auraient pas permis...".

Onze ans plus tôt, en 1948, une publication de l'American Association for the Advancement of Science (AAAS) avait déjà présenté un rapport auquel personne n'avait prêté attention. Ce rapport expliquait les causes de décès des cadavres trouvés lors de la prise du camp par les troupes américaines. Selon le rapport, à mesure que l'armée américaine s'enfonçait dans l'Allemagne, ses services médicaux anticipaient ce qu'ils pourraient trouver :

> "Au cours des mois d'avril et de mai, l'Allemagne présentait un aspect étonnant, un mélange d'humanité voyageant dans tous les sens, sans abri, affamés et transportant le typhus avec eux.... Plus le territoire était découvert, plus les cas apparaissaient, car en Allemagne de l'Ouest, le long de la ligne d'avancée américaine, le typhus se propageait uniformément.... On estime que 35 000 à 40 000 prisonniers ont été retrouvés à Dachau, vivant dans des conditions épouvantables.... La saleté extrême, les infestations de poux et la surpopulation règnent dans tous les bâtiments du camp. Plusieurs wagons remplis de cadavres ont été retrouvés dans les hangars de la gare ferroviaire adjacente au camp : il s'agissait des restes de l'expédition de prisonniers provenant de camps situés plus au nord, qui avaient été transférés à Dachau dans les derniers jours de la guerre pour échapper à l'avancée des troupes américaines. Le nombre de patients atteints de fièvre typhoïde lors de la prise du camp ne sera jamais connu.... Plusieurs centaines ont été trouvées dans l'hôpital de la prison, mais ils étaient peu nombreux par rapport à ceux qui vivaient encore dans les baraquements avec leurs camarades, alités, négligés, couchés sur des couchettes à quatre niveaux, avec deux et parfois trois hommes par étage étroit, en forme d'étagère ; les malades et les bien-portants, entassés ensemble, empestant la saleté et la négligence. Et partout l'odeur de la mort".

En 1947, un an avant la parution de ce rapport de l'AAAS, la Croix-Rouge internationale avait présenté un autre rapport estimant qu'au cours des premiers mois de 1945, quelque 15 000 prisonniers de Dachau étaient morts du typhus, la plupart d'entre eux au cours des deux derniers mois de la guerre. Paul Berben, auteur de *Dachau 1933-1945. The Official History* (1975), confirme que plus de prisonniers sont morts au cours des quatre derniers mois de l'existence du camp que pendant toutes les années précédentes. Même après l'arrivée des Américains, quelque 2000 prisonniers sont morts de faim. Pendant de nombreuses années, une plaque commémorant les 238 000 morts du camp était visible à Dachau et, dans les années 1950, toute personne en Allemagne qui niait l'existence d'une chambre à gaz à Dachau risquait d'être emprisonnée. Aujourd'hui, le nombre de morts dans ce camp a été établi à 32 000 et il est admis qu'aucun prisonnier n'a été gazé.

Aujourd'hui, même les historiens juifs admettent qu'il n'y a pas eu de camps d'extermination sur le territoire allemand. Le 19 avril 1960, Martin Broszat, directeur de l'Institut d'histoire contemporaine de Munich, a déclaré qu'il n'y avait pas eu de gazage sur le territoire du Reich et qu'il n'y avait eu que quelques camps en Pologne. En avril 1975, le célèbre chasseur de nazis Simon Wiesenthal publie une lettre dans le journal britannique *Books and Bookmen* dans laquelle il reconnaît que "personne n'a été gazé dans aucun camp sur le sol allemand". Le 24 janvier 1993, il a confirmé cette information dans le journal *The Stars and Stripes*, en déclarant : "Il est vrai qu'il n'y a pas eu de camps d'extermination sur le sol allemand, ni de gazages massifs comme ceux d'Auschwitz, de Treblinka et d'autres camps. Une chambre à gaz était en cours de construction à Dachau, mais n'a jamais été achevée". Même une publication du Comité juif américain, *The changing shape of Holocaust Memory*, a admis en 1995 qu'"il n'y avait pas de centres d'extermination 'en soi' en Allemagne et que, bien que les conditions de Dachau aient été horribles, sa chambre à gaz n'a jamais été utilisée". Comme l'admet Wiesenthal, ce n'est pas qu'elle n'a pas été utilisée, mais qu'elle n'a pas existé.

Malgré cela, les personnes qui perdent leur temps à visiter le musée de Dachau, près de Munich, sont encore trompées et manipulées par de fausses informations. On montre à ces touristes naïfs de petites pièces et on leur dit qu'elles ont été utilisées comme chambres à gaz. Ce qu'ils voient en réalité, ce sont des installations utilisées pour la désinfection ou des crématoriums pour les prisonniers décédés. L'une des pièces était une chambre de fumigation utilisée pour l'épouillage des vêtements. Des photos prises en 1945 montrent également la fameuse porte surmontée d'une tête de mort et de l'avertissement suivant : "Vorsicht ! Gaz ! Lebensgefahr ! Nicht öffnen" ("Attention ! Gaz ! Danger de mort ! Ne pas ouvrir !").

Il a déjà été mentionné que Dachau a commencé à fonctionner en 1933 et qu'il est donc le plus ancien des camps. Des prisonniers politiques autrichiens, des criminels de droit commun et des prisonniers de toutes sortes, y compris des prêtres catholiques, y ont été internés. Plus de 2000 prêtres catholiques de différents pays ont été emprisonnés dans les camps allemands, dont la plupart à Dachau. Les détenus travaillaient généralement dans des usines à l'extérieur du camp. À la fin de la guerre, on a commencé à fabriquer le mythe selon lequel Dachau avait été un camp d'extermination. Comme dans le cas de Buchenwald, c'est la propagande américaine menée par Eisenhower, le responsable des camps de la mort où près d'un million d'Allemands ont péri, qui est chargée de déformer les faits dès la prise de contrôle du camp de concentration par les troupes américaines.

Il existe plusieurs versions de l'arrivée des Américains à Dachau, que nous résumerons sans trop entrer dans les détails. La Croix-Rouge, grâce aux conventions internationales, avait accès aux prisonniers de guerre, les "Prisoners of War" (POW), qui bénéficiaient ainsi d'une protection internationale, mais les prisonniers des camps de concentration n'en faisaient pas partie. Dans les premiers mois de 1945, la situation dans tous les camps est déjà si catastrophique que le 29 mars, le gouvernement allemand, par l'intermédiaire du général SS Ernst Kaltenbrunner, décide d'autoriser un délégué du Comité international de la Croix-Rouge à s'installer dans chaque camp pour y distribuer des secours. La condition était que les délégués restent dans les camps jusqu'à la fin de la guerre. C'est grâce à cet accord que le CICR a organisé le transport de l'aide par la route, l'usage des chemins de fer, complètement effondrés, étant réservé aux besoins de l'armée. À ce stade de la guerre, le chaos étant immense, l'ordre de Kaltenbrunner ne parvient pas à certains commandants de camp. Certains refusent d'abord de laisser entrer la Croix-Rouge.

La Croix-Rouge publia un document contenant une version édulcorée de la reddition de Dachau. Victor Maurer est le délégué autorisé à se rendre dans le camp, où il arrive le 27 avril avec cinq camions chargés de nourriture pour les prisonniers. Le camp est isolé en raison des bombardements alliés. Le 28 avril, un certain nombre d'officiers et de gardiens commencent à s'échapper. Le lieutenant SS Heinrich Wicker, qui avait également l'intention de s'enfuir à la tête des gardes restants, devient la plus haute autorité de Dachau. Maurer le convainc de livrer le camp aux Américains. Accompagné du lieutenant Wicker, le représentant de la Croix-Rouge quitte le camp avec une serviette blanche attachée à un manche à balai. Une unité motorisée les repère et ils se retrouvent bientôt en présence d'un général, dont le nom n'est pas précisé, mais d'autres sources indiquent clairement qu'il s'agit du général de brigade Henning Linden, car c'est lui qui, le 2 mai, remet au QG son rapport confirmant que, dans la nuit du 28 avril, Victor Maurer, représentant de la Croix-Rouge suisse, est arrivé avec un drapeau blanc, accompagné du lieutenant SS Wicker et de son assistant.

Le général Linden admet qu'on lui a dit qu'il y avait quelque 42 000 prisonniers "à moitié fous", dont beaucoup étaient infectés par le typhus. Il dispose d'informations selon lesquelles un train de cadavres est arrivé à Dachau en provenance du nord, ce que Victor Maurer ignore. Le général Linden demande au délégué de la Croix-Rouge et à l'officier allemand de l'accompagner au camp. Son intention est de prendre des photos des wagons remplis de cadavres pour les journaux. Selon le rapport de la Croix-Rouge, lorsque le général Linden arrive au camp vers 15 heures le 29 avril, d'autres soldats américains sont déjà sur place, informés par des civils et des journalistes en route pour Munich de l'existence du camp de concentration.

Outre le récit de la Croix-Rouge, d'autres récits de la prise de Dachau indiquent que ce sont ces troupes qui, à l'approche du camp, ont découvert le train contenant les corps de quelque cinq cents morts à l'aspect déprimant. Ce train, arrivé le 26 ou le 27 avril, transportait des prisonniers affamés évacués le 7 de Buchenwald et avait été retardé car les avions alliés avaient bombardé les voies et mitraillé le convoi, tuant les prisonniers dans les wagons ouverts. Malgré les efforts du délégué Victor Maurer pour amener les Allemands à remettre le camp en ordre, comme convenu avec le général Linden, le désordre est total et un massacre a lieu : les Américains abattent presque tous les gardiens et n'empêchent pas quelques prisonniers armés de liquider également de nombreux soldats allemands. D'autres prisonniers arrachent les grillages et s'échappent sans que les Américains ne fassent autre chose que tirer en l'air.

À propos de ces événements, le lieutenant-colonel Walter J. Fellenz, officier du 222e régiment, raconte comment ses hommes ont tué les gardes SS qui se trouvaient encore dans les tourelles de garde : "Les SS ont essayé de pointer leurs fusils sur nous, mais nous les avons tués rapidement avant qu'ils ne puissent nous tirer dessus. Nous avons tué au moins dix-sept SS. Puis, dans un accès de rage, nos hommes ont jeté les corps des tourelles et ont vidé leurs fusils dans les poitrines des SS morts." Rien de tout cela ne figure dans le rapport de la Croix-Rouge. Il n'est pas dit non plus que le lieutenant Wicker, avec lequel Victor Maurer s'était engagé à protéger la vie des soldats, a été tué après la reddition du camp...[6]

Deux détenus ont écrit sur Dachau. L'un est le père Johann Maria Lenz, qui a été chargé par le Vatican d'écrire un livre sur Dachau, *Christ in Dachau* (1960) ; l'autre est Nerin Emrullah Gun, un journaliste d'origine turque qui, en 1944, avait travaillé au service de presse de l'ambassade de Turquie à Budapest et avait été emprisonné par les Allemands en avril 1945, probablement en raison du contenu anti-allemand de ses reportages. En 1966, Nerin E. Gun a publié un livre intitulé *Dachau*. L'ouvrage a été traduit en

---

[6] Le lieutenant Heinrich Wicker était un homme de très grande taille, si bien que son cadavre allongé sur le sol, la tête fracassée, est facilement reconnaissable sur plusieurs photos. Ce lieutenant SS avait supervisé entre le 28 mars et le 2 avril 1945 l'évacuation des prisonniers de Neckarelz, un sous-camp de Natzweiler, vers le camp principal de Dachau. Il a également supervisé, entre le 5 et le 15 avril, l'évacuation d'environ 1700 prisonniers de Hessental, un autre sous-camp de Narzweiler, vers München-Allach. Sa mère et sa sœur sont arrivées à Dachau le 12 avril pour lui rendre visite. Sa fiancée et leur fils de deux ans se trouvaient également à Dachau. Ces proches ne l'ont jamais revu et ont par la suite signalé sa disparition au service de recherche de la Croix-Rouge internationale.

plusieurs langues, dont l'espagnol. En Espagne, il est paru sous le titre *Dachau. Témoignage d'un survivant* (1969). Selon Gun, lorsque les Américains sont arrivés, ils ne se sont pas contentés de tuer les gardes SS, ils ont même liquidé les chiens dans leurs chenils. Le père Lenz, quant à lui, en plus de déclarer qu'il ne s'était jamais senti aussi proche de Dieu qu'à Dachau, affirme que le général américain a ordonné un bombardement de deux heures sur la ville sans défense de Dachau pour se venger des morts trouvés dans le camp ; mais il précise plus tard qu'il a finalement été dissuadé et qu'il a donné le contre-ordre. Le document du CICR ne mentionne pas ces événements.

Ce n'est que quarante ans plus tard que l'étendue et les détails du crime de guerre américain à Dachau ont été connus. En 1986, le médecin-colonel Howard Buechner a publié aux États-Unis le livre *Dachau. The Hour of the Avenger* (*L'heure du vengeur*), dans lequel, outre son expérience personnelle, il donne divers témoignages, dont certains affirment avoir honte de ce qui s'est passé. Alors que dans son communiqué sur la libération de Dachau, le général Eisenhower se contente d'indiquer que 32 000 prisonniers ont été libérés et que "300 soldats SS ont été neutralisés", le colonel Buechner affirme dans son livre que le nombre réel de soldats allemands exécutés s'élève à 520, dont 346 ont été mitraillés en masse sur ordre du lieutenant Jack Bushyhead. Environ une demi-centaine ont été tués par les détenus eux-mêmes qui, selon plusieurs témoins, les ont battus à mort à l'aide de pelles et d'autres outils. Certains kapos ont également été mis en pièces par les prisonniers. Dans un autre livre sur la libération de Dachau, *Inside the Vicious Heart* (1985) de Robert H. Abzug, un témoin oculaire révèle que certains soldats américains ont remis les détenus aux Allemands pour qu'ils soient tués. Bien que les tueries ne cessent complètement que le 2 mai, un certain ordre est rétabli le 30 avril et de la nourriture est distribuée. Le 1er mai, des membres d'une délégation du CICR pénètrent dans le camp et rapportent avoir vu des piles de cadavres et "également la chambre d'exécution, la chambre à gaz, les fours crématoires, etc.

Puisqu'il existe aujourd'hui un consensus général parmi les chercheurs des deux bords sur l'absence de chambres à gaz à Dachau, ces affirmations du rapport de la Croix-Rouge de 1947 doivent être interprétées comme reflétant la propagande américaine, qui considérait comme des chambres à gaz les douches dont la propagande faisait circuler une photo montrant plusieurs membres du Congrès américain examinant les trous dans les artichauts. Dans les années 1980, ces mêmes douches ont été montrées aux touristes au musée de Dachau et l'on a insisté sur le fait qu'elles étaient destinées à servir de chambres à gaz, bien qu'elles n'aient jamais été utilisées. Un panneau indique en allemand et en anglais : "Chambre à gaz". Camouflée en salle de bain - jamais utilisée comme chambre à gaz". Les révisionnistes ont averti qu'il avait été prouvé que cette installation n'était pas une chambre à gaz, et les autorités du musée ont remplacé le panneau par un autre où l'on peut lire : "Chambre à gaz". Ici se trouvait le centre d'un potentiel meurtre de masse". Il a été ajouté que "jusqu'à 150 hommes pouvaient être gazés à la fois". C'est-à-dire, absurdement, que l'on voulait faire taire les révisionnistes avec les termes "potentiel" et "pouvait". La propagande prétendait également que la chambre de désinfection ou de fumigation, dont l'inscription sur la porte a été citée plus haut, était également une chambre à gaz destinée à l'extermination des prisonniers. Sous la photo distribuée par l'armée américaine montrant un soldat se trouve le texte suivant : "Les chambres à gaz commodément situées à côté du crématorium sont examinées par un soldat de la septième armée américaine. Ces chambres étaient utilisées par les gardes nazis pour tuer les prisonniers du tristement célèbre camp de concentration de Dachau". Notez que le pluriel est utilisé, ce qui implique qu'il y en avait plusieurs.

Puisqu'il est temps d'évoquer le funeste camp de Bergen-Belsen, il convient de souligner une fois encore que l'Allemagne est un maelström de mort et de misère au début de l'année 1945 et qu'elle le restera encore longtemps, comme cela a été expliqué au chapitre 11, où a été relaté le sort de millions de réfugiés fuyant les Soviétiques dans des conditions déplorables. En janvier 1945, par exemple, 800 réfugiés allemands ont été retrouvés morts de froid dans un train arrivant à Berlin. Le réseau ferroviaire est chaotique, comme en témoigne le fait que le train en provenance de Dachau dans lequel les cinq cents cadavres ont été retrouvés a mis vingt jours pour arriver de Buchenwald. Dans la dernière note, il est indiqué que le lieutenant Heinrich Wicker a supervisé le transfert des prisonniers d'un camp à l'autre. On ne sait pas très bien qui a donné ces ordres, ni quel était le but du transfert de milliers de prisonniers mourants d'un camp à l'autre. L'explication réside peut-être dans le fait que les commandants avaient l'intention de minimiser le nombre de victimes dans leurs camps et d'en faire porter la responsabilité à d'autres.

Bergen-Belsen

Bergen-Belsen est le camp paradigmatique de la tragédie vécue par les prisonniers des camps de concentration au cours des derniers mois. À tel point qu'il est devenu le chef-d'œuvre de la propagande de l'Holocauste. Les images des corps squelettiques non enterrés de prisonniers morts du typhus, de faim et d'autres maladies ont fait le tour du monde. Cette fois, il n'a pas été nécessaire de recourir à des contrefaçons, car les images étaient réelles. Les images de l'enterrement de montagnes de cadavres à Belsen sont régulièrement montrées à la télévision pour prouver l'existence de camps où les Juifs ont été exterminés. Cependant, il a été démontré plus haut qu'entre août et décembre 1944, avant que les lignes d'approvisionnement ne soient coupées par les bombardements et que le système concentrationnaire ne s'effondre, quelque deux mille Juifs ont été libérés de Bergen-Belsen grâce aux efforts conjoints du Jewish Rescue Committee de Budapest et du Joint Distribution Committee de New York.

Nous pensons qu'à ce stade de notre exposé, il a été suffisamment démontré qu'il n'y avait pas de politique délibérée de mise à mort des prisonniers, qu'ils soient juifs ou gentils, et que les hécatombes dans les camps étaient le résultat d'une perte absolue de contrôle. Des sources différentes attribuent sans cesse la cause principale des décès aux épidémies de typhus, qui constituaient une menace constante dans tous les camps. Comme on le sait, le typhus exanthématique est transmis par les poux. C'est pourquoi les Allemands ont essayé de combattre cette maladie le plus efficacement possible et le plus longtemps possible. De nombreuses mesures d'hygiène ont donc été prises et ces parasites indésirables ont été combattus en désinfectant les chambres, les vêtements et les personnes. Le fait que l'un de ces insectes, le pédicule humain, vive sur le cuir chevelu, où chaque pou peut déposer jusqu'à dix lentes par jour, explique que les prisonniers soient rasés dès leur entrée dans les camps. Une sous-espèce un peu plus grande, le pediculus humanus corporis, vivant dans les coutures et les plis des vêtements, des chambres de désinfection ont été créées, où l'on utilisait du cyanure d'hydrogène, également connu sous le nom d'acide cyanhydrique et d'acide prussique. La marque utilisée dans les camps était le "Zyklon B", fabriqué par I G Farben. Dans tous les camps, le rituel était le même : dès qu'un groupe de détenus arrivait, ils étaient déshabillés, rasés, douchés et recevaient de nouveaux vêtements, si ce n'est les anciens qui avaient déjà été désinfectés.

Bergen-Belsen était à l'origine un camp de la Wehrmacht pour les prisonniers de guerre et les blessés, mais à la mi-1943, les SS l'ont repris et l'ont transformé en camp d'échange, c'est-à-dire un camp de transit où les prisonniers juifs étaient échangés contre des prisonniers allemands. Il semble que les premiers Juifs arrivés venaient de Salonique et que certains avaient des passeports espagnols, de sorte qu'on espérait les envoyer en Espagne. Le groupe de Juifs le plus important était celui des Juifs d'origine néerlandaise, au nombre d'environ 5000. Nombre d'entre eux étaient des experts en taille de diamants venus d'Amsterdam. Les Juifs sont logés dans des logements spécialement conçus pour eux et forment ce que l'on appelle le "camp des étoiles", qui est complètement séparé du reste des camps et n'est donc pas très affecté par l'épidémie de typhus qui sévit depuis quelques mois.

Ce sont les Britanniques et les Canadiens qui, dans l'après-midi du 15 avril 1945, entrent dans Bergen-Belsen, à une cinquantaine de kilomètres au nord de Hanovre, dont la reddition avait été convenue à l'avance. L'existence de l'épidémie de typhus est bien connue. Il y avait même des panneaux dans les environs du camp avertissant : "Danger. Typhus". L'épidémie risque donc de se propager et de toucher les troupes des deux camps. De nombreux gardes du camp s'enfuient avant l'arrivée des Britanniques, mais Josef Kramer, le commandant du camp, reste dans le camp avec quatre-vingts de ses hommes qui sont restés volontairement sur place. Kramer et son assistante Irma Grese rencontrent à l'entrée l'officier britannique Derrick Sington, à qui ils font part de leur volonté de coopérer pour régler la situation. Le même jour, Kramer est arrêté et, cinq mois plus tard, il comparaît devant un tribunal militaire britannique en tant que criminel de guerre.

En 1957, Derrick Sington publie le livre *The Offenders* in London, dans lequel il rapporte le témoignage d'un prisonnier politique qui explique comment l'épidémie de typhus s'est déclarée. Selon ce prisonnier, à la fin du mois d'octobre 1944, un transport a été admis pour la première fois sans être désinfecté. Les personnes qui sont arrivées dans le camp ont apporté des poux, qui ont commencé à se propager progressivement. En janvier 1945, la maladie commença à se manifester et, à la fin du mois de février, le typhus constituait déjà une menace sérieuse pour l'ensemble du camp. Au cours des derniers mois, Belsen était considéré comme un "Krankenlager", un camp pour les malades. De nombreuses personnes travaillant dans le camp étaient également malades. Les Britanniques ne parviennent pas à maîtriser immédiatement la situation et un quart des personnes touchées par l'épidémie meurent au cours des quatre premières semaines.

Devant le spectacle dantesque de milliers de cadavres sans sépulture éparpillés dans la campagne, les Britanniques commencent à creuser de grandes fosses rectangulaires pour y enterrer les morts. Deux jours après l'entrée des troupes, les premières unités médicales arrivent et installent un hôpital. Le même jour, tous les SS, cinquante hommes et trente femmes, qui avaient aidé les Britanniques à faire face à la catastrophe, sont arrêtés. Le même jour, le 17 avril, les Juifs s'empressent d'organiser un comité juif dans le camp, dirigé par Josef Rosensaft. Le 18, l'enterrement des cadavres commence. La plupart des corps décharnés des morts sont déjà entassés dans les fosses communes. Les bulldozers les chargent sur des camions ou les poussent directement dans les fosses. Les libérateurs britanniques ont forcé les femmes allemandes à travailler sans protection et sans gants, les exposant ainsi au typhus et à d'autres maladies. Sur certaines photos, on voit ces femmes traîner et transporter les morts boiteux dans des véhicules avant de les jeter dans les tombes. Ces images figurent dans le célèbre film qui a choqué des générations de téléspectateurs. Lorsque six détachements de la Croix-Rouge sont arrivés sur place le 23 avril, l'épidémie était toujours hors de contrôle et des centaines de personnes mouraient encore chaque jour. Malgré les soins prodigués par la Croix-Rouge et les unités médicales de l'armée britannique, 9000 personnes sont mortes au cours des deux premières semaines suivant la libération du camp, et 4000 autres au cours du mois de mai.

Quant au procès du capitaine SS Josef Kramer, surnommé par la propagande "la bête de Belsen", il s'est tenu en août 1945. Il s'agit du "procès de Belsen", mené par un tribunal militaire britannique en dehors du TMI (Tribunal militaire international de Nuremberg). Parce qu'il avait précédemment servi à Auschwitz-Birkenau, Kramer a été associé à l'extermination des Juifs dans les chambres à gaz. Il a fait deux déclarations devant le tribunal, qui sont reproduites intégralement par Arthur R. Butz en annexe de *The Hoax of the Twentieth Century*. Dans la première déclaration, longue de dix-sept pages, Kramer relate son expérience dans les différents domaines où il a travaillé. En raison de leur intérêt, plusieurs extraits sont cités ci-dessous, dont certains confirment des faits déjà rapportés.

Kramer a séjourné à Auschwitz-Birkenau de la mi-mai 1944 au 29 novembre 1944. Il était commandant de Birkenau, où étaient envoyés les prisonniers dont la capacité de travail n'était plus suffisante en raison de la maladie ou de l'âge. Selon ses déclarations, entre 350 et 500 personnes mouraient de causes naturelles chaque semaine. Il justifie ce taux de mortalité élevé par le fait que de nombreux détenus entrant à Birkenau en provenance d'Auschwitz étaient malades : "Le taux de mortalité, affirme-t-il, était légèrement supérieur à la normale en raison du fait que j'avais un camp avec des personnes malades venant d'autres parties du camp". Kramer confirme que tous les prisonniers décédés ont été incinérés et qu'ils n'ont pas été maltraités :

> "Aucun prisonnier n'a été fouetté, il n'y a pas eu d'exécutions, de fusillades ou de pendaisons. Je faisais de fréquentes inspections dans mon camp. C'était la seule responsabilité du médecin de certifier la cause du décès d'un prisonnier. Les médecins changeaient tout le temps. L'un de ces médecins était le Hauptsturmführer (capitaine) Mengele.... Lors de mes inspections, je n'ai jamais vu de prisonniers morts de violences physiques. Lorsqu'un prisonnier mourait, un médecin devait certifier l'heure du décès, la cause et les détails de la mort. Un médecin signait un certificat et l'envoyait au bureau central du camp".

En ce qui concerne le travail des médecins, Kramer a répété que "ces médecins ont fait tout ce qui était en leur pouvoir pour maintenir les prisonniers en vie". Selon lui, ils faisaient des journées de douze heures et travaillaient tous les jours de huit heures du matin à huit ou neuf heures du soir. En ce qui concerne les accusations d'avoir participé à un meurtre de masse, il a déclaré :

> "J'ai entendu des allégations d'anciens prisonniers d'Auschwitz au sujet d'une chambre à gaz, d'exécutions massives et de flagellations, de la cruauté des gardiens, et que tout cela s'est produit en ma présence ou avec mon consentement. Tout ce que je peux dire, c'est que c'est faux du début à la fin".

Josef Kramer a été en poste à Belsen du 1er décembre 1944 au 15 avril 1945. Dans son témoignage, il raconte que le 29 novembre, il s'est rendu à Berlin pour faire un rapport au "Gruppenführer" Glücks, qui était chargé de l'organisation de tous les camps de concentration du Reich sous les ordres de l'"Obergruppenführer" Oswald Pohl. Kramer cite dans sa déclaration les propos tenus par Glücks lors de son entretien, dont certains coïncident avec le rapport de Rudolf Kastner et confirment que de nombreux Juifs sont venus à Belsen en provenance d'autres camps parce qu'ils y ont été échangés ou libérés. En voici un extrait :

> "'Kramer, tu vas aller à Belsen en tant que commandant. À Belsen, il y a actuellement de nombreux prisonniers juifs qui seront finalement échangés'. Ce n'est que plus tard, lorsque j'étais à Belsen, que j'ai appris que ces prisonniers juifs étaient échangés contre des citoyens allemands venus de partout. Le premier échange a eu lieu entre le 5 et le 15 décembre 1944, sous la surveillance personnelle d'un officier venu tout exprès de Berlin. Je ne me souviens pas de son nom. Son grade était "Regierungsrat" (conseiller du gouvernement). Le premier transport contenait entre 1300 et 1400 prisonniers. Glücks m'a dit lors de l'entretien à Berlin : "Il est prévu de transformer Belsen en un camp pour prisonniers malades. Ce camp accueillera tous les prisonniers malades et les détenus de tous les camps de concentration du nord et du nord-est de l'Allemagne, ainsi que tous les malades parmi les prisonniers travaillant dans des entreprises ou des industries...".

Une fois de plus, on constate que non seulement les Juifs n'ont pas été systématiquement exterminés, comme la propagande continue de le prôner après plus de soixante-dix ans, mais qu'ils ont fait l'objet d'une attention particulière, car des organismes tels que le Joint, le Congrès juif mondial, la Croix-Rouge et les Comités juifs opérant dans de nombreux pays et d'autres organisations étaient en contact avec les autorités allemandes et menaient de fréquentes négociations. En ce qui concerne l'évolution du nombre de prisonniers et de morts à Belsen, Kramer a déclaré ce qui suit :

> "Lorsque j'ai pris mes fonctions, le 1er décembre, il y avait environ 15 000 personnes dans le camp ; environ 200 sont mortes en décembre. Le 1er janvier, il y avait environ 17 000 personnes dans le camp ; six cents sont mortes en janvier ; le 1er février, il y avait 22 000 prisonniers dans le camp. À partir du 15 février, je ne pouvais plus dire combien de prisonniers j'avais, parce qu'il n'y avait plus de registres dans les livres, parce que c'était totalement impossible à cause de l'afflux de transports en provenance des camps de Silésie, qui étaient évacués, et, comme je l'ai dit, les registres que j'avais conservés ont été détruits en mars.
> Je ne connais pas le nombre de morts pendant cette période, mais les conditions à Belsen ont empiré de la mi-février à la mi-avril 1945, lorsque les Alliés sont arrivés. J'ai inspecté le camp tous les jours pendant cette période et j'étais bien conscient des conditions et du grand nombre de personnes qui mouraient. La mortalité au cours des mois de février, mars

et avril a augmenté régulièrement jusqu'à atteindre 400 à 500 personnes par jour....".

De nombreux aspects de la déclaration de Kramer méritent d'être soulignés. Par exemple, l'impossibilité de continuer à incinérer les cadavres parce qu'il n'y avait plus de charbon pour alimenter le crématorium, ou les mesures qu'il a prises lorsqu'il a détecté un cas de cannibalisme. En ce qui concerne la famine, le rapport du CICR de 1948 note que l'approvisionnement des camps a été perturbé par des raids aériens sur toutes les voies de communication. Le 2 octobre 1944, le CICR avait averti le Foreign Office de l'effondrement imminent du système de transport et prédit qu'il entraînerait la famine pour tous les habitants de l'Allemagne. En ce qui concerne les pénuries alimentaires, Kramer souligne le manque de pain :

> "Il m'était absolument impossible d'obtenir suffisamment de pain pour nourrir tous les prisonniers que j'avais. Au début, le pain nous était fourni par les boulangeries de Belsen. Ensuite, il y a eu tellement de prisonniers dans le camp que les boulangeries locales ne pouvaient plus fournir les quantités nécessaires, et j'ai envoyé des camions à Hanovre et ailleurs pour chercher du pain, mais même là, je n'ai pas pu obtenir la moitié du pain nécessaire pour nourrir les prisonniers avec des rations normales. À part le pain, les rations n'ont jamais été réduites".

Quant à l'épidémie de "fièvre éruptive" qui s'est propagée dans le camp en février 1945, Kramer explique qu'elle a été certifiée par l'Institut bactériologique de Hanovre, il a donc fermé le camp et envoyé un rapport à Berlin : "La réponse que j'ai reçue de Berlin était que je devais garder le camp ouvert pour recevoir les convois de l'Est, fièvre ou pas fièvre". Début mars, Kramer envoie un rapport complet à ses supérieurs sur les conditions de vie dans le camp. Le 20 mars, Oswald Pohl se rendit personnellement à Belsen pour suivre la situation et s'accorda avec le commandant du camp pour dire qu'il fallait faire quelque chose. Devant le tribunal, Kramer s'en explique :

> "La première mesure qu'il a suggérée était de fermer le camp et de ne plus faire entrer de personnes. J'ai proposé à Pohl deux mesures pour faire face à la situation : (a) empêcher l'arrivée de nouveaux transports et (b) procéder immédiatement à l'échange des Juifs dans le camp. Le résultat fut que, depuis mon bureau, il envoya une lettre à Berlin déclarant que l'échange des prisonniers juifs devait avoir lieu immédiatement. Cet échange a finalement eu lieu au cours des derniers jours de mars. Je ne sais pas où l'échange devait avoir lieu, mais ils ont quitté Belsen pour Theresienstadt. Entre 6000 et 7000 personnes ont été envoyées pour être échangées (trois trains). Ces 6000 à 7000 personnes constituaient le nombre total de prisonniers à échanger. Ils ont été transportés dans trois

convois, chacun composé de 45 à 50 wagons. J'ai reçu l'ordre d'expédier trois convois, trois jours différents. À chaque fois, j'ai affecté quelques gardes - je ne me souviens plus combien - et il y avait un N.C.O. (familièrement un sous-officier) en charge de chaque train, probablement un Scharführer (premier sergent), mais je ne m'en souviens plus. Je ne sais pas à qui ces sous-officiers devaient faire rapport de l'autre côté. Tout ce que je sais, c'est qu'il devait envoyer trois trains. Je n'ai jamais revu ces sous-officiers que j'avais envoyés.

Cette information est d'une grande importance, car elle prouverait que parmi les milliers de cadavres retrouvés à Bergen-Belsen, il y avait peu de Juifs, la plupart ayant été évacués dans trois longs trains à la fin du mois de mars 1945. Kramer a terminé son long témoignage devant le tribunal britannique en déclarant que lorsque Belsen a finalement été pris par les Alliés, il était tout à fait satisfait d'avoir "fait tout ce qui était possible dans les circonstances pour remédier aux conditions dans le camp".

Dans une seconde déclaration, Kramer abandonne la fermeté avec laquelle il avait défendu ses actes et se rétracte, manifestement dans le but de sauver sa vie et sur les conseils de son avocat. La logique de la défense était de proposer une version qui déchargerait les supérieurs de Kramer de toute responsabilité pour les prétendus meurtres de masse à Birkenau, puisque l'affirmation selon laquelle Auschwitz-Birkenau n'était pas un camp d'extermination n'avait aucune chance d'être acceptée par le tribunal. La seconde déclaration, également reproduite intégralement dans *The Hoax of the Twentieth Century*, était beaucoup plus courte et consistait en huit points qui tenaient sur deux pages. Kramer y affirme qu'il y avait une chambre à gaz à Auschwitz, qu'il n'en était pas responsable et que les exterminations relevaient de l'administration centrale du camp d'Auschwitz 1. Il a surtout affirmé qu'il avait donné sa parole d'honneur à Oswald Pohl de se taire. De toute façon, il ne lui sert à rien d'accuser Rudolf Höss, le commandant du camp, et le RSHA des crimes dont il est accusé par le tribunal. Josef Kramer et son assistante Irma Grese sont pendus le 13 décembre 1945.

Nous ne voulons pas terminer ces pages sur Bergen-Belsen sans évoquer la plus célèbre des victimes du camp, la fameuse Anne Frank, la jeune fille juive qui y serait morte et que la propagande a transformée en mythe. Nous pourrions parler longuement du célèbre *journal d'Anne Frank* et du culte dont il fait l'objet dans le monde entier, mais nous nous contenterons d'indiquer qu'il a été prouvé que ce journal était un faux - non pas un faux de plus, mais le plus fructueux à tous points de vue : d'une part, grâce à ce récit frelaté, des centaines de millions d'enfants dans le monde ont été et continuent d'être trompés et manipulés, car en s'identifiant aux sentiments du protagoniste, ils ont incubé le virus de l'antipathie envers les Allemands dans leur ensemble ; d'autre part, la fraude a donné lieu à un fabuleux commerce pour ceux qui l'ont fabriquée. En 1947, la première édition est parue aux Pays-Bas et en 1952, le livre a été publié à Paris. Depuis lors, il n'a cessé d'être publié dans le monde entier et dans presque toutes les langues. En Allemagne, il a été imposé comme lecture obligatoire dans les écoles et les enseignants qui doutaient de son authenticité ont été menacés de se voir retirer leur autorisation d'enseigner, "venia docendi". En Espagne, des centaines, voire des milliers, de professeurs d'espagnol et de catalan continuent aujourd'hui à proposer *Le journal d'Anne Frank* comme lecture obligatoire dans les écoles secondaires. Bien sûr, Hollywood a produit un film au succès mondial, et des adaptations théâtrales ont également été réalisées dans plusieurs pays. Bref, une affaire de plusieurs millions de dollars qui dure depuis soixante-dix ans.

Puisqu'il est nécessaire d'argumenter sur la manière dont il a été prouvé qu'il s'agissait d'un faux, nous allons maintenant décrire ce qui s'est passé. Tout d'abord, il faut savoir qu'Anne Frank est morte à l'âge de quatorze ans et qu'elle avait donc environ douze ans lorsqu'elle a hypothétiquement écrit le journal, qui aurait été rédigé secrètement dans des cahiers d'écolier. En d'autres termes, quelques pages dans des cahiers se sont transformées en un livre de 250 à 300 pages, selon les éditions. L'affaire est devenue très claire lorsque Otto Frank, le père d'Anne, a revendiqué la propriété exclusive des bénéfices de l'"entreprise". Entre 1956 et 1958, un procès s'est tenu au County Court House de New York pour régler le litige entre l'écrivain juif Meyer Levin et Otto Frank. Levin, le plaignant, avait poursuivi M. Frank pour avoir vendu le "Journal" et la "mise en scène" de celui-ci en méconnaissance de ses droits d'auteur. Le juge Samuel L. Coleman, qui était également juif, donna raison à Meyer Levin, obligeant Otto Frank à lui verser 50 000 dollars de l'époque pour "fraude, rupture de contrat et utilisation abusive d'idées". Dans son verdict, le juge Coleman déclare que M. Frank doit payer M. Levin "pour son travail sur le journal d'Anne Frank". L'abondante correspondance privée entre Another Frank et Meyer Levin, qui a été produite au procès comme preuve par les parties, montre clairement que Meyer Levin est l'auteur du "Journal". Pour défendre ses droits d'auteur, l'écrivain, qui avait été correspondant en Espagne pendant la guerre civile, a également poursuivi le producteur de films Kermit Bloombarden.

Il existe d'autres preuves que l'enfant Anne Frank n'est pas l'auteur du journal. L'historien britannique David Irving a découvert que le manuscrit original en possession d'Otto Frank était écrit au moyen de biros, un appareil inventé en 1949 et commercialisé à partir de 1951. En revanche, une experte juive en écriture, Minna Becker, a exclu que le manuscrit ait pu être écrit par la petite Anne après l'avoir comparé à des textes authentiques de l'enfant. Pour en savoir plus, il est conseillé de lire l'ouvrage du révisionniste espagnol Pedro Varela, intitulé *Le cas d'Anne Frank*.

PARTIE 3 - BELZEC, TREBLINKA ET SOBIBOR, TROIS "CAMPS D'EXTERMINATION"

Le 7 juin 1979, Jean-Paul II s'est rendu à Auschwitz, "lieu de la terrible dévastation", a-t-il déclaré, "qui a signifié la mort pour quatre millions d'hommes de diverses nations". Le pape, qui a annoncé au monde entier qu'il s'y était rendu en tant que pèlerin, a ainsi ratifié par ses mots le nombre de morts figurant sur la plaque de l'époque, qui indiquait : "Quatre millions de personnes ont souffert et sont mortes ici aux mains des criminels nazis entre 1940 et 1945". Vingt-sept ans plus tard, le 28 mai 2006, un autre pape, Benoît XVI, s'est à nouveau rendu en pèlerinage au camp et l'a qualifié de "lieu d'horreur, d'accumulation de crimes contre Dieu et contre l'homme sans équivalent dans l'histoire". Mais quelque chose a changé : en 1990, l'ancienne plaque a été remplacée par une nouvelle sur laquelle deux millions et demi de morts ont disparu d'un seul coup. La nouvelle légende disait : "Que ce lieu soit à jamais un cri d'impuissance, un avertissement pour l'humanité. C'est ici que les nazis ont assassiné environ un million et demi d'hommes, de femmes et d'enfants, pour la plupart des Juifs de différents pays d'Europe. Cette rectification officielle du bilan d'Auschwitz n'a en rien modifié les chiffres de la propagande - reconnus comme faux par la nouvelle plaque - dont le nombre cabalistique de six millions reste inchangé.

Selon l'historiographie officielle, il y avait trois autres grands camps d'extermination en Pologne occupée, en plus d'Auschwitz : Belzec, Treblinka et Sobibor, tous capturés par les communistes, qui n'ont pas lésiné sur les millions pour calculer le nombre de victimes. En août 1944, une commission d'enquête soviétique a publié un rapport selon lequel trois millions de personnes sont mortes dans le seul camp de Treblinka. Étant donné que sept millions de personnes étaient déjà mortes dans les deux seuls camps et que l'on prétendait que les Juifs avaient été exterminés dans chacun d'entre eux, le nombre de morts à Treblinka a dû être ramené à 870 000, chiffre qui a été officiellement établi à 870 000. Il en va de même pour les chiffres de Belzec et de Sobibor. Les exterminateurs ont certifié que 1 720 000 personnes avaient été tuées dans ces trois camps. Cependant, Raul Hilberg, le plus prestigieux des spécialistes juifs de l'Holocauste, dans un souci de rigueur comptable, a ramené le nombre de victimes des trois camps à 1 500 000 dans *The Destruction of the European Jews,* un ouvrage en trois volumes considéré comme la "Bible de l'Holocauste". La quatrième partie de ce chapitre étant entièrement consacrée à Auschwitz, nous allons maintenant nous pencher sur ce qui est considéré comme une troisième partie de l'Holocauste.

Le Committee for Open Debate on the Holocaust (CODOH) a produit un ouvrage admirable intitulé *One Third of the Holocaust,* dans lequel 27 vidéos mettent en évidence l'impossibilité d'accepter la version canonique du dogme sur ce qui s'est passé dans ces trois camps. D'autre part, les historiens révisionnistes Carlo Mattogno et Jürgen Graf ont publié en 2002 *Treblinka : Extermination Camp or Transit Camp ?* En 2004, le révisionniste italien Carlo Mattogno a poursuivi ses recherches avec un nouveau livre, *Belzec in Propaganda, Testimonies, Archeological Research, and History*. Ces travaux et d'autres, que nous évoquerons au fur et à mesure, permettront de contraster et de réfuter les thèses et les données des exterminationnistes tels que Raul Hilberg, Yitzhak Arad, etc.

Belzec

La Pologne occupée a été réorganisée par les nazis, qui ont mis en place le gouvernement général de Pologne. Une fois qu'il a été prouvé et accepté qu'il n'y avait pas de camps d'extermination sur le territoire allemand, c'est dans le gouvernement général, qui est resté après la guerre aux mains de l'Armée rouge, que les apôtres de l'Holocauste ont placé tous les camps d'extermination : Auschwitz, Belzec, Treblinka, Sobibor, Majdanek, Chelmno... Dès les dernières années de la guerre, des propagandistes ont lancé de nombreux livres sur l'extermination massive des Juifs à Belzec, le camp le plus proche de la frontière avec l'URSS, qui étaient en fait des pamphlets rédigés sans le moindre scrupule. Il existe également de nombreuses brochures sur Treblinka, comme nous le verrons plus loin.

Avant de devenir un camp de travail, Belzec, situé entre les districts de Lublin et de Galicie, avait accueilli des détenus roms en avril 1940. À partir de l'été 1940, il a fait partie du "programme Otto", un projet de construction de routes d'une importance stratégique visant à améliorer l'infrastructure des transports dans le gouvernement général. En septembre 1940, 6000 Juifs de Varsovie ont été transportés à Hrubieszów, une ville située près de la rivière Burg, la frontière naturelle entre la Pologne et l'URSS, pour travailler à la construction d'une route. Ces détenus sont logés dans un camp où est installé un hôpital et où travaille un médecin juif, Abraham Silberschein, qui quitte la Pologne en 1943 et devient en 1944 membre du Parlement polonais et délégué au Congrès juif mondial. Il publie alors à Genève *Die Hölle von Belzec (L'enfer de Belzec)* et plusieurs pamphlets de propagande effrayants dans lesquels il affirme que les Juifs sont exterminés en Pologne. Silberschein affirme qu'en août 1940, des Juifs de la ville et du district de Lublin ont été arrêtés et envoyés travailler à Belzec. Selon ce médecin juif, "la plupart d'entre eux sont morts de blessures causées par les coups reçus pendant le travail, d'autres du typhus et d'autres maladies, tandis que d'autres ont été simplement fusillés". Il rapporte néanmoins que leur travail principal consistait à creuser des fossés antichars à une dizaine de kilomètres de la frontière soviétique. Au départ, Belzec était donc le centre d'une dizaine de camps de travail forcé employant quelque 15 000 Juifs, dont 2 500 étaient hébergés à Belzec.

En septembre 1940, une inspection médicale a lieu dans les camps du groupe de Belzec. Le rapport qui s'ensuit est extrêmement négatif, se plaignant des conditions de détention très dures dans le réseau de camps, en particulier dans les camps les plus au nord. Carlo Mattogno reproduit une partie du texte :

> "Les chambres sont absolument inadéquates pour accueillir autant de personnes. Elles sont sombres et sales. L'infestation de poux est incontrôlable. Environ 30% des travailleurs n'ont ni chaussures ni pantalons. Ils dorment tous à même le sol, sans paille. Les plafonds sont partout abîmés, il n'y a pas de vitre aux fenêtres.... Il y a une pénurie de savon et il est même très difficile d'obtenir de l'eau. Les malades sont avec les bien-portants et dorment à côté d'eux.... Tous les besoins naturels doivent être satisfaits localement. Il n'est pas surprenant que, dans ces conditions, les cas de maladie soient multiples. Il est extrêmement difficile de s'absenter du travail, ne serait-ce qu'une journée. C'est pourquoi même les malades doivent aller travailler".

Il est clair que ces installations sont loin de ressembler à celles de l'Allemagne décrites plus haut. Une situation aussi tragique était en principe inacceptable et il semble que la dissolution du groupe de camps de Belzec ait été envisagée. C'est du moins ce qui ressort de la note d'un fonctionnaire du département de la population, des affaires intérieures et de la protection sociale de l'administration générale du gouvernement, rédigée en réponse à "votre demande téléphonique concernant la dissolution du camp de Belzec et ses déficiences actuelles". Ce rapport reconnaît qu'en raison du manque de coopération du Brigadeführer (Major Général) SS Globocnik, il n'était pas clair si le camp juif de Belzec ("das Judenlager in Belzec") avait déjà été fermé. Le mémorandum, dont le texte est également reproduit par Carlo Mattogno, se lit comme suit :

> "Les Juifs du camp de Belzec doivent être dissous et mis au travail dans le cadre du programme Otto. Ceux de Radom et de Varsovie doivent retourner chez eux. Les conseils juifs sont même prêts à partir à la recherche de leurs camarades de race. L'exécution de cette tâche est marquée par un manque de clarté déconcertant, et la bonne coopération des organes SS et du Polizeiführer (chef des SS et de la police) ne peut pas toujours être obtenue dans la pratique...."

Un nouveau rapport nous apprend qu'au cours du mois d'octobre 1940, la demande de Juifs pour le travail forcé s'est poursuivie, de sorte qu'ils ont été requis dans d'autres districts du gouvernement général. "Du camp juif de Belzec, précise-t-on, 4 331 Juifs libérés ont été affectés à la construction de routes et de bâtiments pour le programme Otto. Leur état était tel qu'ils ne pouvaient être considérés comme entièrement aptes au travail".

Nous ne pouvons guère en dire plus sur Belzec jusqu'en 1942, car nous ne disposons pas d'autres textes qui pourraient être utiles. Le prochain texte cité par Carlo Mattogno dans son étude sur Belzec est daté du 2 février 1942. Il s'agit d'une directive du commandant de la police d'ordre du district de Galicie sur le service du travail des Juifs ("Arbeitseinsatz von Juden"). Il faut rappeler que l'Allemagne est déjà en guerre contre l'URSS, ce qui permet de comprendre le ton sévère du texte :

> "En ce qui concerne un certain nombre de notes que j'ai reçues des autorités et des agences allemandes, je dois souligner avec force ce qui suit : Ces derniers temps, nous avons vu de plus en plus de cas où des travailleurs juifs affectés à des travaux urgents pour des objectifs de guerre sont rassemblés par diverses agences officielles et sont ainsi retirés du travail nécessaire pour lequel ils ont été désignés. Les Juifs qui ont été recrutés pour d'importants projets de guerre de la Wehrmacht ainsi que pour des projets du Plan quadriennal possèdent une carte d'identité correspondante portant le cachet des agences ou des autorités auxquelles ils ont été affectés.
> Je demande à nouveau que toutes les unités sous mon commandement, et en particulier la police auxiliaire ukrainienne, soient informées afin que les Juifs qui ont reçu l'ordre de travailler pour moi n'aient pas le droit d'être regroupés. Si cet ordre est violé, je punirai les coupables".

Une fois de plus, il ressort clairement du texte qu'il y avait des Juifs de première, de deuxième et même de troisième classe. Pour une raison ou une autre, de nombreux Juifs disponibles pour travailler dans le cadre de l'effort de guerre sont protégés par les efforts ou les pressions de divers organismes. L'indignation conduit le commandant à menacer de sanctions ceux qui, de manière injustifiée, ont permis que des Juifs soient éloignés de leur lieu de travail.

Extermination par électrocution à Belzec

Selon l'historiographie officielle, Belzec est devenu un camp d'extermination à partir de la fin 1941, ce qui implique que les Juifs déportés dans le camp ont été assassinés dès leur arrivée. Les exterminationnistes ont établi que les massacres ont commencé le 17 mars 1942 et se sont terminés en décembre de la même année. Quant aux méthodes d'extermination, il y en a pour tous les goûts. Parfois, pour donner une image de l'extrême dégénérescence des Allemands, les crimes sont agrémentés d'histoires sadiques, par exemple que les soldats, après avoir forcé les Juifs à creuser un fossé, les y ont jetés et ont ordonné à leurs camarades de déféquer sur eux jusqu'à ce qu'ils soient couverts d'excréments. Le 10 juillet 1942, le gouvernement polonais en exil à Londres reçoit le premier rapport d'extermination par choc électrique. Cette méthode ayant été progressivement perfectionnée dans l'imagination des propagandistes de l'extermination, il convient d'y consacrer un espace, Carlo Mattogno fournissant des textes explicites sur cette technique sophistiquée d'assassinat de masse.

Ce rapport du 10 juillet indique que les trains ont été déchargés dès leur arrivée. Les hommes se rendent dans une baraque à droite et les femmes dans une autre baraque à gauche. Là, ils se déshabillent, sans doute pour prendre une douche. Ils étaient ensuite conduits tous ensemble dans un troisième hangar muni d'une plaque ou d'une tôle électrifiée, où ils étaient exécutés. Selon ce rapport, les corps des victimes ont été transportés dans des wagons jusqu'à une fosse d'une trentaine de mètres de profondeur creusée à l'extérieur du périmètre du camp par des Juifs qui avaient tous été assassinés. Le 15 novembre 1942, le Dr Ignacy Schwarzbart, éminent sioniste qui était l'un des représentants juifs au Conseil national polonais, confirme les faits : "Les victimes reçoivent l'ordre de se déshabiller, apparemment pour prendre un bain, puis elles sont emmenées dans des baraquements dont le sol est constitué d'une plaque de métal. La porte est alors fermée, un courant électrique traverse le corps des victimes et leur mort est instantanée. Les cadavres sont chargés dans des wagons et emmenés dans une fosse commune à une certaine distance du camp". Quinze jours plus tard, le 1er décembre, le rapport du 10 juillet est publié dans un magazine polonais rédigé en anglais. Le titre est : "Rapport extraordinaire sur le camp d'extermination juif de Belzec". Le bulletin d'information de l'"Agence télégraphique juive" reprend immédiatement les propos du Dr Schwarzbart et publie un article intitulé : "250 000 Juifs de Varsovie conduits à l'exécution de masse : l'électrocution introduite comme nouvelle méthode d'assassinat de masse des Juifs". La campagne de propagande est déjà bien avancée et Schwarzbart tient une conférence de presse à Londres au cours de laquelle il affirme qu'un million de Juifs ont déjà été assassinés. *Le 20 décembre 1942*, c'est au tour du *New York Times*, le tout puissant média juif. L'article publié par le journal indique entre autres : "On ne dispose pas de données actualisées sur le sort des déportés, mais on apprend, de manière irréfutable, que des sites d'exécution ont été aménagés à Chelmno et à Belzec, où ceux qui survivent aux fusillades sont tués en masse par électrocution et par gaz mortel".

Au fil du temps, de nouvelles variantes ont circulé pour "embellir" l'histoire sophistiquée des exécutions au moyen de courants électriques. Le 12 février 1944, *le New York Times* publie un article intitulé : "Un fugitif parle d'exécutions massives dans des cuves électrifiées". L'article, daté du 11 février à Stockholm et distribué par l'Associated Press, cite comme source un jeune juif polonais qui a réussi à s'échapper. Selon son récit, "les Juifs étaient forcés de se tenir nus sur une plate-forme métallique actionnée par un ascenseur hydraulique qui les faisait descendre dans une énorme cuve, remplie d'eau jusqu'au cou des victimes. Ils étaient électrocutés par des décharges de courant dans l'eau. L'ascenseur soulevait ensuite les corps jusqu'à un crématorium situé au-dessus".

En ce qui concerne les brochures sur l'extermination des Juifs en Pologne diffusées par Abraham Silberschein, nous ne pouvons résister à la tentation de reproduire des extraits significatifs de *L'enfer de Belzec*, publié à Genève en 1944, comme nous l'avons mentionné plus haut. Silberschein était membre du Comité d'action sioniste et dirigeait depuis la Suisse les activités clandestines en Pologne. Les citations suivantes proviennent de *Belzec in Propaganda, Testimonies, Archeological Research, and History*, l'ouvrage de Carlo Mattogno que nous avons consulté comme source indispensable, bien que Jurgen Graff dans *Der Holocaust auf dem Prüfstand* 1992), publié en Espagne sous le titre *El Holocausto bajo la lupa*, cite également certains de ces écrits :

> "Les Juifs déportés à Belzec ont reçu l'ordre de se déshabiller, comme s'ils allaient aux toilettes. Ils étaient en effet conduits dans une salle pouvant contenir plusieurs centaines de personnes. Mais ils ont été exécutés en masse au moyen d'un courant électrique. Un garçon qui a réussi à s'échapper, raconte Silberschein, m'a raconté ce qui s'est passé après l'électrocution. On a extrait la graisse des corps pour en faire du savon. Les restes des corps sont jetés dans des fossés antichars creusés le long de la frontière russe par le sergent-chef Major Dollf. L'enterrement des sacrifiés devait être effectué par les Juifs les plus forts, sélectionnés parmi les condamnés. Il arrivait souvent qu'ils aient à enterrer leurs propres parents.... Les Juifs enterrés à Belzec venaient principalement de Lublin, Lemberg (Lvov) et d'autres villes de Galicie orientale. Environ 300 000 Juifs y ont été enterrés.
> Après avoir déposé tant de corps dans les fosses communes, il était impossible de les recouvrir d'une couche de terre suffisamment épaisse. L'odeur de chair en décomposition s'est alors répandue dans toute la région. Cette odeur est encore perceptible (c'est-à-dire en avril, au moment de la rédaction de ce rapport par le témoin). Les voyageurs de la ligne Zawada-Rawa Ruska ferment leurs fenêtres, car l'odeur épouvantable pénètre dans les compartiments et les fait vomir. J'ai moi-même dû voyager sur cette ligne à plusieurs reprises et j'ai pu m'en convaincre. Le 10 avril 1943, j'y suis passé pour la dernière fois. La population chrétienne de Belzec a quitté les lieux à cause de cette puanteur".

Dans le *camp d'exécution et d'extermination de Belzec* (*Hinrichtungs und Vernichtungslager Belzec*), autre libelle de Silberschein, il introduit la variante de l'extermination par la chaleur d'un four électrique. Dans ses délires, Silberschein invente d'autres moyens d'extermination à Belzec qui, selon lui, "était devenu une forteresse de l'Inquisition comme on n'en avait jamais vu dans l'histoire de l'humanité". L'idée que les souffrances endurées par les Juifs étaient inégalées dans toute l'histoire est l'un des éléments fondamentaux de la propagande de l'Holocauste. Plus ils étaient capables de concevoir d'atrocités, mieux cette thèse pouvait être étayée. Comme si l'électrocution et la chaleur du four électrique ne suffisaient pas, Silberschein a écrit :

> "Des bâtiments spéciaux pour les expériences sur les gaz y ont été construits. Des usines spéciales pour la production de savon et de bitume à partir de graisse juive. Des hôpitaux ont été construits dans le but d'effectuer les premières transfusions de sang prélevé sur des enfants juifs. Des équipements spéciaux de pendaison sont mis au point. Même les soldats de la Wehrmacht ne pouvaient pas le croire, mais ces installations ont été vues par des témoins fiables".

Comme si les écrits du leader sioniste Abraham Silberschein ne suffisaient pas, les idéologues de la propagande ont utilisé un nouveau crieur public pour tromper et manipuler l'opinion publique, Stefan Szende, un autre imposteur sans scrupules, un journaliste juif d'origine hongroise qui écrivait en allemand et en suédois. En 1944, Szende publie à Stockholm *Le dernier Juif de Pologne*, qui est traduit en anglais et en allemand l'année suivante. En 1945, le livre a également été publié aux États-Unis, sous le titre *The Promise Hitler Kept*. Grâce à la Bibliothèque virtuelle juive, nous avons découvert que Willy Brandt, chancelier de l'Allemagne de l'Ouest de 1969 à 1974, était le "compagnon d'armes de toujours" de Stefan Szende et qu'il a rédigé la préface de ses mémoires, publiées en 1975. L'audace et l'absence de scrupules de Stefan Szende dans le travail mentionné ci-dessus battent tous les records. Après avoir localisé Belzec près de la frontière avec l'URSS et confirmé les importants travaux de fortification entrepris dans la région par les Allemands, il écrit : "C'est dans ces fortifications inachevées que les nazis ont installé leur abattoir dans lequel des millions de Juifs ont été exterminés. Pour la première fois, on passe donc de centaines de milliers à des millions. Ce texte est incontournable et mérite d'être abondamment cité et commenté :

> "Exterminer cinq millions de personnes est une tâche énorme qui, même à notre époque de perfection technique, exige beaucoup de préparation et d'organisation, et qui pose de nombreux problèmes à ceux qui ont l'intention de la mener à bien. Des dizaines de milliers, voire des centaines de milliers de Juifs ont été emmenés à Pjaski. Des dizaines de milliers, voire des centaines de milliers sont morts des suites des mauvais traitements, de la famine et des maladies. Mais il en reste des millions, et ils doivent tous être exterminés selon les ordres du Führer.

Même l'élimination efficace des bandeaux et des poux à grande échelle nécessite une certaine technique. Cependant, nul ne peut douter que les Allemands sont un peuple très doué en matière technique. Parmi eux se trouvaient des ingénieurs de la mort très compétents. Ces hommes avaient reçu des instructions de la Gestapo et s'étaient mis au travail pour résoudre les problèmes techniques que pouvait poser l'extermination massive de millions d'hommes, de femmes et d'enfants sans défense. Ils les ont résolus avec brio. Leur Führer, Adolf Hitler, et Himmler, le chef de la Gestapo, peuvent être satisfaits d'eux et de leur travail.

Des mois de planification et de construction ont été nécessaires, mais les Allemands sont un peuple patient et l'objectif valait la peine d'être atteint. L'extermination de millions de Juifs avec les moyens les plus modernes de la technologie moderne - quel objectif séduisant ! Des centaines de milliers d'heures de travail ont été nécessaires. Des dizaines de milliers de tonnes de matériaux précieux ont été utilisés dans le processus. Mais enfin, au printemps 1942, l'abattoir scientifique de Belzec est prêt.

Le centre d'extermination de masse de Belzec occupait un terrain de près de huit kilomètres de large. Cette zone était entourée de barbelés et de toutes sortes de dispositifs modernes pour garder les prisonniers à l'intérieur et les autres à l'extérieur. Personne ne pouvait s'approcher de l'endroit, à l'exception des personnes autorisées ou de celles qui ne pouvaient jamais en sortir vivantes. Malgré toutes ces précautions, une ou deux personnes ont vu l'intérieur de Belzec et ont réussi à s'échapper. Le désespoir fait parfois naître l'ingéniosité.

Des SS triés sur le volet gardaient le camp d'extermination de Belzec. Des hommes sans nerfs. Il y a beaucoup à faire dans un abattoir, et le commandement des victimes procure un grand plaisir aux sadiques. Par exemple, les vêtements et les affaires de millions de victimes doivent être rassemblés et triés. Pour ce faire, les SS choisissent quelques Juifs dans chaque convoi qui arrive. Bien entendu, ces Juifs ne sont pas épargnés. Leur exécution est simplement reportée. Deux de ces Juifs ont réussi à s'échapper. Ils se sont échappés vers le ghetto qui existait encore à l'époque à Rawa-Ruska. À Rawa-Ruska, ils ont rapporté les détails du massacre techniquement parfait qui se déroulait à Belzec.

Pour autant que je sache, aucun Juif n'a jamais réussi à s'échapper de Belzec et à atteindre un territoire neutre ou allié. Les deux Juifs qui ont réussi à s'échapper de Belzec vers Rawa-Ruska au cours de l'été 1942 ont probablement été tués plus tard lors de la liquidation du ghetto, mais un groupe de personnes ayant entendu les témoignages de ces deux évadés de Belzec s'est enfui. La description suivante de l'abattoir de Belzec vient d'eux.

Les trains entrant à Belzec, chargés de Juifs, étaient conduits dans un tunnel situé dans les installations souterraines du bâtiment d'exécution. C'est là que les Juifs étaient déchargés et qu'on leur ordonnait de se débarrasser de tous leurs biens. En 1942, les Juifs qui se rendaient à Belzec étaient habillés et portaient avec eux toutes sortes d'objets. Des

trains chargés arrivent à Belzec en provenance d'Allemagne, d'Autriche, de Tchécoslovaquie, de Belgique, de Hollande, de France et des Balkans, et tous sont traités de la même manière. On dit à ces Juifs de prendre tous leurs biens avec eux, car ils doivent être réinstallés à l'Est. C'est ainsi que des dizaines de milliers de Juifs se sont présentés avec toutes sortes d'affaires, des machines à écrire, des machines à coudre, de la vaisselle, de l'argenterie, etc.
Tout leur a été enlevé. Les biens saisis sont soigneusement triés, numérotés, étiquetés et utilisés par la suite par la race maîtresse. Il fallait épargner au personnel de Belzec cette tâche énorme qui, bien sûr, entravait son travail réel, de sorte que les Juifs étaient ensuite envoyés nus à Belzec.
Lorsque les trains de Juifs nus sont arrivés, ils ont été rassemblés comme un troupeau dans une grande salle pouvant contenir plusieurs milliers de personnes. Cette salle n'avait pas de fenêtres et son sol était en métal. Une fois les Juifs à l'intérieur, le sol de cette salle a été abaissé comme un ascenseur jusqu'à une grande citerne d'eau située en contrebas, jusqu'à ce que les Juifs aient de l'eau jusqu'à la taille. Un puissant courant électrique a alors été envoyé à travers le plancher métallique et, en quelques secondes, tous les Juifs, par milliers, sont morts.
Puis le plancher métallique se soulève à nouveau et l'eau se vide. Les corps des Juifs massacrés s'empilent alors sur le sol. Ensuite, le courant a changé et le sol métallique est devenu rouge incandescent, de sorte que les corps ont été incinérés comme dans un crématorium et qu'il n'en est resté que des cendres. Le sol était ensuite retourné et les cendres glissées dans des récipients préparés à cet effet. La fumée du processus était évacuée par de grandes cheminées d'usine.
C'est toute la procédure. Dès qu'il a terminé, il peut recommencer. De nouvelles cargaisons de Juifs affluent constamment dans les tunnels. Chaque train apportait entre trois mille et cinq mille Juifs à la fois, et il y avait des jours où la ligne de Belzec recevait entre vingt et trente de ces trains.
L'industrie moderne et l'ingénierie technique aux mains des nazis ont surmonté toutes les difficultés. Le problème de l'extermination rapide et efficace de millions de personnes a été résolu.
De l'abattoir souterrain émanait une terrible puanteur dans tout le voisinage, et parfois des quartiers entiers étaient recouverts de la fumée nauséabonde des corps humains brûlés".

Ces agents de propagande, qui n'avaient aucun problème financier pour faire traduire et publier leurs œuvres dans différents pays, se nourrissaient mutuellement et chacun profitait de certains traits d'esprit de l'autre pour les reprendre. Le thème de la puanteur ou de l'odeur des corps qui se répandent, par exemple, a déjà été raconté par Abraham Silberschein. Ce qui est vraiment scandaleux dans les barbaries de Stefan Szende, le collègue de Willy Brandt, c'est qu'il ne se donne même pas la peine de rendre ses mensonges plausibles. Il est si effronté qu'il présume de la stupidité des lecteurs et comprend qu'ils ne prendront même pas la peine d'essayer de rationaliser ses histoires absurdes. Si nous analysons le texte paragraphe par paragraphe, il est facile de voir que Szende ment comme un arracheur de dents.

Il commence par dire que "exterminer cinq millions de personnes est une tâche énorme". En plus d'être énorme, c'est impossible si l'on considère la démographie. Mettre cinq millions de Juifs à Belzec est une barbarie inouïe. On sait qu'en Hongrie, où il n'y a pas eu de persécution jusqu'au printemps 1944, il y avait plus d'un demi-million de Juifs, et qu'il y avait aussi des vagues de réfugiés qui affluaient de Pologne et de Slovaquie. Selon les exterminationnistes, Belzec a cessé de fonctionner à la fin de l'année 1942. Il a également été dit que même avant la guerre, l'émigration des Juifs européens vers les États-Unis et la Palestine était massive. D'autre part, il est admis que les Soviétiques ont évacué plus d'un million de Juifs de la Pologne occupée par l'Armée rouge vers l'intérieur de l'URSS. Selon l'historien juif Gerald Reitlinger, 300 000 autres Juifs d'autres régions d'Europe sont entrés en Union soviétique entre 1939 et 1941. Sur la base de ces données et d'autres données disponibles relatives aux statistiques d'émigration, il ne peut y avoir eu plus de trois millions de Juifs dans l'Europe occupée par les Allemands. Beaucoup plus surprenants sont les chiffres du *World Almanac and book of facts*, la prestigieuse publication annuelle de référence internationale, selon lesquels il y avait 15,3 millions de Juifs dans le monde en 1940. En d'autres termes, la population juive n'a pas diminué de six millions, mais a augmenté.

Szende, dont la capacité à mentir doit être pathologique, affirme qu'il a fallu "des centaines de milliers d'heures de travail" et "des dizaines de milliers de tonnes de matériaux précieux" pour construire ce complexe technologiquement avancé. Nous savons qu'en septembre 1940, des inspecteurs médicaux ont visité Belzec et ont rapporté qu'il s'agissait d'un camp infâme, dépourvu des installations les plus élémentaires : pas d'eau, toits endommagés, fenêtres brisées, pas de latrines. Pourtant, Szende affirme qu'un peu plus d'un an plus tard, grâce à des centaines de milliers d'heures de travail, le camp a été transformé en un centre sophistiqué de quelque huit kilomètres de large et de long, avec des trains circulant dans des tunnels souterrains. Yitzhak Arad, auteur de *Belzec, Sobibor, Treblinka* et directeur du musée de l'Holocauste en Israël, joint à son livre des plans des trois camps, mais ils ne sont pas à l'échelle. Le problème est résolu si l'on se réfère aux lettres exposées au musée, qui indiquent clairement que chaque côté du camp mesurait environ 270 mètres de long. Là aussi, Szende ment. En outre, les photographies aériennes de la Luftwaffe montrent que Belzec avait la forme d'un rectangle irrégulier d'environ 250 x 300 mètres.

Comme d'habitude, les sources d'information sont des personnes qui racontent ce que d'autres leur ont dit avoir vu. Dans le cas présent, Szende fait allusion à deux Juifs qui se sont échappés et ont été retrouvés en 1942 dans le ghetto de Rawa-Ruska, dont l'existence au milieu d'une extermination aussi impitoyable est tout simplement stupéfiante. Il ne tarde pas à préciser que tous deux sont morts et que son récit du "massacre techniquement parfait" a été fait par des personnes qui ont entendu ce que les témoins décédés ont dit.

Au-dessus de l'immense salle sans fenêtre au sol métallique pouvant contenir plusieurs milliers de personnes, qui fonctionne comme un immense ascenseur descendant vers un bassin ou une cuve où les victimes reçoivent une décharge qui les électrocute tous férocement, il n'y aurait pas besoin de commentaires si Szende ne poursuivait ses hallucinations et n'ajoutait que le fantastique engin remontait, se vidait et se transformait en une gigantesque chambre d'incinération capable de transformer en reliques les corps entassés de milliers de juifs. Les fantastiques mécanismes de la merveilleuse plaque métallique lui permettaient également de tourner à cent quatre-vingts degrés et de déverser les cendres dans de grands conteneurs installés "ad hoc". Et ainsi de suite, car aussitôt d'autres trains arrivaient et toute l'opération se répétait. Comme Szende affirme que certains jours, entre vingt et trente convois arrivaient chargés de trois ou cinq mille Juifs, une nouvelle multiplication permet de calculer que plus de cent mille Juifs étaient exterminés chaque jour. En d'autres termes, en une semaine, une population équivalente à celle de toute l'île de Majorque pouvait être anéantie proprement et sans problème - une tâche énorme !

Pourtant, à partir des idées de Szende, de nouvelles variantes apparaissent. Dans un texte daté du 7 octobre 1944, une commission d'enquête soviétique présente un extrait de la déposition d'une femme, Rozalja Schelevna Schier, qui affirme que son mari travaillait à Belzec et lui a raconté que deux trains de cinquante ou soixante wagons chargés de Juifs arrivaient chaque jour et étaient dirigés vers des bains alimentés par du gaz et un courant électrique à haute tension. En cinq minutes, dit-elle, toutes les personnes qui se trouvaient dans les bains étaient mortes. À l'intérieur du hangar, le plancher se repliait automatiquement et les corps tombaient dans une tranchée creusée à l'avance où les victimes étaient aspergées d'un liquide inflammable et brûlées".

Autres moyens d'extermination à Belzec

Un autre agent célèbre de la propagande d'extermination à Belzec était Jan Karski (Jan Kozielevski), qui se faisait passer pour un juif chrétien et un catholique pratiquant. Il est aujourd'hui considéré comme un héros en Israël, aux États-Unis et en Pologne. Des statues de bronze à son effigie ont été érigées dans plusieurs villes américaines et polonaises. À Tel Aviv, on trouve également une statue de Karski qui, en 1982, a été désigné "Juste parmi les nations" par Yad Vashem. La même année, un arbre portant son nom a été planté à Jerualen sur l'avenue des Justes parmi les Nations. En 1994, il a été fait citoyen d'honneur d'Israël. Selon sa mythologie personnelle, Karski, qui a adopté jusqu'à une demi-douzaine de noms de guerre, a opéré clandestinement à Varsovie au cours des années 1940-41 et est devenu coursier pour le gouvernement polonais en exil à Londres. Ce propagandiste prétend qu'après avoir soudoyé un soldat estonien, il a été introduit clandestinement à Belzec en octobre 1942, déguisé en gardien. C'est peu probable, ou du moins peu crédible, car lorsqu'il a décrit le camp en 1944, il a commis des erreurs grossières : il l'a placé "sur une grande plaine plate", alors qu'il se trouvait sur le flanc d'une colline. De plus, il n'y a jamais eu de gardes estoniens à Belzec. Karski n'a même pas pris la peine de situer correctement Belzec : il l'a placé à 160 kilomètres de Varsovie, alors qu'il se trouve à 300 kilomètres au sud-est de la capitale.

En novembre 1942, il a commencé à inventer une partie de son histoire, selon laquelle des "trains de la mort" transportaient les Juifs du ghetto de Varsovie vers Belzec, Treblinka et Sobibor afin de les tuer. L'invention de la plaque métallique électrifiée étant déjà apparue dans le rapport au gouvernement polonais du 10 juillet 1942, auquel souscrit ensuite I. Schwarzbart, l'un des nombreux sionistes qui gravitent autour du gouvernement en exil, Karski reprend également l'idée et l'adopte pour ses rapports. Le 25 novembre 1942, il arrive à Londres et remet au gouvernement polonais un nouveau document, transcrit sous le titre "Le gouvernement polonais à Londres reçoit des nouvelles de la liquidation du ghetto juif de Varsovie". Dans son rapport, Karski affirme que l'occupation allemande de la Pologne s'est durcie depuis mars 1942, "lorsque Himmler a ordonné", peut-on lire, "que l'extermination de 50% de la population polonaise du gouvernement général soit achevée avant la fin de 1942". Il n'est pas expliqué comment Karski a pu connaître l'existence d'un ordre de Himmler d'éliminer seulement la moitié des Juifs. Cependant, le texte ajoute immédiatement que, bien que les "assassins allemands" aient commencé leur travail "avec un enthousiasme extraordinaire", Himmler n'était pas satisfait et, lors de sa visite au Gouvernement général en juillet 1942, il a personnellement décrété "la destruction totale de la juiverie polonaise". Karski décrit dans son rapport des scènes sauvages de la Gestapo et des SS, semblables à celles décrites dans les films hollywoodiens : "La poursuite à Varsovie, raconte-t-il, a commencé le 21 juillet, lorsque des voitures de police allemandes sont soudainement apparues dans les ghettos. Les soldats se sont précipités dans les maisons, tirant à vue sur les habitants, sans explication. Les premières victimes étaient surtout issues des classes cultivées".

Carlo Mattogno reproduit le rapport dans son intégralité. Nous n'en citerons que quelques extraits. Karski raconte que les SS étaient caractérisés comme "tout à fait impitoyables, cruels et inhumains". Dans un passage, on raconte que les Juifs étaient conduits sur une place, où les vieillards et les infirmes étaient séparés, emmenés au cimetière et fusillés. Les autres étaient chargés dans des wagons d'une capacité de quarante personnes, dans lesquels il en entassait cent cinquante. Le texte se poursuit comme suit :

"Le sol des wagons est recouvert d'une épaisse couche de chaux et de chlore pulvérisée avec de l'eau. Les portes des wagons sont fermées. Parfois, les trains partent dès qu'ils ont été chargés, parfois ils restent sur la voie de garage pendant un jour ou deux, voire plus longtemps. Les gens sont tellement entassés que ceux qui meurent étouffés sont serrés côte à côte entre ceux qui sont encore en vie et ceux qui meurent lentement des émanations de chaux et de chlore, du manque d'air, d'eau et de nourriture. Partout où les trains arrivent, la moitié des gens sont morts. Les survivants sont envoyés dans des camps spéciaux à Treblinka, Belzec et Sobibor. Là, ils sont exterminés en masse.

Seules les personnes jeunes et fortes restent en vie, car elles constituent un précieux travail d'esclave pour les Allemands. Leur pourcentage est toutefois très faible, car sur un total de 250 000 "relocalisés", seuls 4000 ont été affectés à des travaux auxiliaires sur les fronts de bataille.... Ainsi, sous couvert de délocalisation vers l'Est, le massacre de la population juive est en cours. Il commence le 22 juin 1942 et se poursuit depuis. Fin septembre 1942, 250 000 Juifs ont été éliminés. Quelques chiffres témoignent de l'ampleur de cette opération : Dans le ghetto de Varsovie, selon les statistiques officielles allemandes, environ 433 000 personnes vivaient en mars 1942. Malgré la forte mortalité due aux conditions d'hygiène, aux épidémies, à la famine, aux exécutions, etc., le nombre de Juifs dans le ghetto est resté plus ou moins stable, car pour remplacer les morts, des Juifs d'autres régions d'Europe, d'Allemagne, d'Autriche, de Hollande, ont été envoyés à Varsovie. Selon une fuite du ministère du Travail, seules 40 000 personnes resteront dans le ghetto pour être employées dans l'industrie de guerre allemande.....

Parallèlement à l'extermination des Juifs du ghetto de Varsovie, les ghettos de province, à Falenica, Rembertow, Nowy Dwor, Kaluszyn et Minsk Mazowiecki sont liquidés. Dans le district de Wilno, il ne reste plus qu'une seule communauté juive, dans la même ville, composée de seulement 12 000 personnes. Selon des informations parvenues récemment à Londres, les Allemands ont assassiné 60 000 Juifs à Wilno, 14 000 à Kowno et 50% de la population juive de Lvov ; des nouvelles similaires nous parviennent des villes de l'est de la Pologne, telles que Stanislavo, Tarnopol, Stryj, etc.

Les méthodes utilisées pour cette extermination massive sont, outre les pelotons d'exécution, les électrocutions et les chambres à gaz".

Le récit de l'arrivée des trains et des électrocutions immédiates suit, à quelques variantes près, c'est pourquoi nous vous épargnons le récit de l'arrivée des trains et des électrocutions immédiates. Ce qui est nouveau, outre les trains chargés de chaux et de chlore pour étouffer les déportés, c'est que l'utilisation des chambres à gaz comme moyen d'extermination massive est déjà annoncée, sans qu'aucun détail ne soit donné pour l'instant.

Fin novembre 1942, Ignacy Schwarzbart et Jan Karski sont donc très actifs en Angleterre, et ils ont des alliés. Richard Law, sous-secrétaire d'État britannique aux Affaires étrangères, annonce le 26 novembre qu'il a reçu une demande d'audience de MM. Silverman et Easterman, deux Juifs anglais. Samuel Sidney Silverman, président de la section britannique du Congrès juif mondial, et Alexander L. Easterman, secrétaire politique, souhaitaient parler "de l'extermination des Juifs en Europe". Easterman, en particulier, a remis au sous-secrétaire d'État les documents, c'est-à-dire les pamphlets mis entre ses mains par un membre du Conseil national polonais. À ce sujet, David Irving a fourni des informations très intéressantes lors d'une conférence donnée à Madrid en 1989. L'historien britannique a affirmé que dès août 1942, le Political Warfare Executive et le Foreign Office savaient que les Juifs lançaient une campagne de propagande basée sur des mensonges. Irving a affirmé disposer de documents provenant des archives britanniques et a lu un texte d'août 1943 envoyé à Churchill par le chef de la propagande, dans lequel il dit : "Je ne sais pas combien de temps encore nous pourrons soutenir que les Allemands tuent des Juifs dans des chambres à gaz. C'est un mensonge grotesque, comme celui selon lequel les Allemands de la Première Guerre mondiale fabriquaient du beurre avec les cadavres de leurs ennemis, et il a fait perdre toute crédibilité à notre propagande.

En décembre 1942, Karski est de retour en Pologne. On lui attribue la visite d'un camp de regroupement situé à cinquante kilomètres de Belzec, dans lequel il serait entré déguisé en policier polonais. En mars 1943, le journal *Voice of the Unconquered* publie le prétendu rapport de Karski, intitulé "Recent eyewitness report of a secret courier from Poland", qui dépeint à nouveau un spectacle dantesque : "Quand j'étais là, dit-il, quelque 5000 hommes et femmes se trouvaient dans le camp. Pourtant, toutes les quelques heures, de nouveaux transports de Juifs, hommes et femmes, jeunes et vieux, arrivaient pour le dernier voyage vers la mort". Rien ne manque au récit : des squelettes vivants, un enfant mourant qui regarde le plafond, des gardes qui tirent sur la foule sans discernement, des corps éparpillés partout, des gardes déshumanisés, sans expression, froids, ramassant les cadavres et les entassant près de la clôture, etc. etc. Le récit se termine par un train chargé de milliers d'hommes, de femmes et d'enfants, garé sur une voie de garage pendant des jours :

> "Les portes ne s'ouvrent jamais. Ceux qui sont à l'intérieur souffrent d'une agonie inhumaine. Ils doivent faire leurs besoins naturels sur la tête des autres. De nombreux wagons sont peints à la chaux, qui commence à brûler avec l'humidité de l'urine et augmente la torture des pieds nus. Comme il n'y a pas assez de wagons pour tuer les Juifs de cette manière relativement bon marché, beaucoup sont emmenés à Belzec, où ils sont tués à l'aide de gaz toxiques et de courants électriques. Les corps sont

brûlés près de Belzec. Ainsi, sur une zone de cinquante kilomètres, d'immenses bûchers brûlent jour et nuit les corps des Juifs".

En 1944, Karski publie enfin un mémoire intitulé *Histoire d'un État secret*. Il y révèle qu'en octobre 1942, il est entré dans le ghetto de Varsovie, où il a pris contact avec les socialistes juifs du "Bund", dont le chef lui a révélé la déportation de quelque 300 000 Juifs vers les camps d'extermination et lui a dit qu'il avait obtenu des informations sur Belzec parce que de nombreux auxiliaires estoniens, lettons et ukrainiens qui travaillaient dans le camp pour la Gestapo étaient au service d'organisations juives pour de l'argent. Karski explique que c'est grâce à ce chef du Bund qu'il a obtenu l'uniforme et les papiers d'un des Estoniens et qu'il est entré à Belzec. Dans le livre, il raconte l'aventure de l'entrée dans le camp, suivie des épisodes inventés par ce faux. Dans l'édition américaine du livre, il est ajouté que, déguisé en gardien estonien, il a visité d'autres camps de la mort que celui de Belzec. Aujourd'hui, il semble que les récits de Karski soient tombés en discrédit, même parmi les historiens officiels. Néanmoins, il a bénéficié d'une reconnaissance internationale jusqu'à sa mort en juillet 2000 et même post mortem : en 2012, le Sénat polonais l'a honoré à titre posthume comme un héros pour ses révélations sur le génocide nazi en Pologne ; aux États-Unis, le président Obama lui a décerné à titre posthume la médaille présidentielle de la liberté, la plus haute distinction civile du pays.

Avant la fin de la Seconde Guerre mondiale, l'histoire de la savonnerie fabriquée à partir de la graisse des Juifs de Belzec, lancée auparavant par A. Silberschein, a également été explorée. Dans l'après-guerre, l'idée a fait son chemin et a été reprise dans plusieurs ouvrages de propagande. L'un d'entre eux est le célèbre *Livre noir, dont* les principaux auteurs sont Vassili Grossman et Ilya Ehrenburg, tous deux pro-armée rouge. *Le Livre noir* est sans doute l'œuvre du célèbre Comité juif antifasciste, purgé par la suite par Staline, bien que la communauté juive américaine ait collaboré étroitement avec ses collègues soviétiques. Ailleurs, toujours à Belzec", écrivent Ehrenburg et Grossman, "il y avait une fabrique de savon. Les Allemands sélectionnaient les plus gros et les tuaient pour fabriquer du savon. Arthur Israelevitch Rosenstrauch, un employé de banque de Lvov à qui nous devons l'information, a mis la main sur un pain de "savon juif". Les bandits de la Gestapo ne nient pas l'existence de l'usine. Lorsqu'ils voulaient effrayer un Juif, ils lui disaient : "Nous ferons du savon avec toi.

En 1946, Simon Wiesenthal a publié un article intitulé "RIF" dans *Der Neue Weg*, un magazine juif publié à Vienne. Il y écrit qu'à Folticeni, une petite ville roumaine, à la fin du mois de mars 1946, vingt boîtes à savon ont été enterrées solennellement dans le cimetière juif de la ville. L'article précise que les boîtes "ont été récemment trouvées dans un dépôt de l'armée allemande". Sur les boîtes figurait l'acronyme RIF, qui, selon Wiesenthal, signifiait "pure graisse juive" ("Rein jüdisches Fett"). Les boîtes étaient destinées à la Waffen-SS et "sur les emballages", écrit le célèbre chasseur de nazis, "il était dit avec une objectivité cynique et totale que le savon était fabriqué à partir de corps juifs". La véritable signification de l'acronyme était "Reichsstelle für industrielle Fettversorgung",. Le 9 janvier 1991, l'historien juif Yehuda Bauer a finalement reconnu dans une lettre que le sigle RIF n'avait rien à voir avec la graisse juive. En 1946, cependant, Wiesenthal recréa la fable en ces termes :

> Fin 1942, on entendit pour la première fois la terrible expression "transport de savon". C'était dans le gouvernorat général, et l'usine était située en Galicie, à Belzec. Dans cette usine, d'avril 1942 à mai 1943, 900 000 Juifs ont été utilisés comme matière première.... Certaines parties solides des corps étaient séparées et envoyées dans le nord de l'Allemagne, où l'on produisait une huile spéciale pour les moteurs de sous-marins. Les ossements humains sont acheminés vers un moulin à os de Lemberg, où ils sont transformés en engrais.... Ce qui restait, la graisse résiduelle, était nécessaire à la production de savon.... Pour le monde civilisé, il est peut-être incompréhensible que les nazis et leurs épouses aient considéré ce savon dans le Generalgouvernement. Dans chaque barre de savon, ils voyaient un juif qu'ils auraient ensorcelé et ainsi empêché un deuxième Freud ou Einstein de grandir. L'enterrement du savon dans une petite ville roumaine semblera surnaturel. La douleur ensorcelée, enfermée dans ce petit objet quotidien, déchire le cœur humain déjà insensible de ce siècle. À l'ère atomique, le retour aux plus sombres sorcelleries du Moyen-Âge semble un fantôme ! Et pourtant, c'est vrai !"

Des courants à haute tension aux tuyaux d'échappement

Aussi incroyable que cela puisse paraître, après avoir été répandue pendant toute la guerre que les Juifs ont été exterminés en masse par des techniques modernes d'électrocution, une autre version a commencé à être construite dans la période d'après-guerre. Avant le début du procès de Nuremberg, les autorités polonaises et soviétiques avaient officiellement adopté l'histoire des courants électriques. Dans un rapport sur les camps d'extermination allemands en Pologne préparé en 1945 pour le procès de Nuremberg, le Dr Jerzy Litawski, responsable de l'Office polonais des crimes de guerre, insiste sur le fait qu'à partir du printemps 1942, "des installations électriques spéciales ont été utilisées dans le camp pour une extermination massive et rapide des Juifs. Sous prétexte de se baigner, les Juifs entièrement nus étaient conduits dans un bâtiment spécial appelé "bains" dont le sol était constitué de plaques traversées par un courant électrique à haute tension." Les communistes soviétiques, sans la collaboration desquels la fabrication du mythe des six millions n'aurait pas été possible, ont élaboré le document USSR-93 pour le procès de

Nuremberg, qui a été repris et présenté par le gouvernement polonais. Dans ce document, la version des courants électriques à travers le sol est à nouveau acceptée. Toujours lors de la séance du 19 février 1946, le document USSR-93 est cité par le procureur soviétique, le colonel L. N. Smirnov, qui rappelle que, si le camp a été fondé en 1940, ce n'est qu'en 1942 qu'a été installé "l'appareil électrique spécial pour l'extermination de masse".

Des contradictions sont apparues au début de l'année 1946 à la suite des enquêtes menées par un juge du tribunal de Lublin, Czeslaw Godzieszewksi, et le procureur de Zamosc, Jan Grzybowsky, qui, après avoir interrogé des dizaines de témoins indirects, ont créé une confusion quant à la méthode d'extermination. Certains affirment que l'on a parlé de gaz, d'autres que l'on a utilisé des courants électriques, d'autres encore que l'on a tué dans une pièce d'où l'on a extrait de l'air et provoqué l'asphyxie. Toujours en mars 1946, un témoin polonais insiste sur le fait que des gardes ukrainiens servant dans le camp lui ont dit que plusieurs centaines de Juifs avaient été entassés dans une pièce et tués à l'aide d'un courant électrique. Le 11 avril 1946, le procureur Grzybowsky publie un rapport tortueux dans lequel il reconnaît l'existence des chambres à gaz, mais admet qu'"il a été impossible de déterminer comment les gens y ont été tués". Dans cette déclaration figure le nom de Rudolf Reder qui, le 29 décembre 1945, avait témoigné devant le juge Jan Sehn, membre de la Commission d'enquête sur les crimes de guerre nazis.

Rudolf Reder devait entrer dans l'histoire comme l'un des deux Juifs considérés comme les seuls survivants de Belzec. L'autre, Chaim Hirzsman, a collaboré avec Beria et ses sbires dans la répression de la résistance au communisme en Pologne. Hirzsman a participé à la torture, aux exécutions sommaires et à la déportation en Sibérie de 50 000 "indésirables" politiques, ce qui lui a valu d'être tué en mars 1946 au cours d'un soulèvement anticommuniste contre le règne de la terreur dans le pays. Pour la première fois, de nombreux historiens ont qualifié les insurgés d'antisémites. Ainsi, Reder, qui, selon lui, avait déjà 61 ans lorsqu'il fut arrêté à Lvov le 16 août 1942, devint jusqu'à sa mort en 1968 une pièce de musée, une sorte de rara avis ayant survécu à l'extermination de Belzec. Grâce à ses déclarations, la thèse de l'existence à Belzec d'un bâtiment rectangulaire comportant six chambres à gaz, trois de chaque côté d'un couloir central qui traversait l'usine dans le sens de la longueur, a commencé à prendre forme. Ces chambres étaient équipées de portes levantes qui s'ouvraient et permettaient d'évacuer les cadavres sur des rampes situées à l'extérieur, sur les côtés du bâtiment. Dans *Belzec, Sobibor, Treblinka : The Operation Reinhardt Death Camps* (1987), Yitzhak Arad note que cette installation mesurait 24 x 10 mètres. Selon le témoignage de Reder, dès l'arrivée de son train à Belzec, cinq mille personnes ont été emmenées dans ce bâtiment et exterminées dans ces chambres à gaz. Dans sa description du processus, il affirme qu'un tube de 2,4 cm de diamètre a été inséré dans un hangar attenant aux prétendues chambres à gaz, mais il n'a pas pu détailler le processus chimique qui a provoqué la mort.

En 1946, Reder publie enfin *Belzec*, une brochure de quelque soixante-dix pages, publiée à Cracovie et rédigée en polonais. De l'avis de certains exterminationnistes, cette brochure est le meilleur et le plus important compte rendu de ce qui s'est passé à Belzec. En 2000, l'historien polonais M. M. Rubel a publié sa traduction anglaise dans le volume 13 de la revue *Polin : Studies in Polish Jewry*. Cette traduction, qui s'avère être l'une des plus fiables et des plus accessibles, est commentée par Thomas Kues, un spécialiste révisionniste de Belzec, Treblinka et Sobibor, les camps de la soi-disant Aktion Reinhardt, dans un article détaillé publié le 26 avril 2008 sur le site web du CODOH (Committee for Open Debate on the Holocaust). Kues souligne que Rubel révèle dans son introduction qu'avant de témoigner devant le juge Jan Sehn le 29 décembre 1945, Rudolf Reder avait déjà témoigné à deux reprises devant la Commission historique juive. Kues souligne également que Reder n'a pas écrit le livre seul, mais en collaboration avec une femme nommée Nella Rost, qui a écrit la préface. Le professeur Rubel estime que Nella Rost n'a pas seulement écrit l'avant-propos de *Belzec*, mais qu'elle est également l'auteur du pamphlet. Son nom complet était Nella Rost Hollander et elle était la fille d'un rabbin sioniste nommé Abraham Ozjasz Thon, l'un des précurseurs du nationalisme juif.[7] Nella Rost était liée au Congrès juif mondial en Uruguay. À tel point qu'en 1963, l'Institut Stephen Wise et le Congrès juif mondial ont publié son ouvrage intitulé *Belzec. Chambre à gaz. Tombe de 600 000 martyrs juifs.* Tout cela invite à soupçonner que Rudolf Reder a été choisi en Pologne par la Commission historique juive à des fins de propagande.

La version officielle qui a finalement prévalu étant qu'à Belzec, Treblinka et Sobibor, les Juifs ont été exterminés au moyen de monoxyde de

---

[7] Abraham Ozjasz (Osias) Thon, sioniste de la première génération, a collaboré avec Theodor Herzl à la préparation du premier congrès sioniste de Bâle en 1897, année au cours de laquelle il est devenu rabbin de Cracovie, poste qu'il a occupé jusqu'à sa mort en 1936. Lors de la conférence de paix de Versailles, il représenta le Conseil national juif de Galicie. Dans *Diaspora Nationalism and Jewish Identity in Habsburg Galicia,* Joshua Shanes place Thon aux côtés de deux autres leaders nationalistes juifs, Mordechai Ehrenpreis, qui fut entre 1900 et 1914 grand rabbin de Bulgarie à Sofia et plus tard organisateur du Congrès de Bâle, et Markus Braude, qui épousa Natalia Buber, sœur du célèbre philosophe, et fut également délégué au premier Congrès sioniste. Dans son livre, Shanes cite les propos de Nella Rost Hollander au sujet de son père, qui a étudié à Berlin avec Ehrenpreis et Braude : "À Berlin, le destin des trois amis a été le même. Tous trois poursuivaient le même but, qu'ils exprimaient de la même manière : À nous trois, nous serons les premiers à créer un nouveau type de rabbin et nous serons les princes d'une aristocratie spirituelle".... Mon père pensait qu'il fallait avant tout acquérir une science générale et des connaissances juives comme armes de premier ordre contre toutes les attaques et tous les arguments sur les idées nationales". Nella Rost confirme que son père, en plus d'être un leader spirituel, aspirait à être un leader politique qui, du haut de la chaire, prêcherait "la révolution de la génération contemporaine".

carbone émanant des tuyaux d'échappement des moteurs diesel, il est intéressant de savoir ce que Reder en dit à *Belzec*. Reprenant la traduction du professeur Rubel dans la revue *Polin*, Reder décrit l'agent mortel comme suit :

> "La machine était grande, environ un mètre sur un mètre et demi. Elle était composée d'un moteur et de roues. Le moteur ronronnait par intervalles et travaillait si vite qu'on ne voyait pas les rayons des roues tourner. Il fonctionnait pendant vingt minutes. Puis il s'éteignait. Les portes des chambres donnant sur une rampe s'ouvraient. Les corps sont jetés sur le sol en un énorme tas de plusieurs mètres de haut. Ceux qui ouvraient les portes ne prenaient aucune précaution. Nous n'avons pas senti d'odeur particulière, je n'ai pas vu de ballons remplis de gaz, ni de poudre jetée. Ce que j'ai vu, ce sont des bidons d'essence.... Mais une fois, lorsque le moteur est tombé en panne, on m'a appelé pour le réparer. Dans le camp, on m'appelait "Ofenkünstler" (artiste ou fabricant de fours ?). C'est pour cela que j'ai été sélectionné. J'ai regardé autour de moi et j'ai vu des tubes de verre reliés à des tuyaux métalliques qui menaient aux chambres à gaz. Nous pensions que le moteur fonctionnait bien, produisant une pression élevée ou aspirant de l'air, ou que l'essence produisait des gaz d'échappement qui asphyxiaient les gens. Les appels à l'aide, les cris et les terribles gémissements des personnes enfermées qui suffoquaient lentement ont duré entre dix et quinze minutes".

Certes, il est difficile de croire que si les nazis voulaient vraiment éliminer des centaines de milliers de personnes, ils auraient décidé d'utiliser des mécanismes aussi rudimentaires et défectueux. Il n'est pas non plus compréhensible qu'après avoir crédité les Allemands de l'invention de moyens sophistiqués d'électrocution de masse, après avoir reconnu qu'ils maîtrisaient la haute technologie, les exterminationnistes aient décidé d'adopter comme version officielle une technique rudimentaire, un bric-à-brac impossible. Peut-être notre traduction anglaise a-t-elle été malheureuse, aussi est-il pertinent de se référer à la version proposée par Yitzhak Arad dans son livre de 1987, qui affirme qu'il s'agissait de moteurs diesel de 200 chevaux et de huit cylindres, provenant de chars capturés aux Soviétiques. Selon Arad, ces moteurs diesel dégageaient un mélange de monoxyde et de dioxyde de carbone, qui était introduit dans les chambres à gaz par des tuyaux installés dans des pièces adjacentes. Il faut cependant noter qu'un moteur diesel n'émet pas de monoxyde de carbone, mais de la suie noire contenant de l'oxygène. En 1984, l'ingénieur américain Fritz Berg a publié une étude technique intitulée *Diesel Gas Chambers : Myth within a Myth*. Il y affirme que les quantités de monoxyde de carbone produites par un moteur diesel sont insuffisantes pour tuer dans les conditions prévues. Le travail de Berg a ébranlé les fondements de la version officielle et une traduction est parue en Allemagne en 1994 sous le titre *Diesel Gas Chambers : Ideal for*

Torture, Absurd for Killing (Chambres à gaz diesel : idéales pour la torture, absurdes pour la mise à mort).

Le "rapport Gerstein" sur Belzec

Nella Rost Hollander plaide dans *Belzec. Gas Chamber. Grave of 600,000 Jewish Martyrs* que le rapport de Rudolf Reder est cohérent avec celui de Kurt Gerstein, l'autre témoin clé qui a déclaré que les Juifs ont été exterminés en masse à Belzec. Nella Rost estime que le fait que les deux déclarations soient identiques confirme leur véracité. Le "Rapport Gerstein" est, avec la déclaration de Rudolf Höss sur Auschwitz, l'un des principaux documents utilisés par les historiens exterminationnistes pour prouver l'existence de l'Holocauste. Il est donc pertinent de s'attarder sur ce document et sur les circonstances dans lesquelles il a été obtenu. Puisqu'il y a des parties manuscrites, la première chose que les historiens révisionnistes admettent est que l'écriture est bien de la main de Gerstein. Ce qu'ils remettent en cause, c'est donc la crédibilité de ce qu'il dit et sa véracité.

Kurt Gerstein, considéré comme le SS avec un cœur, aurait été le modèle historique sur lequel Rolf Hochhuth s'est basé pour concevoir le personnage du *Vicaire* (1963), la célèbre pièce dans laquelle le pape Pie XII est injustement accusé de n'avoir rien fait pour empêcher l'Holocauste, ce qui est une calomnie et un mensonge éhonté. Cette célèbre pièce, traduite dans plus de vingt langues et adaptée plusieurs fois au cinéma, a contribué à attaquer l'Église catholique, et Hochhuth a été accusé d'être au mieux un nigaud bavard. Certains critiques affirment que Hochhuth n'était pas un imbécile, mais qu'il travaillait au service d'intérêts obscurs. Mais ce n'est pas l'objet de notre attention, car nous nous intéressons ici à la déclaration de Gerstein, un officier SS qui dirigeait les services techniques de désinfection du corps sanitaire et qui, à ce titre, supervisait la livraison du matériel de désinfection dans les camps. Afin de fournir du Zyklon B à certains camps du gouvernement général polonais, Gerstein se serait rendu en août 1942 à Belzec, où il aurait assisté, horrifié, à l'extermination de Juifs dans les chambres à gaz.

Il y a jusqu'à six déclarations, pour la plupart dactylographiées, bien qu'il y ait quelques déclarations partiellement manuscrites, attribuées à Kurt Gerstein. La version principale, considérée comme le "rapport Gerstein", a été soumise au TMI de Nuremberg le 30 janvier 1946 sous le numéro PS-1553 et est dactylographiée principalement en français. Ce qui est arrivé à Gerstein à la fin de la guerre n'est pas clair. Selon une version, il serait d'abord tombé entre les mains d'interrogateurs américains à Rottweil, près de la Forêt-Noire, à qui il aurait remis un document dactylographié de sept pages. Gerstein leur aurait déclaré avoir occupé un poste à responsabilité au sein du NSDAP, alors qu'en réalité il avait agi en tant qu'agent du révérend Martin Niemöller, un pasteur luthérien antinazi. Il a avoué avoir opéré dans des chambres à gaz et s'est déclaré prêt à témoigner devant le tribunal. Une autre version place Kurt Gerstein trois mois plus tard à la prison militaire du Cherche Midi à Paris, où il rédige à la main et en français un document contenant des factures de Zyklon. Selon l'histoire officielle, Gerstein a été retrouvé pendu dans sa cellule le 25 juillet 1945, mais en fait on peut dire qu'il a mystérieusement disparu après avoir quitté ses rapports, car son corps n'a jamais été retrouvé.

Dans son rapport, Gerstein commence par relater des éléments biographiques qui font remonter les faits à son éducation chrétienne. Après avoir été membre du parti nazi pendant trois ans, il en est exclu en 1936 en raison des critiques formulées à l'encontre de ses convictions religieuses. En 1938, il est arrêté par la Gestapo et passe six semaines dans le camp de concentration de Welzheim. Gerstein tente alors de redevenir membre du NSDAP afin de l'infiltrer, mais sa demande est rejetée. Le 10 mars 1941, il demande à être admis dans la Waffen SS et, malgré ses antécédents, l'est à la surprise générale le 15 mars. En janvier 1942, il est déjà à la tête des services techniques de désinfection. Les hagiographes de Kurt Gerstein ont profité de son récit autobiographique pour élever ce saint religieux de l'Holocauste au rang d'autel. Toute l'histoire sent le pourri, mais la partie concernant son expérience à Belzec est absolument incroyable. Le fait que des historiens comme Raul Hilberg et Gerald Reitlinger l'acceptent comme une source fiable ne fait que les discréditer.

Dans l'édition révisée de *The Hoax of the Twentieth Century* (2003), Arthur R. Butz reproduit intégralement en annexe le texte de base de la déclaration de Gerstein, ainsi que des rapports complémentaires. Il les extrait du livre *Les confessions de Kurt Gerstein*, d'Henri Roques, publié par le RSI. Roques, également connu sous les pseudonymes d'Henri Jalin et d'André Chelain, est devenu mondialement célèbre grâce à sa thèse de doctorat, présentée le 15 juin 1985 à l'université de Nantes sous le titre *Les aveux de Kurt Gerstein. Étude comparative des différentes versions*. Cette thèse était une réfutation dévastatrice du "rapport Gerstein" et a reçu la mention "très bien" d'un comité d'experts universitaires. Au cours d'une dissertation très complète, Roques a conclu de manière convaincante que les accusations de gazage massif formulées par Gerstein étaient sans fondement et que la prétendue dissimulation du massacre par l'Église catholique était fausse. Le lobby juif français, soutenu par des organisations de gauche, entame une campagne de harcèlement et de démolition et exige une rétractation de la part des autorités universitaires. En 1986, pour la première fois en huit siècles d'histoire universitaire en France, l'Université révoque le doctorat légalement obtenu par Roques. Elle le fait sur ordre du gouvernement français, dont l'intervention dans l'affaire a provoqué un scandale.

Carlo Mattogno explique comment la déclaration de Kurt Gerstein est devenue la version officielle. Le 30 janvier 1946, Charles Dubost, substitut du procureur général de France, a remis au tribunal de Nuremberg un ensemble de documents classés PS-1553, dont un rapport en français daté du 26 avril 1945 et signé par Kurt Gerstein. Dans ce document, Gerstein raconte l'une de ses prétendues visites au camp de Belzec. Mattogno rappelle qu'une demi-année avant la présentation de PS-1553 à Nuremberg, le 4 juillet 1945, *France Soir* avait publié l'article "Un bourreau de camp nazi avoue : "J'ai exterminé 11 000 personnes par jour"", dont l'auteur, Geo Gelber, rendait publique l'histoire des chambres à gaz actionnées par des moteurs. Le 16 janvier 1947, une traduction allemande du document PS-1553 est présentée comme preuve documentaire devant le TMI dans le cadre du "procès des médecins". Ainsi, bien que Reder et Gerstein ne soient pas tout à fait d'accord, Gerstein parle d'un moteur diesel : Gerstein parlait d'un moteur diesel et Reder d'un moteur à essence, la méthode d'extermination rapportée par Kurt Gerstein a été officiellement établie par la jurisprudence occidentale. Le "rapport Gerstein" monopolise l'attention des historiens dès sa publication et deviendra la pierre angulaire de la preuve que l'extermination à Belzec est un fait historique. En 1948, le gouvernement polonais, qui avait certifié des années plus tôt que l'électrocution était la méthode d'extermination à Belzec, soutient la thèse de l'asphyxie par le monoxyde de carbone émanant d'un tuyau d'échappement de moteur :

> "Avec les victimes dans les chambres à gaz, la phase finale du processus de liquidation a commencé. Les portes sont fermées derrière les victimes qui s'entassent dans les chambres. Le moteur était mis en marche et le monoxyde de carbone était pompé dans les chambres par des tuyaux d'échappement spéciaux. Au bout de quelques minutes, les cris des personnes en train de suffoquer s'atténuaient et, après 10 à 15 minutes, une équipe spéciale de Juifs ouvrait les portes extérieures des chambres".

Les textes de Gerstein étant disponibles, il convient de s'y référer pour les évaluer. Nous commencerons par le rapport du 26 avril 1945 à Rottweil, dans la partie centrale et la plus détaillée duquel il décrit sa visite à Belzec. Avant de se rendre au camp, le mémorandum indique qu'il s'est rendu à Lublin en compagnie de Wilhelm Pfannenstiel, où, le 17 août 1942, ils ont été accueillis par le SS Gruppenführer Globocnik, qui leur a dit qu'ils étaient sur le point d'apprendre le plus grand des secrets, que quiconque le révélerait serait immédiatement fusillé, et que la veille, il avait déjà exécuté "deux bavards". Voici un extrait de cette conversation :

> "... Vos autres tâches consisteront à modifier la méthode de nos chambres à gaz (qui fonctionnent maintenant avec les gaz d'échappement d'un vieux moteur diesel) en utilisant une matière plus toxique qui produit un effet plus rapide, l'acide prussique. Mais le Führer et Himmler, qui étaient ici le 15 août - avant-hier - ont ordonné que j'accompagne personnellement tous ceux qui devaient voir les installations. Le professeur Pfannenstiel demande alors : "Qu'a dit le Führer ? Globocnik,

aujourd'hui chef de la police et des SS pour la Riviera adriatique et Trieste, a répondu : "Plus vite, plus vite, exécutez tout le programme". Le Dr Herbert Lindner, chef du ministère de l'intérieur, a alors déclaré : "Mais ne vaudrait-il pas mieux brûler les corps au lieu de les enterrer ? Une génération future pourrait penser différemment sur ces questions". Globocnik a alors répondu : "Mais, messieurs, si jamais une génération aussi pourrie et lâche devait naître après nous et ne pas comprendre la bonté et la nécessité de notre travail, alors, messieurs, tout le national-socialisme n'aurait servi à rien. Au contraire, on devrait enterrer des plaques de bronze avec l'inscription que c'est nous qui avons eu le courage d'accomplir cette tâche gigantesque". Et Hitler de répondre : "Oui, mon bon Globocnik, exactement, c'est aussi mon avis"".

Outre le fait qu'Hitler ne s'est jamais rendu à Lublin et que les propos qui lui sont attribués par la bouche de Globocnik ne sont donc que pure invention, il est prémonitoire qu'il existe des historiens capables d'accorder de la crédibilité à ce puéril pamphlet de propagande destiné aux crédules. La fanfaronnade de Globocnik, dont la prétention à revendiquer pour la postérité la responsabilité de l'extermination des Juifs est approuvée par Hitler avec les mots "oui mon bon Globocneck", est peut-être destinée à illustrer le mal absolu qui se cachait dans le Führer de l'Allemagne. Le rapport poursuit avec le voyage de Lublin à Belzec, qui a eu lieu le lendemain. Une fois dans le camp, le rapport relate l'arrivée du premier train peu avant 7 heures du matin le 19 août 1942 : un convoi de quarante-cinq wagons transportant 6 700 personnes, dont 1450 sont arrivées mortes. Après avoir ordonné aux Juifs de se déshabiller et de déposer les objets de valeur et l'argent dans un endroit prévu à cet effet, les femmes et les jeunes filles sont dirigées vers le coiffeur pour se faire couper les cheveux avec une ou deux cisailles, qui sont ensuite mis dans des sacs pour faire des matelas, etc. Commence alors la marche vers les chambres à gaz :

> "Je suis avec Wirth, le capitaine de police, juste à droite des chambres à gaz. Des hommes, des femmes, des enfants, des bébés, des unijambistes complètement nus s'approchent. Dans un coin, un solide soldat SS dit à ces pauvres diables d'une voix forte et profonde : "Il ne vous arrivera rien. Vous n'avez qu'à respirer profondément, cela renforce les poumons ; cette inhalation est une mesure nécessaire contre les maladies contagieuses, c'est un bon désinfectant"... Des mères, des ayas, avec des bébés au sein, nues, beaucoup d'enfants de tous âges, nus eux aussi ; ils hésitent, mais entrent dans les chambres à gaz, la plupart sans dire un mot, poussés par ceux qui suivent derrière, pressés par les fouets des SS. Une femme juive d'une quarantaine d'années, aux yeux comme des torches, jette le sang de ses enfants à la face de ses assassins. Cinq coups de fouet au visage, donnés par le capitaine Wirth en personne, la poussent dans la chambre.... Le capitaine Wirth ordonne : "Remplissez-la bien". Nus, les hommes se marchent sur les pieds. 700-800 entassés dans 25 mètres

carrés, dans 45 mètres cubes ! Les portes se referment. Pendant ce temps, le reste des transportés, tout nus, attendent..."

Quiconque s'arrête pour réfléchir quelques secondes peut comprendre qu'il est absolument impossible d'entasser sept ou huit cents personnes dans une pièce de 25 mètres carrés et de deux mètres de haut, car il y aurait environ trente corps par mètre carré. Seule l'utilisation d'une presse à ferraille permettrait d'entasser autant de personnes dans un espace aussi réduit, auquel cas l'utilisation de gaz serait superflue, car les personnes auraient d'abord été écrasées à mort. L'histoire se poursuit avec d'autres effets scéniques afin de souligner pour la énième fois la cruauté sans limite des nazis. Lors du vidage et du rechargement de la chambre, par exemple, on peut lire dans le rapport Gerstein : "Les corps sont jetés, bleus, mouillés de sueur et d'urine, les jambes couvertes d'excréments et de sang menstruel. Partout, parmi les autres, des corps d'enfants et de nourrissons...". Quant au capitaine Christian Wirth, après les cinq coups de fouet au visage d'une femme et l'ordre de remplir à ras bord la chambre à gaz, une autre scène digne des meilleurs pamphlets hollywoodiens profite de l'occasion pour le dépeindre comme une bête sans scrupules avide de richesses, ce qui symbolise bien sûr la nation allemande dans son ensemble. C'est le procédé rhétorique bien connu qui consiste à mettre la partie (Wirth) pour le tout (les Allemands) :

> "... Deux douzaines d'ouvriers sont occupés à inspecter les bouches, les ouvrant à l'aide de crochets en fer : "De l'or à gauche, sans or à droite". D'autres inspectent les anus et les organes sexuels à la recherche d'argent, de diamants, d'or, etc. Des dentistes arrachent, à l'aide de pinces, des dents en or, des bridges ou des capuchons. Au centre de tout cela se trouve le capitaine Wirth. Il se déplace ici comme un poisson dans l'eau. Il me tend un grand pot rempli de dents et me dit : "Calculez vous-même le poids de l'or. Ce n'est que celui d'hier et d'avant-hier ! Vous n'imaginez pas ce que nous trouvons tous les jours ! Des dollars, des diamants, de l'or ! Mais voyez vous-même !" Puis il m'emmène chez un bijoutier qui s'occupe de toutes ces valeurs...".

Vient ensuite le récit de l'enterrement des corps dans de grandes fosses qui, selon Gerstein, mesuraient 100 x 20 x 12 mètres et se trouvaient à proximité des chambres à gaz. Gerstein explique qu'après quelques jours, les corps gonflent, de sorte que le contenu des tranchées est poussé vers le haut de deux à trois mètres. Mais.. :

> "Après quelques jours, le gonflement s'arrêtera et les corps pourront se désagréger. Le lendemain, les tranchées étaient à nouveau remplies et recouvertes de dix centimètres de sable. J'ai entendu dire qu'un peu plus tard, on construisait des grilles avec des rails de chemin de fer et qu'on y

brûlait les corps avec du gasoil et de l'essence pour les faire disparaître. À Belzec et à Treblinka, personne n'a pris la peine d'enregistrer le nombre approximatif de personnes tuées. Les chiffres annoncés par la BBC sont inexacts. En réalité, environ 25 000 000 000 millions de personnes ont été tuées, non seulement des Juifs, mais surtout des Polonais et des Tchécoslovaques, qui, selon les nazis, étaient de mauvaises souches".

Il est évident que le chiffre de 25 000 000 n'est pas tenable, puisque, comme on l'a dit, il n'y avait qu'environ trois millions de Juifs dans l'Europe occupée par les Allemands. Même l'inclusion des Tchécoslovaques et des Polonais dans ce chiffre n'est pas crédible, surtout si l'on considère, comme on le verra, qu'il ne reste aucune trace des victimes présumées. Conscient que le nombre de morts était un non-sens inacceptable, le commentaire sur la BBC et les 25 000 000 de victimes dans les chambres à gaz a été supprimé du texte imprimé dans les volumes du NMT (Nuremberg Military Tribunals). Les interrogateurs de Gerstein l'auraient incité à rédiger un second rapport à Rottweil, daté du 4 mai 1945. Il est plus probable qu'il ait été rédigé un an après sa mort. Son épouse a contribué à clarifier la situation en déclarant qu'elle avait découvert le document en 1946 parmi les affaires de son mari à l'hôtel Mohren de Rottweil. Selon Mme Gerstein, son défunt mari l'y avait déposé sans qu'elle en ait eu connaissance jusqu'alors. On peut supposer que ce rapport est la traduction allemande du document PS-1553, soumis à l'ITM le 16 janvier 1947, dactylographié et non signé. Arthur R. Butz note avec ironie que "la découverte d'un tel document dans les jours sombres de 1946 a naturellement renforcé son statut d'épouse de St. Le nombre de morts allégué dans ce second mémo correspondrait déjà au chiffre officiel de six millions.

Wilhelm Pfannenstiel, témoin à Belzec

Carlo Mattogno consacre dix pages dans *Belzec in Propaganda, Testimonies, Archeological Research and History* à l'étude des déclarations et de l'attitude de Wilhelm Pfannenstiel, médecin et officier SS, dont le nom apparaît dans les différentes versions de la déclaration de Kurt Gerstein. On se souvient que Gerstein affirme qu'il s'est rendu avec lui à Lublin et qu'ils y ont tous deux rencontré le Gruppenführer SS Odilo Globocnik, que Pfannenstiel a interrogé sur l'opinion d'Hitler. Ce qui suit est donc une révision des informations fournies par Mattogno, dont l'autorité en la matière est incontestée.

Arrêté par les Alliés après la guerre, Pfannenstiel est interrogé comme l'un des accusés du procès IG Farben, qui se tient entre août 1947 et juin 1948. Il est alors interrogé sur ses relations avec Gerstein. Pour sauver sa peau, il tente de trouver une faille et confirme avoir assisté à des gazages par le tuyau d'échappement d'un moteur diesel. S'il nie avoir été à Belzec ou à Treblinka, il admet avoir entendu parler de gazages à Belzec. Bien qu'il ait répondu au procureur von Halle qu'il n'était pas allé à Belzec, il n'a pas hésité à déclarer ce qui suit :

> "Réponse : Il y avait - je crois - six chambres dans un bâtiment légèrement surélevé.
> Question : Les personnes à l'intérieur étaient-elles nues et à l'étroit ?
> Réponse : Oui, les chambres ont été remplies pièce par pièce.
> Question : Y avait-il des enfants ?
> Réponse : Oui.
> Question : Comment le pot d'échappement diesel a-t-il été introduit ?
> Réponse : d'un moteur de 1100 chevaux. Les tuyaux d'échappement ont été insérés dans les chambres".

Mattogno considère qu'il est évident que le procureur von Halle connaissait le rapport Gerstein, qui était connu de Pfannenstiel. De plus, il suppose que le procureur savait que Pfannenstiel en avait connaissance lorsqu'il l'a interrogé, raison pour laquelle l'interrogatoire était plein de conditionnalités. C'est ainsi qu'à partir de 1950, Pfannenstiel est devenu le garant de la véracité du rapport Gerstein, ce qui a été exploité par l'historiographie de l'Holocauste. En raison de sa collaboration, le Dr Wilhelm Pfannenstiel a finalement été acquitté pour manque de preuves dans les trois procès auxquels il a participé. Tous les passages dans lesquels Pfannenstiel était impliqué ont été supprimés de la première publication officielle en Allemagne du rapport Gerstein du 4 mai 1945, préparée par l'historien Hans Rothfels en 1953. Richard Harwood rapporte que cette version a été publiée à Bonn en 1955 par le gouvernement fédéral allemand pour être distribuée dans les écoles allemandes sous le titre *Dokumentation zur Massenvergasung (Documentation sur les gazages de masse)*.

Il a ainsi endossé le rôle de caution du rapport Gerstein. Dans toutes ses comparutions, le Dr Pfannenstiel continue à confirmer les mensonges officiels et les dogmes historiographiques, même si ses propos deviennent progressivement plus modérés et qu'il atténue les excès incontrôlés de Gerstein. Ainsi, le 9 novembre 1959, il montre qu'il connaît tous les ouvrages publiés par les historiens exterminationnistes et cite même *Die Endlösung (La solution finale)* de Gerald Reitlinger. Alors que onze ans plus tôt, il avait nié avoir été à Belzec, lors de cet interrogatoire de 1959, il déclara avoir voyagé avec Gerstein de Lublin à Belzec, où il avait assisté à l'arrivée d'un transport d'environ cinq cents Juifs, dont certains étaient morts en chemin à cause de la surpopulation dans les wagons. Quatre ans plus tard, le 8 novembre 1963, lors du procès dit de Belzec, il affirme lors d'une autre audience avoir assisté à l'arrivée d'un train de douze wagons transportant entre trois et cinq cents personnes, d'où descendaient "occasionnellement" des femmes et des enfants. Si ce nombre de personnes voyageait dans douze wagons, on peut estimer qu'il y avait entre 25 et 42 détenus par wagon. Gerstein avait parlé de convois de 6700 déportés, dont 1450 étaient arrivés morts. Ce que Pfannenstiel a retrouvé avec précision, en revanche, c'est la mémoire des dates. Le 30 octobre 1947, il n'en donne aucune ; dans sa déclaration du 6 juin 1950, il parle de "l'été 1942" ; mais le 9 novembre 1959, il confirme qu'il s'est rendu avec Gerstein à Lublin le 17 août 1942 et qu'ils sont allés à Belzec le 18 ou le 19. Enfin, le 25 avril 1960, il donne la date exacte du prétendu gazage : "Si vous m'interrogez sur les exécutions de Juifs, dit-il, je dois confirmer que j'ai assisté à l'exécution de Juifs le 19 août 1942 dans le camp d'extermination de Belzec".

Enfin, le professeur Pfannenstiel a été l'un des quatorze témoins qui ont déposé en janvier 1965 au procès de Josef Oberhauser à Munich.[8] Selon Yitzhak Arad, Oberhauser était chargé de la construction du camp et devint, dans la seconde moitié de décembre 1941, l'assistant du capitaine (SS Hauptsturmführer) Christian Wirth, nommé commandant de Belzec. Dans son ouvrage, Arad tente de faire de lui le bouc émissaire du prétendu gazage de 80 000 Juifs. Josef Oberhauser nie toute responsabilité et affirme avoir toujours agi sur ordre d'un supérieur. Pour sauver sa peau, il avoue ses mensonges lors du procès et reconnaît que des Juifs ont été gazés à Belzec. La section pénale du tribunal de Munich le condamne à quatre ans et six mois de travaux forcés pour complicité dans 300 000 cas de meurtres au premier degré. Il ne purge finalement que la moitié de sa peine.

Recherches archéologiques à Belzec

De la technologie ultramoderne de l'électrocution et de l'incinération massive, on passa d'un seul coup au système rudimentaire des tuyaux d'échappement. Depuis, on affirme que des centaines de milliers, voire des millions de Juifs ont été exterminés à Belzec par cette méthode rudimentaire. Le 22 septembre 1944, Rudolf Reder témoigne devant le procureur de Lvov que trois millions de personnes ont été éliminées à Belzec. Le 11 avril 1946, T. Chrosciewicz, procureur polonais à Zamosc, résume les résultats de son enquête dans un rapport et abaisse le nombre de victimes à 1 800 000. Enfin, en 1947, la Commission centrale d'enquête sur les crimes allemands en Pologne fixe le nombre de victimes du camp de Belzec à 600 000, chiffre accepté par l'historiographie officielle et remis en cause uniquement par les chercheurs révisionnistes.

---

[8] Josef Oberhauser avait été capturé, jugé et condamné par les Soviétiques, qui l'ont libéré en 1956. Lorsque le procès de Belzec s'ouvre en 1963, il est l'un des huit accusés de crimes dans le camp. Le 30 janvier 1964, le procès s'effondre et tous sont acquittés. Peu de temps après, cependant, ils sont à nouveau arrêtés. Oberhauser fait appel et, en 1965, il est le seul accusé au procès qui se déroule du 18 au 21 janvier.

Ainsi, il est affirmé qu'entre mars et décembre 1942, 600 000 personnes ont été assassinées à Belzec au moyen d'un système absurde, presque artisanal. Dans le chapitre 16 de *Belzec, Sobibor, Treblinka*, intitulé "Amélioration des installations et des techniques d'extermination", Yitzhak Arad écrit : "Les nouvelles chambres à gaz qui avaient été construites à Belzec en juin/juillet 1942 ont servi de modèle dans les deux autres camps". Arad insiste sur le fait que la même technique d'extermination a été utilisée à Belzec, Treblinka et Sobibor. Selon cet historien juif, avec la construction de nouvelles chambres à gaz, la capacité d'exécution a été élargie et améliorée, mais le système des tuyaux d'échappement des moteurs diesel comme technique d'extermination est non seulement resté inchangé, mais a servi de modèle aux autres camps. Yitzhak Arad lui-même écrit ce qui suit à propos des enterrements et de l'incinération des 600 000 victimes présumées de Belzec :

> "À Belzec, les 600 000 victimes avaient déjà été enterrées lorsque la crémation a commencé. Pendant quatre ou cinq mois, il a fallu les déterrer et les brûler. C'est la seule raison pour laquelle le camp a continué d'exister avec un personnel complet jusqu'au printemps 1943, alors que les transports de Juifs étaient arrivés et avaient été liquidés en novembre 1942. Le fait que pendant l'opération d'incinération, plus aucun convoi n'est arrivé a facilité la tâche des autorités".

Ainsi, à Belzec, les opérations d'extermination se sont terminées en novembre/décembre 1942 ; mais, bien qu'il n'y ait plus de trains, le camp n'a pas été fermé car tout le personnel a passé trois ou quatre mois à déterrer les morts pour les incinérer, soi-disant pour effacer les traces du génocide. Il semble que les nazis, auparavant décrits comme des maîtres de l'ingénierie technique et exemplaires dans l'utilisation de technologies révolutionnaires, soient soudainement devenus des modèles d'improvisation et de désorganisation, des bunglers peu impressionnants incapables de planifier des tâches élémentaires. Il a déjà été dit que la zone de Belzec mesurait environ 250 mètres de large et 300 mètres de long. Il est difficile de comprendre comment, dans un espace aussi réduit, sans compter l'espace occupé par les différentes installations du camp, 600 000 corps ont pu être enterrés, déterrés, brûlés et enterrés à nouveau en quelques mois, soit autant que toute la population de Malaga, la sixième ville d'Espagne en termes de nombre d'habitants.

Carlo Mattogno consacre le chapitre IV de son ouvrage sur Belzec, intitulé "Belzec dans la recherche archéologique polonaise", à commenter le travail d'un groupe d'archéologues qui, entre 1997 et 1999, ont travaillé dans la zone de l'ancien camp de Belzec sous les ordres du professeur Andrzej Kola. Les fouilles ont été décidées conjointement par le "Rada Ochrony Pamieci Walk i Meczenstwa" (Conseil pour la sauvegarde de la mémoire de la lutte et du martyre) et le "Holocaust Memorial Museum" de Washington.

Au cours de deux années de fouilles séparées, 33 tombes ont été découvertes dans deux zones distinctes du camp, occupant une superficie totale de 5 919 mètres carrés et un volume de 21 310 mètres cubes. La plus petite mesurait 5 x 5 mètres, soit 25 mètres carrés, et avait une profondeur de 1,70 mètre. Le plus grand avait un volume de 2100 mètres cubes, des dimensions de 24 x 18 et une profondeur comprise entre 4,25 et 5,20 mètres.

Les deux principaux témoins de la prétendue extermination, Kurt Gerstein et Rudolf Reder, ont donné des descriptions détaillées des charniers. En 1945, dans une déclaration à la Commission historique juive, Reder rapporte : "Une fosse mesurait 100 mètres de long et 25 mètres de large. Une seule fosse contenait 100 000 personnes. En novembre 1942, il y avait trente fosses, soit trois millions de corps". Dans une autre déclaration faite devant le juge Jan Sehn le 29 décembre 1945, le témoin Reder précise encore les dimensions des énormes fosses : "les fosses avaient toutes les mêmes dimensions et mesuraient 100 mètres de long, 25 mètres de large et 15 mètres de profondeur". Trente tombes de ces dimensions équivaudraient à une grande fosse de trois kilomètres de long sur 750 mètres de large, soit 225 hectares. Or, après avoir déclaré que les trente fosses étaient toutes identiques, Reder a déclaré que la zone qu'il avait vue couvrait environ 7,5 hectares. Kurt Gerstein, quant à lui, dans son fameux rapport du 26 avril 1945, déclare : "Les corps nus étaient ensuite jetés dans de grands fossés d'environ 100 x 20 x 12 mètres situés à proximité des chambres de la mort. Dans son rapport du 6 mai 1945, il précise : "Les corps nus ont été chargés sur des charrettes en bois puis jetés dans des fosses situées à peu de distance et mesurant 100 x 20 x 12 mètres". Pour couronner le tout, dans son rapport du 11 avril 1946, le procureur de Zamosc écrit :

> "Toutes les fosses communes avaient les mêmes dimensions : 100 mètres de long, 25 mètres de large et 15 mètres de profondeur. Les corps jetés dans les fosses étaient recouverts de chaux. Les détenus recouvraient ensuite les piles de corps avec du sable. Il est possible qu'il y ait eu trente ou quarante fosses de ce type, voire plus, dans le camp".

Bien que, selon Arad, les corps aient été déterrés et brûlés, dans deux des plus grandes tombes, les archéologues ont trouvé des corps qui n'avaient été ni exhumés ni incinérés. Robin O'Neil, chercheur britannique sur l'Holocauste, affirme dans *Belzec : The 'Forgotten' Death Camp*, publié dans le trimestriel *East European Jewish Affairs*, qu'il y en a eu "plusieurs milliers", mais ne précise pas combien. De son côté, Michael Tregenza, un singulier exterminationniste qui déclare que les témoignages de Reder et Gerstein ne sont pas fiables parce qu'ils sont truffés de mensonges gênants et d'absurdités, ose estimer à 15 000 le nombre de corps trouvés dans ces fosses. Ce qui est curieux chez Tregenza, c'est que malgré son mépris pour les déclarations de Reder et Gerstein, il accorde de la crédibilité à d'autres témoins et dans l'article "Belzec Das vergessene Lager des Holocaust" (Belzec le camp oublié de l'Holocauste, 1999) il écrit que, bien que l'installation de Belzec n'ait fonctionné que pendant 133 jours, "plusieurs centaines de milliers de Juifs ont été exterminés à Belzec". Aujourd'hui, on parle officiellement d'au moins 600 000 personnes assassinées. Cependant, ajoute-t-il, à la lumière des nouvelles recherches et des fouilles, il faut s'attendre à un nombre de victimes considérablement plus élevé, peut-être proche du million".

Ainsi, Tregenza, bien que les corps trouvés dans les deux grandes fosses n'aient pas été déterrés, évalue à 15 000 le nombre de corps trouvés dans ces fosses. Il est difficile de comprendre pourquoi les autorités polonaises n'ont pas fait comme les Allemands lorsqu'ils ont découvert les corps des officiers polonais assassinés par le NKVD de Beria dans les fosses de Katyn. Puis, au milieu de la guerre, les tombes ont été ouvertes, les corps ont été exhumés, des autopsies ont été pratiquées et on a cherché à identifier les victimes. "Pourquoi, demande Carlo Matogno, n'a-t-on pas exhumé les corps des fosses communes de Belzec ? La réponse est que sur les 236 premiers échantillons prélevés au départ, le professeur Andrzej Kola n'a publié que le résultat de 137 d'entre eux, manifestement ceux qu'il considérait comme les plus significatifs. Et encore, seuls deux d'entre eux portaient la désignation explicite de "corps humains". Dans les analyses publiées par Kola, on trouve des restes humains dans trois des sept échantillons prélevés dans la tombe numéro 10, la plus grande, et dans deux autres échantillons sur les dix prélevés dans deux autres tombes, numéro 3 et numéro 20. Cela permet de conclure que dans les tombes susmentionnées, il y avait rarement des corps dispersés.

Bien entendu, la présence de corps dans d'autres couches des tombes ne peut être exclue. Il est très probable que dans la même tombe numéro 10 il y ait eu plus de corps humains, puisque l'examen des échantillons indique la présence de corps en état de saponification. Pendant les deux années de travaux, les prélèvements sur les 33 tombes se sont poursuivis et de nouveaux restes humains ont été découverts. Dès 1998, un an avant la fin de l'enquête archéologique, Robin O'Neil s'empresse d'annoncer que les restes des corps retrouvés appartiennent à des victimes des chambres à gaz qui n'ont pas été exhumées et brûlées. Puisque les interprètes officiels ont pris la présence des corps comme preuve de l'extermination massive à Belzec, Carlo Matogno écrit ces mots de réponse en termes emphatiques :

> "L'affirmation de ces commentateurs, selon laquelle le nombre de corps trouvés à Belzec réfute la thèse révisionniste, est non seulement fausse, mais grotesque. Bien entendu, aucun historien révisionniste ne se permettrait de déclarer qu'il n'y a jamais eu de morts à Belzec. Comme nous le verrons dans le chapitre suivant, il y a eu des morts parmi les détenus à cause des épidémies, des travaux forcés et de la misère..... Si

quelqu'un veut vraiment réfuter ces thèses, qu'il prouve qu'il existe dans le camp des sépultures contenant des centaines de milliers de victimes".

Carlo Mattogno conclut que les résultats des fouilles sont incompatibles avec la thèse des exterminationnistes et que l'interprétation la plus probable que l'on peut tirer des recherches archéologiques du professeur Kola "est que les fosses contenaient au maximum quelques centaines de corps". Kola a publié les résultats de ses fouilles dans un livre contenant 37 photographies en couleur. Elles montrent toutes sortes d'objets insignifiants : des fers à cheval, des clés, des cadenas, des restes de casseroles, des ciseaux rouillés, des morceaux de verre et de porcelaine, des peignes, des bouteilles, des pièces de monnaie, etc. Quoi qu'il en soit, des milliers de personnes, probablement des dizaines de milliers, sont mortes à Belzec. Beaucoup sont probablement mortes en 1940, alors que les conditions de vie dans le camp étaient, comme on l'a dit, extrêmement inhumaines.

On peut affirmer que peu de corps ont été retrouvés parce qu'ils ont été brûlés. Yitzhak Arad affirme qu'au printemps 1942, Himmler a effectué une visite à Treblinka au cours de laquelle il a décidé que tous les corps devaient être brûlés ; mais il n'existe aucune trace de cette visite et tout porte à croire qu'elle n'a jamais eu lieu. En tout état de cause, Arad lui-même affirme dans son livre sur les camps de l'opération Reinhardt qu'à Belzec, les travaux d'exhumation et de crémation ont commencé en décembre 1942. En réalité, on ne sait presque rien de cette gigantesque opération. Dans son rapport précité du 11 avril 1946, le procureur de Zamosc écrit ceci :

> "En décembre 1942, les transports de Juifs vers Belzec s'arrêtent. Les Allemands ont alors commencé à effacer systématiquement les traces de leurs crimes. Les corps sont déterrés à l'aide d'excavateurs spéciaux et brûlés sur des piles de bois imbibées de matières inflammables. Plus tard, le processus de crémation a été amélioré en utilisant des rails de chemin de fer pour construire des échafaudages, sur lesquels des couches de corps ont été placées en alternance avec des couches de bois imbibées, comme auparavant, d'un liquide facilement inflammable. Afin de séparer les objets de valeur éventuellement contenus dans les corps, les cendres des corps incinérés étaient filtrées à travers un séparateur de grains, puis enterrées à nouveau. La crémation des corps a pris fin en mars 1943. Tous les bâtiments du camp, les clôtures et les miradors ont alors été démantelés, la zone a été nettoyée, nivelée et replantée avec de jeunes pins".

On voit que l'idée de présenter les nazis comme des voleurs insatiables est remise en avant : après avoir insisté sur le fait qu'avant d'enterrer les victimes, on inspectait leur bouche et même leur anus et leurs parties génitales, on dit maintenant qu'on perdait à nouveau du temps à chercher quelque chose de valeur dans les cendres, comme s'il n'était pas déjà assez difficile de brûler 600 000 cadavres en putréfaction en trois mois. Un témoin nommé Kozak a déclaré au procureur de Zamosc : "Deux ou trois bûchers brûlaient en même temps. Pendant ce temps, une terrible puanteur de corps en décomposition, d'os et de cadavres brûlés planait sur Belzec. On pouvait sentir cette odeur à quinze kilomètres à la ronde. La crémation s'est poursuivie sans interruption pendant trois mois."

En ce qui concerne les conditions météorologiques dans lesquelles la crémation aurait eu lieu, il convient de noter qu'en hiver, les températures moyennes dans la région de Belzec sont en moyenne de 3 à 4 degrés en dessous de zéro et ne dépassent pratiquement jamais zéro. Chaque mois de l'année compte en moyenne au moins 12 jours de pluie, ce qui laisse supposer que la pluie, la neige et le vent ont dû être constants pendant les trois mois d'hiver.

Dans son ouvrage de référence, Carlo Mattogno présente un calcul approximatif de la quantité de bois nécessaire pour mener à bien la gigantesque tâche de réduire en cendres 600 000 corps pendant trois mois sans interruption. Selon ses estimations, 96 000 tonnes de bois auraient été nécessaires, ce qui équivaudrait au déboisement de 192 hectares de forêts d'épicéas cinquantenaires. Les photographies aériennes des forêts près de Belzec montrent qu'elles avaient le même aspect en 1944 qu'en 1940. "D'où vient cette immense quantité de bois, s'interroge Mattogno. Pour le transporter jusqu'au camp, il aurait fallu quatre-vingt-quinze trains de quarante wagons chacun. Or, aucun habitant de la région ne peut témoigner avoir vu arriver des trains ou des camions chargés de bois de chauffage. La crémation de 600 000 corps en trois mois correspondrait à un rythme de 6 650 par jour, ce qui nécessiterait 1042 tonnes de bûches par jour.

Quant à la crémation elle-même, il suffit de penser à la quantité de cendres que huit ou neuf bûches de taille moyenne laissent chaque jour dans la cheminée d'une cuisine. Carlo Mattogno fait à nouveau un calcul minutieux de la quantité de cendres que les corps produiraient et du bois nécessaire pour les incinérer. Les résultats sont les suivants : les 600 000 corps laisseraient 1350 tonnes de cendres pour un volume de 2700 mètres cubes ; le bois produirait 7680 tonnes de cendres, correspondant à 22 600 mètres cubes. Au total, donc, 9030 tonnes ou 25 300 mètres cubes. Comme mentionné ci-dessus, les 33 fosses creusées par le professeur Kola entre 1997 et 1999 avaient un volume total de 21 310 mètres cubes. Par ailleurs, il convient de noter que les analyses présentées par Kola montrent que les cendres étaient mélangées à des couches de sable et que, parmi les restes humains, il y avait également des résidus animaux.

Officiellement, les opérations de crémation ont pris fin en mars 1943, mais une petite garnison de SS est restée au camp jusqu'en septembre. On ne sait donc pas pourquoi un certain nombre de cadavres n'ont pas été brûlés. Selon O'Neil, les corps n'ont pas été déterrés et brûlés parce que, peut-être, "la panique s'est installée faute de temps pour détruire toutes les preuves". Cette thèse est peu plausible si l'on considère qu'il y avait des soldats dans le camp pendant une demi-année de plus. En outre, des tombes contenant des corps saponifiés ont été dispersées dans tout le camp, ce qui permet de soupçonner, selon Carlo Mattogno, "que ces tombes appartenaient à l'administration précédente du camp et qu'elles dataient donc de 1940, lorsque Belzec était utilisé comme camp pour les Tsiganes jusqu'à ce qu'il soit intégré plus tard dans le "Programme Otto". Au cours de ces deux périodes, de nombreuses victimes ont été enterrées dans le camp. À cette époque, la structure du camp était très différente de ce qu'elle était plus tard et il y avait plus d'espace. Cela expliquerait l'emplacement de ces charniers". Il est prouvé qu'au printemps 1940, des milliers de détenus sont morts à cause d'épidémies, dont le typhus, et aussi à cause des conditions de travail et de vie extrêmement dures dans le camp.

Mais des milliers de personnes sont également mortes à Belzec en 1942. Le 28 avril 1943, l'adjoint chargé de la réinstallation des Juifs dans la région de Lublin, le major SS Höfle (Sturmbannführer), envoie un rapport au lieutenant-colonel Heim (Obersturmbannführer) dans lequel il indique le chiffre de 434 508 personnes transférées à Belzec jusqu'au 31 décembre 1942. Ce document, déchiffré par les services secrets britanniques, n'a été connu que récemment. Dans certains trains, les conditions de vie des déportés étaient déplorables. Il existe un autre rapport daté du 14 septembre 1942 intitulé "Réinstallation de Kolomea à Belzec". Son auteur, Josef Jäcklein, garde ferroviaire de la police de protection, raconte le transport calamiteux de Kolomea à Belzec, parti le 10 septembre à 20 h 50 avec 8 205 Juifs à bord. Kolomea, un district de l'Ukraine, avait été occupé par les Allemands lors de leur avancée en URSS. Jäcklein explique que les Juifs transportaient des marteaux et des pinces. Ils ont témoigné plus tard qu'on leur avait dit que ces outils leur seraient utiles dans leur nouvelle destination. De toute évidence, la première chose que les détenus ont faite a été d'utiliser ces outils pour ouvrir des trous dans les toits des wagons afin de s'échapper. Le train a dû s'arrêter à chaque gare pour réparer les dégâts. Jäcklein confirme que l'escorte du train s'est retrouvée à court de munitions et a été jusqu'à utiliser des baïonnettes et des pierres pour empêcher les tentatives d'évasion répétées. Lorsque le train arrive à Belzec le lendemain à 18 h 45, deux mille morts se trouvent à l'intérieur. Mattogno rapporte également un second rapport sur ce transport en provenance de Kolomea, également daté du 14 septembre 1942. Il porte la signature d'un lieutenant nommé Wassermann, également de la police de protection. Il indique que 180 à 200 personnes voyageaient dans chaque wagon. Dans la première partie de ce rapport, Wassermann évoque des actions menées les 7, 8, 9 et 10 septembre 1942 dans la région de Kolomea et confirme l'exécution, le 7 septembre 1942, de 300 Juifs. Les raisons invoquées pour justifier ce meurtre sont qu'ils étaient "vieux, infectés, faibles ou intransportables". Fondamentalement, ces fusillades prouvent que les Juifs n'ont pas été envoyés à Belzec pour y être gazés. Il est cependant indéniable que des milliers, voire des dizaines de milliers de Juifs sont morts à Belzec.

Mais le but des fouilles des enquêteurs polonais n'était pas seulement de trouver des restes humains, mais aussi d'identifier les bâtiments décrits par les témoins. L'une des priorités était bien sûr de localiser le fameux bâtiment si souvent décrit, où se trouvaient les six chambres à gaz. Yitzhak Arad et Raul Hilberg, les plus prestigieux des historiens juifs, racontent l'agrandissement des trois camps et la construction de ces chambres à gaz. En fait, tous deux prennent pour argent comptant la description faite par Rudolf Reder des nouvelles chambres de Belzec, théoriquement construites en juin/juillet 1942. Dans *La destruction des Juifs d'Europe*, Hilberg écrit : "De solides structures, en pierre à Belzec et en brique à Treblinka, contenant au moins six chambres à gaz, ont remplacé les anciennes installations. Dans les nouveaux bâtiments, les chambres étaient alignées de part et d'autre du couloir, et à Treblinka, la salle des machines était située à l'extrémité". On a donc cherché un bâtiment en pierre qui, selon Arad, mesurait 24 mètres de long et 10 mètres de large.

On espérait que les fouilles permettraient de découvrir les structures d'origine de l'installation. Si Andrzej Kola et son équipe ont évité de déterrer et d'examiner minutieusement les restes humains des charniers, ils ont en revanche procédé à la mise au jour et à l'examen minutieux de toutes les structures susceptibles de mener à la découverte des chambres à gaz construites au cours de la deuxième phase du camp. Après avoir décrit six découvertes non pertinentes, Andrzej Kola s'est concentré sur le "bâtiment G", une construction en bois partiellement enfouie dans le sol, dont la base rectangulaire, à une profondeur de 80 centimètres, mesurait environ 3,5 x 15 mètres. Il est décrit comme suit :

> "Le bâtiment en bois a probablement servi de chambre à gaz dans la deuxième phase de fonctionnement du camp, à l'automne-hiver 1942. Son emplacement sur le plan du camp confirme cette interprétation. Les sondages effectués dans les parties nord-est et est du bâtiment n'ont révélé que des fosses communes. L'emplacement de la chambre à gaz à proximité des lieux d'inhumation dans la deuxième phase de l'existence du camp a été confirmé par certains témoignages".

Carlo Mattogno, dont le livre est à nouveau cité, s'indigne de la frivolité de l'argumentation du professeur Kola qui, en se basant uniquement sur l'emplacement du bâtiment, affirme, sans fournir aucune preuve archéologique, que le bâtiment en question a dû abriter les prétendues chambres à gaz homicides. Quant à l'affirmation selon laquelle les chambres à gaz auraient été construites en bois, l'archéologue polonais se réfère à Rudolf Reder dans son rapport et déclare : "D'après lui (Reder), la chambre était en béton. Les fouilles effectuées dans la région ne prouvent pas l'existence de briques ou de béton dans les bâtiments, ce qui rend ce rapport peu fiable". Mattogno, sans sortir de son étonnement, laisse échapper entre les lignes qu'Andrzej Kola ne s'arrête même pas à envisager que la structure en bois ait pu appartenir à la phase initiale du camp. Le problème, c'est que si la déclaration de Rudolf Reder est considérée comme non fiable, les autres le sont aussi, car tous s'accordent à dire que les chambres à gaz de la deuxième phase du camp ont été construites dans une structure en briques. Le jugement de janvier 1965 du procès de Belzec à Munich le mentionne explicitement : "un solide bâtiment en pierre avec un total de six chambres mesurant 4 x 5 mètres". Dans l'*Encyclopédie de l'Holocauste*, on peut également lire sous l'entrée "Belzec" que les chambres à gaz existantes de la première phase ont été démolies "et qu'à leur place a été érigé un nouveau bâtiment en béton et en briques contenant six chambres mesurant 4 x 5 mètres". Il semble incroyable que le professeur Kola se permette de discréditer les témoins avec une expertise aussi médiocre. De plus, les dimensions de sa structure en bois, 3,5 x 15 mètres, ne correspondent pas non plus aux 24 x 10 mètres officiellement admis. S'il était déjà impossible de faire tenir des centaines de personnes dans des chambres de 4 x 5 mètres, soit 20 mètres carrés, qu'en est-il des hypothétiques chambres de la construction imaginée par Kola ?

Belzec, camp de transit

Nous pensons que les arguments des révisionnistes sont suffisamment puissants pour discréditer la thèse selon laquelle Belzec était un camp d'extermination : des professionnels de la propagande comme Jan Karski ont été démasqués ; les témoins mentent et certains de leurs récits relèvent de la science-fiction ; la méthode d'extermination revendiquée par l'historiographie officielle n'est pas crédible ; les possibilités matérielles de crémation sont impossibles ; les recherches archéologiques ont réfuté les théories des exterminationnistes. Bref, l'hypothèse selon laquelle 600 000 personnes auraient été massacrées à Belzec dans des chambres à gaz est inacceptable si on l'examine avec la moindre rigueur. Les révisionnistes soutiennent donc que Belzec, comme Treblinka et Sobibor, était un camp de transit pour le transfert des Juifs vers l'Est.

Des lettres et des cartes postales de déportés du ghetto de Varsovie à Treblinka en 1942 sont arrivées des territoires soviétiques occupés vers la capitale polonaise, indiquant qu'ils y avaient été réinstallés après avoir transité par Treblinka. Certains de ces messages provenaient de camps situés en Biélorussie et en Ukraine. Mark Weber et Andrew Allen font état de ces textes dans un article publié au cours de l'été 1992 dans *The Journal of Historical Review*. Selon ces auteurs, certaines de ces lettres et cartes postales sont arrivées par la poste, d'autres clandestinement. Les expéditeurs écrivent qu'ils travaillent dur, mais confirment qu'ils sont nourris, ainsi que leurs enfants dans certains cas.

Plusieurs documents confirment que Belzec n'était pas un camp d'extermination, mais un camp de transit. L'un d'entre eux, daté du 17 mars 1942, provient du Département de la population et de l'assistance sociale du Bureau du gouverneur général pour le district de Lublin. Il s'agit d'un texte de Fritz Reuter, fonctionnaire de ce département, dans lequel il relate un entretien tenu la veille avec le major SS Hermann Höfle, délégué à la réinstallation des Juifs dans la région de Lublin. Le texte est extrait de l'ouvrage de Mattogno :

> "... Au cours de la discussion, le Hauptsturmführer Höfle a expliqué ce qui suit :
> Il serait souhaitable de diviser les transports arrivant dans le district de Lublin en Juifs aptes et inaptes à la station d'origine. S'il n'est pas possible de faire cette séparation à la gare d'origine, il faudra la faire à Lublin. Tous les Juifs inaptes au travail doivent aller à Belzec, la station la plus proche de la frontière dans le district de Zamosz.
> Hstuf. Höfle envisage la construction d'un grand camp dans lequel les Juifs aptes au travail pourraient être enregistrés dans un fichier en fonction de leurs occupations afin d'être requis à partir de là.
> Piaski se libère des Juifs et devient le point de collecte des Juifs qui quittent le Reich.
> Trawniki n'est pas actuellement occupée par des Juifs.
> H. demande où, sur l'itinéraire Deblin-Trawniki, 60 000 Juifs pourraient être déchargés. Informé des transports de Juifs qui partent actuellement d'ici, H. explique que sur les 500 Juifs qui arrivent à Susiec, ceux qui sont jugés inaptes au travail peuvent être triés et envoyés à Belzec.....
> En conclusion, il a indiqué qu'il pouvait accepter chaque jour 4 à 5 transports de 1000 Juifs vers le terminus de Belzec. Ces Juifs passeraient la frontière et ne reviendraient jamais au gouvernement général".

Nous partageons l'avis de Mattogno sur l'importance de ce document. Dans sa paraphrase du texte, ce chercheur révisionniste explique que Hermann Höfle était le chef d'état-major d'Odilo Globocnik, le commandant SS qui agissait comme première autorité policière dans le district de Lublin. L'historiographie officielle reconnaît que H. Höfle a coordonné "la construction du camp d'extermination de Belzec et les déportations à partir du district de Lublin". De plus, la version officielle suppose que le 17 mars 1942, c'est-à-dire la date indiquée dans le rapport de Reuter, les activités meurtrières avaient déjà commencé. Mais une fois de plus, le texte reflète la nécessité d'utiliser les Juifs employables comme main-d'œuvre. L'idée d'organiser "des archives en fonction de leurs occupations" est une preuve supplémentaire qu'il n'y avait pas de plan d'extermination. Il aurait été absurde de perdre du temps avec ces formalités si l'intention était d'exterminer tous les Juifs dès leur arrivée au camp, comme le prétendent les propagandistes du mythe de l'Holocauste. Enfin, il ressort clairement du texte que Belzec devait servir de base pour le transfert au-delà de la frontière des Juifs qui ne voulaient plus retourner au Gouvernement général, ce qui implique qu'ils devaient être réinstallés en Ukraine, en Union soviétique ou ailleurs à l'Est. L'idée de Belzec comme camp de transit est donc réaffirmée dans ce document.

Un second texte daté du 7 avril 1942, également cité par Mattogno, confirme ce qui précède. Son auteur est Richard Türk, directeur du département de la population et de l'aide sociale du bureau du gouverneur du district de Lublin. Le rapport, qui porte sur le mois de mars, contient un paragraphe intitulé "Opération de réinstallation des Juifs du chef de la police et des SS". Türks y rend compte de ses rencontres avec Höfle :

> "Les possibilités d'hébergement, limitées aux sites situés le long de la ligne ferroviaire Deblin-Rejowiec-Belzec, ont été et sont encore discutées avec le représentant du chef de la police et des SS. D'autres possibilités ont été étudiées.
> D'après ma proposition, il y a un accord fondamental sur le fait que, puisque les Juifs venant de l'Ouest sont installés ici, les Juifs locaux devraient, si possible, être évacués en nombre similaire. La situation actuelle du processus de colonisation est la suivante : environ 6000 Juifs du Reich ont été installés ici, environ 7500 ont été évacués du district et 18 000 de la ville de Lublin".

Le rapport se poursuit par une chronologie des dates du mois de mars, énumérant les mouvements effectués, les villes d'évacuation, le nombre de déportés et les lieux d'installation dans les différents districts. Ces directives et d'autres concernant la réinstallation des Juifs dans le district de Lublin vont à l'encontre de la thèse selon laquelle Belzec, Treblinka et Sobibor étaient des camps où les Juifs étaient exterminés dès leur arrivée. En ce qui concerne l'évacuation des Juifs d'Europe occidentale, des documents montrent qu'entre le 5 mai et le 28 novembre 1942, quelque 35 000 personnes ont été déportées directement vers les territoires d'Europe de l'Est, sans passer par des camps de transit, notamment à Minsk, Maly Trostinec, au sud-est de la capitale biélorusse, Riga, et Raasiki, ville estonienne à l'est de Tallinn.

Concernant la fermeture de Belzec en tant que camp de transit, Carlo Mattogno a mis au jour un document intitulé "Règlement de police concernant la formation de quartiers pour les Juifs dans les districts de Varsovie et de Lublin", daté du 28 octobre 1942. Son auteur est le général SS (Obergruppenführer) Friedrich Wilhelm Krüger, haut commandant SS, chef de la police du gouvernement général et secrétaire d'État aux services de sécurité. Ce règlement établit douze zones résidentielles pour les Juifs. Le 10 novembre 1942, Küger établit quatre zones supplémentaires dans le district de Radom, cinq dans le district de Cracovie, trente-deux dans le district de Galicie et deux autres dans la municipalité de Rawa Ruska. Peu après, les trains cessent d'arriver à Belzec, qui, selon l'historiographie de l'Holocauste, avait été construit spécifiquement pour être un camp d'extermination.

Treblinka

Avant d'aborder ce qui s'est passé à Treblinka, il n'est pas inutile de revenir sur ce qui s'est passé. Dans la première partie du chapitre XII, consacrée à la persécution et à la déportation des Juifs, nous avons vu que les nazis étaient initialement déterminés à favoriser par tous les moyens l'émigration des Juifs hors d'Allemagne : l'accord de Haavara, fruit de la collaboration avec le sionisme, et la conférence d'Evian en sont de bons exemples. La politique d'encouragement à l'émigration est remplacée par des plans d'évacuation et d'expulsion, dont le plus célèbre, le plan Madagascar, doit être abandonné et remplacé par la déportation vers l'Est. Après l'invasion de l'URSS en juin 1941, un semestre avant la conférence de Wannsee, les hiérarques nazis, convaincus que la guerre éclair leur apporterait une victoire rapide comme en France, commencent à envisager la déportation des Juifs vers les territoires conquis en Union soviétique.

Martin Broszat, dans *Hitler et la genèse de la "solution finale". Aus Anlaß der Thesen von David Irving* (*Hitler et la genèse de la "solution finale". À l'occasion des thèses de David Irving*), il cite un passage du journal de Goebels daté du 25 septembre 1941, dans lequel est notée une conversation avec Heydrich. On y lit : "à la fin, ils sont tous censés être transportés dans des camps construits par les bolcheviks". Carlo Mattogno et Jürgen Graf dans *Treblinka : Extermination Camp or Transit Camp* font référence à un autre texte du 7 octobre 1941 dans lequel la même idée est reprise. Son auteur, Werner Koeppen, l'un des agents de liaison de Rosenberg, note les mots mêmes de Hitler : "Tous les Juifs doivent être évacués du Protectorat (Bohême et Moravie) et, en fait, non seulement vers le Gouvernement général, mais aussi plus à l'est". Six jours plus tard, le 13 octobre 1941, Alfred Rosenberg et Hans Frank, gouverneur général des territoires polonais occupés, abordent la question de la déportation des Juifs du gouvernement général. La citation suivante est également tirée de l'ouvrage de Mattogno et Graf :

> "Le gouverneur général a ensuite évoqué les possibilités de déportation de la population juive du gouvernement général vers les territoires occupés de l'Est. Le Reichminister Rosenberg note que des demandes similaires lui parviennent déjà de l'Administration militaire à Paris. Pour l'instant, cependant, il ne voit pas de possibilité de mettre en oeuvre de

telles réinstallations. Mais il a annoncé qu'il était lui-même prêt à l'avenir à promouvoir l'évacuation des Juifs vers l'Est...".

En d'autres termes, la déportation vers l'Est des Juifs du Protectorat et de ceux vivant dans les territoires du Gouvernement général était déjà envisagée en octobre 1941. Comme on le sait, c'est à la conférence de Wannsee, le 20 janvier 1942, qu'a été officiellement annoncée la "solution finale territoriale", c'est-à-dire la volonté déterminée d'expulser les Juifs de toutes les sphères de la vie du peuple allemand et de ses territoires, pour imposer leur déportation vers l'Europe de l'Est. Considérant que le 5 septembre 1939, Chaim Wezmann, premier dirigeant du sionisme international, avait déclaré la guerre à l'Allemagne au nom de tous les Juifs et annoncé qu'ils se battraient dans le camp des démocraties, la conférence de Wannsee interdit définitivement l'émigration juive, considérée comme un danger en temps de guerre. La politique d'émigration ou d'expulsion cède donc la place à la déportation et le plan Madagascar est officiellement abandonné le 10 février 1942. L'évacuation des Juifs vers les territoires de l'Est s'accélère. La concentration des Juifs déportés de diverses régions d'Europe dans le Gouvernement général de Pologne, où ils sont rejoints par des Juifs originaires de la région, est conçue comme une mesure temporaire, l'objectif final étant de les transporter tous, dès que cela sera techniquement possible, vers les territoires situés plus à l'est. L'impossibilité de gagner la guerre a rapidement ruiné tous les plans.

Par conséquent, personne ne nie que les Juifs ont été privés de leur liberté de mouvement et concentrés dans les villes et les ghettos. Ceux qui étaient capables de travailler étaient enrôlés dans des travaux forcés en fonction des besoins du moment. Ce travail pouvait être effectué en dehors du ghetto et parfois à l'intérieur du ghetto. Le fait que les nazis considèrent les Juifs comme les architectes du communisme incite certains généraux à préconiser une poigne de fer. La lutte contre le bolchevisme", déclare le maréchal Wilhelm Keitel dans une directive, "exige de la fermeté et des mesures énergiques, en particulier contre les Juifs, principaux promoteurs du bolchevisme". La politique de déportation des Juifs vers l'Est est décidée par Hitler en septembre 1941 et débute en octobre de la même année. C'est ce qu'atteste une lettre de Himmler à Arthur Greiser, ancien président du Sénat de Dantzig et chef du district (Gauleiter) de Posen. Dans cette épître datée du 18 septembre 1941, archivée au "Bundesarchiv" de Coblence et citée par Mattogno et Graf, Himmler écrit :

> "Le Führer souhaite que l'Allemagne (Altreich) et le Protectorat soient débarrassés des Juifs le plus rapidement possible, de l'Ouest à l'Est. C'est pourquoi j'ai l'intention, si possible cette année, de transporter les Juifs de l'Altreich et du Protectorat d'abord vers les territoires orientaux incorporés au Reich il y a deux ans, dans une première étape, afin de les déporter encore plus à l'est au printemps prochain."

C'est un document de plus, un de plus, qui montre les véritables intentions des nazis. L'ordre de déportation a été émis le 24 octobre 1941, et la destination finale des déportés devait être les territoires de l'Est. À l'époque, ces territoires sont le "Reichskommissariat Ostland", divisé en quatre districts généraux d'Estonie, de Lettonie, de Lituanie et de Russie blanche (Biélorussie), dont l'administrateur civil est Heinrich Lohse, et le "Reichskommissariat Ukraine", administré par Erich Koch. Tous deux sont soumis à l'autorité d'Alfred Rosenberg, ministre du Reich pour les territoires occupés à l'Est. Or, ces territoires, contrairement à ceux du Gouvernement général de Pologne, occupés depuis 1939, viennent de subir les conséquences désastreuses de la guerre et ne sont pas encore prêts à accueillir des centaines de milliers de Juifs. C'est ce que confirment divers messages et télégrammes de fonctionnaires allemands sur place. Heinrich Lohse, "Reichkommissar" en Ostland, informé de la déportation vers Minsk et Riga de 50 000 Juifs du Protectorat et d'Allemagne, demande le 9 novembre à Rosenberg de déplacer les déportés plus à l'est.

En janvier 1942, c'est le commissaire de la ville de Minsk, Wilhelm Janetzke, qui, sans consulter Lohse, qui l'a réprimandé pour cela, et en contournant les canaux appropriés, se rend directement auprès de Rosenberg pour s'opposer aux déportations et lui faire savoir qu'il s'agit d'une catastrophe. Quelque 100 000 personnes vivent dans la ville, laissée en ruines. Dans ces conditions, avec le froid glacial et le sol gelé, dit Janetzke, "il n'y avait aucune possibilité de nourrir ni la population ni les Juifs", et il n'était donc pas possible d'y loger les déportés. C'est dans ce contexte que l'historiographie officielle impose sa thèse selon laquelle Treblinka, Belzec et Sobibor étaient des camps conçus uniquement et exclusivement pour exterminer les Juifs d'Europe.

Après Auschwitz, Treblinka est considéré comme le deuxième plus grand centre d'extermination. Contrairement à Auschwitz et à Majdanek, qui, selon les historiens officiels, sont devenus des centres de mise à mort après avoir fonctionné comme des camps de concentration, Treblinka, comme Belzec, Sobibor et Chelmno (Kulmhof), a théoriquement été exploité dans le seul but d'éliminer les Juifs. Comme on le verra, les principales preuves fournies par les colporteurs de l'Holocauste pour justifier une telle affirmation reposent exclusivement sur des déclarations de témoins, c'est-à-dire que l'histoire de Belzec est répétée.

Treblinka se composait de deux camps : Treblinka I et Treblinka II. Le premier, dont l'ordre de construction a été publié le 16 décembre 1941 au *Journal officiel du gouvernement général du district de Varsovie*, était situé à deux kilomètres du second et servait de camp de travail : ses prisonniers produisaient du gravier dans une carrière de pierres située à proximité. La construction de Treblinka II aurait commencé en mars 1942. Situé à quatre kilomètres d'un petit village du même nom et à moins de deux kilomètres du

Burg, il devait être le centre de l'anéantissement de masse. En effet, à l'entrée du camp, une inscription en pierre proclame aujourd'hui en plusieurs langues que "plus de 800 000 Juifs" y ont été assassinés entre juillet 1942 et août 1943.

La thèse des révisionnistes concernant Treblinka est la même que celle qu'ils défendent pour Belzec. Ils rappellent que Treblinka était avant tout un camp de transit destiné à accueillir la population du district de Varsovie. Selon les chiffres du Conseil juif de Varsovie, du 22 juillet au 9 décembre 1942, 263 243 Juifs ont été évacués du ghetto de Varsovie, dont 251 545 auraient été déportés à Treblinka pour y être assassinés. En outre, 11 315 juifs, supposés aptes au travail, auraient rejoint le ghetto de Treblinka I. Eugen Kulisher, expert en démographie et en migration, confirme que le 22 juillet 1942, le Conseil juif de Varsovie a reçu l'ordre de préparer six mille personnes par jour à l'évacuation. Il est intéressant de noter que le Conseil juif lui-même reconnaît que ce sont ses propres médecins triés sur le volet qui ont décidé si les personnes admises dans les hôpitaux juifs le jour de l'évacuation pouvaient sortir. Le fait que tous les Juifs évacués du ghetto de Varsovie en 1942 aient reçu trois kilos de pain et un de confiture indique que Treblinka était un camp de transit. Un véritable gâchis en temps de guerre et de pénurie si l'intention réelle était de les exterminer à leur arrivée au camp.

Dans les mois qui suivent, paradoxalement, arrivent dans le ghetto de Varsovie des lettres et des cartes postales de déportés qui écrivent à leurs proches. Certains viennent de villes biélorusses comme Minsk, Brest Litovsk, Pinsk, Brzezc ou Babruisk, d'autres de villes polonaises plus à l'est, comme Bialystock, à une soixantaine de kilomètres de la frontière biélorusse. Comme les auteurs de ces lettres étaient censés être exterminés à Treblinka, les organisations de résistance du ghetto, qui colportaient déjà les histoires de chambres à gaz, ont fait courir le bruit qu'elles avaient été fabriquées par les Allemands pour tromper les Juifs. La résistance a qualifié d'agents de la Gestapo ceux qui déclaraient avoir reçu des lettres. L'historiographie officielle a ensuite choisi de soutenir la thèse selon laquelle les cartes postales et les lettres avaient été écrites à Treblinka sous la contrainte.

Confusion sur la méthode d'extermination à Treblinka

La propagande sur Treblinka en tant que camp d'extermination a commencé à être fabriquée en août 1942. Au début, le fonctionnement des chambres à gaz n'était pas précisé, et l'on parlait de fluides toxiques mélangés aux gaz émanant des tuyaux d'échappement. Les premières informations sur les massacres de Treblinka parviennent à Londres et sont reprises par le gouvernement polonais en exil. Il a déjà été mentionné que des agents juifs britanniques ont rapidement fait pression sur le Foreign Office, qui disposait dès le mois d'août d'informations émanant du Political

Warfare Executive et qui savait que tout était faux. L'un des documents les plus souvent cités par les historiens juifs proclamant l'Holocauste a été produit le 15 novembre 1942 par le mouvement de résistance clandestin du ghetto de Varsovie. L'article en question, intitulé "Liquidation des Juifs de Varsovie", rédigé à l'origine en polonais, fait six pages dans *Treblinka : camp d'extermination ou camp de transit*, où il est reproduit intégralement. Le rapport a été reçu par le gouvernement polonais à Londres le 6 janvier 1943 et, après avoir été traduit en anglais, il a été largement diffusé. Bien qu'il s'agisse d'un document de référence, il souffre d'un défaut fondamental : il affirme que les Juifs ont été tués dans des chambres à vapeur. Yitzhak Arad, considéré comme un expert de Treblinka, l'utilise et le modifie à sa guise dans son livre sur les camps de l'opération Reinhardt et n'hésite pas à transformer les chambres à vapeur en chambres à gaz. Nous commentons ci-dessous le texte et en citons quelques extraits.

Le rapport commence par une description du site. Les deux camps sont désignés sous le nom de Treblinka A et Treblinka B. Le premier aurait commencé à fonctionner en 1940, ce qui est erroné. Selon ce document, Treblinka B aurait été construit entre mars et avril 1942 par des prisonniers polonais de Treblinka A et des Juifs pris dans les villages voisins. Une autre erreur majeure concerne la taille de Treblinka B : il est indiqué qu'il s'étendait sur 5000 hectares, alors qu'il n'en faisait qu'un peu plus de 13. Un embranchement reliait le camp à la ligne de chemin de fer principale. Les gardiens de Treblinka, les "Lagerschutz", étaient pour la plupart des Ukrainiens armés de mitraillettes. Les rédacteurs du rapport notent que les superviseurs ou exécutants étaient peu nombreux et que l'"Abattoir" était commandé par un major SS nommé Sauer, qui est une fois de plus dépeint comme un monstre que même ses propres hommes craignaient. Au total", aurait-il dit, "il y a dix Allemands et trente Ukrainiens". Quant au fonctionnement de l'"abattoir", mieux vaut s'en tenir à la citation :

> "... Un grand bâtiment de forme inhabituelle : il s'agit d'une construction en briques d'un seul étage, inachevée, de plus de 40 mètres de long et de 15 mètres de large (lorsque nous avons reçu le rapport sur Treblinka B, dans la première quinzaine de septembre, ce bâtiment était en voie d'achèvement). Les Allemands ont commencé la construction du bâtiment après le début de l'action, probablement à la mi-août, avec l'aide d'artisans juifs recueillis parmi les Juifs emmenés à Treblinka pour y être tués..... Selon un témoin oculaire, l'intérieur du bâtiment se présente comme suit : un couloir de trois mètres de large passe au centre. Il y a cinq chambres de chaque côté, la hauteur de chaque chambre est d'environ deux mètres et sa surface est de 35 mètres carrés. Les chambres d'exécution n'ont pas de fenêtres, mais des portes qui s'ouvrent sur le couloir et des sortes de portes d'ascenseur sur les murs extérieurs.... Des tuyaux ont été installés dans les murs, à partir desquels de la vapeur d'eau est censée être déversée dans les chambres.

Un deuxième bâtiment, plus petit que le précédent, est décrit ci-dessous. Il comporte trois chambres dans lesquelles la vapeur était introduite par des tuyaux provenant d'une chambre à vapeur dotée d'un grand réservoir pour la produire. Le sol des chambres était recouvert d'une couche de terre cuite qui le rendait très glissant lorsqu'on y versait de l'eau. Il est à noter que le seul puits du camp était situé à l'extérieur, à côté de la chambre à vapeur. Le travail de vidange des chambres et d'enfouissement des cadavres était effectué par des auxiliaires juifs qui obéissaient aux prisonniers qui servaient de kapos. Quant à la cruauté du chef SS Sauer, on dit qu'il éliminait personnellement les faibles qui n'étaient pas aptes au travail :

> "Les exécutions avaient lieu dans un endroit spécial. La victime se tenait au-dessus d'une fosse et le chef lui tirait une balle dans la nuque. La victime suivante devait se tenir à proximité et jeter le corps du mort dans le fossé, et un peu plus tard, elle partageait le sort de son prédécesseur. Ces jeunes Juifs sont tellement accablés que leur volonté de résister a disparu ; et d'autre part, la terreur des Allemands est si atroce qu'ils souhaitent même mourir pour ne plus avoir à subir ces tortures inhumaines. L'un des premiers jours de septembre, le chef de Treblinka assassina ainsi 500 jeunes Juifs en tirant l'un après l'autre avec son pistolet ; ce qui est étonnant, c'est que pas un seul de ce groupe de centaines d'hommes n'essaya de résister à la mort. L'exécution a duré de 7h30 du matin à 15h00 de l'après-midi".

Quant aux scènes d'introduction des victimes dans les chambres et d'exécution, elles sont très semblables à celles de Belzec : coups de fouet, coups de poing et coups de poing abondent, qui vont crescendo jusqu'à ce qu'apparaisse à nouveau la figure du monstre inhumain qui commandait le camp :

> "Les sanglots et les lamentations des femmes ainsi que les cris et les insultes des Allemands troublent le silence de la forêt. À l'entrée de l'abattoir n° 1 se tient le chef lui-même, un fouet à la main, qui les bat de sang-froid. Il conduit les femmes dans les chambres. Le sol est glissant. Les victimes glissent et tombent, elles ne peuvent pas se relever car de nouvelles victimes sont amenées et tombent sur elles. Le chef jette les petits enfants dans les chambres par-dessus la tête des femmes. Lorsque les chambres d'exécution sont pleines, les portes se ferment hermétiquement et la lente asphyxie des personnes commence, sous l'effet de la vapeur émanant des nombreux conduits des canalisations. Au début, des cris étouffés sont entendus de l'extérieur, puis progressivement ils cessent d'être entendus, et quinze minutes plus tard, l'exécution est terminée".

Le spectacle décrit à l'occasion de l'évacuation des chambres et des opérations d'inhumation diffère également peu de celui de Belzec. Ici, il est dit que les corps sont devenus une masse homogène grâce à la transpiration des victimes : "Dans leur agonie, bras, jambes et troncs s'entremêlent en un gigantesque et macabre enchevêtrement". Pour séparer un tel enchevêtrement de cadavres afin de pouvoir les enterrer, il faut verser de l'eau froide sur l'enchevêtrement de corps humains.

Enfin, le rapport affirme que le nouvel abattoir permet de liquider entre 8000 et 10 000 personnes par jour : "Deux millions de Juifs, soit la majeure partie des Juifs polonais déjà enterrés dans la région de Treblinka, ont été assassinés". On affirme ainsi qu'en moins de six mois, dix Allemands et trente Ukrainiens, aidés par des Juifs qui travaillent à la chaîne avant d'être assassinés à leur tour, ont exterminé deux millions de personnes. Le même chiffre est annoncé le 8 août 1943 par *le New York Times qui*, citant comme source un article d'un journal londonien, rapporte la nouvelle avec ce titre : "2.000.000 Murders Attributed to Nazis" (2.000.000 de meurtres attribués aux nazis). Un journal polonais à Londres affirme que les Juifs sont exterminés dans l'abattoir de Treblinka". Le sous-titre répondait au comment : "Selon le rapport, la vapeur est utilisée pour tuer des hommes, des femmes et des enfants dans un endroit situé dans les forêts". Le journal polonais de Londres était le *Polish Labor Fights*, qui avait publié le 7 août 1943 le rapport du 15 novembre 1942 dont nous avons parlé.

Ce rapport a été la mère de tous les rapports, car la grande majorité de ceux qui ont suivi s'en sont inspirés. Avec l'entrée des Soviétiques à Treblinka en août 1944, une enquête militaire de type médico-légal a été menée sur le terrain du camp, et des témoins et des survivants ont commencé à se manifester. Une commission d'enquête polono-soviétique est rapidement constituée, qui rend dès le 15 septembre 1944 un rapport sur les résultats de ses recherches, dont nous vous épargnerons le commentaire pour ne pas perdre plus de temps. Nous ne citerons que quelques témoins, car deux d'entre eux, Jankiel Wiernik et Samuel Rajzman, sont devenus des sources essentielles pour Raul Hilberg et Yitzhak Arad, les deux historiens confirmés de la Shoah.

Fin 1945, le juge Zdzislaw Lukaszkiewicz dirige les interrogatoires de la Commission d'enquête sur les crimes allemands en Pologne. À cette époque, la confusion règne encore : vapeur, aspiration d'air, produits chimiques, tuyaux d'échappement... En 1946, Lukaszkiewicz rédige un long article en polonais intitulé *Le camp d'extermination de Treblinka*, dans lequel il fonde toutes les preuves sur les déclarations de treize Juifs. Parmi eux figurent les noms de Samuel Rajzman et de l'ineffable Jankiel Wiernik, auteur du célèbre *Un an à Treblinka*. Wiernik est également cité comme Jakob Wernik à Nuremberg.

En janvier 1946, Rachel Auerbach, membre de la Commission historique juive, qui ne s'était pas rendue à Treblinka, publia un livre en yiddish basé sur les récits des prisonniers, dans lequel la méthode d'extermination n'était pas claire. En 1979, Alexander Donat, un autre survivant juif des camps de concentration et fondateur de Holocaust Library Publications à New York, a publié l'ouvrage d'Auerbach en anglais sous le titre *In the Fields of Treblinka*. Dans son livre, Rachel Auerbach critique Vassili Grossman qui, en 1945, avait publié *L'enfer de Treblinka*, un exemple d'ineptie propagandiste, dans lequel le nombre de morts dans le camp était évalué à 3 000 000. Selon Auerbah, il n'y a pas lieu d'exagérer, puisque le nombre de victimes n'est que de 1 047 000.

En 1946, Samuel Rajzman n'est toujours pas en mesure de préciser le fonctionnement des prétendues chambres à gaz. Le 27 février 1946, il comparaît comme témoin à Nuremberg et fait référence aux chambres à gaz, mais sans pouvoir détailler leur structure ni le type de gaz qui provoque la mort. La même année, Rajzman rédige un rapport de huit pages en polonais, intitulé "Mon séjour à Treblinka", dans lequel il affirme, sans expliquer la méthode, que 25 000 personnes sont tuées chaque jour à Treblinka. Les victimes, selon Rajzman, étaient peintes comme un troupeau de moutons se bousculant pour entrer dans l'abattoir : "Alors qu'ils marchaient nus vers les chambres à gaz, les Allemands les frappaient très fort ; beaucoup sont morts des seuls coups. Tout le monde poussait pour entrer rapidement dans la chambre à gaz parce que les Ukrainiens et les Allemands frappaient très fort. Tout le monde se précipitait vers l'avant. L'endroit était complètement couvert de sang.

Le monoxyde de carbone est également indispensable pour Treblinka.

Comme à Belzec, où l'histoire hallucinatoire des courants électriques a d'abord été diffusée, mais où la thèse du monoxyde de carbone a finalement été adoptée, cette version a également prévalu à Treblinka. Certains historiens admettent que la méthode des gaz d'échappement des moteurs diesel pour exterminer plus d'un million et demi de Juifs est peu crédible, mais ils refusent de donner raison aux révisionnistes et méprisent les récits de témoins douteux au service de la propagande.

L'idée des tuyaux d'échappement introduits dans les chambres sans que soit précisé le type de moteur produisant le gaz est reprise par Jankiel Wiernik, qui déclare avoir séjourné à Treblinka du 23 août 1942 au 2 août 1943, jour de la révolte des prisonniers. En mai 1944, sur la base du texte parent de novembre 1942, il publie un rapport en polonais sur Treblinka, qui est envoyé à Londres, où il est traduit en anglais avant d'être envoyé aux États-Unis, où il est publié la même année. En décembre 1944, il est également imprimé en Palestine. Après avoir confirmé que dix chambres ont été ajoutées aux trois chambres initiales, Wiernik donne quelques détails sur les nouvelles installations. Voici un extrait significatif de *Treblinka : Camp d'extermination ou camp de transit* :

> "Les nouveaux travaux de construction entre le camp n° 1 et le camp n° 2 sur lesquels je travaillais ont été achevés en très peu de temps. Il s'est avéré que nous construisions dix chambres supplémentaires plus spacieuses que les anciennes, de 7 mètres sur 7, soit environ 50 mètres carrés. Une chambre à gaz pouvait contenir entre 1000 et 1200 personnes. Le bâtiment était conçu selon le système des couloirs, avec cinq chambres de chaque côté. Chaque chambre avait deux portes, l'une donnant sur le couloir et par laquelle les victimes entraient, l'autre donnant sur l'extérieur et servant à l'évacuation des corps.... Le frontispice de la façade était orné d'une étoile de David orientée vers la campagne, de sorte que le bâtiment ressemblait à une ancienne synagogue...
> Le moteur qui générait le gaz dans les chambres étant défectueux, les victimes sans défense ont dû souffrir pendant des heures avant de mourir.... Lorsque les chambres étaient ouvertes, de nombreuses victimes n'étaient qu'à moitié mortes et devaient être achevées à coups de crosse de fusil, de balles ou de pieds.

La différence la plus importante par rapport au rapport du 15 novembre 1942 est que Wiernik a remplacé les chambres à vapeur par des chambres à gaz. Le fait que le texte de Wiernik ait été inclus dans le rapport officiel sur les crimes allemands envoyé par le gouvernement polonais au tribunal de Nuremberg, le document USSR-93 présenté par les Soviétiques, a amené le procureur soviétique, le colonel L. N. Smirnov, à le citer le 25 février 1946. Cependant, le rapport du gouvernement polonais n'indique pas que la méthode d'extermination était les fumées émanant du pot d'échappement d'un moteur, comme l'avait suggéré Wiernik. En effet, lors de la séance du 19 février 1946, Smirnov a lu le passage du texte du gouvernement polonais qui indique toujours que l'électrocution était la méthode d'extermination à Belzec : "Sous prétexte d'emmener les gens au bain, les condamnés étaient déshabillés et emmenés dans un bâtiment où le sol était électrifié d'une manière spéciale ; là, ils étaient tués.

Le juge Lukaszkiewicz, qui a mené les interrogatoires, a été l'un des premiers à se rendre compte que la méthode du meurtre de masse par introduction de vapeur dans les chambres était tout à fait invraisemblable. Dès son rapport du 29 décembre 1945, il écarte les méthodes les plus ridicules rapportées par les témoins et ne retient que celle qui lui semble la plus réalisable, à savoir les gaz produits par un moteur. Avec la parution du rapport Gerstein, qui parle d'un moteur diesel, les historiens se sont accrochés à cette méthode d'extermination, qui a fini par prévaloir à Treblinka également. Gerald Reitlinger, auteur de *Die Endlösung (La solution finale)* en 1956, a admis qu'"il était difficile de comprendre comment des gens pouvaient être exterminés à la vapeur". Comme nous l'avons vu dans les sections consacrées à Belzec, le rapport Gerstein a infirmé le rapport du gouvernement polonais, qui parlait de courants électriques pour Belzec et de chambres à vapeur pour Treblinka, et est devenu la preuve définitive pour l'historiographie officielle, qui a adopté la version des fumées de moteurs diesel comme méthode d'extermination pour les trois camps.

C'est le 24 décembre 1947 qu'Eliyahu Rosenberg, s'appuyant en partie sur les déclarations de Gerstein, rédigea le "Tatsachenbericht. Das Todeslager Treblinka" (Rapport des faits. Le camp de la mort de Treblinka), dans lequel est donnée la version des gaz d'échappement diesel comme méthode d'extermination. Carlo Mattogno souligne que ce texte de Rosenberg est resté dans les archives jusqu'à ce qu'il soit utilisé dans le procès Demjanjuk en 1987. Carlo Mattogno ajoute qu'en 1951, Leon Poliakov s'est inspiré du rapport Gerstein pour écrire dans *Harvest of Hate* : "Il n'y a pas grand-chose à ajouter à cette description, qui s'applique aussi bien à Treblinka et Sobibor qu'à Belzec. Ces installations ont été construites à peu près de la même manière et utilisaient les émanations de monoxyde de carbone provenant des moteurs diesel comme agent de mort. Quelques années plus tard, Reitlinger a également indiqué cette méthode d'extermination pour les trois camps. Ainsi, la version du monoxyde de carbone avait déjà acquis le statut de fait historique certain au moment où Raul Hilberg et Yitzhak Arad ont écrit leurs ouvrages.

Nous nous devons de consacrer quelques lignes à l'ouvrage de Friedrich Paul Berg, *The Diesel Gas Chambers : Ideal for Torture - Absurd for Murder*, une excellente étude de trente-cinq pages qui occupe un chapitre de *Dissecting the Holocaust*, le recueil des meilleures recherches révisionnistes de Germar Rudolf.[9] Fritz Berg, ingénieur automobile, expose dans son ouvrage le non-sens irrationnel et incohérent du choix du monoxyde de carbone comme méthode d'exécution de masse. Comme les nazis n'étaient pas stupides, et leurs détracteurs sont les premiers à admettre qu'ils ne l'étaient pas, ils n'auraient jamais choisi une méthode aussi folle pour liquider leurs ennemis. S'il était vrai, comme le prétend l'historiographie officielle, que l'extermination des Juifs était l'un des objectifs fondamentaux du Troisième Reich, une politique d'État, il est logique de penser qu'elle aurait été minutieusement planifiée et qu'un moyen sûr et efficace aurait été trouvé. L'étude de Fritz Berg montre que la méthode choisie est aussi absurde que d'essayer d'attraper des mouches avec des lance-pierres.

Berg affirme que si les Allemands avaient vraiment voulu utiliser les tuyaux d'échappement d'un moteur pour un gazage de masse, ils se seraient certainement tournés vers un moteur à essence, car celui-ci produit plus de

---

[9] Les lecteurs intéressés par la lecture de l'article complet peuvent y accéder via le *Journal of Historical Review*, qui le publie en PDF. Dans *Treblinka : Extermination Camp or Transit Camp*, Jürgen Graf et Carlo Mattogno consacrent également quelques pages à commenter le travail impeccable de Fritz Berg.

monoxyde de carbone et beaucoup moins d'oxygène. Cet ingénieur a concentré ses travaux sur les deux types de moteurs diesel qui existaient à l'époque et a naturellement choisi celui dont les gaz contenaient le plus fort pourcentage de monoxyde de carbone (CO). Au ralenti, ce moteur produisait environ 0,03% de CO, tandis qu'à haut régime, il augmentait l'émission à 0,4%. Selon les lois de la toxicologie, une personne exposée à cette concentration de monoxyde de carbone, , mettrait près de soixante minutes à mourir, à condition que le moteur diesel puisse être maintenu à plein régime pendant une heure. D'autre part, un moteur diesel génère un important surplus d'air, à savoir 18% d'oxygène au ralenti (l'air que nous respirons contient 21% d'oxygène et 78% d'azote). En revanche, les gaz émanant d'un moteur à essence contiennent 7% de monoxyde de carbone et 1% d'oxygène. Fritz Berg précise qu'avec une modification appropriée du carburateur, un moteur à essence peut augmenter sa teneur en CO jusqu'à 12%.

Dans sa paraphrase de l'étude de Fritz Berg, Carlo Mattogno rappelle que pendant la guerre, la pénurie d'essence était l'un des principaux problèmes des Allemands. Pour y remédier, la loi exigeait que tous les véhicules diesel soient équipés de générateurs produisant du gaz à partir de charbon ou de bois. Ce gaz contenait jusqu'à 35% de CO. Berg souligne que des centaines de milliers de ces générateurs véritablement toxiques ont fonctionné en Allemagne et dans les territoires occupés et que cette technologie, qui aurait été plus efficace, était alors bien connue des politiciens allemands. "Il est absurde de croire, écrit Berg, que quelqu'un ayant un minimum de connaissances techniques aurait essayé d'utiliser les fumées d'un moteur diesel pour tuer, alors que le générateur de gaz lui-même était mille fois plus mortel !

Treblinka, un camp légendaire où tout est possible

Lorsque les Soviétiques arrivent à Treblinka, ils procèdent à des enquêtes et des examens médico-légaux à Treblinka I et Treblinka II entre le 15 et le 23 août 1944. Après l'exhumation de plusieurs centaines de cadavres, un rapport est publié, concluant à l'extermination de trois millions d'êtres humains dans le camp. Samuel Rajzman, dont le témoignage du 27 février 1946 devant le Tribunal de Nuremberg mériterait d'être reproduit si nous en avions la place, a pu détailler à la commission d'enquête, dès septembre 1944, le nombre exact et la nationalité des victimes. Selon ce témoin, aussi effronté que Jankiel Wiernik, des groupes clandestins procédaient à une fouille minutieuse des contingents de Juifs arrivant au camp en provenance des différents pays d'Europe. Voici les récits de la laitière de Rajzman : 120 000 Juifs venaient d'Allemagne, dont 40 000 Autrichiens ; de Pologne, 1 500 000 ; de Tchécoslovaquie, 100 000 ; de Russie, 1 000 000 ; de Bulgarie et de Grèce, 15 000.... Nous ne nous attarderons donc pas à commenter ou à réfuter ces chiffres impossibles.

Cependant, il convient de réfléchir au fait que les Allemands, en plus d'avoir choisi la méthode la plus inappropriée et la plus inefficace pour mener à bien ce gigantesque massacre, n'ont même pas pensé à construire des crématoires pour éliminer des centaines de milliers ou des millions de cadavres. Peut-on croire que les Allemands auraient construit un camp d'extermination sans se rendre compte de cette impérieuse nécessité ? Comment est-il possible qu'il y ait eu des crématoires dans des camps de concentration comme Mauthausen, Dachau, Buchenwald, Sachsenhausen, Rabensbrück et tant d'autres, mais pas à Treblinka, que l'on prétend être un "pur camp d'extermination" ? Selon Arad, seul l'astucieux Himmler s'est rendu compte de l'erreur de planification en 1943 :

> "Lors de sa visite au camp fin février ou début mars 1943, Himmler a été surpris de découvrir qu'à Treblinka, les corps de quelque 700 000 Juifs assassinés n'avaient pas encore été brûlés. Le fait que l'incinération ait commencé immédiatement après cette visite suggère que c'est Himmler, très sensible à l'élimination des crimes commis par l'Allemagne nazie, qui a personnellement ordonné l'incinération des corps à Treblinka. Un lieu a été aménagé à cet effet dans la zone d'extermination du camp.

Yitzhak Arad lui-même raconte comment les corps ont été placés après avoir été jetés dans les fossés :

> "Les corps ont été placés en rangées pour l'enterrement. Pour gagner de la place, ils étaient placés les pieds sur la tête. Chaque tête se trouvait entre les pieds de deux autres corps et chaque paire de pieds entre deux têtes. Du sable ou de l'eau de Javel a été répandu entre les couches de corps. Environ la moitié de l'équipe d'inhumation travaillait à l'intérieur des fosses pour placer les corps, tandis que l'autre moitié recouvrait les couches de corps avec du sable. Lorsque la fosse était pleine, elle était recouverte de terre et une autre fosse était ouverte.

Bien que Hilberg estime le nombre de victimes à 750 000 et d'autres exterminationnistes à 800 000, l'*Encyclopédie de l'Holocauste* et une grande partie de l'historiographie officielle insistent sur le fait qu'entre 860 000 et 870 000 corps ont été enterrés à Treblinka avant d'être incinérés. Par conséquent, si cela est vrai, en quatre ou cinq mois, entre mars et juillet 1943, ces quantités fabuleuses de cadavres en décomposition ont été déterrées, rôties sur de grandes grilles, les os broyés et les cendres enterrées à nouveau. Sur le travail titanesque de pulvérisation de dizaines de millions d'ossements, Raul Hilberg écrit à peine un paragraphe dans *La destruction des Juifs d'Europe*, son œuvre monumentale de 1300 pages en trois volumes. Yitzhak Arad, lui, va un peu plus loin dans la description des opérations. Lisons sa version :

"L'incinération des corps se faisait jour et nuit. Les corps étaient transportés et déposés sur les grandes grilles pendant la journée et, le soir venu, on y mettait le feu et on les brûlait toute la nuit. Lorsque le feu était éteint, il ne restait que des squelettes ou des os éparpillés sur les grilles et des tas de cendres en dessous. Une autre équipe spéciale de prisonniers, connue sous le nom de "colonne de cendres" (Aschkolonne), avait pour tâche de ramasser les cendres et de retirer les restes d'os calcinés des grilles et de les placer sur des plaques d'aluminium. Des bâtons de bois ronds étaient utilisés pour briser les os en petits fragments. Ceux-ci étaient ensuite filtrés à travers une grille métallique. Les fragments d'os qui ne passaient pas au travers étaient séparés pour être broyés à nouveau. Les os insuffisamment brûlés qui ne se fragmentaient pas étaient remis dans le feu et brûlés à nouveau avec de nouvelles piles de corps".

Dans les vingt-sept vidéos *One Third of the Holocaust* produites par le CODOH (Committee for Open Debate on the Holocaust), deux d'entre elles, la n° 23, d'environ six minutes, et la n° 24, de plus de sept minutes, sont consacrées à l'examen des possibilités réelles d'incinération des corps et de broyage des squelettes. Ce faisant, les indications des témoins telles qu'elles sont rapportées par l'historiographie officielle sont suivies à la lettre. Arad décrit que les rails de chemin de fer reposaient sur des socles en béton de 70 centimètres de haut. Les enquêteurs du CODOH placent donc un gros gigot d'agneau sur un gril élevé à cette hauteur du sol, remplissent l'espace de bûches jusqu'à la hauteur du gril, d'environ vingt et un kilos de bois de chauffage, aspergent d'essence la viande et les bûches, et mettent le feu. Au bout de trente minutes, le tas de bois a diminué et un espace s'est créé entre le gril et le feu, qui n'atteint plus complètement la viande, qui n'est brûlée qu'en bas. Après une heure de cuisson, le bois est presque consumé et seules les braises brûlent à un demi-mètre de la viande. La partie inférieure du gigot est noircie, mais en coupant la partie supérieure avec un couteau, on constate qu'elle est crue. Les conditions n'étant pas optimales : la journée était venteuse et les flammes n'ont pas eu un bon effet sur le gril, il a été décidé d'attendre qu'il soit blanchi à la chaux, ce qui s'est produit la nuit. L'opération s'est alors poursuivie sans vent et avec quarante-deux kilos de bois, soit le double, placés non seulement sous le gril, mais aussi sur les côtés. En outre, le feu continue d'être alimenté par vingt kilos de bûches supplémentaires afin que le feu enveloppe en permanence la jambe. Cent vingt minutes plus tard, soit trois heures au total, la viande est enfin carbonisée. En Inde, où la crémation des corps est courante, les corps sont placés directement sur le bois, de sorte qu'ils descendent au fur et à mesure que le bois se consume et qu'ils sont toujours en contact avec le feu et les braises ardentes.

La vidéo suivante est filmée le lendemain. La jambe froide et carbonisée est placée sur une plaque métallique et écrasée avec des maillets en bois semblables à ceux décrits par Arad. Les os se brisent facilement jusqu'à ce que la partie la plus interne de la jambe présente un bon morceau de chair qui ne peut être transformé en cendres et s'aplatit en recevant les impacts du maillet. Les auteurs de la vidéo nous invitent ensuite à réfléchir aux conditions dans lesquelles les crémations étaient censées se dérouler à Treblinka, où les flammes ne pouvaient pas traverser les corps empilés en énormes tas de plus de trois mille cadavres en raison du manque d'air.

En revanche, combien de temps faudrait-il pour pulvériser manuellement 860 000 squelettes ? Dans le fabuleux camp de Treblinka, trente Ukrainiens et dix Allemands ont pu diriger et contrôler les prisonniers juifs qui, en un peu plus de quatre mois et avant d'être assassinés, ont non seulement broyé les os des victimes, mais ont eu le temps de réaliser avec une grande compétence toutes les opérations colossales décrites ci-dessus. Entre octobre 1964 et septembre 1965, le procès de Treblinka s'est tenu à Düsseldorf. Là, on a dû se rendre compte que la version des trente Ukrainiens et des dix Allemands n'était pas crédible, et il a donc été établi dans le verdict que les Allemands étaient au nombre de quarante et les Ukrainiens au nombre de cent vingt.

La plupart des invraisemblances envisagées dans le cas de Belzec se retrouvent à Treblinka. Les questions sont les mêmes : Combien de fosses ont été nécessaires pour enterrer autant de corps et quelle taille elles devaient avoir ; où elles étaient situées dans le camp ; combien de grilles il y avait ; combien de cadavres y ont été brûlés et comment elles étaient placées ; d'où venait le bois, comment il arrivait au camp et quelle quantité était nécessaire ; quelle quantité de cendres la combustion aurait produite, etc..... Toutes ces questions sont traitées par Jürgen Graf et Carlo Mattogno, mais aussi par Arnulf Neumaier, à qui ces deux auteurs dédient leur indispensable ouvrage sur Treblinka. L'ouvrage de Neumaier, *The Treblinka Holocaust*, est considéré comme un jalon dans la recherche scientifique sur le célèbre "camp d'extermination". C'est pourquoi Germar Rudolf le publie dans son intégralité dans *Dissecting the Holocaust*. Les lecteurs désireux d'en savoir plus trouveront ces monographies sur Treblinka à leur disposition. Nous ne ferons qu'un bref survol de ces questions, car le but de notre travail est plus général et nous ne pouvons pas nous permettre de faire autrement.

En 1965, la Cour d'Assises de Düsseldorf a dû admettre dans son verdict que le nombre et la taille des tombes ne pouvaient être établis car les versions différaient les unes des autres. Toutefois, elle a conclu que l'on pouvait admettre qu'il y avait environ 80 000 corps dans chaque tombe. En tout état de cause, Eliyahu Rosenberg a donné des détails précis, indiquant que les tombes mesuraient 120 mètres de long sur 15 mètres de large et 6 mètres de profondeur. Selon les calculs des chercheurs, chacune de ces fosses gigantesques devait contenir 79 200 corps avant d'être incinérés, ce qui nécessitait onze fosses communes de cette taille, occupant une surface de 19 200 mètres carrés. La superficie totale de Treblinka II était de 14 000 mètres carrés. Comme les chercheurs n'ont négligé aucun aspect dans leurs travaux, nous noterons au passage que l'excavation de onze fosses de cette taille aurait produit 118 800 mètres cubes de terre, soit de quoi recouvrir toute la surface du camp d'une couche d'un mètre de haut.

Les problèmes extrêmement complexes posés par la crémation de 860 000 corps sur des grilles ont fait couler beaucoup d'encre, mais nous ne pouvons nous empêcher de commenter certaines absurdités. Konnilyn G. Feig, historien juif né aux États-Unis, affirme que les organisateurs du massacre décidèrent de faire venir au camp un "expert" nommé Herbert Floss, qui eut l'idée ingénieuse d'ériger quatre piliers de béton de 76 centimètres de haut pour former "un rectangle de 19 mètres de long sur 1 mètre de large", appelé "rôtisserie" par les prisonniers, selon Feig, qui ajoute qu'un témoin a déclaré que les grilles primitives pouvaient contenir 2 600 corps. Feig affirme que Floss a découvert que "les vieux corps brûlaient mieux que les nouveaux, les gros mieux que les minces, les femmes mieux que les hommes, et les enfants moins bien que les femmes, mais mieux que les hommes". C'est donc sur la base de cette découverte anthologique que Floss ordonna d'aligner les corps des femmes grosses à la base de la grille et que les cadavres continuèrent à être placés selon ces critères. Quand on sait que les cadavres avaient été déterrés auparavant et que la puanteur de la décomposition devait être insupportable, on ne comprend pas comment on a pu perdre du temps avec de telles inepties. Carlo Mattogno commente : "L'idée que Himmler, qui avait à sa disposition les meilleurs ingénieurs et techniciens dans le domaine de la crémation - comme ceux des firmes J. A. Topf & Söhme (Erfurt) Hans Bori (Berlin) et Didier Werke (Berlin), qui avaient fourni des crématoires à tous les camps de concentration allemands, ait envoyé à Treblinka un dénommé Herbert Floss, est incompréhensible".

Selon Jankiel Wiernik, dont le témoignage a été largement pris en compte par le tribunal de Düsseldorf, il y avait deux grilles sur les piliers de béton desquelles étaient posés cinq ou six rails de 25 à 30 mètres de long. La version officielle qui a prévalu précise que les deux grilles mesuraient 30 mètres de long sur 3 mètres de large. La crémation aurait eu lieu de début avril à fin juillet 1943, soit en 122 jours, 860 000 corps théoriquement incinérés, ce qui équivaut à brûler 7000 corps par jour entre les deux grilles. Dans *Un an à Treblinka*, Wiernik assaisonne opportunément le spectacle d'idées gadgets sur la méchanceté intrinsèque des bourreaux, qu'il dépeint comme une armée d'ivrognes : "Les Allemands, écrit-il, se tenaient autour avec des sourires sataniques sur leurs visages, débordant de satisfaction pour leurs actes fous, trinquant avec des liqueurs de choix, mangeant et s'amusant autour de la chaleur du feu".

Le 27 novembre 1986, un article d'Arnulf Neumaier a été publié dans *la Schenectady Gazette* de New York, selon lequel 6433 tonnes de bois étaient nécessaires chaque jour en Inde pour la crémation de 21 000 corps, ce qui équivaut à 306 kilos par corps. Il convient de noter que dans les cérémonies funéraires indiennes, les corps sont allongés individuellement sur le bois, comme indiqué ci-dessus, afin que la ventilation et les autres conditions de crémation soient adéquates. Dans *Treblinka : Camp d'extermination ou camp de transit*, Carlo Mattogno présente le résultat de ses calculs. Il décide de faire l'estimation sur la base d'un corps de 45 kilos, ce qui nécessiterait environ 160 kilos de bois. Par conséquent, pour incinérer 3500 corps, soit la moitié des 7000 hypothétiques brûlés chaque jour, il faudrait 560 000 kilos de bois. Or, compte tenu des dimensions de l'espace sous le barbecue, seuls 30 780 kilos de bois peuvent y tenir, ce qui équivaut à 8,8 kilos par corps. Autrement dit, au lieu de manger, de boire et de profiter de la chaleur du feu, il faudrait une activité constante pour alimenter le feu, ce qui nécessiterait de s'approcher d'un gigantesque bûcher : selon les témoins, la pile de corps alignés en couches sur les grilles atteignait une hauteur de plus de huit mètres, bien que l'un d'entre eux, Szyja Warszawski, précise qu'elle atteignait une hauteur de seize mètres. Il n'explique pas, bien sûr, comment ils ont réussi à placer les cadavres au sommet de l'amoncellement. En résumé, il faudrait 139 200 000 kilos de bois pour incinérer 860 000 corps de 45 kilos. Les cendres accumulées s'élèveraient à 13 000 tonnes, ce qui occuperait un volume de 36 500 mètres cubes.

Comme pour Belzec, les photographies aériennes prises entre mai et novembre 1944 dans la région de Treblinka montrent qu'il n'y a pas eu de déboisement : une épaisse forêt de 100 hectares est apparue au nord et à l'est, dont un hectare à l'intérieur même du camp. Aujourd'hui, les environs de Treblinka sont entourés d'épicéas. La même question se pose que pour Belzec : comment l'administration du camp s'est-elle procuré les 139 200 tonnes de bois nécessaires à l'incinération des cadavres ? Des témoins affirment qu'il existait un "Holzfällerkommando" qui abattait les forêts pour fournir le bois nécessaire aux crémations, mais pour obtenir les tonnes nécessaires, il aurait fallu abattre 278 hectares de forêt. Selon l'historiographie officielle, ce n'est que lors de la prétendue visite de Himmler à Treblinka en mars 1943 qu'il a été décidé que les corps seraient déterrés et brûlés. Il faut donc considérer que ce n'est qu'ensuite que l'approvisionnement en bois est devenu une nécessité. Richard Glazar affirme dans *Trap with a Green Fence* (1995) que le "Holzfällerkommando" était composé de vingt-cinq hommes. Si cela était vrai, deux douzaines d'hommes auraient abattu et transporté plus de mille tonnes de bois par jour sur le terrain. Nous voyons donc qu'une impossibilité est suivie d'une autre impossibilité.

Malheureusement, malgré toutes les preuves techniques et scientifiques, les cours de justice se sont comportées comme l'historiographie officielle, puisque tous leurs jugements ont été fondés sur les témoignages des survivants. Dans les nombreux procès de "criminels nazis" en Allemagne, malgré l'absence de documents et de preuves matérielles, on a supposé que des millions de personnes avaient été gazées parce que les témoins et les accusés l'avaient affirmé. Parmi les témoignages de ceux qui ont plaidé coupable, nous avons déjà commenté celui du célèbre Kurt Gerstein, et nous aurons plus tard l'occasion d'évoquer Rudolf Höss. Devant le tribunal de Düsseldorf sur Treblinka, comme dans les procès de Nuremberg, la dynamique des avocats était de conseiller à leurs accusés de reconnaître les faits relatés par les témoins et de plaider l'obéissance aux ordres de leurs supérieurs, à qui toute responsabilité devait être déléguée. Dans la partie consacrée à Belzec, nous avons vu le cas de Josef Oberhauser qui, bien que reconnu coupable d'avoir participé à l'assassinat de 300 000 personnes, n'a été condamné qu'à quatre ans et demi de prison en raison de son attitude coopérative. Lors des procès dans les camps, les accusés ont généralement suivi les instructions des avocats et ont admis sans exception leur participation au meurtre d'hommes, de femmes et d'enfants juifs à une échelle industrielle. Ils savaient que s'ils ne le faisaient pas, s'ils s'obstinaient à nier ce qu'on leur demandait de ratifier, ils ne pouvaient que s'attendre à des peines plus lourdes, pouvant aller jusqu'à la peine de mort.

Le procès de John Demjanjuk à Jérusalem

Un exemple du manque de fiabilité des témoins est le procès à Jérusalem, entre 1987 et 1988, de John Demjanjuk, que plusieurs survivants ont identifié comme "Ivan le Terrible". L'État sioniste avait réussi en février 1986 à obtenir des États-Unis qu'il soit déchu de sa nationalité américaine et extradé vers Israël. Pendant les quatorze mois qu'a duré le procès, Treblinka est devenu le centre de l'attention mondiale. Acceptant les témoignages comme preuves, le tribunal israélien, composé des juges Dov Levin, Zvi A. Tal et Dalia Dorner, a conclu que Demjanjuk avait fait fonctionner les chambres à gaz qui ont tué plus de 850 000 Juifs entre juillet 1942 et août 1943 et l'a condamné à la peine de mort en avril 1988.

Grâce à la contribution du Dr. Miroslav Dragan, Jürgen Graf et Carlo Mattogno ont eu accès au verdict de l'affaire pénale 373/86, État d'Israël contre Ivan (John) Demjanjuk. Les témoins l'ont dépeint comme un être brutal qui aimait torturer ses victimes. L'un d'entre eux, Pinchas Epstein, l'a reconnu comme l'homme qui faisait tourner le moteur. Selon Epstein, lorsque les chambres à gaz étaient vidées, Demjanjuk apparaissait et agissait ainsi :

> "Il se présentait parfois avec un poignard, parfois avec une baïonnette et brisait les crânes, coupait les oreilles, brutalisait les prisonniers, c'est absolument incroyable, incroyable. Il se tenait à côté des corps et les regardait. Je veux dire, honorable cour, que c'était horrible de regarder les corps lorsqu'ils ont été sortis des chambres. Des gens au visage fracassé, des gens blessés au couteau, des femmes enceintes avec des blessures dans le ventre, des femmes dont le fœtus était suspendu, des jeunes filles avec des coups de couteau dans la poitrine, avec les yeux

arrachés.... Il se tenait là, contemplant les résultats de ce qu'il avait fait.... Il était là, profitant de la scène.... Il était toujours près de moi, à quelques mètres... Il était toujours près de moi, à quelques mètres... Il appâtait les prisonniers, il coupait un nez, il blessait quelqu'un à la tête... Près d'un million d'êtres humains, d'âmes, ont été massacrés, des enfants, des vieillards, des bébés... Parce qu'ils étaient juifs. Cet Ivan était un monstre venu d'une autre planète".

Eliyahu Rosenberg a également identifié Demjanjuk comme le Satan de Treblinka. Sa déclaration est également incluse dans le verdict du tribunal de Jérusalem. Rosenberg a déclaré qu'il le voyait tous les jours lorsqu'il travaillait sur la rampe et que de nouvelles cargaisons de Juifs arrivaient pour être exterminées. Comme Pinchas Epstein, ce témoin attribue également à Demjanjuk des actes bestiaux, mais il ajoute qu'il les commettait aussi lorsque les prisonniers entraient dans les chambres : "...j'ai aussi vu qu'il avait un couteau, je l'ai vu avec ces instruments destructeurs et comment il battait, punissait, coupait les victimes à l'entrée des chambres à gaz". Dans sa volonté de dénigrer le plus possible le prétendu Ivan le Terrible, Rosenberg a raconté ce qui suit au tribunal :

> "J'étais sur la rampe, nous avions sorti les corps des chambres à gaz. Ivan est sorti de sa cabine. Il a vu que j'étais là, l'endroit était plein de corps, il m'a dit.... baisse ton pantalon... allonge-toi avec... J'ai compris tout de suite... Lefler (l'un des SS) se tenait là. Il se tenait debout et regardait. J'ai couru vers lui et je lui ai dit en allemand : "Ivan veut que je fasse l'amour avec une morte". Il s'est alors tourné vers lui et l'a réprimandé. Ivan m'a simplement dit (en russe) : "Je vais te la rendre". Il me l'a rendue et a trouvé l'occasion".

Carlo Mattogno et Jürgen Graf reproduisent encore le témoignage d'un troisième témoin, Yehiel Reichmann, qui, selon le verdict, a fait la déclaration suivante au tribunal de Jérusalem :

> "Je veux raconter ce qui s'est passé avec mon ami Finkelstein près du puits. Alors que je me brossais encore les dents avec lui, avec Finkelstein, cet Ashmadai (diable) Ivan est venu avec une foreuse pour creuser des trous. Il a fait tourner la perceuse sur les fesses de Finkelstein et lui a dit : "Si tu cries, je te tue"..... Il a blessé Finkelstein, qui saignait et souffrait beaucoup, une douleur intense, mais il n'avait pas le droit de crier, car Ivan lui avait donné un ordre : "si tu cries, je te tue".... Ivan était un démon, le super-annihilateur de Treblinka".

Quarante-cinq ans après les faits, les autorités sionistes ont voulu faire du procès Demjanjuk une reconstitution hollywoodienne afin d'impressionner le monde en général et la population d'Israël en particulier.

Il était initialement prévu de tenir le procès dans un stade de football. Lorsque l'on s'est rendu compte que l'aspect spectacle du procès aurait été trop évident, on a opté pour un théâtre. Mais tout s'est terminé par un fiasco monumental, un échec total pour l'État sioniste d'Israël.

Après la condamnation à mort, la famille de John Demjanjuk, un Ukrainien de naissance qui avait acquis la nationalité américaine, a pu découvrir des preuves supprimées par les Soviétiques. Grâce à ces nouvelles preuves, il est apparu que le prétendu "Ivan le Terrible" était en fait un autre Ukrainien du nom d'Ivan Marchenko (ou Marczenko). Ainsi, le témoignage des cinq survivants qui avaient identifié Demjanjuk sans l'ombre d'un doute comme le criminel de masse sadique de Treblinka a été discrédité. Yoram Sheftel, l'un des avocats, a fait appel et le tribunal n'a eu d'autre choix que d'admettre que John Demjanjuk n'était pas le monstre que les parjures avaient décrit. Fin 1988, Yoram Sheftel a été agressé par un criminel qui lui a jeté de l'acide au visage à l'aide d'un vaporisateur. Quelques jours après cette agression, un autre avocat de Demjanjuk, Dov Eitan, a été tué en tombant d'un gratte-ciel. Néanmoins, en septembre 1993, Demjanjuk a finalement réussi à retourner aux États-Unis. Il n'a jamais reçu un seul dollar de compensation pour l'injustice inqualifiable qu'il avait subie. En revanche, en 2002, Demjanjuk, âgé de 82 ans, a dû faire face à de nouvelles persécutions pour avoir servi à Sobibor, Majdanek et Flossenbürg. Nous aurons peut-être l'occasion d'écrire quelques lignes à ce sujet plus tard.

Investigation de Treblinka avec GPR (Ground Penetrating Radar)

En octobre 1999, une équipe australienne dirigée par l'ingénieur en électronique Richard Krege a effectué six jours de recherches sur le site de Treblinka. Les chercheurs ont travaillé sous les auspices de l'Institut Adélaïde, un groupe de réflexion révisionniste présidé par le Dr Frederick Töben, qui a été emprisonné en 1999 pendant sept mois en Allemagne pour avoir remis en question l'Holocauste. Les chercheurs ont utilisé un radar à pénétration de sol (GPR) d'une valeur de 80 000 dollars, qui envoie des signaux visibles à un écran d'ordinateur. Cet appareil, utilisé par les géologues, les archéologues et la police dans le monde entier, détecte toute perturbation à grande échelle de la structure de la terre à une profondeur de quatre à cinq mètres et peut parfois atteindre jusqu'à dix mètres. L'équipe de Krege a également percé des trous à l'aide d'une tarière pour prélever des échantillons de sol.

Treblinka II a été examiné : les endroits où les exterminateurs ont placé les fosses communes ainsi que les environs de la zone. Aucune perturbation significative n'a été trouvée pour indiquer que des centaines de milliers de corps ont été enterrés à cet endroit ou que la terre a été remuée. En outre, l'équipe de Krege n'a trouvé aucune trace de restes osseux, de cendres humaines ou de bois. Grâce à ces scanners, nous avons pu identifier des couches stratigraphiques horizontales clairement intactes, mieux connues sous le nom d'horizons, dans le sol du champ", a déclaré M. Krege. M. Krege a souligné que lors de scanners précédents effectués dans des fosses et sur d'autres sites ayant subi des perturbations du sol, telles que des carrières ou des excavations, il était parfaitement possible d'identifier si les couches naturelles du sol étaient absentes ou si elles avaient été massivement perturbées. Les processus géologiques se déroulent normalement très lentement et les perturbations de la structure du sol auraient été détectées même après soixante ans. Le travail de l'équipe australienne suggère donc qu'il n'y a jamais eu de grandes fosses communes à Treblinka. Personnellement", commente Krege, "je ne crois pas du tout qu'il y ait eu un camp d'extermination ici.

En janvier 2000, Krege a donné une conférence à Melbourne et a présenté les résultats de ses recherches. L'ingénieur a demandé qu'une commission parrainée par l'ONU se rende à Treblinka avec un GPR et entame une enquête scientifique afin de détecter d'éventuelles omissions dans ses résultats, mais il n'y a pas eu de réponse. Richard Krege reconnut cependant à Jürgen Graf que les données étaient incomplètes et suggéra d'entreprendre d'autres recherches. C'est ainsi que Graf, polyglotte capable de parler quinze langues et condamné à 15 mois de prison en 1998 par un tribunal de sa Suisse natale, propose à Krege de travailler ensemble.

Comme le coûteux GPR n'avait été loué que pour une quinzaine de jours, Graf a pu réunir l'argent nécessaire auprès d'amis et de sponsors pour assurer l'entretien de l'avion. Le 21 août 2000, Graf, Mattogno et Krege se sont rencontrés à Cracovie. Ce dernier ayant dû rentrer en Italie pour des raisons familiales, seuls Krege et Graf se sont rendus dans les camps d'extermination présumés. Jürgen Graf lui-même rend compte de ce voyage dans un article publié en 2004. Souhaitant confronter ses recherches sur Treblinka à l'étude d'un lieu où des fosses communes ont été creusées, Krege et Graf se sont rendus à Auschwitz-Birkenau, où, durant l'été 1942, près de 20 000 personnes ont succombé à une terrible épidémie de typhus. Cet énorme bilan a entraîné la fermeture du camp et la construction de nouveaux fours crématoires à Auschwitz. Ceux-ci étant totalement insuffisants, la plupart des cadavres ont été enterrés dans des fosses communes, clairement visibles sur les photographies aériennes prises par les Alliés. Les deux chercheurs n'ont eu aucun mal à localiser l'une de ces fosses avec le GPR, et Krege et son équipe ont travaillé pendant deux jours. Le deuxième site était Belzec, où Krege a pu travailler dans des conditions idéales pendant des jours sans être dérangé, car il n'y a pas de musée et peu de gens visitent le site. La station suivante était Sobibor, où il y a un musée à l'entrée du camp. Là, les employés leur demandent un permis qu'ils doivent obtenir à Varsovie, ils renoncent donc et poursuivent leur voyage jusqu'à Treblinka. Ils logèrent dans un chalet près de la petite ville d'Ostrow, à proximité de

Treblinka. Pendant plusieurs jours, Krege travaille sans relâche à vérifier chaque mètre carré de la zone des présumés charniers. Comme des bus de touristes de l'Holocauste (souvent israéliens) arrivaient sans cesse", raconte Graf, "j'étais constamment sur le qui-vive". Heureusement, l'activité assidue de mon compagnon n'a pas éveillé les soupçons des pèlerins de l'Holocauste et nous avons quitté Treblinka sans incident".

Les objectifs atteints, Krege est rentré chez lui via l'Allemagne et Graf s'est rendu à Lviv en Ukraine, où il a travaillé plusieurs jours dans les archives de la ville, avant de se rendre à Moscou, où il vit aujourd'hui en exil. Richard Krege a présenté les premiers résultats de ses recherches, sur diapositives, lors de deux conférences : la première en juin 2001 à Washington et la seconde en janvier 2002 à Moscou. Alors que les scanners d'Auschwitz-Birkenau ont mis en évidence des terrassements massifs montrant qu'il y avait eu une fosse commune, aucune trace de perturbation significative n'a été trouvée à Belzec ou à Treblinka. Comme d'habitude, aucun grand média n'a fourni la moindre information sur les contributions des chercheurs révisionnistes.

Sobibór

Jürgen Graf, Thomas Kues et Carlo Mattogno ont publié en 2010 *Sobibór : Holocaust Propaganda and Reality*, un ouvrage définitif de plus de 400 pages sur ce troisième camp de l'Einsatz Reinhard (Opération ou Action Reinhard). Les lecteurs anglophones désireux d'en savoir plus peuvent se tourner vers cet ouvrage, disponible en ligne au format PDF, car il constitue la source principale des pages qui suivent, qui, elles aussi, devront être rares. Une grande partie de ce que nous avons écrit sur Belzec et Treblinka s'applique également à ce camp, nouvel exemple de la falsification de la réalité qui a été maintenue contre vents et marées.

L'*encyclopédie de l'Holocauste* indique que le camp d'extermination était situé près de la gare du village de Sobibór, dans la partie orientale du district de Lublin. Construit en mars 1942, il se présentait sous la forme d'un rectangle de 400 x 600 mètres et était contrôlé, comme d'habitude, par une vingtaine de SS allemands et une centaine d'Ukrainiens. Selon cette source, le camp se composait de trois zones : administration (camp I), réception (camp II) et extermination (camp III). C'est dans cette troisième partie que se trouvaient les chambres à gaz, les charniers et les baraquements pour les prisonniers juifs qui y travaillaient. Ces chambres, construites à l'intérieur d'un bâtiment en briques, étaient carrées et mesuraient 4 x 4, soit 16 mètres carrés, dans lesquelles étaient placées entre 160 et 180 personnes. Le monoxyde de carbone était produit par un moteur de 200 chevaux situé dans un hangar voisin, dont le tuyau d'échappement était acheminé vers les chambres à gaz.

L'*encyclopédie de l'Holocauste* rapporte que les victimes ont été trompées : on leur a dit qu'elles étaient arrivées dans un camp de transit d'où elles iraient dans des camps de travail après désinfection de leur corps et de leurs vêtements. Les hommes sont séparés des femmes et des enfants. Après avoir reçu l'ordre de se déshabiller et de remettre leurs affaires, ils ont été dirigés vers les chambres à gaz, qui semblaient être des douches. Selon cette source, environ 500 personnes sont entrées dans les chambres et, comme d'habitude, elles ont été battues, menacées, injuriées.... En trente minutes, ils étaient tous morts. Ensuite, il s'est passé la même chose que dans les deux autres camps : les chambres ont été vidées, les dents en or ont été enlevées, etc. et les corps ont été enterrés. Tout cela se passait en deux ou trois heures, pendant lesquelles les trains de vingt wagons, après avoir été nettoyés, étaient partis à la recherche d'autres Juifs et entraient déjà à nouveau dans le camp avec un nouveau lot de victimes à exterminer.

Les prédicateurs de l'Holocauste établissent deux phases d'extermination à Sobibór. Au cours de la première, de début mai à fin juillet 1942, environ 100 000 Juifs auraient été assassinés. Il y a eu une accalmie et, en août et septembre, les chambres à gaz ont été agrandies afin de pouvoir tuer plus et mieux. La deuxième phase a duré d'octobre 1942 à juin 1943, et 150 000 Juifs supplémentaires ont été gazés. Là encore, les cadavres de la première phase sont déterrés et la crémation commence fin septembre 1942. Le 14 octobre 1943, un soulèvement a lieu, permettant à environ 400 prisonniers de s'évader. À la fin de l'année 1943, le camp est levé et la zone est labourée et cultivée. En 1987, Hollywood a produit un film de propagande, *Scape from Sobibor*, réalisé par Jack Gold. Le héros, Alexander Aronovitch Pechersky, "Sasha", est interprété par Rutger Hauer, lauréat d'un Golden Globe.

Il s'agit du résumé succinct de la version officielle, formulée sur la base de témoignages et de verdicts de tribunaux qui ont accepté les témoignages comme des preuves irréfutables. Il existe cependant un document officiel, une directive secrète du Reichsführer-SS Heinrich Himmler du 5 juillet 1943, qui dit ceci : "Le camp de transit de Sobibór, dans le district de Lublin, sera transformé en camp de travail. Une unité de démantèlement des armements capturés à l'ennemi sera installée dans le camp de concentration". Mattogno, Kues et Graf, d'où provient la citation, avertissent que la littérature sur l'Holocauste déforme régulièrement le contenu de cette directive et citent en exemple l'*Encyclopédie de l'Holocauste*, qui dit : "Le 5 juillet 1943, Himmler a ordonné la fermeture de Sobibór en tant que camp d'extermination et sa transformation en camp de concentration". Il est donc clair que les historiens officiels de l'Holocauste ont eu connaissance du document de Himmler et l'ont délibérément manipulé afin de déformer la réalité. Il est indéniable que, dans l'instruction secrète, Himmler utilise le substantif "Durchgangslager" (camp de transit) : quelle nécessité en avait-il s'il s'adressait exclusivement à ses subordonnés qu'il ne pouvait pas et n'avait pas l'intention de tromper ? Le texte intégral de Himmler, adressé au SS-WVHA, SS-Wirtschafts-Verwaltungshauptamt (Département principal de l'économie et de l'administration), et à sept sections de la SS, peut être lu dans les travaux des auteurs révisionnistes :

> "Le camp de transit de Sobibór, dans le district de Lublin, sera transformé en camp de travail. Une unité de démantèlement des armements capturés à l'ennemi sera installée dans le camp.
> 2) Tous les hauts responsables de la police et de la SS doivent y livrer les munitions de l'ennemi, dans la mesure où elles ne sont pas nécessaires à l'artillerie capturée à l'ennemi.
> 3) Tous les métaux, mais surtout la poudre de sablage, doivent être recyclés de manière prudente.
> 4. Simultanément, un site de production sera construit pour nos lanceurs multiples et/ou pour d'autres munitions".

La transformation en camp de concentration n'a finalement pas eu lieu. Le 15 juillet 1943, Oswald Pohl, chef du département SS de l'administration économique, conseille à Himmler d'abandonner l'idée de transformer le camp de transit de Sobibór en camp de concentration, car le démantèlement des armes capturées à l'ennemi peut être effectué sans qu'une telle mesure soit nécessaire. C'est pourquoi Pohl parle également de Sobibór comme d'un camp de transit :

> "Reichsführer !
> Selon ses directives antérieures, le camp de transit de Sobibór, dans le district de Lublin, doit être transformé en camp de concentration.
> J'en ai discuté avec le SS-Gruppenführer Globocnik. Nous proposons tous deux de renoncer à cette transformation, car l'objectif visé, à savoir la mise en place à Sobibór d'une installation de désactivation des munitions ennemies, peut être atteint sans cette transformation...".

Il existe des documents attestant que Himmler a visité Sobibór à deux reprises, le 19 juillet 1942 et en mars 1943. Une lettre d'Odilo Globocnick, chef des SS et de la police du district de Lublin, au SS-Gruppenführer Maximilian von Herff fait état de la visite de mars, au cours de laquelle Himmler a inspecté Sobibór et approuvé la promotion de certains officiers. Les historiens orthodoxes affirment, comme toujours sur la base de témoignages, que lors de cette seconde visite, Himmler a personnellement assisté au gazage de 300 à 500 jeunes filles juives, amenées de Lublin pour l'occasion et assassinées en son honneur.

Les premières informations sur Sobibór en tant que camp d'extermination ont commencé à être fabriquées en juillet 1942. Le 23 décembre de la même année, un rapport officiel du gouvernement polonais en exil fait allusion à l'extermination des Juifs par gazage, sans toutefois en préciser la méthode. Au cours des premiers mois de 1943, la presse clandestine polonaise continue de publier des informations sur Sobibór. Le 1er avril 1943, par exemple, le quotidien *Informacja Biezaca* parle de Sobibór comme d'un "camp de la mort" vers lequel arrivent de France et de Hollande des transports de Juifs qui, dit-on, "sont convaincus qu'ils vont travailler dans les usines de l'industrie de guerre". Le 14 mars, ajoutent les informateurs, des Juifs hollandais ont été accueillis à Sobibór par un orchestre ; le lendemain, plus un seul d'entre eux n'était en vie". L'affirmation selon laquelle les Allemands auraient eu le luxe d'accueillir les déportés avec un orchestre avant de les liquider est, bien sûr, un artifice ridicule. Il est cependant curieux de constater à quel point les propagandistes aimaient introduire des détails absurdes de ce type dans leurs récits.

Les mensonges et incohérences relatés dans les sections sur Belzec et Treblinka étant répétés à quelques variantes près, il n'est pas utile de les répéter à nouveau. En gros, les témoins ont affirmé que les installations de désinfection étaient les chambres à gaz. Pechersky, le héros de *Scape from Sobibor*, a déclaré que les chambres semblaient être des bains : "À première vue, tout avait l'air d'un bain, des robinets pour l'eau chaude et l'eau froide, des douches pour se laver". Mikhail A. Razgonayev a témoigné en 1948 que "chacun recevait une barre de savon". Selon un autre témoin, Feldhendler, "le bain était aménagé comme s'il s'agissait d'un véritable lieu de lavage (robinets dans les douches, atmosphère agréable)". En d'autres termes, alors qu'en 1943 la population allemande souffrait de privations de toutes sortes, manquait de biens de consommation essentiels et luttait désespérément pour sa survie, les nazis gaspillaient du temps et des ressources - soldats, trains, carburant, etc. - pour envoyer des Juifs à l'Est afin de les tuer à des milliers de kilomètres de là. Là, dans le Gouvernement général polonais, les Allemands se sont livrés à un spectacle grotesque : ils se sont offert le luxe de les accueillir avec un orchestre, de leur distribuer des savonnettes et de les installer dans de belles douches avec des robinets d'eau chaude, qui se sont révélées être des chambres à gaz. Tout cela pour finalement les exterminer par la méthode la plus inefficace et la moins sûre de toutes celles dont ils disposaient.

Malgré notre intention initiale de ne pas trop nous attarder sur Sobibór, nous ne pouvons résister à la tentation de citer un extrait du livre de Jules Shelvis, qui reproduit la harangue que les déportés ont entendue à leur arrivée à Sobibór, car tout indique que, bien qu'il refuse de l'admettre, c'est exactement ce qui allait se passer. La première édition du livre de Shelvis a été publiée en 1993 en néerlandais sous le titre *Vernietiginskamp Sobibór* (*Camp d'extermination de Sobibór*). Il a été traduit en allemand en 1998 et une édition anglaise est parue en 2007. Faisant partie d'un groupe de 3006 Juifs néerlandais, Shelvis, sa femme Rachel et d'autres membres de sa famille ont été déportés au camp le 1er juin 1943. Le mérite de son livre est d'être bien documenté, de citer des sources officielles et d'avoir une bibliographie abondante. Dans toutes ses éditions, Jules Shelvis avait accepté le chiffre officiel de 250 000 Juifs gazés ; cependant, en 2008, une nouvelle édition néerlandaise est parue dans laquelle il reconnaît que seuls 170 000 Juifs ont été déportés à Sobibór, réduisant ainsi le nombre de victimes présumées de 80 000. Alors que des auteurs comme la sioniste Miriam Novitch racontent les mensonges habituels du genre : les Allemands urinaient dans la bouche des prisonniers, découpaient les corps des bébés en morceaux et autres barbaries de ce genre, Shelvis se contente de rapporter les coups portés par les SS aux Juifs lorsqu'ils ne travaillaient pas bien. Dans le chapitre intitulé "Arrivée et sélection", reproduit par Mattogno, Kues et Graf, dont nous avons repris l'ouvrage, Shelvis écrit le texte suivant :

> "Le processus qui suivait l'arrivée des transports au camp devint rapidement routinier. [...] Après avoir quitté les baraquements de triage, les hommes étaient séparés des femmes et dirigés vers la zone de déshabillage du Lager (camp) 2 ; les femmes vers une autre partie du camp. À moins que cela n'ait déjà été fait sur la plate-forme, c'est à ce moment-là qu'un SS prononce un bref discours. Généralement - jusqu'à son transfert à Treblinka - c'est l'Oberscharführer Hermann Michel qui s'en charge. Surnommé "le docteur" par les Arbeitshäftlinge (prisonniers travailleurs) en raison de son habitude de porter une blouse blanche, il prononce son discours dans un allemand rapide [...] Les paroles de Michel suivent ce schéma : "En temps de guerre, nous devons tous travailler. On vous emmènera dans un endroit où vous pourrez prospérer. Les enfants et les personnes âgées ne doivent pas travailler, mais ils seront tout de même bien nourris. Vous devez rester propres. En raison des conditions dans lesquelles vous avez voyagé, avec un si grand nombre d'entre vous dans chaque wagon, il convient que nous prenions des mesures d'hygiène préventives. C'est pourquoi vous devrez bientôt vous déshabiller et vous doucher. Vos vêtements et vos bagages seront rangés. Vous devez ranger vos vêtements en une pile bien ordonnée, ainsi que vos chaussures, assorties et attachées ensemble. Vous devez les placer devant vous. Les objets de valeur tels que l'or, l'argent et les montres doivent être remis au comptoir. Mémorisez bien le numéro qui vous a été donné par l'homme derrière le guichet, afin de pouvoir récupérer vos biens plus facilement par la suite. Si des objets de valeur sont trouvés sur vous après votre douche, vous serez puni. Il n'est pas nécessaire d'apporter une serviette et du savon ; tout vous sera fourni. Il y aura une serviette pour deux personnes. [...]
> Michel était tellement convaincu en prononçant son discours, même s'il trompait les victimes, que les Arbeitshäftlinge l'ont surnommé "le prédicateur". Parfois, il leur faisait croire que le camp était un camp de transit, que le voyage vers l'Ukraine n'était qu'une question de temps et que les Juifs y obtiendraient même l'autonomie. D'autres fois, il leur disait qu'ils iraient tous à Riga".

Selon Shelvis, les gens se dirigeraient ensuite avec crédulité vers les chambres à gaz. En d'autres termes, ce baratin prouverait une fois de plus que les Allemands étaient passés maîtres dans l'art de la représentation et qu'ils soignaient leur mise en scène dans les moindres détails afin de cacher à leurs victimes qu'ils avaient l'intention de les exterminer : orchestres de bienvenue, discours d'encouragement, savons, serviettes, douches chaudes et, enfin, monoxyde de carbone. À Sobibór aussi, cependant, la version du rapport Gerstein a dû être invoquée en dernier ressort, car les témoins, comme d'habitude, n'étaient pas d'accord sur la méthode d'extermination par gazage. Le rapport sur Treblinka du 15 novembre 1942, reçu par le gouvernement polonais à Londres en janvier 1943, fait état de trois chambres à vapeur. Selon ce document, "la vapeur était produite par une grande cuve. La vapeur chaude était introduite dans les chambres par des tuyaux installés là, chacun d'entre eux ayant un nombre précis de conduits". Cette description correspond clairement à une usine de désinfection à la vapeur. Même un défenseur de l'Holocauste comme Jean-Claude Pressac admet qu'à Belzec ainsi qu'à Treblinka et Sobibór, il existait des installations d'épouillage à des fins d'hygiène préventive et de lutte contre le typhus. Ce sont apparemment ces installations que les propagandistes ont qualifiées de chambres à gaz, mais comme il était invraisemblable que la vapeur d'une sorte de sauna puisse exterminer des centaines de milliers de Juifs, c'est la version de Gerstein et des moteurs diesel qui a prévalu.

Graf, Kues et Mattogno consacrent une partie importante de leur ouvrage sur Sobibór, environ soixante-dix pages, à l'analyse des expertises médico-légales menées sur le terrain. Une équipe dirigée par Andrzej Kola, le même professeur polonais qui avait précédemment effectué les fouilles à Belzec, a entrepris en 2000 des recherches archéologiques dont l'objectif était de localiser les fosses communes du camp III et d'établir un rapport en bonne et due forme à la mémoire des victimes. Il s'agissait également de localiser des objets destinés à être exposés ultérieurement dans le musée créé à Sobibór. Bien entendu, l'emplacement des chambres à gaz, dont on parle tant, faisait également partie des objectifs. Les fouilles se sont poursuivies tout au long de l'année 2001.

Selon l'*Encyclopédie de l'Holocauste*, les 100 000 Juifs éliminés lors de la première phase de l'extermination ont été exhumés et les travaux d'incinération de leurs corps ont commencé à la fin du mois de septembre 1942. Cependant, dans les sept fosses communes découvertes et décrites par Kola dans ses rapports, outre les restes de corps incinérés, on a trouvé des corps saponifiés qui n'avaient pas été brûlés. Kola a également noté que le camp se trouvait dans une zone marécageuse. À la limite ouest, il a découvert un ancien fossé d'égout près duquel émergeait une tourbière. Lors de l'examen du camp III, les archéologues ont découvert, non loin des fosses remplies de sable, un puits. En creusant, ils ont trouvé de l'eau souterraine à une profondeur de 3,60 mètres, et lorsqu'ils ont atteint une profondeur de cinq mètres, ils ont dû s'arrêter à cause de l'afflux constant d'eau. Une carte de Sobibór montre que le camp se trouvait dans un endroit où, en plus de plusieurs zones marécageuses, il y avait une demi-douzaine de lacs dans un rayon de moins de trois kilomètres. Le lac Spilno, situé à un kilomètre à l'ouest, a une altitude de 164 mètres. La rivière Bug, quant à elle, se trouve à 2,5 kilomètres à l'est. La ligne de chemin de fer de Sobibór elle-même se trouvait à une altitude de 167 mètres et les rails traversaient une zone marécageuse. Le tribunal de Hagen, où s'est tenu le procès de Sobibór entre 1965 et 1966, a établi dans son verdict qu'au cours de l'été 1942,

> "... En raison de la chaleur, les corps ont été repoussés dans les tombes déjà pleines, et les liquides des cadavres ont attiré les asticots, ce qui a provoqué une odeur épouvantable dans la zone du camp. En outre, le commandant du camp craignait que l'eau potable, qui provenait des puits du camp, ne soit contaminée".

Le risque de contamination de la nappe phréatique par la décomposition des corps est précisément la raison pour laquelle les autorités du camp ont décidé d'exhumer les cadavres et de les incinérer. Les Allemands ayant visité la région de Sobibór à plusieurs reprises avant de commencer la construction du camp, il ne fait aucun doute qu'ils connaissaient les caractéristiques géologiques de la région. Il est donc logique de penser que s'ils avaient voulu en faire un camp d'extermination, ils ne l'auraient pas construit sans crématoires, sachant que le terrain ne permettait pas les enterrements de masse. S'ils n'ont pas envisagé la crémation des morts, c'est qu'ils n'avaient pas prévu que le taux de mortalité y serait plus élevé que d'habitude.

Kues, Graf et Mattogno procèdent à l'examen des résultats des fouilles de Kola, qui ne peuvent confirmer les affirmations des historiens officiels, au moyen de calculs rigoureux, épuisants pour le lecteur, prenant en compte tous les paramètres possibles. Les trois révisionnistes rejettent absolument la possibilité de tirer des travaux du professeur Kola la conclusion que Sobibór était un camp d'extermination. Cependant, étant donné qu'une nouvelle équipe d'archéologues dirigée par Isaac Gilead et Yoram Haimi de l'Université Ben Gourion, et par Wojciech Mazurek de la société polonaise Underground Archaeological Surveys, a entamé de nouvelles recherches en octobre 2007, les trois révisionnistes commentent également ces dernières études archéologiques dans *Sobibor Holocaust Propaganda and Reality*.

En 2009, la revue américaine d'histoire contemporaine *Present Pasts* a publié un article de trente pages de Gilead et Mazurek, dont moins de douze pages sont consacrées à Sobibór. L'article reconnaît qu'eux aussi n'ont pas réussi à trouver la prétendue chambre à gaz que l'équipe de Kola n'avait pas pu localiser. Dans leur article, au lieu de fournir des preuves scientifiques,

Gilead et Mazurek citent Hilberg et Arad et écrivent honteusement ce qui suit : "En plus de ces sources, les preuves consistent également en des récits oraux des survivants et des criminels SS qui ont travaillé dans les centres de mise à mort et ont commis les meurtres....". Ainsi, l'extermination des Juifs en général, et l'extermination des Juifs à Sobibór et dans d'autres centres, est une vérité historique établie qui n'a pas besoin d'être prouvée par des fouilles archéologiques". Il nous semble que les commentaires sont superflus, car une telle argumentation discrédite complètement ces "scientifiques".

Combien de personnes sont mortes et ont été enterrées à Sobibór ? Telle est la question posée par Mattogno, Kues et Graf. La difficulté de quantifier les preuves médico-légales et le manque de documentation sur le nombre de déportés empêchent d'apporter une réponse exacte. En 2000-2001 et en 2007-2008, les archéologues n'ont ni fouillé les tombes en profondeur ni fourni une estimation du nombre de restes humains, ce qui est significatif. Néanmoins, après avoir examiné les découvertes du professeur Kola sur les tombes de Sobibór, les révisionnistes établissent trois catégories de morts dans leur quête de réponse. Dans la première, ils placent ceux qui sont morts de diverses maladies ou épidémies, comme le typhus, et les prisonniers exécutés pour des tentatives d'évasion et d'autres violations des règles du camp. Il s'agit notamment des quelque 400 personnes qui ont été fusillées après avoir été reprises à la suite de l'évasion massive d'octobre 1943. Au total, environ 1000 personnes. Dans la deuxième catégorie, on trouve les déportés morts en route, car les conditions de voyage des Juifs de France et des Pays-Bas, environ 38 000, étaient très mauvaises, voire inhumaines. Sur un total de 170 000 déportés, on peut estimer qu'environ 3% ont dû mourir dans les trains de maladie, de déshydratation ou d'autres causes. Le calcul donne donc 5000 victimes supplémentaires. Par ailleurs, Mattogno, Kues et Graf reconnaissent qu'environ 3500 personnes ont été euthanasiées à Sobibor : des mourants, des malades mentaux, des prisonniers gravement malades et d'autres souffrant de maladies contagieuses. À ces chiffres, qui correspondent à ceux calculés par les historiens polonais, ils ajoutent un millier de patients non juifs des hôpitaux psychiatriques de Lublin, qui auraient également été euthanasiés. Le nombre total de morts dans les trois catégories s'élèverait à environ 10 500 personnes.

L'Histoire interdite étant un manuel couvrant quelque deux cent cinquante ans d'histoire contemporaine, il est obligatoire de terminer ces pages consacrées aux camps de l'Action Reinhard, du nom de Reinhard Heydrich, assassiné le 4 juin 1942. Heydrich, comme on le sait, avait présidé la conférence de Wannsee en janvier 1942 et avait été à la tête de la Gestapo et du Bureau principal de la sécurité du Reich. Selon l'historiographie officielle, l'"Einsatz Reinhard" était un nom de code destiné à camoufler l'assassinat massif de Juifs dans les trois camps que nous avons étudiés. Néanmoins, tous les historiens de l'Holocauste insistent sur le fait que le camp d'extermination vedette était Auschwitz.

Partie 4 - Auschwitz

Auschwitz, en Haute-Silésie, près de Cracovie, comptait environ 13 000 000 d'habitants en 1939. En mai 1940, le camp de concentration qui allait entrer dans l'histoire comme le plus grand centre de mise à mort de l'Allemagne nazie y a été fondé. Auschwitz était idéalement situé car il disposait de bonnes infrastructures de transport et trois rivières, la Vistule, la Premsza et la Sola, coulaient à proximité. Il est également situé au sud des champs de charbon de Silésie, dans la région minière de Katowice. Le tristement célèbre Rudolf Höss est nommé commandant. Ce dernier, qui avait été emprisonné entre 1923 et 1928 pour avoir participé à l'assassinat d'un communiste, avait connu la dureté de la vie carcérale et était donc sensible aux besoins des prisonniers en matière d'hébergement et de nourriture.

Le 20 mai 1940, le camp a été ouvert sur la base de baraquements en briques de l'armée polonaise. Ses premiers prisonniers étaient quelque 700 criminels polonais de Tarnów. Pendant les deux premières années, Auschwitz a été utilisé principalement pour interner des Polonais, bien qu'il ait également accueilli des prisonniers allemands. En 1941, la construction de Birkenau (Auschwitz II), situé à l'ouest de la ville, à environ trois kilomètres du camp principal, a commencé. À l'automne 1941, dans un état déplorable dû aux longues marches, des prisonniers de guerre soviétiques commencent à arriver et sont utilisés pour la construction de Birkenau, qui doit s'achever en avril 1942. Le 16 novembre 1941, il est décidé de construire Monowitz (Auschwitz III), à un peu moins de cinq kilomètres à l'est de la ville. Des prisonniers soviétiques sont également employés à la construction de cette troisième enclave, qui entre en activité en mai 1942 et devient un immense complexe industriel, le plus grand de tous les camps de travail. Auschwitz I devient dès lors le centre administratif d'un complexe dont les principaux camps sont Birkenau et Monowitz, mais il existe également un grand nombre de camps plus petits dans un rayon de quarante kilomètres, également administrés depuis Auschwitz I. Auschwitz devient ainsi le plus grand ensemble de camps du système concentrationnaire allemand. C'est au milieu de l'année 1942 que les Juifs, qui étaient déportés vers l'Est, sont devenus l'élément principal de ces camps.

Lorsque des témoins honnêtes ont établi qu'il n'y avait pas eu de chambres à gaz à Dachau et à Bergen-Belsen, l'attention du public a commencé à se porter sur les camps de l'Est : Belzec, Treblinka, Sobibór et surtout Auschwitz. Ces camps étant restés dans l'Europe communiste, il n'y avait aucun moyen de confronter la véracité des affirmations de ceux qui diffusaient les informations sur les chambres à gaz. Il a fallu attendre dix ans pour que les Soviétiques autorisent enfin la visite du prétendu camp d'extermination d'Auschwitz. Au cours de ces dix années, il y a eu suffisamment de temps pour modifier son apparence afin de rendre crédible l'affirmation selon laquelle quatre millions de personnes y avaient été exterminées. C'est le chiffre sensationnel annoncé par les Soviétiques après avoir contrôlé le camp. À l'époque, en plein procès de Nuremberg, ils tentent d'imputer le massacre de Katyn aux Allemands.

Comme nous l'avons vu dans la section précédente, les témoignages sur les camps d'extermination en Pologne ont été recueillis après la guerre par des commissions d'enquête officielles polonaises et par la Commission centrale d'histoire juive de Pologne. L'assassinat présumé de millions de Juifs a eu lieu à Auschwitz-Birkenau entre mai 1942 et octobre 1944. Si l'on prend en compte le chiffre de 4 000 000 figurant sur la plaque commémorative lors de la visite de Jean-Paul II en juin 1979, les Allemands ont dû éliminer plus de 130 000 personnes par mois, ce qui équivaut à environ 4 400 par jour. Si le chiffre de 1 500 000, rencontré par Benoît XVI en mai 2006, était retenu, il aurait fallu liquider 50 000 détenus par mois. D'ailleurs, Gerald Reitlinger reconnaît lui-même dans *The SS : Alibi of a Nation* qu'entre mai 1940 et février 1945, il n'y a eu que 363 000 détenus enregistrés à Auschwitz. Malgré ce constat, Reitlinger affirme que le camp était équipé pour exterminer 6000 personnes par jour. Les exagérations sont encore plus grotesques et flagrantes, comme celles de la juive hongroise Olga Lengyel qui, dans son livre *Five Chimneys* (1959), affirme qu'elle a été détenue à Auschwitz et que pas moins de 729 cadavres par heure étaient incinérés. Elle ajoute que 8000 personnes étaient brûlées chaque jour dans les "fosses de la mort".

Étant donné qu'Auschwitz abritait un complexe industriel extrêmement important produisant toutes sortes de matériaux pour l'industrie de guerre, il est incompréhensible que les prisonniers qui constituaient la main-d'œuvre essentielle au maintien de l'activité de production nécessaire aient été exterminés tous les mois. À Auschwitz, des usines de caoutchouc synthétique et de dérivés du charbon ont été installées dans le camp par I.G. Farben. Krupp y possédait également une usine d'armement. En outre, il y avait une station de recherche agricole avec des laboratoires, des pépinières et des élevages de bétail. De nombreuses entreprises ont des succursales dans le camp, et la SS elle-même y possède ses propres usines. En mars 1941, Himmler se rendit à Auschwitz, accompagné des directeurs d'I.G. Farben, afin de vérifier la capacité industrielle du camp. C'est alors qu'il ordonne l'agrandissement des installations afin d'accueillir 100 000 nouveaux détenus qui travailleront comme ouvriers pour I.G. Farben. Ceci est évidemment incompatible avec l'affirmation selon laquelle une politique d'extermination systématique a été menée à Auschwitz. Il faut également tenir compte du fait que des travailleurs libres vivaient dans la région. Le nombre de prisonniers travaillant pour I.G. Farben était inférieur à 30%. Environ cinquante pour cent de la main-d'œuvre était constituée d'étrangers qui s'étaient engagés volontairement. Les travailleurs allemands ordinaires représentaient 20% de la main-d'œuvre totale.

Toutes les fonctions administratives des SS à Auszchwitz étaient centralisées dans le camp principal (Auschwitz I). Ces compétences comprenaient la garde, l'alimentation, l'habillement, le logement, la discipline des prisonniers, les services médicaux et les activités récréatives : concerts, cabarets, films, compétitions sportives, maisons closes....... Pour maintenir des services aussi étendus, les entreprises qui utilisaient le travail des prisonniers les louaient aux SS. Comme dans tous les autres camps de concentration allemands, la journée de travail à Auschwitz était de onze heures, six jours par semaine, bien qu'en cas d'urgence, il était possible de travailler le dimanche matin.

I. G. Farben

Antony C. Sutton note dans *Wall Street and the Rise of Hitler* qu'à la veille de la Seconde Guerre mondiale, le complexe chimique allemand I. G. Farben était la plus grande entreprise de fabrication de produits chimiques au monde. Avec l'aide financière substantielle de Wall Street, six grandes entreprises chimiques allemandes - Badische Anilin, Bayer, Agfa, Hoechst, Weiler-Ter-Meer et Griesheim-Elektron - ont fusionné en 1925. C'est ainsi qu'est né le cartel "Internationale Gesellschaft Farbenindustrie Aktiengesellschaft", plus connu sous le nom de I. G. Farben. Le génie organisateur était Hermann Schmitz, qui, vingt ans plus tard, a été jugé à Nuremberg et condamné à quatre ans de prison. En revanche, les membres des filiales nord-américaines n'ont pas été inquiétés.

Dans le récit de la montée au pouvoir d'Hitler, il a déjà été remarqué que ce sont les capitalistes juifs de Wall Street qui ont financé le nazisme. Au chapitre 8, nous avons consacré une quinzaine de pages à la découverte des contacts du futur Führer allemand avec James Paul Warburg (Sidney Warburg), le fils de Paul Warburg, l'éminence grise qui, en 1913, a planifié et organisé le cartel bancaire qui a constitué le système de la Réserve fédérale. L'oppression criminelle imposée au peuple allemand par le fardeau financier de la dette a été utilisée par les banquiers de Wall Street, qui ont profité de la situation pour accorder des prêts rentables aux grandes entreprises allemandes. En 1924, ces financiers internationaux ont élaboré le plan Dawes, conçu par J. P. Morgan, qui a été approuvé et parrainé par le gouvernement américain. C'est grâce à ces prêts que I. G. Farben et Vereinigung Vereinigung ont été créés et consolidés. G. Farben et Vereinigte Stahlwerke, un second conglomérat d'entreprises sidérurgiques et charbonnières.

En 1928, le plan Dawes est remplacé par le plan Young, un stratagème parfait des banquiers internationaux pour envahir l'Allemagne grâce aux capitaux financiers des États-Unis. Il convient de noter que les entreprises allemandes ayant des filiales américaines ont contourné les conditions du plan Young par la manœuvre de la propriété étrangère provisoire. Ainsi, par exemple, A. E. G. (Allgemeine Elektricitäts Gesellschaft), affiliée à General Electric aux États-Unis, a été vendue à une société franco-belge et a échappé aux conditions du plan Young. Il convient de noter qu'Owen Young était le plus grand bailleur de fonds de Franklin D. Roosevelt. Après la mise en œuvre du plan Young, les banquiers allemands siégeant au conseil de surveillance de Farben comprenaient Max Warburg, le banquier juif de Hambourg, frère de Paul Warburg, qui à son tour, et ce n'est pas une coïncidence, siégeait également au conseil d'administration d'I.G. Farben aux États-Unis, la filiale américaine de Farben détenue par des capitalistes américains. Entre 1928 et le début de la Seconde Guerre mondiale, I.G. Farben a doublé de taille, une expansion rendue possible en grande partie grâce à l'assistance technique américaine et aux émissions d'obligations de banques telles que la National City Bank.

Carrol Quigley explique dans *Tragedy and Hope* que toutes ces opérations faisaient partie d'un ambitieux plan de coopération internationale et d'alliances pour la domination mondiale. Selon Quigley, l'objectif était de "créer un système mondial de contrôle financier, entre des mains privées, capable de dominer le système politique de chaque pays et l'économie du monde dans son ensemble". Selon Quigley, le "sommet du système" était la "Banque des règlements internationaux", basée à Bâle. Cette Banque des règlements internationaux, écrit Sutton, "a été pendant la Seconde Guerre mondiale le moyen par lequel les banquiers - qui n'étaient apparemment pas en guerre les uns contre les autres - ont continué à bénéficier de l'échange d'idées, d'informations et de plans pour le monde de l'après-guerre".

L'importance d'I. G. Farben pendant la guerre était liée à la production de carburant synthétique et de caoutchouc synthétique à partir du charbon, ce que les Allemands avaient déjà expérimenté pendant la Première Guerre mondiale. À l'époque, la pénurie de caoutchouc et d'autres ressources causée par le blocus britannique avait été un facteur déterminant de la capitulation de l'Allemagne. En Europe, seule la Roumanie dispose de ressources pétrolières significatives, mais il n'y a pas de caoutchouc naturel sur le Vieux Continent. En revanche, le charbon est abondant en Allemagne et dans d'autres pays européens. Afin d'éviter l'extrême vulnérabilité de l'Allemagne aux pénuries de matières premières, les nazis ont subventionné la recherche scientifique et technologique dans ce domaine, et l'Allemagne a pris la tête de tous les pays dans ces domaines de connaissance. Grâce à une technique de traitement du charbon appelée hydrogénation, ils sont parvenus à obtenir du pétrole, à partir duquel une large gamme de produits chimiques tels que des explosifs, des colorants, des médicaments, etc. a pu être fabriquée. Un autre état ou procédé d'hydrogénation a permis de produire de l'essence. La production de caoutchouc synthétique, nécessaire à la fabrication de pneus pour tous les types de véhicules, a été plus problématique, mais avant le début de la guerre, les difficultés techniques ont été résolues. Le produit obtenu, particulièrement adapté à la fabrication de pneus, est appelé caoutchouc "Buna-S".

Avec l'annexion d'une grande partie de la Pologne en 1939, suite au partage du pays avec l'URSS, l'Allemagne peut compter sur les mines de charbon de Haute-Silésie. L'idée d'installer une usine d'hydrogénation et de production de buna à Auschwitz est née. Les rivières qui coulent dans la région garantissent une abondance d'eau et les camps miniers sont proches. En 1941, I. G. Farben construit une usine de production de buna dans le complexe industriel d'Auschwitz, où 3000 tonnes de buna sont produites chaque mois. I. G. Farben possède trois autres usines de production de Buna-S en Allemagne : la première, d'une capacité de 6000 tonnes par mois, est construite à Schkopau ; la deuxième se trouve à Hüls et produit 4000 tonnes ; une troisième produit 2500 tonnes par mois et se trouve à Ludwigshafen, où se trouvent le centre de recherche et le siège social. Mais c'est à l'usine d'Auschwitz que les techniques les plus modernes et les plus avancées de production de caoutchouc synthétique ont été mises au point.

Lorsque les États-Unis sont entrés en guerre en décembre 1941, le Japon a pris le contrôle du caoutchouc naturel des Indes orientales et de la région de Malaya, où les Américains s'approvisionnaient à près de 100%. Grâce à une série d'accords de coopération technique avec I.G. Farben, maintenus jusqu'au début de la guerre avec l'accord du gouvernement allemand, la Standard Oil de John D. Rockefeller, société mère des compagnies pétrolières américaines, disposait d'une connaissance de base du processus de fabrication du caoutchouc Buna. Le côté américain a été le grand bénéficiaire de ces concessions, car le profit pour les Allemands n'était pas pertinent. L'inaccessibilité soudaine des sources de caoutchouc a provoqué une crise politique aux États-Unis en 1942. Le gouvernement a immédiatement pris conscience de l'urgence, car trois jours après l'attaque de Pearl Harbour, il a interdit la vente de pneus neufs à des fins civiles et a décrété le rationnement du caoutchouc. Dès lors, il devient urgent de se doter d'une capacité industrielle de production de caoutchouc synthétique. Le 6 août 1942, le président Roosevelt nomme une commission chargée d'étudier le problème et de formuler des recommandations. Une vieille connaissance, l'omniprésent Bernard Baruch, qui avait contrôlé le War Industries Board pendant la Première Guerre mondiale, préside la commission, d'où le nom de "commission Baruch". Après avoir rencontré des représentants de la Standard Oil, le comité Baruch a publié son rapport final le 10 septembre, préconisant l'accélération du programme de production de caoutchouc synthétique et recommandant de s'inspirer de l'expérience des autres. À l'époque, le site le plus avancé techniquement pour le développement du Buna était Auschwitz.

Tout cela est expliqué en détail par Arthur R. Butz dans *The Hoax of the Twentieth Century* et est pertinent car Auschwitz, le prétendu centre d'extermination systématique des Juifs, a toujours été sous la loupe des services secrets américains, qui savaient nécessairement ce qui se passait dans le complexe industriel en 1942. De plus, les services de renseignements militaires alliés ont su pendant toute la guerre une grande partie de ce qui se passait en Allemagne, puisque Wilhelm Canaris lui-même, chef de l'Abwehr, le service de renseignements militaires, était un traître, un espion qui transmettait toujours des informations aux services secrets britanniques. Si un grand programme criminel avait été lancé en 1942 dans le plus grand camp allemand, il ne fait aucun doute qu'il aurait été détecté, car les Américains attachaient une importance stratégique aux activités de caoutchouc synthétique d'I.G. Farben dans le complexe industriel d'Auschwitz. Les services de renseignements américains avaient pris de nombreuses photographies aériennes du camp et des installations de fabrication, avaient établi la base des opérations de l'entreprise chimique allemande et suivaient avec le plus grand intérêt l'hydrogénation et les autres processus chimiques impliqués dans la production d'essence et de caoutchouc.

Lorsqu'en août 1942, la commission Baruch recueille des informations, des photographies d'Auschwitz et des usines d'I. G. Farben sont certainement tombées entre les mains des commissaires. L'usine de Buna ayant été fermée le 1er août, l'absence d'activité et l'aspect fantomatique des installations ont dû surprendre les Américains. Il est probable qu'ils ont rapidement appris que la fermeture était motivée par une terrible épidémie de typhus. Pendant deux mois, des milliers de personnes sont décédées, selon certaines sources jusqu'à 20 000, et les activités de production n'ont pu reprendre qu'à la fin du mois de septembre. C'est dans ce contexte que les autorités allemandes se rendent compte que les fours crématoires du camp sont insuffisants pour incinérer rapidement les cadavres et éviter la contagion. En conséquence, de nombreuses victimes sont immédiatement brûlées à l'air libre, même si beaucoup doivent probablement être enterrées temporairement. La construction de quinze nouveaux crématoires est ordonnée à Auschwitz-Birkenau, mais ils ne sont opérationnels qu'en mars 1943.

Les fours de Birkenau étaient situés dans des bâtiments contenant des caves, des pièces et d'autres espaces que les exterminateurs ont pris pour des chambres à gaz. Les premières allégations sur l'extermination des Juifs à Auschwitz ne proviennent pas d'informations des services de renseignement alliés, mais de fausses déclarations propagandistes du rabbin Stephen S. Wise, président du Congrès juif mondial et du Congrès juif américain, soutenues par le secrétaire au Trésor Henry Morgenthau. Le département d'État, quant à lui, était réticent à accepter cette fable sans procéder à des vérifications appropriées. Comme nous l'avons vu au chapitre 10, notamment en examinant le plan Morgenthau pour l'Allemagne, les divergences et les désaccords entre les départements du Trésor et d'État se sont accentués au cours des dernières années de la guerre.

Propagande des organisations juives aux États-Unis

Dans les pages consacrées aux camps de transit transformés en camps d'extermination par la propagande, on a vu que le Comité d'action sioniste, le Congrès juif mondial et d'autres organisations juives étaient bien implantés en Suisse, où des ouvrages et des brochures étaient publiés. C'est à partir de là qu'a été organisée une grande partie de la campagne de propagande à destination de l'Europe et des États-Unis. La première allégation d'extermination de Juifs est cependant venue de Londres, où la branche du Congrès juif mondial (CJM) a affirmé en juin 1942 qu'un million de Juifs avaient été assassinés dans "un grand abattoir pour Juifs", quelque part en Europe de l'Est, non identifié et non localisé. Les seules preuves étaient des informations reçues par le gouvernement polonais en exil dans la capitale anglaise. Néanmoins, *le New York Times a* repris l'information et l'a publiée aux États-Unis. Il a été noté plus haut qu'en août 1942, le Foreign Office et le Department of Psychological Warfare savaient tous deux qu'il s'agissait d'un canular de propagande et l'ont fait savoir au Premier ministre Churchill.

Le 8 août 1942, Gerhart Moritz Riegner et Paul Guggenheim, deux représentants du WJC, utilisent l'ambassadeur américain à Berne, Leland Harrison, et le consul à Genève, Paul C. Squire, pour envoyer aux États-Unis des rapports sur des assassinats présumés de Juifs en Europe de l'Est. Auschwitz, pour l'instant, n'est pas lié aux camps de la mort. Riegner, qui deviendra plus tard secrétaire général du WJC entre 1965 et 1983, envoie au rabbin Stephen Wise, par voie diplomatique, le "télégramme Riegner", considéré comme la première information officielle sur la planification présumée de l'Holocauste. Le département d'État, qui a reçu le texte par l'intermédiaire de l'ambassade à Berne, n'a pas accepté dans un premier temps d'autoriser la publication du message, et le sous-secrétaire d'État Summer Welles a informé le rabbin Wise qu'il avait l'intention de le publier immédiatement. Welles a fait valoir que d'autres ambassadeurs et consuls en Europe devaient vérifier les faits. En réalité, le département d'État, comme le ministère des Affaires étrangères, n'a accordé aucun crédit aux allégations.

Wise a dû accepter, car la publication du télégramme sans l'autorisation du département d'État aurait été contre-productive pour les intérêts de la WJC. Stephen Wise expliquera plus tard qu'en tant que président du WJC aux États-Unis, il était en mesure de maintenir le contact avec toutes ses agences européennes grâce au réseau de communication du département d'État. Zohar Zegev écrit dans *The World Jewish Congress during the Holocaust* que "la publication non autorisée du télégramme de Riegner, envoyé par l'intermédiaire de l'ambassade à Berne, aurait signifié qu'il s'agissait du dernier télégramme envoyé de cette manière et aurait effectivement mis fin aux opérations du WJC en Europe". Cette déclaration est manifestement exagérée, compte tenu de l'énorme pouvoir des sionistes dans l'administration Roosevelt, mais elle donne une idée des considérations du rabbin Wise. Quoi qu'il en soit, deux jours plus tard, le 10 août 1942, le Foreign Office recevait de Berne les mêmes informations de S. S. Silverman, président de la section britannique du WJC, et de Gerhart Riegner, secrétaire du WJC à Genève. Le texte du télégramme de Riegner, qui se trouve dans les archives nationales britanniques, est le suivant :

> "Nous avons reçu une information alarmante selon laquelle, au quartier général du Führer, un plan a été discuté et est à l'étude, selon lequel tous les Juifs des pays occupés et contrôlés par l'Allemagne, entre 3,5 et 4 millions, doivent, après avoir été déportés et concentrés à l'Est, être exterminés immédiatement, afin de résoudre une fois pour toutes la question juive en Europe. L'action serait prévue pour l'automne. Les méthodes d'exécution sont encore à l'étude, y compris l'utilisation de l'acide prussique. Nous transmettons cette information avec la réserve nécessaire, car nous ne pouvons pas en confirmer l'exactitude. Notre source a des liens étroits avec les plus hautes autorités allemandes et leurs rapports sont généralement fiables. Veuillez informer et consulter New York".

Gerhart Riegner fera plus tard allusion au fait que son télégramme n'a pas été crédibilisé et déclarera : "Je n'ai jamais ressenti aussi profondément le sentiment d'abandon, d'impuissance et de solitude que lorsque j'ai envoyé des messages de désastre et d'horreur au monde libre et que personne ne m'a cru. Après ce premier document officiel, la campagne expliquée dans les pages sur les camps de l'"Einsatz Reinhard" a été lancée, avec des absurdités telles que : des cadavres utilisés comme engrais, du savon fabriqué à partir de graisse juive pure, de la colle et des lubrifiants provenant de cadavres juifs, etc.

Aux États-Unis, J. Breckinridge Long, le sous-secrétaire d'État adjoint qui allait entrer dans l'histoire comme l'un des méchants qui n'ont pas cru aux canulars de la propagande, dirigeait le groupe du département d'État qui a résisté aux pressions de Rabbi Wise, Morgenthau, Dexter White et de leurs acolytes du Trésor. Au cours de l'automne 1942, Stephen Wise a lancé une campagne pour exiger que les Alliés prennent publiquement position et condamnent la prétendue extermination des Juifs en Europe. Le 10 octobre 1942, le Vatican informe les représentants américains qu'il n'a pas été en mesure de confirmer les massacres allégués. Finalement, Wise conduit une délégation à la Maison Blanche le 8 décembre 1942 pour remettre au président Roosevelt un document de vingt pages intitulé *Blueprint for Extermination (Plan d'extermination)*. La pression porte ses fruits et, le 17 décembre, les Alliés, sous l'égide de Washington, publient une déclaration condamnant les massacres. Deux jours plus tard, une seconde déclaration de Washington, qui va dans le même sens, mentionne Belzec et Chelmno, mais Auschwitz n'est pas mentionné. Malgré ces déclarations publiques, Breckinridge Long refuse non seulement d'accepter les affirmations de la propagande, mais tente de résister. Le 21 janvier 1943, il fait signer par Summer Welles, sous-secrétaire d'État, des instructions à l'ambassadeur à Berne, Leland Harrison, rédigées par lui-même ou l'un de ses collaborateurs :

> "À l'avenir, les rapports qui vous seront remis pour transmission à des personnes privées aux États-Unis ne seront pas acceptés à moins que des circonstances extraordinaires ne le justifient. Nous pensons qu'en envoyant ces messages privés qui contournent la censure des pays neutres, nous risquons que ces pays neutres jugent nécessaire de prendre des mesures pour restreindre ou abolir nos moyens secrets de communication officielle".

Le département du Trésor de Morgenthau, fidèle à son habitude de s'immiscer dans les domaines de la politique du département d'État qui ne relèvent pas de sa compétence, s'empresse de protester contre la transmission de ces ordres à l'ambassadeur en Suisse. Le mois suivant, en février 1943, le différend entre les deux départements s'aggrave lorsque le département d'État apprend que des sionistes ont persuadé le gouvernement roumain de transférer 70 000 Juifs en Palestine sur des navires roumains arborant des bannières du Vatican. Considérant que cette migration illégale massive pouvait provoquer un soulèvement arabe, qui aurait eu des conséquences catastrophiques en pleine guerre, le ministère britannique des Affaires étrangères a averti les États-Unis que si autant de Juifs étaient emmenés hors d'Europe, il faudrait créer des camps en Afrique du Nord pour les accueillir. Cela provoque un nouveau désaccord entre les hommes de Morgenthau, sionistes convaincus, et le Département d'État.

En outre, le gouvernement roumain avait été soudoyé par la promesse de lui verser 170 000 dollars. Fin juillet 1943, le département du Trésor et le WJC proposent que cette somme soit rachetée par des hommes d'affaires roumains d'origine juive. Brekinridge Long et ses collègues du département d'État choisissent de s'opposer à l'opération et sont d'autant plus convaincus que les allégations d'extermination relèvent de la propagande de guerre qu'ils ne cessent d'entendre des propositions visant à évacuer d'Europe des personnes censées avoir été exterminées : à la fin de l'été, on apprend que six mille enfants juifs pourraient être évacués de France.

Brekinnridge Long commence à être battu de toutes parts et est ouvertement accusé d'avoir contribué à l'assassinat des Juifs. En conséquence, il commence à être remis en question au sein du gouvernement. En ce moment, déclare-t-il avec amertume, je suis dans le collimateur". L'un des adjoints de Morgenthau, Josiah DuBois, rédige le fameux "Rapport au

Secrétaire sur l'acquiescement de ce gouvernement au meurtre des Juifs", qui servira à convaincre Roosevelt de la nécessité de créer le War Refugee Board (WRB). Finalement, à la fin de l'année 1943, la campagne de Wise et Morgenthau porte ses fruits et ils obtiennent gain de cause. En décembre, des accords sont conclus avec le gouvernement roumain pour l'évacuation des Juifs roumains. L'argent est déposé sur un compte en Suisse contrôlé par Riegner et Morgenthau lui-même. En outre, en décembre 1943, la Roumanie a également testé le terrain pour la paix, qui a été offerte à condition que les Juifs soient bien traités. En 1940, les Juifs roumains avaient été déportés dans la région de la mer d'Azov et le gouvernement roumain décida en décembre 1943 de les rapatrier en coopération avec la Croix-Rouge internationale, comme expliqué ci-dessus.

Le War Refugee Board (WRB), à l'origine de la fable d'Auschwitz

La victoire du département du Trésor sur le département d'État conduit le président Roosevelt, en janvier 1944, à autoriser son ami intime Henry Morgenthau, potentat juif installé au Trésor depuis 1934, à créer le War Refugee Board (WRB), auquel participent, outre le secrétaire Morgenthau, le secrétaire d'État Cordell Hull et le secrétaire à la Guerre Henry L. Stimson. Le directeur exécutif du WRB était John W. Pehle et son conseiller général, Josiah DuBois, deux des hommes de Morgenthau au Trésor.[10] En réalité, le WRB était le conseil de Morgenthau, dont la principale préoccupation était l'évacuation des Juifs d'Europe, et il devint donc un instrument du WJC et d'autres organisations sionistes. Harry Dexter White étant responsable des relations extérieures au sein du département du Trésor, les opérations du WRB furent rapidement dominées et contrôlées par ce juif d'origine lituanienne, formidable espion communiste, bras droit de Morgenthau, en réalité internationaliste/mondialiste au service des banquiers internationaux. Comme nous avons déjà longuement parlé de l'un et de l'autre dans le chapitre dix, notamment dans la cinquième partie consacrée

---

[10] Josiah DuBois a participé aux procès militaires de Nuremberg en tant que procureur en chef dans le procès I.G. Farben. En 1952, il a publié le livre *The Devil's Chemists*, dans lequel il donne sa version du procès de ceux qu'il appelle les "24 conspirateurs du cartel international Farben". Il y note que dès novembre 1942, il a reçu d'un prisonnier d'Auschwitz travaillant à l'usine de Buna des informations selon lesquelles les tirs sur les prisonniers étaient monnaie courante. DuBois écrit que dans deux messages reçus de Suisse, envoyés par Riegner en janvier et avril 1943, des collègues du Département d'État ont été avertis que 6.000 Juifs étaient assassinés quotidiennement à Auschwitz. Il dénonce ainsi une nouvelle fois le prétendu obstructionnisme mis en place par le Département d'État pour empêcher la délivrance massive de visas aux Juifs d'Europe cherchant à entrer aux États-Unis.

au plan Morgenthau pour l'Allemagne, il n'est pas nécessaire de faire d'autres commentaires.

Le rabbin Wise, les sionistes et d'autres agents de propagande ont utilisé le WRB pour intensifier leur campagne aux États-Unis. En novembre 1944, le War Refugee Board publia enfin un rapport, une brochure intitulée *German Extermination Camps : Auschwitz and Birkenau*, qui peut être considérée comme le plus grand succès du WRB dans la propagation du mensonge d'Auschwitz. Cette brochure est le document qui est à l'origine de la thèse officielle de l'extermination à Auschwitz au moyen de chambres à gaz. Il contient déjà les éléments essentiels de la fable, à tel point que les accusations à Nuremberg étaient basées sur ce texte du WRB. Breckinridge Long et d'autres membres du Département d'État soupçonnaient que le rapport avait été transmis à Washington depuis Berne. En tout cas, il ne leur servait plus à rien de continuer à penser et à commenter en privé qu'il s'agissait d'une campagne de Morgenthau et de ses aides juifs. Bien entendu, les journaux allemands dénoncèrent également en vain une abominable campagne de propagande ("Greuelpropaganda") fabriquée sur la base de mensonges.

Le 26 novembre 1944, la brochure du WRB, reçue en Suisse le 6 août 1944, est publiée en première page du *New York Times*, qui en donne plusieurs résumés. Il s'agit de deux rapports, le premier écrit par deux Juifs slovaques évadés le 7 avril, le second par un officier polonais. Tous affirment avoir été à Auschwitz du printemps 1942 au printemps 1944. Le rapport comportait également un bref complément attribué à deux autres Juifs qui s'étaient évadés le 27 mai. L'anonymat de chacun d'entre eux a été préservé dans un souci de sécurité : "Leurs noms ne seront pas divulgués pour l'instant, dit-on, dans l'intérêt de leur propre sécurité. Tout laisse à penser que le texte, outre la partie fabriquée, contient des informations obtenues par les services de renseignement, puisque des données officielles sont données, comme, par exemple : nombre de détenus en avril 1942, description du système d'enregistrement des prisonniers, causes d'internement, nationalités, carte détaillée de la zone, dimensions d'Auschwitz I, certificats de décès pour causes naturelles, répartition détaillée du nombre et des classifications des prisonniers à Birkenau en avril 1944, nouveau système d'enregistrement mis en place en mai 1944...

Dans le récit attribué au soldat polonais, il est dit qu'au cours de l'été 1942, les Juifs ont été gazés dans des bâtiments fermés spéciaux qui semblaient être des douches et qui étaient situés dans une forêt de bouleaux très proche de Birkenau. La construction des fours crématoires n'étant pas achevée, les corps furent enterrés dans des fosses communes et putréfiés. Lorsque les fours de Birkenau furent prêts à l'automne 1942, de nombreux cadavres furent exhumés et brûlés. Concernant les fours de Birkenau, le rapport indique qu'au printemps 1944, quatre bâtiments abritaient les crématoires I, II, III et IV. Chaque bâtiment se composait d'une salle pour les chaudières des fours, d'un grand hall ou foyer et d'une chambre à gaz. Les deux premiers bâtiments contenaient chacun 36 fours (on comprend les bouches ou les portes) et les deux autres 18. Selon le rapport, chaque four ne pouvait contenir que trois corps à la fois et leur crémation durait une heure et demie, ce qui permettait de brûler 6000 corps par jour. Enfin, apparaît le fameux Zyklon B, dont l'emballage porte l'inscription : "pour utilisation contre les nuisibles", comme le produit spécifique utilisé pour les meurtres de masse dans les chambres à gaz. Il est ajouté dans cette partie de la brochure que des personnalités berlinoises ont assisté à l'ouverture du premier crématorium en mars 1943. Le "programme" consistait à gazer et à incinérer 8000 Juifs de Cracovie. Les noms des personnes invitées à ce spectacle ne sont pas révélés, mais il est noté qu'elles ont été extrêmement satisfaites des résultats.

Le rapport comprend un tableau qui recense méticuleusement, par nationalité, le nombre de Juifs gazés à Birkenau entre avril 1942 et avril 1944. Il est contenu dans le document 022-L du dossier public des procès du TMI, dont l'intitulé est : "Summary of a Report of the War Refugee Board, Washington, D. C., November 1944, on the German extermination camps - Auschwitz and Birkenau - giving an estimate of the number of Jews gassed at Birkenau between April 1942 and April 1944" (Résumé d'un rapport du War Refugee Board, Washington, D. C., novembre 1944, sur les camps d'extermination allemands - Auschwitz et Birkenau - donnant une estimation du nombre de juifs gazés à Birkenau entre avril 1942 et avril 1944). Arthur R. Butz le joint à l'annexe des illustrations de son ouvrage de référence. Grâce à elle, nous pouvons commenter quelques chiffres. Il précise que 900 000 Juifs polonais, dont 600 000 arrivés par train et 300 000 par camion, ont été gazés pendant ces deux années à Birkenau. Les Juifs français exterminés sont 145 000, les Hollandais 100 000, les Allemands 60 000, etc. pour atteindre le chiffre de 1 765 000 Juifs assassinés. Quant aux Juifs hongrois, dont nous avons parlé plus haut, ils ne figurent pas dans le document 022-L, puisque, comme on le sait, ils ont commencé à être déportés en mai 1944. La brochure du WRB indique cependant qu'environ 15 000 d'entre eux ont commencé à arriver quotidiennement à Birkenau à partir du 15 mai, et que 90% d'entre eux ont été éliminés immédiatement. Il est précisé que la capacité des fours crématoires était dépassée par l'arrivée de tant de Juifs hongrois, raison pour laquelle ils ont été brûlés dans des fossés.

En ce qui concerne le fonctionnement de l'hôpital d'Auschwitz I, il est indiqué qu'à l'automne 1942, le taux de mortalité était si élevé que Berlin a exigé des explications. On sait que l'épidémie de typhus a entraîné la fermeture de l'usine de Buna d'I. G. Farben pendant les mois d'août et de septembre. Or, le rapport indique que le médecin du camp aurait administré des injections létales à des personnes faibles et malades, à certains condamnés à mort et à des adolescents considérés comme orphelins.

Il a fallu attendre seize ans pour que les noms des auteurs présumés du rapport du WRB soient révélés. Dans la première édition de *La Solution finale*, Gerald Reitliger continuait à se référer à l'anonymat des auteurs, ce qui n'était évidemment pas favorable à la crédibilité du document et devait être compris comme tel, puisque c'est Reitlinger lui-même qui, en 1960, s'est chargé de retrouver un certain Rudolf Vrba, qu'il considère, dans l'édition révisée de son ouvrage, publiée en 1968, comme l'auteur de la partie la plus importante du récit. Ainsi, lors du procès d'Eichmann à Jérusalem en 1961, les noms des deux Juifs slovaques, Rudolf Vrba et Alfred Wetzler, sont enfin révélés. Le procureur présente alors une déclaration sous serment de Vrba, que le tribunal rejette au motif que l'accusation n'a aucune raison de ne pas le faire témoigner devant le tribunal. En 1963, Rudolf Vrba publie le livre *Je ne peux pas pardonner*, dans lequel il n'explique pas pourquoi il lui a fallu seize ans pour donner des signes de vie. En 1964, lui et Wetzler comparaissent enfin à Francfort pour témoigner au procès d'Auschwitz. Bien entendu, la brochure du WRB est fausse et l'apparition de ces deux personnages ne prouve en rien sa prétendue authenticité.

Les aveux de Rudolf Höss, deuxième pilier de la fable d'Auschwitz

L'historiographie de l'Holocauste trouve en Rudolf Höss son étoile la plus brillante dans l'univers des témoins et des accusés sur lequel s'est construite la fable d'Auschwitz. Si le rapport du WRB a été le premier pilier sur lequel le mythe d'Auschwitz en tant que camp d'extermination a commencé à se construire, les aveux de Höss, obtenus sous la torture, constituent le deuxième pilier et le cadre fondamental de l'histoire. Höss a été présenté comme témoin devant le Tribunal militaire international (TMI) le 15 avril 1946. Son témoignage a fait l'effet d'une bombe inattendue qui a stupéfié tous les accusés et les journalistes internationaux qui assistaient aux séances du TMI. Il déclare sans équivoque que Himmler lui a ordonné d'exterminer les Juifs et affirme que quelque 3 000 000 de personnes ont été assassinées à Auschwitz, dont 2 500 000 dans les chambres à gaz. Höss ayant cessé d'être le commandant du camp le 1er décembre 1943, on peut supposer que ces chiffres ne concernent que cette date. Au cours de l'hiver 1986-87, *le Journal of Historical Review* (Vol. 7, No. 4) a publié un article du professeur Faurisson intitulé "Comment les Britanniques ont obtenu les aveux de Rudolf Höss". Nous nous y référons pour savoir comment la déclaration signée de Höss a été obtenue.

À la fin de la guerre, Rudolf Höss est capturé par les Britanniques. Ses ravisseurs n'ayant pas conscience de l'importance de la proie qu'ils ont entre les mains, et comme il est expert en agronomie, un bureau de travail lui trouve un emploi dans une ferme à Flensburg, près de la frontière danoise, et il est libéré. Il est recherché par la police militaire et sa famille, qu'il a réussi à contacter, est étroitement surveillée. Néanmoins, Höss reste caché dans la ferme pendant environ huit mois, jusqu'au 11 mars 1945 à 23 heures, date à laquelle il est à nouveau arrêté. La confirmation que Höss a été torturé, ce que les révisionnistes considéraient comme une certitude, est venue en 1983, avec la parution du livre *Legions of Death de l'*antinazi Rupert Butler, qui se vante de ses recherches dans diverses institutions britanniques et exprime sa gratitude à Bernard Clarke, un juif britannique qui était sergent dans la 92e brigade de la Field Security Section et qui, dit-il, "a capturé le commandant d'Auschwitz, Rudolf Höss". Butler cite des extraits des rapports écrits ou enregistrés de Clarke qui, au lieu de montrer des remords, est fier d'avoir torturé un nazi. En fait, Rupert Butler lui-même estime qu'il n'y a rien à critiquer et explique qu'il a fallu trois jours de torture pour produire "un rapport cohérent".

Selon le récit de Butler, le 11 mars 1946, un capitaine nommé Cross, le sergent Bernard Clarke et quatre autres spécialistes du renseignement portant des uniformes britanniques sont entrés dans la maison de Mme Höss, Hannah Höss, qui vivait avec ses enfants dans un immeuble de la ville de Heide, dans le Schleswig-Holstein, en adoptant une attitude menaçante. Les six hommes, souligne Butler, "étaient des experts en techniques sophistiquées d'investigation prolongée et impitoyable". Clarke a crié à la femme : "Si vous ne nous dites pas où se trouve votre mari, nous vous livrerons aux Russes et nous vous ferons passer devant un peloton d'exécution. Vos enfants iront en Sibérie." Clarke explique que les menaces appropriées adressées au fils et à la fille ont eu l'effet escompté : Mme Höss a fondu en larmes, a révélé l'emplacement de la ferme où se cachait son mari, et a également révélé le faux nom qu'il avait adopté : Franz Lang. Le capitaine Cross, le sergent juif et les autres spécialistes des "interrogatoires au troisième degré" partent à la recherche de Höss à minuit et le trouvent dans une pièce de l'abattoir de la ferme.[11] "Quel est ton nom ? cria Clarke. Chaque fois qu'il répondait "Franz Lang", il recevait un coup de poing au visage. Au quatrième coup, Höss avoua sa véritable identité. Dans son livre, Butler raconte que les parents des sergents juifs qui faisaient partie du groupe d'arrestation avaient été tués à Auschwitz sur un ordre signé par Höss. En conséquence, il a été déshabillé et placé sur une planche dans l'abattoir, où il a été matraqué jusqu'à ce qu'il ait perdu la vie. Le médecin militaire exhorte le capitaine : "Dites-leur d'arrêter, à moins qu'ils ne veuillent prendre un cadavre. Ils placent ensuite une couverture sur le corps enflé de Höss et l'embarquent dans la voiture de Clarke. Après lui avoir fait boire une bonne gorgée de whisky, Clarke lui pique les paupières avec son bâton de service et lui ordonne en allemand : "Garde tes yeux de cochon ouverts, espèce de porc ! Le groupe atteint Heide vers trois heures du matin. Le vent

---

[11] L'"interrogatoire au troisième degré" est un euphémisme pour éviter d'utiliser le mot "torture". Lors de ces interrogatoires, une douleur physique et/ou mentale est infligée à la personne interrogée afin d'obtenir des aveux ou un rapport.

faisait tourbillonner la neige et Höss fut contraint de marcher nu dans la cour de la prison jusqu'à sa cellule.

Un soldat nommé Ken Jones, stationné à Heide avec le 5e détachement de la Royal Horse Artillery, a confirmé dans un article publié dans le *Wrexham Leader* le 17 octobre 1986 qu'il avait fallu trois jours pour obtenir un rapport cohérent de Höss. Jones se souvient que lui et deux autres soldats le préparaient à l'interrogatoire : "Nous étions assis avec lui dans sa cellule, écrit Jones, jour et nuit, armés de bâtons. Notre tâche consistait à le pousser chaque fois qu'il s'endormait afin de briser sa résistance". Jones explique que lorsque Höss était emmené dans le froid à l'extérieur pour faire de l'exercice, il ne portait qu'un mince T-shirt en coton. Après trois jours et trois nuits sans sommeil, il est passé aux aveux. Selon Clarke, qui a personnellement censuré les lettres que Rudolf Höss envoyait à sa femme et à ses enfants, une fois que le prisonnier a commencé à parler, il était impossible de l'arrêter.

Rudolf Höss est extradé vers la Pologne le 25 mai 1946. Il y subit un nouveau procès pour crimes de guerre. Le procès se tient à Cracovie le 2 avril 1947, où Höss ramène à 1 135 000 le chiffre de 3 000 000 qu'il avait avancé à Nuremberg. Deux semaines plus tard, le 16, il est pendu à Auschwitz. Paradoxalement, mais pour des raisons diverses que nous vous épargnerons, les communistes lui ont permis de raconter son histoire dans un mémoire qu'il a écrit au crayon dans la prison de Cracovie. Martin Broszat, membre de l'Institut d'histoire contemporaine de Munich, qui avait admis le 10 août 1960 dans *Die Zeit* que personne n'avait été gazé à Dachau, Bergen-Belsen ou Buchenwald, les a publiées après les avoir retouchées en 1958 sous le titre *Commandant à Auschwitz*. Höss y confirme que lors de son premier interrogatoire, il a été battu pour obtenir sa déposition : "Je ne sais pas ce qu'il y a dans le document, bien que je l'aie signé. L'alcool et le fouet étaient trop forts pour moi. Le fouet était à moi, et ils l'ont pris dans les valises de ma femme. J'avais à peine touché à mon cheval, et encore moins aux prisonniers. Cependant, l'un de mes interrogateurs était convaincu que je l'avais utilisé en permanence pour fouetter les prisonniers". Dans ces mémoires, Höss dénonce le fait que ce n'est qu'au bout de trois semaines que les Britanniques lui ont retiré les menottes qu'il portait depuis son arrestation, lui ont coupé les cheveux, l'ont laissé se laver et l'ont rasé. Dans *Commandant à Auschwitz*, on peut lire ce qui suit :

> "J'étais à Nuremberg parce que l'avocat de Kaltennbrunner m'avait demandé de témoigner pour sa défense. Je n'ai jamais pu comprendre, et je ne comprends toujours pas, comment, parmi toutes les personnes présentes, j'ai pu contribuer à l'acquittement de Kaltenbruner. Bien que les conditions de détention aient été bonnes à tous égards - il y avait une bibliothèque bien fournie et je lisais chaque fois que j'en avais le temps - les interrogatoires étaient extrêmement désagréables, non pas tant sur le plan physique, mais bien plus en raison de leur fort impact psychologique.

Je ne peux pas vraiment blâmer les interrogateurs - ils étaient tous juifs. Psychologiquement, j'étais dévasté. Ils voulaient tout savoir sur tout, ce qui était également le cas des Juifs. Ils ne m'ont laissé aucun doute sur le sort qu'ils me réservaient".

Les déclarations de Höss sont la pierre angulaire des affirmations des historiens selon lesquelles l'extermination de millions de Juifs dans les chambres à gaz d'Auschwitz est une réalité historique. Robert Faurisson explique dans l'article publié dans *The Journal of Historical Review* que Höss a fait en réalité quatre déclarations, c'est pourquoi on peut parler à proprement parler des aveux de Rudolf Höss. La première est un texte dactylographié de huit pages, le document NO-1210. Sans indication de lieu, il est daté du 14 mars 1946 et a été signé à 2h30 du matin, peut-être déjà le 15. Après l'avoir examiné, le professeur Faurisson, spécialiste de l'analyse des textes et de la critique des documents, commente qu'en temps normal, aucun tribunal d'une démocratie ne l'aurait pris en considération.

La seconde déclaration sous serment, le document PS-3868, a été signée 22 jours plus tard, le 5 avril 1946. Il s'agit d'un texte de vingt pages en anglais. Sur la dernière page figure ce texte : "Je comprends le texte anglais. Les déclarations ci-dessus sont vraies : j'ai fait cette déclaration volontairement et sans contrainte ; après avoir lu la déclaration, je l'ai signée et formalisée à Nuremberg, Allemagne, le cinquième jour d'avril 1946". Faurisson, dont la critique formelle du document est dévastatrice, trouve le texte peu présentable et moins acceptable que le premier : il y a des lignes ajoutées en majuscules, des lignes raturées au stylo, et aucune annotation dans la marge pour justifier ou expliquer les corrections. Pour justifier que Höss a signé un affidavit dans une langue qui n'est pas la sienne et faire disparaître les ratures et les ajouts, le texte est restructuré à Nuremberg et présenté comme une traduction de l'allemand vers l'anglais.

Le troisième aveu est la spectaculaire déclaration orale devant le TMI le 15 avril 1946, dix jours après la signature du document PS-3868. Absurdement, la comparution de Höss s'est faite à la demande de Kurt Kauffmann, l'avocat de Kaltenbrunner, qu'il a cherché à défendre en attribuant toute la responsabilité à Himmler. Enfin, la quatrième confession est constituée par les textes du livre *Commandant à Auschwitz*, écrits sous l'œil vigilant de ses geôliers communistes en attendant le procès. Il est clair que cette dernière version de Höss doit être abordée avec toutes sortes de réserves, puisqu'elle ne pouvait pas modifier ce qu'il avait déclaré devant le TMI et qu'elle est à nouveau truffée de mensonges sur les aspects relatifs à la prétendue extermination et aux moyens utilisés.

Avant de commenter les impossibilités de l'affirmation de Höss, il faut rappeler que seuls 400 000 individus environ, toutes nationalités confondues, ont été enregistrés à Auschwitz. De plus, lorsqu'en avril 1945 l'Armée rouge s'empare des archives d'Oranienburg, une ville située à 35 kilomètres au nord de Berlin, elle découvre que le nombre total de morts dans l'ensemble des camps de travail en dix ans s'élève à 403 713. Les Soviétiques ont gardé ces documents secrets pendant quarante-cinq ans. En revanche, il existait à Auschwitz un registre des morts consigné dans quarante-six volumes. Le problème est que le nombre total de décès enregistrés ne peut être déterminé avec exactitude car les livres de 1940, 1941, de la majeure partie de 1944 et de janvier 1945 manquent. En d'autres termes, seuls les décès de 1942, 1943 et, de manière incomplète, de 1944 sont enregistrés dans les quarante-six livres. Néanmoins, plusieurs auteurs révisionnistes ont tenté de calculer le nombre de morts dans le camp à partir des données connues et du nombre total de prisonniers enregistrés à Auschwitz.

Arthur R. Butz extrapole et donne le chiffre de 125 000 morts, dont beaucoup, sinon la plupart, étaient des chrétiens catholiques. En 1992, le chercheur révisionniste juif David Cole, dont nous parlerons plus loin, a tourné un célèbre documentaire sur Auschwitz, dans lequel il a interviewé le Dr Franciszek Piper, directeur et conservateur des archives du musée d'État d'Auschwitz. Le Dr Piper a reconnu devant la caméra que 197 820 détenus avaient survécu. Franciszek Piper, quant à lui, a écrit que "lorsque les soldats soviétiques ont libéré le camp en janvier 1945, ils ont trouvé des documents confirmant que seulement 100 000 personnes étaient mortes". En 1999, Vivian Bird a publié *Auschwitz : The Final Count*. Cet auteur anglais insiste sur le fait que les statistiques contenues dans les livres sont complètes et authentiques, mais reconnaît également l'inconvénient de ne pas disposer du dossier complet. Bird conclut que 73 137 détenus ont succombé aux dures conditions de travail à Auschwitz, dont seulement 38 031 étaient juifs.

Au vu de ces chiffres, il est clair que l'on ne peut accorder aucune crédibilité aux "affidavits" de Rudolf Höss, obtenus après sa capture lors d'un interrogatoire au troisième degré. En fait, même l'auteur exterministe Gerald Reitlinger ne les croit pas et qualifie le témoignage de Höss à Nuremberg d'"irrémédiablement récusable". Reitlinger admet que le témoignage de Höss était une énumération d'exagérations insensées, comme l'affirmation selon laquelle 16 000 personnes étaient tuées chaque jour. Malheureusement, lui et d'autres historiens de l'Holocauste, au lieu d'admettre la véritable nature d'Auschwitz et la grande importance de ses activités industrielles pour les Allemands, soutiennent que les déclarations délirantes de Höss étaient motivées par une sorte de "fierté professionnelle".

Une seule référence au caractère industriel d'Auschwitz a subsisté dans les transcriptions de tous les témoins qui ont déposé devant le TMI. Il s'agit du témoignage d'une prisonnière politique, Marie Claude Vaillant-Couturier, qui évoque en passant une usine de munitions, l'usine Krupp, et une grande usine à Buna, dont elle ne peut rien dire car elle n'y travaillait pas. Les autres allusions, s'il y en a, ont été supprimées. Le fait que le commandant du camp ne mentionne pratiquement pas dans son témoignage l'intérêt de premier ordre des usines du camp est très significatif. En revanche, les barbaries inventées dans les aveux de Höss sont tellement absurdes qu'elles mériteraient à peine d'être réfutées. Voyons voir :

> "J'ai été commandant d'Auschwitz jusqu'en décembre 1943 et j'estime qu'au moins 2 500 000 victimes y ont été exécutées et exterminées, gazées et brûlées, et qu'au moins un demi-million d'autres ont succombé à la famine et à la maladie, soit un total d'environ 3 000 000. Ce chiffre représente 70 à 80% du nombre total de personnes envoyées à Auschwitz en tant que prisonniers. Le pourcentage restant a été sélectionné pour servir de main-d'œuvre servile dans les industries des camps de concentration. Parmi les personnes exécutées et brûlées, on compte environ 20 000 prisonniers de guerre russes (préalablement contrôlés par la Gestapo dans les cellules des prisonniers de guerre), qui ont été livrés à Auschwitz dans des transports de la Wehrmacht conduits par des soldats et des officiers réguliers de la Wehrmacht. Le nombre total de victimes comprenait quelque 100 000 Juifs allemands et un grand nombre de citoyens, principalement des Juifs de Hollande, de France, de Belgique, de Pologne, de Hongrie, de Tchécoslovaquie, de Grèce et d'autres pays. Nous avons exécuté environ 400 000 Juifs hongrois au cours du seul été 1944".

On notera en particulier la mention des 400 000 Juifs hongrois, au sujet desquels il semble qu'il y ait eu un intérêt particulier à ajouter au chiffre cabalistique de 6 000 000. Comme nous avons déjà consacré de l'espace à ce qui est réellement arrivé aux Juifs hongrois, nous n'en rajouterons pas, bien qu'il faille noter que Rudolf Höss n'était plus à Auschwitz à l'été 1944. Cependant, comme il a été promu en décembre 1943 à l'Inspection des camps de concentration d'Oranienburg, il est crédible qu'il ait pu savoir que les prétendues exécutions se poursuivaient. Cela dit, il semble évident que l'inclusion des Juifs hongrois a été imposée par les rédacteurs de la déclaration soumise à sa signature. Le nombre total de victimes s'élève donc à 3 400 000, très proche du chiffre de 4 000 000 donné par les Soviétiques, qui figurait sur la première plaque installée dans le camp à l'intention des touristes. En revanche, si le chiffre de 3 000 000 n'est que soixante-dix ou quatre-vingts pour cent du nombre total de personnes envoyées à Auschwitz, il faut en déduire qu'il y avait environ 4 000 000 de prisonniers du camp, soit dix fois plus que ce qui a été enregistré.

Un autre paragraphe de la déclaration indique que, bien que son commandement à Auschwitz ait pris fin le 1er décembre 1943, son poste à l'inspection des camps lui permettait d'être au courant de ce qui se passait dans les camps de concentration :

> "Les exécutions au gaz ont commencé au cours de l'été 1941 et se sont poursuivies jusqu'à l'automne 1944. J'ai personnellement supervisé les

exécutions à Auschwitz jusqu'en décembre 1943 et je sais, de par mes fonctions au sein de l'inspection des camps de concentration de la WVHA, que les exécutions de masse se sont poursuivies comme indiqué ci-dessus. Toutes les exécutions par gazage ont eu lieu sous l'ordre direct, la supervision et la responsabilité du RSHA. J'ai reçu tous les ordres d'exécution massive directement du RSHA".

On sait que le Reichssicherheitshauptamt (Bureau principal de la sécurité du Reich), abrégé RSHA, a été créé par Heinrich Himmler le 27 septembre 1939, Höss laisse donc entendre qu'il a reçu l'ordre d'extermination de Himmler lui-même. Dans *The Hoax of the Twentieth Century*, Arthur R. Butz commente que dans son témoignage, qui figure dans le volume 11 de l'ITM, Höss a déclaré qu'au cours de l'été 1941, il avait été convoqué pour faire directement rapport au Reichsführer SS et qu'au cours de son entretien avec lui, Himmler lui avait donné l'ordre d'exterminer les Juifs, mais lui avait dit qu'il devait maintenir "le secret le plus strict", en ne permettant pas à son supérieur immédiat Glücks d'être au courant de ce qu'il faisait. Richard Glücks était à l'époque inspecteur des camps de concentration et subordonné au Reichsführer Himmler. Il va sans dire qu'il est absolument absurde de prétendre que Himmler, sans en informer Oswald Pohl, chef du département économique et administratif de la SS (SS-WVHA), aurait ordonné au major Höss d'exterminer secrètement des millions de Juifs et de dissimuler cette tuerie à Glücks, son supérieur, qui était en même temps sous les ordres de Himmler. Peut-on concevoir une plus grande absurdité ? Voyons un peu plus loin :

> La "solution finale" de la question juive signifiait l'extermination complète de tous les Juifs d'Europe. J'ai reçu l'ordre de mettre en place des installations d'extermination à Auschwitz en juin 1941. À l'époque, il y avait déjà trois autres camps d'extermination dans le Gouvernement général, Belzec, Treblinka et Wolzek. Ces camps relevaient de l'Einsatzkommando de la police de sécurité et du SD. J'ai visité Treblinka pour savoir comment ils procédaient. Le commandant du camp de Treblinka m'a dit qu'il avait liquidé 80 000 personnes en six mois. Il s'intéressait surtout à la liquidation des Juifs du ghetto de Varsovie. Il utilisait du monoxyde de gaz et je ne pensais pas que ses méthodes étaient très efficaces. Lorsque j'ai construit le bâtiment d'extermination d'Auschwitz, j'ai donc utilisé le Zyklon B, qui était de l'acide prussique cristallisé, acide que nous faisions tomber dans la chambre à gaz par une petite ouverture. Il fallait entre trois et quinze minutes pour tuer les personnes à l'intérieur de la chambre, en fonction des conditions météorologiques. Nous savions qu'ils étaient morts parce que leurs cris s'arrêtaient. Nous attendions généralement une demi-heure avant d'ouvrir les portes et de sortir les corps. Une fois les corps retirés, nos

commandos spéciaux leur enlevaient leurs bagues et extrayaient l'or de leurs dents".

Autre amélioration par rapport à Treblinka : nous avons construit nos chambres à gaz pour qu'elles puissent contenir 2000 personnes à la fois, alors que les dix chambres à gaz de Treblinka ne contenaient que 200 personnes chacune. La sélection des victimes s'est faite de la manière suivante : nous avions deux médecins SS à Auschwitz pour examiner les prisonniers qui arrivaient dans les transports. Ceux qui étaient aptes au travail étaient envoyés au camp. Les autres étaient envoyés immédiatement dans les usines d'extermination. Les enfants de quelques années étaient invariablement exterminés parce qu'ils n'étaient pas aptes au travail. Autre amélioration par rapport à Treblinka : à Treblinka, les victimes savaient presque toujours qu'elles allaient être exterminées, alors qu'à Auschwitz, nous nous efforcions de leur faire croire qu'elles allaient subir un processus d'épouillage. Bien entendu, elles se rendaient souvent compte de nos véritables intentions, ce qui entraînait parfois des troubles et des difficultés. Souvent, les femmes cachaient leurs enfants sous leurs vêtements, mais lorsque nous les découvrions, nous les envoyions à l'extermination. On nous demandait de procéder à ces exterminations en secret, mais l'odeur nauséabonde dégagée par les incinérations continuelles de cadavres imprégnait complètement la région et tous les habitants des villages environnants savaient que des exterminations étaient menées à Auschwitz."

Comme on peut le voir, la déclaration insiste sur le fait que l'ordre d'extermination a été donné au cours de l'été 1941, soit une demi-année avant la tenue de la conférence de Wannsee. Il semble évident que la rigueur historique n'ornait pas l'intellect de ceux qui ont présenté la confession à Höss pour qu'il la signe. En revanche, Gerald Reitlinger s'est rapidement rendu compte que de telles incohérences nuisaient à la crédibilité de la confession et s'est empressé de rectifier la date. Selon Reitlinger, Höss parlait de l'été 1942 et non de 1941. De plus, Reitlinger lui-même situe le premier grand transport de deux mille Juifs vers Birkenau en mars 1942. "À cette époque, lit-on dans la déclaration, il y avait déjà trois autres camps d'extermination dans le gouvernement central, Belzec, Treblinka et Wolzec. Il s'agit là d'une autre erreur majeure, car même en 1941, il n'y avait pas encore de Treblinka II, dont la construction a commencé en mars 1942. On rapporte qu'une inscription sur une pierre indique aujourd'hui que l'extermination de 800 000 Juifs y a eu lieu entre juillet 1942 et août 1943. Et ainsi de suite, car les contradictions et les incohérences sont la conséquence logique des mensonges éhontés qui composent l'"affidavit". Robert Faurisson commente que dans NO-1210, le texte du premier affidavit, les Britanniques ont fait signer à Höss que le camp d'extermination de Wolzec était "près de Lublin". En réalité, Wolzec n'existe pas et n'a pas existé. Il semble peu probable qu'ils aient voulu parler de Belzec, qui n'est pas près de Lublin, mais à plus de cent trente kilomètres, et qui est mentionné en même temps que Wolzek, un nom de lieu mystérieux qui ne figure sur aucune carte de Pologne.

Arthur R. Butz commente longuement les références au Zyklon B dans les aveux de Höss. Il confirme qu'il n'existe pas de gaz plus mortel et qu'il s'agit d'un insecticide bien connu et largement utilisé, qui a été commercialisé dans le monde entier avant la guerre. La "Deutsche Gesellschaft für Schädlingsbekämpfung" (DEGESCH), une entreprise de pesticides, l'a fourni pendant la guerre aux forces armées allemandes et à l'ensemble du système des camps. Comme nous l'avons vu plus haut, au cours des mois d'août et de septembre 1942, le travail à Auschwitz a dû être interrompu en raison d'une terrible épidémie de typhus. On sait que l'arrêt des mesures de désinfection au camp de Bergen-Belsen à la fin de la guerre a eu des effets dévastateurs. Le nombre de morts y a fourni les images choquantes qui constituent le métrage de référence des propagandistes de l'Holocauste. Le Zyklon B, conditionné dans des bidons cylindriques verts, était donc indispensable dans les camps comme désinfectant pour préserver la vie des prisonniers, mais pas pour les tuer. Les chambres et les baraquements étaient scellés avant que le gaz, qui tue les poux et autres insectes nuisibles, ne soit vidé. Ensuite, elles étaient correctement ventilées. Les vêtements étaient également épouillés dans les "chambres de mise à mort". L'armée américaine a également utilisé un insecticide puissant dans ses camps de concentration, le DDT, qui était plus polyvalent et plus avancé que le Zyklon et donc moins mortel pour l'homme. C'est précisément parce que le Zyklon était si toxique qu'il est tout à fait impossible, comme le dit la déclaration de Höss, qu'une demi-heure seulement après l'émission du gaz, on soit entré dans les chambres pour en retirer les corps afin de les déshabiller.

Il est d'ailleurs incroyablement absurde de prétendre que les hiérarques nazis auraient délégué à un commandant de camp le choix du matériel et de la méthode d'exécution pour l'extermination systématique de millions de Juifs. Selon la déclaration délirante de Höss, c'est lui qui, après avoir visité Treblinka et constaté que son commandant utilisait une procédure d'extermination bâclée, a décidé de chercher un moyen plus efficace de mettre fin au problème juif. Reitlinger, accablé par un aveu aussi inacceptable, finit par dire gratuitement que "sans aucun doute", c'est Hitler qui a finalement pris la décision. Un tel sérieux et une telle rigueur historique sont impressionnants. Nous ne commenterons pas ici l'affirmation selon laquelle deux mille personnes étaient placées dans une chambre à gaz à la fois, car nous aurons le temps d'en discuter lorsque nous présenterons *le rapport Leuchter*. Quant aux femmes qui cachaient leurs enfants sous leurs vêtements et aux enfants systématiquement exterminés parce qu'ils étaient inutiles au travail, il est inutile d'en dire plus, car il a été dit dans les pages consacrées à Belzec, Treblinka et Sobibor que présenter les Allemands comme des bêtes sans pitié était une manœuvre de propagande. Rappelons que déjà pendant la Première Guerre mondiale, il suffisait de dire qu'ils mangeaient les enfants avec des frites après les avoir embrochés avec leurs baïonnettes.

Dans les dernières lignes de la citation, il est indiqué que la région a été imprégnée par la pestilence produite par les "incinérations continues de cadavres". Selon Höss et d'autres exterminationnistes, avant la construction des fours modernes, les crémations se faisaient dans des fossés ou sur des bûchers. On a déjà vu que cette question de la puanteur des corps brûlés était un thème récurrent des propagandistes dans les camps de l'Opération Reinhard. Mais dans le cas d'Auschwitz, la puanteur est confirmée, et il y a une explication qu'il ne faut pas ignorer : il y avait dans le camp de nombreuses industries qui travaillaient avec des matériaux très polluants. L'hydrogénation et d'autres processus chimiques qui avaient lieu dans les usines se caractérisaient par la puanteur qu'ils généraient. Le charbon utilisé par les Allemands était une source plus sale que le pétrole brut. Il est donc raisonnable de conclure que la puanteur de la zone provient de l'usine I.G. Farben de Buna et des diverses activités industrielles des autres complexes d'usines.

Sur les fours crématoires d'Auschwitz-Birkenau

Arthur R. Butz fournissant de nombreuses informations sur la construction des quatre bâtiments contenant les crématoires, nous nous tournerons à nouveau vers cette source fiable et rigoureuse afin de discréditer le fameux rapport de la Commission des réfugiés de guerre, qui affirme qu'au printemps 1944, il y avait quatre crématoires (I, II, II et IV) à Birkenau. En réalité, les quatre bâtiments de Birkenau qui contenaient les crématoires étaient II, III, IV et V. Le bâtiment I se trouvait à Auschwitz I et aurait été un crématoire inactif doté de quatre ouvertures. Butz révèle que les plans pour la construction des quatre structures avec les crématoires sont datés du 28 janvier 1942 sur. Le 27 février de cette année-là, un colonel ingénieur SS, Hans Kammler, chef du département de construction du WVHA, visite Auschwitz et tient une réunion au cours de laquelle il est convenu d'installer cinq crématoires au lieu des deux prévus à l'origine. Il a donc été décidé de construire cinq fours avec quinze crématoires dans chacun des quatre crématoires, soit un total de soixante crématoires dans les quatre crématoires. Cependant, si des documents attestent de l'achèvement des travaux dans les bâtiments II et III, aucun document ne le confirme pour les crématoriums IV et V, bien qu'il existe des preuves de l'existence de fours en fonctionnement dans ces derniers. Les travaux ont été commandés le 3 août 1942 à la société Topf und Söhne d'Erfurt. Chaque four, comme tous les crématoires normaux, était conçu pour incinérer un seul corps, et il n'y a aucune preuve que des fours non conventionnels conçus pour accueillir plus d'un corps à la fois aient été installés.

Le rapport du WRB indique que dans deux crématoriums, il y avait 36 fours chacun et dans les deux autres bâtiments, 18 fours chacun. Si nous acceptons l'information du paragraphe précédent comme valide, nous devons supposer qu'elle se réfère à 36 ouvertures ou portes, donc si nous considérons que chaque four avait trois ouvertures, dans deux bâtiments il y aurait 12 fours avec trois ouvertures chacun et dans les deux autres bâtiments, 6 fours avec trois ouvertures chacun. Cela donnerait un chiffre total de 108 bouches, qui était en réalité le nombre de bouches nécessaires pour brûler 6000 corps par jour en introduisant trois corps dans chaque four, à condition, comme l'assure le rapport, que les trois corps soient incinérés en une demi-heure seulement et que les fours fonctionnent en continu vingt-quatre heures sur vingt-quatre, ce qui est techniquement impossible. Généreusement, on peut admettre qu'avec la technologie de 1943, chaque four pouvait réduire un corps en cendres en une heure. Si, comme l'affirme le rapport du WRB, trois corps étaient introduits à la fois, le temps d'incinération serait nécessairement plus long. D'autre part, des temps d'arrêt étaient inévitables, car diverses opérations d'entretien et de nettoyage étaient nécessaires.

Avant de calculer le nombre maximum de cadavres qui auraient pu être incinérés dans les crématoires d'Auschwitz-Birkenau, il est intéressant d'examiner plus avant les informations et les documents fournis par Arthur R. Butz dans son ouvrage magistral. Les plans des quatre bâtiments contenant les crématoires montrent qu'il y avait dans chacun d'eux une grande pièce ou salle, le "Leichenkeller" (caveau mortuaire ou caveau des cadavres), qui se trouvait au-dessous du niveau du sol dans le cas des crématoires II et III et au niveau du sol dans le cas des crématoires IV et V. Les cinq premiers fours, dotés chacun de trois ouvertures, furent installés dans le bâtiment II. La construction se poursuit jusqu'en janvier 1943. Butz reproduit le texte du document NO-4473 du volume 5 des Tribunaux militaires de Nuremberg (TMN), qui confirme l'achèvement des travaux de construction :

> "29 janvier 1943
> Au commandant de l'Amtsgruppe C, SS Brigadefuhrer et Brigadier général de la Waffen SS, Dr. Ing.
> Objet. Crématorium II, état des bâtiments.
> Le Crématorium II a été achevé - à l'exception de quelques travaux mineurs - en utilisant toutes les forces disponibles, malgré d'énormes difficultés et un froid intense, par équipes de 24 heures. Les feux des fours ont été allumés en présence de l'ingénieur en chef Prüfer, représentant des entrepreneurs de la firme Topf und Söhne, Erfurt, et fonctionnent à pleine satisfaction. Les planches du plafond en béton de la cave mortuaire (Leichenkeller) n'ont pas encore été enlevées à cause de la glace. Cela

n'a cependant plus d'importance, car la chambre à gaz peut être utilisée à cette fin.

Topf und Söhne n'a pas pu livrer à temps les systèmes de ventilation et d'aération demandés par le Département central de la construction en raison des restrictions imposées à l'utilisation des chemins de fer. Dès leur arrivée, les travaux d'installation commenceront, de sorte que l'on peut espérer que tout sera prêt pour le 20 février 1943. Vous trouverez ci-joint un rapport de l'ingénieur d'essai de la société Topf und Söhne, Erfurt.

Chef de la direction générale de la construction, Waffen SS et police d'Auschwitz, SS Hauptsturmführer.

Attribué à : 1 -SS Ustuf. Janisch u. Kirschnek ; 1 Archives du bureau (archives du crématorium), Certificat d'authenticité de la copie (signature illisible) SS Ustuf. (F)".

Il est donc certain que les 15 des 5 fours des crématoires du bâtiment II ont pu être utilisés dès la fin du mois de janvier 1943. En revanche, il fallut attendre plusieurs mois pour que les autres crématoires soient opérationnels. Le 12 février 1943, Topf und Söhne écrivit à Auschwitz pour accuser réception de la commande concernant la construction de cinq unités de fours à trois arbres pour les crématoires du bâtiment III, qui, s'il n'y avait pas d'obstacles, devait être achevée pour le 10 avril. Arthur R. Butz précise qu'il n'a cependant pas pu trouver de documents fiables prouvant que la construction des fours des crématoires IV et V était achevée, bien qu'il mentionne une lettre datée du 21 août 1942 d'un lieutenant SS d'Auschwitz, dans laquelle il note une proposition de Topf a Söhne d'installer deux unités de fours à trois trous chacune. En tout état de cause, il est prouvé que des fours ont finalement été construits dans les crématoires IV et V également, et qu'ils ont fonctionné tout au long de l'année 1944. Butz lui-même admet qu'il existe au moins une trace d'un "Kommando" en activité qui, le 11 mai 1944, était affecté aux crématoires des bâtiments IV et V. Dans le *rapport Leuchter,* dont nous parlerons plus loin, il est définitivement établi que les crématoires IV et V disposaient de deux fours de quatre travées chacun ("retorts" est le terme technique utilisé par Leuchter). Reitlinger suppose qu'entre les quatre bâtiments il y avait vingt fours avec un total de soixante ouvertures ; mais en réalité il n'y avait que quatorze fours avec 46 ouvertures.

Ces constatations permettent d'établir que de fin janvier à avril 1943, il n'y avait que cinq fours à trois brûleurs chacun à Auschwitz-Birkenau. Si les fours du crématoire III ont effectivement pu être mis en service le 10 avril 1943, il y a eu dix fours avec trente travées pendant huit mois de l'année 1943. Comme les exterminations présumées ont été achevées à l'automne 1944, les vingt fours et leurs soixante travées n'ont fonctionné que pendant dix ou onze mois, à condition que les dix fours des crématoires IV et V aient été en service depuis janvier 1944, comme le suppose Reitlinger. Arthur R.

Butz propose une estimation sur la base du fait qu'il aurait pu y avoir jusqu'à 46 brûleurs fonctionnant à plein régime quotidiennement en 1944, ne s'arrêtant que pendant une heure, et calcule qu'environ 1000 cadavres par jour auraient pu être incinérés de cette manière, ce qui équivaudrait à 360 000 cadavres en un an. En étudiant le *rapport Leuchter*, nous verrons que les chiffres du professeur Butz sont très éloignés de la réalité.

En ce qui concerne le fonctionnement des fours crématoires, on utilisait un four à gaz qui produisait un mélange d'air et de combustible gazéifié qui était introduit dans le four pour démarrer, contrôler et arrêter l'allumage. Ces crématoriums sont connus sous le nom de fours à gaz parce qu'ils utilisent du gaz comme combustible, qui est injecté sous pression. Le terme allemand utilisé pour désigner le concept en question est "Gaskammer", mais dans le document NO-4473 figure le mot "Vergasungskellker", que Reitlinger a traduit à tort en anglais par "gassing cellar" (cave à gaz). Arthur R. Butz explique que le mot "Vergasung" a, dans un contexte technique, le sens de gazéification, carburation ou vaporisation, c'est-à-dire, précise-t-il, "transformer quelque chose en gaz et non pas exposer quelque chose à un gaz". Un "Vergasser" est un carburateur. Les fours de Birkenau", ajoute Butz, "semblent avoir été alimentés au coke ou au charbon.

Il existe deux procédés pour produire des combustibles gazeux à partir de coke ou de charbon : le premier consiste à faire passer de l'air à travers une couche de coke en combustion pour produire du "gaz de cokerie" ; le second consiste à faire passer de la vapeur à travers le coke pour produire du "gaz d'eau". Le terme allemand utilisé pour désigner ces procédés est "Vergasung". En tout état de cause, écrit Butz, "il est évident que les crématoires d'Auschwitz nécessitaient des équipements de "Vergasung" pour introduire le mélange air-gaz dans les fours et que la traduction dans NO-4473 devrait éventuellement être remplacée par "cave de production de gaz". J'ai confirmé cette interprétation de "Vergasunskeller" auprès de sources techniquement fiables en Allemagne.

En résumé, Arthur R. Butz affirme que, s'il est correctement interprété, le document NO-4473, comme tant d'autres, tend à contredire les affirmations de l'accusation. Butz insiste sur le fait que le crématorium II comportait au moins deux caves : une "Leichenkeller" (cave à cadavres) et une "Vergasungskeller" (cave de production de gaz), dont aucune n'était une "chambre à gaz". Le NO-4473, inclus dans les volumes du NMT dans une sélection de preuves à charge du procès de l'Administration des camps de concentration (cas 4) est, déplore le professeur Butz, la preuve la plus documentaire que les exterminationnistes ont pu produire pour prouver l'existence de chambres à gaz dans les fours crématoires de Birkenau. Quant à l'interprétation de Raul Hilberg, il écrit : "Inexplicablement, il passe sous silence le document NO-4473 sans aborder le problème qu'il soulève. Il cite le document, mais pas la phrase contenant le mot "Vergasungskeller". Il se contente d'affirmer que les "Leichenkeller" des crématoires II et III et les "Badenanstalten" (bains) des crématoires IV et V étaient en fait des chambres à gaz. Il n'en apporte absolument aucune preuve. Les documents cités par Hilberg à ce sujet ne parlent pas de chambres à gaz". Par conséquent, conclut Butz, "il n'y a aucune raison d'accepter et beaucoup de raisons de rejeter les allégations selon lesquelles ces installations sont des chambres à gaz".

Le taux de mortalité élevé à Birkenau

Le fait qu'il n'y ait pas eu d'exécutions massives ou de chambres à gaz n'exonère cependant pas Birkenau d'être le camp ayant le taux de mortalité le plus élevé de tout le système concentrationnaire allemand. Au cours de la période 1942-44, la mort y a eu l'un de ses domaines de prédilection, si bien qu'en ce sens, il peut être qualifié de "camp de la mort". Mais si l'on considère qu'à Dresde, plus de civils sont morts en quelques heures qu'à Birkenau en deux ans, et qu'à Hiroshima et Nagasaki, il n'a fallu que quelques secondes pour massacrer plus de 150 000 innocents, Birkenau n'a été qu'un des nombreux fiefs préférés de la mort, l'ennemi implacable de l'espèce humaine, qui, pendant la Seconde Guerre mondiale, a frappé la planète d'une hécatombe sans précédent, entraînant le sacrifice de plus de soixante millions de vies.

Nous savons que Birkenau (Auschwitz II) et Monowitz (Auschwitz III) ont été construits comme des dépendances d'Auschwitz I, où se trouvait le centre administratif de tout le système de camps de la région. Commentant le témoignage devant le TMI de Josef Kramer, commandant de Birkenau de mai à novembre 1944, il a été dit que Kramer a admis dans sa déclaration qu'entre 350 et 500 personnes mouraient chaque semaine à Birkenau. "J'avais un camp avec des malades, a-t-il dit, qui venaient d'autres parties du camp. Dans sa première déclaration, Kramer a insisté sur le fait que les médecins, qui travaillaient douze heures par jour, étaient tenus de certifier les causes de la mort des prisonniers, qui n'étaient normalement pas maltraités et étaient incinérés lorsqu'ils mouraient. En affirmant que les personnes des autres camps qui n'étaient plus en mesure de travailler, les "malades", se rendaient à Birkenau, Kramer cherchait à justifier le taux de mortalité élevé. En d'autres termes, Birkenau aurait été conçu pour accueillir les prisonniers malades, les vieillards, les enfants, les mourants et ceux qui ne pouvaient plus travailler. Tous les prisonniers malades de Monowitz, inaptes au travail, sont envoyés à Birkenau. Les prisonniers en transit sont également hébergés à Birkenau. En effet, il existait dans le camp une zone réservée aux Tsiganes et une autre zone où étaient hébergées les familles des Juifs venant de Theresienstadt. Birkenau, qui, comme Auschwitz I, était initialement destiné à fournir de la main-d'œuvre à l'usine Krupp, à l'usine électrique Siemens ou à I.G. Farben et ses sous-traitants, devint un camp plus grand qu'Auschwitz I, utilisé par les SS pour des besoins divers.

Selon Reitlinger, entre l'été 1942 et l'été 1944, seule une fraction de la population de Birkenau travaillait. En avril 1944, alors que la guerre entre dans sa période la plus critique pour l'Allemagne, sur les 36 000 détenus de Birkenau, près de la moitié sont considérés comme inaptes au travail ; en revanche, à Auschwitz I, sur 31 000 détenus, seuls 10% sont considérés comme inaptes au travail. Comme nous l'avons vu, c'est à Birkenau que furent construites les plus grandes installations pour l'élimination des cadavres par incinération dans des crématoires. Les documents du NMT montrent qu'en mai 1944, il y avait 18 000 prisonniers masculins à Birkenau, dont les deux tiers étaient classés comme "paralysés", "inutilisables" et "sans affectation", et étaient donc mis en quarantaine dans des blocs de malades, ce qui montre que le fait d'être malade n'était pas synonyme d'exécution immédiate. Certains exterminationnistes semblent avoir considéré le fait que les vêtements des prisonniers transférés à Birkenau aient été renvoyés à Monowitz comme une preuve de leur élimination. Le professeur Butz rejette cette affirmation, estimant que ce retour est dû au fait qu'ils étaient transférés du budget d'I.G. Farben à celui de la SS. À la fin de l'année 1944, la défaite allemande devient irréversible et la situation à Birkenau devient de plus en plus désastreuse, le camp accueillant des détenus évacués d'autres camps et la population atteignant 100 000 personnes. Alors, comme l'a laissé entendre Josef Kramer, jusqu'à 2000 personnes peuvent mourir en un mois.

Il n'est pas facile d'établir le nombre de morts à Auschwitz-Birkenau. Il existe des estimations de la Croix-Rouge néerlandaise sur le taux de mortalité lors de l'épidémie de typhus qui a entraîné la fermeture de l'usine I.G. Farben de Buna en août et septembre 1942. Selon cette source, entre le 16 juillet et le 19 août, le taux de mortalité moyen à Birkenau a été de 186 par jour pour les seuls hommes. La Croix-Rouge néerlandaise précise le nombre de décès entre le 28 septembre et le 2 octobre 1942. Au cours de ces seuls six jours, 1500 personnes sont décédées. Le même rapport fournit des données pour deux autres périodes : entre le 30 octobre 1942 et le 25 février 1943, le taux de mortalité moyen était de 360 personnes par semaine, tandis que du 26 février au 1er juillet 1943, le chiffre de 185 décès par semaine est indiqué. Dans ces conditions, il est compréhensible que la construction immédiate de crématoires ait été choisie pour éliminer proprement les corps et éviter la propagation d'épidémies.

Dans la deuxième partie du chapitre, consacrée aux camps en Allemagne, il a déjà été signalé que le taux de mortalité élevé avait déclenché toutes les alarmes. L'ordre de Himmler du 28 décembre 1942, dans lequel il exigeait que les décès dans les camps soient réduits "à tout prix", a été discuté. On a également vu que le 20 janvier 1943, Richard Glücks, le général SS en charge de l'inspection des camps, a ordonné dans une circulaire "d'utiliser tous les moyens pour réduire le taux de mortalité". Oswald Pohl présente à Himmler les données officielles du département principal de l'administration économique, selon lesquelles, pour le seul mois d'août 1942, 12 217 prisonniers sont morts sur un total de 115 000 détenus dans les camps de concentration. Ces chiffres sont intolérables car la main d'œuvre est essentielle pour soutenir l'effort de guerre à son apogée. Il est ridicule de prétendre que ces ordres brutaux sur la nécessité de maintenir les prisonniers en vie étaient des stratégies visant à dissimuler un projet d'extermination massive.

Le 15 mars 1943, Pohl va jusqu'à se plaindre à Himmler que les prisonniers envoyés par le ministère de la Justice depuis les prisons souffrent de "faiblesse physique" et que nombre d'entre eux sont "malades de la tuberculose". Le 10 avril 1943, Oswald Pohl demande à Himmler d'approuver un projet de lettre au ministre de la Justice du Reich dans laquelle il déplore que sur les 12 658 prisonniers livrés aux camps de concentration, 5 935 soient morts au 1er avril. Arthur R. Butz reproduit un extrait de cette lettre, dans laquelle Pohl se plaint en ces termes : "Le nombre étonnamment élevé de décès est dû au fait que les prisons transfèrent des détenus qui sont dans la pire condition physique possible". Le professeur Butz est d'avis qu'il y a eu une rivalité ou un conflit d'intérêts entre les départements. Selon lui, "les prisons allemandes avaient sans aucun doute leurs propres intérêts économiques et productifs et n'étaient pas seulement réticentes à abandonner leurs détenus les plus sains, mais étaient même désireuses d'abandonner les plus faibles ou les plus malades".

En résumé, Arthur R. Butz admet que la moitié des décès survenus dans les camps de concentration allemands entre 1942 et 1944 ont eu lieu à Auschwitz-Birkenau, un fait qui a été utilisé par les propagandistes juifs pour affirmer qu'il s'agissait d'un camp d'extermination. Pour ce faire, on a menti en transformant le gaz utilisé comme moyen de désinfection en l'agent utilisé pour massacrer des millions de Juifs. En réalité, des familles juives avec des enfants ont vécu pendant des mois à Birkenau dans des baraquements qui avaient été préalablement désinfectés au Zyklon-B.

Le *rapport Leuchter* sur Auschwitz-Birkenau et Majdanek

En 1985, se déroule à Toronto le premier des procès contre Ernst Zündel, célèbre combattant révisionniste allemand, sur lequel il faudra nécessairement écrire davantage plus tard, lorsque nous consacrerons à la persécution des révisionnistes l'espace qu'elle mérite. Dénoncé par une organisation juive appelée "Holocaust Remembrance Association", il a été jugé pour "publication de fausses nouvelles". Ils se sont appuyés sur une loi anglaise de 1275, rarement appliquée, qui interdisait au vulgaire de se moquer des chevaliers dans des vers satiriques. Zündel avait publié le livre de Richard Harwood intitulé *Did Six Million Really Die ?* par l'intermédiaire de "Samisdat Publishers", une petite maison d'édition qu'il avait fondée en 1978 et qui est devenue par la suite un producteur de vidéos, d'interviews radiophoniques, d'émissions télévisées et d'autres documents historiques d'une grande valeur pour le mouvement révisionniste.

Le procès dure sept semaines, au cours desquelles Raul Hilberg et Rudolf Vrba témoignent à la demande du lobby juif canadien. L'avocat Douglas Christie, presque aussi légendaire que Zündel lui-même, a coincé Hilberg, qui n'a pas pu produire un seul document prouvant l'existence du plan d'extermination. Il ne peut non plus produire aucun rapport d'expertise technique sur les chambres à gaz, ni aucun rapport d'autopsie prouvant la mort d'un détenu par le gaz Zyklon. Les attentes de l'accusation se sont alors portées sur les témoins Arnold Friedman et Rudolf Vrba. Le premier, à la merci de l'habile contre-interrogatoire de l'avocat Christie, finit par perdre son sang-froid et doit admettre qu'il n'a rien vu et que ce qu'il sait "il l'a entendu de la bouche de personnes crédibles". Vrba, source théorique du rapport du WRB, a multiplié les contradictions, les erreurs et les inexactitudes qui l'ont mis à nu. Pour y remédier, il a fait valoir que dans son livre *Je ne peux pas pardonner,* il avait eu recours à la licence poétique, ce qui a irrité jusqu'au procureur Griffiths. Zündel est néanmoins condamné à 15 mois de prison. Le gouvernement ouest-allemand confisque son passeport et demande son extradition. En janvier 1987, la Cour d'appel de l'Ontario annule le procès, estimant que le juge, Hugh Locke, a donné des instructions au jury et a dissimulé des preuves à la défense. Un nouveau procès a été ordonné, qui a débuté le 18 janvier 1988.

Ce second procès, qui dura quatre mois, allait marquer un tournant : la publication pendant le procès d'une expertise technico-scientifique, le *rapport Leuchter,* remettait définitivement en cause les affirmations des exterminationnistes sur Auschwitz-Birkenau et Majdanek. Après le second procès contre Ernst Zündel, le révisionnisme a pris de l'ampleur et a commencé à se développer au niveau international. Aujourd'hui, c'est une entreprise intellectuelle dangereuse et passionnante de premier ordre, car les historiens et les chercheurs qui exigent la vérité historique sont persécutés comme des criminels et condamnés pour des délits de pensée, tout en insistant sur leurs thèses. C'est le professeur Robert Faurisson qui, au début du procès, a eu l'idée géniale de s'adresser à Alfred Leuchter, alors considéré comme un expert incontesté en matière d'exécutions, puisqu'il a conçu et fabriqué divers équipements pour les pénitenciers américains : chambres à gaz, chaise électrique et injection létale. D'où son surnom de "Monsieur Mort".

Alfred Leuchter lui-même explique comment tout a commencé : "En février 1988, le Dr Robert Faurisson m'a contacté par l'intermédiaire de M. Ernst Zündel et m'a demandé d'envisager la création d'une commission chargée d'enquêter sur les prétendues chambres à gaz d'exécution exploitées par les nazis en Pologne et, en même temps, de fournir un avis d'ingénieur sur leur fonctionnement et leur efficacité. En outre, on m'a demandé de procéder à une évaluation médico-légale des crématoires existants". Fred

Leuchter a rencontré Zündel, l'avocat Christie et d'autres membres de l'équipe, qui lui ont expliqué qu'ils avaient l'intention d'utiliser son avis dans l'affaire "The Queen v. Zündel", qui était entendue par le tribunal de district de Toronto. Une fois que Fred Leuchter a accepté la mission, il a été décidé que l'enquête porterait sur tous les crématoires et les prétendues chambres à gaz d'exécution d'Auschwitz, de Birkenau et de Majdanek (Lublin).

Le 25 février 1988, Leuchter entame son voyage historique en Pologne avec sa femme Carolyn, un dessinateur technique nommé Howard Miller, le caméraman Jürgen Neumann et l'interprète Theodor Rudolf. Sur place, toutes les installations nécessaires ont été inspectées, des mesures ont été prises, des échantillons médico-légaux ont été prélevés, des manuels sur la conception et le fonctionnement des chambres de désinfection DEGESCH, sur le gaz Zyklon-B, ainsi que des documents sur les processus d'exécution ont été examinés. Une fois le travail terminé, Leuchter et son équipe sont revenus le 3 mars 1988. Les 20 et 21 avril, Fred Leuchter a participé en tant que témoin au procès contre Zündel.

Avant d'aborder le *rapport Leuchter*, il peut être intéressant pour les lecteurs de savoir qu'il existe un excellent film intitulé *Mr. Death : The Rise and Fall of Fred A. Leuchter, Jr.* Son auteur, Errol M. Morris, cinéaste new-yorkais d'origine juive, est réputé pour la qualité de ses documentaires. Après avoir appris par la presse que Fred Leuchter était publiquement mis en pièces à cause de son rapport sur les chambres à gaz, Morris a décidé de réaliser un documentaire qui lui a pris six ans. On y retrouve des exterminationnistes comme Shelly Shapiro, qui met en garde le spectateur contre le "raciste" et "antisémite" Leuchter, ou le chimiste James Roth, qui a témoigné lors du procès qu'il n'avait trouvé aucune trace de Zyklon-B dans les échantillons testés et qui déclare honteusement dans le film : "Si j'avais su que les échantillons provenaient de ces endroits, les résultats de mes tests auraient été différents". Aux côtés de Leuchter, l'historien anglais David Irving et Ernst Zündel apparaissent dans le documentaire. Zündel, qui a finalement été extradé en 2005 vers l'Allemagne, où il a été formellement accusé d'"incitation à la haine" et condamné à cinq ans de prison, a mis du temps à se décider à participer au film, car il doutait de l'objectivité d'Errol Morris. C'est Morris lui-même qui l'a personnellement convaincu qu'il ne faisait pas partie du lobby financier et journalistique sioniste et qu'il avait l'intention d'agir honnêtement et objectivement. Zündel a alors accepté d'aider le documentariste juif et lui a offert des matériaux de toutes sortes. Morris n'a pas menti et a pu réaliser un film impeccable, projeté au Festival international du film de Toronto en septembre 1999. Le film finit par montrer un Fred Leuchter détruit par le lobby de l'Holocauste, sans travail et sans famille, qui disparaît en marchant le long d'une autoroute. Malgré tout, il donne l'image d'un homme intègre, qui s'accroche à la vérité et qui maintient la validité de son travail.

Brève analyse du *rapport Leuchter*

L'objectif principal de l'enquête était de vérifier si les chambres à gaz et les crématoires avaient fonctionné comme le prétendaient les exterminateurs. Pour ce faire, les installations ont été inspectées physiquement, leur conception a été étudiée et une description de la procédure a été faite afin de déterminer la quantité de gaz utilisée, les temps d'exécution et de ventilation nécessaires, l'espace et la capacité des chambres, le temps de manipulation et de combustion des cadavres. L'objectif était de déterminer la véracité et la crédibilité des récits qui constituent l'histoire officielle. Pour reprendre les termes de Fred Leuchter, il s'agit de "fournir des preuves scientifiques et des informations provenant des sites réels et de formuler une opinion fondée sur les données scientifiques, quantitatives et techniques disponibles".

Sur le plan méthodologique, nous avons procédé avec une rigueur absolue. La première chose que nous avons faite a été une étude générale de l'historique des matériaux. Le cyanure d'hydrogène gazeux ou acide cyanhydrique, utilisé comme fumigant depuis avant la Première Guerre mondiale, a également été utilisé avec de la vapeur d'air et de l'air chaud. Les Alliés l'ont utilisé avec le DDT pendant la Seconde Guerre mondiale. Le gaz, précise Leuchter, "est obtenu par une réaction du cyanure de sodium avec de l'acide sulfurique dilué. Le produit de la réaction chimique, le HCN, utilisé pour lutter contre les parasites et les insectes dans les navires, les bâtiments, les chambres ou d'autres structures conçues à cet effet, est projeté dans l'air avec un reste d'acide prussique (acide cyanhydrique)". Dans son examen de l'historique de ce dangereux fumigant chimique, Leuchter rappelle le contexte et les lieux où il a été utilisé. Leuchter rappelle le contexte et les endroits dans le monde où l'HCN a été utilisé pour lutter contre les maladies.

Après avoir expliqué en détail les conditions d'emballage du produit, commercialisé sous le nom de Zyklon-B sous forme de comprimés et de pastilles, la manière dont il doit être répandu, la température de l'air requise (25,7°C), le temps minimum pour effectuer la fumigation (24 à 48 heures) et d'autres spécifications techniques telles que la densité de vapeur, le point de fusion, la pression de vapeur, l'apparence, la couleur et l'odeur, Leuchter écrit ce qui suit dans son rapport :

> "Après la fumigation, la ventilation de la zone nécessite un minimum de dix heures, ce qui dépend des locaux (et du volume) et plus longtemps si le bâtiment n'a pas de fenêtres ou de puits de lumière. La zone fumigée doit ensuite être testée chimiquement pour détecter la présence de gaz avant d'y pénétrer. Des masques à gaz sont parfois utilisés, mais ils ne sont pas sûrs et ne doivent pas être portés plus de dix minutes. Une combinaison chimique complète doit être portée pour éviter

l'empoisonnement de la peau. Plus la température est élevée et plus l'environnement est sec, plus la manipulation est sûre et rapide.

Après avoir pris connaissance de toutes les précautions à prendre pour préserver la sécurité de ceux qui sont en contact avec l'acide cyanhydrique, il devient évident que les choses n'ont pas pu se passer comme le racontent les mythologues de l'Holocauste. Selon eux, peu après l'introduction du gaz toxique par de fausses douches ou des conduits spéciaux dans le toit des chambres, les corps des Juifs morts étaient immédiatement enlevés et empilés à l'extérieur. Afin de maximiser le rendement des "installations d'extermination", les chambres étaient bientôt remplies de nouveaux lots de victimes attendant leur tour pour le meurtre de masse. Le malheureux Rudolf Höss, devenu la star de Nuremberg, a raconté dans ses aveux que les soldats allemands fumaient des cigarettes (l'acide cyanhydrique est hautement inflammable et explosif) et mangeaient en retirant les corps des chambres quelques minutes seulement après qu'ils aient été gazés. L'HCN étant un poison à action rapide qui peut être mortel s'il est inhalé ou absorbé par la peau, il aurait été extrêmement dangereux de retirer les cadavres des chambres sans combinaison de protection et sans masque à gaz.

Personne ne connaissait mieux les détails du processus de gazage et les problèmes de fuites qu'Alfred Leuchter, qui avait conçu la chambre à gaz pour le pénitencier de l'État du Missouri à Jefferson City. Son rapport de 192 pages, y compris les annexes, explique en détail comment une installation de fumigation, et en particulier une chambre à gaz pour les exécutions, doit être conçue, avec une coque soudée étanche à la pression. Il décrit notamment l'étanchéité, le mode de chauffage, l'importance de la circulation et de l'évacuation de l'air, la nécessité d'une cheminée d'au moins douze mètres de haut ou d'un incinérateur pour les gaz d'échappement, et insiste sur la nécessité d'une distribution homogène du gaz. Au total, les explications de Fred Leuchter nous font comprendre qu'une chambre à gaz est une installation très complexe qui doit répondre à des exigences exhaustives. Prenons un extrait à titre d'exemple :

> "Les détecteurs de gaz sont utilisés pour la sécurité. Tout d'abord, dans la chambre, où un système de verrouillage électronique empêche l'ouverture de la porte avant que la chambre ne soit sécurisée. Deuxièmement, à l'extérieur de la chambre, dans les zones réservées aux témoins et au personnel, ce qui déclenche une alarme sonore, et dans les systèmes d'admission et d'évacuation d'air pour protéger les témoins, ainsi que pour arrêter l'exécution et évacuer la chambre. Le système de sécurité comprend également des cloches d'alarme, des klaxons et des signaux lumineux. En outre, il y a des appareils respiratoires d'urgence (réservoirs d'air) sur le site de la chambre, des trousses de premiers secours pour le HCN, un équipement médical d'urgence pour le HCN et un appareil de réanimation sur le site adjacent pour le personnel médical.

La conception d'une chambre à gaz implique la prise en compte de nombreux problèmes complexes. Une erreur à un endroit donné pourrait causer, et causera probablement, la mort ou des blessures aux passants et aux techniciens".

Après avoir évoqué les premières chambres à gaz aux États-Unis et décrit leurs caractéristiques et leur fonctionnement, Fred Leuchter fait un bref historique des prétendues chambres à gaz allemandes, y compris l'aveu de Rudolf Höss selon lequel "les exécutions par gaz ont commencé au cours de l'été 1941". Fred Leuchter se réfère à des textes officiels obtenus auprès des musées d'État d'Auschwitz et de Majdanek, où le premier gazage aurait eu lieu dans deux maisons de paysans qui ont été modifiées par la suite. Sa mission n'ayant pas porté sur les prétendus gazages au monoxyde de carbone de Belzec, Treblinka et Sobibor, il n'a pas visité ces lieux. Il constate cependant, comme tous les experts, l'inadaptation du CO en tant que gaz pour les exécutions. Quant aux sites qui ont fait l'objet de ses travaux, il a retrouvé en 1988 les installations d'exécution présumées d'Auschwitz I (Crématorium I) et de Majdanek dans leur état d'origine. À Birkenau, en revanche, les crématoires II, III, IV et V ont été effondrés et rasés. À Majdanek, le premier crématorium avec le brûleur a été détruit et le crématorium avec la chambre à gaz présumée a été reconstruit, seuls les fours d'origine ayant été conservés. Après avoir rappelé que, selon les informations du musée d'Auschwitz, le crématoire I d'Auschwitz, les crématoires II, III, IV et V de Birkenau et le crématoire existant de Majdanek étaient des crématoires et des chambres à gaz combinés, Leuchter écrit : "Le premier crématoire d'Auschwitz, les crématoires II, III, IV et V de Birkenau et le crématoire existant de Majdanek étaient des crématoires et des chambres à gaz combinés". Leuchter écrit ce qui suit :

> "L'inspection sur place de ces structures a révélé une conception extrêmement médiocre et dangereuse pour des installations destinées à servir de chambres à gaz pour les exécutions. Les portes, les fenêtres et les évents ne sont pas pourvus de joints d'étanchéité ; la structure n'est pas recouverte de goudron ou d'un autre produit d'étanchéité pour empêcher l'infiltration ou l'absorption de gaz. Les crématoriums adjacents constituent un risque potentiel d'explosion. Les briques et le plâtre poreux exposés accumuleraient le HCN et rendraient ces installations dangereuses pour l'homme pendant plusieurs années. Le crématorium I est situé à côté de l'hôpital SS d'Auschwitz et ses drains de sol sont reliés à l'égout principal, ce qui permettrait au gaz de pénétrer dans tous les bâtiments du complexe. Il n'y avait pas de système d'extraction pour évacuer le gaz après utilisation, ni de chauffage ou de mécanisme pour disperser le Zyklon-B, l'introduire ou l'évaporer. Le Zyklon-B aurait été déversé par les évents du toit et les fenêtres, ce qui ne permet pas la distribution du gaz ou des granulés. Les installations sont

toujours humides et non chauffées. Comme indiqué plus haut, l'humidité et le Zyklon-B sont incompatibles. Les chambres sont trop étroites pour accueillir physiquement les occupants prévus, et toutes les portes s'ouvrent vers l'intérieur, ce qui empêche de retirer les corps. Les chambres étant remplies à ras bord, il n'y aurait pas de circulation de HCN à l'intérieur de la pièce. En outre, si le gaz avait effectivement rempli la chambre pendant une période prolongée, les personnes qui ont versé le Zyklon-B par les évents du plafond et vérifié la mort des occupants seraient mortes elles-mêmes, car elles auraient été exposées à l'HCN. Aucune des chambres à gaz présumées n'a été construite conformément à la conception des chambres de désinfection, qui ont apparemment fonctionné en toute sécurité pendant des années. Aucune de ces chambres n'a été construite selon les plans connus et approuvés des installations opérationnelles de l'époque aux États-Unis. Il ne semble pas logique que les concepteurs présumés de ces prétendues chambres à gaz aient jamais consulté ou pris en compte la technologie des États-Unis, qui étaient à l'époque le seul pays à exécuter des prisonniers au moyen de gaz".

Comme on peut le constater, il s'agit d'une impossibilité qui s'ajoute à une autre impossibilité. Les chambres de désinfection répondaient cependant parfaitement aux exigences de sécurité requises ; c'est pourquoi, selon Leuchter, "elles ont fonctionné en toute sécurité pendant des années". On verra plus loin que les échantillons qui y ont été prélevés contiennent des traces indéniables de Zyklon. Les murs de ces installations de désinfection présentent la couleur bleutée typique de l'acide prussique que les murs des prétendues chambres à gaz auraient eue s'il avait été utilisé à l'intérieur de celles-ci. Même un demi-siècle plus tard, la couleur bleue de l'HCN est clairement visible sur les murs extérieurs des chambres de désinfection. Germar Rudolf, chimiste diplômé et auteur du *rapport Rudolf*, dont il sera question plus loin, s'est photographié à l'intérieur et à l'extérieur d'une chambre de désinfection afin de montrer les signes indubitables de la couleur bleue prussique.

La description minutieuse des installations de Majdanek par Leuchter confirme qu'elles étaient incapables de remplir les fonctions qui leur étaient attribuées, mais nous ne répéterons pas les mêmes incompatibilités, car nous devons maintenant parler des crématoires. Dans un premier temps, Leuchter rappelle que la crémation des cadavres est pratiquée depuis des siècles par de nombreuses cultures. Il rappelle également que le judaïsme orthodoxe l'interdisait et qu'elle était mal vue par l'Église catholique jusqu'à ce qu'elle assouplisse sa position à la fin du XVIIIe siècle. Après avoir expliqué que les premiers crématoriums en Europe consistaient en des fours chauffés au charbon ou au coke, il poursuit en décrivant leur description et leur fonctionnement. Le four utilisé pour brûler les cadavres est appelé "cornue". Il est intéressant, puisque les exterminationnistes affirment que 1 800 000 corps ont été brûlés à l'air libre à Belzec, Treblinka et Sobibor, de citer le texte de Leuchter, qui précise que "les anciennes cornues n'étaient que des fours qui extrayaient du cadavre tout le liquide par ébullition et le réduisaient en cendres". Les os, ajoute-t-il, ne peuvent être brûlés et doivent encore aujourd'hui être réduits en poudre. De nos jours, les anciens mortiers ont été remplacés par des machines à broyer". En lisant ces lignes, on ne peut s'empêcher de penser aux fabuleuses images de prisonniers juifs écrasant à coups de masse et de marteau les os des corps brûlés sur de grands bûchers dans les nuits glaciales du rude hiver polonais. Voici un extrait du *rapport Leuchter* sur les cornues :

> "Les anciennes cornues étaient de simples fours en briques pour le séchage ou la cuisson, et ne séchaient que les restes humains. Les cornues modernes en acier, revêtues d'un matériau réfractaire, projettent désormais le feu à travers des tuyaux, directement sur les corps, les enflammant, ce qui provoque leur combustion et leur embrasement rapides. Les cornues modernes sont également équipées d'un second brûleur ou d'un post-brûleur pour brûler à nouveau toutes les particules contaminantes de la matière gazeuse brûlée... Ces cornues modernes, ou crématoriums, brûlent à une température de plus de 2000 °F (environ 1100° Celsius). Avec le deuxième brûleur, la température est de 1600 °F. Cette température élevée provoque la combustion et la décomposition du corps lui-même, ce qui permet au brûleur de se fermer... À 2000 °F ou plus, les autoclaves modernes brûlent un corps en 1 heure 25. En théorie, cela donne 19,2 corps par période de 24 heures. Les recommandations de l'usine pour un fonctionnement normal et une utilisation continue prévoient trois crémations ou moins par jour.
> Les crématoires utilisés dans les installations allemandes étaient de type ancien. Ils étaient construits en briques et mortier de ciment, revêtus de briques réfractaires. Tous les fours étaient équipés de retorts multiples (comme nous les avons appelés plus haut), certains avec des insufflateurs d'air (bien qu'aucun ne soit à combustion directe), aucun n'avait de postcombustion, et tous étaient des fours à coke, à l'exception d'une installation qui n'existe plus, à Majdanek. Aucune des cornues inspectées sur l'ensemble des sites visités n'était conçue pour l'incinération multiple de cadavres. Il convient de noter qu'à moins d'être spécifiquement conçues pour un taux de chaleur plus élevé, qui réduit les restes à l'état d'os, les cornues ne consomment pas les matériaux qui y sont placés".

L'un des huit tableaux du *rapport Leuchter* contient une étude de la production théorique et réelle de sept crématoires : les quatre de Birkenau, les deux de Majdanek et le seul d'Auschwitz I, totalisant 73 cornues. Selon les calculs de Leuchter, le rendement théorique de ces crématoires serait de 469,2 corps brûlés en 24 heures, tandis que le rendement réel serait de 207 corps. En d'autres termes, si ces fours avaient fonctionné pendant mille jours consécutifs, un total de 207 000 cadavres auraient été brûlés. Rappelons que, dans un élan de volontarisme, le professeur Butz avait estimé que les 46 cornues des quatre crématoires de Birkenau, arrêtées pendant une heure seulement, auraient pu incinérer un millier de cadavres par jour.

Le cyanure, s'il n'entre pas en contact avec d'autres produits chimiques qui produisent une réaction, reste longtemps dans le mortier de ciment, les briques et le béton. Fred Leuchter a prélevé de manière sélective 31 échantillons dans les prétendues chambres à gaz des crématoires I, II, III, IV et V d'Auschwitz-Birkenau. Un échantillon de contrôle a été prélevé dans la chambre d'épouillage où l'on sait que le gaz a été utilisé. Le cyanure se combine avec le fer dans les briques et le mortier de ciment et se transforme en ferrocyanure, un complexe très stable de fer et de cyanure également appelé pigment bleu de Prusse. Les examens chimiques de cet échantillon provenant de la chambre de désinfection, numéro 32, ont en effet révélé une très forte concentration de cyanure. En revanche, presque tous les échantillons prélevés dans les prétendues chambres à gaz des crématoires ont donné des résultats négatifs. Seuls quelques-uns d'entre eux présentaient des niveaux très faibles, à peine significatifs. Selon Leuchter, "les faibles quantités détectées indiqueraient qu'à un moment donné, ces installations ont été désinfectées au Zyklon-B, comme tous les bâtiments et constructions de ces installations". Le rapport conclut donc que ces sites n'étaient pas des chambres d'exécution au gaz.

L'étude détaillée du Crématorium I d'Auschwitz I montre que la prétendue chambre à gaz était en fait une morgue et plus tard un abri antiaérien. Leuchter a pu obtenir les plans auprès des responsables du musée et en a fait une analyse détaillée. Il a décidé de joindre à son rapport un dessin à l'échelle réalisé par lui-même le 23 mars 1988, qui figure à l'annexe V avec ceux des autres crématoires et des chambres de désinfection de Majdanek, également réalisés par Leuchter lui-même. Les endroits où les échantillons ont été prélevés sont indiqués sur ces dessins. Le crématoire I est officiellement dit avoir été reconstruit pour la période du 25 septembre 1941 au 21 septembre 1944, et le guide officiel du musée d'Auschwitz indique que le bâtiment est physiquement dans le même état que celui dans lequel il a été trouvé le 27 janvier 1945. Leuchter décrit précisément ce crématorium : les dimensions des pièces, les ouvertures au plafond, la cheminée de la morgue, les portes, les grilles et même les châssis sans porte, le système d'éclairage qui n'était pas antidéflagrant, etc. Quant à l'affirmation selon laquelle la morgue aurait été utilisée comme chambre à gaz, il écrit ce qui suit :

> "La prétendue chambre à gaz n'est pas, comme indiqué ci-dessus, conçue pour être utilisée de cette manière. Il n'y a aucune indication ou preuve de la présence d'un système d'échappement ou d'un ventilateur quelconque dans ce bâtiment. Le système de ventilation des chambres à gaz présumées consistait simplement en quatre ouvertures carrées dans le toit, qui évacuaient les gaz jusqu'à deux pieds du toit. En évacuant le gaz

HCN de cette manière, il devait inévitablement atteindre les environs de l'hôpital SS, situé à une courte distance de l'autre côté de la route, tuant les patients et le personnel médical. En raison du fait que le bâtiment n'a pas été scellé pour empêcher les fuites, qu'aucune porte n'a de joint pour empêcher le gaz d'atteindre le crématorium, qu'il y a des drains qui permettent au gaz d'atteindre tous les bâtiments du camp, et qu'il n'y a pas de système de chauffage ni de système de circulation, qu'il n'y a pas de système de chauffage ni de circulation, qu'il n'y a pas de système de ventilation ni de cheminée ni de système de distribution de gaz, qu'il y a une humidité constante, qu'il n'y a pas de circulation en raison du nombre de personnes dans les chambres à gaz et qu'il n'y a aucun moyen d'introduire le Zyklon-B, il serait suicidaire d'essayer d'utiliser cette morgue comme chambre de gazage. Il en résulterait une explosion ou une fuite de gaz qui affecterait tout le camp".

Quant aux quatre bâtiments de Birkenau. II et III étaient des installations identiques avec trois morgues au sous-sol et un crématorium avec cinq fours et quinze cornues, situé au premier étage. Le transport des corps des morgues aux crématoires se faisait par des ascenseurs : les trois morgues, qui n'avaient pas de portes, menaient à une salle où le monte-charge montait jusqu'à proximité des fours. Nous avons enquêté sur les zones où l'historiographie officielle place les supposées chambres à gaz, qui, dans les croquis dessinés par Leuchter et basés sur les plans originaux, correspondent à la morgue n° 1. Tout ce qui a été mentionné dans la citation précédente se répète : pas de ventilation, pas de système de chauffage ou de circulation, pas de traces de portes ou de cadres... Des parties du bâtiment du crématorium III ayant disparu, Leuchter reconnaît qu'il n'a pas pu les déterminer. Il souligne cependant que les deux bâtiments ont des plafonds en béton armé, sans aucune ouverture perceptible. Quant à l'affirmation selon laquelle les colonnes étaient creuses afin de conduire les gaz, selon certains rapports, cette possibilité est totalement exclue. Leuchter affirme qu'elles sont toutes solides, en béton armé, exactement comme l'indiquent les plans saisis chez les Allemands. Le rapport conclut à nouveau : "De telles installations seraient extrêmement dangereuses si elles étaient utilisées comme chambres à gaz et une telle utilisation entraînerait probablement la mort de la personne qui les utiliserait et une explosion lorsque le gaz atteindrait les crématoires.

Le tableau V du *rapport* donne une estimation des exécutions hypothétiques et de la proportion d'utilisation des crématoires II et III. La morgue n° 1, la prétendue chambre à gaz des crématoires II et III, avait une superficie de 232,25 mètres carrés. Par un calcul rigoureux, Leuchter conclut qu'elle pouvait contenir jusqu'à 278 personnes. Pour remplir cette pièce de 566,40 mètres cubes (hauteur 2,5 mètres) de gaz HCN, il faudrait 2,26 kilos de Zyklon-B. Le temps de ventilation après une telle exécution serait de 1,5 heure. La durée de ventilation après une telle exécution serait d'au moins sept jours, si l'on est très optimiste. Selon ces estimations, 556 personnes auraient pu être gazées en une semaine entre les deux crématoires, ce qui équivaut à 2224 par mois et 26 688 par an. Sur la base de cette expertise, on comprend aisément qu'il faut beaucoup de candeur pour accorder une quelconque crédibilité à la déclaration de Rudolf Höss, qui a affirmé : "Une autre amélioration que nous avons apportée par rapport à Treblinka est que nous avons construit nos chambres à gaz pour 2000 personnes à la fois". Concernant l'utilisation des crématoires, Leuchter estime pour chacun d'entre eux un ratio hypothétique de 714 personnes par semaine et de 315 en temps réel.

Quant aux crématoriums IV et V, ils étaient identiques. Chacun d'entre eux comportait deux fours avec quatre cornues, ce qui n'a pas pu être vérifié sur place. Leuchter n'ose pas préciser leur aspect physique exact, les bâtiments ayant été rasés. Apparemment, le bâtiment était fait de briques rouges et de plâtre, avec un sol en béton et sans sous-sol. En tout état de cause, si les plans des bâtiments sont corrects, précise le rapport, il n'y avait pas de chambres à gaz dans ces installations pour les mêmes raisons que celles invoquées pour les crématoriums antérieurs.

En ce qui concerne l'installation de Majdanek, nous éviterons toute discussion supplémentaire afin de ne pas répéter inutilement les mêmes considérations ou des considérations similaires. Leuchter joint le tableau VII ("Proportions hypothétiques des exécutions à Majdanek"), dans lequel il fixe le nombre de personnes qui auraient pu être exécutées par semaine dans les chambres n° 1 et n° 2 à 54 et 24 respectivement. Il conclut : "Mon opinion d'ingénieur est que les chambres n° 1 et n° 2 n'ont jamais été, et n'auraient jamais pu être, utilisées comme chambres à gaz pour des exécutions. Aucune des installations de Majdanek n'est adaptée et elles n'ont pas été utilisées à des fins d'exécution". *Le rapport Leuchter* se termine par un paragraphe où, en quelques lignes, les conclusions générales suivantes sont tirées :

> "Après avoir examiné tous les documents et inspecté tous les sites d'Auschwitz, de Birkenau et de Majdanek, l'auteur estime que les preuves sont accablantes. Il n'y avait pas de chambres à gaz pour les exécutions sur aucun de ces sites. L'auteur est d'avis que les prétendues chambres à gaz des sites étudiés n'auraient pas pu être utilisées à l'époque ou aujourd'hui. Il ne faut pas non plus prendre au sérieux les opinions selon lesquelles elles auraient servi de chambres à gaz pour des exécutions.
> Fait le 5 avril 1988 à Malden, Massachusetts
> Fred Leuchter Associates.
> Signé
> Fred A. Leuchter, Jr.
> Ingénieur en chef".

En bref, les prétendues chambres à gaz n'en étaient pas : elles auraient fui en permanence car elles n'étaient pas étanches, elles n'avaient pas de distributeurs de gaz ni de mécanismes de chauffage, et la ventilation était insuffisante. De plus, les Allemands n'auraient jamais été assez stupides pour les construire à côté des crématoires, comme le prétend l'historiographie officielle, car cela aurait été suicidaire. Le Zyklon-B serait resté dans les chambres pendant au moins une semaine, et ce n'est qu'avec des combinaisons et des masques spéciaux qu'il aurait été possible d'y opérer pendant une courte période. En réalité, il s'agissait de morgues. Quant aux crématoires, leur capacité de crémation n'aurait permis d'éliminer qu'une petite partie des millions de personnes dont parlent les propagandistes de l'Holocauste. Les échantillons prélevés dans les "chambres à gaz" et les chambres de désinfection montrent que dans les premières les traces de cyanure étaient très faibles, alors que les secondes contenaient des doses très élevées. Comme indiqué plus haut, l'analyse du cyanure n'a pas été effectuée par Leuchter lui-même, mais par un chimiste américain nommé James Roth, qui ne connaissait pas la provenance des échantillons.

Bien entendu, aucun média n'a accordé la moindre attention au *rapport Leuchter*. Il y a cependant eu deux tentatives de réfutation : en 1989, le Français Jean-Claude Pressac a publié *Auschwitz : Technique et fonctionnement des chambres à gaz de* New York, qui, malgré son titre, ne fait pas état du fonctionnement des chambres à gaz ; et en 1990, l'Allemand Werner Wegner, dans *Die Schatten der Vergangenheit (Les ombres du passé)*, a également tenté de réfuter l'expertise technique de Fred Leuchter. Les deux objections ont été analysées point par point par Udo Walendy dans le numéro 50 de *Historische Tatsachen (Faits historiques)*. Alfred Leuchter lui-même a publié un rapport en 1991 (voir ci-dessous) pour rejeter et discréditer le raisonnement de Pressac en termes très clairs. Le professeur Faurisson a également démontré dans le numéro 3 de la *Revue d'Histoire Révisionniste* que Pressac renforçait involontairement les thèses révisionnistes : dans son livre, Jean-Claude Pressac va jusqu'à admettre que 95% du Zyklon-B a été utilisé par les Allemands dans les chambres de désinfection et seulement 5% à des fins homicides.

Le 12 mars 1992, Walter Lüftl, président de la Chambre fédérale autrichienne des ingénieurs et expert judiciaire assermenté, a été contraint de démissionner de son poste de président de la Chambre fédérale autrichienne des ingénieurs. Lüftl avait osé dire, dans le "rapport Lüftl", que les prétendus gazages de masse à Auschwitz étaient techniquement impossibles.[12] Enfin,

---

[12] Ce qui est arrivé à Walter Lüftl est un scandale honteux. Les institutions maçonniques autrichiennes se sont montrées particulièrement virulentes en exigeant la démission de Walter Lüftl en tant que président de la Chambre des ingénieurs. Sous le pseudonyme de Werner Rademacher, Lüftl lui-même expliqua longuement ce qui s'était passé dans *Der Fall Lüftl (L'affaire Lüftl)*, un pamphlet publié à Tübingen en 1944, repris par Germar Rudolf dans *Dissecting The Holocaust (La dissection de l'Holocauste)*.

le chimiste allemand Germar Rudolf a publié en 1993 le *rapport Rudolf*, dans lequel il parvient aux mêmes conclusions que Leuchter, qu'il critique sur quelques points mineurs. Dans son excellent travail, salué par des experts du monde entier, Rudolf s'appuie sur des documents incontestables pour réfuter de manière éclatante le livre de Pressac. Nous consacrerons tout à l'heure du temps et de l'espace à Germar Rudolf.

On ne peut clore cette partie sur le *rapport Leuchter* sans évoquer très brièvement les trois autres rapports Leuchter sur les chambres à gaz. En mai 1988, Ernst Zündel est néanmoins condamné à neuf mois de prison. Cette condamnation a fait l'objet d'un appel et, le 27 août 1992, elle a été annulée, la Cour ayant déclaré que la loi sur la "publication de fausses nouvelles" était archaïque et inconstitutionnelle parce qu'elle violait les droits fondamentaux. Entre-temps, au lieu de se recroqueviller, Zündel, encouragé par les résultats de l'expertise d'Auschwitz-Birkenau et de Majdanek, reprend contact avec Fred Leuchter en mars 1989 et lui demande d'enquêter sur trois autres sites d'exécution présumés dotés de chambres à gaz : Dachau en Allemagne, et Mauthausen et le château de Hartheim en Autriche. La tâche consistait à produire un rapport d'ingénierie et une étude médico-légale de ces installations. Le résultat de ce travail a été le deuxième rapport Leuchter.

Le 9 avril 1989, une équipe dirigée par Fred Leuchter, comprenant le Dr Faurisson, Mark Weber et cinq autres membres, a inspecté Dachau. Le lendemain, ils se sont rendus en Autriche et ont travaillé dans les deux autres camps près de Linz. Il a déjà été dit, en relatant les événements de Dachau, que même les propagandistes de l'Holocauste reconnaissent qu'il n'y a pas eu de camps d'extermination en Allemagne et que personne n'a été gazé à Dachau. Cela a été confirmé par le deuxième rapport Leuchter, daté du 15 juin 1989, dans le Massachusetts. Pour les deux camps autrichiens, il a également été établi qu'il n'y avait pas de chambres de gazage sur ces sites. Les conclusions se terminent par cette déclaration brutale : "En tant qu'ingénieur, l'enquêteur est pleinement convaincu que les prétendues chambres à gaz des sites inspectés n'ont pas pu, à l'époque, ni aujourd'hui, être utilisées ou sérieusement considérées comme pouvant être utilisées comme chambres d'exécution à gaz".

Le troisième rapport Leuchter est né d'une autre demande d'Ernst Zündel qui, en octobre 1989, a chargé l'ingénieur d'inspecter une chambre à gaz en activité aux États-Unis. La tâche consistait à produire un document accompagné de photos et d'une vidéo. L'installation inspectée était la chambre à gaz du pénitencier de l'État du Mississippi, qui utilisait du cyanure d'hydrogène (Zyklon-B) pour les exécutions. L'objectif était de démontrer les exigences en matière de conception et de fabrication d'une chambre à gaz d'exécution, le protocole de fonctionnement et les conditions de sécurité pour le personnel utilisant du cyanure d'hydrogène. Il s'agissait d'étayer et de corroborer les critères énoncés dans le *rapport Leuchter* original du 5 avril 1988. Le document a été soumis le 6 décembre 1989. Nous ne pouvons pas, pour des raisons évidentes, entrer dans les détails techniques qui sont au coeur de ce texte et qui servent, comme prévu, à montrer que les Allemands ont tenu compte des directives décrites dans la conception et la construction des chambres d'épouillage au Zyklon-B et qu'ils les ont ignorées dans les chambres où le gazage de masse était censé avoir lieu. Plus la chambre est grande, conclut Leuchter, et plus le nombre de personnes exécutées est élevé, plus il est impératif d'appliquer les principes de base dans sa conception.

Le 17 octobre 1991, Alfred Leuchter a présenté un quatrième et dernier rapport : *A Technical Evaluation of Jean-Claude Pressac*'s Book, qui constitue une réfutation énergique du livre *Auschwitz : Technique and Operation of the Gas Chambers*, que Leuchter considérait comme "une tentative flagrante de promouvoir la propagande exterminationniste". C'est à nouveau Ernst Zündel qui demande à Leuchter une évaluation scientifique et technique du texte de Pressac. Pour Leuchter, l'incapacité de Pressac à prouver l'existence des exécutions par chambres à gaz avec sa documentation technique est évidente. Après avoir commenté et réfuté les vingt-deux chapitres en lesquels Pressac divise les cinq parties de son ouvrage, Leuchter regrette qu'"un auteur qui passe pour un homme de science essaie de faire coïncider la réalité avec ses thèses préconçues".

David Cole, un révisionniste juif, dénonce la fable d'Auschwitz

En septembre 1992, David Cole, un juif américain de 23 ans, quitte les États-Unis pour l'Europe avec l'idée d'enquêter personnellement sur plusieurs camps de concentration. Après la publication du *rapport Leuchter*, le révisionnisme connaît un essor international et Cole, qui fréquente les milieux révisionnistes aux États-Unis, décide d'apporter sa pierre à l'édifice. Dans l'idée de tourner un documentaire, il se rend à Auschwitz, kipa (bonnet juif) sur la tête et accompagné d'un caméraman. Son film l'a rendu célèbre et, bien qu'il ait été contraint de se rétracter par la suite, la valeur du documentaire et sa contribution au mouvement révisionniste sont restées. Ce qui suit est un résumé de ce document, mais le lecteur intéressé peut le visionner dans son intégralité sur You Tube et en anglais.

David Cole n'apparaît pas initialement dans la vidéo : il est le narrateur, et l'on entend sa voix distinctive lorsqu'il montre le plan du camp, avec les baraquements à l'intérieur d'une zone quadrangulaire autrefois entourée de barbelés. À l'extérieur, sur la droite, il montre les bâtiments SS et l'hôpital, à côté desquels se trouvent le crématorium et la "chambre à gaz". Viennent ensuite des images du camp. Cole explique que la visite guidée conduit les visiteurs à l'ancienne prison, décrite comme un "bloc de la mort". Le jeune révisionniste raconte que les touristes sont également confrontés à un "mur de la mort" et à une série d'expositions conçues pour avaliser les légendes d'atrocités et présenter Auschwitz "comme une machine de mort, le lieu où la détention signifiait l'extermination". Ce qui n'est pas montré dans le circuit touristique, c'est un bâtiment situé à l'extérieur de la zone entourée de barbelés, qui, selon Cole, "pourrait bien être appelé le bloc de vie, un complexe de désinfection de masse où le gaz Zyklon-B était utilisé pour lutter contre les poux et les maladies qu'ils véhiculent". Le bâtiment du théâtre, où étaient installées les religieuses carmélites qui y priaient pour tous ceux qui étaient morts à Auschwitz, n'est pas non plus montré. En avril 1993, Jean-Paul II les a invitées à s'installer ailleurs après qu'un groupe de juifs soit entré dans le couvent en 1989 et ait exigé leur évacuation. La visite se termine par la chambre à gaz. David Cole cite alors : "À ce stade, le groupe est émotionnellement conditionné pour croire n'importe quoi. La chambre à gaz est comme le dernier parcours après un préchauffage de deux heures. Littéralement, la chambre à gaz est la preuve objective que tout ce qu'ils ont entendu pendant la visite est vrai, la preuve de l'Holocauste. Mais l'est-elle ?"

On y voit pour la première fois le jeune Cole, vêtu de sa kippa et tenant un micro avec une guide personnelle nommée Alicia, pour laquelle il a payé une prime afin de l'avoir exclusivement à sa disposition. Cole explique qu'il a revêtu la kippa pour ne pas être pris pour ce qu'il est, un révisionniste, mais pour "un juif vertueux qui cherche à connaître la vérité et à contrer ceux qui disent que l'Holocauste n'a jamais eu lieu". Elle lui dit simplement ce qu'elle dit aux autres croyants qui font le pèlerinage annuel au sanctuaire d'Auschwitz I, monopolisé exclusivement par la propagande du dogme de l'Holocauste. Alicia lui montre des preuves qui ne prouvent rien et qui sont présentées à tous les touristes comme des preuves matérielles de l'extermination. Elle commence par les piles de cheveux. "Mais que prouvent-ils ? demande Cole, avant d'ajouter :

> "Il a été reconnu que chaque détenu était rasé à cause des poux, ce qui n'est pas nié, alors pourquoi n'y aurait-il pas des piles de cheveux humains ? Cela n'est pas nié, alors pourquoi n'y aurait-il pas des piles de cheveux humains ? Et les piles de chaussures et de vêtements ? Constituent-elles des preuves ? C'est un fait que les prisonniers recevaient à leur arrivée un uniforme comprenant des chaussures. Alors pourquoi n'y aurait-il pas des piles de chaussures et de vêtements des détenus ? Cela ne prouve pas que quelqu'un a été tué. Et cela donne aux Polonais et aux Soviétiques le bénéfice du doute sur le fait que ces vêtements et ces cheveux provenaient réellement du camp. Et qu'en est-il des bonbonnes de gaz ? Personne ne nie que le Zyklon-B ait été utilisé pour désinfecter les vêtements et les bâtiments ? Et quelles sont les autres preuves apportées ? Il y a les traditionnelles photos de détenus malades qui prouvent la thèse bouleversante selon laquelle les gens tombaient

malades dans le camp. Personne ne nie l'épidémie de typhus qui a causé de nombreux décès...".

Enfin, Cole apparaît devant le bâtiment qui sert de chambre à gaz. Il explique que les exterminationnistes prétendent que ce qui était la morgue a été utilisé comme chambre à gaz, bien qu'ils admettent qu'il s'agissait plus tard d'un abri anti-aérien. Suivi par le caméraman, Cole entre dans la grande pièce sans le guide et indique les trous dans le sol qui montrent qu'il y avait des toilettes. Il montre également les traces d'anciens murs qui compartimentaient l'espace de la grande salle et termine en affirmant qu'à une époque, il y avait cinq pièces et une salle de bain. Il ajoute qu'il n'y a pas de taches bleues de Zyklon-B sur les murs comme dans les salles de désinfection. Il fait ensuite un gros plan sur la porte rudimentaire en bois avec une partie supérieure en verre. Quatre ouvertures carrées dans le plafond sont montrées ci-dessous. Il s'agit des fameux trous par lesquels le gaz était censé être projeté lorsque la chambre était pleine de monde. David Cole précise : "Les révisionnistes soutiennent que les trous ont été ajoutés après la libération du camp et que c'est à ce moment-là que les murs ont été démolis et les toilettes enlevées pour faire ressembler la pièce à une grande chambre à gaz".

De retour à l'extérieur, il demande à la guide s'il y a eu des travaux de reconstruction. Alicia répond que tout est dans son état d'origine. Il retourne avec elle dans la pièce, l'interroge sur les quatre trous et lui fait remarquer les preuves évidentes que des murs ont été abattus. La guide insiste sur le fait que les trous sont d'origine, que du Zyklon-B y a été déversé et qu'aucun mur n'a été abattu. Sentant que ses explications ne convainquent pas le jeune juif, Alice lui suggère de s'adresser au superviseur des guides du musée d'État d'Auschwitz, qui finit par lui suggérer de demander un entretien avec le Dr Piper, archiviste en chef et commissaire principal d'Auschwitz. Avant de prendre congé, Cole obtient du superviseur l'aveu que les trous dans le plafond ne sont pas d'origine et qu'ils ont été reconstruits après la guerre.

Franciszek Piper, auteur du livre *Auschwitz. Combien ont péri*, dans lequel il reconnaît que le chiffre soviétique de 4 000 000 est erroné et évalue le nombre de victimes à 1 100 000, apparaît devant la caméra dans son bureau du musée d'Auschwitz. Il se méfie et suggère de ne pas filmer l'interview, mais accepte finalement de participer au documentaire. La première question de Cole porte sur les modifications apportées à la chambre à gaz théorique. Piper répond qu'il s'agit d'une chambre à gaz qui a ensuite été transformée en abri antiaérien dans lequel des cloisons intérieures ont été érigées, les trous dans le plafond ont été recouverts et une porte a été ouverte d'un côté. Il note qu'après la libération du camp, les murs ont été démolis et les trous rouverts, mais la porte est restée. Cole demande pourquoi on ne dit pas la vérité aux touristes. Le tournage de l'interview est interrompu. Cole fait remarquer que les trous dans le plafond ne sont visibles sur aucune des photographies aériennes qu'il a étudiées. Il propose ensuite les deux versions écrites sur fond noir. Version officielle : "Les Soviétiques et les Polonais ont créé la chambre à gaz dans un abri antiaérien qui était auparavant une chambre à gaz". Version révisionniste : "Les Soviétiques et les Polonais ont créé une chambre à gaz dans un abri antiaérien qui était auparavant un abri antiaérien".

L'entretien reprend. Deuxième question : "Pourquoi y a-t-il si peu de traces de Zyklon-B dans les chambres à gaz homicides par rapport aux grandes quantités de résidus présents dans les chambres de désinfection ?" La réponse est surprenante : "Le Zyklon-B a été utilisé pendant un temps très court, environ vingt ou trente minutes en vingt-quatre heures, alors que dans les chambres de désinfection, il a été utilisé jour et nuit." Autrement dit, contrairement à ce qu'affirment les témoins et les historiens exterministes, selon lesquels le gazage était continu, Piper assure qu'il n'y avait qu'un seul gazage par jour. Cole en profite pour lui demander s'il sait combien de groupes ont été gazés dans les crématoires II et III de Birkenau. Piper contredit douloureusement ce qu'il a dit précédemment : "Il est difficile de le dire parce qu'il y a eu des périodes où les chambres à gaz ont été utilisées jour après jour pendant des heures. Ces actions étaient répétitives : gaz, crémation, gaz, crémation, crémation". À une interpellation sur le chiffre de quatre millions, Piper répond : "Ce chiffre a été estimé par la commission soviétique chargée d'enquêter sur les crimes nazis à Auschwitz, car les nazis ont détruit la documentation du camp". Il s'agit d'un autre mensonge, car la documentation n'a pas été détruite. L'interview est interrompue et ce texte apparaît sur fond noir, lu à haute voix par le narrateur : "En réalité, les registres des personnes décédées dans le camp ont été capturés par les Soviétiques, qui ne les ont rendus publics qu'en 1989". Le documentaire se termine en rappelant le massacre de Katyn et d'autres mensonges soviétiques assumés par les Alliés à Nuremberg.

En raison de sa contribution au révisionnisme, David Cole est considéré comme un traître et commence à être harcelé par la JDL (Jewish Defence League), qui publie ses coordonnées sur Internet. Lui et sa famille ont reçu des menaces de mort anonymes et il a dû se cacher pendant trois ans. La JDL a publié un texte intitulé "David Cole, monstrueux traître", qui se terminait par ces mots : "La JDL aimerait savoir où se trouve le négationniste David Cole. Toute personne qui nous fournira son adresse exacte recevra une récompense financière". Effrayé, il a contacté et supplié qu'on retire ses coordonnées de l'internet parce que sa famille était constamment menacée de mort. En janvier 1998, le président de la LDJ, Irv Rubin, a reçu du jeune révisionniste une lettre notariée dans laquelle il se rétractait.[13] Le texte a été publié le 8 février 1998. Cole y déclare : "Les nazis ont essayé de tuer tous les Juifs d'Europe, et la somme totale de cette tentative de génocide s'élève à six millions".

Après un silence prolongé de dix-huit ans, David Cole, qui avait adopté une nouvelle identité sous le nom de David Stein, est réapparu publiquement le 22 février 2014 lors d'une réunion organisée par l'IHR (Institute for Historica Review) en Californie. Mark Weber, directeur de l'Institut, l'a présenté à un public qui l'a soumis à de nombreuses questions. Après avoir rappelé que des voyous de la JDL l'avaient agressé physiquement lors d'un événement à l'Université de Californie à Los Angeles et qu'il avait été contraint de se rétracter, Cole a déclaré qu'il restait fidèle à ce qu'il avait dit dans les années 1990 au sujet d'Auschwitz et de l'Holocauste.

Le *rapport Rudolf* et l'enquête médico-légale à Auschwitz

Germar Rudolf, brillant diplômé en chimie de l'université de Bonn, a reçu une bourse du gouvernement qui lui a permis de faire des recherches doctorales au prestigieux Institut Max Planck de Stuttgart. Il travaillait sur sa thèse de doctorat lorsqu'en 1991, il a accepté de préparer une étude médico-légale pour la défense d'Otto Ernst Remer, accusé dans un procès pour "négationnisme". Il lui est demandé d'étudier divers documents, de prélever des échantillons, de les analyser et de rédiger un rapport. Germar Rudolf a recherché dans certains bâtiments d'Auschwitz des résidus d'acide cyanhydrique, c'est-à-dire des traces chimiques du fameux Zyklon-B. Le résultat de ses investigations a été consigné dans le rapport. Le résultat de ses investigations a été consigné dans un rapport d'expertise intitulé *Rapport technique sur la formation et la détectabilité des composés de cyanure dans la "chambre à gaz" d'Auschwitz* (*Gutachten über die Bildung und Nachweisbarkeit von Cyanidverbindungen in den "Gaskammern von Auschwitz*), qui a été utilisé comme élément de preuve par la défense de Remer. Des années plus tard, Rudolf écrivit dans *La résistance est obligatoire* que le but de l'expertise était de corriger les omissions et les lacunes du *rapport Leuchter*. Entre 1992 et 1944, ce rapport a été présenté comme preuve dans sept ou huit procès criminels en Allemagne. Dans tous les cas, il a été rejeté car, selon la jurisprudence allemande, les faits qui se sont déroulés dans le camp d'Auschwitz pendant le Troisième Reich sont considérés comme évidents et n'ont donc pas besoin d'être prouvés ou démontrés. Depuis 1996, tenter de soutenir le contraire est un délit pénal.

---

[13] Irv Rubin, président de la LDJ de 1985 à 2002, a finalement été accusé par le FBI de meurtre et de terrorisme. Il s'est suicidé dans sa cellule de prison en attendant son procès. Sa famille a décidé d'intenter une action en justice contre le gouvernement.

Ainsi, aussi inédit que cela puisse paraître, les analyses techniques ont été rejetées sans ménagement.

Otto Ernst Remer, l'un des accusés au profit desquels le rapport avait été préparé, a publié les résultats des recherches de Germar Rudolf en juillet 1993. Cette brochure de quelque 120 pages est devenue le *rapport Rudolf*, une étude chimique sur la formation et la détection du cyanure d'hydrogène dans les prétendues chambres à gaz d'Auschwitz, complément idéal du *rapport Leuchter*, puisque les deux documents s'accordent à dire que les meurtres à l'acide cyanhydrique n'ont jamais eu lieu dans les camps du complexe d'Auschwitz. Cela a conduit à l'inculpation de Germar Rudolf. La presse allemande, qui soutient systématiquement les décisions des tribunaux, réagit avec colère et associe le jeune chimiste à l'accusé Remer.

L'issue de cette affaire a été catastrophique pour Germar Rudolf, qui s'est vu refuser par l'Institut Max Planckt, en 1993, la présentation de sa thèse pour l'examen final de doctorat. En 1995, il est condamné à quatorze mois de prison et est également accusé de nouveaux délits pour avoir poursuivi ses activités de recherche médico-légale. Les exemplaires de *Grundlagen zur Zeitgeschichte* (*Fondements de l'histoire contemporaine*), dans lequel Rudolf avait publié sous le pseudonyme d'Ernst Gauss un recueil actualisé de travaux de recherche sur le problème de l'Holocauste, ont été saisis et détruits par décision de justice. Germar Rudolf a réussi à s'enfuir en Angleterre en 1996, où il a passé quelques années dans la clandestinité avant de demander l'asile politique aux États-Unis. Des années plus tard, dans le numéro de mars/avril 2001 de la *revue The Journal of Historical Review*, Rudolf a lui-même publié un long article dans lequel il passe brillamment en revue toutes les expertises médico-légales effectuées à Auschwitz et, en même temps, critique l'attitude inacceptable de ceux qui non seulement rejettent les résultats de la recherche scientifique, mais aussi criminalisent les techniciens et les experts.

Le premier reproche a été adressé à l'Institut Max Planckt qui, à la fin du printemps 1993, a rendu public le mémorandum informant de l'expulsion de Germar Rudolf pour les recherches effectuées à Auschwitz. L'Institut, refusant que l'examen médico-légal soit une obligation morale dans toute enquête criminelle, soutenait qu'il était répugnant de discuter de la manière spécifique dont les nazis avaient assassiné des juifs. Pour défendre ses recherches, Rudolf a écrit dans son article une définition des examens médico-légaux : "La science médico-légale est généralement considérée comme une science d'appui à la criminologie. Son objectif est de collecter et d'identifier les preuves matérielles du crime et d'en tirer des conclusions sur les victimes, les criminels, les armes, l'heure et le lieu du crime, ainsi que la manière dont il a été perpétré, s'il a été perpétré. Cette science est relativement récente, puisqu'elle n'a fait son entrée dans les tribunaux qu'en 1902, lorsqu'un tribunal anglais a accepté pour la première fois les empreintes digitales comme éléments de preuve". La demande de preuves matérielles formulée par les révisionnistes "est donc tout à fait conforme, insiste Germar Rudolf, à la pratique habituelle et à l'application moderne de la loi". Comme on l'admet généralement, les preuves médico-légales sont plus décisives que les déclarations de témoins ou les preuves documentaires". Ces principes étant posés, Germar Rudolf a passé en revue, dans son long article, les enquêtes médico-légales menées à Auschwitz.

En 1945, l'Institut de recherche médico-légal de Cracovie a produit un rapport médico-légal sur Auschwitz qui a été présenté comme preuve en 1946 lors du procès d'Auschwitz à Cracovie. Si l'on considère que le régime communiste polonais a facilement accepté le canular soviétique concernant les tombes de Katyn, on peut à tout le moins douter de la rigueur des procédures judiciaires polonaises. Les médecins légistes polonais ont procédé à des analyses qualitatives et non quantitatives et ont prélevé des cheveux, théoriquement sur les détenus, et des accessoires capillaires trouvés par les Soviétiques dans des valises. Dans les deux cas, des résidus de cyanure ont été trouvés. Un couvercle chromé avec du zinc a également été examiné et s'est révélé positif. L'Institut de Cracovie a affirmé que ce couvercle métallique recouvrait le conduit d'évacuation d'une prétendue chambre à gaz de Birkenau. Ces analyses ne permettent pas de prouver que des gazages à l'acide cyanhydrique ont eu lieu à Auschwitz, notamment parce qu'il n'y a aucun moyen de vérifier la provenance des cheveux, épingles à cheveux et autres ornements de tête. En outre, on sait que les cheveux étaient coupés pour des raisons d'hygiène et que les cheveux plus longs devaient être épouillés avant d'être recyclés. Quant à l'origine ou à la provenance de la coiffe métallique, elle ne semble pas constituer un élément suffisant pour prouver quoi que ce soit.

Un autre procès d'Auschwitz s'est tenu à Francfort entre 1964 et 1966, mais aucune analyse médico-légale n'y a été présentée. L'un des rapports les plus médiatisés fut celui présenté par l'Institut d'histoire contemporaine de Munich. Bien qu'il s'agisse d'un procès gigantesque, ni le tribunal, ni l'accusation, ni la défense n'ont suggéré la nécessité de disposer de preuves matérielles des crimes allégués. En outre, l'absence de preuves documentaires a été considérée comme non pertinente. Comme d'habitude, presque tout a été prouvé par les déclarations des témoins et des personnes qui se sont vu attribuer la responsabilité des crimes perpétrés. Ces témoignages ont été jugés suffisants pour établir sans aucun doute l'existence d'un programme d'extermination des Juifs à Auschwitz. En 1966 également, le musée d'État d'Auschwitz a chargé la société polonaise Hydrokop d'effectuer des fouilles à Auschwitz-Birkenau afin d'analyser des échantillons de sol. Rudolf évoque la possibilité que ces recherches aient été effectuées dans le cadre du processus de Francfort. Comme les résultats n'ont pas été rendus publics et qu'ils ont disparu dans les archives du musée, on peut supposer qu'ils n'ont pas donné de résultats significatifs.

Le premier rapport sensible sur Auschwitz est apparu lors du procès qui s'est tenu à Vienne entre le 18 janvier et le 10 mars 1972. Les accusés étaient alors Walter Dejaco et Fritz Ertl, deux architectes responsables de la conception et de la construction des crématoires d'Auschwitz-Birkenau. Le tribunal a pris connaissance du rapport d'un expert qui a interprété les plans des prétendues chambres à gaz d'Auschwitz et de Birkenau. Cette étude technique a conclu que les pièces en question ne pouvaient pas être des chambres à gaz, ni être transformées en chambres à gaz. Grâce à ce rapport méthodologiquement solide, Dejaco et Ertl ont été acquittés.

Il s'est écoulé une décennie entre le moment où Robert Faurisson a commencé à douter de l'existence des chambres à gaz et le *rapport Leuchter*. En 1978, après une étude critique des témoignages et un examen intensif des documents, le professeur Faurisson a formulé la thèse selon laquelle "il n'y a pas eu une seule chambre à gaz sous le régime hitlérien". Fin 1978, *Le Monde* a permis à Faurrisson de présenter ses considérations dans un article. Dix ans plus tard, comme mentionné plus haut, le procès d'Ernst Zündel en 1988 a marqué une étape importante dans l'histoire du mouvement révisionniste. Le travail de pionnier de Fred Leuchter a donné lieu à une série de publications dont le champ de recherche s'est progressivement élargi à l'étude interdisciplinaire des preuves matérielles et documentaires. Le travail le plus important a été celui de Germar Rudolf, qui a entièrement corroboré les dires de Fred Leuchter.

Germar Rudolf a commencé ses recherches au début de l'année 1991 afin de vérifier les affirmations *du rapport Leuchter*. Il souhaitait en particulier vérifier que les résidus de cyanure restaient stables pendant longtemps et pouvaient donc être trouvés dans les chambres à gaz meurtrières si du Zyklon-B y avait été utilisé. Au départ, écrit Rudolf, je voulais seulement savoir si le mélange obtenu, le ferrocyanure ou le bleu de Prusse, était suffisamment stable pour survivre quarante-cinq ans dans des conditions environnementales difficiles. Après l'avoir confirmé, j'ai envoyé les résultats à une vingtaine de personnes susceptibles d'être intéressées". Parmi elles, des ingénieurs et des juristes. Les premiers peuvent l'aider dans son enquête médico-légale, les seconds ont besoin des preuves pour défendre Otto Ernst Remer. Germar Rudolf se rendit deux fois à Auschwitz et, pendant dix-huit mois, il travailla dans l'intention de consigner les résultats de son enquête dans un rapport de soixante-douze pages qui fut prêt en janvier 1992. Le *rapport Rudolf*, distribué aux leaders d'opinion en Allemagne, corrobore l'affirmation de Fred Leuchter selon laquelle, pour diverses raisons techniques et chimiques, les gazages massifs attestés par les témoins n'ont pas pu avoir lieu. Amélioré et mis à jour, le *rapport Rudolf* a finalement été publié en juillet 1993. Les versions néerlandaise et française sont parues en 1995 et 1996, mais la version anglaise a dû attendre 2003.

Désireux de confronter ses travaux de recherche, Germar Rudolf prend contact avec l'Institut de médecine légale de Cracovie qui, en 1990, à la demande du Musée d'État d'Auschwitz, avait effectué ses propres tests médico-légaux afin de réfuter les recherches de Fred Leuchter. L'équipe de l'institut médico-légal, dirigée par Jan Markiewicz, Wojciech Gubala et Jerzy Labedz, a prélevé des échantillons dans les "chambres à gaz", mais les chimistes polonais qui les ont analysés ont trouvé des traces de cyanure encore plus faibles que celles trouvées par le Dr Roth. Ils ont ensuite décidé de prélever des échantillons dans les chambres de désinfection et, bien que les murs aient été blanchis, ils ont trouvé des traces de cyanure beaucoup plus importantes, mais ils n'ont pas voulu ou pu les reconnaître. Markiewicz et compagnie ont affirmé ne pas comprendre comment les parois des chambres de désinfection exposées à l'acide cyanhydrique avaient pu s'imprégner de la couleur bleu de Prusse et sont allés jusqu'à suggérer qu'elle provenait d'une autre source : "Il est difficile d'imaginer", ont-ils déclaré, "les réactions chimiques et les processus physico-chimiques qui auraient pu conduire à la formation de bleu de Prusse à cet endroit". Ils ont même exprimé l'absurdité que les murs des chambres de désinfection aient été peints en bleu de Prusse.

En 1994, les chercheurs polonais ont présenté un article sur leurs résultats. Rudolf, après l'avoir lu attentivement, est arrivé à la conclusion qu'ils n'avaient rien fait pour savoir si la couleur prussique pouvait se former sur des murs exposés au cyanure d'hydrogène. Il les a contactés pour leur demander une explication scientifique de leurs méthodes d'analyse et leur a fourni la preuve irréfutable que le bleu prussique se forme sur les murs exposés au cyanure d'hydrogène. Finalement, Rudolf a reçu une lettre des chercheurs de Cracovie dans laquelle ils admettaient clairement que leur but n'était pas d'établir la vérité scientifique, mais de rejeter les "négationnistes" et d'éviter le blanchiment d'Hitler et du national-socialisme. Voyons comment Germar Rudolf explique scientifiquement le processus :

> "... Lorsque le cyanure d'hydrogène et certains composés de fer se mélangent, ils forment le bleu de Prusse. C'est exactement le phénomène que l'on peut observer en pénétrant dans les installations d'épouillage au Zyklon-B qui fonctionnaient en Europe sous le Troisième Reich. Certaines d'entre elles, par exemple dans les camps de concentration d'Auschwitz, de Birkenau, de Majdanek et de Stuthoff, sont encore intactes aujourd'hui. Toutes ces installations ont un point commun : leurs murs sont imprégnés de bleu de Prusse. Non seulement les surfaces intérieures, mais aussi le mortier entre les briques et même les murs extérieurs de ces chambres d'épouillage sont remplis de ferrocyanure et présentent une coloration bleue irrégulière. Rien de semblable ne peut être observé dans les prétendues chambres à gaz d'Auschwitz et de Birkenau. Les composés de fer nécessaires à la formation du bleu de Prusse font partie intégrante de tous les matériaux de construction : les briques, le grès et le ciment contiennent toujours une certaine quantité

d'oxyde (oxyde de fer, généralement entre 1 et 4%). C'est ce qui donne aux briques et à la plupart des sables leur couleur rouge ou ocre".

En d'autres termes, Markiewicz et ses collègues ont décidé, pour des raisons politiques, de rejeter ce qu'ils ne voulaient pas. En tant que scientifiques, ils auraient dû prouver que la couleur bleu prussique ne pouvait pas se former sur des murs exposés à l'acide cyanhydrique. Pour ce faire, ils devaient prouver s'il était vrai ou non que les composés de fer contenus dans les briques et le ciment formaient du ferrocyanure au contact du gaz. Au lieu de l'accepter, ils ont préféré défendre la thèse selon laquelle les chambres de désinfection et les "chambres à gaz" homicides présentaient des niveaux similaires de résidus de cyanure.

Germar Rudolf affirme toujours que la méthode scientifique est le meilleur moyen de parvenir à des conclusions irréfutables. Il estime que la science médico-légale a toujours été utilisée pour déchiffrer les crimes historiques, tels que Katyn. Rudolf regrette amèrement qu'aucun groupe influent n'ose exiger une enquête médico-légale à Auschwitz-Birkenau et que les détenteurs du pouvoir ne manifestent aucun intérêt pour l'établissement de la vérité sur Auschwitz et l'Holocauste. Au lieu de cela, il écrit :

> "Les autorités du monde entier poursuivent les personnes qui proposent ou tentent de mener de telles recherches. Cela peut nous ralentir, mais ne nous arrêtera pas. Lorsque les chercheurs révisionnistes réalisent une percée soudaine grâce à la recherche médico-légale, ils sont contrés non seulement par la diffamation et la persécution, mais aussi par la falsification académique et la tromperie professorale, dont le rapport médico-légal de Cracovie est un exemple flagrant. À quel point les gardiens de la flamme de la légende de l'Holocauste doivent-ils être désespérés pour avoir recours à de telles méthodes ? En protégeant les prétendues tombes et les ruines de la "chambre à gaz" d'Auschwitz de toute enquête scientifique, ils risquent d'enterrer leur propre réputation et de ruiner le mythe d'Auschwitz".

Partie 5 - La persécution des révisionnistes pour délit d'opinion

En hommage aux nombreuses personnes honnêtes qui ont risqué leur carrière et leur vie pour défendre la liberté d'expression et de recherche dans la quête de la vérité historique, nous terminerons le chapitre XII de cette *Histoire hors-la-loi* par un large aperçu du travail essentiel de ces héros méconnus du révisionnisme, inconnus du grand public. Beaucoup d'entre eux ont déjà été évoqués au cours de nos travaux, mais nous allons maintenant les présenter plus en détail et ainsi souligner la valeur et la portée de leurs contributions. La persécution des révisionnistes pour délit d'opinion est l'une des choses les plus honteuses qui puissent se produire dans des sociétés autoproclamées libres et démocratiques. Il est scandaleux, intolérable et indécent que des intellectuels issus de tous les domaines de la connaissance soient emprisonnés pour avoir exercé leur droit d'étudier et de rechercher des faits historiques. Ce fait injustifiable devrait suffire à nous faire comprendre que la réalité et l'histoire ont été falsifiées et que le mensonge est maintenu à tout prix.

Les victimes de la police de la pensée sont nombreuses en Europe, notamment en Allemagne où, depuis la fin de la Seconde Guerre mondiale, le peuple allemand est soumis à toutes sortes d'humiliations avec la complicité de ses dirigeants. En France et en Autriche également, les cas de personnes persécutées, poursuivies et emprisonnées pour avoir exercé leur droit à la liberté d'expression sont nombreux. Afin de faciliter la présentation et de rassembler dans ces pages les principaux cas dont nous avons connaissance, nous procéderons à une présentation par pays et nous essaierons également de garder un ordre chronologique, afin de suivre le processus dans une perspective historique. Nous commencerons par l'Allemagne, où le contrôle idéologique exercé depuis 1945 n'est pas perçu dans toute son ampleur par la majorité de la population, dont le lavage de cerveau, commencé dès l'enfance, a atteint des niveaux sans précédent.

Nous verrons ci-dessous jusqu'où est allée la dégradation des droits civiques en Allemagne, un pays qui a accepté la censure de son hymne national, mutilé, avec des couplets interdits que personne n'ose chanter en public. L'idée du politiquement correct est l'outil de ceux qui veulent à tout prix paralyser la société allemande. Tout ce qui n'est pas conforme à la version officielle des événements est considéré comme politiquement inacceptable. Cet état de paralysie est entretenu par le soutien irremplaçable du mouvement dit antifasciste, qui attaque violemment et disqualifie ceux qui cherchent à réviser l'histoire, en particulier celle du Troisième Reich. Contrairement aux mouvements anticapitalistes ou anticommunistes, qui sont l'expression de convictions personnelles, l'antifascisme en Allemagne est institutionnalisé, enraciné et structuré à tous les niveaux de la société, de sorte que ceux qui n'expriment pas de sentiments antifascistes sont moralement disqualifiés.

Il faut rappeler que ce n'est qu'en 1955 que l'Allemagne s'est vu accorder une souveraineté partielle. Jusqu'à cette date, il n'y avait ni liberté de la presse ni liberté académique. Afin d'empêcher tout changement politique, le Département pour la protection de la Constitution est mis en place. Outre la lutte contre les partis politiques communistes, ce département a fait tout ce qui était nécessaire pour annuler légalement les partis nationaux et les médias considérés comme étant de droite. En conséquence, il n'y a plus d'universités ni de partis politiques en Allemagne, ni de journaux ou de médias de droite significatifs. Cependant, en 1968, des milliers d'étudiants, incités par les enseignements des professeurs de gauche, socialistes et même communistes installés dans les universités par les Alliés pendant l'occupation, sont descendus dans la rue avec des slogans pro-communistes. À la suite de la révolte étudiante de 1968, l'entrée progressive de ces gauchistes dans les institutions du pays a commencé.

À la fin du siècle dernier, cette génération aux idées allant du socialisme au communisme a atteint l'apogée de son pouvoir et de son influence sur la société allemande. Ses représentants étaient bien placés à tous les niveaux et formaient une élite politique puissante. Ils peuvent ainsi exercer une influence et un contrôle étendus sur l'opinion publique et réduire immédiatement au silence, en les accusant de "fascisme", ceux qui osent être politiquement incorrects. Leurs méthodes sont très variées et vont des campagnes de presse à l'intimidation si nécessaire. Le mécanisme principal de ces cercles gauchistes dans lesquels les Juifs allemands abondent est de maintenir à jour les sentiments de culpabilité collective, de honte collective ou de responsabilité collective, qui ont maintenu le peuple allemand anesthésié pendant plus de soixante-dix ans.

Avant de commencer à présenter les victimes de la police de la pensée en Allemagne et dans d'autres pays, il est intéressant de savoir que le gouvernement allemand présente chaque année les chiffres de sa persécution des dissidents pacifiques, qu'il regroupe avec les criminels violents en tant qu'"ennemis de la Constitution" (Loi fondamentale entrée en vigueur le 23 mai 1949). En 2011, par exemple, le *rapport sur la protection de la Constitution* (*Verfassungsschutzbericht*) indiquait que sur les 13 865 enquêtes pénales, 11 401 cas concernaient des "délits de propagande". Parmi ces cas, 2464 concernaient des individus qui avaient dit ou écrit quelque chose jugé capable de "troubler l'ordre du peuple". La plupart de ces transgressions sont attribuées à des "extrémistes de droite". Les crimes commis par des gauchistes radicaux ou des étrangers ne sont pas regroupés dans la catégorie des "extrémistes de gauche". Les crimes de l'esprit en Allemagne ne peuvent être attribués qu'à des nationalistes ou des patriotes qui sont considérés comme des "nazis", des "droitiers", des "fascistes", autant d'étiquettes synonymes de "mal".

1) Principales victimes de persécutions en Allemagne :

Joseph Burg, un révisionniste juif persécuté par les nazis et les sionistes

Il n'est que juste de commencer ces pages sur la persécution des révisionnistes par un personnage admirable s'il en est, Joseph Ginsburg, plus connu sous le nom de Joseph Burg, un juif allemand intègre et honnête comme il y en a peu, qui a fini par être persécuté et attaqué à plusieurs reprises par des voyous extrémistes de la Ligue de défense juive. Le mépris et la haine de ses coreligionnaires sont allés jusqu'à lui refuser le droit d'être enterré dans le cimetière juif de Munich. Joseph Ginsburg est né en Allemagne en 1908 et a été persécuté par le régime national-socialiste dans les années 1930. Lorsque la guerre a éclaté en septembre 1939, il vivait à Lemberg, en Pologne, d'où il s'est enfui avec sa famille pour Czernowitz, dans la province roumaine de Bucovine, qui a été occupée par l'Armée rouge en juin 1940. Lorsque l'Allemagne a attaqué l'URSS un an plus tard, les soldats rouges ont fui la région et des bandes d'Ukrainiens ont commencé à perpétrer des pogroms contre les Juifs. Les troupes allemandes et roumaines ont mis fin à ces actions et empêché toute nouvelle violence. Ginsburg et sa famille sont déportés vers l'est, dans la région de Transnistrie, où ils peuvent au moins vivre. Le front germano-roumain s'effondre en 1944, et Ginsburg et sa famille retournent à Czernowitz, où règne la terreur rouge et où règnent le chaos et la faim.

Après la fin de la guerre, en 1946, Ginsburg et son groupe se rendent à Breslau, puis dans un camp de personnes déplacées de l'UNRRA près de Munich, dirigé par un Juif américain, dont il est le factotum. Dans *Schuld un Schiksal, Europas Jugend zwischen Henkern und Heuchlern* (*Culpabilité et destin, la jeunesse européenne parmi les bourreaux et les hypocrites*), un livre publié en 1962, Joseph Burg évoque ses expériences dans le camp et raconte comment il a organisé la police, la prison, le journal et les activités culturelles. En 1949, il vit à Munich, mais choisit d'émigrer en Israël. Là, il rejette immédiatement le sectarisme et le racisme des sionistes. En août 1950, il décide donc de retourner à Munich, où il travaille comme relieur.

C'est donc en Allemagne qu'il a commencé son combat pour établir la vérité historique. Son témoignage en 1988 dans le procès Zündel est une source précieuse d'informations. Ernst Zündel, avec qui Burg a travaillé en étroite collaboration, a reconnu que la lecture du livre *Guilt and Destiny* a été déterminante dans sa vie, car elle l'a incité à entamer la lutte contre les fausses accusations portées contre le peuple allemand et a fait de lui un révisionniste. Le courage et la stature de Joseph Burg se sont révélés lorsqu'il a osé accuser le Mossad d'être responsable de l'incendie d'une maison de retraite juive à Munich dans la nuit du 13 février 1970, une action terroriste qui a coûté la vie à sept personnes, cinq hommes et deux femmes. Toujours dans les années 1970, l'affaire dite "Kreisky-Wiesenthal" a éclaté en Autriche. Bruno Kreisky, juif persécuté par la Gestapo, a été chancelier d'Autriche de 1970 à 1983. Simon Wiesenthal l'accuse en 1975 d'avoir nommé cinq ministres d'origine nazie. Kreisky réagit avec indignation et accuse Wiesenthal d'être un "raciste" ayant collaboré avec la Gestapo et promu l'antisémitisme en Autriche. Joseph Burg soutient le chancelier et corrobore l'accusation portée contre le célèbre "chasseur de nazis". Burg déclare publiquement que Wiesenthal a été un informateur de la Gestapo.

En 1979, Joseph Burg a publié son deuxième ouvrage, *Majdanek in alle Ewigkeit ?* (*Majdanek dans toute sa splendeur*), dans lequel il raconte ses visites au camp de Majdanek à la fin de 1944 et à l'automne 1945. À cette seconde occasion, il s'est également rendu à Auschwitz. Il y critique hardiment l'imposture de l'Holocauste et dénonce l'escroquerie des réparations financières versées par la République fédérale d'Allemagne. Le livre a été immédiatement interdit et tous les exemplaires ont été détruits sur ordre de la justice allemande, qui a invoqué l'article 130 du code pénal. L'accusation portée contre Joseph Burg était la suivante : "Déclarations haineuses contre le sionisme et tentatives de réhabilitation des criminels des camps d'extermination". Burg a été accusé d'avoir des problèmes mentaux et a été contraint de suivre un traitement psychiatrique. Lorsqu'il se réfugie sur la tombe de sa femme dans le cimetière juif de Munich, il est agressé physiquement par un commando sioniste en raison de son témoignage.

L'amitié entre Ernst Zündel et Joseph Burg s'est développée au fil des ans. Burg continue d'écrire des livres dénonçant la situation en Allemagne. En 1980, par exemple, il publie *Zionnazi Zensur in der BRD* (*Censure sionazie en République fédérale d'Allemagne*). Zündel ne se contente pas de lui rendre visite, il entretient avec lui une correspondance suivie. En 1982, Zündel lui a écrit à deux reprises pour lui demander des conseils et de l'aide, car il avait des problèmes avec les sionistes de Toronto. C'est pourquoi, lorsque le deuxième procès contre Ernst Zündel pour "publication de fausses nouvelles" a commencé, Burg s'est rendu au Canada pour témoigner en faveur de la défense. Son témoignage a eu lieu le mardi 29 mars et le mercredi 30 mars 1988.

Burg a notamment déclaré qu'il avait parlé à des centaines de personnes ayant travaillé dans les crématoires, mais qu'il n'avait jamais pu trouver quelqu'un ayant travaillé dans les chambres à gaz. En ce qui concerne les crématoires d'Auschwitz et de Majdanek, il a expliqué qu'ils fonctionnaient en trois équipes par jour, grâce à des prisonniers qui effectuaient le travail bénévolement. La demande de volontaires était faite par le conseil juif ou la police juive, qui collaboraient avec les SS allemands. En ce qui concerne l'émigration des Juifs de l'Allemagne nazie, il a accusé les sionistes de rendre difficile l'émigration vers d'autres pays des Juifs qui n'allaient pas en Palestine, car leur seul intérêt était de peupler la Palestine à n'importe quel prix. Burg affirme avoir découvert que ce sont les dirigeants sionistes allemands qui, dès 1933, ont demandé aux nazis d'obliger les Juifs à porter l'étoile jaune. Les sionistes ne considéraient pas cela comme une insulte, mais comme un geste héroïque, tout comme les SS considéraient comme un geste héroïque le fait d'arborer la croix gammée. Selon Burg, en 1938, les dirigeants sionistes du Troisième Reich ont incité les Juifs à porter l'étoile jaune contre la volonté de Göring et de Göbbels. Dans sa déclaration, Burg s'est montré particulièrement critique à l'égard de l'État d'Israël et des dirigeants sionistes, qu'il a accusés d'avoir inventé l'Holocauste afin de soutirer à l'Allemagne des indemnités exorbitantes, qui ont été acceptées par M. Adenauer.

Écrivain prolifique et juif pratiquant, Joseph Burg est l'auteur de plus d'une douzaine d'ouvrages, aujourd'hui très difficiles à trouver car plus de la moitié d'entre eux ont été confisqués par décision de justice. Dans *Sündenböcke, Grossangriffe des Zionismus auf Papst Pius XII un die deutschen Regierungen* (*Boucs émissaires, l'offensive générale du sionisme contre le pape Pie XII et les gouvernements allemands*), il dénonce les calomnies du sionisme contre Pie XII et les attaques contre l'Allemagne. En 1990, deux ans après avoir témoigné au procès de Toronto, Burg meurt à Munich. Considéré comme un traître, il n'est pas enterré dans le cimetière juif comme il l'aurait souhaité. Otto Ernst Remer et Ernst Zündel sont venus dans la ville bavaroise pour rendre hommage et dire adieu à la dépouille de ce révisionniste généreux à qui l'histoire ne rendra jamais justice.

Thies Christophersen condamné pour avoir "jeté le discrédit sur l'État".

Peu d'Allemands ont osé s'exprimer pendant les dures années de purge et de répression nationale-socialiste. Thies Christophersen, un fermier qui a séjourné à Auschwitz de janvier à décembre 1944, a été l'un de ceux qui se sont rebellés contre le silence imposé. Blessé au début de la guerre, il était inapte au combat. Au nom de l'Institut Kaiser Wilhelm, il est arrivé à Auschwitz en tant que haut commandant de la Wehrmacht avec pour mission de cultiver du caoutchouc végétal. La main-d'œuvre du camp étant trop nombreuse, l'institut de culture des plantes est transféré de Berlin-Müncheberg à Auschwitz. Là, les recherches sont menées dans les laboratoires de l'usine Bunawerk. Christophersen est logé dans le camp de Raisko, et deux cents femmes détenues dans le camp travaillent avec lui dans sa ferme expérimentale. En outre, 100 hommes arrivent quotidiennement de Birkenau, mais des civils, principalement des Russes, sont également employés. Les prisonniers analysaient, entre autres, le pourcentage de caoutchouc dans les plantes du laboratoire afin de sélectionner les plantes les plus riches en caoutchouc pour la reproduction. Selon Christophersen, les prisonniers y travaillaient huit heures par jour, avec une heure de repos à midi.

Après la guerre, Christophersen reprend ses activités agricoles. Dans le cadre de ses efforts pour défendre les intérêts des agriculteurs allemands, il a édité et publié un magazine trimestriel, *Die Bauernschaft* (*Les agriculteurs*). En 1973, Thies Christophersen ose publier en allemand le livre *Die Auschwitzlüge* (*Le mensonge d'Auschwitz*), une brochure tirée à 100 000 exemplaires, dans lequel il nie que l'Allemagne ait exterminé six millions de Juifs pendant la Seconde Guerre mondiale. À la fin, il conclut par ces mots : "J'ai écrit mes mémoires telles que je les ai vécues et telles que je m'en souviens. J'ai dit la vérité, que Dieu me vienne en aide. Si je peux contribuer à redonner à nos jeunes un peu plus de respect pour leurs pères, qui se sont battus pour l'Allemagne en tant que soldats et qui n'étaient pas des criminels, j'en serai très heureux". Le livre a fait sensation et a rapidement été interdit pour avoir "attisé le peuple". Christophersen, qui, outre le livre, avait publié d'autres écrits insistant sur la dénonciation des mensonges contre l'Allemagne, fut finalement inculpé et condamné à un an et demi de prison pour "discrédit de l'État" et pour "offense à la mémoire des morts".

Persécuté politiquement, il reçoit de nombreuses lettres d'insultes et de menaces qui le contraignent à l'exil. Après être passé par la Belgique, il s'installe au Danemark, où la législation le protège, ce qui ne l'empêche pas d'être victime de voyous "antifascistes" : des centaines d'entre eux attaquent sa modeste maison dans la petite ville de Kollund, située juste de l'autre côté de la frontière, en Allemagne. Les criminels ont lapidé la maison, l'ont couverte de graffitis insultants, ont mis le feu à la réserve où il conservait ses livres et, à l'aide d'acide corrosif, ont brisé sa voiture et son matériel de photocopie. Les autorités allemandes ont demandé au gouvernement de Copenhague de prendre des mesures contre lui et sont allées jusqu'à suggérer aux Danois de réviser leurs lois sur le racisme afin de pouvoir prendre des mesures contre Thies Christophersen. Heureusement, les délits de parole et de pensée n'ont pas été poursuivis au Danemark et un tribunal danois a rejeté une demande d'extradition de la République fédérale. Enfin, la police danoise n'ayant pas réussi à empêcher le harcèlement et les abus constants dont il était victime, il a été contraint de quitter le Danemark en 1995. Gravement malade d'un cancer, il a cherché à se faire soigner en Suisse, mais en décembre 1995, il a également été contraint de quitter le pays. Finalement, il a trouvé un refuge temporaire en Espagne. Entre-temps, l'imprimeur du magazine *Bauernschaft* en Allemagne a été condamné à une amende de 50 000 DM.

Malgré toutes ces tribulations, Christophersen réussit à se rendre au Canada en 1988 pour témoigner à Toronto dans le cadre du procès Zündel. Sa comparution au tribunal a précédé celle de Joseph Burg. Le contre-interrogatoire de Doug Christie, l'avocat de Zündel, a lieu le 8 mars 1988.

Quelques mois plus tard, Thies Christophersen lui-même l'a reproduit intégralement, mot pour mot, dans le numéro de juin de son magazine *Die Bauernschaft*. L'avocat Christie pose de nombreuses questions sur les prisonniers qui, comme les soldats, sont logés dans des baraquements. Christophersen explique qu'il y avait des lits superposés, des armoires et des salles de bain avec eau chaude et froide. Les draps, les serviettes et les vêtements étaient changés régulièrement. L'interrogatoire s'est déroulé comme suit :

>   Les prisonniers ont-ils reçu de la correspondance ?
> - Le courrier est régulièrement distribué et les colis sont ouverts si leur contenu n'est pas très clair en présence des prisonniers. Certaines choses n'ont pas été livrées.
> - Quelles sont les choses qui n'ont pas été livrées ?
> - Argent, drogues, produits chimiques, matériel de propagande...
> - Les prisonniers ont-ils été maltraités ?
> - Aucun mauvais traitement n'est autorisé et, s'il s'en produit, les auteurs sont sévèrement punis.
> - Les prisonniers ont-ils eu la possibilité de se plaindre ?
> - Oui, à tout moment. Même le commandant du camp, Nöss, et son successeur, le capitaine Lieberhenschel, avaient autorisé les prisonniers à leur parler quand ils le souhaitaient.
> - Avez-vous entendu les plaintes et les doléances des détenus ?
> - À vrai dire, il ne s'agissait pas de plaintes, mais plutôt de demandes. La plus grande joie que je pouvais donner aux prisonniers était de leur permettre de cueillir des champignons et des mûres ou de se baigner dans la Sula. Il m'arrivait aussi de mettre sous séquestre les lettres privées d'un prisonnier dont le contenu n'était pas très clair".

Christophersen a reconnu lors de son interrogatoire qu'il ne connaissait pas la capacité des crématoires de Birkenau et qu'il ne les avait pas vus fonctionner, bien qu'il se soit souvent rendu dans le camp, où il apportait du matériel de la casse aéronautique et sélectionnait la main-d'œuvre pour les plantations d'hévéas. En ce qui concerne l'incinération des corps, il affirme qu'une aide médicale était apportée aux prisonniers malades et que l'on tentait de leur sauver la vie, puisqu'il y avait des ambulances et des salles de malades à l'hôpital militaire. Comme d'habitude, Christophersen a fait allusion aux nombreux décès dus à la fièvre typhoïde et a noté que l'épouse de son supérieur, le Dr Cäsar, était elle-même morte de la typhoïde. Quant aux questions sur les chambres à gaz, il a affirmé à plusieurs reprises qu'il n'en avait entendu parler qu'après la guerre, qu'il n'en avait jamais vu et qu'il n'avait jamais rencontré quelqu'un qui en avait vu.

Au cours des derniers mois de sa vie, Thies Christophersen était prêt à rentrer dans son pays pour y être jugé s'il était autorisé à présenter des experts et des témoins de son choix, mais les tribunaux allemands l'ont traité comme un ennemi de l'État et l'ont refusé. Son compte bancaire a été bloqué. Au début de 1996, il a demandé à retourner en Allemagne pour assister aux funérailles de l'un de ses fils, décédé dans un accident de voiture, mais un tribunal a rejeté sa demande. Bien que Christophersen soit atteint d'un cancer, les autorités allemandes annulent sa couverture d'assurance et cessent de lui verser sa modeste pension de retraite, qui lui a été versée pendant 45 ans, ainsi que sa pension de service dans l'armée. Gravement malade et en phase terminale, il a pris le risque de retourner passer les derniers jours de sa vie auprès de sa famille, mais il a été arrêté pour la dernière fois. Un juge allemand a estimé qu'il était trop malade pour aller en prison et il a été autorisé à rester sous la tutelle d'un fils. Le 13 février 1997, il est décédé dans le district de Molfsee, dans le nord de l'Allemagne, où il n'a pas eu droit à des funérailles.

Wilhem Stäglich, le juge qui a exigé la justice pour l'Allemagne

Durant les mois de juillet à septembre 1944, Wilhelm Stäglich est affecté à un détachement près d'Auschwitz en tant qu'officier de défense aérienne. Basé dans la ville d'Osiek, à environ neuf kilomètres au sud du camp, il est en contact avec les commandants SS et a accès aux principales installations du camp. Après la guerre, il a obtenu un doctorat en droit à l'université de Göttingen en 1951. Pendant des années, il a travaillé comme juge financier à Hambourg, où il a écrit de nombreux articles sur des sujets juridiques et historiques. Après des années de silence, indigné et émotionnellement perturbé par les récits sur Auschwitz imposés au public, qui se heurtaient de plein fouet à sa propre expérience, le juge et historien allemand a décidé d'entreprendre une enquête. Lorsqu'il commence à exprimer publiquement ce qu'il a compris d'Auschwitz, il fait l'objet de plusieurs poursuites judiciaires en raison de ses articles. Finalement, en 1974, une audience disciplinaire est organisée à l'encontre du juge Stäglich et, en 1975, il est contraint de prendre sa retraite de la magistrature. Cette mise à la retraite forcée s'est accompagnée d'une réduction de sa pension pour une période de cinq ans. Il s'ensuit une série d'enquêtes et de perquisitions à son domicile pour tenter de connaître ses antécédents.

Au lieu de reculer, Stäglich a continué à travailler sur la question et a publié en 1979 un livre qui a fait date dans le révisionnisme allemand : *Der Auschwitz-Mythos : Legende oder Wirklichkeit* (*Le mythe d'Auschwitz : légende ou réalité*), un ouvrage complet et détaillé dans lequel il a examiné de manière critique et systématique des documents, des témoignages, des confessions et des récits décrivant Auschwitz comme un centre de mise à mort. Stäglich a nié l'existence des chambres à gaz et dénoncé les documents proclamant l'Holocauste comme étant des faux. En 1980, le livre a été interdit et saisi dans tout le pays sur décision d'un tribunal de Stuttgart. Le 11 mars 1982, l'ordonnance n° 3176 de la "Bundesprüfstelle für jugendgefährdende Schriften" (Département fédéral des écrits dangereux pour la jeunesse) l'a classé parmi les ouvrages nuisibles qui ne doivent pas être distribués aux jeunes lecteurs. En 1983, la police allemande a confisqué tous les exemplaires invendus sur ordre de la Cour fédérale de justice. Le 24 mars 1983, invoquant ironiquement une loi de 1939 promulguée à l'époque d'Hitler, le conseil des doyens de l'université de Göttingen a retiré à Wilhelm Stäglich, au terme d'une procédure fastidieuse, le titre de docteur qu'il lui avait décerné en 1951. Un recours juridico-administratif a été rejeté, de même que ses protestations écrites devant le tribunal, qui ont été rejetées par le jury constitutionnel de la République fédérale d'Allemagne.

Le 23 novembre 1988, le juge Stäglich, avec une force d'âme et un aplomb dignes d'éloges, adressait une lettre de reproches à Richard von Weizsäcker, président de la République fédérale d'Allemagne de 1984 à 1994, en y joignant le *rapport Leuchter*, qui constituait pour le mouvement révisionniste la ratification incontestable de ses thèses. Nous estimons que ce document mérite d'être reproduit. *Die Bauernschaft*, la revue de Thies Christophersen, a d'abord publié le texte, qui a également été reproduit à l'automne 1990 par *The Journal of Historical Review*, d'où nous l'avons repris et traduit :

"23 novembre 1988
Le président de la République fédérale
Richard von Weizsäcker
5300 Bonn

Monsieur le Président :
Vous vous êtes prononcé publiquement à plusieurs reprises sur des questions relatives à l'histoire de l'Allemagne au cours de ce siècle (la première fois, c'était à l'occasion de votre discours du 8 mai 1945 devant le Parlement de l'Allemagne de l'Ouest). Le contenu et le style de ces déclarations montrent qu'elles sont basées sur une perspective pour le moins biaisée, à savoir celle des vainqueurs des deux guerres mondiales. Dans sa brochure "*Le discours de Weizsäcker du 8 mai 1945*" (J. Reiss Verlag, 8934 Grossaitingen, 1985), dont vous avez certainement pris connaissance, le publiciste Emil Maier-Dorn l'a démontré de manière convaincante, en donnant de nombreux exemples de cette partialité tendancieuse. Manifestement pas impressionné, vous avez continué dans les années qui ont suivi, avec encore plus de véhémence si possible, à accuser le peuple allemand à chaque fois que l'occasion se présentait. Enfin, vous avez même jugé nécessaire de soutenir les historiens en participant à la 37e conférence des historiens à Bamberg, dont les lignes directrices incluaient, pour ainsi dire, le traitement du problème d'Auschwitz, qui faisait l'objet de discussions académiques depuis au

moins la dernière décennie. Est-il possible que vous ignoriez l'article 5, paragraphe 3, de la loi fondamentale, qui garantit la liberté académique et la liberté de la recherche ? Les applaudissements que vous avez reçus pour vos commentaires totalement partisans et sans réserve de la part de nos ennemis des guerres mondiales et des médias ouest-allemands, qui suivent manifestement toujours vos ordres, auraient dû vous rappeler une maxime de Bismarck, qui a fait remarquer un jour que lorsque ses ennemis le louaient, c'est qu'il avait sans aucun doute eu tort.

Malheureusement, Maier-Dorn a dû omettre de commenter dans sa brochure ses déclarations sur la question de l'extermination des Juifs, étant donné que la version officielle de cette question est, selon lui, juridiquement protégée en Allemagne de l'Ouest. Bien que cela ne soit pas tout à fait exact, l'évaluation de Maier-Dorn fait mouche dans la mesure où un système judiciaire soumis à des pressions politiques et donc non indépendant manipule les faits et la loi afin de poursuivre et, sinon, de harceler ceux qui doutent ou même réfutent l'anéantissement des Juifs dans les prétendues "chambres à gaz" des camps dits "d'extermination". Ce phénomène est sans doute unique dans l'histoire de la justice.

Cependant, un événement survenu il y a environ six mois a forcé la remise en question de l'histoire officielle. Dans le procès du germano-canadien Ernst Zündel à Toronto, la défense a présenté le témoignage de l'expert américain en chambres à gaz Fred A. Leuchter (comme on le sait, des exécutions en chambres à gaz sont encore pratiquées dans certains États des États-Unis), selon lequel les lieux d'Auschwitz, de Birkenau et de Majdanek qui ont été identifiés par des témoins présumés comme étant des chambres à gaz ne pouvaient pas avoir fonctionné comme telles. Cette expertise technique, devenue entre-temps mondialement célèbre, ne pourra plus à l'avenir être ignorée par tout historien sérieux se réclamant de l'objectivité. Outre la technologie des chambres à gaz, le rapport Leuchter traite de la composition et du mode opératoire du pesticide Zyklon-B, prétendument utilisé pour tuer les Juifs, ainsi que de la technologie des fours crématoires. Dès 1979, à la page 336 de mon ouvrage *Der Auschwitz Mythos*, qui a été confisqué de manière significative sur ordre d'un tribunal suivant des instructions venues d'en haut, j'ai souligné la nécessité urgente de clarifier ces questions sur l'approche du problème de l'extermination. Ni les juges, ni les historiens ne se sont préoccupés de cet état de fait, pas plus que les hommes politiques, dont vous-même.

Malheureusement, le rapport Leuchter, comme tout ce qui peut historiquement disculper notre nation, est officiellement ignoré dans un silence de mort. C'est pourquoi je me permets de vous transmettre cet important document dans sa version originale anglaise, Monsieur le Président, afin que vous puissiez avoir une compréhension claire des choses. Ce texte ne diffère du rapport original que par l'omission des analyses chimiques effectuées par le chimiste américain, le professeur Roth, que Leuchter a associé à l'analyse des échantillons qu'il avait recueillis au cours de ses enquêtes personnelles dans les lieux d'Auschwitz et de Birkenau officiellement désignés comme "chambres à gaz", ainsi que des échantillons prélevés dans les anciennes chambres de désinfection à des fins de comparaison. Ces analyses ne figurent que sous forme de résumé (page 16) dans le texte du rapport Leuchter destiné à être distribué au public. Monsieur le Président, vous pouvez maintenant prendre connaissance des recherches les plus récentes et les plus fiables sur ce sujet si important pour notre nation.

J'ose dire que désormais, même si vous ne corrigez pas vos accusations passées, vous vous abstiendrez au moins d'imposer une culpabilité injustifiée à notre nation. La haute fonction que vous occupez exige, conformément à la promesse que vous avez faite lorsque vous l'avez assumée, que vous agissiez en tant que protecteur de la nation allemande, au lieu de la dépouiller de la dernière parcelle de confiance en soi sur le plan politique. Dans vos discours, vous n'avez cessé de réclamer le "courage de regarder la vérité en face", alors que la "vérité" que vous proclamiez était déjà douteuse parce qu'elle était si unilatérale. Le moment est venu de montrer votre propre courage de regarder la vérité en face, toute la vérité et rien que la vérité, Monsieur le Président ! Sinon, vous devrez plus tard, à juste titre, faire face à des reproches pour votre hypocrisie.

Avec les salutations d'un citoyen,
Wilhelm Stäglich".

Wilhem Stäglich est décédé en 2006 à l'âge de 90 ans. En février 2015, Germar Rudolf a publié une édition corrigée et légèrement révisée de son livre chez Castle Hill Publishers, la maison d'édition qu'il a fondée, sous le titre *Auschwitz : A Judge Looks at the Evidence*. Cette publication prouve la valeur continue du travail de Stäglich. Robert Faurisson, qui admire l'honnêteté du magistrat, a écrit ces mots de respect et d'hommage : "Le Dr Wilhelm Stäglich, juge et historien allemand, a sauvé l'honneur des juges et des historiens allemands. Il a tout perdu, mais pas son honneur".

Ernst Zündel, "Dynamo révisionniste", un modèle de résistance

Le moment est venu de rendre un modeste hommage à Ernst Zündel, l'homme indispensable, le révisionniste par excellence, qui a eu le courage et la force d'âme de s'opposer toute sa vie aux puissants tyrans qui imposent au monde la falsification de l'histoire. C'est peut-être pour cette raison que l'un des surnoms qui lui ont été donnés à juste titre pour son rôle de premier plan est celui de "dynamo révisionniste". Une esquisse de sa vie et des étapes de sa lutte inégale pour racheter l'Allemagne aux yeux du monde aidera les lecteurs non initiés à comprendre et à apprécier la stature de cette figure irremplaçable dans l'histoire du révisionnisme historique.

Né en Allemagne en 1939, il est arrivé au Canada en 1958 et a épousé une Canadienne, Janick Larouche. En 1961, il quitte Toronto et s'installe avec sa famille à Montréal, où il crée une entreprise d'arts graphiques prospère. Zündel considérait le communisme comme "une menace pour notre civilisation" et, dans la politique canadienne, il s'est impliqué dans des activités et des campagnes anticommunistes. L'une des personnalités qui l'a le plus influencé au cours de ces années est Adrien Arkand, un nationaliste canadien-français qui parlait huit langues et qui a été emprisonné pendant six ans pendant la guerre. Arkand a fourni des livres, des articles et d'autres textes qui ont aidé le jeune Zündel à se développer intellectuellement. Comme mentionné plus haut, Joseph Ginsburg, qui publiait sous le pseudonyme de J.C. Burg, est une autre personne essentielle qui a exercé une profonde influence sur Zündel au cours des années 1960. Burg s'est rendu au Canada pour enregistrer avec Zündel et a passé un mois chez lui. Leur amour de la vérité et de la justice a conduit à une admiration mutuelle. Burg a qualifié Zündel de "combattant de la vérité pour son peuple". Mais Burg n'est que l'un des intellectuels juifs importants à qui Zündel demande de collaborer avec lui. Il prend également contact avec Benjamin Freedman, milliardaire juif converti au catholicisme, et avec le rabbin Elmer Berger, président du Conseil américain pour le judaïsme.[14] Zündel se rend à New York en 1967 pour rencontrer Berger, qui lui apporte de nouvelles connaissances et informations sur le sionisme. Plus tard, lors d'un des procès, Zündel a expliqué sa relation avec le rabbin Berger de la manière suivante :

> "... Je me suis rendu à New York et j'ai interviewé le rabbin Berger, avec qui je suis resté en contact depuis lors. C'est lui qui, pour la première fois, m'a fait comprendre clairement les différences entre le sionisme et le judaïsme. Sa philosophie particulière de la vie et du peuple qu'il représente est qu'ils sont avant tout américains et juifs de religion, alors que les sionistes sont d'abord juifs, du moins c'est ainsi que je le comprends, ce qui les conduit dans la pratique à l'exclusion de toute autre chose. Ils résident dans différents pays, mais leur seule allégeance va aux

---

[14] Le chapitre I a déjà présenté Benjamin H. Freedman et discuté de sa célèbre lettre à David Goldstein, éditée sous le titre *Facts are facts*, dans laquelle il révélait l'origine khazare des Juifs ashkénazes. Freedman avait des relations personnelles avec Bernard Baruch, Woodrow Wilson, Franklin D. Roosevelt, Samuel Untermayer et d'autres dirigeants juifs sionistes, et il savait donc très bien qui se cachait derrière ce qu'il a appelé la *"tyrannie cachée"* dans une brochure ainsi intitulée. En 1961, Benjamin Freedman a prononcé à l'hôtel Willard de Washington le célèbre discours d'avertissement à l'Amérique, connu plus tard sous le titre "A Jewish Defector Warns America" (Un transfuge juif avertit l'Amérique). Il y insiste sur le fait que les sionistes et leurs coreligionnaires dirigent l'Amérique comme s'ils étaient les maîtres absolus du pays et avertit les patriotes américains de la nécessité impérieuse de réagir.

principes du sionisme, aux objectifs du sionisme, aux politiques du sionisme. Il estimait qu'il s'agissait d'une idéologie dangereuse parce qu'elle remettait en question, aux yeux de l'opinion publique, la loyauté des Juifs vivant en Amérique ou au Canada".

En 1968, Zündel s'est vu refuser la citoyenneté canadienne sans explication. Le 27 août 1968, il reçoit une lettre des autorités canadiennes indiquant que "les informations sur la base desquelles la décision a été prise sont confidentielles et qu'il ne serait pas dans l'intérêt général de les divulguer". En 1969, Zündel et sa famille retournent à Toronto, où il rétablit son entreprise d'arts graphiques, qui publie des livres à grand tirage et à forte diffusion, ce qui lui permet de réaliser des bénéfices substantiels. Cela lui permet de publier des textes et des entretiens qu'il a réalisés avec des écrivains et des historiens révisionnistes tels que Robert Faurisson et le rabbin susmentionné. Berger et Burg ne sont pas les seuls Juifs à avoir collaboré avec Zündel dans son combat titanesque pour dénoncer les falsificateurs de l'histoire. Roger-Guy Dommergue Polacco de Menasce, professeur français d'origine juive, philosophe, essayiste et docteur en psychologie, fut un autre intellectuel honnête qui influença Ernst Zündel, avec qui il correspondit pendant des années. Zündel, qui recevait des textes de Roger-Guy Dommergue dans lesquels il affirmait sans équivoque que l'Holocauste était un mensonge historique, finira par se rendre en France pour enregistrer une longue interview dans la maison du professeur Dommergue.

Ernst Zündel et sa femme se sont séparés en 1975, car Zündel refusait d'abandonner ses "activités politiques", comme elle le déclarait elle-même, ce qui a provoqué un sentiment de malaise et de crainte au sein de la famille. Néanmoins, l'amitié et le contact entre eux et leurs enfants n'ont pas été rompus. Au cours de ces années, en 1978 pour être précis, Zündel a fondé une petite maison d'édition appelée Samisdat Publishers Ltd, qui a produit une série de films intéressants pour aider à diffuser les idées du révisionnisme par le biais de divers témoignages. Ces activités de résistance et d'autres entreprises par Ernst Zündel ont provoqué le lancement d'une campagne de diffamation par des chroniqueurs éminents tels que Mark Bonokoski du *Toronto Sun* et d'autres chroniqueurs de connivence avec des dirigeants juifs tels que Ben Kayfetz, président du Congrès juif canadien, pour dépeindre Ernst Zündel comme un "fanatique néo-nazi".

À partir de ce moment, les attaques du gouvernement allemand sont rejointes par celles des organisations juives qui cherchent à faire taire Zündel par leur harcèlement au Canada et en Allemagne. Les accusations d'"incitation à la haine" et de "diffusion de fausses nouvelles" deviennent monnaie courante. Divers groupes de pression juifs font pression sur les gouvernements et utilisent les médias pour provoquer l'indignation de l'opinion publique. C'est dans ce contexte que la JDL (Jewish Defence

League), la tristement célèbre organisation terroriste du FBI, et les groupes "Anti-Racist Action" ont intensifié leur harcèlement contre Zundel en organisant des manifestations devant son domicile. Ces terroristes en sont venus à l'assiéger en patrouillant dans les environs avec des chiens et, en outre, en tapant sur les murs de la maison, en braquant des projecteurs sur les fenêtres pendant la nuit et en le menaçant d'appels téléphoniques incessants.

Le 22 novembre 1979, le *Toronto Sun* rapporte que le procureur général de l'Ontario s'apprête à porter plainte contre Samisdat Publishing Ltd. pour incitation à la haine. En réponse à cette menace, Zündel envoie des milliers d'exemplaires de *Did Six Million Really Die ?* de Richard Harwood à des avocats, des politiciens, des journalistes, des professeurs et des prêtres canadiens. Il leur demande d'évaluer les informations contenues dans le livre. Dans le texte qui l'accompagne, il insiste sur le fait qu'il n'est animé que par la recherche de la vérité et que les sionistes et leurs sympathisants utilisent des mots tels que "racisme" et "haine" pour tenter d'étouffer sa liberté.

C'est l'Allemagne qui a porté le coup suivant aux droits d'Ernst Zündel. En janvier 1981, le gouvernement fédéral allemand saisit son compte bancaire postal à Stuttgart, sur lequel Zündel recevait de nombreux dons et effectuait des paiements pour des livres et des cassettes. Les 23 et 24 mars 1981, le ministère allemand de l'intérieur ordonne l'une des plus grandes perquisitions de l'histoire de l'Allemagne : quelque 200 domiciles privés sont perquisitionnés afin de saisir des livres et des enregistrements qualifiés de "littérature nazie". Quelque dix mille policiers et trois cents juges et procureurs ont été mobilisés pour l'opération. Zündel a témoigné à ce sujet : "la police a obtenu les adresses des personnes qui m'avaient aidé financièrement en violant les lois bancaires allemandes, en prenant les adresses des reçus de dons et en perquisitionnant les domiciles de ces personnes". Zündel a alors été accusé d'"agitation du peuple", un crime en Allemagne.

Au Canada, des raids ordonnés par le ministère allemand de l'Intérieur ont été rapportés dans la presse et Ernst Zündel a été publiquement accusé de diffuser de la "propagande nazie" en Allemagne de l'Ouest à partir du Canada. Le 31 mai 1981, une grande manifestation de groupes juifs a eu lieu près du domicile de Zündel à Toronto. La manifestation avait été annoncée dans les médias juifs avec la déclaration suivante : "Le néonazisme au Canada : pourquoi le Canada est-il le centre d'exportation de la propagande nazie ? Pourquoi les semeurs de haine répandent-ils librement le mensonge selon lequel il n'y a pas eu d'Holocauste ? Pourquoi les criminels de guerre restent-ils impunis ? Manifestation pour protester contre le racisme et les discours de haine". Les organisateurs étaient la Loge B'nai Brith du Canada et le Congrès juif du Canada. La Ligue de défense juive ne figurait pas parmi les promoteurs, mais ses extrémistes étaient majoritaires et ont soulevé une foule de mille cinq cents personnes qui, aux cris de "Brûlez-le ! Tuez-le !", ils ont tenté d'attaquer la maison de Zündel. Bien entendu, les organisateurs n'ont pas cherché à les contenir. Seule l'intervention d'une cinquantaine de policiers qui ont barricadé la maison a permis d'éviter d'autres incidents. Zündel, qui a reçu des menaces de mort et d'attentat à la bombe avant et après la manifestation, a enregistré tout ce qui s'est passé et a produit une cassette intitulée *C-120 Zionist Uprising !* dans laquelle on peut entendre les cris appelant à prendre d'assaut et à brûler la maison et à tuer Zündel et tous les habitants.

Contre vents et marées, dans un combat inégal, Zündel a continué à résister à toutes sortes d'attaques. L'outrage suivant fut l'interdiction de recevoir du courrier. En juillet 1981, deux mois après la manifestation de masse devant son domicile, Sabina Citron, une activiste sioniste de l'Association pour la mémoire de l'Holocauste, se plaint à la poste que Zündel diffuse de la littérature antisémite et demande que ses privilèges postaux soient révoqués. Le 17 août 1981, l'inspecteur des postes Gordon Holmes rendit visite à Zündel. Il lui montra des tracts qu'il avait envoyés et Zündel, pour sa part, lui présenta des photos, des textes et des enregistrements de la manifestation de mai devant son domicile et expliqua qu'il était engagé dans une campagne postale pour exposer ses opinions par l'intermédiaire du service. Le rapport de Holmes à ses supérieurs a confirmé que Zündel s'était montré coopératif tout au long de la procédure et lui avait fourni des livres et des écrits. Enfin, le 13 novembre 1981, une ordonnance d'interdiction provisoire a été émise à l'encontre de Samisdat Publishers. L'argument avancé était que la société de Zündel utilisait le service postal pour inciter à la haine.

Zündel demande que l'ordonnance d'interdiction provisoire soit examinée par une commission d'évaluation afin de déterminer si elle viole la loi sur la Société canadienne des postes. Au cours de l'audience, qui s'est tenue les 22, 23 et 24 février et les 11 et 12 mars 1982, l'avocat torontois Ian Scott, représentant l'Association canadienne des libertés civiles, est intervenu au nom de Zündel et a fait valoir avec succès que la liberté d'expression reconnue dans la Charte des droits de l'homme était violée. Dans sa déclaration, Zündel a montré une cassette intitulée *German-Jewish Dialogue*, que Benjamin Freedman l'avait autorisé à vendre. Zündel se vante de son amitié avec le milliardaire juif, qu'il connaît depuis quinze ans et avec lequel il s'est entretenu à de nombreuses reprises. Prouvant qu'il ne haïssait pas les Juifs, Zündel a donné les noms d'intellectuels juifs qu'il avait interviewés et qui lui avaient donné l'autorisation de vendre les cassettes. Il cite notamment Haviv Schieber, ancien maire de Beersheba en Israël, Roger-Guy Domergue Polacco de Menasce, professeur juif à la Sorbonne, le rabbin Elmer Berger et le professeur Israel Shahak, président d'une commission des droits de l'homme en Israël.

Alors qu'au Canada on attendait l'avis définitif de la Commission d'évaluation, malgré une campagne hystérique en Allemagne et au Canada sur l'importance du matériel saisi chez Samisdat Publishers, le 26 août 1982, Zündel a été acquitté en Allemagne par un tribunal de district de Stuttgart, qui a estimé que les textes en question n'étaient pas de la littérature de haine. En outre, le tribunal a ordonné au gouvernement fédéral allemand de payer les frais de justice et de restituer à Zündel l'argent saisi sur les comptes ainsi que les intérêts. Bien entendu, la presse canadienne est restée silencieuse et a continué à décrire Zündel comme un "néo-nazi" qui a envoyé de la "propagande nazie" en Allemagne. Le gouvernement allemand réagit à la décision du tribunal de Stuttgart en refusant de renouveler le passeport de Zündel. De manière sarcastique, une loi promulguée par Hitler contre les réfugiés juifs qui publiaient des documents antinazis en exil a été utilisée à cette fin.

Au Canada, enfin, le 18 octobre 1982, la Commission d'évaluation a recommandé dans son rapport au gouvernement canadien la révocation de l'ordonnance de suspension des droits postaux d'Ernst Zündel. Conformément à cette recommandation bien argumentée, le ministre André Ouellet a signé la révocation de l'ordonnance le 15 novembre 1982, et les droits de Zündel ont été rétablis, avec pour conséquence que la Société canadienne des postes a dû lui restituer de nombreux sacs postaux. Tous les chèques étaient périmés, de sorte que l'entreprise de Zündel a subi des pertes presque ruineuses. Le Congrès juif canadien fait savoir, par l'intermédiaire de Ben Kayfetz, qu'il est consterné par cette décision. Néanmoins, les organisations juives ont immédiatement repris leur harcèlement et, en 1983, ont lancé une campagne pour poursuivre Zündel. La Holocaust Remembrance Association et Sabina Citron ont écrit au procureur général de l'Ontario, Roy McMurtry, pour lui demander de poursuivre Zündel pour incitation à la haine en vertu du code pénal. Le 13 octobre 1983, le *Toronto Star* rapporte que B'nai Brith demande que Zündel soit poursuivi pour incitation à la haine raciale.

L'avocat de Zündel en Allemagne avait entre-temps fait appel de la décision des autorités de ne pas renouveler le passeport de son client. Au cours de la procédure d'appel en 1985, l'avocat a été autorisé, en présence d'un policier du tribunal, à étudier, mais non à copier, dans les archives gouvernementales, divers documents utilisés dans la procédure contre Zündel. C'est ainsi qu'ils ont appris que le ministère de l'Intérieur, qui n'est pas compétent en matière de passeports, avait exercé depuis 1980 des pressions incessantes sur le ministère des Affaires étrangères pour que le passeport d'Ernst Zündel lui soit retiré. Les documents montrent que des hauts fonctionnaires du Service fédéral de renseignement allemand se sont rendus à Ottawa afin d'obtenir du gouvernement canadien qu'il interdise à Zündel d'utiliser le système postal. Les dossiers allemands indiquent également que Ben Kayfetz, du Congrès juif du Canada, a écrit au consul général d'Allemagne à Toronto pour lui demander des copies des documents relatifs à Zündel qu'il souhaitait examiner, mais le consul Koch a d'abord refusé. Les autorités allemandes avaient apparemment conçu l'idée que si elles parvenaient à priver Zündel de son passeport, les Canadiens l'expulseraient. En novembre 1982, le consul Koch était prêt à procéder au renouvellement du passeport ; mais, comme le montrent les dossiers examinés par l'avocat de Zündel, le ministère de l'Intérieur a fait pression sur le ministère des Affaires étrangères pour qu'il envoie une directive au consul de Toronto afin qu'il fasse le contraire, ce qu'il a fait. Zündel a fait appel de la décision du consul de ne pas renouveler son passeport. Le 9 mai 1984, le tribunal administratif de Cologne a décidé que la République fédérale d'Allemagne n'était pas tenue de renouveler le passeport. Un nouveau recours a alors été introduit devant le tribunal administratif supérieur de Rhénanie-du-Nord-Westphalie. C'est dans le cadre de ce recours que l'avocat de Zündel a eu accès aux archives du gouvernement, ce qui a permis d'établir que depuis 1980, les autorités allemandes s'efforçaient avec acharnement de faire expulser Zündel.

Examinons maintenant les pressions exercées par les organisations juives sur les autorités canadiennes pour qu'elles engagent des poursuites contre Ernst Zündel, pressions qui aboutiront au procès de 1985. L'accusation d'incitation à la haine ne semblant pas avoir de chances d'aboutir, Sabina Citron, de l'Association pour la mémoire de l'Holocauste, a demandé, le 18 novembre 1983, à être accusée de "diffusion de fausses nouvelles" dans des publications telles que *Did Six Million Really Die ?* et *The West, War and Islam*. Les accusations de Sabina Citron ont été admises par la Couronne, ce qui signifiait que l'État supportait tous les coûts des poursuites au nom des sionistes. C'est ainsi qu'a commencé la bataille juridique de Zündel, qui a duré neuf ans, pour défendre ses droits civils.

Le 9 septembre 1984, quelques mois avant le début du procès, une bombe explose à l'arrière de la maison de Zündel, endommageant le garage et deux voitures. Des éclats d'obus ont été projetés et des morceaux ont été incrustés dans le mur de la chambre de deux voisins juifs. Le 10 septembre, le journal torontois *The Globe & Mail* rapporte : "Un homme a téléphoné au *Globe & Mail* hier soir au nom d'un groupe qu'il a appelé la Ligue de défense juive (JDL), le Mouvement de libération du peuple, pour revendiquer la responsabilité de l'attentat à la bombe". Aucune arrestation n'a eu lieu et Zündel a publié un communiqué de presse dénonçant l'escalade de la violence de la JDL et des groupes apparentés à son encontre, soutenue par certains médias. Il réclame une réaction policière contre le terrorisme de cette organisation sioniste, car, dit-il, "la police, les politiciens et les médias connaissent bien la réputation de la LDJ en matière d'incendies criminels, d'attentats à la bombe, de fusillades, d'attaques et d'assassinats".

À chaque apparition d'Ernst Zündel dans le cadre de convocations judiciaires, les membres de la LDJ, qui l'attendaient aux portes du tribunal, ont profité de l'occasion pour menacer, insulter et agresser les personnes qui l'accompagnaient. En conséquence, ils sont apparus portant des casques de chantier pour se protéger. Zündel et son avocate Lauren Marshall ont tous deux reçu des appels téléphoniques dans lesquels ils étaient menacés de mort. Selon le *Toronto Sun* Lauren Marshall a déclaré : "D'une voix tremblante, elle a dit qu'elle et son client, ainsi que leurs familles, étaient harcelés quotidiennement et recevaient des menaces de mort. Elle a ensuite déclaré aux journalistes que lors d'un appel téléphonique, sa fille de sept ans s'était entendu dire : "Si ta maman va au tribunal, nous la tuerons". Zündel a adressé une lettre ouverte aux membres du Parlement et aux médias, les avertissant que l'administration de la justice au Canada était en danger si elle permettait l'intimidation et les attaques par des foules juives.

Le procès a débuté en janvier 1985 et a duré trente-neuf jours. La Couronne a cherché à prouver l'existence de l'Holocauste par l'intervention d'experts tels que Raul Hilberg et d'anciens détenus qui ont témoigné. Comme nous avons déjà passé en revue le témoignage de Hilberg contre-interrogé par l'avocat Doug Christie dans l'espace consacré au *rapport Leuchter*, nous ajouterons que parmi les personnes appelées par la défense de Zündel, outre les déjà célèbres Faurisson et Christophersen, figuraient, entre autres, le Dr William Lindsey, chimiste qui avait été chef de la recherche à la société chimique américaine Dupont ; le Dr Russell Barton, qui, dans sa jeunesse, était un ancien chercheur de la société chimique américaine Dupont ; et le Dr. Russell Barton, qui, jeune médecin, avait assisté à la libération de Bergen-Belsen ; Frank Walus, Américain d'origine polonaise accusé à tort d'être un criminel nazi ; Pierre Zündel, fils d'Ernst Zündel ; et un chercheur autrichien d'origine suédoise, Ditlieb Felderer, bien connu dans les milieux révisionnistes, dont les activités méritent d'être soulignées et qui aura donc sa propre section ci-dessous.[15]

---

[15] Ditlieb Felderer a témoigné dans les deux procès contre Zündel. En 1988, il a été le premier témoin appelé à déposer par la défense et sa collaboration avec l'équipe de Zündel a été remarquable. Felderer était un Témoin de Jéhovah très en vue jusqu'à ce qu'il soit expulsé après avoir découvert que l'extermination des membres de la secte était un mensonge. Il a effectué des recherches au siège des Témoins de Jéhovah à New York, ainsi que dans les archives de Toronto, en Suisse et en Scandinavie. Il réussit à faire reconnaître que le chiffre de 60.000 Témoins de Jéhovah tués par les nazis est faux, puisque seuls 203 d'entre eux sont morts dans les camps de concentration. Bien que la direction de New York ait interdit aux membres de l'organisation de parler à Felderer, un annuaire ultérieur publié par les Témoins de Jéhovah eux-mêmes a reconnu que le chiffre de Felderer était correct. Ditlieb Felderer a été l'un des premiers à dénoncer le journal d'Anne Frank comme étant un faux. Dans son célèbre livre *Anne Frank's Diary, a Hoax* (1979), il a dénoncé la supercherie, confirmée par la suite par d'autres chercheurs. Felderer, poursuivi sans relâche par les hommes de main du lobby juif, a été emprisonné à plusieurs reprises en Suède. Récemment, il a publiquement accusé Johan Hirschfeldt, un juge juif suédois, d'être responsable d'actes de terrorisme contre lui et son épouse philippine.

Le 28 février 1985, Zündel a été reconnu coupable par un jury et, le 25 mars, il a été condamné à une peine de quinze mois de prison, mais il a été libéré sous caution à des conditions strictes lui interdisant d'écrire, de publier ou de s'exprimer en public. Entre ces deux dates, B'nai Brith, le Congrès juif du Canada, l'Association pour la mémoire de l'Holocauste et la LDJ ont organisé une campagne publique et privée pour que le gouvernement canadien déporte Zündel en Allemagne. L'événement le plus marquant a été une manifestation de milliers de personnes, qui s'est terminée par un rassemblement. Le 11 mars 1985, le *Toronto Star a* rendu compte de la manifestation massive contre Zündel, qui s'est terminée au centre O'Keefe de Toronto. Là, tous les orateurs réclament l'expulsion au milieu des cris et des acclamations incessantes de la foule. Mais tous les Canadiens ne sont pas indifférents à ce spectacle. Le 21 mars, quatre jours avant l'annonce du verdict, le *Toronto Sun* publie une lettre à la rédaction dans laquelle J. Thomas critique les excès des manifestants, dont la démonstration de haine lui paraît évidente : "Le spectacle de 4000 Juifs, très bien organisés", écrit Thomas, "marchant de l'hôtel de ville au centre O'Keefe et les déclarations loquaces de nombreux intervenants, criant tous symboliquement "Barabbas, Barabbas, donnez-nous Barabbas", était une démonstration effrayante de la règle de la foule.... La demande stridente et continue d'expulsion de Zündel dépasse de loin les limites de la justice et se révèle être une haine à l'égard de quiconque ose remettre en question le pouvoir d'une petite minorité de Canadiens".

Le 27 mars 1985, le *Toronto Sun* lui-même rapporte qu'à l'issue d'une réunion gouvernementale, Flora MacDonald, ministre de l'Immigration, a donné instruction aux fonctionnaires de son ministère d'entamer la procédure d'expulsion de Zündel dès qu'ils recevraient un rapport sur sa condamnation. Le 29 avril 1985, sans tenir compte de ses droits légaux d'appel, Ernst Zündel a été expulsé. Le 30 avril, le *Toronto Star* rapporte dans ses pages la jubilation du B'nai Brith : "Nous sommes très heureux de voir que le gouvernement a agi rapidement. Nous pensons que c'est la bonne procédure et la bonne décision". Mais Ernst Zündel, combattant aguerri, fait immédiatement appel et la procédure d'expulsion est stoppée en droit.

En 1987, Zündel remporte deux victoires très importantes qui réaffirment sa volonté de résister à tout prix. Le 23 janvier 1987, la Cour d'appel de l'Ontario, qui avait accueilli l'appel contre sa condamnation, ordonne la tenue d'un nouveau procès au motif que le juge Hugh Locke a agi de manière partiale et inappropriée. Entre autres excès, il avait rejeté diverses preuves présentées par la défense et avait montré au jury des films sur les camps de concentration nazis afin d'influencer sa décision. Une demi-année plus tard, Zündel connaît un second triomphe : le 7 juillet 1987, l'ordre d'expulsion est invalidé au motif qu'il a été délivré en violation de la loi canadienne.

En 1987, Zündel remporte une troisième victoire contre Sabina Citron et les organisations juives habituelles. Lors d'une émission de la radio CBC, Zündel déclare publiquement au leader sioniste que "les Allemands sont innocents de l'accusation de génocide contre les Juifs". Par ailleurs, s'adressant à l'animateur David Shatsky, il rappelle que lors du procès de janvier, Sabina Citron n'a pu présenter aucun document prouvant l'existence d'un ordre d'extermination "parce qu'il n'y en avait pas". Mme Citron a déclaré à la presse qu'elle avait été stupéfaite par l'apparition de Zündel dans l'émission. Peu après, ils ont intenté un procès à la radio de la CBC pour obtenir des dommages et intérêts. Le 25 août 1987, Citron poursuit à nouveau Zündel pour avoir diffusé de "fausses nouvelles" lors de l'émission de radio. La plainte a été rejetée par la Couronne le 18 septembre 1987 au motif que "les déclarations de Zündel au cours de l'émission constituaient une opinion qui n'entrait pas dans le champ d'application de l'article du code pénal relatif aux "fausses nouvelles"".

Le deuxième procès contre Zündel pour "diffusion de fausses nouvelles" s'est finalement ouvert le 18 janvier 1988. Il a duré soixante et un jours et est resté dans l'histoire du révisionnisme pour l'importance transcendante de la révélation *du rapport Leuchter*. Raul Hilberg a refusé de revenir au Canada pour témoigner, sans doute pour ne pas être à nouveau soumis au contre-interrogatoire de l'avocat Christie, qui l'avait acculé lors du premier procès. La Couronne a présenté sept témoins. La défense en a appelé 23 pour prouver qu'il n'y avait pas de "fake news" dans le livre *Did Six Million Realy Die ?* mais que son contenu était véridique. Parmi les déclarations des témoins présentés par Zündel, la plus marquante est bien sûr celle de Fred Leuchter, reconnu par le président du tribunal comme un expert du fonctionnement des chambres à gaz. Leuchter a expliqué son travail d'inspection à Auschwitz, Birkenau et Majdanek et a affirmé que les prétendues chambres à gaz n'auraient jamais pu remplir la fonction meurtrière qu'on leur attribue. *Le rapport Leuchter,* présenté au tribunal sous la forme d'un exposé illustré, a ensuite été traduit dans de nombreuses langues et largement diffusé dans le monde entier. Parmi les témoins de la défense, David Irving, historien britannique d'origine juive, était convaincu que les implications du rapport seraient dévastatrices pour l'historiographie de l'Holocauste. Il est significatif que la couverture médiatique du procès ait été presque inexistante par rapport à celle du premier procès.

Malgré toutes les preuves présentées, Zündel est à nouveau reconnu coupable à l'issue du procès et condamné à une peine de neuf mois de prison. Une fois de plus, les organisations juives n'ont pas tardé à réclamer son expulsion vers l'Allemagne. Zündel, qui a de nouveau demandé en 1988 les raisons du rejet de sa demande de citoyenneté sans recevoir de réponse, a de nouveau fait appel du verdict devant la Cour d'appel de l'Ontario. Avant que l'issue de son appel ne soit connue, le consul général de l'Allemagne fédérale, le Dr Henning von Hassell, adresse plusieurs lettres à la Cour de l'Ontario dans lesquelles il accuse faussement Zündel d'avoir distribué des tracts à l'équipage d'un navire allemand dans le port de Toronto. Selon le consul, le texte des tracts avait pour thème principal la négation de l'Holocauste, ce qui constituait une violation des conditions de sa mise en liberté sous caution.

Le 5 février 1990, la Cour d'appel a rejeté l'appel, de sorte qu'Ernst Zündel a dû demander l'autorisation de faire appel devant une juridiction supérieure, la Cour suprême du Canada, ce qu'il a fait le 15 novembre 1990. À ce stade de la persécution, la bataille juridique d'un homme seul contre des ennemis colossaux avait déjà des connotations épiques. Il fallut attendre près de deux ans pour connaître la décision de la Cour suprême, mais celle-ci resta ferme dans son application de la loi et, le 27 août 1992, acquitta Zündel. La Cour a estimé que la liberté d'expression protégée par la Charte canadienne des droits et libertés avait été violée. Malgré la campagne médiatique menée contre Zündel au fil des ans, certains éditorialistes ont fini par reconnaître la pertinence de la décision de la Cour suprême, le droit à la liberté d'expression de tous les Canadiens étant menacé sous le couvert de la loi sur les "fake news".

Comme d'habitude, le judaïsme organisé au Canada a piqué une crise et n'a pas accepté le verdict de la Cour suprême sur le droit de Zündel d'exprimer pacifiquement ses opinions sur l'Holocauste "incontestable". Avec l'effronterie habituelle, ce groupe minoritaire de la société canadienne s'est arrogé le droit de donner des leçons et de critiquer les juges et le système judiciaire. À la mi-septembre 1992, les organisations juives ont formé une large coalition, à laquelle se sont joints quelques groupes de gentils, et ont entamé une nouvelle campagne, notamment par le biais d'affiches et d'annonces. Le numéro de septembre *du Covenant*, la publication mensuelle de B'nai Brith, comportait en première page une photographie de Zündel avec les mots suivants : "Arrêtez cet homme, dit B'nai Brith : la coalition fait campagne pour porter de nouvelles accusations contre Zündel". L'article qui l'accompagnait indiquait qu'ils allaient remplir les rues de milliers d'affiches réalisées par la Ligue des droits de l'homme afin de faire pression sur le procureur général de l'Ontario, Howard Hampton. L'Association pour la mémoire de l'Holocauste (Holocaust Remembrance Association) a fait paraître des publicités sur lesquelles on pouvait lire : "Zündel ne doit pas échapper à la justice ! Manifestation urgente". Il est évident que la justice dont il est question n'est pas celle du Canada, mais la sienne. Le rassemblement a lieu le 4 octobre 1992, au cours duquel Sabina Citron appelle à une "déclaration de guerre" au système judiciaire canadien. Dans son édition du 15 octobre 1992, le *Canadian Jewish News* a reproduit mot pour mot les propos de Sabina Citron, qui invitait tout le monde à "harceler continuellement la vie des politiciens". Zündel doit être inculpé et déporté. Nous en avons assez et nous ne tolérerons rien de plus".

Au milieu de ce maelström frénétique d'hystérie anti-Zündel, une jeune connaissance juive, David Cole, lui vint en aide. Cole, qui était revenu d'Auschwitz avec les images du film dont il a été question plus haut, a publié une lettre au procureur général Howard Hampton dans le *Kanada Kurier*, un journal du groupe ethnique allemand au Canada. Pour son intérêt, elle est reproduite dans son intégralité, extraite du *Zündelsite* :

"Cher Monsieur Hampton,

Je vous écris au sujet de l'affaire Ernst Zündel et de la décision que vous allez prendre sur l'opportunité de porter de nouvelles accusations contre lui. Je suis juif et je suis également un révisionniste de l'Holocauste. Je ne suis pas un fêlé qui sort de sous les rochers pour répandre la haine et l'antisémitisme, bien au contraire. Cela fait des années que j'explique rationnellement aux gens qu'il y a deux versions de l'histoire de l'Holocauste et que, sur la base des preuves disponibles, la version révisionniste est tout simplement plus crédible. Le révisionnisme n'a rien à voir avec la haine et la malveillance, mais avec l'objectivité et la tentative de discerner le vrai du faux. Si j'essayais de faire du mal aux Juifs, cela signifierait que j'essaie de faire du mal à toute ma famille. Il s'agirait d'une accusation grave à mon encontre.
J'ai participé à une émission de télévision aux États-Unis (l'émission d'information "48 Hours" présentée par Dan Rather à une heure de grande écoute) et j'ai également débattu de la question avec des survivants et des "experts" lors d'une émission-débat nationale (l'émission de Montel Williams vendue à des rediffuseurs locaux). Je n'ai jamais été accusé d'être raciste, nazi ou de haïr les juifs (je ne suis rien de tout cela).
L'objet de cette lettre est de vous demander de mettre fin à la persécution juridique de M. Zündel. Je suis conscient qu'il existe des groupes de pression qui tentent de vous convaincre de faire autrement, et je réalise également qu'il doit être difficile pour ces personnes de séparer leurs émotions de ce qui est le mieux pour la liberté intellectuelle au Canada. Il vous incombe donc, en tant que représentant du peuple et de la loi, d'examiner les choses objectivement et de faire ce qu'il y a de mieux pour le peuple et la grandeur de la loi. En quoi la persécution continue de M. Zündel a-t-elle profité au peuple canadien, si ce n'est en tant qu'exemple de gaspillage de l'argent des contribuables, et en quoi le double standard flagrant concernant les droits des Allemands par rapport aux droits d'autres groupes ethniques a-t-il profité à l'intégrité de la loi ?
N'oubliez pas que le sujet de l'Holocauste ne concerne pas uniquement les Juifs ; les Allemands y ont également participé et, en tant que partie intégrante de leur histoire, ils ont autant le droit de l'étudier que les Juifs. Dans les années à venir, peut-être de nombreuses années, peut-être seulement quelques années, lorsque la raison aura prévalu et que l'Holocauste pourra être examiné objectivement, et que nous verrons que le monde tel que nous le connaissons ne disparaît pas pour autant, la

persécution hypocrite et misérable d'Ernst Zündel semblera rétrospectivement tout à fait inutile et l'histoire ne portera pas un regard favorable sur ceux qui y ont été impliqués.

Je vous prie d'agréer, Monsieur le Président, l'expression de mes sentiments distingués.
David Cole"

Pendant des mois, les médias sont utilisés pour faire pression sur les autorités et resserrer l'étau autour de Zündel qui, inébranlable dans sa volonté de résistance, envoie même des lettres à des journaux londoniens, dont l'effet est inverse à celui recherché, provoquant des réactions furieuses et irrationnelles des communautés juives. Mais le 5 mars 1993, pour la énième fois, les organisations juives échouent dans leur tentative de briser la résistance obstinée de la "dynamo révisionniste". Les forces de police impliquées dans l'enquête n'ont pas compris qu'il pouvait être inculpé. La section "Hate Literature" de la police provinciale de l'Ontario a déclaré qu'aucune accusation ne pouvait être portée en vertu de la loi sur la propagande haineuse, car les commentaires de Zündel ne constituaient pas un crime d'incitation à la haine. Zündel a publié un communiqué de presse réitérant sa position :

"Les faits sont les suivants : mon matériel, mes idées, mes apparitions à la radio et à la télévision ne génèrent pas d'incidents antisémites, parce qu'ils ne sont pas antisémites. Mon matériel tente de contrer les discours de haine anti-allemande dans les médias, les films et les manuels scolaires. Il existe une solution simple à ce problème : arrêtez de dire des contre-vérités, des demi-vérités et des mensonges purs et simples sur les Allemands et leur rôle dans l'histoire, et je n'aurai pas à rétorquer des vérités inconfortables et impopulaires. C'est simple ! N'oubliez pas qu'un mensonge ne devient pas une vérité parce qu'il a été répété des millions de fois".

Les succès judiciaires d'Ernst Zündel et sa combativité persistante ne pouvaient qu'enflammer davantage ses ennemis, qui voyaient comment un seul individu leur tenait tête sans qu'ils puissent l'achever comme à l'accoutumée. Sabina Citron et ses acolytes ont intensifié leur campagne en exerçant toutes sortes de pressions qui ont atteint les plus hauts niveaux du pouvoir politique. Citron menace à nouveau : "Il doit être inculpé, sinon nous perdrons le respect de la loi au Canada". Une campagne de signatures est lancée auprès des étudiants des universités : toutes les fédérations étudiantes sont invitées à prendre position contre Zündel, y compris l'Association des étudiants africains. Des agitateurs juifs débarquent sur les campus universitaires, sermonnant les jeunes avec des diatribes féroces. En outre, l'appel a été étendu à la communauté gay, lesbienne et bisexuelle, aux centres de femmes et à d'autres organisations sociales. D'autres manifestations ont été organisées dans différentes villes et, en mai 1993, le réseau des étudiants juifs a organisé un sit-in devant le bâtiment du procureur général de l'Ontario.

B'nai Brith et le Congrès juif canadien ont étendu leurs tentacules et décidé d'utiliser des groupes gauchistes et anarchistes. L'objectif est de mobiliser tous les secteurs de la société canadienne pour mettre un terme au "plus grand pourvoyeur international de matériel négationniste". Au cours de l'été 1993, Zündel a lancé un programme international sur ondes courtes via la radio et la télévision par satellite. Ses programmes, intitulés "La voix de la liberté", abordent des questions révisionnistes et d'intérêt historique général. Ces programmes se sont développés et ont eu accès à la télévision publique aux États-Unis, où les partisans et sympathisants de Zündel ont parrainé le programme dans diverses communautés américaines.

Le 24 octobre 1993, Zündel a choisi de demander la citoyenneté canadienne pour la deuxième fois. Bien entendu, si la citoyenneté lui avait été accordée au moment où la campagne contre lui était à son apogée, cela aurait été une défaite humiliante pour ses persécuteurs. Le ministère de la Citoyenneté et de l'Immigration lui fait savoir que ses activités constituent une menace pour la sécurité du Canada. Le Congrès juif canadien (CJC) et B'nai Brith font pression sur le gouvernement. La Loge maçonnique juive a publié une déclaration dans la *Gazette de Montréal* le 28 juillet 1994, demandant son extradition vers l'Allemagne plutôt que sa citoyenneté : "Cet homme ne mérite pas le privilège de la citoyenneté canadienne. Non seulement ce serait un affront aux minorités du Canada, mais cela équivaudrait à un message à ceux qui répandent la haine dans le monde que le Canada est un refuge pour le racisme".

Un compte-rendu détaillé des attaques contre Zündel prendrait trop de place. Comme ce qui a été écrit donne une image complète de son combat titanesque, nous ne citerons que les plus brutales. Le 24 novembre 1993, un groupe appelé ARA (Anti-Racist Action), après avoir appelé ses partisans avec des centaines d'affiches, s'est rassemblé devant la maison de Zündel pour lancer des oeufs et la peindre. La maison de Zündel étant protégée par la police, le même groupe avait, quelques mois auparavant, mis le feu à la maison non protégée d'un ami nommé Gary Schipper. Le 7 mai 1995, la maison de Zündel a été incendiée à son tour. Un incendiaire a jeté un liquide inflammable sur le porche : le feu a détruit la façade du bâtiment et entièrement consumé le troisième étage. Un homme de main de la LDJ, Kahane Chai, a revendiqué l'incendie. Deux semaines plus tard, Zündel reçoit un colis qu'il trouve suspect. Il l'apporte à la police, qui découvre qu'il s'agit d'une bombe contenant des éclats d'obus et des clous. Une fois explosé, l'engin a laissé un cratère d'un demi-mètre de profondeur. La police a confirmé que la bombe aurait tué toute personne ayant ouvert le paquet et aurait pu blesser, voire tuer, toute personne se trouvant dans un rayon de quatre-vingt-dix mètres autour de l'explosion.

Plus intéressante est l'apparition du *Zündelsite* sur Internet, également en 1995. Les lecteurs intéressés trouveront de plus amples informations sur ce site. Cette irruption dans le cyberespace a été rendue possible grâce à la collaboration de ses amis d'"American Free Speech". En septembre 1995, Jamie McCarthy, co-webmaster *du projet Nizkor*, un projet de sites web promouvant l'Holocauste et réfutant les arguments révisionnistes, a envoyé un courriel à Zündel l'invitant à connecter ou à lier les deux sites afin que les utilisateurs puissent avoir un aperçu pour déterminer qui dit la vérité. McCarthy a écrit : "Puisque vous affirmez, encore et encore, que 'la vérité n'a pas besoin de coercition', j'espère que vous n'insulterez pas l'intelligence de vos lecteurs en leur refusant un point de vue alternatif". Contre toute attente, Zündel a accueilli l'offre avec reconnaissance : "Je vous remercie de tout cœur pour votre proposition de faire d'Internet le forum ouvert dans lequel nous pouvons discuter, de manière sensée et civilisée, de ce qui est si important pour nous tous". Après avoir expliqué qu'il avait déjà proposé un débat public à la communauté juive canadienne depuis le début des années 1980, il a déclaré qu'il "serait ravi si l'offre était sincère et partagée par les personnes qui soutiennent *le projet Nizkor*, car c'est précisément ce que j'espérais depuis longtemps". Il n'a pas fallu longtemps pour que les deux sites soient reliés (linked).

Le 5 janvier 1996, Zündel a invité le Centre Simon Wiesenthal à relier son site Web au *Zündelsite*, mais n'a pas reçu de réponse. Deux jours plus tard, le 7 janvier, Zündel a annoncé un débat électronique mondial sur l'Holocauste sur son site. Pour se préparer, le webmaster du *Zündelsite* a commencé à télécharger tous les textes et documents, y compris le *rapport Leuchter* et *Did Six Million Really Die ?* sur le protocole de transfert de fichiers (FTP). Presque immédiatement, les fichiers, même ceux dont l'accès est restreint, ont été téléchargés par un inconnu, ce qui a conduit Zündel à penser qu'il y avait eu une surveillance continue de son site et de ses activités. Dans un éditorial sur le site web, il a demandé plus tard : "Qui a l'argent, la capacité, l'équipement et le personnel pour faire cela ? Deux jours plus tard, le Centre Simon Wiesenthal envoie des centaines de pages aux fournisseurs d'accès à Internet et aux présidents d'université pour leur demander de refuser de transmettre des messages promouvant "le racisme, l'antisémitisme, le chaos et la violence". *Le site Zündelsite* a commencé à être attaqué, son courrier volé, trafiqué ou détruit. Des courriels "bombes" ont même été envoyés de Russie. Des messages falsifiés de Zündel commencent à circuler sur le net afin de nuire à sa réputation. Le 25 janvier 1996, les médias rapportent que les procureurs allemands préparent des accusations d'incitation à la haine contre les fournisseurs d'accès à Internet en Allemagne qui ont aidé à distribuer le site d'Ernst Zündel. Zündel lance un appel à l'aide désespéré : "S'il y a des experts patriotes de l'Internet qui peuvent nous aider à nous défendre par des moyens techniques ou légaux, appelez-nous. Nous avons certainement besoin de votre aide !"

Patriotes ou non, les défenseurs de la liberté de pensée, qu'ils croient ou non à l'Holocauste, ont réagi contre toute tentative de censure de l'internet. Dans les universités américaines, les partisans de la liberté d'expression, comprenant que la liberté était en jeu pour tout le monde, ont commencé à créer des clones électroniques (appelés "pages miroirs") de leur propre initiative. Ces refuges électroniques ont été créés dans les universités de Stanford, de Pennsylvanie et du Massachusetts, entre autres. Dean McCullagh, un étudiant diplômé de l'université Carnegie Mellon (CMU), a écrit : "Si le gouvernement allemand oblige Deutsche Telekom à bloquer l'accès aux serveurs web de la CMU, du MIT (Massachusetts Institute of Technology) et de l'université Standford, il coupera les communications avec trois des universités les plus respectées des États-Unis". L'une des pages miroirs contenait cette déclaration du webmaster : "Ceci est un fichier miroir de la plupart des pages révisionnistes de Zündel. Les raisons de ce miroir ne sont pas mon accord avec les idées politiques de Zündel. Je ne suis pas d'accord..., mais je pense que la remise en question de toute croyance mérite un certain espace. Je pense donc que le projet de Zündel est bon pour notre société". En ce qui concerne la bataille pour maintenir *le Zündelsite*, il reste à ajouter que le webmaster du site était Ingrid Rimland, qu'il a rencontrée en janvier 1995. Née en Ukraine et naturalisée américaine, Rimland, femme d'une grande stature intellectuelle, a été un soutien irremplaçable pour Zündel depuis lors.

Après plus de quatre décennies passées au Canada, où deux demandes de citoyenneté ont été rejetées, Ernst Zündel a décidé de s'installer aux États-Unis, où Ingrid Rimland gère son site web. En janvier 2000, ils se sont mariés dans le Tennessee, faisant d'Ingrid, qui avait déjà été mariée auparavant, la seconde épouse de Zündel. Marié à une citoyenne américaine, on aurait pu penser qu'il pourrait enfin vivre sans être constamment harcelé, et ce fut le cas dans un premier temps. Pendant deux ans, il a vécu paisiblement dans une région montagneuse de l'East Tennessee, mais le 5 février 2003, il a été arrêté à son domicile en présence de sa femme. Trois agents du Service de l'immigration et de la naturalisation et deux agents locaux le menottent et l'emmènent. C'est ainsi que commence un calvaire qui se terminera en Allemagne sept ans plus tard, le 1er mars 2010 exactement.

Ingrid a demandé l'aide des amis et des sympathisants de son mari pour dénoncer publiquement son arrestation, car il n'avait commis qu'une violation mineure des lois sur l'immigration : il aurait échoué à une audience de procédure et était donc techniquement en situation irrégulière aux États-Unis. Le 10 février 2003, Ingrid a expliqué lors d'une émission de radio tous les efforts qu'elle avait déployés, en vain, pour faire libérer son mari et a exprimé sa crainte que si Ernst était expulsé vers l'Allemagne, il pourrait être emprisonné pendant des années, car c'est un crime dans ce pays d'avoir des opinions hostiles à l'Holocauste. Mark Weber, directeur de l'Institute for Historical Review, a également participé à l'émission à la demande d'Ingrid. Il s'est dit honoré d'être un ami de Zündel, qu'il a décrit comme un militant des droits civiques qui a mené des batailles coûteuses et interminables au Canada pour défendre les libertés fondamentales. Quelques jours plus tard, le 14 février, les journaux annoncent que les autorités américaines prévoient d'expulser Zündel dans les semaines à venir, sans que l'on sache s'il sera envoyé en Allemagne ou au Canada. Finalement, après deux semaines passées derrière les barreaux, Ernst Zündel est expulsé vers le Canada le 19 février 2003.

Zündel a demandé le statut de réfugié, mais le 24 février 2003, le ministère de la Citoyenneté et de l'Immigration du Canada a notifié à la Section de la protection des réfugiés de suspendre l'examen de la demande, étant donné qu'il examinait si Ernst Zündel constituait une menace pour la sécurité nationale. Finalement, le 1er mai 2003, les autorités canadiennes ont délivré un certificat attestant que Zündel ne pouvait pas rester au Canada pour des raisons de sécurité nationale. Le 6 mai, l'avocate de Zündel, Barbara Kulaszka, a déposé un recours constitutionnel devant la Cour fédérale du Canada et a ensuite contesté sa détention devant la Cour supérieure de justice de l'Ontario. En vain : le 21 janvier 2004, un magistrat a ordonné le maintien en détention de Zündel au motif qu'il représentait un danger pour la sécurité nationale. Le 1er mars 2005, Ernst Zündel est déporté en Allemagne, où il a été arrêté pour avoir publiquement nié l'Holocauste. Une vie entière de lutte patriotique pour défendre l'honneur de son pays et réclamer justice pour l'Allemagne s'est achevée de la manière la plus déprimante qui soit. Le Centre Simon Wiesenthal, le Congrès juif canadien, l'Association pour la mémoire de l'Holocauste, la Ligue des droits de l'homme (équivalent de la LDJ au Canada) avaient finalement gagné : Ernst Zündel était à la merci du terrorisme judiciaire de son pays d'origine.

Enfermé dans la prison de Mannheim, Zündel, qui avait déjà passé plus de deux ans incarcéré au Canada, allait connaître les années les plus amères de sa vie héroïque. En raison des conditions d'isolement prolongé, sans possibilité de parler aux autres prisonniers, Zündel souffrait déjà de dépression lorsqu'il est entré dans la prison allemande. Comme Barbara Kulaszka s'en est plainte dans une communication au Comité des droits de l'homme des Nations unies, les droits de l'homme les plus fondamentaux ont été violés pendant la période de détention au Canada : elle n'a pas été autorisée à avoir une chaise dans sa cellule, dont les lumières étaient allumées 24 heures sur 24 et à peine tamisées la nuit ; elle n'a pas été autorisée à prendre ses herbes naturelles contre l'arthrite et l'hypertension ; sa demande d'être vue par un dentiste a été refusée ; elle n'a pas été autorisée à faire de l'exercice physique ; elle n'a pas eu accès à un dentiste ; elle n'a pas eu accès à un médecin ; elle n'a pas eu accès à un médecin ; elle n'a pas eu accès à un médecin ; elle n'a pas eu accès à un médecin ; elle n'a pas eu accès à un médecin ; elle n'a pas eu accès à un médecin ; elle n'a pas eu accès à un médecin ; il ne pouvait pas faire d'exercice physique ni même marcher ; le froid dans la cellule en hiver l'obligeait à se couvrir de couvertures et de draps, qui n'étaient changés que tous les trois mois ; il n'avait pas d'oreiller ; il ne pouvait pas porter de chaussures ; la nourriture était toujours froide et de mauvaise qualité. Barbara Kulaszka a signalé que Zündel avait une grosseur dans la poitrine qui pourrait être cancéreuse, mais elle n'avait pas le droit d'obtenir un diagnostic.

Le 29 juin 2005, le procureur de Mannheim l'a formellement accusé d'"incitation à la haine". Selon le texte soumis par le bureau du procureur, certains des écrits de Zündel "approuvent, nient ou minimisent" les actions génocidaires du régime allemand qui "dénigrent la mémoire des Juifs morts". En Allemagne, les criminels intellectuels ne peuvent pas plaider non coupable. Si l'avocat de l'accusé proclame l'innocence de son client, celui-ci risque d'être arrêté pour "négationnisme" ou "incitation à la haine". Comble de l'absurdité de la terreur judiciaire allemande pour les crimes de pensée, le juge peut interdire la présentation de preuves en faveur de l'accusé. Sylvia Stolz, l'avocate de Zündel à Mannheim, a elle-même été condamnée à trois ans et demi de prison pour négationnisme lors de la défense de son client et à cinq ans de radiation du barreau. Sylvia Stolz étant une victime majeure de la police de la pensée en Allemagne, nous commenterons les détails du procès ci-dessous, où elle aura son propre espace, car elle a subi et continue de subir une persécution honteuse pour l'exercice honnête de sa profession, dégradante pour tout système judiciaire digne de ce nom.

Pour sa part, Zündel a insisté devant la "cour de justice" sur le fait que le prétendu meurtre de millions de Juifs était une falsification de l'histoire. Dans ses derniers mots devant la cour, il a appelé à la création d'une commission internationale indépendante pour enquêter sur l'Holocauste et a promis que s'il était prouvé que des Juifs avaient été gazés, il "convoquerait une conférence de presse pour s'excuser auprès des Juifs, des Israéliens et du monde entier". Finalement, deux ans après son incarcération en Allemagne, le tribunal de Mannheim l'a reconnu coupable, le 14 février 2007, d'incitation à la haine raciale et de négation de la Shoah (Holocauste) et l'a condamné à cinq ans de prison. Au Canada, les organisations juives qui l'avaient persécuté se sont félicitées de la décision du tribunal. Bernie Farber, du Congrès juif, a déclaré que la condamnation envoyait un message fort au monde et qu'elle servirait à "réconforter" les survivants de l'Holocauste.

Lorsqu'il est sorti de prison le 1er mars 2010, cinq ans exactement après sa déportation, Ernst Zündel avait soixante-dix ans. Son visage est un poème d'une tristesse et d'une douleur infinies. Un regard troublé, sans doute dû à une souffrance prolongée, se lit dans ses yeux bleus visionnaires qui, grands ouverts, le fixent avec ravissement, éclairés par une lumière étrange, troublante, à la limite de la folie. Une vingtaine de personnes l'attendent de l'autre côté des grilles de fer de la prison et prennent ses premières photos en liberté. Ils l'accueillent avec des applaudissements, des bouquets de fleurs et des cris de "bravo". Ses premiers mots ont été : "Je suis à nouveau libre après sept ans, trois semaines, trois prisons et trois pays".

Germar Rudolf : persécution et destruction d'un éminent scientifique

À propos de la persécution de Germar Rudolf et des révisionnistes en général, il faut savoir que le gouvernement ouest-allemand, suivant l'exemple du parlement israélien (Knesset), a adopté en 1985 une loi selon laquelle "nier l'anéantissement systématique de la majorité des Juifs d'Europe perpétré par l'Allemagne nazie" constitue un délit pénal. Cela dit, on peut dire que la persécution de Germar Rudolf, dont on sait maintenant quand et pourquoi elle a commencé, est l'histoire d'une infamie, l'histoire d'une insulte flagrante à l'intelligence, cyniquement consommée par les autorités de la République fédérale d'Allemagne. Il n'existe pas de meilleure source d'information sur la vie, l'œuvre et la persécution de cet intellectuel que le *site de Germar Rudolf*. Le lecteur intéressé y trouvera tout ce qu'il peut souhaiter, et même plus. Par exemple, le site contient tous les documents essentiels et complémentaires de son dossier : rapports, verdicts, demandes d'asile, expertises, déclarations sous serment, procès, recours et autres textes divers. L'essentiel de ce qui suit est donc tiré de cette source, mais aussi des livres de Germar Rudolf et des publications de l'IHR.

Avant de raconter son calvaire, Rudolf réfléchit aux nuances sémantiques des termes "poursuite" et "persécution". Les poursuites sont légales si elles se déroulent dans le respect des libertés et des droits civils internationalement reconnus, mais elles deviennent des persécutions si ces droits et libertés ne sont pas respectés, comme ce fut le cas pour Rudolf. Au cours du procès d'Ernst Zündel, un magistrat a ordonné que Sylvia Stolz soit remplacée par un avocat commis d'office alors qu'elle était l'avocate de son client. Stolz a été condamnée à trois ans et demi d'emprisonnement et à cinq ans de radiation du barreau pour avoir remis en cause l'Holocauste devant le tribunal. Il va de soi qu'un système judiciaire qui non seulement empêche les avocats de travailler librement, mais les poursuit et les persécute, ne répond pas aux modèles et aux critères internationaux. L'article 130 du code pénal allemand permet de retirer leurs droits civiques aux citoyens perturbateurs, qui sont généralement ceux qui remettent en question l'Holocauste ou s'opposent au multiculturalisme. Ces personnes indésirables commettent un délit qui peut entraîner une peine d'emprisonnement de cinq ans.

Puisque nous savons que Germar Rudolf a décidé de fuir en Angleterre pour éviter la prison, nous allons reprendre l'histoire de sa persécution dans ce pays. Rappelons tout d'abord qu'en plus de l'acte d'accusation qui l'a conduit devant le tribunal de Stuttgart, qui l'a condamné à quatorze mois, trois autres actes d'accusation étaient en cours pour des faits qui lui étaient reprochés. L'une d'entre elles concernait un échange de correspondance avec l'Institut de recherche médico-légale de Cracovie, auquel Rudolf s'était adressé, comme nous l'avons vu dans la quatrième partie du chapitre, afin de clarifier des questions techniques liées aux recherches menées par l'institution polonaise à Auschwitz. En conséquence, le domicile de Rudolf a été perquisitionné à trois reprises et, à chaque fois, des livres, des dossiers, de la correspondance et des ordinateurs ont été saisis, ce qui a ruiné son travail et ses recherches scientifiques. Lorsqu'en mars 1996, la Cour suprême fédérale allemande a confirmé la peine de quatorze mois d'emprisonnement, Rudolf a décidé de quitter l'Allemagne avec sa famille. Ils s'installent d'abord dans le sud de l'Espagne, mais leur séjour est de courte durée car, en mai 1996, Rudolf est informé que le gouvernement espagnol envisage également de promulguer une loi antirévisionniste. Après avoir consulté sa femme, il a décidé de s'installer avec sa famille dans le sud-est de l'Angleterre, où il espérait que la liberté de pensée et d'expression serait plus qu'un simple discours. Son contact est David Irving qui, en 2006, comme nous le verrons plus loin, sera lui aussi emprisonné en Autriche.

Une fois au Royaume-Uni, les problèmes commencent dès 1997 : le *Telegraph* rapporte que les fonctionnaires de l'ambassade d'Allemagne à Londres travaillent à l'extradition de Germar Rudolf, un fugitif. En 1998, sa femme a commencé à se sentir mal à l'aise dans sa nouvelle situation : la vie en exil ne répondait pas à ses attentes, elle avait le mal du pays pour sa famille et ses amis et n'arrivait pas à se faire de nouveaux amis. En plus du mal du pays, la peur constante de l'extradition planait au-dessus de sa tête comme une épée de Damoclès. Elle décide de quitter son mari et de retourner avec ses deux enfants en Allemagne, où elle entame une procédure de divorce contre Germar, qui reste seul en exil.

En juin 1999, Rudolf, après quelques moments d'incertitude à l'aéroport d'Heathrow, a pu se rendre aux États-Unis pour y donner une série de conférences. C'est sans doute à cette occasion qu'il a mesuré la possibilité d'émigrer. Fin septembre, il effectue son deuxième voyage aux États-Unis et reçoit une offre d'une petite maison d'édition appelée "Theses & Dissertation Press". À l'automne 1999, une campagne contre le "fugitif néo-nazi" est lancée dans les médias britanniques, ce qui entraîne l'arrêt des visites de sa famille. N'étant plus lié à l'Angleterre et afin d'éviter les persécutions en Europe, il décide finalement d'émigrer aux États-Unis, bien qu'il n'ait pas de "carte verte" (permis de travail). L'un des événements les plus importants de sa période anglaise est la création d'une modeste maison d'édition appelée "Castle Hill Publishers", aujourd'hui célèbre dans les cercles révisionnistes.

Une fois aux États-Unis, ses espoirs d'obtenir le permis de travail tant espéré ont été anéantis en juillet 2000. Pour éviter les problèmes avec les services d'immigration, il s'installe temporairement à Rosarito, en Basse-

Californie (Mexique), où il loue une petite maison près de celle de Bradley Smith, responsable du CODOH (Committee for Open Debate on the Holocaust). Au cours de ce séjour de dix semaines à Rosarito, une étroite amitié naît entre les deux révisionnistes. En août, Rudolf apprend de sa mère que ses parents ont décidé de le déshériter au profit de leurs enfants. Auparavant, son père avait demandé sa stérilisation pour qu'il ne puisse plus procréer. Le 29 août 2000, de plus en plus déprimé, Germar Rudolf lance un appel de détresse à plusieurs amis. Il décide finalement de s'envoler pour New York via l'Islande et, en octobre 2000, il demande l'asile politique aux États-Unis. À la fin du mois, il reçoit un avis du service de l'immigration annonçant que sa demande a été formellement acceptée et qu'il doit se présenter à un entretien avec des fonctionnaires du service à la fin du mois de novembre 2000. L'entretien a eu lieu le 29.

Le 4 avril 2001, la date du 24 septembre 2001 a été fixée pour l'examen de l'affaire par un tribunal de l'immigration. Rudolf disposait donc de près de six mois pour préparer des documents sur la détérioration des droits civils en Allemagne et les remettre entre les mains d'un avocat spécialisé. Quelques jours avant le grand jour, les attentats du 11 septembre ont eu lieu et le juge de l'immigration, après une brève discussion, a décidé de reporter l'audience au 18 mars 2002. La procédure de demande d'asile a donc traîné pendant des années. Entre-temps, Rudolf a épousé en 2004 une citoyenne américaine nommée Jennifer et a demandé à ce que son statut d'immigrant soit amélioré ou modifié en statut de résident permanent. À la fin de l'année 2004, le service d'immigration américain l'a informé que sa demande avait été rejetée et, peu de temps après, il a été informé qu'il n'était pas autorisé à déposer une demande de résidence permanente en raison de son mariage. Germar Rudolf fait alors appel auprès de la Cour fédérale d'Atlanta. Début 2005, il est devenu le père d'une petite fille.

Bien que le service d'immigration ait déclaré qu'il n'était pas éligible à la résidence permanente parce qu'il était marié à une citoyenne américaine, près d'un an plus tard, le 19 octobre 2005, le couple a été convoqué par le service d'immigration et de naturalisation pour un entretien. Cet entretien était censé vérifier que le mariage était "bona fide" (authentique, de bonne foi). Le couple s'est rendu au rendez-vous en toute confiance, avec son bébé dans le landau. Quelques secondes après avoir rendu le certificat de reconnaissance, Rudolf s'est vu signifier par deux fonctionnaires qu'il était en état d'arrestation. Cette décision arbitraire est motivée par le fait qu'il ne s'est pas rendu à un rendez-vous qui aurait dû avoir lieu cinq mois plus tôt. L'avocat de Rudolf a tenté de convaincre les officiers que l'arrestation était injustifiée et l'officier de police a semblé disposé à accepter les arguments, mais a prétendu qu'il devait consulter quelqu'un à Washington. Après une heure d'appels téléphoniques, l'ordre est donné de Washington de finaliser l'arrestation et de commencer l'expulsion vers l'Allemagne sans autre forme de procès. Les mains et les pieds entravés, Rudolf est ajouté à une chaîne de criminels emmenés à la prison du comté de Kenosha. C'est là qu'il attend son expulsion. D'après le bracelet d'identification qui lui a été remis à la prison, il est le seul détenu de tout l'établissement à ne pas être un criminel, ce qui surprend aussi bien les gardiens que les prisonniers.

Ni son mariage ni la preuve évidente qu'il était politiquement persécuté par des publications juridiques aux États-Unis n'ont été des considérations suffisantes pour que la Cour fédérale d'Atlanta empêche son expulsion. Il convient de noter que Rudolf avait fait appel devant la Cour fédérale d'Atlanta de la décision de lui refuser le droit d'asile et que cette décision n'avait pas encore été rendue et était donc toujours pendante. Bien que le cinquième amendement de la Constitution garantisse une procédure régulière à toutes les personnes - et pas seulement aux citoyens américains - présentes sur le sol américain, la Cour fédérale a rejeté la demande de report de l'expulsion jusqu'à ce qu'une décision finale sur la demande d'asile ait été prise. La Cour suprême n'a même pas pris la peine d'examiner une demande d'urgence, qui a été rejetée sans explication. La question que se pose Germar Rudolf est la suivante : "À quoi sert une demande d'asile politique si le gouvernement expulse le demandeur avant que le tribunal chargé de l'examen de l'affaire n'ait décidé s'il y a des raisons de lui accorder l'asile ?

Le 14 novembre 2005, Germar Rudolf a été expulsé vers l'Allemagne. Il a été immédiatement arrêté pour purger sa peine de quatorze mois et transféré à la prison de Stuttgart, où il a été informé que de nouvelles poursuites avaient été engagées contre lui pour ses publications en Angleterre et aux États-Unis. Il est incompréhensible que le code pénal allemand puisse s'appliquer à des activités menées dans d'autres pays où elles sont parfaitement légales. C'est ainsi que le nouveau procès contre Rudolf s'est ouvert à Mannheim le 15 novembre 2006. Accusé d'"incitation des masses", ce qui aurait théoriquement été fait par la publication des résultats de ses recherches historiques, résumées dans le livre *Lectures on the Holocaust* (2005), Rudolf a été condamné en février 2007 à 30 mois de prison. Selon l'accusation, le livre susmentionné est la principale raison de cette nouvelle condamnation, car toutes les opinions répréhensibles y sont exposées de manière exemplaire.

Germar Rudolf a publié en 2012, alors qu'il réside légalement aux États-Unis, le livre *Resistance is Obligatory*, qui contient la présentation qu'il a faite pour sa défense devant le tribunal de district de Mannheim. Toutes les requêtes présentées par l'équipe d'avocats de la défense pour prouver que les écrits de leur défendeur étaient de nature scientifique et donc protégés par la constitution allemande ont été rejetées par le tribunal, qui a également interdit aux universitaires disposés à témoigner sur la nature savante des textes de Rudolf de le faire. Au cours du procès, les avocats de Rudolf n'ont pas été autorisés, sous peine de poursuites, à présenter des arguments à l'appui des opinions de leur client.

Face à cette situation kafkaïenne, Germar Rudolf prononça un discours devant le tribunal qui dura sept séances entières. Pendant des jours, Rudolf a brillamment présenté, dans un texte parfaitement structuré, une dissertation sur ce qu'est la science et comment on peut en reconnaître les manifestations. En outre, bien que la jurisprudence ne fasse pas partie de ses domaines d'expertise spécifiques, il a démontré que les lois allemandes visant à réprimer les dissidents pacifiques sont anticonstitutionnelles et violent les droits de l'homme. Il a expliqué en détail pourquoi il est du devoir de chacun de résister de manière non violente à un État qui jette les dissidents pacifiques dans des cachots. Le tribunal de Mannheim n'a pas sourcillé et, en plus de le condamner à trente mois de prison, a ordonné que tous les exemplaires de *Lectures on the Holocaust* soient confisqués et brûlés sous la surveillance de la police.

Nous allons maintenant nous pencher sur quelques bribes de ce discours de Germar Rudolf, dont le texte constitue l'essentiel du livre *"La résistance est obligatoire"*. Pendant qu'il purgeait sa peine, Germar Rudolf a tenté de publier sa thèse devant le tribunal, ce qui a donné lieu à une nouvelle enquête pénale du ministère public. Le 10 août 2007, plusieurs mois après la fin du procès, le tribunal de Mannheim a délivré un mandat de perquisition dans la cellule de Rudolf, à la recherche de documents montrant qu'il était en train de publier son discours de défense. Le 25 septembre 2007, il a reçu la visite de plusieurs policiers de Mannheim qui lui ont confisqué tous les documents qu'il avait utilisés pendant le procès. Les raisons qui lui ont été données étaient que son projet de publier le discours était une fois de plus la preuve de son intention de diffuser le contenu de *Lectures on the Holocaust*, pour lequel il purgeait une peine. Il a été informé qu'il pouvait inciter les masses en utilisant des adjectifs tels que "allégué", "prétendu", "supposé" ou "revendiqué".

Devant l'évidence que peu d'avocats étaient prêts à assurer sa défense par crainte d'être inculpés, et convaincu que ceux qui prendraient le risque essaieraient de le convaincre pendant le procès de se rétracter, ce qui revenait à les engager pour leur faire perdre du temps et de l'argent, Germar Rudolf a décidé d'aborder le procès comme une occasion de dénoncer les conditions juridiques kafkaïennes qui prévalent en République fédérale d'Allemagne. Son intention était d'écrire un livre à l'issue du procès. Pendant sept séances, Rudolf prononce un discours interminable, épuisant pour les juges, pour le public et pour lui-même. Conscient de cela, Rudolf écrit : "J'ai préparé ces conférences non pas en premier lieu pour les auditeurs, mais plutôt pour la postérité et pour le monde entier, pour vous, cher lecteur, qui tenez maintenant ce livre entre vos mains". Pour que cela soit possible, Rudolf reconnaît qu'il fallait que les juges, malgré leurs contraintes, soient assez rationnels pour autoriser une telle défense, ce qui fut le cas. La présentation au tribunal a commencé par une mise au point de principe sur sa position tout au long du procès, intitulée "Remarques générales sur ma défense", qui, en raison de sa pertinence, est reproduite dans son intégralité :

"Les déclarations sur les questions historiques ne sont faites que dans le but de
a. Expliquer et illustrer mon développement personnel ;
b. Illustrer par des exemples les critères d'une nature scientifique ;
c. Placer les accusations du procureur concernant mes expositions dans un contexte plus large.
2. Ces déclarations ne sont pas faites pour étayer mes opinions historiques par des faits.
3) Je ne formulerai pas de propositions demandant à la Cour de prendre en considération mes thèses historiques pour les raisons suivantes :
a. Politique : Les tribunaux allemands n'ont pas le droit, en vertu d'ordonnances supérieures, d'accepter de telles demandes de présentation de preuves. Comme le stipule l'article 97 de la Loi fondamentale allemande, "les juges sont indépendants et ne sont soumis qu'à la loi". Les juges sont indépendants et ne sont soumis qu'à la loi". Veuillez excuser mon sarcasme.
b. Délais : Le point a) ci-dessus ne m'empêche pas de soumettre des propositions de preuves. Cependant, comme elles seraient toutes rejetées, ce serait un effort inutile. Nous serons tous épargnés par cette perte de temps et d'énergie.
c. De la réciprocité : Puisque la loi actuelle me refuse le droit de me défendre historiquement et sur la base des faits, je refuse à mes accusateurs le droit de m'accuser historiquement et sur la base des faits. Pour ma part, je dénie à mes accusateurs le droit de m'accuser historiquement et sur la base des faits, conformément à la maxime de l'égalité et de la réciprocité. Je considère donc que les allégations historiques de l'accusation sont inexistantes.
d. Juridique : En 1543, Nicolaus Copernic a écrit :
S'il se trouve des orateurs stupides qui, avec ceux qui ignorent tout des mathématiques, osent prendre des décisions en la matière et, par quelque page de la loi détournée de mauvaise foi à leurs fins, osent attaquer mon travail, ils ne méritent pas la moindre importance, au point que je méprise leur jugement comme de la témérité.
Aucun tribunal au monde n'a le droit ou la compétence de statuer avec autorité sur des questions scientifiques. Aucun parlement au monde n'a le pouvoir d'utiliser le droit pénal pour prescrire dogmatiquement des réponses à des questions scientifiques. Il serait donc absurde pour moi, en tant qu'éditeur de livres scientifiques, de demander à un tribunal de déterminer la validité de mes ouvrages publiés. Seule la communauté scientifique est compétente et autorisée à le faire".

Germar Rudolf, Stuttgart, 4 novembre 2006".

Sur la base de cette déclaration devant le tribunal qui devait le juger, Rudolf a élaboré un discours cohérent articulé autour de quatre axes : considérations scientifiques, considérations juridiques, considérations spécifiques, résistance à l'État. Sur le premier de ces axes, il passe en revue sa formation académique. La démonstration des connaissances scientifiques et techniques est considérable : biochimie, chimie en électronique, chimie nucléaire, chimie théorique, mécanique quantique, chimie organique et inorganique, chimie physique, mathématiques, sont autant de matières optionnelles qu'il n'a pas voulu abandonner, jusqu'à ce que, surchargé de travail, il finisse par étudier en profondeur la chimie nucléaire et l'électrochimie. Rudolf a essayé de faire comprendre à la Cour l'importance de la curiosité pour tout scientifique qui se respecte. Lorsqu'un État tente par tous les moyens à sa disposition d'étouffer certaines recherches et d'en déclarer les résultats illégaux, "il s'expose automatiquement, a-t-il dit aux juges, à être soupçonné de vouloir dissimuler quelque chose d'extraordinairement intéressant et important. Aucun scientifique sincèrement passionné ne peut alors résister plus longtemps". M. Rudolf s'est dit convaincu que le besoin de connaître la vérité fait partie de la dignité humaine.

En contraste avec le manque de rigueur scientifique et la volonté de dissimuler la vérité et d'imposer le mensonge, Rudolf a évoqué devant le tribunal de Mannheim l'étude sur les crématoires d'Auschwitz du pharmacien français Jean-Claude Pressac, parue en 1993 et constamment utilisée par les médias et les historiens officiels comme une réfutation des thèses révisionnistes. Il a dénoncé le fait qu'à aucun moment Pressac n'a eu la capacité d'affronter, et encore moins de réfuter, un seul des arguments révisionnistes. Rudolf a rappelé au tribunal que lui-même et d'autres chercheurs avaient analysé et critiqué le travail de Pressac dans un livre publié en 1996 (*Auschwitz : Nackte Fackten*). Pour la raison précise que notre livre, contrairement à celui de Pressac", a rappelé Rudolf aux juges, "était conforme à la procédure scientifique, le gouvernement allemand a ordonné qu'il soit saisi et détruit et a engagé une nouvelle procédure pénale contre moi". Dans son empressement à opposer les attitudes des uns et des autres, exterminationnistes et révisionnistes, Rudolf insiste sur le fait que l'attitude de tout scientifique digne de ce nom est d'examiner toute tentative de réfutation et de la discuter rationnellement, comme le font les révisionnistes. Il regrette que l'historiographie officielle et les tribunaux allemands et internationaux appuient leurs thèses presque exclusivement sur des témoignages au lieu de présenter des documents et des preuves irréfutables, et déplore les attaques contre les chercheurs qui demandent plus.

Les considérations judiciaires de l'exposé de Rudolf occupent une demi-centaine de pages. Sans être juriste, il a démontré sa capacité à étudier et à analyser le système judiciaire allemand, qu'il a comparé au système judiciaire soviétique, en utilisant des citations de l'*Archipel du Goulag* d'Alexandre Soljenitsyne pour montrer que dans les deux cas, les prisonniers politiques sont traités comme des criminels. Il a toutefois reconnu qu'au moins en Allemagne, les détenus ne sont pas torturés, ce dont il s'est félicité. La définition du prisonnier politique et la détérioration progressive des droits civils dans le droit allemand ont été abordées en critiquant l'application maladroite de certains articles de la Loi fondamentale de la République fédérale d'Allemagne. "Le procès actuel n'a lieu que parce que le procureur prétend qu'un conflit est apparu entre ma liberté scientifique et ma liberté d'expression, d'une part, et la dignité humaine d'un groupe particulier de la population, d'autre part", a déclaré Germar Rudolf. Germar Rudolf a insisté devant le tribunal sur le fait que la loi reconnaît qu'il ne peut y avoir de conflit entre la publication des résultats de la recherche scientifique et la dignité humaine, quelle que soit la volonté de placer la dignité humaine d'un certain groupe au-dessus de celle du reste des citoyens. Bien entendu, il n'a pas accepté l'accusation d'avoir violé la loi sur la protection de la jeunesse, qui limite la liberté d'expression en Allemagne.

L'examen de l'interprétation arbitraire de certains termes faite systématiquement par les juges et les procureurs en Allemagne, "une tactique illégitime", dit-il, "d'immunisation contre la critique", présente un intérêt particulier dans les remarques du juge. Les expressions, tirées de son propre acte d'accusation, utilisées pour inculper des chercheurs, des écrivains ou des publicistes sont : "incitation à la haine", "d'une manière susceptible de troubler l'ordre public". Quant aux écrits, ils sont interprétés comme "insultants", "diffusés malicieusement pour rabaisser", "dénigrer" et/ou "mépriser", et, entre autres, "nier" des faits historiques ou les présenter "sciemment de manière mensongère". En ce qui concerne cette dernière affirmation, M. Rudolf a déclaré textuellement aux juges que le fait de prétendre aller sciemment à l'encontre de la vérité "était l'expression la plus absurde de la jurisprudence allemande, qui pense sérieusement qu'elle peut déterminer la vérité historique et la connaissance par le biais de verdicts". L'histoire - a-t-il ajouté - ne peut être traitée de cette manière dans les tribunaux". Rudolf a insisté une fois de plus sur le fait qu'il n'est pas possible d'établir qu'un écrit est "insultant", "méprisant", "répudiatoire", "diffamatoire", "dénigrant" ou "toxique pour l'esprit" simplement parce qu'un lecteur l'interprète subjectivement de cette manière. Son exposé sur le dangereux arbitraire des termes utilisés contre les dissidents dans les tribunaux s'est conclu par des citations de juristes tels que Thomas Wandres et Florian Körber, qui, dans différentes thèses, ont estimé que les livres de Germar Rudolf devraient bénéficier de la protection de la loi fondamentale allemande, qui protège la liberté d'expression et la recherche scientifique.

Körber avait publié en 2003 *Rechtsradikale Propaganda im Internet -Der Fall Töben* (*Propagande radicale de droite sur Internet - le cas Töben*), une monographie sur un révisionniste australien, le Dr Töben, que les autorités allemandes voudraient poursuivre (nous reviendrons sur ses poursuites). Rudolf a cité mot pour mot devant le tribunal plusieurs thèses tirées de l'ouvrage de Körber :

> "La protection de la vérité historique par le code pénal comporte le risque d'écarter ou de retirer des pans de l'histoire d'un débat social essentiel. Malgré sa formulation neutre, l'article 130 III du code pénal allemand accorde une protection spéciale problématique à la partie juive de la population allemande au moyen d'un "privileium odiosum". Il existe un risque que, aux yeux de la population, un groupe semble être plus protégé que la majorité, ce qui renforce la perception d'antipathie envers le groupe protégé...".

Après avoir cité ces thèses et d'autres, Rudolf se rangea devant le tribunal à l'avis du Dr Körber, qui était favorable à l'abrogation complète de l'article 130 du code pénal et soutenait l'idée qu'une "protection spéciale" pour les Juifs pouvait s'avérer "contre-productive pour eux", ce qu'il fallait éviter. Rudolf termine cette partie du discours sur les considérations judiciaires par ces mots :

> "Ce qui est certain, c'est que mes écrits et ceux que j'ai publiés ne contiennent pas, si on les considère objectivement, de contenu 'incitant à la haine', 'dénigrant ou insultant', etc. ni ne peuvent être considérés comme 'troublant la paix'. Le fait que l'accusation utilise de tels termes - faute d'autre explication - ne fait que montrer sa véritable intention : choquer, créer des tabous et m'ostraciser en faisant de fausses affirmations".

"Considérations spécifiques" est l'intitulé du troisième grand bloc de contenu du discours de la défense devant le tribunal. Rudolf y fait référence à des points spécifiques de l'acte d'accusation, parmi lesquels il évoque ses sympathies théoriques avec le national-socialisme et, surtout, son célèbre livre *Lectures on the Holocaust*, considéré par tous, y compris par lui-même, comme son œuvre principale, dans lequel, sur plus de cinq cents pages, il donne aux lecteurs un aperçu complet de la recherche révisionniste et de ses résultats en ce qui concerne l'Holocauste. Après avoir rappelé que l'acte d'accusation demandait la saisie et la destruction du livre, et après avoir comparé cette attitude à celle des nazis eux-mêmes, il a demandé qu'avant de livrer le livre aux flammes, les membres du tribunal aient au moins connaissance de son contenu. À cette fin, il a demandé que le livre soit lu au cours de la procédure judiciaire. Le tribunal ayant décidé que les magistrats devaient le lire en privé, le procès a été interrompu pendant trois semaines pour permettre aux juges de lire le livre.

Nous consacrerons encore quelques lignes au quatrième bloc du discours, intitulé "Résistance", qui commence par des citations de divers auteurs, dont notre Ortega y Gasset et son ouvrage *La rebelión de las masas*

(La rébellion des masses). Ortega prévient que lorsqu'on renonce à une vie commune basée sur la culture, on retourne à la vie quotidienne de la barbarie. Conformément à cette idée, Rudolf a déclaré : "Le fait que vous n'essayiez pas de me faire changer d'avis avec des arguments, mais que vous refusiez au contraire toute discussion et que vous essayiez de m'envoyer en prison, c'est exactement ce retour à la barbarie". Il a ensuite désigné l'État allemand comme la cible principale de la résistance non-violente, prônée entre autres par Gandhi, parce qu'il restreint la liberté des citoyens pacifiques dont il prétend se protéger. S'appuyant sur des textes d'intellectuels faisant autorité, M. Rudolf a rappelé la crise des missiles de Cuba, la guerre du Viêt Nam, la tentative de l'OTAN de déployer des missiles nucléaires sur le sol allemand et le rejet social de l'énergie nucléaire comme autant d'exemples de résistance et/ou de désobéissance civile en République fédérale. "Dans le cas du révisionnisme ou dans mon cas, a-t-il déclaré, la désobéissance ou la résistance est dirigée contre une loi inconstitutionnelle et consiste uniquement à ignorer et à violer délibérément cette loi, et exclusivement cette loi. Pour légitimer son droit à la résistance, Rudolf s'est appuyé sur une citation de la Loi fondamentale, en l'occurrence l'article 20, paragraphe 4 : "Tous les Allemands ont le droit de résister à quiconque tente d'éliminer cet ordre, s'il n'y a pas d'autre solution". Ainsi, l'accusé a finalement déclaré devant le tribunal qu'il remplissait en fait son devoir constitutionnel en résistant et en luttant pour renverser une situation dans laquelle l'État agit de manière injuste et totalitaire.

Germar Rudolf termine cette quatrième partie de son discours de défense en rejetant totalement toute forme de résistance violente, car la violence engendre la violence. Il a cependant lancé un appel aux collectifs et aux institutions capables de remédier à la situation. En particulier, il a appelé les initiatives parlementaires et juridiques, les organisations sociales, les intellectuels, les médias et le peuple allemand dans son ensemble à manifester pour défendre la liberté d'expression. En ce qui concerne ce dernier moyen de protester contre l'injustice, il a constaté que, malheureusement, le recours aux manifestations publiques s'avérait impossible, puisqu'en avril 2006, en attendant le début de son procès, une manifestation à Mannheim avait été interdite au motif que des opinions interdites pouvaient être exprimées au cours de la manifestation. "Si ce n'était pas si triste, on devrait vraiment écrire une satire à ce sujet".

Après sept jours de séances éprouvantes, il est temps pour Rudolf de formuler sa propre "Conclusion" devant les juges. Il commence par rappeler les principes qu'il a défendus en tant qu'éditeur et insiste sur le fait qu'aucun des livres qu'il a publiés ne nie les droits de l'homme à autrui, ne le propose ou ne le justifie, ce qui n'exclut pas qu'il ait édité des textes avec lesquels il n'était pas d'accord. Il a affirmé avoir agi selon une idée attribuée à Voltaire, qui aurait écrit : "Je déteste ce que vous dites, mais je défendrai jusqu'à la mort votre droit de le dire". Il semble que l'attribution de la citation à

Voltaire soit erronée, comme le reconnaît une note de bas de page dans *Résistance obligatoire*. Nous en profitons cependant pour citer une autre pensée, également attribuée à Voltaire, que Rudolf lui-même aurait peut-être pu utiliser : "Pour savoir qui te domine, il suffit de savoir qui tu ne peux pas critiquer". Sur son besoin vital de s'exprimer en toute liberté, nous mettons en exergue ce fragment de la Conclusion :

> "Le professeur Faurisson a dit un jour qu'il était comme un oiseau dont la nature est de chanter. Même s'il était enfermé dans une cage, il continuerait à chanter. Et c'est aussi ma façon d'être. Cela fait partie de mon caractère, de ma personnalité, oui, c'est même dans mes gênes que je ne peux pas me taire, que je dois exprimer mon opinion, en particulier si je pense découvrir une injustice. Dans ce cas, rien ne me fera taire. De même qu'un Noir ne peut s'empêcher d'être Noir, je ne peux m'empêcher de dire ce que je pense. Punir cela est aussi injuste que de punir un noir pour le fait qu'il est noir".

S'adressant au président du tribunal, Matthias Schwab, il lui rappelle qu'un de ses collègues à la retraite, Günther Bertram, ancien président du tribunal de district, a exprimé dans un article paru dans un hebdomadaire juridique, *Neuen Juristischen Wochenschrift*, tous les problèmes liés au paragraphe 130 du code pénal. Rudolf a lu le texte dans son intégralité devant le tribunal, car, dit-il, il s'agit d'un article écrit par un expert qui "souligne clairement le caractère anticonstitutionnel de la loi en vertu de laquelle il est poursuivi". Il a cependant exprimé son désaccord avec l'opinion de Bertram sur la Shoah qui, selon le juriste, justifiait le tabou allemand sur Auschwitz, ainsi qu'avec le ministre fédéral de l'intérieur, Wolfgang Schäuble, qui avait non seulement justifié le tabou, mais, contrairement à Bertram, avait soutenu sa mise en œuvre judiciaire. Schäuble, qui a été deux fois ministre de l'intérieur, d'avril 1989 à octobre 1991 et de novembre 2005 à octobre 2009, a été nommé ministre des finances de la République fédérale d'Allemagne par Angela Merkel le 28 octobre 2009, poste qu'il occupe toujours à l'heure où nous écrivons ces lignes. Parce qu'il est un personnage clé de la politique économique de l'Union européenne, il est intéressant de connaître le texte que Rudolf Schäuble a cité devant les juges qui le jugeaient, publié dans le *Frankfurter Allgemeine Zeitung* le 24 avril 1996 dans le cadre d'un échange avec Ignatz Bubis, alors président du Conseil central des juifs d'Allemagne :

> "En ce qui concerne la question de savoir si le fait de mentir sur Auschwitz est un acte criminel et en ce qui concerne l'interdiction des symboles nationaux-socialistes, je dirai seulement ceci : dans un lieu abstrait, nous pourrions avoir de merveilleuses discussions sur la question de savoir s'il est absurde ou non, d'un point de vue juridique, de réprimer l'expression d'opinions. C'est pourtant ce qu'il faut faire, car nous n'agissons pas dans l'abstrait, mais nous avons vécu des expériences

historiques concrètes. Je ne crois pas que ces dispositions légales resteront en vigueur pour l'éternité ; mais ici et maintenant, il est juste de dire, à travers des lois qui pourraient être considérées comme problématiques d'un point de vue purement juridique : il y a des limites et des barrières à cet égard et c'est là que la plaisanterie s'arrête".

Rudolf a évidemment trouvé ce texte inacceptable et l'a qualifié de "censure mentale absurde". Afin de souligner le caractère pseudologique du raisonnement, il a utilisé un texte tiré de son livre *Kardinalfragen*, publié en 1996, qu'il a également lu aux juges :

> "Tout le monde sait maintenant que la persécution des historiens révisionnistes n'a pas lieu pour des raisons juridiques, puisque les lois créées pour punir ceux qui ont des opinions rigoristes peuvent être qualifiées d'absurdités problématiques. Au contraire, certaines prétendues "expériences historiques" doivent servir d'excuse pour qu'un débat ouvert sur ces expériences historiques puisse être interdit. Ou, pour le dire autrement :
> Art. 1 : Le parti a toujours raison.
> Art. 2 : Si jamais la partie n'a pas raison, l'article 1 s'applique automatiquement".

Après la nomination, Rudolf s'est indigné devant le tribunal pour déclarer que "l'emprisonnement d'historiens dissidents n'était pas un non-sens problématique mais un crime pur et simple" et a demandé aux juges de revoir les passages du code pénal où la persécution d'innocents et l'emprisonnement illégal étaient mentionnés. Il a ensuite rappelé que le 3 mai 1993, après la publication du *rapport Rudolf*, le directeur de l'Institut Max Planck, le Dr Arndt Simon, l'a informé de ce qui suit lors d'une conversation personnelle :

> "Chaque époque a ses tabous. Même nous, chercheurs, devons respecter les tabous de notre époque. Nous, Allemands, ne devons pas toucher à cette question (l'extermination des Juifs), d'autres doivent le faire. Nous devons accepter que nous, Allemands, ayons moins de droits que les autres".

La mise en parallèle de sa situation avec celle de Galileo Galilei a occupé la dernière partie de son discours. L'un est né en 1564, l'autre quatre cents ans plus tard, en 1964. Aucun des deux n'a pu passer son dernier examen universitaire. Tous deux ont eu deux filles et un fils. Tous deux étaient des scientifiques et des auteurs. Dans les deux cas, l'œuvre principale était un volume de 500 pages qui avait été interdit, confisqué et brûlé pour la même raison : rejeter un dogme de leur époque qui subvertissait la prétention à l'infaillibilité de groupes puissants. Tous deux avaient été jugés et condamnés pour avoir nié ce dogme et avaient perdu leur liberté. Le long discours de Germar Rudolf s'est terminé par les mots suivants :

> "À mon avis, ce procès n'est pas vraiment lié à moi et à mes livres. Ce procès est un tournant. Il sera décidé ici s'il sera possible à l'avenir de maintenir ou de retrouver une position de leader en Allemagne sur le plan intellectuel, culturel et scientifique, ou si l'Allemagne restera à un niveau de deuxième ou de troisième ordre. C'est à vous de décider. C'est pourquoi, à la fin de mon intervention, je ne peux que vous lancer un appel :
> Messieurs, accordez-nous la liberté de penser" (extrait de Schiller dans *Don Carlos*)
> Et à la suite de Martin Luther, je dois conclure :
> Je dis tout cela ; je ne peux rien faire d'autre, que Dieu me vienne en aide !
> Nous vous remercions de votre attention.

Après quarante-quatre mois d'emprisonnement, Germar Rudolf a été libéré le 5 juillet 2009. Lorsqu'en 2011, il a enfin obtenu une "carte verte", c'est-à-dire l'autorisation illimitée de rejoindre sa famille aux États-Unis, Germar Rudolf a pu y publier *Resistance is Obligatory*.

Horst Mahler, du gauchisme radical au négationnisme

Le cas de l'avocat Horst Mahler est, comme ceux de Zündel et Rudolf, extraordinaire en soi. Mahler a commencé à être persécuté en 2003 pour avoir dénoncé le mensonge caché derrière les attentats du 11 septembre 2001. Des années plus tard, en 2006, les premières condamnations pour avoir nié l'extermination systématique des Juifs ont commencé. Aujourd'hui âgé de soixante-treize ans, il a été condamné en 2009 à six ans de prison, peine qui a ensuite été portée à onze ans. Pendant son incarcération, probablement en 2010, Horst Mahler a épousé Sylvia Stolz, une avocate beaucoup plus jeune et amie proche, qui purgeait une peine pour avoir remis en question l'Holocauste en défendant Ernst Zündel. Atteint de diabète, l'état de Horst Mahler s'est progressivement aggravé en prison en raison du manque de mouvement, d'une mauvaise alimentation et d'un traitement médical inadéquat, ce que son fils a dénoncé dans une lettre ouverte. Le 29 juin 2015, à l'approche de son quatre-vingtième anniversaire, il a été hospitalisé dans un état critique pour une septicémie, une infection grave qui peut se propager dans tout le corps. Pour éviter le pire, son pied a dû être amputé.

Fils d'un dentiste, Horst Mahler est né en 1936 à Haynau/Schlesien. Son père, national-socialiste convaincu, se suicide quelques années après sa libération par les Américains. Le chef de famille disparu, la famille s'installe en 1949 à Berlin, où Mahler étudie le droit à l'Université libre de Berlin.

Lorsqu'il parvient à s'installer à son compte, il commence à défendre des accusés issus du mouvement étudiant de gauche et de l'opposition extraparlementaire, l'APO (Außerparlamentarischen Opposition). En 1969, il défend Andreas Baader et Gudrun Ensslin, accusés d'avoir mis le feu à un grand magasin. Au début des années 1970, Horst Mahler devient le père de la RAF (Fraction armée rouge), car c'est lui qui aurait persuadé Baader et Ensslin de former une "guérilla". En mars 1970, le tribunal de district de Berlin-Ouest le condamne à dix mois de prison pour sa participation aux émeutes devant l'immeuble Axel Springer à Berlin. Il bénéficie d'une libération conditionnelle, mais en juin, il est condamné à payer une amende de 75 800 marks pour les dommages causés à la maison d'édition Axel Springer. Il décide alors de s'enfuir en Jordanie avec Ulrike Meinhof, Gudrun Ensslin, Andreas Baader, qui s'est évadé de prison avec violence, et d'autres sympathisants de la "Rote Armee Fraktion" (RAF), pour rejoindre la guérilla palestinienne. Là, ils ont l'intention de s'entraîner à la lutte armée. Le 8 octobre 1970, Mahler est pris au piège et arrêté dans le quartier de Charlottenburg à Berlin. Il est accusé d'avoir planifié et participé à l'évasion violente d'Andreas Baader.

Il est clair qu'à ce moment de sa vie, Horst Mahler n'a pas découvert la véritable nature du communisme et se trouve aux antipodes de la compréhension de la falsification de l'histoire et de la réalité. En mai 1972, le tribunal qui le juge ne peut prouver son implication dans l'évasion d'Andreas Baader et l'acquitte, mais il reste emprisonné pour d'autres crimes. En octobre de la même année a lieu le procès dans lequel il est accusé d'avoir organisé et participé à une organisation criminelle. Le 26 février 1973, il est reconnu coupable d'avoir fondé la RAF, également connue sous le nom de bande Baader-Meinhof, et d'avoir participé à certaines de ses actions violentes. La peine de douze ans d'emprisonnement est très discutée et considérée comme incohérente dans les milieux juridiques. En juillet 1974, l'autorisation d'exercer la profession d'avocat a été retirée à Mahler.

C'est au cours de ces années houleuses que survient le scandale du prétendu suicide dans leurs cellules des dirigeants de la RAF. Andreas Baader, Gudrun Ensslin, Jan-Carl Raspe et Ulrike Meinhof avaient été arrêtés en 1972. Meinhof, qui avait témoigné au procès de Horst Mahler, a connu des conditions de détention très dures : après son arrestation, elle a passé 236 jours en isolement total. Après deux ans d'audiences préliminaires, elle est condamnée à huit ans de prison le 29 novembre 1974. Le 19 août 1975, Meinhof, Baader, Ensslin et Raspe sont inculpés conjointement de quatre meurtres, de cinquante-quatre tentatives de meurtre et de constitution d'une organisation criminelle. Avant la fin du procès, le 9 mai 1976, U. Meinhof est retrouvée morte dans sa cellule de la prison de Stammheim : elle se serait pendue. À la demande de son avocat, une commission d'enquête internationale a tenté en 1978 d'avoir accès au premier rapport d'autopsie, mais les autorités ont refusé. La commission internationale a publié un rapport indiquant que "l'affirmation initiale selon laquelle Meinhof s'était suicidée n'était pas fondée". Le 18 octobre 1977, Andreas Baader et Jan-Carl Raspe avaient également été retrouvés morts par balle dans leur cellule, tandis que Gudrun Ensslin s'était pendue avec une corde faite de fils de haut-parleurs.

Après cet aperçu du cercle d'amis de Horst Mahler, nous pouvons à présent nous pencher sur la transformation qui allait faire de lui un négateur obstiné de l'Holocauste. En juillet 1979, Mahler se voit accorder un régime ouvert pour le reste de sa peine, et finalement, en août 1980, après dix ans de prison, il est libéré sur parole après avoir condamné le terrorisme et déclaré publiquement qu'il répudiait les méthodes de la RAF. Il est intéressant de noter que son avocat était Gerhard Schröder, qui devint plus tard chancelier d'Allemagne. En 1987, sa demande d'autorisation d'exercer à nouveau sa profession a été rejetée ; cependant, toujours grâce au travail de Schröder, l'affaire a été réexaminée en 1988 et ses droits en tant qu'avocat ont été rétablis.

Au cours des dix années suivantes, la pensée de Horst Mahler a subi de profondes transformations. Dès 1997, son idéologie politique a changé. L'une des personnes qui a le plus influencé son évolution est Günter Rohrmoser. Le 1er décembre 1997, lors de la célébration du soixante-dixième anniversaire de Rohrmoser, Mahler prononce un discours dans lequel il dénonce le fait que l'Allemagne est un pays occupé et qu'elle doit se libérer de l'esclavage de la dette pour rétablir son identité nationale. Un an plus tard, il publie dans l'hebdomadaire *Junge Freiheit* un article intitulé "Zweite Steinzeit" (Deuxième âge de pierre), dans lequel il explique sa conversion à l'idéologie "völkisch" (idéalisme romantique anti-matérialiste basé sur les concepts de peuple, de patrie, de sang et de tradition). En 2000, il a rejoint le Parti national démocratique d'Allemagne (NPD), dont il est devenu l'un des défenseurs.

En mars 2001, il était déjà bien identifié aux idées révisionnistes. La preuve en est qu'il figurait parmi les participants à une conférence intitulée "Révisionnisme et sionisme", qui s'est tenue à Beyrouth du 31 mars au 3 avril 2001. Le nom de Horst Mahler figurait parmi des intervenants tels que Robert Faurisson, Frederick Töben, PhD, directeur de l'Adelaide Institute en Australie, Max Weber, directeur de l'IHR ; Henri Roques, auteur de la thèse de doctorat sur les "aveux" de Gerstein ; Oleg Platonov, historien russe ; et Roger Garaudy, philosophe français qui, comme Mahler, était issu du camp marxiste et qui, en 1998, avait été condamné par un tribunal de Paris à payer une amende de 45.En 1998, il avait été condamné par le tribunal de Paris à payer une amende de 45 000 euros pour la publication des *Mythes fondateurs de l'État d'Israël*. Trois des plus puissantes organisations juives - le Congrès juif mondial, l'Andifamation League (ADL) et le Centre Simon Wiesenthal - avec le soutien du gouvernement américain et de certains membres du Congrès, ont fait pression sur le gouvernement libanais pour qu'il interdise la réunion. Comme on pouvait s'y attendre, les "amis" de la liberté d'expression et de pensée ont obtenu gain de cause et les autorités libanaises ont annoncé, neuf jours avant le début de la conférence, que celle-ci était annulée.

Comme mentionné ci-dessus, la persécution de Mahler en Allemagne a commencé en raison de sa dénonciation des attentats du 11 septembre 2001. En 2003, il a été accusé de "troubles à l'ordre public" et d'"incitation au peuple". Mahler a déclaré au tribunal qu'il n'était pas vrai qu'Al-Qaida avait quelque chose à voir avec les attentats. En 2004, il a été accusé d'avoir diffusé des vidéos et d'autres documents niant l'Holocauste. En 2006, les autorités allemandes lui ont retiré son passeport pour l'empêcher de participer à la "Conférence internationale pour l'examen global de l'Holocauste" à Téhéran, dont nous parlerons plus en détail lorsque nous aborderons la persécution du professeur Faurisson. En 2007, de nouvelles accusations ont été portées contre lui à la suite d'une longue interview accordée au magazine *Vanity Fair* le 4 octobre à l'hôtel Kempinski de l'aéroport de Munich. L'interview a été publiée le 1er novembre 2007 et son auteur, Michel Friedman, ancien vice-président du Conseil central des Juifs d'Allemagne, a dénoncé Mahler au motif qu'il l'avait accueilli avec le bras levé à la manière hitlérienne et avait crié "Heil Hitler, Herr Friedman ! Friedman a dépeint l'interviewé comme un nazi dément qui a inspiré l'extrême droite allemande avec ses théories antisémites et qui a empêché l'interdiction du NPD lorsqu'il en était l'avocat. Au cours de l'entretien, Mahler a déclaré au journaliste juif que la prétendue extermination des Juifs à Auschwitz était un mensonge. Suite à la plainte de Friedman, Mahler a été condamné à six mois de prison sans caution le 23 novembre 2007.

En février 2009, l'agence de presse internationale Associated Press a rapporté que Horst Mahler, un néonazi de soixante-treize ans qui, en 1970, a été le fondateur de la Fraction armée rouge, un groupe terroriste d'extrême gauche, avait été condamné à six ans de prison. Il était accusé d'avoir publié des vidéos négationnistes sur l'internet et d'avoir distribué des CD incitant à la haine et à la violence contre les Juifs. Mahler, dont l'expérience en tant qu'avocat lui permettait de savoir qu'il n'avait rien à attendre du tribunal, n'a pas perdu de temps au cours du procès pour essayer de s'excuser ou de demander des mesures d'atténuation, mais a commencé son intervention en intentant un procès contre lui-même. Après l'avoir entendu, le juge Martin Rieder, qui présidait le tribunal de Munich, a qualifié ses propos de "cris nationalistes". Selon l'Associated Press, le juge Rieder l'a accusé "d'utiliser le tribunal pour diffuser son message de haine". Dans son discours d'une heure, M. Mahler a réaffirmé que "l'Holocauste était le plus grand mensonge de l'histoire" et a exprimé son admiration pour l'évêque catholique anglais Richard Williamson qui, lors d'une récente interview à la télévision suédoise, avait nié l'extermination des Juifs.

L'indignation de Rieder face à l'arrogance et au défi de Mahler l'a amené à augmenter la peine d'un an par rapport au maximum légal de cinq ans dans sa sentence du 21 février 2009. Pour se justifier, le juge a expliqué que l'accusé était "têtu et impossible à rééduquer". Le Centre Simon Wiesenthal de Jérusalem a déclaré à propos de ce verdict : "Il renforce le message selon lequel il n'y a aucune tolérance pour le négationnisme et rappelle sérieusement aux tribunaux qu'ils ne doivent pas se laisser utiliser par les négationnistes pour propager leurs mensonges". Trois semaines plus tard, le 11 mars 2009, la peine a été prolongée de quatre ans et neuf mois par un tribunal de Potsdam, ce qui, compte tenu de l'âge avancé de Mahler, équivaut à une condamnation à perpétuité. Une fois de plus, Mahler avait nié l'existence de l'Holocauste et remis en question bon nombre des crimes de guerre attribués à l'Allemagne.

Horst Mahler avait choisi de porter plainte contre lui-même devant le tribunal de Munich afin de montrer l'exemple au mouvement de désobéissance civile qui se formait en Allemagne. Nombre de ses partisans ont cependant compris qu'il serait plus utile en dehors de la prison. "Pourquoi fais-tu cela ? lui avaient-ils demandé, incapables de comprendre ce qu'ils désapprouvaient. Pour leur répondre, Mahler a réussi à rédiger un texte destiné à l'opinion publique avant son emprisonnement. Dans ce texte, considéré comme une sorte de testament politique, il tente de faire comprendre que ce n'est pas seulement le droit d'exprimer une opinion qui est en jeu, mais aussi le droit à la survie :

> "Si l'on comprend, comme moi, que la religion de l'Holocauste est l'arme principale de la destruction morale et culturelle de la nation allemande, il devient clair que ce qui est en jeu ici n'est ni plus ni moins que le droit collectif à l'autodéfense, c'est-à-dire le droit de l'Allemagne à survivre. La survie concerne tout le monde !
> Le monde croit-il vraiment que nous, Allemands, allons nous laisser détruire en tant que peuple, que nous allons laisser notre esprit national s'éteindre sans combattre ? Quels juristes peuvent affirmer que l'autodéfense est un acte criminel ? En tant que peuple et en tant qu'entité collective, nous avons une nature nationale et spirituelle. Le moyen le plus sûr de mettre fin à l'Allemagne en tant qu'entité spirituelle est de détruire notre âme nationale et notre identité, de sorte que nous ne sachions jamais qui nous sommes ni ce que nous sommes. La destruction de notre esprit national est précisément l'objectif de notre ennemi, qui exige que nous acceptions sans réserve son dogme de l'Holocauste et que nous renoncions à souligner que son fantastique Holocauste n'a jamais eu lieu. Il n'y a aucune preuve de cela ! Une fois que nous aurons compris que nous sommes confrontés à une menace d'anéantissement, nous n'aurons plus aucun doute sur l'identité de notre ennemi : c'est le vieux tueur de nations. Si nous comprenons cela, nous n'accepterons plus passivement ses mensonges et ses déformations".

Comme on peut le constater, Mahler a résolument appelé à la résistance comme une nécessité existentielle pour l'Allemagne. Une partie du texte est consacrée à l'explication des années de lutte armée de la Rote Armee Fraktion (RAF). Mahler explique que lui et ses camarades avaient alors l'intention de lutter contre le "Système" et qu'ils croyaient ce que le "Système" leur avait enseigné dans les écoles au sujet de l'Holocauste. Il admet qu'ils ont même "gobé" la propagande anti-allemande diffusée par les Américains. Il semble que sa prise de conscience ait eu lieu en 2001, lorsqu'il a dû défendre en tant qu'avocat Frank Rennicke, un auteur-compositeur-interprète patriote qui avait été accusé et condamné pour négationnisme. Après avoir pris en charge la défense de Rennicke, il a entamé une enquête qui l'a mis sur la voie d'une nouvelle compréhension des faits historiques. Examinons un autre extrait du testament politique de Mahler :

> "Il est clair que les vainqueurs ou le vainqueur de la Seconde Guerre mondiale (le seul véritable vainqueur étant la juiverie internationale) se sont donné beaucoup de mal pour s'assurer que la base de la domination juive, principalement le culte religieux de l'Holocauste, serait juridiquement irréfutable. C'était leur objectif lorsqu'ils ont créé la République fédérale, et il est clair que la Cour suprême a adopté depuis longtemps un système judiciaire conçu pour perpétuer l'Holocauste. La mission de protection de l'Holocauste est à la base de la Loi fondamentale et de la République fédérale. C'est la base de la domination de l'Allemagne par ses ennemis. Le ministre allemand des affaires étrangères, Joschka Fischer, l'a expliqué très clairement lorsqu'il a qualifié l'Holocauste et le soutien à Israël de raison d'être de la République fédérale".

Dans ses écrits, Mahler appelle ses compatriotes à résister et à retrouver la fierté d'être allemand. Il réaffirme sa conviction que ce qu'il a fait est le mieux qu'il puisse faire, et reconnaît qu'en se battant seul et en ne comptant que sur lui-même, il ne peut que "répéter la vérité encore et encore", puisqu'il a laissé sur Internet la promesse de "ne jamais cesser de répéter cette vérité". Quant aux onze années d'emprisonnement qui l'attendent, il admet qu'avec ses soixante-treize ans derrière lui, tout peut arriver, ce qu'il assume avec une phrase de l'Évangile de saint Matthieu : "Celui qui ne veut pas se charger de sa croix n'est pas digne de moi". Mahler a enfin montré son espoir dans le pouvoir et la force de l'Église. Tout en déplorant que sa direction ait été corrompue et minée par les Juifs, il est convaincu qu'elle "pourrait être le rocher sur lequel le navire du Grand Mensonge pourrait s'écraser et disparaître". Le texte se termine par la conviction que seule la vérité apportera la liberté :

"Je voulais donner un exemple. J'ai souvent dit que notre révolution était la plus facile à réaliser. Il suffit de quelques milliers de personnes pour se lever et dire clairement la vérité, comme l'a fait l'évêque Williamson et comme j'ai essayé de le faire, avec d'autres qui ont été poursuivis pour avoir dit la vérité et distribué les *conférences de* Germar Rudolf *sur l'Holocauste*. La victoire finale de la vérité est inévitable, tout comme la défaite de l'empire sioniste mondial".

Après avoir examiné le contrôle absolu des nations et des peuples par le biais de l'économie, des médias et des politiciens cooptés, et après avoir vu ce qui se passe dans les cours de justice en Allemagne et dans d'autres pays européens, l'idée d'une révolution, la plus "facile qui soit", de milliers de personnes criant la vérité ne semble pas correcte. Il faut admettre que seul un pouvoir absolu peut contraindre les tribunaux d'un pays à procéder comme ils le font en République fédérale d'Allemagne. Quoi qu'il en soit, il est aberrant qu'un accusé dise au tribunal qu'il ne ment pas, qu'il a des preuves qu'il dit la vérité, qu'il veut les montrer, et que les juges répondent qu'ils ne veulent pas voir ces preuves, parce qu'il a nié l'Holocauste. La perversion atteint des sommets délirants quand on sait que lorsque l'avocat de la défense tente de prouver que son client dit la vérité, il est averti que son action est illégale, qu'il sera frappé d'incapacité et qu'il ira en prison. Concrètement, le juge qui a dessaisi Sylvia Stolz de la défense d'Ernst Zündel lui a dit qu'il pouvait comprendre qu'un accusé se comporte comme Zündel, mais qu'il était alors du devoir de l'avocat de dire à son client que ce qu'il faisait était illégal. Telle est la formule monstrueuse de la justice de l'Holocauste.

Deux ans après l'incarcération de Horst Mahler, Kevin Käther, un jeune révisionniste allemand qui voulait suivre son exemple, et son avocat Wolfram Nahrath ont organisé une manifestation devant la prison de Brandenburg, à quelque quatre-vingts kilomètres de Berlin, où Mahler était incarcéré. L'objectif était de demander sa libération, celle de Sylvia Stolz et l'abrogation de l'article 130 du code pénal. Käther avait lui aussi plaidé coupable devant le tribunal et, bien qu'il ait été condamné à une peine de 20 mois en 2010, avait étonnamment bénéficié d'une libération conditionnelle. Le 26 mars 2011, environ 300 personnes se sont rassemblées sur le parking de la prison, dont des révisionnistes venus de France, de Belgique, de Grande-Bretagne, d'Autriche, de Suisse, du Japon et d'ailleurs en Allemagne.

L'avocat Nahrath s'est adressé aux manifestants pour leur faire savoir que la manifestation était autorisée de 12 heures à 16 heures. Il a ensuite lu un texte émouvant dans lequel il décrit Mahler comme un idéaliste, un combattant de la liberté. Il a ensuite lu un texte émouvant dans lequel il décrit Mahler comme un idéaliste, un combattant de la liberté. Wolfram Nahrath a dénoncé l'hypocrisie des soi-disant démocraties qui condamnent la répression des droits de l'homme en Chine tout en emprisonnant leurs propres dissidents pour délit d'opinion. Il a rappelé que pendant que Horst Mahler purgeait une peine inhumaine pour un homme de son âge, le prix Nobel de la paix avait été décerné au dissident chinois Liu Xiaobo. Rigolf Hennig et Ursula Haverbeck, tous deux membres de "Europäische Aktion", ont également pris la parole. Ursula Haverbeck, récemment condamnée à dix mois de prison alors qu'elle a presque 90 ans, a déclaré avec une lucidité extraordinaire que l'Allemagne "avait été profondément blessée" et que la BRD (Bundesrepublik Deutschland) "n'était pas l'État du peuple allemand". Richard Edmonds, homme politique britannique, s'est exprimé au nom d'un groupe de révisionnistes britanniques et a qualifié de "scandaleux" et de "cynique" ce qui se passe non seulement en Allemagne mais aussi dans l'Union européenne. Lady Michèle Renouf, un modèle révisionniste anglais bien connu qui dirige le site web *Jailing Opinions*, a été la dernière à prendre la parole.

En janvier 2013, Horst Mahler avait fini d'écrire en prison un livre qui ne sera jamais publié, mais qui peut être lu en allemand au format PDF, *Das Ende der Wanderschaft. Gedanken über Gilad Atzmon un die Judenheit* (*La fin de la marche. Réflexions sur Gilad Atzmon et le judaïsme*). L'œuvre est née après la lecture d'un livre envoyé à la prison par un ami, *The Wandering Who*, un ouvrage publié en 2011 par Gilad Atzmon, un dissident juif antisioniste exilé à Londres.[16] Le livre de Mahler consistait en une série de considérations historiques sur le contenu du livre d'Atzmon, auquel il a adressé, dans l'avant-propos daté du 3 janvier 2013, ses remerciements les plus sincères pour son honnêteté et son courage : "Que Dieu lui accorde une longue vie, la santé et la force créatrice. Le monde a besoin de Gilad Atzmon - et sachez qu'il n'y a pas qu'un seul Gilad Atzmon, mais de nombreux Gilad Atzmon. Deux ans plus tard, le 11 juin 2015, le département fédéral allemand des matériels dangereux pour la jeunesse a inscrit le livre de Horst Mahler sur la liste des livres dangereux. Parmi les personnes qui, le 11 juin à 11 h

---

[16] On pourrait écrire un long article sur Gilad Atzmon, car il mérite d'être connu et reconnu. Né à Tel Aviv en 1963, après avoir vécu la guerre du Liban en 1982 comme soldat de Tsahal, Atzmon est devenu un ami du peuple palestinien et un militant de sa cause. En 1994, il a émigré au Royaume-Uni et est devenu citoyen britannique en 2002. Après avoir étudié la philosophie à l'université d'Essex, il s'est fait connaître par ses activités de saxophoniste de jazz. En raison de ses critiques du sionisme et de ses opinions révisionnistes sur l'Holocauste, il est considéré comme un antisémite et nombre de ses ennemis sionistes l'accusent d'être "un juif qui se déteste parce qu'il est juif". Sa discographie compte aujourd'hui plus d'une douzaine de titres, dont le CD *Exile*, sorti en 2004 et considéré comme l'album de l'année par la BBC. Il s'agit d'une œuvre émouvante dont presque tous les titres, notamment *Jenin*, *Al Quds* et *Land of Canaan*, font référence aux souffrances du peuple palestinien. Deux Palestiniens, le musicien Dhafer Youssef et la chanteuse Reem Kelani, ont collaboré avec Gilad Atzmon sur cet album. Avant de publier *The Wandering Who*, Atzmon avait déjà écrit deux autres livres. Le présent ouvrage est une enquête sur la politique et l'idéologie de l'identité juive contemporaine. Parmi les nombreux sujets examinés de manière critique figurent la haine des racistes juifs envers les gentils et le rôle joué par la religion dans l'Holocauste.

30, se sont présentées devant le conseil d'administration du département pour faire valoir que l'ouvrage de Mahler ne devait pas être interdit, figuraient le curé Friedrich Bode et Gerard Menuhin, fils du célèbre violoniste d'origine juive Yehudi Menuhin et auteur de *Tell the Truth and Shame the Devil*, dans lequel il considère que l'Holocauste est un énorme mensonge historique.

Fin juin 2015, quelques jours seulement après l'interdiction du livre, Axel Mahler, le fils de Horst, a écrit une lettre au curé Friedrich Bode pour l'informer que son père se trouvait dans un état critique aux soins intensifs. Quatre ans se sont écoulés depuis la manifestation de Brandebourg en faveur de Horst Mahler, et la "révolution de milliers de personnes criant la vérité" n'a toujours pas eu lieu. Manifestement, quelques centaines de personnes ne signifient rien pour les autorités allemandes, qui ignorent également la situation carcérale désespérée du dissident révisionniste. Axel Mahler explique à Bode dans sa lettre que le diabète de son père n'a pas été correctement traité et qu'il souffre d'une grave infection qui lui fait craindre pour sa vie. C'est pourquoi, dit-il, ils envisagent "d'intenter une action en justice contre les autorités judiciaires qui le maintiennent en prison".

Le 4 juillet 2015, Ursula Haverbeck a écrit au professeur Andreas Voßkuhle de la Cour suprême allemande, exigeant sur un ton très sévère et critique qu'il prenne en compte la souffrance de l'avocat et philosophe Horst Mahler et que la justice allemande ne se soumette plus aux diktats d'Israël, représenté par le "Zentralrates der Juden in Deutschland" (Conseil central des juifs d'Allemagne). Avec beaucoup de courage et de prise de risque, elle a qualifié l'Holocauste de "mensonge le plus grand et le plus persistant de l'histoire" et a écrit : "Eine Untat ohne Tatort ist keine Tatsache" (Un crime sans scène de crime n'est pas une réalité). Ursula Haverbeck conclut en plaidant pour une action rapide avant qu'il ne soit trop tard. Le 14 juillet 2015, la presse a rapporté que le pied gauche de Horst Mahler avait été amputé et que son état était stable après l'opération. Après l'opération, Horst Mahler est resté incarcéré. De plus en plus angoissé, il a finalement décidé, en octobre 2015, de demander de l'aide dans une note désespérée :

"Chers amis, j'ai longtemps hésité à demander de l'aide. Mais aujourd'hui, ma vie est en danger. Ma jambe gauche a été amputée et les médecins essaient d'éviter d'autres amputations. Enfin, un avocat a accepté de me défendre au tribunal. Cependant, comme je suis financièrement ruiné, je ne peux pas me le permettre. De plus, la mise en œuvre de ma libération conditionnelle doit être financée. Si je sortais de prison, des travaux de rénovation de ma maison seraient nécessaires pour permettre la vie d'un invalide.
Merci d'avance !
Horst Mahler".

Quelques jours après la publication de cette pétition, le 6 octobre 2015, certains médias ont publié la nouvelle selon laquelle Horst Mahler, qui allait avoir quatre-vingts ans, avait été libéré de la prison de Brandebourg, où il avait passé près de sept ans incarcéré pour un délit de pensée.

Sylvia Stolz, l'avocate intransigeante

Ce qui est arrivé à l'avocate Sylvia Stolz est devenu plus clair au fur et à mesure que nous avons raconté les vicissitudes de Zündel et de Mahler. Quoi qu'il en soit, ce qui est arrivé à cette femme courageuse mérite une place à part entière dans notre *histoire des hors-la-loi*. Nous commencerons son "aventure" malheureuse en décembre 2005, alors qu'elle était avocate de la défense dans le procès du Dr Rigolf Hennig, médecin colonel de réserve accusé d'avoir dénigré la "République fédérale" dans le journal *Reichsboten*, qu'il publiait lui-même. Hennig est accusé de nier la légitimité de la République fédérale. Le lundi 12 décembre, le procureur Vogel a menacé avec arrogance une avocate de la défense, Sylvia Stolz. Il l'a avertie que si elle continuait à défendre sa cause, elle serait également accusée d'incitation et d'outrage à la "République fédérale" et qu'il n'hésiterait pas à la poursuivre en justice. Au lieu de se laisser intimider, l'avocate a exprimé sa gratitude à Vogel car, lui a-t-elle dit, "par son attitude, il renforçait sa thèse selon laquelle le procès était un procès-spectacle". Mme Stolz a estimé que ce n'était pas la loi allemande qui était appliquée, mais la volonté d'un pouvoir étranger.

Au cours du procès, qui a duré presque jusqu'à la fin du mois de décembre 2005, Sylvia Stolz a fait preuve d'une compétence louable en citant des textes d'intellectuels juifs tels que Harold Pinter, qui venait de recevoir le prix Nobel de littérature, et Gilad Atzmon, que nous avons présenté plus haut. Atzmon venait de donner une conférence à Bochum le 2 décembre 2005, dans laquelle il avait publiquement déclaré que l'histoire de la Seconde Guerre mondiale et de l'Holocauste était "une falsification absolue initiée par les Américains et les sionistes". Stolz a également cité des textes tirés des *conférences* de Germar Rudolf *sur l'Holocauste* et a prédit que cet ouvrage "étoufferait dans l'œuf la religion de l'Holocauste". Finalement, le Dr Hennig a été condamné à six mois de prison pour avoir dénigré la République fédérale.

Presque simultanément au procès du médecin-colonel Rigolf Hennig, le tribunal de Mannheim qui devait juger Ernst Zündel avait déjà commencé les audiences préliminaires préparatoires. Sylvia Stolz, dont l'expérience et l'expertise en matière de nationalisme et de persécution des révisionnistes étaient bien connues, faisait partie de l'équipe d'avocats choisie pour défendre Zündel, qui comprenait également Jürgen Rieger et l'Autrichien Herbert Schaller. Sylvia Stolz était assistée par l'avocat Horst Mahler. La première audience a eu lieu le mardi 8 novembre 2005. Plus de trente journalistes et environ quatre-vingts partisans de Zündel, dont certains venus du Canada, de France, du Royaume-Uni et de Suisse, se sont rassemblés au palais de justice de Mannheim, célèbre pour sa ferveur antirévisionniste.

Après avoir prononcé le nom, la date de naissance, la profession et l'adresse de l'accusé, le président du tribunal, Ulrich Meinerzhagen, a attaqué l'équipe de la défense. Il a lu la décision d'un tribunal local de Berlin interdisant à Horst Mahler d'exercer sa profession. Meinerzhagen cite longuement les déclarations et commentaires révisionnistes de Mahler concernant la question juive et le Reich. Il a ensuite exigé qu'il soit remplacé en tant qu'assistant de l'avocat Stolz, qui a immédiatement fait remarquer qu'il n'y avait aucune raison. Le juge insiste sur le fait qu'il comprend que l'influence de Mahler sur la défense est considérable, ce à quoi Stolz répond qu'il lui appartient de déterminer les écrits qu'il utilisera pour sa défense et que cela relève de sa seule responsabilité. Le juge a menacé de faire sortir Mahler par la force et de le garder en détention pendant une journée. L'avocat Rieger est alors intervenu pour dire au juge que de telles attaques contre la défense ne se produisaient pas, même au Goulag. Sylvia Stolz insiste sur le fait qu'elle ne renoncera pas à l'assistance de l'avocat Mahler, mais sans plus de mots, le juge ordonne aux policiers de l'emmener. Voyant qu'elle ne pouvait plus rien faire, Sylvia Stolz a pris la décision de retirer elle-même son assistant, ce qui lui a permis de s'asseoir dans l'assistance, manifestement choquée. Meinerzhagen menace alors de faire évacuer la salle.

D'autres avertissements intimidants pour l'équipe d'avocats ont suivi : le président du tribunal a clairement indiqué que toute "incitation à la haine" serait vigoureusement réprimée et a directement menacé les avocats d'appliquer le paragraphe 130 du code pénal. Il a ensuite souligné qu'il n'écouterait pas "les opinions pseudo-scientifiques, puisque l'Holocauste est un fait historiquement vérifié". Cette déclaration a provoqué un tollé et des rires dans l'assistance. Les choses ne se sont pas arrêtées là, car le juge Meinerzhagen ne faisait que s'échauffer. Il est immédiatement revenu à la charge en déclarant qu'il n'était pas sûr que Sylvia Stolz soit apte à assurer la défense de Zündel, car elle finirait probablement par se rendre coupable de la violation du paragraphe 130. Zündel a clairement indiqué qu'il souhaitait être représenté par Mme Stolz. La Cour a alors décidé de suspendre la séance pour délibérer sur la question.

Après délibération, le tribunal a annulé la désignation de Stolz comme premier avocat de Zündel. Le Dr. Meinerzhagen a ensuite ajouté que Jürgen Rieger n'était pas non plus un avocat approprié pour l'accusé, puisque ses opinions révisionnistes étaient bien connues et qu'il était à craindre qu'il procède de manière inappropriée dans cette affaire. Afin de donner sa part à l'ensemble de l'équipe de défense, le juge s'est ensuite tourné vers le Dr Schaller, qu'il a également jugé inapte en raison de son âge, qui ne garantit pas qu'il soit apte à exercer cette fonction. Il devient clair pour tout le monde que le président du tribunal a l'intention d'éliminer la brillante équipe d'avocats d'Ernst Zündel pour en nommer d'autres de son choix. Naturellement, les avocats ont essayé de ne pas se laisser intimider. Après que Sylvia Stolz ait été réprouvée en tant qu'avocate principale de Zündel, le juge Meinerzhagen a demandé comment l'accusé comptait régler l'affaire. Zündel a déclaré qu'il se passerait du troisième avocat de son choix (Ludwig Bock, qui n'assistait pas à l'audience) et que Sylvia Stolz le remplacerait.[17] À cette occasion, la pause déjeuner a servi de prétexte pour interrompre la séance.

Dans l'après-midi, l'avocat Rieger a lu un texte dans lequel il demandait au tribunal d'abandonner son attitude discriminatoire. Sylvia Stolz a ensuite déclaré que la défense était publiquement menacée de ne rien dire d'interdit par le tribunal et qu'il s'agissait d'un outrage qui ne pouvait être que le résultat d'un esprit malade. Sylvia Stolz a ensuite demandé que le public soit exclu des futures séances, arguant que le tribunal menaçait de poursuivre la défense pour violation du paragraphe 130 du code pénal (ce paragraphe n'est applicable que lorsque le "crime" est commis en public. En excluant le public, la défense entendait pouvoir exprimer des "pensées interdites" devant le tribunal sans courir le risque d'être poursuivie). L'avocat a ajouté que si la Cour voulait que le procès soit public, l'équipe de la défense risquait fort d'être poursuivie. La réponse de la Cour a été d'ajourner le procès jusqu'au mardi 15 novembre 2005.

Pour la presse objective et le public, il ne fait aucun doute que le président du tribunal, M. Meinerzhagen, a tenté de détruire la défense d'Ernst Zündel. De plus, en menaçant les avocats avant même qu'ils n'aient commencé leur défense, le juge a violé les règles élémentaires de la procédure judiciaire. Sylvia Stolz a mis au point une stratégie brillante, en gardant une attitude calme et un comportement parfaitement correct tout au long du procès. Si le tribunal décide que le procès ne doit pas être public, les juges seront confrontés aux preuves contenues dans les *conférences de Germar Rudolf sur l'Holocauste* et à la demande de Horst Mahler d'"entendre des preuves sur la question juive", ce qui pourrait être lourd pour le tribunal, qui devrait expliquer pourquoi un procès secret se tient. En cas de procès ouvert, les défenseurs ont été menacés de poursuites, ce qui mettrait le tribunal de Mannheim dans l'embarras aux yeux de l'opinion publique et des juristes du monde entier.

Le 15 novembre 2005 à 10 heures, une centaine de partisans d'Ernst Zündel s'étaient rassemblés devant le bâtiment. En revanche, les journalistes

---

[17] N'étant pas juristes, nous ne sommes pas compétents pour expliquer le fonctionnement des tribunaux allemands. Il apparaît en tout cas que dans les tribunaux régionaux, le droit allemand exige que le défendeur ait un avocat doté de pouvoirs spécifiques autorisés par le tribunal et qu'il puisse avoir trois autres avocats de son choix. Dans le cas du procès contre Ernst Zündel, c'est Sylvia Stolz qui disposait de ces pouvoirs juridiques spécifiques, qui ont été annulés par le président du tribunal.

sont moins nombreux et ne disposent que de deux caméras. À 10h40, l'accès à la salle est autorisé et celle-ci est bondée. L'entrée de Zündel est saluée par une salve d'applaudissements. Dès son apparition, le juge déclare qu'il ne tolérera ni applaudissements ni rumeurs et prévient qu'il a ordonné à la police d'expulser ceux qui enfreindraient ses règles et de prendre leurs noms. Il a ensuite estimé que l'allégation selon laquelle le tribunal avait adopté une attitude discriminatoire n'était pas fondée et a déclaré qu'il n'y avait aucune raison pour que l'accusé ait des doutes sur les juges. Ensuite, il confirme sa désapprobation à l'égard de Sylvia Stolz et répète les raisons invoquées lors de la séance précédente. Meinerzhagen a insisté sur le fait que Mme Stolz ne convenait pas parce qu'elle ne pouvait pas garantir une procédure ordonnée, ce qui entraînerait des conflits entre l'accusé et la défense. Le président du tribunal a rejeté la demande de Mme Stolz d'exclure le public des audiences. Il a déclaré que le public ne pouvait être exclu que s'il représentait une menace, ce qui n'était pas le cas. Au contraire, il a affirmé que c'était la défense qui constituait une menace pour le procès en raison de son intention d'inciter le public. Meinerzhagen a ajouté qu'il fallait s'attendre à ce que, en l'absence du public, la défense fasse des demandes et des soumissions incitatives. Sans donner de choix, le magistrat a ensuite annoncé qu'il suspendait le procès, car le tribunal devait remplacer Mme Stolz et le nouvel avocat aurait besoin de temps pour se familiariser avec les documents. Entre-temps, l'accusé devrait rester en prison, ce qu'il considère comme juste, compte tenu de l'ampleur de son crime. Pour couronner le tout, le Dr Meinerzhagen a prétendu que le procès avait été ajourné à cause de la défense.

Jürgen Rieger a alors exprimé son désaccord et a déclaré que le juge n'avait pas informé la défense de son intention de suspendre la procédure judiciaire, comme il était tenu de le faire. Rieger a affirmé que la défense n'avait pas eu l'occasion de préparer une déclaration sur cette décision. Le juge a répondu que la défense avait bien été informée, ce qui était un mensonge flagrant. Après une bataille de procédure sur les décisions à prendre, Sylvia Stolz a trouvé le temps de demander à la Cour de l'autoriser à faire une déclaration sur sa substitution, mais Meinerzhagen a répondu que ce n'était pas approprié. Sylvia Stolz a répliqué en disant au juge que son attitude était inappropriée et déplacée. "Le procès est ajourné", insiste le juge. "Je n'ai pas eu l'occasion de faire ma déclaration", se plaint l'avocat. "Je m'en fiche, le procès est ajourné".

En un peu plus d'une heure, le président du tribunal a réglé l'affaire. Naturellement, le public réagit avec indignation et des cris de protestation et de désapprobation sont lancés, tels que "c'est un carnaval", "un scandale", etc. En dehors de la salle d'audience, les avocats et les amis proches de Zündel se sont réunis pour évaluer ce qui s'était passé et ont conclu que le procès reprendrait en février ou mars 2006 et que le juge poursuivrait la défense dès le début de ses travaux. Ces événements coïncident avec l'arrivée de Germar Rudolf à l'aéroport de Francfort, où il est arrêté et immédiatement conduit à la prison de Stuttgart.

Comme les avocats l'avaient prévu, le procès a repris en février 2006. Le jeudi 15, Ulrich Meinerzhagen a rejeté trois requêtes de la défense visant à s'exclure pour cause d'opinions partiales ou tendancieuses. Quant à Sylvia Stolz, il menace de l'inculper si elle remet en cause l'Holocauste. La séance du 16 a donné lieu à une sérieuse confrontation entre Stolz et Meinerzhagen. L'avocat l'interrompt à plusieurs reprises et soulève une batterie d'objections et de nouvelles demandes. Il nie qu'elle ait insulté le tribunal et tenté de saboter le procès, accusations portées par le juge. Plus précisément, Mme Meinerzhagen a déclaré qu'elle soupçonnait M. Stolz "d'avoir voulu rendre impossible le processus judiciaire en provoquant l'effondrement du procès". Il a également annoncé qu'il déposerait une plainte auprès de l'association du barreau concernée pour demander que des mesures soient prises à son encontre. Au lieu de se soumettre, Stolz a répondu qu'elle n'était "pas prête à se plier à sa volonté" et, se tournant vers la salle remplie de partisans de Zündel, a accusé Meinerzhagen de vouloir la "bâillonner". La situation devient extrêmement tendue lorsque l'avocate ignore la demande d'excuses du juge. Meinerzhagen a condamné trois partisans de Zündel à une amende pour avoir chanté des versets interdits de l'hymne national allemand et un autre à quatre jours de prison pour l'avoir insulté. L'avocat Ludwig Bock est alors intervenu, déclarant au tribunal qu'il devait étudier la paternité de dizaines de déclarations et de textes, provenant pour la plupart du *site Zündelsite*, soumis par les procureurs. Le président du tribunal a de nouveau ajourné le procès pour trois semaines afin que les avocats puissent analyser les publications du *Zündelsite*.

Le 9 mars 2006, les séances reprennent et l'affrontement qui devait causer la ruine de Sylvia Stolz et mettre fin à sa carrière d'avocate a enfin lieu. Au comble de l'indignation, Sylvia Stolz déclare que la Cour est "un instrument de domination étrangère" et qualifie les Juifs d'"ennemis du peuple". Le juge a demandé le retrait de Silvya Stolz du procès et a de nouveau ajourné l'audience. Le 31 mars, une juridiction supérieure de Karlsruhe a retiré Sylvia Stolz de l'affaire pour obstruction illégale à la procédure "dans le seul but de saboter le procès et d'en faire une farce". Malgré ce verdict, le 5 avril, Sylvia Stolz a ignoré le jugement de Karlsruhe, qu'elle considérait comme sans valeur juridique, et s'est présentée à la cour de justice de Mannheim. Le juge Meinerzhagen lui ordonne de quitter la salle d'audience, mais elle refuse d'obtempérer. Deux policières ont dû la faire sortir de force, et l'avocate s'est alors écriée : "Résistance ! Le peuple allemand se révolte !". Des partisans de Zündel quittent également la salle d'audience. Pour la énième fois, le président du tribunal a suspendu le procès, qui ne devait reprendre qu'en juin 2006.

La sentence de trois ans et demi d'emprisonnement et de cinq ans d'interdiction d'exercer sa profession a été prononcée en janvier 2008.

Sylvia Stolz a été condamnée par un tribunal de Mannheim, qui a estimé qu'elle avait incité à la haine raciale lors de la défense d'Ernst Zündel. Le verdict indique que l'accusée a nié l'existence de l'Holocauste et a déclaré que l'extermination des Juifs d'Europe pendant la Seconde Guerre mondiale était "le plus grand mensonge de l'histoire". Sylvia Stolz a purgé sa peine dans trois établissements différents. Lorsque trois cents personnes se sont rassemblées le 26 mars 2011 devant la prison de Brandebourg où Horst Mahler purgeait sa peine, la plupart des banderoles témoignaient de la même solidarité à l'égard de Sylvia Stolz, dont la libération imminente était alors attendue avec impatience.

Lorsqu'elle a quitté la prison d'Aichach, en Bavière, le mercredi 13 avril 2011 à 9 heures, un grand nombre d'avocats internationaux spécialisés dans la liberté d'expression et de sympathisants venus de France, d'Italie et de Grande-Bretagne l'attendaient à l'entrée principale pour célébrer sa libération en lui offrant des fleurs et des cadeaux. Parmi eux se trouvait Michèle Renouf, qui avait une nouvelle fois fait le déplacement depuis l'Angleterre pour manifester sa solidarité avec l'avocate révisionniste. Sylvia Stolz est sortie sous les applaudissements, chargée d'un grand nombre de documents écrits, soigneusement accumulés et organisés au cours de ses années de captivité. Après avoir chargé le matériel dans une camionnette, tous se sont rendus ensemble dans une taverne voisine, où Günter Deckert avait réservé la salle principale pour la célébration.

Le 24 novembre 2012, vingt mois après sa libération, Sylvia Stolz a donné une conférence à Coire, capitale du canton suisse des Grisons, intitulée en allemand : *Sprechverbot-Beweisverbot-Verteidigunsverbot. Die Wirklichkeit der Meinungsfreiheit* (*Interdiction d'expression-interdiction de preuve-interdiction de défense juridique. La réalité de la liberté de pensée*). Il s'agissait de la 8ème conférence de la "Anti-Zensur-Koalition" (AZK). L'organisateur de la conférence, Ivo Sasek, a présenté Sylvia Stolz comme une personne particulièrement qualifiée pour parler de ce sujet et a évoqué son expérience du procès d'Ernst Zündel, de son arrestation par la cour de justice et de sa condamnation. La présentation s'est terminée par ces mots : "Bienvenue Sylvia Stolz. Si vous n'avez pas été autorisée à parler là-bas, nous vous laisserons parler ici. Nous sommes convaincus que vous connaissez vos limites. J'en suis persuadé.

Après avoir remercié Ivo Sasek et le public de plus de deux mille personnes pour leur accueil chaleureux, M. Stolz a prononcé un discours bien structuré, calme, sans lecture à aucun moment, ponctué comme il se doit de silences éloquents. Sa voix, extrêmement chaude et douce comme celle d'un enfant, a gardé un ton calme et serein tout au long de son discours, rigoureux dans sa terminologie juridique, extrêmement sensé et tout à fait convaincant. La conférence, prononcée en allemand, peut être visionnée sur You Tube avec des sous-titres en anglais. Pour des raisons d'espace, nous ne pouvons évidemment pas la reproduire dans son intégralité, mais nous en donnons quelques grandes lignes. Dans sa présentation, Sylvia Stolz a transmis à l'auditoire une très belle pensée de Johann Gottfried von Herder qui, selon elle, incarne l'essence de tout être humain : "Croire en la vérité, sentir la beauté et aimer ce qui est bon".

Les principes qui devraient régir le fonctionnement de tout tribunal digne de ce nom ont occupé la première partie de la conférence : les droits de l'accusé et les obligations du tribunal d'empêcher qu'il soit sans défense et d'établir la vérité au moyen de preuves. En ce qui concerne la nécessité de présenter des preuves, il a établi une comparaison avec les preuves que les tribunaux exigent habituellement dans les affaires de meurtre, c'est-à-dire le lieu, le moment, les armes utilisées par le criminel, les éventuelles empreintes digitales, l'endroit où le corps de la victime a été retrouvé, l'analyse médico-légale pour déterminer la cause de la mort, et ainsi de suite. Toutefois, a insisté M. Stolz, dans aucun des cas de "négationnisme", aucune de ces preuves spécifiques n'a jamais été prouvée ou présentée :

> "Il n'y a aucun détail concernant la scène de crime, la méthode d'assassinat, le nombre de victimes, la période des crimes, les auteurs, les corps. Nous n'avons aucune trace physique du meurtre. Les témoignages ne précisent rien, il n'y a pas de documents ou de preuves similaires. L'intention d'exterminer tout ou partie des juifs sous le régime national-socialiste n'est prouvée nulle part. Aucun document ne prouve l'existence de décisions, de plans ou d'ordres préalables. Lors des procès des négationnistes, ces éléments ne sont pas précisés. Nous ne trouvons pas non plus de références à d'autres verdicts dans lesquels ces éléments sont précisés. C'est là le problème. Tant que le tribunal n'enregistre pas les lieux des crimes où les prétendus massacres sont censés avoir eu lieu, tant que le tribunal ne réclame pas au moins une preuve spécifique, tant que c'est le cas, ces massacres ne peuvent tout simplement pas être prouvés".

À un autre moment, Sylvia Stolz a lu à l'assistance un extrait embarrassant du verdict du procès d'Auschwitz qui s'est déroulé à Francfort. L'avocate a déclaré ironiquement que l'on pouvait s'attendre à ce que des détails de l'Holocauste y soient précisés. Ce sont les mots du tribunal :

> "Le tribunal est dépourvu de presque tous les moyens de preuve d'un procès pour meurtre normal, nécessaires pour se faire une idée exacte des faits au moment du crime. Il n'y avait pas de corps des victimes, pas de rapports d'autopsie, pas de rapports d'experts sur les causes et l'heure du décès, pas de preuves sur les tueurs, sur les armes du crime, etc. La vérification des témoignages n'a été possible qu'en de rares occasions..... Par conséquent, afin de clarifier les crimes des accusés, le tribunal s'est appuyé presque exclusivement sur les dépositions des témoins....".

S'appuyant sur sa propre expérience, Sylvia Stolz a déploré qu'à l'inverse, lorsque des preuves sont présentées au nom d'un négateur de l'Holocauste et qu'il est demandé au tribunal d'établir que telle ou telle chose est vraie parce qu'elle a été corroborée par des rapports d'experts, le tribunal n'admet pas les preuves et les avocats sont accusés de négationnisme. Sylvia Stolz a déploré que l'opinion publique européenne ne sache rien du traitement réservé aux accusés, des menaces et des sanctions que subissent les avocats pour le simple fait de faire leur travail, et de la manière dont l'administration de la justice dans les tribunaux allemands est avortée. Il a cité en exemple son propre cas, lorsqu'un tribunal bavarois a décidé de lui retirer sa licence :

> J'ai présenté des preuves concernant la prétendue "évidence" de l'Holocauste. Une fois de plus, ces preuves n'ont pas été admises, la raison invoquée étant que le tribunal, à la lumière des livres et des photos disponibles, n'avait aucun doute quant à l'"évidence" de l'Holocauste. Mon avocat et moi-même avons demandé au tribunal d'indiquer quels livres et quelles photos leur donnaient une telle certitude quant à l'"évidence" de l'Holocauste. Ces demandes ont été rejetées parce que "l'Holocauste et les crimes violents des nationaux-socialistes contre les Juifs étaient évidents". Par conséquent, nous n'avons reçu aucune réponse quant aux documents qui ont servi de base à la conclusion du tribunal. Tout ce que nous avons obtenu, ce sont des références générales aux "journaux, à la radio et à la télévision, aux encyclopédies, aux dictionnaires et aux livres d'histoire".

Après avoir rappelé les moments les plus décevants de son expérience avec le juge Meinerzhagen lors du procès contre Ernst Zündel, Sylvia Stolz a terminé la conférence en revenant sur la phrase de Herder par laquelle elle avait commencé son discours. Ce sont ses derniers mots :

> "Je reviendrai maintenant à la phrase par laquelle j'ai commencé cette conférence. Croire en la vérité, sentir la beauté et vouloir le bien" implique la capacité d'identifier et de qualifier le mensonge, la capacité d'identifier l'inhumain, la capacité d'identifier et de qualifier l'injustice. Cela implique aussi des traits de caractère, ce qui est particulièrement important à notre âge. La connaissance de notre immortalité, de notre constance et de notre incorruptibilité. Avec ce caractère, nous devrions être en mesure de façonner un monde pour les nombreux enfants qui étaient présents ici tout à l'heure. Un monde dans lequel nous sommes autorisés à dire la vérité sans être punis."

En janvier 2013, un avocat juif de Berne, Daniel Kettiger, a déposé une plainte pénale contre Sylvia Stolz auprès du ministère public des Grisons. M. Kettiger a accusé Mme Stolz d'avoir violé l'article 261 du code pénal suisse, qui concerne une loi raciale suisse. Ivo Sasek, l'organisateur de l'événement AZK, a également été dénoncé par cet avocat, gardien intransigeant de la censure. Le fait qu'au cours de la conférence, Mme Stolz ait déclaré que l'Holocauste n'avait jamais été prouvé devant un tribunal parce que les preuves n'avaient jamais été présentées constituait un motif suffisant pour engager des poursuites pénales à son encontre. Le 25 février 2015, un tribunal de Munich a rejeté les arguments de Sylvia Stolz et de son avocat Wolfram Nahrath sur le droit d'exercer la liberté d'expression en Suisse et a condamné l'avocate à vingt mois de prison pour la conférence donnée à Coire en novembre 2012. À l'heure où nous écrivons ces lignes, elle est toujours en prison. Nous espérons bien sûr que cette femme admirable retrouvera la liberté qui lui a été si injustement retirée une seconde fois.

Günter Deckert, un symbole persistant de la liberté d'expression

Günter Deckert, leader du NPD (Parti national démocratique d'Allemagne), a perdu son emploi de professeur de lycée en 1988 en raison de son activisme politique. En novembre 1990, il participe à une manifestation pour présenter Fred Leuchter, au cours de laquelle il déclare que l'Holocauste est un mythe perpétré par un groupe d'exploiteurs qui utilise un mensonge historique pour museler l'Allemagne. En 1991, il a également partagé une table avec l'historien David Irving lors d'une conférence à Weinheim, en Allemagne. Ces événements ont donné lieu à une plainte pénale et, en 1992, il a été condamné à un an de prison. Deckert a fait appel du verdict et, en mars 1994, le tribunal de district de Mannheim, qui à l'époque n'était pas encore le tribunal que nous avons vu dans la persécution d'Ernst Zündel et de Sylvia Stolz, a ordonné un nouveau procès au motif que le tribunal de première instance n'avait pas prouvé tous les faits nécessaires.

Au cours de l'été 1994, le procès a repris et deux des trois juges du tribunal, Wolfgang Müller et Rainer Orlet, ont eu des mots de sympathie pour Deckert. Wolfgang Müller le décrit comme "un homme intelligent et de caractère", qui a agi par conviction. Pour sa part, le juge Rainer Orlet a déclaré que Deckert avait "exprimé des intérêts légitimes" en remettant en question les interminables revendications politiques et économiques des Juifs sur l'Allemagne, cinquante ans après la fin de la Seconde Guerre mondiale. Dans un rapport de soixante-six pages, Orlet a rappelé qu'alors que des personnes étaient persécutées en Allemagne pour avoir exprimé des opinions, "des criminels de masse d'autres nations restaient impunis". Le juge a ajouté que Deckert n'était "pas un antisémite" et qu'il avait fait bonne impression au tribunal en tant que "personne responsable et de bonne moralité". Néanmoins, le tribunal a déclaré Deckert coupable et a confirmé sa condamnation à un an de prison, mais il n'a pas été obligé d'aller en prison car il a eu la possibilité de rester en liberté surveillée tant qu'il n'a pas récidivé.

Comme d'habitude, les hurlements de protestation des groupes de pression juifs ont été automatiques. Au centre de la cible se trouvait le juge Rainer Orlet, dont les opinions étaient considérées comme négationnistes. Le ministre de la justice, Thomas Schäuble, a rapidement reconnu que la déclaration du juge était "une gifle au visage des victimes de l'Holocauste". En revanche, l'Association des juges allemands a estimé qu'il s'agissait d'une "bévue". Un procès parallèle s'ouvre alors, qui aboutira à la mise à la retraite volontaire du juge Orlet, décision qu'il a prise pour éviter d'être démis de ses fonctions. Le 23 janvier 1995, Ulrich Maurer, chef de file parlementaire du SPD (Parti social-démocrate d'Allemagne) pour le Bade-Wurtemberg, demande la révocation du juge Orlet pour avoir rédigé un verdict scandaleux sur Günter Deckert en juin 1994. Cette mesure disciplinaire était le seul moyen d'écarter Orlet de la 6e grande chambre pénale du tribunal de district de Mannheim. Le ministre Schäuble a dû entendre les accusations de la CDU (Union chrétienne-démocrate) de deux poids, deux mesures.

Le 9 mars 1995, le *Berliner Zeitung* a publié un article selon lequel le juge Rainer Olmert lui-même pourrait se retrouver sur le banc des accusés. Le journal commentait que le renvoi de Rainer Orlet devant la Cour constitutionnelle allemande serait le premier cas de renvoi d'un juge dans l'histoire de la République fédérale d'Allemagne. Outre la retraite volontaire du juge, la campagne a conduit à la révision du procès de Günter Deckert en avril. En décembre 1995, Deckert a été envoyé au centre de détention de Bruchsal à Baden-Wurttenberg avec une peine de prison effective de deux ans pour "incendie politique dangereux".

Alors qu'il purgeait cette peine de deux ans, Günter Deckert a de nouveau été traduit en justice en raison d'une lettre qu'il a adressée depuis sa prison à Michel Friedman, vice-président du Conseil central des Juifs d'Allemagne. Il lui aurait demandé de quitter l'Allemagne. Cette lettre a donné lieu à une nouvelle accusation d'incitation à la haine raciale. Un nouveau procès s'est tenu à Mannheim et, le 12 avril 1997, Deckert a été condamné à deux ans et trois mois de prison supplémentaires. Son avocat, Ludwig Boch, a été condamné à une amende de 9000 marks pour avoir fondé sa défense sur l'idée que l'Holocauste était une "légende" inventée par les Juifs. David Irving s'est empressé d'écrire un texte de protestation *au Daily Telegraph*, se déclarant ami de Deckert et dénonçant l'assaut en cours contre la liberté d'expression en Allemagne.

Après avoir passé deux ans derrière les barreaux, au lieu d'être libéré, Deckert a commencé à purger sa nouvelle peine le 31 octobre 1997. Le tollé international a été à peine perceptible par le public, bien que les ambassades allemandes de plusieurs pays aient reçu des lettres demandant la libération du prisonnier politique Günter Deckert. Le 10 décembre 1998, par exemple,

Rainer Dobbelstein, haut fonctionnaire allemand à Londres, a justifié dans une lettre de réponse à un Londonien indigné, Milton Ellis, que la mise sur écoute de la correspondance de Günter Deckert était justifiée par la loi en raison de ses opinions extrémistes.

En octobre 2000, le "dangereux néonazi" est libéré de la prison de Bruchsal, où il a passé près de cinq ans. Alors que le pire semblait passé pour le combattant révisionniste, en 2012, à l'âge de 72 ans, il est à nouveau condamné à la prison. Quel est le crime de Günter Deckert cette fois-ci ? En 2007, il avait traduit *Auschwitz* en allemand. *The First Gassings, Rumours and Reality*, un livre de Carlo Mattogno publié en 1992 en italien et en 2002 en anglais. En 2008, sur ordre du procureur Grossmann de Mannheim, la police de la pensée a fait une descente à son domicile. C'était la douzième "visite spéciale", comme elle l'a dit à un ami dans une lettre de mars 2012. Ils ont pris son ordinateur et deux exemplaires du livre de Mattogno. Au cours de l'été 2009, un tribunal de Weinheim, la ville où vivait Deckert, a accepté l'acte d'accusation. Les chefs d'accusation étaient "promotion et incitation du public au moyen de la négation de l'Holocauste et de la diffamation de la mémoire des morts". Le 28 juillet 2010, Deckert a été jugé sans avocat. Un juge unique l'a condamné à une peine de quatre mois, mais lui a accordé une mise à l'épreuve pour une période de trois ans, ainsi qu'une amende de 600 euros. En outre, il a dû payer les frais de justice. Le procureur Grossmann, qui avait demandé six mois, et Deckert lui-même ont fait appel du verdict. L'affaire a de nouveau été portée devant le célèbre tribunal de district de Mannheim. Le nouveau procès a débuté le 14 novembre 2011 et s'est achevé le 2 février 2012 par un verdict condamnant Deckert à six mois de prison. Dans la lettre susmentionnée, Deckert explique ce qui suit à son amie :

> "Le procès a duré si longtemps parce que j'ai changé de tactique pour faire comprendre au tribunal pourquoi j'étais en faveur du révisionnisme. J'ai présenté tous les arguments et toutes les preuves qui pouvaient être présentés au tribunal sans être à nouveau inculpé. Au début, il a semblé que le juge Roos hésitait à condamner une personne pour avoir publié et diffusé un livre. Mais il a finalement suivi la suggestion du procureur Grossmann, qui a déclaré que la possibilité d'accéder au livre via l'internet répondait aux exigences du paragraphe 130".

Le 2 février 2012, le verdict a été rendu et le 6 février, la peine de six mois de prison a été annoncée. En recevant cette sentence, Deckert a courageusement déclaré : "Une peine de prison ne me forcera pas à croire." Il a annoncé qu'il ferait appel auprès du tribunal de Karslruhe, mais l'appel a été rejeté. Enfin, le 23 novembre 2012, le parquet de Mannheim l'a informé qu'il devait entrer en prison le 17 décembre à 15 heures. Deckert a protesté avec véhémence, car il voulait passer Noël avec sa famille. Pour une fois, il y a eu compréhension et son admission a été reportée au 2 janvier 2013. Cela a confirmé un fait honteux : sans que personne ou presque ne proteste et sans que les médias ne le dénoncent, une personne honnête et décente peut être condamnée en Allemagne pour avoir traduit un livre d'histoire. Voici les paroles de Günter Deckert :

> "Amis, camarades et combattants pour la vérité sur l'histoire de la Seconde Guerre mondiale, l'heure est venue ! Bien que mon recours constitutionnel n'ait pas encore fait l'objet d'une décision, je dois bientôt entrer en prison pour purger ma peine de cinq mois. Je dois me présenter à la prison le 2 janvier 2013. Ma libération interviendra le 2 juin.... Ce qui ne me tue pas me rend plus fort ! C'est dans cet esprit que j'adresse mes meilleures salutations et ma loyauté de camarade à nos familles et à notre peuple. Je souhaite à tous une très bonne année 2013, pleine de succès et de la meilleure santé possible.

Lorsque Sylvia Stolz a été libérée de la prison d'Aichach le 13 avril 2011, Günter Deckert avait organisé pour elle un repas de fête dans une taverne bavaroise. En février 2013, Stolz, qui devait certainement savoir qu'un avocat juif l'avait dénoncée pour sa conférence en Suisse, a voulu se montrer solidaire de son amie et a publié un long article dont la traduction anglaise pourrait être *El terror de opinar (La terreur de donner une opinion)*. Il y décompose le texte de la sentence et démontre techniquement toutes les incohérences de la procédure judiciaire suivie contre Deckert, dont l'absence de défense est mise en évidence par les abus de procédure qui sont monnaie courante dans tous les procès pour négationnisme.

Udo Walendy, emprisonné pour avoir publié des textes révisionnistes

Né à Berlin en 1927, Udo Walendy, qui va bientôt fêter ses 90 ans, a eu le temps de servir dans l'armée de son pays avant la fin de la guerre. Après la guerre, il a étudié le journalisme et les sciences politiques à Berlin, où il a participé à la publication d'ouvrages révisionnistes. En 1956, il obtient un diplôme en sciences politiques et travaille pendant un certain temps comme conférencier à la Croix-Rouge allemande. Dès 1964, il publie son propre livre *Wahrheit für Deutschland - Die Schuldfrage des Zweitens Weltkriegs* (*La vérité pour l'Allemagne - La question de la culpabilité pour la Seconde Guerre mondiale*). En 1965, il crée sa propre maison d'édition, "Verlag für Volkstum und Zeitgeschichsforshung" (Maison d'édition pour l'histoire contemporaine et la recherche folklorique). En 1974, dix ans après la publication de *Wahrheit für Deutschland*, Udo Walendy fonde la revue *Historische Tatsachen* (*Faits historiques*), une revue sérieuse qui se consacre à l'étude rigoureuse des faits relatifs au national-socialisme et au Troisième Reich que l'historiographie officielle préfère ignorer. Dans le numéro 31 de la revue, par exemple, il étudie les premiers rapports soviétiques sur Auschwitz publiés les 1er et 2 février dans la *Pravda*, dans lesquels il n'est pas fait mention de fosses d'incinération, de chambres à gaz, de piles de chaussures et de lunettes, de dentiers ou de piles de cheveux.

    Les problèmes juridiques d'Udo Walendy ont commencé en 1979, lorsque le gouvernement a inscrit son livre sur la liste noire des ouvrages dangereux ou nuisibles pour la jeunesse. Walendy s'engage alors dans une longue bataille juridique qui durera quinze ans. Finalement, en 1994, la Cour constitutionnelle fédérale a jugé que les droits de l'auteur étaient violés, car le livre était défendable d'un point de vue académique. Preuve de la valeur de cet ouvrage, *The Barnes Review* l'a republié en 2013 et un an plus tard, le 1er septembre 2014, Castle Hill Publishers, l'éditeur de Germar Rudolf au Royaume-Uni, a publié une réimpression mise à jour et corrigée du livre, à nouveau traduit de l'allemand. En 1979, Walendy a également donné la première conférence de l'Institute for Historical Review (IHR), fondé en 1978. À partir de 1980, il est membre du comité consultatif de rédaction du *Journal of Historical Review*, la prestigieuse publication de l'Institut. Aux États-Unis, il fait personnellement la connaissance d'Arthur R. Butz, dont il traduit en allemand l'ouvrage phare, puis l'édite. Le livre est rapidement interdit par les autorités allemandes. En 1988, Udo Walendy a témoigné à Toronto lors du second procès d'Ernst Zündel. Ses activités révisionnistes incluent également son étroite association avec le magazine en ligne belge *VHO* (*Vrij Historisch Onderzoek*), où l'on peut trouver un grand nombre des livres qu'il a publiés en allemand.

    La persécution de ce publiciste chevronné et historien révisionniste a fait un bond qualitatif lorsque, le 7 février 1996, une escouade de vingt policiers a fait une descente à son domicile et dans son entreprise. Sans respecter la "loi sur la protection des données", ils ont saisi des documents, des disques et des copies téléchargées de fichiers informatiques et ont emmené Udo Walendy pour qu'il prenne ses empreintes digitales. Peu après, deux tribunaux allemands ont estimé que des articles parus dans *Historische Tatsachen*, le magazine qu'il éditait et publiait, incitaient à la haine. Le 17 mai 1996, le tribunal de district de Bielefeld a condamné Udo Walendy à quinze mois d'emprisonnement effectif, en dépit du fait qu'il n'avait pas d'antécédents judiciaires. Le tribunal a rejeté toute considération de la valeur académique des travaux en question. Six mois plus tard, en novembre 1996, un tribunal de Dortmund l'a condamné à une amende de 20 000 marks pour avoir possédé douze exemplaires de *Mein Kampf*. Sans aucune preuve, le tribunal a estimé que Walendy s'apprêtait à distribuer ces exemplaires du livre d'Hitler, interdit en Allemagne : "La distribution prévue des livres", a déclaré le tribunal, "manifeste une mentalité extrême et donc particulièrement dangereuse. Les livres sont de la propagande pour le démantèlement du système légal et constitutionnel de la République fédérale d'Allemagne et l'établissement d'un système d'injustice national-socialiste.... Cela doit être jugé avec la plus grande sévérité".

Un an plus tard, en mai 1997, un autre tribunal de Herford a achevé le travail et condamné Walendy à quatorze mois d'emprisonnement supplémentaires. Le juge Helmut Knöner a estimé que Walendy n'avait pas sciemment publié des mensonges, mais qu'il n'avait pas proposé d'autres interprétations. Le tribunal a cité un passage d'un numéro d'*Historische Tatsachen* dans lequel Walendy approuvait les recherches de Fred Leuchter sur les "chambres à gaz" d'Auschwitz. Le jugement indique que la citation du texte de Leuchter "manque de sens critique et reprend les prétendues conclusions de l'"expert". Le défendeur les a approuvées". Le tribunal reproche également à Walendy d'avoir reproduit dans le numéro 66 du magazine un article publié le 13 juin 1946 dans le journal suisse *Basler Nachrichten*, dont le titre était "Quel est le nombre de victimes juives", discréditant le chiffre imposé de six millions. Le tribunal Herfod n'a pas voulu tenir compte du fait qu'il ne s'agissait pas du point de vue du rédacteur, mais de celui des auteurs des textes. Comme on le sait, de nombreux journaux avertissent dans leur section "opinion" que le rédacteur n'est pas responsable des opinions exprimées dans les articles publiés. Walendy a expliqué au tribunal que pour s'assurer que les articles qu'il publiait dans *Historische Tatsachen* ne violaient pas la loi, il soumettait systématiquement les textes au contrôle de quatre avocats. Le tribunal a rejeté les avis des quatre avocats comme étant non pertinents.

En 1999, au milieu d'une campagne de harcèlement judiciaire, la propriété de sa maison d'édition a été transférée à son épouse. Comme si l'emprisonnement ne suffisait pas, une nouvelle tentative de censure *de Wahrheit für Deutschland*, le livre de Walendy qui avait reçu un jugement favorable de la Cour constitutionnelle fédérale en 1994, a eu lieu en 2001. Comme il y avait peu de chances que l'arrêt de la Cour constitutionnelle soit annulé, les autorités gouvernementales ont finalement renoncé à ce projet.

Ursula Haverbeck. La condamnation indécente d'une vieille dame vénérable

Ursula Haverbeck aura 88 ans l'année de la rédaction. Elle a été condamnée à dix mois de prison en 2015 pour avoir nié l'Holocauste. Cette sentence aberrante et honteuse expose la servitude et la misère de la République fédérale d'Allemagne à quiconque veut bien la regarder. Toute personne honnête se doit de condamner cet abus de la part d'un État qui a depuis longtemps perdu tout sens de la décence. Pourtant, les médias, au lieu de critiquer cette condamnation révoltante, ont servi la nouvelle à leurs lecteurs comme si elle était logique, puisqu'il s'agissait d'une "grand-mère nazie". En réalité, comme l'a dit le juge d'application des peines avec une obscène supériorité morale, "il ne sert à rien de débattre avec quelqu'un qui ne peut pas accepter les faits". Cependant, même si la juge n'a pas pu le percevoir en raison de ses limites et de sa myopie, Ursula Haverbeck est une grande dame et elle est reconnue comme telle par les révisionnistes. Malgré son âge vénérable, elle s'exprime avec une intelligence et une lucidité étonnantes. Il n'y a pas la moindre incohérence dans ses textes, discours ou interviews, qui sont d'une parfaite cohérence.

Ursula Haverbeck est née à Berlin en 1928. À la fin de la guerre mondiale, en 1945, elle est une adolescente de dix-sept ans. Elle a donc vécu la terreur aérienne, les viols barbares perpétrés par les armées communistes, les camps de la mort d'Eisenhower, les pogroms et l'épuration ethnique des Allemands dans toute l'Europe, la famine provoquée par le plan Morgenthau... Son mari, Werner Georg Haverbeck, décédé en 1999, était un professeur, un intellectuel et un historien qui a écrit de nombreux ouvrages de toutes sortes. Il a participé à la direction du NSDAP et a combattu sur le front de l'Est. Ursula Haverbeck était également une femme de grande érudition qui a étudié la pédagogie, la philosophie, l'histoire et la linguistique, ce qui lui a permis d'obtenir plusieurs diplômes universitaires. En 1963, elles fondent toutes deux le "Collegium Humanum", qui fait figure de pionnier parmi les mouvements écologistes. Au cours des dernières décennies du XXe siècle, ils ont été très actifs dans la défense de la langue et de la culture allemandes et dans la lutte pour la préservation de la nature. Entre 1983 et 1989, Ursula Haverbeck a été présidente de la section allemande de l'Union mondiale pour la protection de la vie.

En 2000, Ursula Haverbeck et d'autres chercheurs, qui s'étaient déjà intéressés à ses activités révisionnistes, ont eu accès à des documents originaux du gouvernement national-socialiste sur Auschwitz, qui avaient été confisqués par l'URSS à la fin de la guerre. Ils sont aujourd'hui entre les mains de l'Institut d'histoire contemporaine et peuvent être consultés par le grand public pour 124 euros. Avec d'autres historiens, elle a fourni certains de ces documents pertinents à divers ministères du gouvernement allemand et à la justice. Bien qu'ils aient demandé une enquête officielle, ils n'ont jamais reçu de réponse. Il ressort de ces documents qu'Auschwitz n'était pas un camp d'extermination mais un camp de travail pour l'industrie de la défense et qu'il y avait des ordres pour préserver au maximum la santé des prisonniers.

Au cours de ces années, elle a rencontré Horst Mahler et, le 9 novembre 2003, elle a participé à la fondation de la Société pour la réhabilitation des persécutés pour la réfutation de l'Holocauste ("Verein zur Rehabilitierung der wegen Bestreitens des Holocaust Verfolgten"), dont elle était la directrice. Zündel, Faurisson, Rudolf, Töben, Stäglich, Honsik, Graf et d'autres éminents révisionnistes ont rejoint cette société, qui a été interdite par le ministère de l'intérieur en 2008. Les premières sanctions pour ses activités révisionnistes ont été prises à la suite d'articles publiés dans *Stimme des Gewissens* (*La voix de la conscience*), une publication du Collegium

Humanum : en 2004, elle a été condamnée à une amende de 5 400 euros et, en 2005, à une autre de 6000 euros. À chaque fois, la publication a été confisquée par les autorités.

En 2008, le Collegium Humanum a été interdit : Charlotte Knobloch, présidente du Conseil central des Juifs d'Allemagne, avait publiquement demandé l'interdiction du Collegium Humanum et de sa publication *Stimme des Gewissens*. La réponse de Haverbeck a pris la forme d'une lettre ouverte, dans laquelle il demande avec indignation à Mme Knobloch de "ne pas se mêler" de ce qui ne relève pas de sa compétence. Faisant allusion aux origines khazars des Juifs ashkénazes, il invite Knobloch à retourner en Asie s'il n'aime pas la vie en Allemagne. Ces propos et d'autres du même ordre ont donné lieu au dépôt d'une plainte pénale. En juin 2009, le tribunal de Bad Öynhausen a condamné Haverbeck à une nouvelle amende de 2 700 euros pour avoir insulté Charlotte Knobloch.

Ursula Haverbeck a pris une initiative qui peut expliquer la dureté avec laquelle elle a été traitée par la suite. Le 20 novembre 2014, elle a déposé une plainte pénale, un événement sans précédent dans l'Allemagne d'après-guerre, contre le Conseil central des Juifs d'Allemagne, qu'elle accusait de persécuter des innocents. La plainte était fondée sur le paragraphe 344 du code pénal et concernait des poursuites contre des Allemands innocents pour révision de l'Holocauste. Le délit de fausse accusation est passible d'une peine pouvant aller jusqu'à dix ans d'emprisonnement ; cependant, dès décembre 2014, la plainte a été rejetée et l'enquête abandonnée. En revanche, le ministère public a examiné la possibilité de poursuivre Haverbeck pour fausses accusations.

Le 23 avril 2015 s'est produit l'événement étonnant qui a valu à Ursula Haverbeck d'être condamnée à dix mois de prison. De manière incompréhensible, ARD, le radiodiffuseur public allemand fondé en 1950, a diffusé lors de sa tranche magazine *Panorama* une interview historique enregistrée en mars avec la grande dame du révisionnisme. Cette diffusion constitue l'un des événements les plus déconcertants en Allemagne depuis la Seconde Guerre mondiale. Il faut savoir que l'ARD, un consortium de radiodiffuseurs publics employant 23 000 personnes, est, après la BBC, la deuxième plus grande chaîne de télévision au monde. Des millions de téléspectateurs ont été choqués par les déclarations sans précédent d'Ursula Haverbeck. Jamais auparavant un radiodiffuseur public allemand n'avait permis à quiconque de faire ne serait-ce qu'allusion à la vérité sur la Seconde Guerre mondiale. Il est clair que l'ARD a couru le risque d'un procès de plusieurs millions de dollars pour avoir diffusé un programme dans lequel elle a commis le crime de dénoncer l'Holocauste comme un mensonge parrainé par le régime de Bonn aux mains de l'occupation financière juive transnationale criminelle. Nous ne savons pas quelles conséquences la diffusion de l'interview a eues pour les journalistes de *Panorama* et la direction de l'ARD. Quoi qu'il en soit, cela nous concerne moins, car c'est le contenu des déclarations qui nous intéresse. Angela Merkel avait déclaré en janvier 2013 que l'Allemagne "porte une responsabilité éternelle pour les crimes du national-socialisme, pour les victimes de la Seconde Guerre mondiale et surtout pour l'Holocauste". Sur la base de ces propos, aucune personne modérément éduquée ne peut nier que les Allemands sont soumis depuis la fin de la guerre à la poigne de fer du sionisme. C'est exactement ce que la grande dame a dénoncé.

    L'interview, dont voici un extrait, est disponible sur You Tube avec des sous-titres en anglais. Elle commence ainsi : "Vous avez affirmé que l'Holocauste est le mensonge le plus grand et le plus persistant de l'histoire". Après avoir cité les travaux du professeur Faurisson, Haverbeck se réaffirme et souligne qu'il s'agit d'un mensonge universel qui opère dans le monde entier. Il mentionne ensuite les preuves de l'inexistence des chambres à gaz, que le Zyklon-B était un désinfectant et insiste sur le fait que l'Holocauste est le plus grand mensonge qui ait jamais été imposé. L'interviewer lui rappelle qu'il s'agit d'une gifle, car tout le monde a appris que l'Holocauste a eu lieu et qu'il a entraîné la mort de six millions de personnes. "Pouvez-vous expliquer à nouveau brièvement pourquoi l'Holocauste est pour vous le plus grand mensonge de l'histoire ? Haverbeck répète que c'est le plus persistant et celui qui a eu et a encore le plus d'impact. Il explique qu'au lieu de réponses, on obtient des condamnations et ajoute : "Quand on a besoin d'une loi qui impose l'Holocauste et menace de sanctions ceux qui enquêtent librement, c'est qu'il y a un problème, n'est-ce pas ? La vérité n'a pas besoin de loi."

    L'interview évoque ensuite les terribles souffrances de la génération d'Allemands à laquelle appartient Ursula Haverbeck. Elle rappelle que quinze millions d'Allemands, dont elle-même, ont été chassés de chez eux. Elle dénonce les meurtres, les viols et autres actes criminels dont personne en Europe ne se souvient. Dans ce contexte thématique, la grande dame dément catégoriquement le chiffre de 25 000 morts à Dresde avancé par les autorités et donne le chiffre vérifié de 235 000 victimes. Elle conclut en affirmant que seule la vérité peut réconcilier tout le monde. Le paragraphe 130 du code pénal adopté en 1994, qui est inconciliable avec l'article 5 de la Constitution sur la liberté d'expression et la liberté d'enquête, est le sujet suivant. Haverbeck passe en revue les absurdités connues et mentionne l'étude chimique de Germar Rudolf, sa condamnation et celle de Mahler : "Cela doit profondément choquer toute personne décente", conclut-elle avec une excitation croissante.

    Malgré l'émotion évidente de l'octogénaire, l'interviewer insiste : "Vous affirmez donc publiquement que l'Holocauste n'a jamais existé ?" "Oui, bien sûr, c'est exact", répond Haverbeck, qui rappelle aussitôt que les ordres dans les camps de concentration étaient stricts, que les commandants ne pouvaient pas dépasser leurs limites, et que deux d'entre eux ont même été exécutés. "Je comprends donc, interrompt le journaliste, que les camps de concentration ont existé, mais qu'il n'y a pas eu de programme d'extermination massive tel que nous l'entendons aujourd'hui. Haverbeck explique alors l'importance de l'activité industrielle à Auschwitz et fournit des preuves, notamment les rapports Leuchter et Rudolf, qui lui permettent de conclure qu'il n'y a jamais eu de chambres à gaz car "Auschwitz n'était pas un camp d'extermination, mais un camp de travail". La vieille dame brandit des textes et des documents prouvant qu'elle ne ment pas, ce qui suscite une autre question : "S'il y a tant de documents, pourquoi n'en parlez-vous pas ?" Réponse : "Vous pourriez répondre vous-même. Parce que ce n'est pas souhaitable. "Pour qui ? pour ceux qui ont mis en place le mensonge". S'ensuit une conversation sur la publication et la dissimulation de documents et de textes interdits ou censurés, qui culmine avec la lamentation selon laquelle l'inversion de l'enseignement reçu par les Allemands dans les écoles pendant un demi-siècle est un problème grave. Haverbeck explique qu'il n'y a pas eu d'extermination des Juifs, mais des persécutions, des déportations et des réinstallations. C'est ce que voulaient les sionistes eux-mêmes", ajoute-t-il, "et c'est pourquoi ils ont même collaboré. Les sionistes voulaient un État.... Ils avaient le même objectif : ils voulaient leur propre État, et surtout ils voulaient les Juifs allemands parce qu'ils étaient les plus intelligents. La falsification du journal d'Anne Frank, la fausseté selon laquelle l'Allemagne aurait été à l'origine des deux guerres mondiales, les canulars d'Eli Wiesel sur les camps de concentration, la prise de conscience que les corps entassés à Bergen-Belsen étaient morts du typhus, de faim et de maladie, sont d'autres sujets abordés au cours de cette conversation de 49 minutes. À ce stade, Haverbeck se souvient : "À la fin de la guerre, nous étions tous affamés. Ma mère ne pesait plus que 40 kilos. Nous étions tous squelettiques..." L'interviewer insiste : "Pensez-vous pouvoir convaincre la majorité des Allemands que l'Holocauste, tel que nous le connaissons, n'a pas eu lieu, qu'il n'a jamais eu lieu ?" Haverbeck répond que quelqu'un doit le faire "parce que sinon, ils souffriront inutilement pour l'éternité. Et c'est ce qu'ils font. Et on leur dit qu'ils doivent le faire. Ce complexe de culpabilité est profondément enraciné. Et puis, il y a les demandes : donnez-nous plus de sous-marins, donnez-nous plus de ceci, faites cela, et ainsi de suite. Tout cela est lié à notre passé..."

L'entretien se déroule dans l'immense bibliothèque d'Ursula Haverbeck. Le sujet de la haine est abordé. La grande dame cite alors le *Talmud* comme exemple de l'expression ultime de la haine des Juifs envers les Gentils : "Il suffit de lire le *Talmud*. J'ai là, dit-elle en tournant la tête, les douze volumes dans la traduction la plus récente et la plus autorisée, une édition de 2002...". Le dialogue se termine par un avertissement : "Les choses que vous dites que vous croyez, en particulier que l'Holocauste n'a pas eu lieu, comme vous le prétendez, pourraient vous coûter la prison". Réponse : "Eh bien, si les gens pensent que c'est la meilleure chose à faire, c'est un risque que je dois prendre.... C'est le prix à payer. Je pense toujours à Schiller, au Champ de Waldstein : "Debout, mes camarades, aux chevaux, aux chevaux !.... Et si vous ne risquez pas votre vie, vous ne recevrez jamais la vie comme prix".

En conséquence de l'expression des idées qui viennent d'être résumées, la grande dame du révisionnisme a été arrêtée en juin 2015. Le ministère public a ordonné à la police criminelle de Basse-Saxe de pénétrer dans le domicile d'Ursula Haverbeck et de trois autres collègues historiens à la recherche de preuves de ses crimes de pensée. L'opération s'est déroulée de nuit. Un groupe armé de policiers politiques a défoncé la porte et est entré en trombe. On peut dire que la maison a été rasée, car la plupart des livres et autres objets se sont retrouvés par terre lors de la recherche de documents ou d'autres preuves pouvant servir à incriminer Ursula pour incitation à la haine et négation de l'Holocauste. La même scène s'est déroulée au domicile des trois autres révisionnistes, dont les livres et les documents ont été saisis par la police. Ce qui laisse perplexe dans toute cette affaire, c'est que la direction des programmes de l'ARD a autorisé la diffusion de l'interview, d'autant plus que le journaliste avertit l'historienne révisionniste qu'elle pourrait se retrouver en prison pour ses propos. L'arrestation d'Ursula Haverbeck était prévisible dès le départ.

Le 11 novembre 2015, le tribunal de district de Hambourg l'a condamnée à dix mois de prison pour avoir demandé si des Juifs avaient été gazés à Auschwitz. La prévenue s'est présentée au procès sans avocat et s'est défendue avec bonne humeur. Une cinquantaine de personnes qui l'accompagnaient ont tenté de s'asseoir dans la salle d'audience, mais un groupe d'"activistes" avait auparavant occupé les sièges afin d'empêcher les amis d'Ursula d'entrer, nombre d'entre eux ayant dû rester à l'extérieur faute de place. Il lui est reproché d'avoir donné une interview au magazine télévisé *Panorama* dans laquelle elle affirmait qu'Auschwitz n'avait pas été un camp d'extermination, mais un camp de travail, et qu'il n'y avait pas eu d'assassinats massifs de Juifs. Haverbeck a déclaré au juge : "Je maintiens tout ce que j'ai dit". Se tournant vers le procureur, il a demandé : "Comment, en tant qu'avocat, pouvez-vous prouver l'accusation selon laquelle Auschwitz était un camp d'extermination ?" Sa demande de faire témoigner un historien révisionniste pour prouver que personne n'a été gazé à Auschwitz a été rejetée par le juge Jönsson, qui a déclaré qu'il était inutile de discuter avec quelqu'un qui n'accepte pas les faits.

Ce magistrat, au comble de l'arrogance, ignore allègrement que la non-acceptation des faits va dans l'autre sens, puisque ce sont les tribunaux allemands qui refusent systématiquement de les examiner et rejettent les preuves et les indices du crime jugé. Le juge Jönsson a assimilé la certitude de l'Holocauste à la preuve que la terre est ronde : "Je n'ai pas non plus à donner la preuve que le monde est rond". Enfin, après avoir hypocritement exprimé sa tristesse que la vieille femme ait utilisé toute son énergie à "fomenter la haine", le juge a statué que "c'était une cause perdue". Le ministère public a soutenu que l'accusée n'avait pas changé sa "pensée fanatique délirante", de sorte que, malgré son âge avancé, elle devait être condamnée à dix mois d'emprisonnement effectif. Le juge lui a donné raison.

Reinhold Elstner, le révisionniste qui s'est immolé par le feu

En République fédérale d'Allemagne, environ deux mille personnes sont arrêtées chaque année pour délit d'opinion et personne ne s'en préoccupe parce qu'il ne s'agit que de "néonazis". Nous pourrions continuer avec d'autres révisionnistes honnêtes qui, pour le seul crime de penser librement, ont fini derrière les barreaux, comme Dirk Zimmermann qui, en 2007, a envoyé des copies de *Lectures on the Holocaust* à trois personnalités locales : le maire de Heilbronn, un pasteur luthérien et un pasteur catholique. Après avoir envoyé les livres, il a intenté un procès contre lui-même et a été condamné en 2009 à neuf mois de prison ; ou Gerhard Ittner, condamné en 2015 par un tribunal de Munich à dix-huit mois de prison. Présenter d'autres exemples serait inutilement trop long. Nous terminerons donc par un cas extrême, généralement méconnu, celui de Reinhold Elstner, à qui nous avons réservé la dernière place comme point culminant de la persécution des révisionnistes en Allemagne. Ce chimiste retraité, ingénieur et vétéran de la Wehrmacht, âgé de 75 ans, s'est rendu dans les escaliers de la "Feldhermhalle" (salle des héros) de Munich le 25 avril 1995, s'est aspergé de liquide inflammable et s'est immolé par le feu. Les personnes qui l'ont vu ont tenté de le secourir pour lui sauver la vie, mais douze heures plus tard, Elstner était mort. Les raisons d'un tel acte malheureux sont expliquées dans un texte écrit avant son suicide, dans lequel il explique son sacrifice. Nous le reproduisons in memoriam.

> "Allemands d'Allemagne, d'Autriche, de Suisse et du monde entier, réveillez-vous !
> Cinquante ans de diffamation sans fin, de mensonges haineux continus, de diabolisation de tout un peuple, c'est assez.
> Cinquante ans d'insultes invraisemblables à l'égard des soldats allemands, de chantage permanent qui coûte des milliards, de haine "démocratique", c'est plus qu'on ne peut en supporter.
> 50 ans de vengeance judiciaire sioniste, ça suffit.
> Cinquante ans d'efforts pour créer un fossé entre les générations d'Allemands en criminalisant les parents et les grands-parents, c'est trop long.
> Il est incroyable qu'en cette année anniversaire, nous soyons inondés d'un flot de mensonges et de calomnies. Comme j'ai déjà 75 ans, je ne peux plus faire grand-chose, mais je peux encore me suicider en

m'immolant, une dernière action qui peut servir de signal aux Allemands pour qu'ils reviennent à la raison. Si, par mon acte, un seul Allemand se réveille et trouve le chemin de la vérité, alors mon sacrifice n'aura pas été vain.

J'ai estimé que je n'avais pas le choix après avoir réalisé qu'aujourd'hui, après 50 ans, il y a peu d'espoir que la raison l'emporte. Ayant été expulsé de chez lui après la guerre, j'ai toujours eu un espoir, le même que celui qui a été accordé aux Israéliens après 2000 ans, à savoir que les Allemands expulsés auraient le droit de rentrer chez eux. Qu'est-il advenu du droit à l'autodétermination promulgué en 1919, lorsque des millions d'Allemands ont été contraints de vivre sous une domination étrangère ? Aujourd'hui encore, nous devons souffrir de ces erreurs, et je peux affirmer que les Allemands ne peuvent en être tenus pour responsables.

Je suis un Suédois allemand, j'ai une grand-mère tchèque et des parents tchèques et juifs, dont certains ont été emprisonnés dans des camps de concentration tels que Buchenwald, Dora et Theresienstadt. Je n'ai jamais appartenu au parti nazi ni à aucun autre groupe lié de près ou de loin au national-socialisme. Nous avons toujours entretenu les meilleures relations avec nos parents non allemands et, si nécessaire, nous nous sommes entraidés. Pendant la guerre, notre épicerie avec boulangerie était responsable de la distribution de nourriture aux prisonniers de guerre français et aux travailleurs de l'Est qui vivaient dans la ville. Tout a été fait correctement et cela a permis qu'à la fin de la guerre, notre commerce n'ait pas été pillé car les prisonniers de guerre français l'ont gardé jusqu'à leur rapatriement. Les membres de notre famille qui avaient été détenus dans les camps de concentration sont rentrés chez eux dès le 10 mai 1945 (deux jours après la fin des hostilités) et nous ont offert leur soutien. Notre oncle juif de Prague, qui avait assisté au bain de sang des derniers Allemands dans la capitale tchèque provoqué par les partisans, nous a particulièrement aidés. L'horreur de ces meurtres de sang-froid se lisait encore dans l'expression de ses yeux. Une horreur que lui-même, en tant qu'ancien prisonnier du Reich, n'avait pas connue durant sa détention.

J'ai été soldat dans la Wehrmacht du grand Reich allemand, combattant dès le premier jour sur le front de l'Est. À cela s'ajoutent quelques années de travail forcé en URSS en tant que prisonnier de guerre.

Je me souviens très bien de la Nuit de Cristal en 1938, car ce jour-là, j'ai trouvé une jeune fille juive en pleurs, une jeune fille avec laquelle j'avais étudié. Mais j'ai été bien plus choquée lorsque j'ai vu en Russie comment toutes les églises avaient été profanées, comment elles étaient utilisées comme des écuries et des armureries ; j'ai vu des porcs grogner, des moutons bêler et le cliquetis des fusils dans les lieux saints. Le pire pour moi a été de voir les églises transformées en musées de l'athéisme. Et tout cela s'est produit avec la connivence active des Juifs, cette petite minorité dont tant de membres étaient des criminels de Staline. Les plus éminents d'entre eux appartenaient au clan Kaganovitch, sept frères et sœurs, qui étaient de tels criminels de masse que les prétendus assassins SS peuvent être considérés comme inoffensifs en comparaison.

Après le retour des camps de prisonniers russes dans ma "patrie" (quelle dérision de parler de "patrie" à un prisonnier qui a été expulsé de la terre de ses ancêtres !), j'ai entendu parler pour la première fois des brutalités des camps de concentration, mais au début, je n'ai pas entendu parler de chambres à gaz ou du meurtre d'êtres humains par l'utilisation de gaz toxiques. Au contraire, on m'a dit que dans des camps de concentration comme Theresienstadt et Buchenwald (Dora), il y avait même des bordels pour les détenus dans l'enceinte du camp. Ensuite, à l'occasion des "procès d'Auschwitz", M. Broszat, de l'Institut d'histoire contemporaine, a déclaré que le fameux chiffre de six millions n'était qu'un chiffre symbolique. Bien que M. Broszat ait également déclaré qu'il n'y avait pas de chambres à gaz pour l'assassinat d'êtres humains dans les camps installés sur le sol allemand, pendant des années, les prétendues chambres ont été montrées aux visiteurs à Buchenwald, Dachau, Mauthausen et d'autres. Des mensonges, toujours des mensonges.

Tout est devenu très clair pour moi lorsque j'ai lu des dizaines de livres écrits par des Juifs et des soi-disant antifascistes. En outre, je pouvais m'appuyer sur ma propre expérience en Russie. J'ai vécu deux ans dans la ville-hôpital de Porchov, où dès le premier hiver, le danger d'une épidémie de typhus est apparu et tous les hôpitaux et centres de soins primaires ont été épouillés avec ce que l'on appelait à l'époque le "gaz K.Z.", plus précisément le "Zyklon-B". plus précisément le "Zyklon-B". C'est là que j'ai appris à quel point il était dangereux de manipuler ce gaz toxique, même si je ne faisais pas partie des équipes chargées de la fumigation des bâtiments. Quoi qu'il en soit, depuis lors, je n'ai eu d'autre choix que d'étudier tous les ouvrages sur les camps de concentration qui racontent des histoires fabuleuses sur les chambres à gaz. Ce doit être la véritable raison pour laquelle tous les rapports des victimes sur les camps de concentration sont considérés comme la vérité par les tribunaux et n'ont pas besoin d'être prouvés.

En 1988, la télévision allemande a diffusé un reportage sur Babi Yar (un ravin près de Kiev) où l'on apprenait que les SS avaient lapidé 36 000 Juifs à mort. Trois ans plus tard, une femme nommée Kayser a écrit un rapport pour le journal munichois *TZ* dans lequel elle affirme que ces Juifs ont été fusillés et leurs corps brûlés dans des ravins profonds. Interrogée à ce sujet, Mme Kayser a indiqué une librairie de Constance qui vend le livre "*La Shoah à Babi Yar*". Le jour où le livre est arrivé chez moi, la télévision allemande a diffusé un reportage de Kiev sur les conclusions d'une commission ukrainienne : à Babi Yar se trouvaient les corps de 180 000 êtres humains, tous assassinés sur ordre de Staline (avant 1941). Les Allemands n'étaient pas du tout responsables. Pourtant, on trouve partout dans le monde des mémoriaux de Babi Yar accusant les Allemands des massacres (Clinton a visité Babi Yar le 10 mai 1995 et, devant une Menorah, a fait allusion aux Allemands comme étant les massacreurs).

Car, comme l'a dit M. Broszat, nous avons été trompés sur ce qui s'est passé dans des dizaines de camps de concentration. Je ne suis pas prêt à croire les histoires que l'on raconte sur ce qui se serait passé dans les camps en Pologne. Je ne crois pas non plus aux accusations d'après-guerre qui dépeignent les Allemands comme particulièrement agressifs. Après tout, c'est l'Allemagne qui a maintenu la paix de 1871 à 1914, tandis que l'Angleterre et la France, les principales démocraties, conquéraient la majeure partie de l'Afrique et étendaient leurs colonies en Asie. Dans le même temps, les États-Unis ont combattu l'Espagne au Mexique et la Russie a fait la guerre à la Turquie et au Japon. À cet égard, je considère le gouvernement américain comme particulièrement cynique, puisque c'est lui qui, à deux reprises au cours de ce siècle, a traversé l'océan pour attaquer l'Allemagne et nous amener à la "démocratie". Il faut tenir compte du fait qu'il s'agit d'un gouvernement dont la nation a exterminé les premiers habitants et qui, à ce jour, traite sa population de couleur comme des citoyens de seconde zone.

Au cours de ces années, j'ai trouvé des Juifs bienveillants et serviables non seulement parmi mes proches, mais aussi parmi les prisonniers de guerre en Russie. À Gorki, un professeur juif m'a aidé à retrouver la santé alors que je souffrais d'une pleurésie et de graves problèmes oculaires, mais j'ai aussi entendu beaucoup de mal de cette petite minorité. Mais j'ai aussi entendu beaucoup de choses négatives sur cette petite minorité : Churchill n'a-t-il pas écrit ce qui suit dans le *Sunday Herald de Londres* (8 février 1920) ?

Depuis l'époque de Spartakus Weishaupt jusqu'à Marx, Trotsky, Bela Kun, Rosa Luxemburg et Emma Goldmann, il existe une conspiration mondiale engagée dans la destruction de notre civilisation et le changement de notre société par le biais d'événements d'une cupidité effroyable et par la mise en œuvre du rêve impossible de l'égalité de tous. Cette conspiration, en sapant sans relâche toutes les institutions existantes, a pu employer une bande de gens sans scrupules issus des bas-fonds des grandes villes d'Europe et d'Amérique pour prendre le pouvoir en Russie et se rendre maîtres de ce vaste empire. Il n'est pas nécessaire de surestimer le rôle que ces Juifs athées ont joué dans l'établissement du bolchevisme".

Je crois avoir le droit de citer le lauréat du prestigieux prix Karls. Au XVIIIe siècle, Samuel Johnson écrivait : "Je ne sais pas ce que nous devons craindre le plus, une rue pleine de soldats prêts à piller ou une pièce pleine d'écrivains habitués à mentir".

Compte tenu de notre expérience après 1918 et après 1945, nous, Allemands, savons qui nous devons craindre le plus !

Munich, 25 avril 1995
Reinhold Elstner".

2. LES PRINCIPALES VICTIMES DE PERSÉCUTIONS EN FRANCE :

François Duprat, assassiné par des terroristes juifs

La loi qui interdit le révisionnisme de la Shoah en France est la loi Gayssot, dite aussi loi Fabius-Gayssot, votée le 13 juillet 1990. Deux juifs, le député communiste Jean Claude Gayssot et le richissime socialiste Laurent Fabius, sont les pères de l'invention qui permet depuis lors de poursuivre ceux qui contestent l'existence de certains crimes contre l'humanité, notamment ceux définis dans la Charte de Londres, qui a servi de base à la condamnation des dirigeants nazis lors du tristement célèbre procès de Nuremberg. Comme d'habitude, le lobby juif, sous couvert de défense des droits de l'homme, a réussi à faire en sorte qu'en France, comme en Allemagne, les enquêteurs soient harcelés pour délit d'opinion et privés de liberté d'expression. Avant l'existence de cette loi, les révisionnistes avaient déjà fait l'objet de mesures coercitives. On a dit que Paul Rassinier, l'un des pères du révisionnisme historique, a dû subir, depuis la publication du *Mensonge d'Ulysse* jusqu'à sa mort en 1967, toutes sortes de calomnies et d'exclusions, ainsi que plusieurs poursuites judiciaires.

Un autre précurseur du révisionnisme historique en France est François Duprat, qui publie en juin 1967 dans *Défense de l'Occident* un article intitulé "Le mystère des chambres à gaz". Plus tard, Duprat lit *Did Six Million Really Die*, le livre de Richard Harwood dont la publication causera tant d'ennuis à Ernst Zündel, et s'implique dans sa publication et sa diffusion en France. François Duprat, né à Ajaccio en 1941, est considéré comme l'un des idéologues du nationalisme français et de la création du Front national. L'un de ses mentors est Maurice Bardèche, propagateur du révisionnisme de la Shoah aux côtés de Paul Rassinier. Influencé par Bardèche, Duprat propose la dissolution de l'État sioniste et soutient le Front populaire de libération de la Palestine. Duprat a favorisé la traduction et la publication de textes clés du révisionnisme de l'Holocauste. Grâce à lui, *Die Auschwitz Lüge* (*Le mensonge d'Auschwitz*) de Thies Christophersen et *The Hoax of the Twentieth Century* (*Le canular du XXe siècle*) d'Arthur Robert Butz ont été diffusés en France.

Le 18 mars 1978, à 8h40, une bombe a tué François Duprat, qui, à l'âge de 37 ans, est devenu la première personne à être assassinée pour son soutien au révisionnisme de l'Holocauste. Sa femme Jeanine, qui l'accompagnait, a été grièvement blessée et, bien qu'elle ait pu sauver sa vie, elle a perdu ses jambes et est restée paralysée. Duprat conduisait sa femme à l'école de Caudebe-en-Caux, où elle enseignait. La voiture s'est arrêtée à une station-service pour acheter des journaux et les criminels en ont profité pour placer une bombe dans le soubassement du véhicule. Lorsqu'ils ont repris la route, la voiture a explosé. L'enquête a montré que l'engin utilisé était sophistiqué et ne pouvait être que l'œuvre d'experts qualifiés. Deux groupes ont revendiqué l'attentat pour refuser le "négationnisme de la Shoah" : le Commando de la mémoire, qui s'est autoproclamé, et le Groupe révolutionnaire juif ; cependant, les organisations sionistes de France ont condamné l'assassinat devant l'opinion publique et une campagne d'intoxication a été diffusée pour attribuer le crime à des groupes d'ultra-gauche et/ou à des groupes nationalistes rivaux. Les funérailles de Duprat en l'église Saint-Nicolas-du Chardonnet à Paris ont été un événement massif.

Personne n'a été arrêté et le crime est resté impuni. Aujourd'hui, il ne fait guère de doute que l'assassinat de Duprat est l'œuvre du Mossad. Grâce à la publication en 1990 de *By Way of Deception*, livre de l'ancien agent Victor Ostrovsky, l'opinion publique internationale a eu accès à des détails révélateurs sur la manière dont les services secrets israéliens forment et arment les soi-disant "groupes de défense juifs" dans différents pays. Ostrovsky explique dans son livre controversé que des jeunes d'autres pays sont amenés en Israël pour y suivre diverses formations liées au renseignement. En Europe, le "Tagar", une branche du mouvement sioniste Betar, est le groupe terroriste le plus important. Le Tagar/Betar, dont le siège est à Paris, a des liens étroits avec le gouvernement israélien et est donc utilisé dans les opérations secrètes du Mossad. Il est plus que probable que ce Tagar soit lié à l'assassinat de Duprat, car il a été crédité de nombreuses attaques criminelles contre des personnes considérées comme des "ennemis", y compris des révisionnistes de l'Holocauste.

Roger Garaudy, le philosophe mis au pilori pour avoir dénoncé Israël

En commençant à écrire ces lignes sur le philosophe Roger Garaudy, nous sommes en proie à quelques doutes. Sa vie, exemple paradigmatique de l'éclectisme, a été si riche et variée que l'on est tenté d'en expliquer quelque chose à ceux qui ne connaissent pas ce savant, qui a écrit sans cesse pendant sa longue vie de près de cent ans. Nos limites, bien sûr, sont imposées par le contenu que nous avons abordé. Ce qui nous intéresse essentiellement dans son œuvre étendue de plus de cinquante essais, c'est ce qui concerne le révisionnisme historique. Pour cette raison, nous nous concentrerons principalement sur le livre qui devait provoquer ce que l'on appelle l'"Affaire Garaudy", *Les Mythes fondateurs de la politique israélienne*. Cet essai, publié en décembre 1995, est probablement né d'une nécessité morale, d'un compromis, puisque Garaudy était marié à la Palestinienne Salma Farouqui et s'était converti à l'islam en 1982. Contraints par l'espace, nous écrirons néanmoins quelques paragraphes sur sa trajectoire de vie. Cela nous permettra de comprendre comment Garaudy en est venu à dénoncer la perversion de l'État sioniste.

Au printemps 2013, nous avons visité le Musée des Trois Cultures dans la Tour de Calahorra, une forteresse musulmane dont l'usage a été cédé par la mairie à la Fondation Roger Garaudy en 1987. Dix ans plus tard, en septembre 1997, la Tour de Calahorra, située en face de la mosquée, de l'autre côté du pont romain sur le Guadalquivir, a été inscrite au registre des musées de la Communauté autonome. C'est là que nous avons eu l'occasion d'acquérir plusieurs œuvres de Garaudy traduites en espagnol, dont les mémoires qu'il a commencé à écrire à l'âge de 75 ans, *Mi vuelta al siglo en solitario*. Nous utiliserons donc sa propre voix pour esquisser quelques moments de la transformation intellectuelle, éthique et religieuse de ce penseur synthétique et conciliant. Ses métamorphoses l'ont amené à passer du communisme militant à l'islam, en passant par le catholicisme, et donc d'un prétendu athéisme marxiste à une profonde foi en Dieu.

Garaudy est né à Marseille en 1913. Sa grand-mère maternelle était espagnole, minorquine exilée à Alger en 1848. Dans l'avant-propos de ses mémoires, il déclare : "La grande quête de ma vie a été précisément d'en trouver le sens. Et aussi à l'histoire". Dans sa vingtaine, il cherche ce sens dans le marxisme et adhère au Parti communiste français en 1933. Après avoir été prisonnier de la France de Vichy en Algérie, il vit la libération de Paris en 1945. Il a écrit quelques mots éclairants sur la situation en France : "Dans un pays où l'immense majorité a accepté l'occupation et le régime de Vichy, on crée aujourd'hui l'illusion d'une résistance unanime et héroïque. En 1945, il y avait en France plus de résistants que d'habitants". Le Parti communiste ayant été prédominant dans la résistance intérieure, son prestige se transforme en pouvoir. Garaudy est élu en 1945 membre de la première Assemblée constituante. Il entame alors une carrière de député PCF, suivie de "quatorze années perdues au Parlement", selon ses propres termes. Fin octobre 1956, après la nationalisation du canal de Suez par Nasser, Garaudy, en tant que vice-président de l'Assemblée, assiste à l'atmosphère d'avant-guerre et aux préparatifs de l'intervention anglo-française en Égypte.

C'est au cours de ces années que commencent ses doutes et qu'il formule la dichotomie significative entre "communistes responsables et communistes responsables", qui aboutira à son exclusion du parti en 1970. De plus en plus favorable à l'établissement d'un dialogue entre chrétiens et marxistes, il se réclame de la figure du Père Teilhard de Chardin, paléontologue et philosophe, comme point de rencontre. Au cours des années 1960, ses prises de position contre l'athéisme et ses rencontres constantes avec des théologiens et philosophes chrétiens ont souvent suscité des réactions négatives de la part de nombreux camarades. Aucun créateur, écrivait-il, ne peut nier Dieu. Il est conscient de sa présence. Même s'il ne le dit pas..." On peut dire que Garaudy a été le grand animateur en Europe et en Amérique des dialogues chrétiens-marxistes. En 1969, en réponse à la question "Qui est le Christ pour vous ?", il écrit de belles paroles sur Jésus et sur les chrétiens :

"... Un feu a été allumé : c'est la preuve de l'étincelle ou de la première flamme qui l'a fait naître. Ce bûcher est avant tout un soulèvement des indigents, sans lequel, de Néron à Dioclétien, l'"establishment" ne les aurait pas persécutés si durement. Pour ces hommes (les chrétiens), l'amour devient quelque chose de militant, de subversif ; sans cela, Lui (le Christ), le premier, n'aurait pas été crucifié.
Jusqu'à présent, toutes les sagesses méditaient sur le destin et sur la folie confondue avec la raison. Lui, le contraire du destin, en a souligné la folie. Lui, la liberté, la création, la vie. C'est lui qui a défiguré l'histoire".

Un an avant qu'il n'écrive ces mots, ce qu'il considère comme "le tournant des rêves" a déjà eu lieu dans sa vie : après le fiasco de mai 1968, les troupes du Pacte de Varsovie dirigées par l'URSS envahissent la Tchécoslovaquie le 20 août et font avorter ce que l'on appelle le "Printemps de Prague". Garaudy condamne sans réserve l'intervention, mais le parti dénonce son "indiscipline". Le 6 février 1970, il est exclu du PCF.

La nouvelle étape de Roger Garaudy est marquée par ses voyages à travers le monde. Désireux d'approfondir la question de l'existence de Dieu, il a besoin de voir comment Dieu est conçu dans la vie quotidienne et les manifestations artistiques d'autres cultures et civilisations. À cette fin, il s'est rendu en Inde, en Chine et au Japon. Arrivé à la conclusion que "notre civilisation occidentale est en panne", il publie en 1979 *Appel aux vivants*, l'un de ses livres les mieux accueillis, traduit du français en sept langues, dont l'arabe, l'espagnol et le catalan. Les droits d'auteur lui rapportent de substantiels bénéfices et lui permettent de créer l'association "Appel aux vivants", qui vise à susciter un mouvement de "résistance" non violente contre "l'occupation des institutions et des esprits par l'idéologie de la croissance et l'anesthésie des âmes".

Le 17 juin 1982, un texte de Garaudy paraît dans *Le Monde* qui va marquer un tournant dans sa vie. Comme il le dénonce dans *Mon seul début de siècle*, l'article a servi "à me jeter dans les oubliettes de l'oubli". Jacques Fauvet, directeur du journal avec lequel Garaudy entretient de bonnes relations, accepte de publier une page payante dans laquelle, avec le père Michel Lelong et le pasteur Mathiot, il critique vertement les massacres d'Israël au Liban et en explique le sens : "Nous avons montré qu'il ne s'agissait pas d'un oubli, mais de la logique interne du sionisme politique sur lequel est fondé l'État d'Israël". Garaudy explique dans ses mémoires les conséquences du texte et dénonce : "Par lettres anonymes et par téléphone, j'ai reçu jusqu'à neuf menaces de mort". La LICRA (Ligue internationale contre le racisme et l'antisémitisme) porte plainte afin de provoquer un procès pour "antisémitisme et provocation à la discrimination raciale". L'avocat de Jacques Fauvet insiste sur le fait que l'État d'Israël ne peut être confondu avec la communauté juive, mais l'avocat de la LICRA tente de prouver que Garaudy est un antisémite.

Heureusement, ce n'était qu'un prologue à ce qui allait devenir, des années plus tard, l'"Affaire Garaudy". Le 24 mars 1983, la Cour d'appel de Paris juge qu'il s'agit d'une "critique licite de la politique d'un État et de l'idéologie qui l'inspire et non d'une provocation raciale". En conséquence, l'action en justice du puissant lobby juif français est rejetée et la LICRA doit payer les frais de justice. Au lieu de se désister, elle fait appel, mais le jugement de la Chambre Haute du Tribunal de Paris donne à nouveau raison à Garaudy et aux deux ecclésiastiques cosignataires de l'article. Le 11 janvier 1984, un arrêt confirme le jugement précédent et condamne à nouveau aux dépens la LICRA qui se pourvoit à nouveau en cassation. Cela a duré près de quatre ans. Finalement, le 4 novembre 1987, les sionistes perdent la bataille juridique. La Cour rejette le pourvoi en cassation et condamne les plaignants aux dépens. La défaite du lobby juif est systématiquement ignorée. Même *Le Monde*, dont l'ancien rédacteur en chef Fauvet est impliqué dans l'affaire, se contente d'un compte rendu négligeable. Parallèlement au harcèlement judiciaire, un autre, bien plus pitoyable, est lancé contre le philosophe :

> "Mais à partir de ce moment-là, les médias ont commencé à m'étouffer : mon accès à la télévision a été bloqué et tous mes articles ont été rejetés. Jusqu'alors, j'avais publié quarante livres dans toutes les grandes maisons d'édition, de Gallimard à Seuil, de Plon à Grasset et Laffont. Ils avaient été traduits en vingt-sept langues. À partir de ce moment-là, toutes les portes se sont fermées : un de mes meilleurs éditeurs s'est entendu dire par le conseil d'administration : "Si vous publiez un livre de Garaudy, vous n'aurez pas le droit de traduire une œuvre américaine". M'accepter aurait été ruiner la maison. À propos d'un autre ouvrage, un autre "grand" (éditeur) a dit à son directeur littéraire qui, passionné par le livre, avait travaillé pendant trois mois pour m'aider à le peaufiner : "Je ne veux pas de Garaudy dans cette maison". C'est l'histoire de l'enfermement d'un homme".

Garaudy parle de la période 1982-1988 comme de "mes six années d'errance dans le désert". La tentative de l'enterrer littérairement reflète parfaitement les plans esquissés précédemment par Adam Weishaupt et dans les *Protocoles des Sages de Sion*. Les premiers, dès la fin du XVIIIe siècle, écrivaient qu'ils devaient ruiner les écrivains qui leur étaient hostiles : "Lorsque nous aurons progressivement entre nos mains tout le commerce du livre, nous ferons en sorte qu'ils (les écrivains hostiles) n'aient ni éditeurs ni lecteurs". Dans le douzième protocole, qui traite du contrôle de l'opinion publique par le biais des agences de presse, de la presse et des publications en général, on peut lire : "Nous vaincrons sûrement nos adversaires parce que, grâce à nos mesures, ils n'auront plus de journaux à leur disposition pour donner libre cours à leur opinion".

En 1982, Roger Garaudy épouse la Palestinienne Salma Farouqui et quinze jours après la publication dans *Le Monde* de la page payée qui a déclenché la tempête, le 2 juillet, "en pleine conscience et en pleine responsabilité", il fait sa profession de foi musulmane à Genève devant l'imam Buzuzu : "Dieu seul est Dieu et Mahomet est son prophète". La nouvelle de sa conversion réjouit les communautés musulmanes d'Occident, qui lui envoient des invitations les unes après les autres. Dans une conférence à Belfort intitulée "Jésus, prophète de l'islam", où, comme il l'avoue dans ses mémoires, "le cœur parle avec plus de ferveur de Jésus que de Mahomet", il cite les sourates du Coran qui reconnaissent la virginité de Marie et Jésus comme prophète de Dieu : "Le Messie, Jésus, fils de Marie, est l'apôtre de Dieu. Il est Sa Parole déposée par Dieu en Marie. C'est l'esprit qui émane de lui". Garaudy note que si Dieu a dit à Mahomet : "Repens-toi de tes péchés, passés et présents", le Coran considère Jésus et sa mère la Vierge Marie comme les seuls êtres humains à n'avoir jamais commis de péché.

Presque inévitablement, il a vu en Espagne l'exemple historique du dialogue des civilisations qu'il prêchait et, par conséquent, il s'est retrouvé à Cordoue, où se trouve la plus grande mosquée du monde. Une ville, précise le philosophe, "qui, pendant la période musulmane de l'histoire espagnole, était la plus grande ville d'Europe, alors que Paris et Londres n'étaient que de petites villes. C'était le centre d'irradiation de la culture". En 1987, la mairie de Cordoue lui concède la tour de Calahorra pour une durée de quarante-neuf ans afin d'y exposer l'évocation de l'apogée de Cordoue : "Ce fut pour moi, écrit Garaudy, le début de la merveilleuse aventure de la réalisation d'un rêve".

Malheureusement, les rêves donnent parfois lieu à de terribles cauchemars, comme celui qu'a connu Garaudy en 1996 à la suite de la publication en France de l'ouvrage *Les mythes fondateurs de la politique israélienne* à la fin de l'année 1995. Cet ouvrage, publié en Espagne sous le titre *Los mitos fundacionales del Estado de Israel*, a déclenché une tempête sans précédent en France, car même les livres de révisionnistes comme Paul Rassinier, Arthur R. Butz ou Robert Faurisson n'ont pas fait autant de bruit dans les médias et dans l'"intelligentsia". Au cours du premier semestre 1996, la polémique ne cessera pas et l'affaire entrera dans l'histoire sous le nom d'"Affaire Garaudy". Auparavant, Garaudy avait vu deux de ses livres sur la question palestinienne officieusement censurés par les moyens habituels des groupes de pression juifs : l'intimidation et le chantage. De plus en plus conscient du rôle de l'Holocauste comme argument pour faire taire les critiques à l'égard d'Israël, Garaudy répond à l'offre de Pierre Guillaume, qui a relancé en 1980 la librairie "La Vielle Taupe" comme maison d'édition spécialisée dans les livres révisionnistes.

Robert Faurisson, maintes fois agressé et menacé de mort, et qui connaît la violence de ces tempêtes médiatiques, écrit le 1er novembre 1996 un long article intitulé "Bilan de l'affaire Garaudy-abbé Pierre (janvieroctobre 1996)". Le professeur Faurisson explique que Pierre Guillaume, pour éviter "les rayons de la loi Fabius-Gayssot", a vendu le livre de Garaudy hors commerce comme "un bulletin confidentiel réservé aux amis de la Vieille Taupe". Faurisson affirme qu'au-delà des considérations religieuses et politiques, les pages qui ont déclenché la colère des organisations juives de France et d'une grande partie du monde occidental sont les pages d'inspiration révisionniste au cœur du livre. Dans ces pages, au goût d'un révisionniste méticuleux et précis comme Faurisson, Nuremberg, la solution finale, les prétendues chambres à gaz et, enfin, l'Holocauste ont été passés en revue à la hâte. Dans un extrait de l'article, Faurisson déclare :

> "Mais tel qu'il était, avec toutes ses insuffisances, le livre de Garaudy ne pouvait qu'inquiéter les organisations juives, qui avaient déjà une tendance exagérée à voir des révisionnistes surgir de partout et qui découvraient maintenant un homme dont les opinions politiques - il avait été un apparatchik stalinien des plus orthodoxes - ne pouvaient en aucun cas être qualifiées de fascistes. R. Garaudy a également été protestant, puis catholique, avant de devenir musulman dans les années 1980. Dans ses différents ouvrages, il s'est montré un adversaire de tous les racismes".

Les premiers médias à crier au scandale sont *Le Canard enchaîné* et *Le Monde*. Puis les organisations antiracistes, LICRA en tête, le dénoncent. Le 11 mars 1996, Pierre Guillaume tente d'imprimer une édition publique comme il l'avait annoncé dans le bulletin Vieille Taupe, mais son imprimeur habituel refuse et Garaudy décide alors de publier lui-même clandestinement l'ouvrage remodelé. Le 15 avril, Henri Groués, dit l'abbé Pierre, écrit une longue lettre de soutien à son ami Garaudy. Le 18 avril, Garaudy, accompagné de son avocat Jacques Vergès, donne une conférence de presse au cours de laquelle il cite les noms de quelques personnalités qui lui ont témoigné leur solidarité, parmi lesquelles, outre l'abbé Pierre, l'abbé Michel Lelong et l'essayiste suisse Jean Ziegler.

Face à la virulence des attaques, tous, y compris Garaudy, ont rapidement cherché à s'excuser par des arguments visant à nuancer leurs positions, ce que regrette Faurisson : "Il est regrettable que Roger Garaudy et l'abbé Pierre n'aient pas fait preuve de plus de courage. Depuis que la tempête médiatique a éclaté en France, ils ont commencé à battre en retraite". Pourtant, le professeur Faurisson et Henri Roques, habitués à se lever, ont immédiatement accepté publiquement la proposition du grand rabbin Joseph Sitruk qui, le 27 avril, a suggéré un débat sur la Shoah. Le lendemain, le rabbin retire sa proposition.

Le 29 avril, le journal *Libération* titre : "L'abbé Pierre refuse de condamner les thèses négationnistes de Garaudy". C'est le début d'une offensive générale : la hiérarchie catholique déclare ne pas vouloir être entraînée dans la polémique. La Conférence épiscopale déplore l'attitude de l'abbé Pierre, réaffirme que l'extermination des Juifs est un fait incontestable et dénonce le scandale de la remise en cause de la Shoah. Les attaques se multiplient tout au long du mois de mai. Ainsi, le 9 mai, Jean-Luc Allouche, l'un des journalistes vedettes de *Libération*, associe Garaudy et l'abbé Pierre à Robert Faurisson, ce que tous deux ont cherché à éviter, et les accuse de ne chercher qu'à délégitimer l'État d'Israël. Aux États-Unis, le même jour, le 9 mai, un certain J. Sobran accuse l'abbé Pierre d'avoir "nié la divinité du Christ" dans *The Wanderer*, un hebdomadaire catholique de l'Ohio.

De son côté, Roger Garaudy cherche et trouve des appuis. Le 11 mai, *Tribune Juive* annonce que Garaudy envisage de publier le livre aux États-Unis et que le rabbin Elmer Berger a écrit pour lui un texte qu'il compte utiliser comme préface. Le 23 mai, *Libération* rapporte un éditorial d'*Al-Ahram*, journal considéré comme la voix officieuse du régime égyptien. Le journal se déclare fier d'avoir accueilli dans ses pages l'auteur d'un livre persécuté en France et dénonce la campagne médiatique menée contre lui. L'éditorial reproche à *Libération* être au service de la propagande sioniste et lui rappelle qu'il a, en revanche, défendu le droit de Salman Rushdie d'attaquer l'Islam. Enfin, le 29 mai, la presse annonce le retrait de l'abbé Pierre, qui a décidé de se retirer dans un monastère italien, où il a reçu la visite de Garaudy. L'abbé Pierre déclare au *Corriere della Sera* que l'Eglise de France est intervenue "pour le faire taire sous la pression de la presse, inspirée par un lobby sioniste international". Ces propos ont provoqué un scandale mondial.

En juin dernier, Garaudy a publié une brochure intitulée *Derecho de respuesta. Réponse au lynchage médiatique de l'abbé Pierre et de Roger Garaudy*. Il y cherche à clarifier et à nuancer son point de vue sur le révisionnisme. Sur les chambres à gaz, il insiste sur le fait qu'aucun tribunal n'a cherché à examiner l'arme du crime et rappelle l'existence du *rapport Leuchter*. Reconnaissant la persécution des Juifs, il dénie aux sionistes le droit de monopoliser les crimes d'Hitler et rappelle que seize millions de Slaves sont morts pendant la Seconde Guerre mondiale. Evoquant les attaques de la presse, il écrit : "Que les journalistes sachent une chose : la grande majorité des déportés dans les camps nazis n'étaient pas des Juifs, alors que tous les médias ont accrédité la thèse selon laquelle seuls les Juifs ont été déportés et exterminés.

Quant à l'abbé Pierre, il quitte l'Italie en juin et s'installe en Suisse, d'où il envoie, le 18 juin, un fax de douze pages intitulé "Vive la vérité" à un journaliste du *Monde*. Deux jours plus tard, le 20 juin, Monseigneur Daniel Lustiger, cardinal-archevêque juif de Paris, déclare dans l'hebdomadaire *Tribune Juive* avoir "vécu la polémique comme un immense désastre". L'archevêque adresse un blâme public à l'abbé Pierre et exonère l'Église de toute responsabilité. Quelques mois plus tard, le 26 septembre, à l'occasion d'un débat à la Sorbonne sur l'Holocauste (la Shoah), l'archevêque déclare que "le négationnisme est le même type de mensonge que celui de l'homme qui tue son frère pour échapper à la vérité". Son ami Elie Wiesel s'est fait l'écho de cette déclaration et a déclaré : "Les négationnistes n'ont peut-être pas d'âme".

Enfin, l'offensive s'est poursuivie tout au long de l'été 1996. Le 16 juillet, la modeste "Librairie du Savoir" du Quartier latin, tenue par Georges Piscoci-Danesco, un réfugié politique roumain qui vendait des ouvrages révisionnistes, dont ceux de Garaudy, est attaquée. Il est blessé par des membres du Bétar et la librairie est rasée, quelque deux mille volumes endommagés. Les dégâts s'élèvent à 250.000 francs. Comme d'habitude, les terroristes du Bétar sont restés impunis, car, bénéficiant de la protection prurigineuse du ministère de l'Intérieur, la police n'a même pas pris la peine de rechercher les criminels. En fait, plus d'une cinquantaine d'actes criminels perpétrés par des organisations juives sont restés impunis en France. Toujours en juillet, l'abbé Pierre se rétracte finalement dans un texte publié le 23 juillet dans *La Croix* : "J'ai décidé de retirer mes paroles, en m'appuyant à nouveau entièrement sur les avis des experts de l'Eglise, et je m'excuse auprès de tous ceux que j'ai pu offenser. Je veux laisser à Dieu le seul juge de l'intégrité des intentions de chacun".

La chasse aux sorcières menée par les médias en général a fait de multiples victimes, notamment des personnes soupçonnées d'avoir commis le sacrilège d'être révisionnistes ou négationnistes. À propos des deux principales victimes. Robert Faurisson a écrit ce qui suit :

> "Deux octogénaires, qui croyaient connaître la vie et les hommes, ont découvert soudainement et avec une surprise enfantine qu'en réalité leur existence passée avait été, somme toute, facile. Tous deux, en l'espace de quelques jours, ont dû affronter une épreuve exceptionnelle : celle que les organisations juives ont l'habitude d'infliger aux individus qui ont le malheur de provoquer leur colère. Il n'y a pas de complot ou de conspiration de la part de ces organisations, mais une sorte de réaction ancestrale. Les médias, qui travaillent pour elles avec dévouement, car aller à leur encontre pourrait leur coûter très cher, savent se mobiliser contre les "antisémites", c'est-à-dire contre les personnes qui, à quelques exceptions près, ne haïssent pas les juifs, mais sont haïes par les juifs. La haine de l'Ancien Testament est l'une des plus redoutables qui soient : nerveuse, fiévreuse, frénétique, illimitée, elle étouffe ses victimes par la soudaineté et la durée de sa violence. C'est une haine inextinguible parce que ceux qui la subissent ne peuvent se permettre d'en révéler le véritable motif et d'atténuer ainsi, au moins en partie, leur fureur. Par exemple, depuis des mois, on s'en prend à Faurisson pour son estimation "minimisante" du nombre de juifs tués pendant la guerre mondiale. Mais ce n'est qu'un artifice, le vrai motif est ailleurs, il est dans le sacrilège de mettre en doute l'existence des chambres à gaz. Or, révéler ce doute, c'est prendre le risque de créer ou d'accroître le doute dans l'opinion publique. D'où la nécessité de parler d'autre chose...".

Les plaintes déposées par la LICRA et le MRAP (Mouvement contre le Racisme et l'Amitié entre les Peuples) ont amené l'État français à poursuivre Roger Garaudy pour infraction à la loi Gayssot. Le procès s'est ouvert en janvier 1998. Il a été suivi avec impatience dans le monde arabe et musulman, sans doute en raison du fait qu'un intellectuel musulman était jugé. Du Golfe Persique au Nil, des centaines, voire des milliers d'écrivains, de journalistes, d'avocats et d'hommes politiques ont publiquement exprimé leur solidarité et leurs protestations face à l'action de la justice française. Bien entendu, le Premier ministre israélien Benjamin Netanyahu et les habituels groupes sionistes américains se sont empressés de souligner que des livres comme ceux de Garaudy constituaient "la principale menace pour Israël". Le tribunal de Paris qui a jugé l'affaire a rendu son verdict le 27 février et a déclaré le philosophe coupable de "négation de crime contre l'humanité" et de "diffamation raciale". Les juges ont précisé que c'est "l'antisémitisme" et non "l'antisionisme" de l'écrivain qui a été jugé, estimant que "s'il se réfugie dans une critique politique d'Israël, c'est en fait l'ensemble des Juifs qu'il met en cause". Le tribunal a condamné le prévenu à une amende de 240 000 francs et à une peine de six mois d'emprisonnement, qu'il n'a pas purgée. Il est à noter qu'en 1998, Roger Garaudy était déjà âgé de 85 ans. Il aurait donc été scandaleux qu'un intellectuel octogénaire prestigieux soit envoyé en prison en France, comme en Allemagne, pour des délits de pensée. Le 13 juin 2012, Garaudy est décédé à l'âge de 99 ans à son domicile de la banlieue parisienne.

Robert Faurisson, l'incontournable alma mater du révisionnisme

Robert Faurisson est l'un des trois principaux piliers du révisionnisme historique, les deux autres étant Ernst Zündel et Germar Rudolf. La quantité et la qualité des travaux du professeur Faurisson le placent en tête des écrivains révisionnistes. Il n'y a pas de sujet sur lequel il n'ait pas écrit, car il les connaît tous sans exception. Par ailleurs, son engagement militant dans le défi intellectuel et politique qu'exige le révisionnisme l'a conduit à intervenir d'une manière ou d'une autre dans de nombreuses procédures judiciaires pour défendre d'autres chercheurs harcelés par la "justice" dans différents pays : sa contribution aux deux procès contre Ernst Zündel au Canada a été particulièrement importante. Son œuvre complète est rassemblée en quatre volumes totalisant plus de 2 200 pages sous le titre *Écrits révisionnistes*. En application de la loi Fabius-Gayssot du 13 juillet 1990, cet ouvrage ne peut être diffusé et a fait l'objet d'une édition privée en dehors des circuits commerciaux. Son contenu est donc interdit par la loi car l'Holocauste (la Shoah) ne peut être remis en cause en France. Les lecteurs intéressés qui peuvent lire le français peuvent y accéder sur Internet. Nous avons traduit, à partir de l'introduction du premier volume, la conception du révisionnisme historique du professeur Faurisson :

> "Le révisionnisme est une question de méthode et non une idéologie. Elle préconise, pour toute recherche, le retour au point de départ, l'examen suivi du réexamen, la relecture et la réécriture, l'évaluation suivie de la réévaluation, la réorientation, la révision, la refonte ; elle est, dans l'esprit, le contraire de l'idéologie. Elle ne nie pas, mais vise à mieux affirmer. Les révisionnistes ne sont pas des "négationnistes" ou des "négateurs" ; ils s'efforcent de chercher et de trouver là où, semble-t-il, il n'y avait rien à chercher et à trouver.
> Le révisionnisme peut s'exercer dans des centaines d'activités de la vie quotidienne et dans des centaines de domaines de la recherche historique, scientifique ou littéraire. Il ne nécessite pas nécessairement la remise en cause des idées acquises, mais conduit souvent à les nuancer. Elle cherche à démêler le vrai du faux. L'histoire est par essence révisionniste ; l'idéologie est son ennemie. Comme l'idéologie n'est jamais aussi forte qu'en temps de guerre ou de conflit, et qu'elle fabrique alors du faux en abondance pour les besoins de sa propagande, l'historien devra, dans cette circonstance, redoubler de vigilance : en passant au crible de l'analyse l'examen de ce qu'on lui a asséné comme "vérités". Il s'apercevra sans doute que, partout où la guerre a fait des dizaines de millions de victimes, la première des victimes aura été la vérité vérifiable : une vérité qu'il s'efforcera de rechercher et de rétablir.
> L'histoire officielle de la Seconde Guerre mondiale contient un peu de vérité combinée à beaucoup de mensonges".

La rigueur méthodologique et l'honnêteté intellectuelle caractérisent tous les écrits révisionnistes de Faurisson, ce qui est la conséquence de sa formation académique et de son extraordinaire capacité de travail. Né le 25 janvier 1929 à Shepperton (Angleterre) d'une mère écossaise et d'un père français, après avoir passé quelques années à Singapour et au Japon, il achève sa jeunesse en France, où il obtient en 1972 un doctorat en lettres et sciences humaines à la Sorbonne, où il enseigne de 1969 à 1974. De 1974 à 1990, Faurisson est professeur de littérature française à l'université de Lyon. Auteur de quatre ouvrages sur la littérature, il est également un spécialiste reconnu de l'analyse des textes et des documents, ce qui lui permet d'accéder aux écrits historiques avec une compétence professionnelle incontestable.

Le professeur Faurisson a été le premier à publier d'importants documents révisionnistes sur Auschwitz. Dans les archives du Musée d'État d'Auschwitz, il a découvert les dessins techniques et architecturaux des morgues, crématoires et autres installations. Conscient de la valeur de sa découverte, il décide de l'exposer. En 1978, Faurisson avait déjà écrit plusieurs articles exprimant sa vision critique de l'histoire de l'extermination des Juifs. Le 16 novembre 1978, le journal *Le Matin de Paris* publie un article sur un professeur inconnu de l'université de Lyon, Robert Faurisson, et sur ses opinions concernant Auschwitz et l'Holocauste. Le fait que la presse se soit emparée de ses opinions révisionnistes l'a propulsé sous les feux de la rampe et a donné naissance à l'"Affaire Faurisson", qui s'est poursuivie indéfiniment. Dès le début, écrira-t-il des années plus tard, "je ne me suis jamais fait d'illusions : je serais traîné devant les tribunaux, je serais condamné, il y aurait des agressions physiques, des campagnes de presse, des turbulences dans ma vie personnelle, familiale et professionnelle".

Tout ce qu'il avait imaginé va bientôt se réaliser, car le 20 novembre 1978, quatre jours après avoir fait la une du *Matin de Paris*, Faurisson subit la première agression, saluée par Bernard Schalscha, un journaliste juif de *Libération* Lyon qui avait signalé le jour, le lieu et l'heure où Faurisson donnait ses cours. Des membres de l'Union des étudiants juifs, venus en train de Paris à Lyon, attaquent le professeur à l'université en présence du docteur Marc Aron, cardiologue et président du Comité de liaison des institutions et organisations juives de Lyon. Non seulement Faurisson ne se laisse pas intimider, mais il se met en avant : en décembre 1978 et janvier 1979, *Le Monde* publie deux articles de lui dans lesquels il montre son scepticisme à l'égard des chambres à gaz d'Auschwitz. La réponse à une telle audace est une nouvelle attaque le jour où il tente de reprendre ses cours. Marc Aron était à nouveau à l'Université ce jour-là.

En avril 1979, il participe à un impressionnant débat à la télévision suisse, au cours duquel il réfute les arguments d'illustres défenseurs des thèses exterminationnistes. La voie était tracée et Robert Faurisson était déterminé à la suivre sans s'en écarter. C'est également au cours de ces années qu'il commence à collaborer *au Journal of Historical Review*, organe de l'Institute for Historical Review (IHR) en Californie, où il donne en septembre 1983 une conférence intitulée "Revisionism on Trial : Events in France, 1979-1983", dans laquelle il explique les actions des organisations juives pour faire taire les révisionnistes par des poursuites judiciaires et des actes d'intimidation.

Le professeur Faurisson a fait l'objet d'une campagne concertée visant à le réduire au silence au cours de ces années et a été contraint de se défendre devant les tribunaux français en raison de ses déclarations et de ses écrits. Son compte bancaire a été gelé et des fonctionnaires de justice se sont rendus à plusieurs reprises à son domicile pour le menacer, ainsi que son épouse, de saisir leurs biens afin de faire face aux charges financières imposées par ses commentaires. Cette campagne a perturbé sa vie familiale et détérioré sa santé. En décembre 1980, lors d'une interview pour la station de radio "Europe 1", Robert Faurisson prononce la fameuse phrase qui résume le résultat de ses recherches en 60 mots en français. Les prétendues chambres à gaz hitlériennes et le prétendu génocide des Juifs forment un seul et même mensonge historique, qui a permis une gigantesque escroquerie politico-financière, dont les principaux bénéficiaires sont l'État d'Israël et le sionisme et dont les principales victimes sont le peuple allemand - mais pas ses dirigeants - et le peuple palestinien dans son ensemble". Trente-six ans plus tard, le professeur estime que la phrase ne nécessite pas le moindre changement.

Pour ces propos insupportables, Faurisson est poursuivi pénalement pour diffamation raciale et incitation à la haine. Reconnu coupable, il est condamné en juillet 1981 à une peine de trois mois de prison avec sursis. Outre une amende de plusieurs milliers de francs, il est condamné à payer 3,6 millions de francs de frais pour la publication du verdict à la télévision et dans la presse écrite. En appel, en juin 1982, un tribunal abandonne l'accusation d'incitation à la haine raciale et supprime les 3,6 millions de francs. À partir de ce moment, Faurisson est lié à un enchaînement de procédures judiciaires aux effets ruineux, puisqu'il doit lui-même se défendre contre des attaques diffamatoires outrageusement mensongères. Il se rend vite compte que s'il persiste à se défendre de la sorte, il se retrouvera démuni, car s'il gagne, il ne recevra qu'un franc de dommages et intérêts, tandis que s'il perd, il devra payer à la partie adverse des sommes considérables.

Le 25 avril 1983, poursuivi par des organisations juives qui espéraient une condamnation exemplaire, il obtient un verdict relativement favorable puisque les juges de la Cour d'appel de Paris déclarent : "Faurisson est un chercheur sérieux ; nous ne voyons dans ses écrits sur les chambres à gaz ni frivolité, ni négligence, ni omission volontaire, ni mensonge, mais il est peut-être malveillant et il est certainement dangereux. Nous le condamnons pour cette malveillance probable et le danger qu'elle entraîne, mais nous ne le condamnons pas pour son travail sur les chambres à gaz, qui est sérieux. Au contraire, puisque ces travaux sont sérieux, nous garantissons à chaque Français le droit de dire, s'il le pense, que les chambres à gaz n'ont pas existé". De tels verdicts expliquent pourquoi le sioniste Laurent Fabius et le communiste juif Jean-Claude Gayssot ont parrainé la loi Fabius-Gayssot en 1990. Le verdict, rendu le 26 avril 1983, peut donc être considéré comme un succès politique, mais au détriment du professeur Faurisson, condamné à payer les frais de publication de l'intégralité du verdict, estimés par les juges à un minimum de 60.000 francs.

La LICRA a publié le verdict dans la revue *History*, mais le texte a été tellement falsifié que Faurisson a intenté un procès au lobby juif. Le résultat de ce procès fut que le professeur reçut un franc de dommages et intérêts, mais dut payer 20.000 francs, bien que la LICRA n'ait jamais publié le texte correct du verdict. Un autre procès intenté par le professeur Faurisson l'a été contre Jean Pierre Bloch, président de la LICRA et auteur d'un livre dans lequel il le dépeint comme un nazi et un falsificateur condamné par la justice. Un troisième procès a été intenté contre le journal communiste *L'Humanité*. Il perd les procès et les appels. Les juges reconnaissent qu'il a été diffamé, mais ajoutent que ses adversaires l'ont fait de "bonne foi". En conséquence, les défendeurs sont acquittés et il doit payer tous les frais de justice. En février 1985, le *Droit de Vivre*, publication de la LICRA, se réjouit en titrant dans l'une de ses pages : "Traiter Faurisson de faussaire, c'est le diffamer, mais "de bonne foi"". C'était une invitation à le considérer comme un faussaire, ce qui était désormais le cas, toujours "de bonne foi".

Le rôle de Robert Faurisson dans les procès de 1985 et 1988 d'Ernst Zündel à Toronto a été de premier ordre. Outre son témoignage en tant que témoin de la défense, son travail en tant qu'expert fictif aux côtés du légendaire Doug Christie, l'avocat principal de Zündel, a été extrêmement important. Ce point a déjà été abordé dans les pages consacrées à la "dynamo révisionniste", mais il est temps maintenant de développer sa contribution, en ces jours historiques, à la renaissance internationale du révisionnisme. En juin 1984, le professeur Faurisson s'est rendu au Canada pour aider celui qui allait devenir l'un de ses grands amis. En janvier 1985, il retourne à Toronto pour passer les sept semaines du procès avec l'équipe de Zündel, qu'il considère depuis comme "une personne exceptionnelle". Dans ses *Écrits révisionnistes*, Faurisson a laissé à la postérité une grande partie de son expérience de ces procès.

Le tribunal était présidé par le juge Hugh Locke ; le procureur était Peter Griffiths. L'avocat Douglas Christie était assisté de Keltie Zubko, la mère de ses deux enfants.[18] Le jury était composé de douze personnes. Les frais ont été pris en charge par l'État, c'est-à-dire les contribuables, et non par Sabina Citron, de l'Association pour la mémoire de l'Holocauste, qui avait porté l'affaire devant les tribunaux. Faurisson a passé des centaines d'heures, parfois jusque tard dans la nuit, avec Douglas Christie, qu'il a informé et conseillé sur toutes les questions, car il n'y avait pas de plus grand expert dans ce domaine à l'époque. Ensemble, ils ont préparé les interrogatoires dévastateurs de Raul Hilberg et Rudolf Vrba, les deux principaux témoins de l'accusation. Nous donnons maintenant la parole au professeur Faurisson :

---

[18] Douglas H. Christie, surnommé "The Battling Barrister" par ses amis, est décédé à l'âge de 66 ans en 2013. La grande presse a profité de son décès pour rappeler qu'il avait défendu un certain nombre de "canailles", de "néo-nazis", etc. etc. etc. ; cependant, il y a eu une bonne surprise : au moins un journal au Canada, le *Times Colonist* de Victoria , en Colombie-Britannique, où Douglas avait vécu, a rappelé à ses lecteurs que Douglas Christie était un avocat extraordinaire qui avait toujours défendu la liberté d'expression. Lucien Larre, le prêtre qui a célébré la messe d'enterrement, a prononcé un discours d'adieu plein d'émotion et a parlé de lui comme d'un guerrier de la liberté d'expression qui s'est battu pour la vérité. "Il ne s'est pas soucié des menaces qui pesaient sur sa vie ou du nombre de fois où les vitres de son bureau ont été brisées. Il se tenait debout". Sa femme Keltie Zubko a préféré le définir avec les mots de sa fille : "Je pense que c'est ma fille qui l'a le mieux dit : tout le monde parle de son héritage en tant qu'avocat, en tant qu'orateur, en tant qu'orateur inspirant - une personne qui a aidé beaucoup de gens qui étaient sans abri et ne pouvaient pas payer - mais elle a dit que son véritable héritage était celui d'un père".

"En Douglas Christie, Zündel a pu trouver un avocat qui, en plus d'être courageux, était héroïque. C'est pour cette raison que j'ai accepté de soutenir Doug Christie, jour après jour, dans la préparation et le développement de son travail. J'ajouterai que sans l'aide de son amie Keltie Zubko, nous n'aurions pas pu réussir le procès de 1985, une épreuve épuisante qui, rétrospectivement, ressemble à un cauchemar. L'atmosphère qui régnait au tribunal était insupportable, notamment en raison de l'attitude du juge Hugh Locke. J'ai assisté à de nombreux procès dans ma vie, y compris en France à l'époque de l'épuration, la purge d'après-guerre des "collaborateurs". Je n'ai jamais rencontré un juge aussi partial, autocratique et violent que le juge Hugh Locke. Le droit anglo-saxon offre beaucoup plus de garanties que le droit français, mais il suffit d'un homme pour pervertir le meilleur des systèmes : le juge Locke était cet homme. Je me souviens de Locke criant dans ma direction : "Tais-toi !" alors que, de loin, sans dire un mot, il poussait un document dans la direction de Doug Christie".

Il serait intéressant de consacrer quelques pages aux interrogatoires de Hilberg et de Vrba, car ils étaient absolument démasqués et leur crédibilité était en lambeaux. Comme ce n'est pas possible, car il faut donner la priorité à la poursuite de Faurisson, nous nous contenterons d'en donner quelques extraits. Raul Hilberg, auréolé de prestige, arrive à Toronto sans livres, sans notes, sans documents, apparemment sûr de lui et fort de son expérience dans d'autres procès où il a témoigné contre des criminels de guerre présumés. "Il a témoigné, écrit Faurisson, pendant plusieurs jours, probablement à raison de 150 dollars de l'heure. Aux questions du procureur, il donne les réponses habituelles, à savoir : "Hitler a donné l'ordre d'exterminer les Juifs" : Hitler a donné l'ordre d'exterminer les Juifs, les Allemands ont suivi un plan, ils ont utilisé les chambres à gaz.... Hilberg se définit lui-même en ces termes : "Je me décrirais comme un empiriste qui étudie les matériaux".

Tout change lorsque commence le contre-interrogatoire de Doug Christie qui, parfaitement conseillé par le professeur Faurisson, accule le célèbre historien juif, dont l'œuvre est considérée comme l'une des bibles de l'Holocauste. Faurisson lui-même raconte l'histoire :

"Pour la première fois de sa vie, il a eu affaire à un accusé qui avait décidé de se défendre et qui était capable de le faire : Doug Christie, à côté duquel j'étais assis, a interrogé Hilberg durement, impitoyablement, pendant plusieurs jours. Ses questions étaient incisives, précises, implacables. Jusqu'alors, j'avais un certain respect pour Hilberg en raison de la quantité, et non de la qualité, de son travail ; en tout état de cause, il dépassait de loin les Poliakov, les Weller, les Klarsfeld et les autres. Comme il l'a témoigné, mon estime a été remplacée par un sentiment d'irritation et de pitié : irritation parce que Hilberg était constamment engagé dans des manoeuvres d'évitement, et pitié parce que Christie finissait par marquer un but presque à chaque fois. Sur chaque question, s'il fallait conclure quelque chose, il apparaîtrait clairement qu'Hilberg n'est en aucun cas "un empiriste qui regarde les matériaux". C'était exactement le contraire, un homme perdu dans les nuages de ses idées, une sorte de théologien qui s'était construit un univers mental dans lequel les aspects physiques des faits n'avaient pas leur place".

Doug Christie a annoncé à "l'empiriste qui regarde les matériaux" qu'il allait lui lire une liste de camps de concentration. Lorsqu'il eut terminé, il lui demanda quels étaient ceux qu'il avait examinés et combien de fois il l'avait fait. Hilberg avoua qu'il n'en avait examiné aucun, ni avant la publication de la première édition de *La destruction des Juifs d'Europe* en 1961, ni même pour la publication de l'édition définitive en 1985. En d'autres termes, l'historien qui avait commencé ses recherches sur l'histoire de l'Holocauste en 1948 et qui était considéré comme la principale autorité en la matière n'avait pas examiné un seul camp et n'avait visité Auschwitz qu'une seule fois et Treblinka qu'une seule fois. Lorsque l'avocat Christie lui a demandé s'il connaissait un rapport d'autopsie du corps d'un prisonnier établissant qu'il avait été tué par des gaz toxiques, Hilberg a répondu : "Non". La transcription des pages 828-858, explique le professeur Faurisson, reflète le long interrogatoire de Doug Christie sur les deux prétendus ordres d'extermination des Juifs émis par Hitler, selon Hilberg. On a demandé à l'historien juif où ils se trouvaient, c'est-à-dire où il les avait vus. Il a dû admettre qu'il n'y en avait "aucune trace". L'avocat lui rappelle alors une déclaration qu'il avait faite en février 1983 à l'Avery Fisher Hall de New York, où Hilberg développait une thèse qui n'avait rien à voir avec l'existence d'un ordre d'extermination. Il a dit textuellement ce qui suit :

"Ce qui a commencé en 1941 est un processus de destruction qui n'a pas été planifié à l'avance et qui n'a pas été organisé de manière centralisée par une quelconque agence. Il n'y avait ni plan ni budget pour les mesures de destruction. Elles ont été prises petit à petit, étape par étape. Ainsi, ce qui a été réalisé n'était pas tant l'exécution d'un plan qu'un incroyable accord mental, un consensus - la télépathie d'une vaste bureaucratie."

Cette explication ahurissante relèverait plutôt de la parapsychologie, puisqu'elle prétend qu'il n'y a pas eu de plan, d'ordre centralisé, de schéma et de budget pour l'extermination de six millions de Juifs - une opération gigantesque - mais le consensus mental d'une bureaucratie communiquant par télépathie.

Faurisson explique qu'il a préparé avec l'avocat Christie l'interrogatoire de Rudolf Vrba, auteur de *Je ne peux pas pardonner* et germe théorique du rapport du War Refugee Board (WRB) sur Auschwitz. Le livre d'Arthur R. Butz a été une source fondamentale qui leur a fourni des éléments très utiles pour démasquer l'imposteur. Les mensonges sur les chambres à gaz et sur la visite de Himmler à Auschwitz en janvier 1943 pour inaugurer un crématorium et assister au gazage de 3000 personnes ont été démasqués. Il a été démontré que Vrba était un imposteur qui n'avait jamais mis les pieds ni dans les crématoires ni dans les "chambres à gaz". Des documents prouvent que Himmler était à Auschwitz en juillet 1942 et non en janvier 1943. L'impossibilité pour lui d'ouvrir des crématoires a également été prouvée, puisque le premier des nouveaux crématoires n'a pas été ouvert en janvier, mais bien plus tard. Dans *Je ne peux pas pardonner*, Vrba décrit en détail la visite de Himmler et rapporte même ses réflexions et ses conversations. Vrba, un paquet de nerfs, est dépeint pour ce qu'il était, un charlatan menteur qui a même scandalisé le procureur Griffiths avec son verbiage inepte.

Après avoir apporté une contribution essentielle à la défense de Zündel lors du premier procès, Faurisson rentre en France, où la chasse aux sorcières contre les révisionnistes se poursuit. En 1985, sortait *Shoah* de Claude Lanzmann. Faurisson lui consacre une critique, dénonçant la fonction propagandiste du film. Pierre Guillaume, l'éditeur révisionniste, avait publié le texte du professeur et avait choisi comme titre un slogan de mai 68 : "Ouvrez les yeux, cassez votre poste de télévision ! Lanzmann s'adresse à France-Presse (AFP) et parvient à faire publier par l'agence d'État française un long communiqué dans lequel il s'indigne des critiques révisionnistes à l'encontre du film. Bien entendu, la liberté d'expression, sans cesse revendiquée lorsque l'on s'acharne sur tout et n'importe qui, n'a pu s'exercer dans ce cas. En conséquence, le 1er juillet 1987, France-Presse demande aux autorités judiciaires d'agir pour "mettre fin immédiatement aux agissements des révisionnistes", au nom du "respect de la liberté d'investigation et des droits de l'homme". La Fédération des journalistes a dénoncé l'analyse de la *Shoah* comme inqualifiable. Parmi d'autres exemples de son respect particulier de la liberté d'expression, elle a déclaré : "La Fédération estime que des individus comme Robert Faurisson ne devraient pas pouvoir écrire en toute impunité.... Ternir un film comme *Shoah*, qui ne peut être vu qu'avec une effroyable stupeur et une infinie compassion, est une atteinte aux Droits de l'Homme".

En l'absence de la loi Fabius-Gayssot, les insultes et les menaces ont donné lieu à deux nouveaux attentats. La première est le fait d'un certain Nicolas Ullmann, le 12 juin 1987. Cet individu a violemment frappé Faurisson au Sporting-Club de Vichy. Deux mois plus tard, le 12 septembre exactement, un groupe de militants juifs s'en prend au professeur à la Sorbonne. Il est attaqué, mais aussi les personnes qui l'accompagnent, dont l'éditeur Pierre Guillaume. Tous sont blessés à des degrés divers, mais c'est le professeur Henry Chauveau qui est le plus gravement atteint. À cette occasion, les gardes de la Sorbonne ont réussi à arrêter l'un des agresseurs, mais un policier en civil a ordonné sa libération et a également expulsé le professeur Faurisson de la Sorbonne, où il avait enseigné.

En janvier 1988, Faurisson est de retour à Toronto pour assister son ami Ernst Zündel. Comme on le sait, c'est lui qui a eu l'idée d'engager Fred Leuchter pour qu'il se rende en Pologne afin de mener des recherches à Auschwitz. Il s'agit en effet d'une contribution capitale, car l'expertise technique de Leuchter deviendra le *rapport Leuchter*, qui fera date dans l'histoire du mouvement révisionniste. Faurisson estime que les États-Unis sont l'endroit idéal pour chercher un expert en chambres à gaz, puisque c'est là que se déroulent régulièrement des exécutions au gaz. Les avocats de Zündel contactent William M. Armontrout, directeur du Missouri State Penitentiary, qui, dans une lettre, recommande Fred A. Leuchter comme l'expert le plus qualifié. Je vous suggère," dit-il dans la lettre, "de contacter M. Fred A. Leuchter.... M. Leuchter est un ingénieur spécialisé dans les chambres à gaz et les exécutions. Il connaît bien tous les domaines et est, à ma connaissance, le seul consultant aux États-Unis". Le lecteur désireux d'en savoir plus sur la contribution de Robert Faurisson au second procès Zündel est invité à se reporter au livre de Barbara Kulaszka intitulé *Did Six Million Really Die : Report of the Evidence in the Canadian "False News" Trial of Ernst Zündel* (Toronto, 1992).

Entre le 20 novembre 1978 et le 31 mai 1993, Robert Faurisson a été victime de dix agressions violentes. La plus grave s'est produite le 16 septembre 1989, alors qu'il était déjà âgé d'une soixantaine d'années. Alors qu'il promène son chien dans un parc proche de son domicile à Vichy, trois hommes lui tendent un piège. Après lui avoir aspergé le visage d'un gaz urticant qui l'a momentanément aveuglé, les agresseurs l'ont jeté à terre et ont commencé à lui donner des coups de poing au visage et des coups de pied dans la poitrine. Il semble évident que les criminels, trois voyous juifs membres du groupe "fils de la mémoire juive", avaient l'intention de le tuer. Heureusement, une personne ayant assisté à la scène est intervenue et a pu sauver l'enseignant, qui a été grièvement blessé. Il a été transporté à l'hôpital et a subi une longue opération chirurgicale aux urgences, car il avait la mâchoire et une côte cassées, ainsi que de graves blessures à la tête. Le groupe juif qui a revendiqué l'attentat a déclaré dans un communiqué : "Le professeur Faurisson est le premier, mais il ne sera pas le dernier. Nous laissons prévenus ceux qui nient la Shoah". Faurisson déclarera plus tard que la veille de l'attentat, il avait remarqué avec surprise la présence dans le parc de Nicolas Ullmann qui, deux ans plus tôt, l'avait déjà battu dans un club sportif de Vichy. Comme d'habitude, aucune arrestation n'a eu lieu et les agresseurs sont restés impunis.

Le mérite de Robert Faurisson est singulier, car, comme dans le cas d'Ernst Zündel, nous sommes en présence d'un homme seul qui ne recule pas, d'un intellectuel de grande envergure, presque sans équivalent, qui a été et reste capable de tout endurer plutôt que de renoncer à ses convictions. En avril 1991, à la suite d'une interview parue en septembre 1990 dans *Le Choc du Mois*, la 17e chambre du tribunal correctionnel de Paris, présidée par Claude Grellier, condamne Faurisson à une amende de 250.000 francs et le directeur de la publication à une autre amende de 180.000 francs. La même année, le lobby juif réussit à le faire exclure de l'université sur la base de la loi Fabius-Gayssot. Le professeur a fait appel auprès de l'ICCPRHRC (International Covenant on Civil and Political Rights and Human Rights Committee) au motif que la loi Fabius-Gayssot violait le droit international ; cependant, l'ICCPRHRC a rejeté l'appel et a déclaré que la loi Fabius-Gayssot était nécessaire pour contrer "l'antisémitisme possible". Le 17 mars 1992, Faurisson lance un défi depuis Stockholm : il demande une représentation graphique de l'arme du crime et de son mode opératoire. Il demande que quelqu'un lui montre ou lui dessine une chambre à gaz nazie. La réponse fut une nouvelle agression. Un an plus tard, le 22 mai 1993, il est agressé physiquement pour la deuxième fois à Stockholm. À chaque fois, la presse suédoise a longuement relaté les agressions subies par le professeur français.

Des années plus tard, alors qu'en avril 1996 l'"Affaire Garaudy" commence à polariser l'attention en France, Robert Faurisson fait une déclaration dans laquelle il exprime sa solidarité avec Roger Garaudy et confirme "l'imposture des chambres à gaz". À la suite de ces propos, des organisations juives lui intentent un énième procès le 25 septembre 1997. Au cours du procès, Faurisson déclare au tribunal : "Nous sommes à trois ans de l'an 2000 et on demande à des millions de gens de croire à quelque chose qu'ils n'ont jamais vu et dont ils ne savent même pas comment cela fonctionne". Le procureur a demandé que Faurisson soit emprisonné s'il ne payait pas l'amende appropriée, ce à quoi le professeur a répondu : "Je n'achèterai ni ne paierai ma liberté. Personne ne m'a jamais acheté et personne ne m'achètera jamais". Finalement, le 23 octobre 1997, le tribunal le déclare "coupable" et lui demande de payer 120 600 francs répartis en trois parties : 50 000 francs d'amende, 20 600 francs pour l'accusateur juif et 50 000 francs pour la publication de la sentence dans deux journaux.

Trois mois plus tard seulement, en décembre 1997, les Juifs ont de nouveau intenté un procès. Faurisson est assigné par le tribunal de Paris en raison d'un article publié sur un site Internet le 16 janvier 1997 : "Les visions cornues de l'"Holocauste", dans lequel il commence par affirmer que "l'Holocauste des Juifs est une fiction". Le professeur répond à la convocation par une lettre annonçant son refus de continuer à collaborer avec la justice et la police françaises dans leur répression du révisionnisme. Le harcèlement continue : trois mois plus tard, le 16 mars 1998, il doit comparaître devant le tribunal de Paris pour être jugé pour une définition du "révisionnisme" parue à tort dans un journal.

Et ainsi de suite. Le 8 avril 1998, ce sont les juifs hollandais qui s'en prennent à Faurisson. Sept ans plus tôt, en 1991, en collaboration avec le révisionniste belge Siegfried Verbeke, il avait publié en néerlandais *Het "Dagboek" van Anne Frank. Een Kritische benadering* (*Le "journal" d'Anne Frank. Une évaluation critique*), une brochure qui concluait que le "journal" était un faux, l'écriture du manuscrit original ne pouvant être celle d'un enfant. Le livre a été interdit aux Pays-Bas, mais le Musée Anne Frank d'Amsterdam et le Fonds Anne Frank de Bâle n'ont pas été satisfaits de la censure du livre et ont intenté une action en justice conjointe. Le musée s'est plaint que l'ouvrage de Faurisson l'avait contraint à fournir une "instruction spéciale" aux guides et que les critiques du professeur pouvaient réduire le nombre de visiteurs du musée et, par conséquent, ses bénéfices.

L'annulation du congrès "Révisionnisme historique et sionisme", qui devait se tenir à Beyrouth du 31 mars au 3 avril 2001, a constitué un revers majeur pour les révisionnistes du monde entier qui s'étaient donné rendez-vous dans la capitale libanaise. Le gouvernement libanais, victime d'attaques israéliennes incessantes, a cédé aux pressions des plus importantes organisations sionistes, soutenues par les États-Unis. Robert Faurisson a ensuite expliqué que Rafic Hariri, le premier ministre libanais, était tellement prisonnier de la dette de son pays, qui s'élève à 24 000 000 000 de dollars pour quatre millions d'habitants, qu'il n'a eu d'autre choix que de céder au chantage et d'interdire le congrès. Dès lors, la tenue d'une conférence internationale révisionniste est remise en cause. Lorsque Mahmoud Ahmadinejad est devenu président de la République islamique d'Iran en 2005, Téhéran a proposé d'accueillir des révisionnistes du monde entier. Cent trente chercheurs de trente pays ont convergé vers la capitale iranienne, où s'est finalement tenue, les 11 et 12 décembre 2006, la Conférence internationale de Téhéran sur l'Holocauste, qui a été accueillie en Occident avec toutes sortes de disqualifications et de réactions négatives.

Le 11 décembre 2006, le professeur Faurisson a prononcé un discours basé sur un document intitulé *Les victoires du révisionnisme*, qui a depuis été traduit en plusieurs langues, dont l'espagnol, et publié dans de nombreux pays. Dans ce texte, dédié au professeur Mahmoud Ahmadinejad et à Ernst Zündel, Germar Rudolf et Horst Mahler, que Faurisson appelle "nos prisonniers de conscience", sont présentées en détail jusqu'à vingt réalités historiques clarifiées par la recherche révisionniste, qui ont dû être reconnues explicitement ou implicitement par les exterminationnistes. 1. il n'y a pas eu de chambres à gaz dans les camps en Allemagne. 2. il n'y a pas eu d'ordre d'Hitler. 2) Hitler n'a pas donné l'ordre d'exterminer les Juifs. 3. à la conférence de Wannsee, l'extermination des Juifs n'a pas été décidée, puisque le terme "solution finale" signifiait la déportation vers l'Est. 4) La formulation dans laquelle le système concentrationnaire allemand a été présenté est vouée à l'échec. 5) La chambre à gaz d'Auschwitz visitée par des millions de touristes est un faux. 6. aucun document, trace ou autre preuve matérielle de l'existence des chambres à gaz n'a été trouvé. Le 11 décembre 2006, Robert Faurisson a accordé une vaste interview à la télévision iranienne, au cours de laquelle il a déclaré à des millions de téléspectateurs iraniens que l'Holocauste était un mensonge. Cela ne manquera pas d'avoir des conséquences, car en France, on l'attendait comme d'habitude.

À peine le congrès révisionniste terminé, le Président de la République de l'époque, Jacques Chirac, condamne la participation de Faurisson à la conférence de Téhéran le 13 décembre 2006 et demande personnellement l'ouverture d'une enquête. Suivant les instructions de la plus haute autorité de l'État, le ministre de la Justice charge un procureur de Paris d'ouvrir une enquête. Le 16 avril 2007, le lieutenant de police Séverine Besse et un autre collègue se rendent à Vichy pour interroger le professeur. Obstiné, Faurisson refuse de répondre aux questions et écrit dans le procès-verbal : "Je refuse de collaborer avec la police et la justice à la répression du révisionnisme historique".

Le magistrat Marc Sommerer, chargé de l'affaire, convoque Faurisson neuf mois plus tard. Le 24 janvier 2008 à 9 heures, le professeur se présente au commissariat local. Dès son entrée, trois officiers de police judiciaire envoyés la veille de Paris, dont Séverine Besse elle-même, lui notifient qu'il est en garde à vue et que son domicile sera perquisitionné pendant la durée de la garde à vue. Lui, un vieil homme qui aurait eu 79 ans le lendemain, 25 janvier, a subi une fouille au corps et s'est vu confisquer portefeuille, porte-monnaie, stylo, montre, ceinture, etc. Peut-être cherchait-on à intimider le vieux professeur, qui déclara que sa femme était malade à la maison, circonstance connue de la police, et que, pour des raisons médicales graves, elle avait besoin de sa présence constante. Une fois de plus, Faurisson s'entête et ne répond à aucune question. On lui apprend alors qu'il fait l'objet de trois procédures pénales pour lesquelles des mandats d'amener ont été délivrés par le juge Sommerer. Les deux premières qui lui sont mentionnées concernent sa participation à la Conférence de Téhéran. Dans l'une, il était poursuivi en vertu de la loi Fabius-Gayssot par le ministère public et une foule d'"organisations pieuses" pour "négation de crimes contre l'humanité". Dans un autre, la LICRA l'a poursuivi pour "diffamation". Le troisième procès avait été intenté par le quotidien *Libération* pour des raisons tortueuses dont nous vous épargnerons l'explication. Faurisson a ensuite été conduit à son domicile, où la perquisition s'est poursuivie pendant six heures. Enfin, le 25 juillet 2012, un juge de Paris lui a notifié le jugement des trois plaintes pénales.

La persécution de Robert Faurisson pour délit d'opinion dure depuis quarante ans. Dans la soirée du 19 novembre 2014, deux policiers de la ville voisine de Clermont-Ferrand, dont un major, se sont présentés à son domicile de Vichy avec un mandat de perquisition : ils voulaient saisir un ordinateur et certains documents. Ils n'ont trouvé ni l'un ni l'autre. Une fois de plus, la LICRA avait demandé au procureur de la République d'agir contre l'apparition d'un "Blog" officieux du professeur. Il ne fait aucun doute que

Faurisson est doté d'une force intérieure de nature supérieure. Face à l'ampleur des attaques et à l'ampleur du combat contre des ennemis aussi puissants, toute personne normale aurait baissé les bras, mais Faurisson, qui a fait un infarctus en 2014, n'a ni flanché ni fléchi. Il vient de fêter ses 87 ans le 29 janvier 2016 et tient toujours bon avec sa femme de 83 ans, qui a pu rester aux côtés du professeur malgré le fait qu'elle souffre elle aussi d'un problème cardiaque. Faurisson s'est récemment plaint de recevoir constamment des menaces, tant par téléphone que par écrit, et a demandé en vain à la police de les protéger, car sa femme est harcelée chaque jour davantage et souffre de plus en plus de sa maladie.

Vincent Reynouard, "Les cœurs se soulèvent !"

Le cas du jeune révisionniste Vincent Reynouard est un autre exemple de la volonté de résistance : face à une adversité sans fin, il a fait preuve d'un courage louable et digne de respect. Né en 1969, il s'est marié en 1991 et est aujourd'hui père de huit enfants. Catholique traditionaliste, national-socialiste convaincu et révisionniste, Reynouard a tout risqué pour ne pas céder un pouce dans sa dénonciation de la fausseté de l'histoire officielle. À l'âge de vingt-trois ans, il connaît un premier échec avec la loi Fabius-Gayssot. Le 8 octobre 1992, le tribunal de Caen le condamne à un mois de prison avec sursis et 5000 francs d'amende pour avoir remis anonymement à vingt-quatre de ses étudiants des textes mettant en cause les meurtres dans les chambres à gaz. Ingénieur chimiste diplômé de l'ISMRA (Institut des matériaux et des rayonnements), il a travaillé comme professeur de mathématiques dans un lycée et comme historien indépendant spécialisé dans la Seconde Guerre mondiale. En 1997, suite à la découverte de textes révisionnistes sur le disque dur de l'ordinateur qu'il utilisait à l'école, il est révoqué de l'enseignement secondaire par le ministre de l'éducation François Bayrou. Depuis, il vit de ses écrits, de ses vidéos et de son travail de chercheur.

Auteur d'une douzaine d'essais et de brochures sur des sujets historiques. Reynouard a travaillé avec Siegfried Verbeke sur *Vrij Historisch Onderzook, VHO (Free Historical Research)*, un site web qui est devenu le plus grand site d'édition révisionniste en Europe. Il a lui-même édité la publication *Sans Concession*. Son livre le plus célèbre est le résultat d'une enquête sur le massacre d'Oradour-sur-Glane. Le 10 juin 1944, à 14 heures, peu après le débarquement de Normandie, les Waffen SS pénètrent dans ce petit village tranquille du Limousin, où se sont réfugiés des résistants. Six heures plus tard, à 20 heures, les Waffen SS quittent le village. Derrière eux, une place en ruine jonchée de cadavres, dont cinq cents femmes et enfants carbonisés. L'historiographie académique attribue le massacre aux Allemands. Officiellement, ils se sont repliés dans le village et ont mis le feu à l'église où s'étaient réfugiés femmes et enfants. C'est exactement ce que

Reynouard remet en cause dans son livre de 450 pages, publié en Belgique en 1997. En France, le livre paraît en juin 1997, après que Reynouard a été exclu de l'enseignement pour ses positions révisionnistes. Trois mois plus tard, en septembre, le ministre de l'intérieur Jean-Pierre Chevènement ordonne la saisie du livre et en interdit la distribution et la diffusion sur l'ensemble du territoire français.

Entre 1998 et 1999, une équipe de collaborateurs de Reynouard a réalisé une cassette vidéo résumant le livre et incitant à son achat. Le film est sorti en 2000 et la distribution a commencé en janvier 2001. Le 8 février 2001, le préfet de la Haute-Vienne, département du centre de la France, prend un arrêté interdisant la cassette dans tout le département. Le 27 septembre 2001, quatre ans après l'interdiction du livre, le ministère de l'Intérieur interdit la vidéo sur l'ensemble du territoire français. La procédure engagée contre Vincent Reynouard a donné lieu à un procès qui s'est déroulé en première instance le 18 novembre 2003. Reynouard a été condamné pour "apologie de crime de guerre" à un an de prison, 10 000 euros d'amende et à la confiscation de tous ses dossiers saisis. Le procès en appel a eu lieu le 14 avril 2004. Reynouard est condamné à deux ans, dont six mois d'emprisonnement effectif et le reste de mise à l'épreuve, mais l'amende de 10 000 euros est ramenée à 3000 euros. En outre, il doit indemniser les trois parties civiles qui se sont constituées dans l'affaire, dont l'incontournable LICRA.

Néanmoins, Reynouard poursuit ses idées révisionnistes et rédige en 2005 un pamphlet de seize pages intitulé *Holocauste ? Voici ce qu'on nous cache*, dans lequel il remet ouvertement en cause l'histoire officielle et présente un point de vue totalement opposé. La justice française n'a pas tardé à s'emparer de lui. Le nouveau procès a eu lieu le 8 novembre 2007 à Saverne, où le tribunal l'a condamné à un an de prison et à une amende de 10 000 euros pour "contestation de crimes contre l'humanité" par le biais de la brochure susmentionnée. Il a également été condamné à verser 3000 euros à la LICRA. Ce jugement a fait l'objet d'un appel, mais le 25 juin 2008, la Cour d'appel de Colmar l'a confirmé et a également prononcé une nouvelle amende de 60 000 euros. Simultanément, le 19 juin 2008, soit six jours plus tôt, la Cour d'appel de Bruxelles avait condamné Reynouard et Siegfried Verbeke à un an de prison et à une amende de 25 000 euros pour avoir écrit et publié des textes négationnistes et mettant en cause des crimes contre l'humanité.

De plus, Reynouard résidant en Belgique, les autorités françaises ont émis un mandat d'arrêt européen afin que les Belges l'extradent, car, conformément à la ratification de la peine par la cour d'appel de Colmar, Reynouard devait également purger une peine d'un an de prison en France. Le 9 juillet 2010, il est incarcéré à la prison de Forest (Bruxelles). Le 23 juillet 2010, le juge Chambers à Bruxelles a déclaré que le mandat d'arrêt émis par la France à l'encontre de Reynouard était valide. Le 19 août 2010, il a donc été extradé et incarcéré à la prison de Valenciennes. En attendant son extradition, il a déclaré : "Quand on n'a pas d'autre argument que la prison pour se libérer d'un adversaire dialectique, c'est qu'on manque d'arguments".

Paul-Eric Blanrue, historien fondateur du Cercle Zététique et auteur du livre *Sarkozy, Israël et les juifs*, a publié un communiqué de presse dénonçant la loi Gayssot, appelant à la solidarité avec Vincent Reynouard et lançant une campagne de collecte de signatures pour défendre la liberté d'expression et demander la libération de Reynouard. Blanrue, en plus de dénoncer le silence suspect des médias français et internationaux, a relevé l'anormalité du fait qu'aucune ONG n'ait dit un mot pour défendre la liberté d'expression et la liberté de pensée de Reynouard.

Tôt dans la matinée du mardi 5 avril 2011, le révisionniste de 42 ans a quitté la prison de Valenciennes. Sa femme Marina, son fils Pierre et un groupe d'amis, dont Siegfried Verbeke, sa femme Edna et un groupe de révisionnistes belges et allemands, l'attendaient devant la grille. Les sept autres enfants de Reynouard attendent dans un café proche de la prison, faisant des dessins pour les offrir à leur père. Après avoir mangé ensemble dans une ambiance joyeuse, la famille Reynouard a dû se séparer à nouveau, car Marina et les enfants devaient retourner à Bruxelles. Vincent ne pouvait pas les accompagner, car il était sous contrôle judiciaire et n'avait pas le droit de quitter la France. En effet, le lendemain, 6 avril, il était convoqué par un juge d'instruction à Amiens pour une autre affaire : il était soupçonné d'avoir envoyé des CD révisionnistes à 120 lycées en France en 2009.

Le jour de sa libération, Reynouard accorde une interview à un journaliste du magazine *Rivarol*. Ses premiers mots sont pour sa femme qu'il remercie pour son attitude et qu'il félicite pour son héroïsme. Ensuite, il remercie Paul-Eric Blanrue pour son courage et tous ceux qui l'ont aidé financièrement et lui ont écrit. Il a exprimé son intention d'écrire un livre témoignage et de reprendre la publication de la revue *San Concessions*, interrompue depuis son arrestation, tous ses collaborateurs étant restés fidèles à leur poste. Les derniers mots de l'entretien ont été des mots d'encouragement : "Malgré toutes les vicissitudes et toutes les embûches, le combat continue. Les cœurs se lèvent !

En février 2015, le tribunal de première instance de Coutances, en Basse-Normandie, a de nouveau condamné Vincent Reynouard à deux ans de prison pour avoir publié une vidéo dans laquelle il dénonçait la manipulation politique et le lavage de cerveau infligés à la jeunesse de son pays et réfutait la théorie de l'extermination systématique des Juifs d'Europe pendant la Seconde Guerre mondiale. Il a également été condamné à une amende de 35 000 euros. Face à la sévérité de la peine, la loi Gayssot prévoyant un maximum d'un an de prison pour "négationnisme", le procureur a lui-même fait appel à la cour d'appel de Caen, la capitale régionale. Dans une vidéo postée sur Internet, Reynouard avait annoncé qu'il n'avait pas l'intention de payer un seul centime. Le 17 juin 2015, compte tenu des éléments indiquant que la peine prononcée par le tribunal de Coutances était "illégale", la cour de Caen l'a réduite à un an et a annulé la sanction pécuniaire. Reynouard ne s'est pas présenté devant le tribunal de Caen, deux mois plus tôt, le 25 avril 2015, il avait annoncé dans une vidéo qu'il entrait dans la clandestinité pour fuir les persécutions politiques qu'il subissait en France : "Alors, dit-il dans la vidéo, on peut dire que je suis en fuite. Cette fois, j'ai tout perdu, ou presque. Me voilà sans maison, avec mon sac à dos. Je n'ai pu sauver que quelques fragments de fichiers pour tenter de réaliser les vidéos promises". À l'heure où nous écrivons ces lignes, nous ne savons pas ce qu'il est advenu de Reynouard, car nous n'avons pas réussi à obtenir de nouvelles informations à son sujet.

3) PRINCIPALES VICTIMES DE PERSÉCUTIONS EN AUTRICHE :

Gerd Honsik, victime de la capitulation du PSOE face au sionisme

Hans Strobl, président de la Fédération culturelle du Burgenland, a écrit en 1988 dans l'épilogue de *"Une solution pour Hitler ?"* que la police autrichienne avait menacé Gerd Honsik en 1978 de le faire interner dans une clinique psychiatrique. Il n'explique cependant pas pourquoi Honsik a été si sérieusement intimidé et qu'au lieu d'être envoyé dans un asile d'aliénés, il s'est retrouvé en prison. En prison, il a écrit deux recueils de poèmes. Le premier, *Lüge, wo ist dein Sieg* (*Mensonge, où est ton Victoria ?*), a été publié en 1981 ; le second, *Fürchtet euch nicht* (*N'aie pas peur !*), en 1983. Les deux manuscrits ont été sortis clandestinement de prison avec l'aide de gardiens sympathisants du poète, à qui l'on avait interdit d'écrire. Le premier livre, composé en vers classiques, a finalement été confisqué et a coûté à Honsik une amende de 41 000 shillings (monnaie autrichienne de l'époque). Le président de la Cour suprême, apparemment expert en critique littéraire, jugea que ce n'était "pas de l'art". Quant à ce dernier, une enquête a également été ouverte pour l'interdire.

En 1986, pour des raisons politiques, Honsik a été licencié de son emploi, qu'il occupait depuis quinze ans. Les persécutions touchent ses enfants d'âge scolaire, qui subissent des pressions auxquelles se prêtent même certains enseignants. Entre 1987 et 1988, Honsik a dû se rendre dix-huit fois au tribunal : il a dû dépenser 140 000 shillings en frais de justice et en honoraires d'avocat. Le pire survient en 1988 avec la publication de *Freispruch für Hitler ?* (*Solution pour Hitler ?*), un livre qui se veut un livre de réconciliation. Gerd Honsik consulte un curé catholique, Robert Viktor

Knirsch, pour savoir si celui-ci comprend qu'il existe des obstacles moraux. Le curé lui a écrit une lettre dans laquelle, en tant que prêtre catholique romain, il l'encourageait à poursuivre le livre :

> "La vérité fait partie de la suite du bien. Quiconque cherche la vérité a le droit de douter, d'enquêter et de peser. Et là où l'on exige des gens qu'ils croient aveuglément, il y a un orgueil, avec tant de blasphèmes, que cela donne à réfléchir. Si maintenant ceux dont vous contestez les thèses ont la raison pour eux, ils accepteront toutes les questions avec calme, ils donneront leurs réponses avec patience. Et ils ne dissimuleront plus leurs preuves et leurs archives. Mais s'ils mentent, ils le crieront au juge. Alors ils seront connus. La vérité est toujours calme, mais le mensonge est toujours en lutte pour un procès terrestre !
>
> Avec mes compliments, je vous adresse mes meilleures salutations.
> Prêtre Robert Viktor Knirsh
> Kahlenbergerdorf, 2/6/1988".

Après avoir écrit ces mots à Honsik, que le poète a reproduits dans son œuvre, le curé a été admis dans une clinique psychiatrique, où il est rapidement tombé malade. Il est décédé le lundi 26 juin 1989. Avant sa mort, il a exprimé le souhait que l'hymne allemand soit joué lors de son enterrement. Le 30 juin, à 9h30, une messe de funérailles est célébrée à Kahlenbergerdorf, après quoi le corps de Knirsh est enterré dans le cimetière paroissial. Environ sept cents personnes assistent aux funérailles, dont l'archevêque Krätztl et le prévôt Koberger, mais aussi de nombreux agents secrets et une unité cynophile. Lorsque, à la fin de la cérémonie, Gerd Honsik a demandé que les dernières volontés du prêtre soient respectées, la police est intervenue et a commencé à demander aux personnes présentes de s'identifier. Gerd Honsik a été momentanément arrêté et on lui a reproché d'avoir demandé que l'hymne allemand soit joué dans des circonstances où il était interdit de le faire.

Quant aux conséquences de la publication du livre, le processus a duré des années et a même conduit à la création d'une loi d'application exclusivement pour l'affaire. En janvier 1992, Honsik a quitté le pays après avoir été publiquement diffamé à la télévision, où le Dr. Neugebauer, directeur des archives documentaires de la résistance autrichienne, l'a accusé, en présence du ministre de l'intérieur, de préparer un coup d'État. Lorsqu'il a été prouvé qu'il s'agissait de calomnies et de mensonges, Honsik est revenu en Autriche pour assister au procès, qui a duré plusieurs semaines. Gerd Honsik a été condamné le 5 mai 1992 à dix-huit mois de prison pour "revitalisation des activités nationales-socialistes". La Cour suprême autrichienne a rejeté son appel. Pour éviter une nouvelle incarcération, il s'est réfugié en Espagne, où il avait déjà vécu pendant un an alors qu'il était âgé de huit ans. En 1949, il traverse les Pyrénées dans un train spécial avec un millier d'enfants autrichiens gravement sous-alimentés, fuyant le nettoyage ethnique perpétré en Europe contre le peuple allemand entre 1945 et 1948, génocide parfaitement documenté et occulté.

En 1993, Honsik publie un autre livre pour lequel il sera également poursuivi, *Schelm und Scheusal* (*Voyou et monstre*), dans lequel il dénonce Simon Wiesenthal, qui s'était félicité de la lettre piégée envoyée d'Autriche à l'ancien SS Alois Brunner, qui a perdu un œil et huit doigts. Proche d'Adolf Eichmann, Brunner vivait à Damas, où des assassins sionistes avaient tenté de le tuer à plusieurs reprises. Wiesenthal était parfaitement au courant des détails de l'attentat et a qualifié la victime de "meurtrier de Juifs le plus recherché". Cependant, en août 1988, Gerd Honsik lui rendit visite dans la capitale syrienne et à la question "Quand avez-vous appris l'existence des chambres à gaz ?", Brunner répondit : "Après la guerre, dans les journaux".

Le 7 octobre 1993, le premier ministre espagnol, Felipe González, se rend à Vienne. Le chancelier de la République d'Autriche, Franz Vranitzky, en profite pour lui demander d'extrader Honsik. Ceci révèle clairement l'étendue du pouvoir des lobbies juifs, capables d'amener un haut dirigeant européen à demander à un autre de lui livrer un réfugié politique à cause de la publication d'un livre. Gerd Honsik, conscient de cela, a adressé une lettre ouverte au Parlement espagnol dans laquelle il demandait un refuge politique en Espagne. Il y rappelait que l'Espagne l'avait accueilli enfant dans l'après-guerre et qu'il avait déjà appris l'espagnol. La lettre se terminait par ces mots : "Je m'adresse aux parlementaires espagnols, de droite comme de gauche, et au peuple espagnol, en les suppliant de rester fermes face aux pressions internationales qui réclament mon extradition. En Espagne, j'ai trouvé refuge contre la faim. En Espagne, aujourd'hui, je cherche un refuge contre la prison". Les autorités autrichiennes ont demandé au gouvernement espagnol de l'extrader, mais le 7 novembre 1995, l'Audiencia Nacional a refusé. Le ministère public s'y oppose et considère, comme le souligne la défense, qu'il s'agit d'un "crime politique et donc exclu de l'extradition". Le raisonnement de l'Audiencia Nacional a considéré qu'"il n'était pas possible de qualifier un tel comportement de provocation au crime de génocide, car celui-ci requiert le but de détruire, totalement ou partiellement, un groupe religieux", but qui ne pouvait être affirmé "à partir des faits (écriture et publication de *"Solution pour Hitler ?"*) pour lesquels l'accusé a été condamné...". Le juge et le procureur de l'Audience ont tous deux convenu que le livre de Honsik n'enfreignait pas la loi espagnole. Par conséquent, sans aucun harcèlement de la part des autorités espagnoles, Gerd Honsik a vécu à Malaga pendant une quinzaine d'années.

Enfin, un mandat d'arrêt européen émis par le tribunal de Vienne a été signifié par les autorités espagnoles : le 23 août 2007, la police a arrêté Honsik à Malaga. En septembre 2007, le président de la communauté religieuse juive d'Autriche, le magnat Ariel Muzicant, Israélien né à Haïfa, a déclaré au journal *Die Gemeinde* (*La Communauté*) que la communauté juive œuvrait en faveur d'une législation européenne uniforme contre les néonazis et les révisionnistes de l'Holocauste. Commentant l'arrestation de Honsik en Espagne, il a déclaré :

> "Gerd Honsik a été arrêté après avoir passé quinze ans en Espagne et sera extradé vers l'Autriche. Je m'en réjouis personnellement car cela montre une fois de plus que les entretiens que j'ai eus avec le premier ministre espagnol, le ministre des affaires étrangères et le ministre de la justice en janvier de cette année ont permis d'amener le gouvernement espagnol à adopter une position correspondante

Au contraire, sans la moindre dissimulation, Muzicant s'est vanté sans vergogne de son pouvoir et s'est attribué le mérite d'avoir amené le gouvernement socialiste espagnol à faire ce qu'il fallait, c'est-à-dire ce que voulait le sionisme. En janvier 2007, le gouvernement espagnol du PSOE était dirigé par José Luis Rodríguez Zapatero. Le ministre des affaires étrangères était l'ineffable Miguel Ángel Moratinos et le ministre de la justice Juan Fernando López Aguilar. Le juge qui a autorisé l'extradition est Baltasar Garzón, qui, quatre ans plus tard, sera condamné à onze ans de déchéance et expulsé de la magistrature par une décision unanime des membres de la chambre pénale de la Cour suprême. Ce juge sans scrupules, malheureusement défendu par de nombreux sectateurs de la gauche espagnole, s'est mis au service des sionistes sans tenir compte du fait que l'Espagne avait refusé à deux reprises l'extradition et que l'Audiencia Nacional avait jugé dans une décision de 1995 que le crime de Honsik était "un crime politique et donc exclu de l'extradition". La remise de Gerd Honsik à l'Autriche a eu lieu le 4 octobre 2007. La ministre autrichienne de la justice, la socialiste Maria Berger, a publiquement remercié le juge Baltasar Garzón dans un communiqué de presse publié par le ministère de la justice le 5 octobre.

Quatre ans plus tard, le 26 janvier 2012, Göran Holming, commandant de l'armée suédoise à la retraite et membre de l'Action européenne, mouvement pour une Europe libre, a déposé une plainte pénale contre Baltasar Garzón et contre le Premier ministre Rodríguez Zapatero et les ministres susmentionnés auprès de l'Audiencia Nacional. La lettre dénonce la réunion avec Ariel Muzicant et les accords politiques conclus lors de la réunion de janvier 2007. Elle argumente longuement sur les faux prétextes invoqués pour accorder l'extradition et accuse spécifiquement le juge Garzón de prévarication et de violation de la loi et de la Constitution espagnole, qui interdit l'extradition pour des crimes politiques à moins qu'il n'y ait des "actes terroristes". Voici le texte de la demande :

> "Je demande au procureur général de vérifier si l'ancien premier ministre José Luis Rodríguez Zapatero et ses anciens ministres de la justice et des affaires étrangères, en collaboration avec le juge Baltasar Garzón, doivent

répondre de l'extradition du poète et écrivain autrichien Gerd Honsik, favorisée par une conspiration avec l'étranger Ariel Muzicant et Mme Maria Berger et réalisée dans le but d'exercer une persécution politique inhumaine et injuste en Autriche, et si les personnes susmentionnées ont commis cumulativement : - un crime contre l'humanité ; - un crime contre l'humanité ; - un crime contre l'humanité ; - un crime contre l'humanité. Les personnes susmentionnées ont-elles cumulativement commis un complot avec l'étranger Ariel Muzicant et Mme Maria Berger dans le but de mener une persécution politique inhumaine et injuste en Autriche, et si les personnes susmentionnées ont cumulativement commis :

I) Un crime contre l'humanité,
II) le délit d'abus de pouvoir,
III) pour falsification du mandat d'arrêt de l'UE,
IV) de conspiration dans le cadre d'un accord contre la Constitution espagnole.

Je demande que les personnes susmentionnées soient traduites devant le tribunal compétent pour les infractions susmentionnées.

Je vous prie d'agréer, Monsieur le Président, l'expression de mes sentiments distingués.
Göran Holming, commandant à la retraite de l'armée suédoise".

Revenons maintenant au cas de G. Honsik. Le 3 décembre 2007, l'audience d'appel, qui avait été annulée en 1992 en raison de la "non-comparution de l'intéressé", s'est tenue à Vienne. L'appel a été rejeté et la peine de dix-huit mois d'emprisonnement sans sursis a été confirmée. En mai 2008, le parquet de Vienne a porté de nouvelles accusations contre Honsik pour "revitalisation d'activités nationales-socialistes". Le 20 avril 2009, le procès s'est ouvert devant le tribunal régional de Vienne et, le 27 avril, Honsik a été condamné à cinq ans d'emprisonnement en raison de ses opinions sur l'existence des chambres à gaz dans les camps de travail nationaux-socialistes. Le verdict a été confirmé par la Cour suprême, mais le 1er mars 2010, la Cour d'appel de Vienne a réduit la peine à quatre ans.

Un nouveau procès contre Honsik pour la publication de deux livres, l'un intitulé *Schelm und Scheusal* et l'autre *Rassismus Legal ?* a eu lieu le 20 juillet 2010. Il s'agissait d'un "procès 3g", en vertu de l'article 3g de la loi autrichienne sur l'interdiction (Verbotgesetz) de 1947, qui réprime sévèrement le "réveil des sentiments nationaux-socialistes". Le juge Andreas Böhm, qui a condamné Honsik à cinq ans de prison lors du procès d'avril 2009, avait demandé au procureur Stefan Apostol d'exclure les livres incriminés à l'époque, afin d'ouvrir ultérieurement un nouveau procès qui permettrait d'alourdir la peine. Lors du procès, les livres ont été examinés séparément. Honsik, malgré sa peine de prison, ou peut-être à cause d'elle, ne s'est pas laissé décourager et s'en est pris à Simon Wiesenthal. Les informations dont nous disposons sur les séances du procès proviennent de la presse autrichienne, servile comme elle l'est à l'égard des lobbies juifs qui la contrôlent, et nous vous épargnerons donc les citations. En résumé, Honsik a répété qu'il était admis qu'il n'y avait pas une seule chambre à gaz sur le sol allemand ou autrichien et que le menteur n'était pas lui, mais Wiesenthal. Le juge a tenté d'amener l'avocat de Honsik, le Dr Herbert Schaller, à nier l'existence des chambres à gaz. Il lui a demandé à plusieurs reprises s'il affirmait lui aussi qu'il n'y avait pas de chambres à gaz, mais l'avocat a toujours évité de répondre aux questions qui, en Allemagne, sont posées pour incriminer les avocats des accusés.

Théoriquement, Honsik ne devait pas être libéré avant 2013, mais un appel devant le tribunal de Vienne a finalement permis d'obtenir une sentence favorable, qui a réduit la durée de sa peine de dix-huit mois. Son âge avancé (70 ans) et son "intégration sociale réussie" en Espagne, où il est retourné après sa libération fin 2011 pour s'installer à nouveau à Malaga, où il avait été arrêté en 2007, auraient été pris en compte. Tout au long de sa vie, Gerd Honsik a été emprisonné pendant près de six ans pour avoir exprimé des idées considérées comme des délits d'opinion.

David Irving condamné à trois ans de prison à Vienne

Le deuxième procès d'Ernst Zündel à Toronto a marqué une étape importante dans l'évolution de la pensée révisionniste de David Irving qui, avec Robert Faurisson, a été le conseiller de l'avocat Doug Christie et a témoigné au procès en tant que témoin de la défense. Il semble que ce soit Irving qui ait contacté Bill Armontrout, et lorsque celui-ci lui a recommandé Fred Leuchter, il s'est rendu à Boston en compagnie de Faurisson pour rencontrer l'expert en chambres à gaz afin de le convaincre de fournir l'expertise technique. *Le rapport Leuchter* a dissipé tous les doutes d'Irving sur la prétendue extermination des Juifs d'Europe, s'il en avait encore. À son retour à Londres après le procès, Irving a publié le rapport de l'ingénieur américain au Royaume-Uni sous le titre *Auschwitz the End of the Line : The Leuchter Report* et en a rédigé l'avant-propos. Aucun des deux n'ayant satisfait l'establishment politique, Irving et Leuchter ont été condamnés le 20 juin 1989 par une motion déposée à la Chambre des communes. Cette motion décrivait David Irving comme "un propagandiste nazi et un apologiste d'Hitler". Quant au texte publié, il est considéré comme une "publication fasciste". Irving a publié un communiqué de presse cinglant en réponse à la motion des Communes. Le 23 juin 1989, Irving publie un texte dans lequel il affirme sans équivoque que les chambres à gaz d'Auschwitz sont une "fable".

Le 6 novembre 1989, David Irving donne au Park Hotel de Vienne une conférence qui, seize ans plus tard, lui vaudra une condamnation à trois ans de prison. Des organisations juives et divers groupes communistes et d'extrême gauche ont fait descendre cinq mille manifestants dans les rues pour tenter d'empêcher l'événement. Environ cinq cents policiers anti-émeutes ont dû former un cordon de protection pour empêcher les plus exaltés de prendre d'assaut le bâtiment. En raison du contenu des deux conférences données en Autriche, le gouvernement a lancé un mandat d'arrêt contre Irving et lui a interdit l'entrée dans le pays.

En janvier 1990, David Irving a donné une conférence à Moers, en Allemagne, où il a fait allusion à la terreur aérienne des Alliés et a affirmé qu'autant de personnes étaient mortes à Auschwitz entre 1940 et 1945 qu'au cours de n'importe quel bombardement criminel sur les villes allemandes. Le 21 avril 1990, Irving a répété le même discours à Munich, ce qui a incité un tribunal de la capitale bavaroise à le condamner, le 11 juillet 1991, à une amende de 7000 DM pour négation de l'Holocauste. Irving a fait appel et, lors de l'audience du 5 mai 1992, il a les personnes présentes dans la salle d'audience de Munich à se battre pour que le peuple allemand "mette fin au mensonge sanglant de l'Holocauste qui a été tissé contre le pays pendant cinquante ans". Irving a qualifié Auschwitz d'"attraction touristique". Outre une amende de 10 000 marks, il est désormais interdit d'entrée en Allemagne.

D'autres pays ont suivi l'exemple et le veto contre Irving a commencé à se généraliser. Au Canada, il a été arrêté en novembre 1992 et expulsé vers le Royaume-Uni. L'Italie et l'Australie lui refusent également l'entrée sur leur territoire. Le 27 avril 1993, il est cité à comparaître devant un tribunal français pour des accusations liées à la loi Gayssot. Cette loi ne prévoyant pas d'extradition, l'historien a refusé de se rendre en France et n'a pas comparu. En 1994, il est condamné au Royaume-Uni à trois mois de prison pour outrage à magistrat dans le cadre d'un litige sur les droits d'édition. Il est finalement enfermé pendant dix jours à la prison de Pentonville à Londres.

La confrontation judiciaire entre David Irving et l'historienne juive Deborah Lipstadt, bien connue dans les milieux révisionnistes, a été un tournant qui a marqué l'historien britannique. Il s'agit d'un long processus au Royaume-Uni, dont nous ne retiendrons que les faits essentiels, car Irving apparaît dans ces pages comme une victime de persécutions en Autriche et nous ne devons pas dévier de notre objectif. Pour les lecteurs qui ne sont pas familiers avec la question, la controverse entre Deborah Lipstadt, professeur de judaïsme moderne et d'études sur l'Holocauste à l'université Emory (États-Unis), et David Irving a commencé en 1993, lorsque Lipstadt a disqualifié Irving dans *Denying the Holocaust : The Growing Assault on Truth and Memory (Nier l'Holocauste : l'assaut grandissant contre la vérité et la mémoire)*. Dans ce livre, Lipstadt qualifie l'historien britannique d'"antisémite qui falsifie des documents pour des raisons idéologiques" et conclut qu'il est "un dangereux porte-parole négationniste". En 1996, Irving a décidé de poursuivre Lipstadt et son éditeur britannique Penguin Books Ltd. pour diffamation, estimant que sa réputation d'historien avait été entachée. Le procès s'est ouvert le 11 janvier 2000 et s'est terminé le 11 avril par une décision du juge Charles Gray en faveur de Lipstadt et de Penguin Books. Le juge Gray a estimé qu'Irving "pour ses propres raisons idéologiques, avait constamment et délibérément déformé et manipulé les preuves historiques". Bien que, comme l'a révélé Germar Rudolf, David Irving ait des origines juives, le juge Gray a affirmé dans son verdict qu'Irving était un "négateur actif de l'Holocauste", qu'il était "antisémite et raciste" et qu'il s'était "associé à des radicaux d'extrême droite pour promouvoir le néo-nazisme". Le procès et le verdict ont fait le tour du monde.

Le 11 novembre 2005, David Irving est devenu la victime la plus célèbre de la persécution des révisionnistes en Autriche. Il a lui-même raconté toute l'histoire dans un article publié par l'*American Free Press*. Selon son récit, il s'était rendu dans le pays pour s'adresser à une association d'étudiants, la fraternité étudiante "Olympia". Le sujet de la conférence, abordé plus haut dans cet ouvrage, était la négociation de Joel Brand en Hongrie avec Adolf Eichmann pour libérer des Juifs hongrois en échange de camions. Irving avait prévu d'expliquer que les services secrets britanniques avaient déchiffré les codes de communication et étaient au courant des discussions entre les sionistes et les nazis. Un mandat d'arrêt ayant été lancé contre lui par le tribunal régional de Vienne pour négationnisme depuis novembre 1989, Irving n'a pas voulu prendre le risque d'entrer en Autriche par un vol direct et a opté pour un voyage en voiture à partir de Zurich. Après avoir roulé toute la nuit, il est arrivé à Vienne à 8 heures du matin, après avoir parcouru 900 kilomètres.

Une fois reposé, il appelle depuis une gare l'étudiant Christopher V. qui l'a invité : "Rendez-vous A", dit Irving sans s'identifier, "dans une heure". Sécurité oblige, tout avait été prévu six mois à l'avance. Christopher, un jeune homme d'une vingtaine d'années, vient le chercher dans le hall de la gare et le conduit à l'endroit où plus de deux cents étudiants sont censés l'attendre. L'événement devait commencer à 18h00. Une fois la voiture garée, ils se sont approchés à pied du bâtiment. En s'appuyant contre le mur, ils ont vu "trois videurs costauds". Dès qu'il a compris qu'il s'agissait de la "Stapo" (police d'État), le jeune homme a remis les clés de la voiture à Irving et ils se sont séparés. Alors qu'il retournait vers la Ford Focus, Irving raconte que "l'un des videurs me suivait à environ quatre-vingts mètres ; les deux autres poursuivaient Christopher". Par habitude, il est entré dans la voiture par la droite, comme s'il s'agissait d'un véhicule anglais, mais le volant était de l'autre côté. L'homme se met à courir. Lorsqu'il démarre enfin, le policier n'est plus qu'à une dizaine de mètres. Dans le rétroviseur, il le voit noter les coordonnées de la voiture sur un bloc-notes. Le plan était d'essayer de rejoindre Bâle, où il devait prendre un avion le lendemain. À environ 250 kilomètres de Vienne, deux voitures de police l'obligent à s'arrêter : "Huit policiers en uniforme en sont soudain sortis et ont couru vers moi en poussant des cris hystériques". Tel est le résumé succinct de la manière dont Irving a vécu son arrestation.

Le porte-parole du ministère autrichien de l'intérieur, Rudolf Gollia, a indiqué que l'historien britannique avait été arrêté le 11 novembre par des agents de la police autoroutière près de la ville de Johann in der Heide, en Styrie. La presse internationale a rapporté qu'il avait été arrêté pour avoir nié l'existence de l'Holocauste 16 ans plus tôt, lors d'une conférence donnée en 1989. Un porte-parole du ministère public a été cité dans les médias comme ayant déclaré que s'il était jugé et reconnu coupable, il pourrait être condamné à une peine allant de un à dix ans de prison.

Après trois mois de détention, il a été condamné à trois ans d'emprisonnement par le tribunal régional de Vienne le 20 février 2006. Dans l'acte d'accusation, le procureur a précisé que dans les deux discours publics de 1989, Irving avait déclaré que "Hitler a en fait maintenu sa main protectrice sur les Juifs" et avait nié l'existence des chambres à gaz. Selon le procureur, Irving avait également soutenu en 1989 que la Nuit de Cristal n'avait pas été perpétrée par les nazis, mais par des individus déguisés en nazis.

En toute justice, il faut dire que les concessions d'Irving devant le tribunal viennois ont profondément déçu certains révisionnistes, qui auraient souhaité une attitude plus digne, plus stoïque. Irving a déclaré qu'il avait changé d'avis sur l'Holocauste parce que, lors d'un voyage en Argentine, il avait trouvé de nouveaux documents sur Adolf Eichmann. Il a accepté de revenir sur certaines de ses affirmations et a même admis l'existence des chambres à gaz, se reconnaissant ainsi coupable d'avoir falsifié l'histoire. Il semble qu'avec cette stratégie, il espérait un acquittement. Il était tellement confiant qu'il avait même acheté à l'avance un billet d'avion pour Londres. Cependant, les huit membres du jury ont été unanimes et, dans son verdict, le juge Peter Liebetreu a déclaré : "L'aveu précédent ne nous a pas semblé être un acte de repentir et n'a donc pas été pris en compte dans la pondération de la peine". Le juge lui a demandé s'il avait compris la sentence. "Je n'en suis pas sûr", répond-il, abasourdi. En sortant de la salle d'audience, il s'est déclaré choqué par la sévérité de la peine.

La Cour d'appel, présidée par le juge Ernest Maurer, a accepté l'appel. Le 20 décembre 2006, le juge Maurer a accepté de réduire la peine initiale à un an d'emprisonnement et deux ans de mise à l'épreuve. Irving ayant déjà passé treize mois en prison, il peut être libéré. Toutefois, il lui est toujours interdit de revenir en Autriche. Ce verdict a suscité la colère de la communauté juive de Vienne et du Centre de documentation historique de la Résistance. Brigitte Bailer, directrice du centre, a exprimé son indignation.

Le verdict, a-t-elle déclaré, "est inquiétant parce qu'il est le signe qu'il existe des secteurs dans le système judiciaire autrichien qui minimisent le crime de négationnisme". M. Bailer a accusé le juge Maurer d'être un sympathisant du parti d'extrême droite FPÖ. Dès son arrivée en Angleterre, Irving a réaffirmé ses positions révisionnistes et a déclaré qu'"il n'était plus nécessaire de montrer des remords".

Ainsi, David Irving reprend ses activités et donne des conférences révisionnistes en Europe et en Amérique. En décembre 2007, le gouvernement catalan a tenté d'interdire l'un des événements prévus en Espagne. Les Mossos d'Esquadra (police régionale catalane), en plus de fouiller et de filmer les participants afin de les intimider, ont procédé à la saisie de livres. L'orateur a été prévenu qu'il serait arrêté s'il y avait le moindre indice de délit d'opinion. Compte tenu de la situation, il a été décidé de suspendre la conférence et David Irving a tenu une conférence de presse avec sa liberté d'expression comme alibi.

Nous continuons en Espagne. À l'occasion du soixante-dixième anniversaire du déclenchement de la Seconde Guerre mondiale, le journal *El Mundo* a préparé une édition spéciale en 2009 avec des interviews de spécialistes de différentes tendances, dont Irving. L'ambassadeur d'Israël en Espagne, Raphael Schutz, a envoyé une lettre de protestation au journal pour demander la censure des contributions d'Irving. M. Schutz, avec son habituelle attitude de victime, a affirmé qu'il ne suffisait pas d'invoquer le droit à la "liberté d'expression". Le journal a qualifié l'ambassadeur d'"intransigeant" et a répondu que le journal *El Mundo* ne niait pas l'Holocauste, bien au contraire.

Terminons par une anecdote. En mars 2013, l'interdiction d'entrée en Allemagne de David Irving, qui devait durer jusqu'en 2022, a été levée. En juillet de la même année, il tente de réserver une chambre à Berlin car une conférence est prévue dans la capitale allemande le 10 septembre et les participants doivent payer 119 dollars pour y entrer. Volker Beck, du parti des Verts, a contacté l'association des hôteliers allemands pour qu'ils boycottent Irving. Il a ainsi obtenu que les principaux hôtels de Berlin refusent d'héberger le révisionniste britannique, qui aurait dû trouver un autre logement.

Wolfgang Fröhlich, le "canari" qui chante encore dans sa cage

Wolfgang Fröhlich est en passe de battre tous les records, puisqu'il a déjà passé neuf ans de sa vie en prison et qu'il en purge actuellement cinq autres, soit quatorze ans d'emprisonnement pour crimes de pensée. Dans un article publié dans *Smith's Report* en octobre 2015, Roberto Hernández a assimilé Fröhlich à ce canari auquel le professeur Faurisson faisait allusion dans sa phrase bien connue : " Mettre un canari en cage ne peut pas l'empêcher de chanter ses chansons. " Wolfgang Fröhlich est un ingénieur chimiste autrichien convaincu que la thèse de l'extermination des déportés dans les chambres à gaz est scientifiquement absurde. Fröhlich, notre canari en cage, est un spécialiste des procédés de désinfection et de la construction de chambres à gaz pour la lutte contre les parasites et l'élimination des microbes.

Il a déjà été dit que la liberté d'expression et la liberté dans son ensemble sont entravées en Autriche par une loi de 1947, la "Verbotsgesetz" (loi d'interdiction), qui visait à l'origine à empêcher l'existence de tout ce qui pouvait être lié au national-socialisme. En 1992, cette loi a été modifiée afin de punir la négation de l'Holocauste et toute tentative de minimiser les atrocités nazies. Malgré la nouvelle application de la loi d'interdiction, Fröhlich a envoyé, au cours des années 1990, des centaines de textes à des avocats, des juges, des parlementaires, des journalistes, etc. dénonçant les prétendues chambres à gaz nazies comme un mensonge. En 1998, il a participé en tant qu'expert pour la défense au procès en Suisse contre Jürgen Graf et son éditeur Gerhard Förster, sur lequel nous reviendrons plus tard. Il faut dire que son témoignage sur l'impossibilité technique des gazages de masse n'a pas du tout plu au tribunal, si bien que le procureur Dominik Aufdenblatten a menacé de l'inculper. Le passage de l'interrogatoire est le suivant :

> "Aufdenblatten : Selon vous, les gazages massifs au Zyklon B étaient-ils techniquement possibles ?
> Fröhlich : Non.
> Aufdenblatten : Pourquoi pas ?
> Fröhlich : Le pesticide Zyklon B est de l'acide cyanhydrique sous forme de granulés. Il est libéré au contact de l'air. Le point d'ébullition de l'acide cyanhydrique est de 25,7 degrés (Celsius). Plus la température est élevée, plus le taux d'évaporation est rapide. Les chambres d'épouillage dans lesquelles le Zyklon B était utilisé dans les camps et ailleurs étaient chauffées à trente degrés et même plus, de sorte que l'acide cyanhydrique se libérait rapidement de ses granules. En revanche, dans les morgues semi-enterrées des crématoires d'Auschwitz-Birkenau, où, selon des témoins, des exterminations massives au Zyklon B ont été réalisées, les températures étaient beaucoup plus basses. Si l'on admet que les pièces étaient chauffées par les corps des prisonniers, la température n'aurait pas dépassé 15 degrés Celsius, même en été. Par conséquent, il aurait fallu de nombreuses heures pour que l'acide cyanhydrique s'évapore. Selon les témoignages, les victimes sont mortes rapidement. Les témoins mentionnent des périodes allant de "instantané" à "15 minutes". Pour tuer les prisonniers en si peu de temps, les Allemands auraient dû utiliser d'énormes quantités de Zyklon B - j'estime qu'il y en avait entre 40 et 50 kilos par gazage. Cela aurait rendu tout travail dans la chambre à gaz totalement impossible. Le détachement spécial (Sonderkomando) qui,

selon les témoins, vidait les chambres des corps, se serait immédiatement effondré en entrant, même en portant des masques à gaz. D'énormes quantités d'acide cyanhydrique se seraient écoulées et tout le camp aurait été empoisonné".

La déclaration de Fröhlich a été accueillie par des applaudissements, mais le procureur Aufdenblatten a réagi avec indignation et a déclaré : "Pour cette déclaration, je demande au tribunal de vous accuser de discrimination raciale en vertu de l'article 261, sinon je le ferai moi-même. En entendant ces mots, l'avocat de Förster, Jürg Stehrenberger, s'est levé et a informé le tribunal qu'en raison de l'intolérable intimidation du témoin, il se retirait de l'affaire. En compagnie de l'avocat de Graf, il a quitté la salle d'audience pendant quelques minutes. Lorsqu'ils reviennent, ils expriment tous deux leur véhémente opposition au comportement du procureur, mais annoncent qu'ils poursuivent néanmoins leur mission d'avocats de la défense.

En 2001, Wolfgang Fröhlich publie *Die Gaskammer Lüge (Les mensonges des chambres à gaz)*, un livre de près de 400 pages qui lui vaut un mandat d'arrêt et l'oblige à se cacher quelque part en Autriche pour éviter d'être capturé. C'est dans la clandestinité qu'il conçoit le projet d'envoyer des CD intitulés *Gaskammerschwiendel (La fraude des chambres à gaz)*, dans lesquels il détaille les résultats de ses recherches et qualifie la fraude de "terrorisme psychologique". Le 30 mai 2003, il a écrit dans une lettre qu'il se portait bien et qu'il était impatient de poursuivre son projet d'envoi de CD à des personnes issues de l'ensemble de la société autrichienne. À ce jour, il a envoyé quelque 800 CD dans l'espoir que son action hâtera la fin de "l'histoire de l'Holocauste selon laquelle des millions de Juifs ont été gazés". Fröhlich y voyait une tromperie historique sans précédent de tout un peuple ("Volksbetrug"). Finalement, le samedi 21 juin 2003, Fröhlich a été arrêté et emprisonné à Vienne. Début 2004, il a été jugé et condamné à trois ans de prison pour violation de la loi sur l'interdiction ("Verbotsgesetz"), dont deux ans de mise à l'épreuve. À sa sortie de prison, le 9 juin 2004, il se retrouve sans emploi et sans ressources.

En juin 2005, alors qu'il était en liberté conditionnelle, une nouvelle accusation a été portée contre lui pour avoir émis les 800 CD prouvant l'impossibilité absolue des gazages. Il doit retourner en prison, où il attend son nouveau procès. Le 29 août 2005, la juge Claudia Bandion-Ortner l'a condamné à deux ans de prison et a annulé le sursis de la peine précédente, ce qui signifie que Frölich a été emprisonné pendant quatre ans au total. Heureusement, son recours devant la Cour suprême a abouti, de sorte que sa peine a été réduite de 29 mois et qu'il a de nouveau bénéficié d'une libération provisoire. En décembre 2006, à peine sorti de prison, Wolfgang Fröhlich a assisté à la Conférence internationale sur l'Holocauste à Téhéran, mais n'a pas pris la parole, de sorte que, malgré les allégations et les pressions exercées sur les autorités autrichiennes, il n'a pas été inculpé pour s'être rendu en Iran.

Alors qu'il était en liberté conditionnelle, l'infatigable Wolfgang Fröhlich a demandé à un membre du parlement et aux gouverneurs de province d'abolir la loi sur l'interdiction. C'est pourquoi il a été arrêté à nouveau fin juillet/début août 2007 et renvoyé en prison, où il est resté jusqu'à la tenue d'un nouveau procès. Le 14 janvier 2008, la juge Martina Spreitzer-Kropiunik du tribunal régional de Vienne a rendu un verdict de culpabilité et l'a condamné à quatre ans d'emprisonnement, qui s'ajoutent aux 29 mois révoqués par la Cour suprême. Il a donc été condamné à un total de six ans et quatre mois d'emprisonnement pour simple délit d'opinion.

Incarcéré en tant que prisonnier politique, Fröhlich, le "canari" qui ne peut s'arrêter de chanter, a écrit à Barbara Prammer du Conseil national du SPÖ (Parti social-démocrate autrichien), au cardinal Chistoph Schönborn et à d'autres pour expliquer sa thèse selon laquelle l'extermination de millions de Juifs dans les chambres à gaz est techniquement impossible et que la mort de six millions de Juifs est "le mensonge le plus atroce de l'histoire de l'humanité". Le chant irrépressible de Wolfgang Fröhlich a donné lieu à une nouvelle inculpation : le 4 octobre 2010, il a été condamné à deux ans de prison supplémentaires. Et ainsi de suite. Une demi-année avant sa libération, le 9 juillet 2015, le tribunal de district de Krems, présidé par le juge Gerhard Wittmann, le condamne à une nouvelle peine de trois ans d'emprisonnement. Cette fois, la procureure Elisabeth Sebek l'avait inculpé pour avoir envoyé des lettres au chancelier autrichien Werner Faymann, un social-démocrate catholique, au magazine d'information *Profil* et à d'autres personnes influentes. Dans ces lettres, il exprimait à nouveau son point de vue sur l'Holocauste.

Aux dernières nouvelles, Wolfgang Fröhlich a envoyé le 25 novembre 2015 une lettre de mise en demeure au Comité des droits de l'homme des Nations unies et à la Convention européenne des droits de l'homme. Robert Faurisson et Ernst Zündel s'étant tous deux adressés sans succès aux instances internationales, le premier pour dénoncer la loi Gayssot et le second pour dénoncer la violation de ses droits, il est peu probable que Fröhlich obtienne une quelconque protection. La tyrannie cachée du pouvoir mondial n'admet pas la moindre concession à l'égard des révisionnistes qui cherchent à démasquer l'imposture. Quoi qu'il en soit, le texte sera enregistré en hommage à cet honorable ingénieur autrichien qui a tout essayé et tout perdu :

"Mesdames, Messieurs,
Je formule ici une EXIGENCE
afin que ma plainte pour violation des droits de l'homme n° 56264/09 contre la République autrichienne, qui, en criminalisant mes opinions, porte atteinte à mes droits fondamentaux, en particulier ceux relatifs à la

liberté de la recherche scientifique, soit réexaminée et que justice soit faite !

J'avais déjà saisi la CEDH en tant que plaignant contre plusieurs condamnations prononcées par le tribunal pénal de Vienne au seul motif que j'avais fait usage de ma liberté d'expression. Par lettre du 15 mai 2012 (GZ ECHR LGer11.2R), cette plainte a été rejetée comme irrecevable !

J'ai récemment appris par la presse que la CEDH avait entre-temps modifié sa position juridique concernant les garanties des droits de l'homme en matière de liberté d'expression. En octobre 2015, un politicien turc qui avait été condamné en Suisse pour avoir exprimé son opinion en public a finalement été blanchi par la CEDH et la Suisse condamnée pour violation des droits de l'homme. Je fais référence à cette affaire dans ma lettre du 13 juillet 2015 au Conseil des ministres de la République autrichienne, que vous trouverez en pièce jointe n° 1.

Pour résumer ma question : je suis emprisonné en Autriche pour un seul et même "crime" depuis plus de dix ans ! Le 9 juillet 2015, j'ai été condamné par le tribunal de Krems à trois ans de prison supplémentaires, parce que je persiste à défendre le droit fondamental de m'exprimer librement ! J'évoque cette affaire dans une lettre adressée le 13 juillet 2015 au ministre autrichien de la Justice, M. Wolfgang Brandstetter, que vous trouverez dans le document n°2 ci-joint.

Comme la République autrichienne est liée par les mêmes normes juridiques (CCPR et CEDH) que la Suisse en ce qui concerne les droits de l'homme, je demande que ma demande n° 56264/09 soit examinée.

Avec mes plus sincères salutations,

Wolfgang Fröhlich".

4. Principales victimes de persécutions en Suisse :

Jürgen Graf et Gerhard Förster condamnés pour avoir écrit et publié des livres

Né en 1951, Jürgen Graf, qui a d'abord sympathisé avec la cause palestinienne et rejeté par conséquent le sionisme pour ses crimes, n'a pas douté jusqu'en 1991 que les nazis avaient exterminé les Juifs au moyen de chambres à gaz. Il rencontre alors Arthur Vogt (1917-2003), considéré comme le premier révisionniste suisse, qui lui fournit une série de livres qui lui ouvrent les yeux et lui éclaircissent l'esprit. Dès lors, "j'ai décidé de consacrer ma vie", confesse Graf, "à la lutte contre la fraude la plus monstrueuse jamais concoctée par des esprits humains". L'impact de la lecture des textes révisionnistes est si profond qu'en mars 1992, il rend visite au professeur Robert Faurisson à Vichy, qui corrige son livre *Der Holocaust auf dem Prüfstand*, publié au début de l'année 1993.

Jürgen Graf, qui a étudié la philologie française, anglaise et scandinave, parle plus de dix langues. À la suite de sa première publication révisionniste, il est licencié en mars 1993 de son poste de professeur de latin et de français, langues qu'il enseignait dans un lycée de Therwill, une ville proche de Bâle. Un mois plus tard, il rencontre l'éditeur Gerhard Förster, dont le père, originaire de Silésie, est mort lors de l'épuration ethnique brutale de millions d'Allemands d'Europe de l'Est. Incapable de s'arrêter, Graf rendit visite à Carlo Mattogno, vivant près de Rome, en septembre 1993, qui lui fournit de précieux documents écrits en polonais, qu'il étudiait et recherchait depuis une dizaine d'années. Dès cette première visite, les deux hommes entament une étroite collaboration et une profonde amitié, Graf devenant le traducteur de nombreux écrits du révisionniste italien. Par la suite, ils effectueront ensemble une demi-douzaine de voyages de recherche (Pologne, Russie, Lituanie, Belgique, Pays-Bas), qui déboucheront sur plusieurs livres qu'ils finiront par cosigner. En septembre 1994, Graf se rend en Californie pour assister à une conférence révisionniste organisée par l'Institute for Historical Review. Il y rencontre Mark Weber, directeur de l'IHR, Ernst Zündel, Bradley Smith et d'autres révisionnistes. En octobre 1994, il obtient un nouvel emploi de professeur d'allemand à Bâle ; mais il est licencié en 1998, après le procès de Baden qui, après cette rapide introduction, sera traité dans les lignes qui suivent.

Comme nous avons cité Jürgen Graf comme source tout au long de ce travail, son nom devrait nous être familier. La collaboration avec le révisionniste italien Carlo Mattogno a donné lieu, comme on l'a dit, à un travail important sur les camps de transit de l'est de la Pologne, transformés en camps d'extermination par la propagande. *Treblinka : Extermination Camp or Transit Camp ?* a été l'une de nos principales sources pour l'étude des camps de la soi-disant "Aktion Reinhard". Cependant, lorsque Graf a été condamné en 1998, c'était pour ses premiers ouvrages, dont nous avons utilisé *El Holocausto bajo la Lupa*, une édition anglaise de *Der Holocaust auf dem Prüfstand*, l'un des quatre livres qui ont conduit à sa condamnation. Le tribunal, composé de cinq membres, était présidé par le juge Andrea Staubli, qui, pour justifier le verdict, a rejeté les arguments des accusés concernant le contenu académique des livres, que le tribunal a considéré comme "cynique et inhumain".

Par l'importance de ses travaux et recherches et le nombre de livres qu'il a publiés, Jürgen Graf est le plus important révisionniste condamné en Suisse. Lui et son éditeur Gerhard Förster ont été condamnés le 21 juillet

1998 à quinze et douze mois de prison respectivement pour avoir écrit l'un et publié l'autre des livres prétendument antijuifs incitant à la "discrimination raciale". La "loi contre le racisme" qui a permis les poursuites avait été promulguée le 1er janvier 1995 à la demande de la communauté juive de Suisse. Elle interdit des crimes non spécifiés tels que "la négation ou la banalisation de génocides ou d'autres crimes contre l'humanité". Gerhard Förster a été reconnu coupable d'avoir publié les écrits de Graf et de deux autres auteurs. Jürgen Graf a également été reconnu coupable d'avoir envoyé des CD "racistes" en Suède pour Ahmed Rami et au Canada pour Ernst Zündel, qui les a distribués via Internet. Outre l'emprisonnement, le tribunal de Baden, dans le nord de la Suisse, a condamné chacun d'eux à une amende de 8000 francs suisses et leur a ordonné de restituer les 55 000 francs suisses qu'ils avaient gagnés grâce à la vente des livres, dont 45 000 francs suisses pour Förster et 10 000 francs suisses pour Graf.

Le Journal of Hisorical Review a publié dans son numéro de juillet/août 1998 un résumé détaillé du procès, qui a débuté le 16 juillet. Selon cette source, les soixante sièges de la salle d'audience étaient occupés par des sympathisants de Graf et de Förster. D'emblée, le tribunal a refusé de faire témoigner Robert Faurisson, dont l'érudition était déjà redoutée partout. À la place, il a accepté le témoignage du moins connu Wolfgang Fröhlich, dont un extrait a été reproduit ci-dessus. Le témoignage de Jürgen Graf a duré environ deux heures et s'est caractérisé par une défense vigoureuse des points de vue et des arguments contenus dans ses livres. Il est intéressant de citer quelques questions et réponses du contre-interrogatoire. À la question du juge Staubli de savoir s'il y a eu ou non un Holocauste, Jürgen Graf a répondu :

> "C'est une question de définition. Si l'on entend par Holocauste une persécution brutale des Juifs, des déportations massives dans des camps et la mort de nombreux Juifs par maladie, épuisement et malnutrition, alors il s'agit bien sûr d'un fait historique. Mais le terme grec "holocauste" signifie "brûlé à mort" ou "sacrifié par le feu", et est utilisé par les historiens orthodoxes pour désigner le prétendu gazage et l'incinération en masse des Juifs dans les "camps d'extermination". Il s'agit d'un mythe".

La juge a ensuite tenté d'interroger Graf sur le fait qu'il n'était pas un historien qualifié. Elle lui a ensuite reproché de ne pas se soucier d'offenser les Juifs avec ses livres. Dans sa réplique, Graf a cité des exemples d'infractions commises à l'encontre des Suisses sans que personne ne s'en préoccupe. "Pourquoi ne tient-on compte que des sentiments des Juifs et jamais de ceux des non-Juifs ? Le juge lui rappelle que la loi antiraciste a été adoptée par référendum démocratique. "Ne devriez-vous pas respecter cela ? Réponse :

"À l'époque, on a fait croire que la loi servait à protéger les étrangers contre les violences racistes. En réalité, elle sert exclusivement à protéger les Juifs contre toute critique. La brochure "Abschied von Rechtsstaat" (Adieu à l'État de droit), à laquelle j'ai contribué par deux courts essais, le prouve de manière irréfutable. Jusqu'à présent, aucun citoyen suisse n'a été accusé d'avoir critiqué un Noir, un Arabe ou un Turc. Seules des personnes ayant critiqué des Juifs ont été inculpées et condamnées".

Le ministère public, représenté par le procureur Aufdenblatten, a été très sévère dans ses conclusions et a utilisé des expressions telles que "pseudo-scientifique", "incitation à l'antisémitisme" et "propagande raciste" pour désigner les "livres criminels". Il a conclu que les écrits de Graf attisaient les flammes de l'antisémitisme et de la haine, et qu'ils ne cherchaient pas la vérité, mais la déformaient. Le procureur a souligné que Graf ne montrait aucun remords, qu'il réaffirmait ses opinions révisionnistes et qu'il était peu probable qu'il les modifie. Il a donc demandé au tribunal de ne pas envisager de peine avec sursis, ni pour Graf, ni pour Förster, qu'il a qualifié d'aussi déraisonnable que son collègue. Quant au mauvais état de santé du publiciste, il n'est pas un motif d'indulgence, car ce n'est pas à la Cour de déterminer s'il est trop malade pour aller en prison, mais aux médecins. Gerhard Förster est décédé en septembre 1998, neuf semaines après le procès.

Après les plaidoiries de Jürg Stehrenberger et Urs Oswald, les avocats de Förster et de Graf, le juge Staubli a accordé à Graf dix minutes pour faire une dernière déclaration, à condition qu'elle se limite aux questions pertinentes liées au procès. Après l'avoir remerciée pour son geste, Jürgen Graf a insisté sur le fait que les révisionnistes recherchaient la vérité : "Nous essayons de nous rapprocher le plus possible de la vérité historique. Ce que nous voulons, c'est que l'on nous signale nos erreurs. Il y a effectivement des erreurs dans mes livres, mais savez-vous qui me les a montrées ? D'autres révisionnistes ! De l'autre côté, la seule réaction a été des insultes, des calomnies, des menaces, des actions en justice et des procès". Quant à son éventuelle condamnation, il a informé le tribunal que depuis le début du 19ème siècle, personne n'a été emprisonné en Suisse pour avoir exprimé son opinion de manière non violente.

Voulez-vous, mesdames et messieurs de la Cour", a-t-il lancé aux juges, "rompre cette tradition à l'aube du XXIe siècle ? Et si vous tenez à emprisonner l'un d'entre nous, regardez-moi et non M. Förster, qui est mortellement malade ! En me mettant en prison, vous ne m'humilierez pas. Si vous le faites, c'est tout le pays, la Suisse, que vous humilierez. Une Suisse où la liberté d'expression a été abolie. Une Suisse où une minorité de 0,6% de la population est autorisée à décider de ce qui peut être écrit, lu, dit ou pensé est une Suisse morte".

Le fait que certains des livres pour lesquels Graf et Förster ont été inculpés aient été publiés avant la promulgation de la loi de 1995 n'a pas été considéré comme une circonstance atténuante. Urs Oswald, l'avocat de Graf, a bien entendu fait appel de ce verdict. Le 23 juin 1999, le tribunal du canton d'Argovie a confirmé le verdict, qui a ensuite fait l'objet d'un appel auprès d'une instance supérieure, le tribunal fédéral de Lausanne. L'organisation suisse "Verité et Justice", dirigée par René-Louis Berclaz, Philippe Brennenstuhl et Graf lui-même, qui œuvre pour le rétablissement de la liberté intellectuelle en Suisse, a publié la documentation du procès sous le titre *Un procès politique à Escaner. Le cas de Jürgen Graf*, un rapport qui a été traduit en plusieurs langues. En avril 2000, Jürgen Graf apprend que son appel a été rejeté et qu'il sera incarcéré le 2 octobre.

À l'époque, il était déjà fiancé à Olga Stepanova, une historienne biélorusse de Minsk. Tous deux ont décidé de ne pas rester séparés aussi longtemps et Graf a opté pour l'exil. Le 15 août 2000, jour de son 49e anniversaire, il émigre en Iran, où il vit jusqu'en avril 2001. Pour un polyglotte comme lui, l'étude du farsi pendant les mois qu'il a passés à Téhéran a été un divertissement. De là, il s'est finalement rendu en Russie, où il s'est installé après avoir épousé Olga. Depuis 2002, Graf et sa femme vivent en Russie, où il gagne sa vie en traduisant en allemand des textes rédigés en anglais, en russe et dans d'autres langues européennes. Outre, bien sûr, ses efforts pour dénoncer la religion de l'Holocauste, ce mensonge qui empoisonne le monde, il continue à publier des livres : *Sobibor. Holocaust Propaganda and Reality*, publié par Castle Hill Publisher, la maison d'édition de Germar Rudolf, est l'un des derniers en date.

Gaston-Armand Amaudruz, un an de prison pour un octogénaire

Né à Lausanne, Gaston-Armand Amaudruz a fondé et publié en 1946 le *Courrier du Continent*, un bulletin d'information rédigé en français. Amaudruz n'a que 28 ans lorsqu'il conteste dans son livre *Ubu Justicier au Premier Procés de Nuremberg* (1949) les affirmations sur les chambres à gaz homicides. On peut donc dire qu'il est l'un des premiers révisionnistes. Amaudruz écrit que "le procès de Nuremberg lui avait fait comprendre que la victoire des Alliés était la victoire de la décadence". Amaudruz, qui a créé en 1951 le "Nouvel ordre européen" en Suisse, une organisation nationaliste, anticapitaliste et anticommuniste, avait de la sympathie pour des Suisses éminents tels que le Lausannois François Genoud, le financier suisse qui avait été toute sa vie un national-socialiste convaincu. Fervent défenseur de la cause palestinienne et grand mécène de l'OLP, Genoud a fondé l'Arab Commercial Bank à Genève en 1958. Ce n'est pas pour rien qu'il était connu sous le nom de "Sheik François" parmi les Arabes.[19] Genoud décrit Gaston-Armand Amaudruz comme "un homme intègre, raciste, désintéressé, un homme du passé".

C'est précisément à cause de deux articles publiés en 1995 dans le *Courrier du Continent* que Gaston-Armand Amaudruz a été dénoncé. Dans l'un d'eux, il avait écrit : "Pour ma part, je maintiens ma position. Je ne crois pas aux chambres à gaz. Que les exterminationnistes en fassent la preuve et j'y croirai. Mais comme j'attends cette preuve depuis des décennies, je ne pense pas la voir de sitôt." Le procès contre lui a suivi celui de Jürgen Graf, qui avait une amitié personnelle avec Amaudruz et qui a utilisé les dix minutes que lui a accordées le juge Staubli pour défendre, à la fin de son discours, la figure de son ami devant le tribunal de Baden :

> "Je voudrais terminer mon propos en citant un ami romand, Gaston-Armand Amaudruz, contre lequel se prépare à Lausanne un procès semblable à celui qui nous oppose, Förster et moi. Dans le numéro 371 de son bulletin *Courrier du Continent*, Amaudruz écrit : "Comme dans les temps historiques anciens, vouloir imposer un dogme par la force est un signe de faiblesse. Les exterminationnistes peuvent gagner des procès grâce à des lois qui musellent la liberté d'expression. Mais ils perdront le jugement final devant le tribunal des générations futures".

Peu avant le début de son procès, en avril 2000, Amaudruz a écrit un article volontairement provocateur dans le numéro 418 de son bulletin, intitulé "Vive le révisionnisme ! Il y dénonce à nouveau le dogme intouchable de l'Holocauste imposé à l'humanité, se dit prêt à la destitution et annonce : "Je préfère obéir à ma conscience plutôt qu'à une loi immorale et criminelle, je reste fidèle à mes convictions. Je reste fidèle à mes convictions. Vive le révisionnisme !". Après une longue enquête, le procès s'est ouvert le 8 avril 2000 et le verdict a été rendu le 10 avril 2000. Le tribunal a condamné l'accusé à un an de prison pour avoir "nié" l'existence des chambres à gaz homicides dans les camps de concentration allemands

---

[19] Il existe peu de personnes aussi extraordinaires et aussi peu reconnues que François Genoud. Les biographies qui ont été écrites à son sujet ne le présentent pas de manière adéquate parce que leurs auteurs font preuve de peu de courage et/ou d'un trop grand souci du politiquement correct. Genoud, en plus d'être banquier et publiciste, fut un éminent stratège international qui s'opposa de toutes ses forces au Nouvel Ordre Mondial. Après la guerre, il a joué un rôle essentiel dans le sauvetage des réfugiés anticommunistes et nationalistes fuyant la vengeance des judéo-communistes qui s'étaient emparés de la moitié de l'Europe. Dès 1936, François Genoud se lie d'une amitié durable avec le Grand Mufti de Jérusalem, chef spirituel des musulmans de Palestine. En fondant l'Arab Commercial Bank, il se met au service financier des causes nationalistes arabes qui tentent de s'affranchir de l'empire financier des Rothschild. Cet homme exceptionnel, à l'intelligence privilégiée, a lutté jusqu'au bout contre le sionisme international et l'empire mondial.

pendant la Seconde Guerre mondiale. Le publiciste et professeur à la retraite, âgé de 79 ans, a été reconnu coupable d'avoir enfreint la loi contre le racisme, qui considère comme un crime le fait de "nier, minimiser grossièrement ou tenter de justifier un génocide ou d'autres crimes contre l'humanité". Outre l'année d'emprisonnement, le tribunal de Lausanne a condamné Amaudruz à verser 1000 francs suisses à chacune des parties au procès : la Fédération suisse des communautés israélites, la LICRA, basée à Paris, l'Association des fils et filles des déportés juifs de France et un survivant juif des camps de concentration. Les frais du procès et de la publication du verdict dans trois journaux et un journal officiel ont également été supportés par l'accusé condamné.

Après le procès, Gaston-Armand Amaudruz a raconté son expérience judiciaire dans un livre comprenant les rapports d'inculpation. En septembre 2000, "Verité et Justice" a publié ce texte dans le troisième numéro de son bulletin sous le titre *Le procès Amaudruz. Une farce judiciaire*. L'organisation a ainsi contribué à faire connaître les cruautés du procès contre un dissident de 79 ans. Les autorités ont considéré qu'il s'agissait d'une nouvelle violation de la loi antiraciste et ont poursuivi Amaudruz ainsi que René-Louis Berclaz et Philippe Georges Brennenstuhl, cofondateurs avec Jürgen Graf de "Verité et Justice". En mars 2002, "Verité et Justice" a été dissoute par décision de justice. Le 22 mai 2002, le tribunal pénal de la Veveyse, dans le canton de Fribourg, a condamné Amaudruz et Brennenstuhl à trois mois d'emprisonnement et Berclaz à huit mois d'emprisonnement.

Entre-temps, une cour d'appel avait réduit à trois mois la peine prononcée en avril 2000 à l'encontre de Gaston-Armand Amaudruz qui, en janvier 2003, à l'âge de 82 ans et déjà en très mauvaise santé, est entré à la prison de la Plaine de l'Orbe à Vaud, dans le canton de Vaud, pour y purger la peine imposée par la justice suisse.

5. PRINCIPALES VICTIMES DE PERSÉCUTIONS EN BELGIQUE ET AUX PAYS-BAS :

Siegfried Verbeke, combattant obstiné de la liberté d'expression

Belge d'origine flamande, Siegfried Verbeke est l'un des plus éminents révisionnistes européens. Avec son frère Herbert, il a fondé en 1983 le *Vrij Historisch Onderzook (Recherche historique libre)*, connu sous l'acronyme *VHO*, qui est devenu au fil des ans le principal centre européen de publication de textes critiques à l'égard de l'historiographie officielle et du dogme de l'Holocauste. Toute une série de livres, de brochures, de dépliants et d'articles en anglais, en néerlandais, en français et en allemand ont été publiés par *VHO*, qui a également publié pendant un certain temps un bulletin d'information. Depuis 1991, date à laquelle Verbeke et Faurisson ont publié une brochure de 125 pages sur le journal frauduleux d'Anne Frank, une persécution s'est déclenchée et s'est intensifiée au fil du temps. Les institutions gouvernementales, avec le soutien habituel des organisations sionistes habituelles, ont harcelé sans relâche Verbecke, qui a été maintes fois condamné à des peines de prison et à des amendes pour sa dissidence politique et ses opinions toujours pacifiques. En outre, les autorités belges ont confisqué pendant des années des tonnes de livres et d'autres textes produits par Verbeke, qui ont été systématiquement détruits.

La première condamnation de Siegfried Verbeke par un tribunal belge date de 1992 : pour avoir diffusé des écrits remettant en cause l'Holocauste, il a été condamné à un an de prison. Heureusement, son emprisonnement est suspendu, mais il perd ses droits civiques et son droit de vote pendant dix ans. En 1992, la loge maçonnique B'nai B'rith, le Centre d'information et de documentation d'Israël et la Fondation Anne Frank se joignent au Département national de lutte contre le racisme et intentent une action civile contre Verbeke pour avoir publié des documents, dont le *rapport Leuchter*. À la fin de l'année, un tribunal néerlandais a ordonné à Verbeke de payer 10 000 florins pour chacun des textes. En 1993, la Fondation Anne Frank aux Pays-Bas et le Fonds Anne Frank en Suisse ont poursuivi Verbeke, Faurisson et un de leurs collègues de *VHO* pour la publication de la brochure sur le journal d'Anne Frank. Dans l'acte d'accusation, il est souligné que "Anne Frank a été pendant des années un symbole des victimes juives de l'Holocauste, et que son nom et son journal ont donc acquis une valeur supplémentaire".

Alors que la Suisse a adopté la loi contre le racisme en 1995, en Belgique, la même année, le parlement a donné le feu vert à une nouvelle loi antirévisionniste qui criminalise la remise en question de la version officielle de l'Holocauste. Selon cette nouvelle loi, nier, minimiser ou tenter de justifier le génocide perpétré par le régime national-socialiste est passible d'une peine d'emprisonnement pouvant aller jusqu'à un an et d'une amende. Il s'agit d'une législation anti-liberté d'expression très similaire à celle qui existait déjà en France et en Autriche. Cela montre que l'offensive contre le révisionnisme est menée en coulisses par les forces occultes qui tiennent sous leur coupe les "démocraties" fantoches nées après la guerre mondiale. En fait, bien avant cela, le 23 avril 1982, le *Jewish Chronicle* (Londres) avait déjà rapporté que l'Institut des affaires juives de Londres, une branche du Congrès juif mondial, annonçait une campagne visant à faire pression et à persuader les gouvernements d'interdire la "négation de l'Holocauste". Les lois sur le délit de pensée antirévisionniste introduites dans plusieurs pays européens reflètent le succès de cette initiative.

En 1996, Siegfried Verbeke a commencé à coopérer avec un publiciste révisionniste allemand pour créer une division germanophone de

VHO supervisée par Germar Rudolf. En septembre 1997, Germar Rudolf lance sur Internet le site vho.org, qui devient le plus grand site révisionniste au monde. Le 6 novembre 1997, au cours d'une table ronde à Anvers (Belgique), Verbeke a distribué au public des centaines d'exemplaires d'une brochure révisionniste rédigée par lui-même, *Goldhagen et Spielberg Lies*, qui a été très bien accueillie.[20] Cette activité, qui a suivi le lancement de *VHO* sur l'internet, a été la goutte d'eau qui a fait déborder le vase. Dans un article paru en 2004, Germar Rudolf lui-même a désigné "le célèbre chasseur de sorcières belge Johan Leman", qui aurait été présent dans le public à Anvers, comme la personne qui a fait pression sur le gouvernement belge pour qu'il agisse à l'encontre de Verbeke. Une série de perquisitions dans quatre de ses locaux a eu lieu les 21 et 29 novembre 1997 et le 7 janvier 1998. De grandes quantités de livres et de documents ont été saisies et les entrepôts ont été mis sous scellés. Sur la base de cette expérience, la division allemande de *VHO* est devenue indépendante au début de l'année 1998. Afin d'échapper aux poursuites, Castle Hill Publishers, la maison d'édition de Germar Rudolf en Angleterre, a repris la publication des textes allemands. En 1998, le parquet de Francfort a déposé une plainte pénale contre Siegfried Verbeke. L'initiative est venue d'Ignatz Bubis, chef du Conseil central des Juifs d'Allemagne. Le motif était la distribution de dizaines de milliers d'exemplaires de la version allemande des *mensonges de Goldhagen et Spielberg* à des ménages allemands. La brochure a été confisquée et détruite sur ordre d'un tribunal de Munich. La procédure judiciaire a duré deux ans.

Finalement, le 27 avril 2000, un arrêt de la Cour d'appel d'Amsterdam a interdit à *VHO* de continuer à publier et à distribuer la brochure de Verbeke et Faurisson, qui mettait en doute l'authenticité du prétendu journal d'Anne Frank. En mai 2001, le ministère belge de la culture a ordonné à toutes les librairies belges de retirer les ouvrages de Verbeke de leurs rayons. En conséquence, tous les textes révisionnistes ont été retirés des magasins et discrètement détruits. Avec cet inqualifiable outrage à la liberté d'expression, l'épopée de cet inqualifiable publiciste atteignait son apogée.

En 2002, le domicile de Verbeke a été perquisitionné à plusieurs reprises par la police belge. Le 12 février 2002, les autorités belges ont officiellement interdit *Vrij Historisch Onderzook* et sa boîte postale a été temporairement confisquée. Les locaux de l'éditeur ont de nouveau été perquisitionnés et il a été soumis à un interrogatoire serré pendant les vingt-quatre heures de son arrestation. Au cours des mois suivants, les entrepôts où Verbeke conservait son matériel furent constamment visités par la police. Siegfried Verbeke décide alors de se réorganiser. Après avoir pris possession

---

[20] Daniel Goldhagen, dont le père avait été l'un des innombrables survivants de l'"Holocauste", avait publié en 1996 *Hitler's Willing Executioners*, un ouvrage dans lequel il criminalise tous les Allemands qui, selon ce juif américain, non seulement étaient au courant de l'extermination, mais l'ont soutenue. En ce qui concerne Steven Spielberg et sa *Liste de Schindler*, nous pensons quaucun commentaire n'est nécessaire.

de nouvelles boîtes postales, il rebaptise sa fondation *Vogelvrij Historisch Onderzook* (*Recherche historique proscrite*). La section ou division française devient indépendante et prend le nom de *Vision Historique Objective*. Quelques mois plus tard, la confiscation de son ancienne boîte postale est levée et l'organisation de Siegfried Verbeke retrouve son nom et ses adresses d'origine.

Le 9 septembre 2003, un tribunal d'Anvers a condamné les deux frères Verbeke à un an de prison et au paiement de 2500 euros. Tous deux ont été remis en liberté surveillée et, pour la deuxième fois, Siegfried Verbeke a été privé de ses droits civiques pour une période de dix ans. La condamnation avait été motivée par la distribution de documents qui "minimisaient le génocide nazi contre les Juifs". Trois semaines plus tard seulement, à la fin du même mois de septembre, la police belge a effectué une énième descente dans les locaux de la maison d'édition, à la recherche de preuves que des documents révisionnistes portant le nom et l'adresse de Verbeke étaient distribués par ce dernier.

Un an plus tard, le 27 novembre 2004, suite à un mandat d'arrêt émis par les autorités allemandes, Verbeke a été arrêtée à son domicile de Courtrai en Flandre. Le mandat d'arrêt européen, prétendument introduit sous le prétexte de la lutte contre le terrorisme, est une décision juridique émise par un État membre de l'Union, qui est appliquée dans la plupart des pays depuis le 1er janvier 2004. Ces mandats sont généralement exécutés discrètement et sans aucun obstacle juridique. L'Allemagne a immédiatement demandé l'extradition vers la Belgique, mais, à la surprise générale, un juge a rejeté la demande au motif que Verbeke avait déjà été condamné pour les mêmes crimes en Belgique en septembre 2003. En vertu du droit belge, une personne ne peut être inculpée ou jugée deux fois pour les mêmes faits.[21]

Quoi qu'il en soit, le harcèlement de Siegfried Verbeke n'a pas cessé. Le 4 avril 2005, un tribunal belge l'a de nouveau condamné à un an de prison et à une amende de 2500 euros pour avoir nié le génocide des Juifs pendant la Seconde Guerre mondiale. Comme il a fait appel du verdict, son emprisonnement a été une nouvelle fois reporté. Profitant de sa liberté, Verbeke a tenté de se rendre à Manille avec sa petite amie philippine. Alors qu'il était sur le point d'embarquer à l'aéroport de Schiphol, près d'Amsterdam, le 4 août 2005, il a été arrêté par la police néerlandaise, le mandat d'arrêt européen étant toujours valable aux Pays-Bas. Il est clair que, comme l'a regretté son avocat, Verbeke a commis une grave erreur, car s'il

---

[21] En juillet 2005, en réponse à une demande espagnole d'extradition d'un Allemand d'origine syrienne soupçonné d'avoir participé à l'attentat brutal du 11 mars 2004 à Madrid, la Cour constitutionnelle allemande a jugé que le mandat d'arrêt européen n'était pas valable en Allemagne, ce qui est scandaleux. La Cour constitutionnelle allemande a fait valoir qu'un citoyen allemand a le droit d'être jugé par les tribunaux allemands. Les autorités allemandes ont donc libéré le terroriste présumé.

avait voulu partir de Bruxelles, il n'aurait probablement pas été arrêté, la demande d'extradition ayant été rejetée par un magistrat belge.

Après trois mois de détention aux Pays-Bas, il a finalement été extradé vers l'Allemagne. Les autorités néerlandaises ont ignoré le fait que Verbeke avait la nationalité belge et qu'un juge belge avait parfaitement justifié son refus de l'extrader vers l'Allemagne. Naturellement, Verbeke luttait contre les imposteurs de l'histoire et était bien plus dangereux que n'importe quel terroriste recherché par la police espagnole pour son implication présumée dans l'assassinat de quelque 200 personnes. En Allemagne, où le suspect allemand d'origine syrienne venait de se voir refuser l'extradition vers l'Espagne, Verbeke a été détenu pendant une demi-année à l'isolement dans la prison de Heildelberg. Soudain, on ne sait pourquoi, il a été libéré sous caution. Au total, sans avoir été condamné ni aux Pays-Bas ni en Allemagne, Siegfried Verbeke a été emprisonné pendant neuf mois en tant que dangereux révisionniste.

De retour en Flandre, il est à nouveau arrêté en novembre 2006 à son domicile de Courtrai. La raison de cette nouvelle arrestation semble être l'exécution d'une sentence antérieure d'un tribunal belge. Cette fois, il a été emprisonné en Belgique. M. Verbeke a déclaré à ses amis qu'il espérait recouvrer la liberté en juillet 2007. La dernière condamnation de Verbeke dont nous ayons connaissance remonte au 19 juin 2008. Nous avons déjà vu dans les pages consacrées à Vincent Reynouard que la Cour d'appel de Bruxelles les a tous deux condamnés à un an de prison et à une amende de 25 000 euros pour la publication de textes négationnistes mettant en cause des crimes contre l'humanité. Aucun d'entre eux ne s'étant présenté, les autorités belges ont émis un mandat d'arrêt national et se sont préparées à préparer le mandat d'arrêt européen.

Alors que nous sommes sur le point de conclure ces pages sur Siegfried Verbeke, nous avons appris que le *journal* flamand *De Morgen* a publié une longue interview de trois pages avec le révisionniste belge dans son supplément *Zeno* du samedi 9 janvier 2016. Dans cette interview, Verbeke, impassible, insiste sur le fait que les seules chambres à gaz d'Auschwitz étaient celles utilisées pour désinfecter les vêtements des détenus. Le mensuel anversois *Joods Actueel* (*Nouvelles juives*), qui adopte une position belliqueuse à l'égard de tout ce qui va à l'encontre d'Israël, a *De Morgen* à partie pour avoir accueilli dans ses pages une "peste" comme Verbeke. Selon la presse belge, ces sionistes sont prêts à poursuivre le journal flamand en justice. Michael Freilich, rédacteur en chef et propriétaire du journal juif, a déclaré à la *Jewish Telegraphic Agency* qu'il avait déposé une plainte contre *De Morgen* et Verbeke auprès de l'ICKG (Centre interfédéral pour l'égalité des chances et la lutte contre le racisme). Freilich a déclaré que "*De Morgen* est à toutes fins utiles complice de cette infraction et devrait être tenu responsable de ses actes". Selon M. Freilich, des fonctionnaires de l'agence publique lui ont assuré qu'ils envisageaient une action en justice. Le maire d'Anvers, Bart de Wever, n'a pas tardé à soutenir l'initiative.

6. Principales victimes de persécutions en Espagne

En Espagne, c'est en Catalogne que l'on trouve les cas les plus flagrants de persécution politique des révisionnistes et de soumission au sionisme dans les cours de justice. Là, par exemple, Pilar Rahola, définie comme une "ordure sioniste" par Antonio Baños, membre de la CUP au Parlement catalan après les élections régionales de 2015, s'exhibe sans vergogne, avec une impudeur absolue, dans les nombreux médias qui lui offrent jour après jour leurs plateaux et leurs micros. Dirigeante pendant des années d'Equerra Republicana de Catalunya, un parti dont l'histoire est marquée par une profonde tradition maçonnique, Rahola a admis dans une interview à un média numérique indépendantiste ses contacts avec Israël. Le journaliste lui a demandé si elle travaillait comme agent de liaison entre le président de la Generalitat, Artur Mas, et le gouvernement sioniste. Sa réponse a été la suivante : "La meilleure réponse que je puisse vous donner est que je ne la donnerai pas. Permettez-moi de garder ces choses confidentielles. Nous ne dévoilerons pas toutes les cartes. Lorsque le journaliste a répondu : "Je comprends que nous travaillons", Rahola a confirmé : "Il y a des informations qui sont trop sensibles pour être divulguées à l'extérieur.... Nous travaillons beaucoup et nous parlons peu". Il est donc incontestable que le sionisme dispose en Catalogne d'un terrain bien fertile sur lequel il évolue avec arrogance grâce à l'assentiment et à la servilité honteuse des médias et à la complicité de certains politiciens indépendantistes.

En Espagne, le cas le plus flagrant, l'injustice la plus saignante, a été commis à l'encontre d'un libraire et éditeur de Barcelone, Pedro Varela, dont la lutte digne et honnête est connue dans tous les cercles révisionnistes internationaux. Son cas n'est cependant pas le seul ; d'autres libraires et éditeurs basés en Catalogne ont également été victimes de harcèlement. Ramón Bau, Óscar Panadero, Carlos García et Juan Antonio Llopart sont d'autres noms qui devraient figurer dans cette section, car ils ont été persécutés pour avoir publié des livres révisionnistes ou pour avoir exprimé leurs opinions sur des questions politiques liées au révisionnisme. Nous consacrerons donc la première section sur les persécutions en Espagne à Pedro Varela et nous présenterons ensuite le deuxième cas.

Pedro Varela, un honnête libraire victime de la haine et de l'intolérance sectaire

À propos de Pedro Varela, nous allons écrire de manière adéquate. Comme notre travail est né en Espagne, nous connaissons parfaitement ses difficultés, nous avons eu accès à des informations suffisantes et nous pouvons expliquer le cas comme il se doit. Son nom est associé au CEDADE (Círculo Español de Amigos de Europa), une organisation d'idéologie national-socialiste créée à Barcelone en 1966. Le premier congrès de ce groupe se tient en 1969 et Jorge Mota en est le premier président, en même temps que le directeur de la revue *CEDADE*. Au cours de ces premières années, le militantisme s'est développé et l'organisation s'est étendue à toutes les régions d'Espagne, avec une cinquantaine de branches. Les groupes de Catalogne arborent même la "senyera" catalane pendant les années franquistes. Pedro Varela est devenu président de CEDADE et rédacteur en chef de la publication en 1978.

Peu à peu, les idées révisionnistes deviennent la base fondamentale des idées de Varela et de l'organisation qu'il préside. Il prend contact avec Robert Faurisson et fait publier un extrait du livre essentiel d'Arthur R. Butz. De même, d'autres auteurs proches de l'Institute for Historical Review, ainsi que des publications et des textes de l'IHR, ont été traduits et introduits en Espagne grâce au CEDADE. En 1989, par exemple, CEDADE a publié en Espagne l'explosif *Rapport Leuchter* avec une préface de David Irving. L'une des dernières manifestations du CEDADE a eu lieu à Madrid en 1992, où un certain nombre de personnalités révisionnistes se sont réunies pour revendiquer le droit inaliénable à la liberté d'expression. Gerd Honsik, Thies Christophersen et d'autres personnes persécutées dans leur pays pour s'être exprimées librement ont participé à cette réunion. Il convient de noter qu'à cette époque, les deux procès contre Ernst Zündel à Toronto avaient déjà eu lieu et que les choses allaient de mal en pis en Allemagne. Enfin, un nouveau cadre juridique similaire à celui qui se mettait en place en Europe était également en train d'être créé en Espagne. Pedro Varela annonça donc sa démission en tant que président du CEDADE et, en octobre 1993, l'organisation disparut définitivement.

Au cours des années 1980, Pedro Varela s'est de plus en plus engagé en faveur du révisionnisme historique et, en 1988, il s'est rendu au Canada pour assister au deuxième procès Zündel à Toronto. Il y rencontre Faurisson, Irving, Zündel et d'autres révisionnistes, et a l'occasion de rencontrer Fred Leuchter en personne. À peu près à la même époque, il a également organisé, avec David Irving, un rassemblement de protestation à Berlin devant le siège de la télévision allemande. Brandissant des pancartes sur lesquelles on pouvait lire "Historiens allemands, menteurs et lâches", Varela et Irving ont pris la tête d'un petit groupe de manifestants pour réclamer la fin de la falsification de l'histoire. Ce sont les années où le révisionnisme a obtenu le succès décisif de l'expertise de l'ingénieur Leuchter à Auschwitz. Dans le même temps, les ennemis des révisionnistes et de la vérité historique se radicalisaient : on sait qu'en 1989, Robert Faurisson a été victime d'un lâche attentat de la part de terroristes juifs, qui l'ont battu à mort.

En mars 1991, Pedro Varela prend la parole en allemand au "Leuchter Kongress", une réunion en plein air organisée par Ernst Zündel à Munich. Le 25 septembre 1992, âgé de trente-cinq ans, avec des idéaux, des convictions fermes et beaucoup d'espoir dans son sac à dos, il est arrêté en Autriche, pays qu'il visite dans le cadre d'un tour d'Europe. La raison de son arrestation est que lors d'une visite précédente, il avait prononcé un discours faisant l'éloge de la politique d'Hitler. Il est présenté à la police et incarcéré à la prison de Steyr, un ancien monastère cistercien, pour délit de propagande du national-socialisme. Sa correspondance est surveillée. Avant de lui être remises, les lettres sont traduites en allemand pour être jointes au dossier du procès au cas où elles pourraient être utilisées comme preuves à charge. Il passe trois mois derrière les barreaux avant d'être traduit devant un tribunal de trois juges et un jury de huit personnes le mercredi 16 décembre 1992. Il est finalement acquitté, à la surprise générale, car il a été conclu que l'accusé ne connaissait pas le droit autrichien et qu'il ne pouvait donc pas savoir qu'il commettait un délit en exprimant son opinion sur un personnage historique.

Comparée à l'Autriche ou à l'Allemagne, l'Espagne est restée une oasis de liberté d'expression dans une Europe de plus en plus condescendante à l'égard des lobbies juifs. En 1995, année où la Suisse et la Belgique se dotent de lois antiracistes destinées à lutter contre la "haine" et le "négationnisme", l'Espagne s'engage enfin dans la même voie. Le 11 mai 1995, le Parlement a approuvé une révision du code pénal afin d'aligner la législation espagnole sur celle de certaines nations européennes. Dans son préambule, la loi se justifie ainsi : "La prolifération dans plusieurs pays européens d'incidents de violence raciste et antisémite, perpétrés sous les drapeaux et les symboles de l'idéologie nazie, oblige les États démocratiques à prendre des mesures décisives pour lutter contre...". Nous avons déjà constaté que les lois contre la "haine" et le "négationnisme" en Europe n'étaient pas la conséquence d'une expression spontanée ou d'une indignation justifiée de la part des peuples, mais le résultat d'une campagne préfabriquée et bien organisée au service du sionisme. Trois ans plus tard, en juin 1998, l'Association internationale des avocats et juristes juifs a de nouveau appelé à l'adoption de nouvelles lois plus sévères contre le révisionnisme de l'Holocauste.

En 1991, quatre ans avant que l'Espagne ne cède aux pressions extérieures pour modifier sa législation, Pedro Varela avait ouvert les portes de la Librería Europa au numéro 12 de la Calle Séneca. Mais le fanatisme et l'intolérance des champions de la "liberté d'expression" n'allaient pas le laisser faire : les graffitis insultants sur les murs et les vitrines du magasin sont une constante depuis lors et le magasin a été attaqué à plusieurs reprises. Tout a commencé lorsqu'en mai 1995, le même mois où le Parlement espagnol a approuvé la modification du code pénal, une "plate-forme civique

Anne Frank" autoproclamée a tenté de changer le nom de la rue Seneca pour lui donner le nom de la malheureuse jeune fille juive morte à Bergen - Belsen. Il est intéressant de noter que le conseil municipal de Bergen avait précédemment refusé de donner le nom d'Anne Frank à une école et, plus tard, à la rue menant au mémorial du camp.

Entre le 12 mai 1995 et l'automne 1996, cette plate-forme civique mal nommée a recueilli des signatures et fait pression sur les deux cent trente familles vivant dans la rue Seneca pour qu'elles soutiennent le changement de nom de la rue. Les promoteurs ne cachaient pas que le but de la campagne était de "boycotter les activités de la librairie Europa". Un bel exemple de respect de la liberté d'expression (la leur, bien sûr). Les groupes civiques et, bien sûr, démocratiques qui faisaient partie de la plate-forme étaient les habituels groupes de gauche et d'extrême gauche. La rue Seneca a perdu sa tranquillité et le quartier a dû subir des manifestations de violence démocratique et d'intolérance : graffitis insultants, pierres, cocktails Molotov, etc. Pedro Varela, afin d'offrir aux voisins et à l'opinion publique en général une information qui puisse être opposée à celle fournie par les promoteurs du changement de nom de la rue, a publié sous la forme d'une lettre circulaire un texte qu'il avait écrit alors qu'il étudiait l'histoire contemporaine à l'université. Il s'agissait d'un texte qui offrait un aperçu ou une synthèse rigoureusement exacte des travaux de Faurisson, Verbeke, Felderer et Irving sur la falsification littéraire la plus fructueuse et la plus rentable du vingtième siècle. Dans ce texte, le seul écrit par Varela parmi tous ceux présentés contre lui par les Mossos d'Esquadra et le ministère public, on ne trouve aucune preuve de haine envers qui que ce soit.

Le 12 décembre 1996, la police catalane a fait une descente dans la Librería Europa. Varela, la sœur de Pedro, travaillait dans le magasin et sa fille jouait dans l'arrière-cour. Les Mossos ont saisi quelque 20 000 livres, ainsi que des périodiques, des magazines, des affiches, des vidéos.... Varela a ensuite été arrêté au domicile familial. L'opération, qui, selon *El País*, avait été préparée depuis trois mois, a été ordonnée par José María Mena, nommé en 1996 procureur en chef du ministère public du Tribunal supérieur de justice de Catalogne. Ce juriste "progressiste", qui avait été militant du PSUC (communistes catalans) dans les années 1970, estimait que Varela "poursuivait la haine et non une idéologie".

L'information parue le 13 décembre 1996 dans *El País*, journal proche des socialistes espagnols, est un exemple de manque d'objectivité : après avoir félicité les Mossos d'Esquadra d'avoir eu l'honneur d'être "la première force de police en Espagne à arrêter une personne pour apologie du génocide", le journal affirme que la Librería Europa est un "centre de vente et de distribution de livres nazis édités dans les pays d'Amérique du Sud". Il ajoute que les habitants du quartier de Gracia se sont félicités de cette arrestation et que la mairie envisage de se porter partie civile dans cette affaire. Enfin, il a confirmé que la Plataforma Cívica Ana Frank, le Comité de coordination gay-esbien, l'Asociación Amical Mauthausen et SOS Racismo étaient tous très satisfaits d'avoir démantelé "un complot néo-nazi qui utilisait la librairie comme couverture".

La procédure a été retardée pendant près de deux ans parce qu'un grand nombre des livres saisis étaient en anglais, en allemand et en français, de sorte que le ministère public a insisté pour les traduire afin de déterminer quelle partie de leur contenu était contraire à la loi. Enfin, le président du tribunal pénal n° 3 de Barcelone, Santiago Vidal, a fixé au vendredi 16 octobre 1998 le début du premier procès en Espagne pour apologie du génocide et incitation à la haine raciale. Dès que la date a été connue, les partisans d'Anne Frank, devenus Plate-forme civique contre la diffusion de la haine, ont appelé à un rassemblement contre Pedro Varela devant le palais de justice. La loge B'nai B'rith, la Comunidad Israelita de Barcelona, la Fondation Baruch Spinoza, la Anti-Defamation League, Maccabi Barcelona, Asociación Judía Atid de Cataluña, Asociación de Relaciones Culturales Cataluña-Israel, Amical Mauthausen, Coordinadora Gai-Lesbiana, Sos Racismo et Unión Romaní ont apporté leur soutien à la manifestation. Les participants portaient des cercueils en carton et des bougies en mémoire des victimes. Il est évident que l'objectif de ce spectacle de rue était d'exercer une pression sociale et politique.

Les deux sessions du procès ont eu lieu les 16 et 17 octobre. Shimon Samuel, président du Centre Wiesenthal Europe, y a assisté en tant qu'observateur, escorté par des policiers et accompagné par des caméras de télévision israéliennes. "Ce procès, a-t-il déclaré, est une occasion historique pour l'Espagne de se joindre à la jurisprudence européenne et de condamner le parrain espagnol du néo-nazisme. Le procureur a cité une trentaine d'ouvrages vendus dans la librairie Europa qui faisaient l'éloge du Troisième Reich et de ses politiques ou qui présentaient des arguments révisionnistes au sujet de l'Holocauste. Dans l'affaire contre Varela, la Comunitat Jueva Atid (future) de Catalunya, SOS Racismo et la Communauté israélienne de Barcelone avaient déposé une action populaire. Les deux avocats de Varela ont clairement indiqué dès le départ que la loi en vertu de laquelle leur client était jugé était inconstitutionnelle, et ont donc demandé la suspension et l'annulation de la procédure. Interrogé pendant plus de quatre heures, le libraire a rejeté les accusations : "Je n'ai jamais provoqué la haine raciale", a-t-il déclaré au tribunal, ajoutant qu'en tant qu'historien, il avait "l'obligation morale de dire la vérité". Quant au révisionnisme, il a déclaré : "À mon avis, la révision de l'histoire est nécessaire parce que c'est un sujet ouvert et que tout est sujet à révision. Les historiens doivent être sceptiques sur tout et ils doivent aussi réviser ce qui a été dit jusqu'à présent". En ce qui concerne les livres de sa librairie, il a expliqué qu'il ne pouvait pas connaître le contenu des 232 titres qu'il avait dans sa boutique et qu'il n'était pas obligé de le faire. Il a souligné qu'il vendait dans sa boutique des livres de différentes idéologies et que, parmi les auteurs, il mentionnait le nationaliste basque Sabino Arana, Francisco de Quevedo et citait également le *Capital* de Marx. Quant au texte sur Anne Frank, il en a reconnu la paternité. Dans sa déclaration finale, il a déclaré : "Il m'est revenu de jouer le rôle du méchant dans ce film en tant que bouc émissaire d'une "alarme sociale" délibérément créée (expression utilisée par le procureur). Je condamne, je condamne et j'attaque toute forme de génocide. Je ne suis pas un génocidaire et je n'ai jamais assassiné personne. Je n'ai jamais souhaité le génocide de quiconque ou l'assassinat d'une minorité ethnique ou religieuse".

Le ministère public, qui a rappelé que les faits constituaient un crime dans l'Union européenne, a requis deux ans d'emprisonnement pour apologie du génocide et deux ans d'emprisonnement pour incitation à la haine raciale. Et ce, alors que le deuxième paragraphe de l'article 607 du nouveau code pénal stipule que les crimes visés par cet article seront punis "d'une peine d'emprisonnement d'un ou deux ans". Pour sa part, Jordi Galdeano, l'avocat de SOS Racismo et de la Comunitat Jueva Atid de Catalunya, a demandé une peine exemplaire de huit ans de prison. "Ce qui est un crime et constitue un risque pour la démocratie, a-t-il déclaré, c'est la diffusion d'une idéologie qui méprise certains groupes. Le 16 novembre 1998, le tribunal a déclaré Varela coupable d'incitation à la haine raciale et coupable également d'avoir nié ou justifié le génocide. En conséquence, le juge Santiago Vidal, qui a qualifié Varela de "diplômé universitaire au parcours brillant, expert en matière de révisionnisme historique", l'a condamné à cinq ans d'emprisonnement et à une amende de 720 000 pesetas.[22] Il a également ordonné à Varela de remettre son passeport et de se

---

[22] Le juge Santiago Vidal, qui appartenait à l'association "progressiste" Juges pour la démocratie, est aujourd'hui une figure célèbre en Espagne. Ses relations avec SOS Racismo ont été révélées lorsqu'en septembre 2013, le Conseil général du pouvoir judiciaire lui a interdit de collaborer avec cette ONG, car cela était incompatible avec ses fonctions de juge. En avril 2014, il est apparu que M. Vidal, qui est profondément attaché au nationalisme séparatiste catalan, rédigeait une Constitution pour la Catalogne, en violation de la Constitution espagnole, la Catalogne étant une communauté dotée d'un statut d'autonomie. Une fois de plus, le Conseil général du pouvoir judiciaire l'a convoqué pour lui rappeler les limites de son travail juridictionnel. M. Vidal a publié une déclaration dans laquelle il a assuré que son travail était "de sa propre initiative altruiste, sans aucune commande officielle d'une institution publique ou privée". Il a nié toute "intention politique" et a proclamé son indépendance et son impartialité. En octobre 2014, la justice a ouvert une procédure disciplinaire à son encontre et a indiqué une suspension à titre conservatoire, "compte tenu de l'extrême pertinence des faits et de l'évidente projection publique et sociale". En janvier 2015, après avoir affirmé avoir agi avec indépendance, impartialité et sans "intentionnalité politique", ce juge délirant présente le projet de Constitution catalane et déclare textuellement : "J'ai un rêve : voir naître la république catalane en tant que juge". En février 2015, le Conseil général du pouvoir judiciaire l'a suspendu pour trois ans, une sanction qui entraînait la perte de son siège au tribunal de Barcelone. Devenu un martyr pour les sécessionnistes, on apprend en mars 2015 que le président Artur Mas l'a incorporé au gouvernement de la Generalitat pour "planifier" et "concevoir" les structures de l'État liées à la sphère judiciaire. Vidal, sans

présenter au tribunal tous les mois. Quant aux 20 000 livres, il a été ordonné de les brûler, alors que seuls trente des quelque deux cents ouvrages saisis étaient en infraction avec la loi. Cette sentence très sévère dépasse les dispositions de l'article 607.2 du Code pénal, ce qui a amené Galdeano à exprimer sa "satisfaction intime". Pedro Varela, pour sa part, a déclaré qu'il s'agissait d'une "sentence politique et d'une énorme injustice" et a rappelé que pendant deux ans, depuis la perquisition de sa librairie par la police jusqu'au procès, une terrible pression avait été créée. Le 10 décembre 1998, les avocats de Pedro Varela ont fait appel du verdict et de la sentence, et il a pu éviter l'emprisonnement en attendant la décision de la cour d'appel.

Comme si la librairie et son activité commerciale n'avaient pas été suffisamment mises à mal depuis deux ans, une manifestation a été convoquée pour le samedi 16 janvier 1999 sous les slogans : "Fermons la librairie Europe, jeunes et travailleurs en lutte contre le fascisme". "Contre le fascisme : fermons la librairie nazie". Deux jours plus tôt, le jeudi 14 janvier, Maite Varela, la sœur de Pedro qui travaillait dans l'établissement, a averti la police nationale de ce qui se préparait et du risque d'attentat. Le même jour, vers 13h15, un appel a été passé à la police régionale et la situation a été expliquée au service des plaintes. Le samedi 16, à 20 heures, des amis ou des connaissances de la Librería Europa ont signalé au 091 que la manifestation se dirigeait vers la rue Séneca. À 20 h 30, la librairie a été attaquée. Pour pénétrer dans le magasin et le casser, il a fallu briser les volets de l'entrée. Quelques manifestants se cagoulent, entrent dans le magasin et commencent la destruction : vitres, vitrines, présentoirs, portes, étagères, photocopieuses, téléphone, extincteur, escaliers, même quelques carreaux. Tout est rasé. Une fois les meubles renversés, ils ont empilé les livres sur le sol avec l'intention de les brûler à l'intérieur. Finalement, ils ont choisi de jeter quelque 300 volumes dans la rue et d'y mettre le feu sur l'asphalte. Naturellement, certains voisins, effrayés par ces scènes de violence, ont lancé de nouveaux appels à l'aide, mais aucune force de police ne s'est présentée. Quant à la Guardia Urbana qui escortait les manifestants, elle s'est retirée lorsque l'assaut contre la librairie a commencé.

---

aucune intention politique, bien sûr, s'est alors attelé à recruter les 250 juges qui commenceraient à exercer dans une Catalogne indépendante, ce qui a conduit le Tribunal supérieur de justice de Catalogne à exiger de la Generalitat qu'elle prenne des mesures à l'encontre de Vidal, estimant qu'il "sapait la confiance collective dans le pouvoir judiciaire". Il est ensuite apparu que le département de la justice de la Generalitat avait signé un contrat de trois ans avec M. Vidal en tant qu'agent temporaire. Finalement, M. Vidal a démissionné de son contrat pour se présenter au Sénat en tant que tête de liste de l'Esquerra Republicana de Catalunya. En tant que sénateur, il a révélé en janvier 2017 que la Generalitat avait obtenu illégalement les données fiscales des Catalans, que les autorités séparatistes disposaient déjà d'une sélection de juges sympathisants afin de purger les opposants, et qu'un pays non européen (Israël) formait une unité des Mossos aux tactiques de contre-espionnage. L'ERC l'a contraint à démissionner.

El País, qui a soutenu dès le début le lynchage public d'un homme qui s'est défendu seul contre presque tout le monde, a rapporté la nouvelle avec ce titre : "Manifestation de 1600 jeunes pour exiger la fermeture de la librairie Europa". Dans le corps du texte, on pouvait lire : "La manifestation s'est déroulée dans le calme, mais en arrivant à la librairie, un groupe de manifestants a brûlé des livres qu'ils avaient sortis du magasin, qui a été légèrement endommagé". Naturellement, l'article n'est pas illustré par des photographies, car une seule aurait suffi pour voir comment la librairie a été laissée en l'état après avoir subi de "légers dégâts". Dans une expression bien connue, Lénine qualifiait d'"idiots utiles" ceux qui sont utilisés comme instruments pour une certaine cause ou politique. Il semble évident que les individus qui se sont encagoulés et ont rasé la librairie étaient des terroristes politiques, probablement rémunérés, qui faisaient partie des "idiots utiles" déguisés en "manifestants pacifiques" au service du pouvoir réel.

Pour compléter l'action honteuse des forces de l'ordre, le tribunal a rejeté la plainte au motif que les coupables n'étaient pas connus. Cependant, les caméras de télévision ont filmé les agresseurs et le conseil municipal disposait des noms des deux douzaines de groupes qui ont participé à la manifestation : Assemblea d'Okupes de Terrassa, Assemblea Llibertària del Vallés Oriental, Associació d'Estudiants Progressistes, Departament de Joves de CC.OO., Esquerra Unida i Alternativa, Federació d'Associacions d'Associacions de Veïns de Barcelona, Joves Comunistes, Joves Socialistes de Catalunya, Maulets, Partido Obrero Revolucionario, Partits dels Comunistes de Catalunya, PSUC viu, Amical de Mauthausen... Pas moins de 23 associations ont été énumérées dans la plainte déposée par Pedro Varela devant un tribunal ordinaire le 10 février 1999. La plainte comprenait une liste des dommages évalués et leur valeur estimée, qui s'élevait à 2.815.682 pesetas en "petits dommages".

Enfin, le 30 avril 1999, Pedro Varela reçoit une excellente nouvelle : à l'unanimité, les trois juges de la troisième section de l'Audience provinciale de Barcelone, présidée par la juge Ana Ingelmo, font droit au recours introduit par l'avocat José María Ruiz Puerta et remettent en cause la sentence prononcée par le juge Santiago Vidal. Considérant qu'il s'agit d'une violation du droit à la liberté d'expression, ils ont envisagé de porter l'affaire devant la Cour constitutionnelle de Madrid. Les trois juges ont estimé que le fait de douter de l'existence de l'Holocauste ne pouvait être considéré comme un crime au regard de la Constitution espagnole. Au lieu de statuer sur la condamnation, ils ont fait part dans leur jugement de tous les doutes concernant la constitutionnalité de l'article 607.2 du nouveau code pénal. Les juges de l'Audience Provinciale ont soutenu que l'article pour lequel Varela avait été condamné était en conflit avec l'article 20 de la Constitution, qui défend le droit d'exprimer et de diffuser librement des pensées, des idées et des opinions par la parole, l'écriture ou tout autre moyen de reproduction. Comme on pouvait s'y attendre, les accusateurs ont réagi avec colère. L'intrépide Jordi Galdeano n'a pas été en reste et a estimé que la décision du tribunal était "une attaque contre le système démocratique". En d'autres termes, lorsqu'au lieu de juges et de procureurs compréhensifs, ils sont confrontés à des magistrats réellement indépendants, ils sont accusés de mettre en danger les libertés. L'avocat de l'Amical Mauthausen, Mateu Seguí Parpal, a qualifié le tribunal qui a mis en doute la criminalité de Pedro Varela de "peu présentable".

Cependant, avant d'admettre l'examen de constitutionnalité soulevé par les juges de la troisième section de la Haute Cour, la Cour constitutionnelle a exigé comme condition formelle que la Haute Cour de Barcelone traite d'abord l'appel contre la condamnation, et la chambre de la troisième section a alors fixé la date du 9 mars 2000 pour l'audition de l'appel. Une semaine auparavant, la juge, Ana Ingelmo, avait été récusée par SOS Racismo, qui l'avait dénoncée au ministère public pour prévarication et lui avait demandé de s'abstenir dans cette affaire. La Chambre a accueilli la récusation et accepté un changement de rapporteur. Elle a donc ordonné la suspension de l'audience et a traité la récusation dans un document séparé. Le 19 juin 2000, une ordonnance de la septième section de l'Audience provinciale de Barcelone a rejeté la demande de récusation.

L'audience a finalement été fixée au 13 juillet. Varela n'y a pas assisté car il se trouvait en Autriche. Son avocat a qualifié la peine de cinq ans de prison de "scandaleuse". D'autre part, le procureur Ana Crespo et les procureurs privés ont demandé à la Audiencia de confirmer la peine infligée au propriétaire de la Librería Europa. Finalement, par ordonnance du 14 septembre 2000, la troisième section de l'Audiencia Provincial a de nouveau soulevé la question de l'inconstitutionnalité. Pedro Varela est resté en liberté surveillée et l'affaire est restée en suspens jusqu'à la décision de la Cour constitutionnelle. Les défenseurs de la liberté d'expression et les révisionnistes du monde entier considèrent qu'une victoire a été remportée en Espagne, du moins temporairement, et attendent la décision de la haute cour, qui mettra sept ans à rendre le jugement tant attendu.

Pendant cette période temporaire, Pedro Varela poursuit ses activités de libraire et d'éditeur au sein de l'Asociación Cultural Editorial Ojeda, qu'il a fondée au début de l'année 1998. La Librería Europa a également commencé à organiser des conférences dans ses locaux, souvent données par des auteurs révisionnistes venus de l'étranger. Soudain, le lundi 10 avril 2006, la police autonome catalane fait irruption dans les locaux de la Librería Europa. À 9h30 du matin, une quinzaine de policiers masqués ont entamé une perquisition qui a duré jusqu'à 17h. Quelque six mille livres d'une valeur de plus de 120 000 euros ont été saisis. En outre, les agents de la police politique de la Generalitat ont retiré des locaux huit grandes boîtes remplies de documentation, des centaines de dossiers et des milliers de photos et de diapositives, des catalogues prêts à être envoyés et treize mille programmes de conférences. Les six ordinateurs contenant des dizaines de livres corrigés, dactylographiés et prêts à être publiés ont été confisqués. Ces ordinateurs contenaient également toutes les informations relatives aux clients et amis de la maison d'édition et de la librairie. Les disques durs, les copies de sauvegarde, les livrets d'épargne, les comptes bancaires, les chéquiers de la librairie, les contrats personnels et professionnels ont également été confisqués. Comme si cela ne suffisait pas, les "mossos" ont emporté des photographies encadrées rappelant des événements de l'époque de CEDADE et même les drapeaux des communautés autonomes qui, avec le drapeau catalan, ornaient la salle de conférence.

Pedro Varela a été arrêté. Une fois au poste de police, il a été contraint de se déshabiller pour passer la fouille, puis enfermé dans une cellule. Il a ensuite "joué du piano", ce qui, dans le jargon carcéral, signifie s'encrer les doigts pour prendre ses empreintes digitales, et a été photographié de face et de profil avec le numéro de l'auteur de l'infraction. On lui a expliqué que cette fois-ci, la raison de son arrestation était que l'Editorial Ojeda publiait des livres "contraires à la communauté internationale", des livres qui allaient "à l'encontre des libertés publiques et des droits fondamentaux". En d'autres termes, dans une "démocratie" où la liberté d'expression, de diffusion et de communication sont des signes sacro-saints d'identité, l'édition et la vente de livres sont devenues une activité criminelle parce que les idées contenues dans les textes étaient "contraires à la communauté internationale". Si ce n'était pas aussi grave et pathétique, on pourrait en rire.

Deux jours après son arrestation, Varela a été libéré sous caution. Il a été inculpé de crimes contre une entéléchie appelée communauté internationale, contre l'exercice des droits fondamentaux et contre les libertés publiques pour l'apologie du génocide. Juan Carlos Molinero, chef adjoint du Bureau général des enquêtes criminelles, a expliqué aux médias que l'opération n'avait pas été dirigée contre la librairie, qui avait déjà fait l'objet d'une enquête dans les années 1990, mais contre Editorial Ojeda, de sorte que ni la boutique ni son site web n'avaient été fermés. En réalité, il s'agissait d'une ruse "légale" pour pouvoir agir à nouveau contre Varela.

Étant donné que nous historicisons les événements de Pedro Varela, victime de la plus grande attaque contre la liberté d'expression et de publication perpétrée dans l'Espagne "démocratique", il est pertinent de noter que le pouvoir en Catalogne en avril 2006 était entre les mains d'un gouvernement connu sous le nom de tripartite, qui a émergé après la signature du soi-disant Pacte de Tinell. Présidé par le socialiste Pasqual Maragall, les partis qui en faisaient partie étaient le Partit dels Socialistes de Catalunya (PSC), Iniciativa per Catalunya Verds-Esquerra Unida i Alternativa (émanation des communistes du PSUC) et Esquerra Republicana de Catalunya (dont l'emblème, selon ses dirigeants, est un triangle maçonnique). Ce gouvernement a donc été politiquement responsable de la persécution en Espagne d'un homme d'affaires pour avoir publié des livres "contraires à la communauté internationale", dont la plupart ont été publiés presque partout en Europe sans aucun problème.

Comme on le sait, lorsqu'il s'agit de criminaliser un dirigeant qui, quelque part dans le monde, s'oppose aux desseins des marionnettes cooptées à la tête des pays puissants qui déclenchent les guerres, ces derniers prétendent représenter la "communauté internationale". L'État ou la nation qui ne se soumet pas est alors accusé de "défier la communauté internationale". Dans le cas inédit que nous venons de décrire, on comprend qu'il y aurait un index des livres interdits dont le contenu menace une abstraction inconcevable appelée communauté internationale.

Le 7 novembre 2007, la Cour constitutionnelle a finalement rendu la décision STC 235/2007 sur la question d'inconstitutionnalité soulevée par la troisième section de l'Audience provinciale concernant l'article 607, deuxième alinéa, du code pénal. Le rapporteur était le juge Eugeni Gay Montalvo. L'arrêt, après avoir longuement exposé les motifs juridiques, est libellé comme suit :

> "Compte tenu de ce qui précède, le Tribunal constitutionnel, en vertu de l'autorité que lui confère la Constitution de la nation espagnole, a décidé de faire partiellement droit à la présente question d'inconstitutionnalité et, en conséquence, d'annuler la décision de la Cour constitutionnelle :
> 1° Déclarer inconstitutionnelle et nulle l'inclusion de l'expression "nier ou" dans le premier paragraphe de l'article 607.2 du Code pénal.
> 2) déclarer que la première clause de l'article 607.2 du code pénal, qui punit la diffusion d'idées ou de doctrines tendant à justifier le crime de génocide, interprétée dans les termes du motif juridique 9 du présent arrêt, n'est pas inconstitutionnelle.
> 3) Le recours constitutionnel est rejeté pour le surplus.
> Le présent arrêt est publié au Boletín Oficial del Estado.
> Fait à Madrid, le sept novembre deux mille sept.

En d'autres termes, depuis la décision STC 235/2007, le dogme de la foi en l'Holocauste peut être nié en Espagne, tout comme, par exemple, le dogme de l'Immaculée Conception, l'existence de Dieu ou tout autre dogme de l'Église. La Cour constitutionnelle a considéré que cette négation "reste à un stade antérieur à celui qui justifie l'intervention de la loi pénale, dans la mesure où elle ne constitue même pas un danger potentiel pour les intérêts juridiques protégés par la règle en question, de sorte que son inclusion dans le précepte entraîne la violation du droit à la liberté d'expression". L'arrêt précise que "la simple négation de l'infraction est en principe inepte". En revanche, la Cour a considéré comme un crime la diffusion "par tout moyen" d'idées justifiant le génocide. Mais ce n'est pas le cas des révisionnistes qui apparaissent dans ces pages : aucun d'entre eux ne justifie ou n'a jamais justifié un génocide. Pedro Varela a assuré à plusieurs reprises qu'il le désapprouvait dans sa déclaration devant le juge qui l'a condamné à cinq ans de prison.

Deux mois après l'arrêt de la Cour constitutionnelle, l'Audience provinciale, neuf ans après la condamnation de Pedro Varela à cinq ans de prison, a tenu l'audience de l'appel contre la sentence le 10 janvier 2008. La défense de Pedro Varela avait demandé plus de temps pour se préparer, car l'arrêt de la Cour constitutionnelle était suffisamment important pour que ses implications juridiques soient étudiées en profondeur, mais la Chambre a rejeté cette demande. L'accusation et la défense ont réitéré leurs demandes. Finalement, le 6 mars, les juges de l'Audience provinciale ont prononcé la sentence, confirmant partiellement l'appel et réduisant la peine à sept mois d'emprisonnement. Il a été considéré que Varela avait fait l'apologie du génocide par son travail de diffusion de doctrines génocidaires par la vente de livres, mais qu'il n'avait pas fait de discrimination directe de manière personnelle, et a donc été acquitté du délit d'incitation à la haine raciale. Pedro Varela n'a pas eu à entrer en prison et a annoncé qu'il envisageait de former un recours en amparo.

Quoi qu'il en soit, le harcèlement de Varela était à son apogée, puisqu'après son arrestation en avril 2006, il était toujours en liberté, inculpé et en attente d'un nouveau procès. C'est le 29 janvier 2010 que l'audience a eu lieu devant le 11e tribunal pénal de Barcelone. Face à l'obligation de se conformer à la doctrine du Tribunal constitutionnel, selon laquelle nier l'Holocauste n'est pas un crime, mais le justifier l'est, le libraire et éditeur a été accusé de diffuser des idées qui justifient le génocide et incitent à la haine raciale, bien qu'il ait toujours dit, activement et passivement, qu'il condamnait toute forme de violence contre toute minorité ethnique et, bien sûr, tout génocide. Le procureur Miguel Angel Aguilar a déclaré qu'il ne s'agissait pas de juger des idées, "mais la diffusion de la doctrine de la haine". Parmi les livres sélectionnés, le procureur en a cité des fragments pour étayer sa thèse bancale. L'avocat de Pedro, Me Varela, a dénoncé le fait que les paragraphes extraits par le procureur de plus d'une douzaine de livres vendus dans la librairie Europa étaient "sortis de leur contexte" et a rappelé que certains des livres choisis, comme *Ma lutte contre* Hitler, pouvaient également être achetés dans les grands magasins.

Le 5 mars 2010, Estela María Pérez Franco, juge suppléante sans opposition, nommée de manière discrétionnaire au Tribunal pénal n° 11, a rendu sa sentence, connue le 8 mars. Dans la section des faits avérés, cette magistrate a consacré quinze pages à commenter les textes des dix-sept livres dont elle a ordonné la destruction. En voici quelques exemples. Dans *Mi lucha (*36 exemplaires saisis), elle insiste sur la citation de fragments qui font allusion à la race. Il semble évident que cette juge ignorait que la question raciale a toujours été la raison d'être du peuple juif. Il suffit de citer une déclaration embarrassante de Golda Meir, la vénérée dirigeante sioniste et ancienne première ministre d'Israël, selon laquelle "les mariages mixtes sont pires que l'Holocauste". Cette raciste, faisant allusion aux Palestiniens, a déclaré à ce moment-là : "Le peuple palestinien n'existe pas. Il n'existe pas. Le juge-magistrat considérerait-il que Golda Meir haïssait les Palestiniens ? Dans *Los crímenes de los buenos* de Joaquín Bochaca *(*2 exemplaires épuisés), le juge a cité comme condamnable la phrase "Ce ne sont pas les Arabes, mais les bons, les Juifs, qui ont implanté le terrorisme en Palestine". Si cette affirmation est considérée comme fausse, on peut se demander si, au moment de la condamnation de Pedro Varela, le juge avait la moindre idée de la façon dont l'État sioniste est né. L'inclusion de *La pluie verte de Yusuf* (222 exemplaires saisis), un ouvrage de l'auteur juif Israël Adam Shamir, parmi les livres à détruire est frappante. Dans la sentence, la juge cite, entre autres, la déclaration suivante de Shamir : "P. 35, lignes 3-6, 'La presse mondiale, de New York à Moscou, en passant par Paris et Londres, est parfaitement contrôlée par les suprémacistes juifs ; pas un seul grincement de dents ne peut être entendu sans leur autorisation préalable'". Estela Maria Perez Franco pense-t-elle que Shamir est un menteur et un antisémite ? Les sionistes pourraient lui expliquer qu'ils considèrent les Juifs qui osent les critiquer comme des "Juifs qui se détestent parce qu'ils sont Juifs" plutôt que comme des antisémites. Israël Shamir, célèbre pour son engagement en faveur de la cause palestinienne, est l'auteur d'une trilogie qui, outre l'ouvrage précité, comprend *The Spirit of James* and *Pardes. Une étude de la Kabbale*, tous deux vendus à la librairie Europa. Deux mois avant le procès, à l'invitation de Pedro Varela, Shamir a participé à une série de conférences données par la Librería Europa : le dimanche 8 novembre 2009 à Madrid et le lundi 9 novembre 2009 à San Sebastián. Le titre de sa conférence était "*La bataille du discours : le joug de Sion*".

En analysant la sélection de citations de la sentence, nous pourrions écrire au moins quinze pages, les mêmes que celles écrites par Estela María Pérez ; mais il est maintenant temps d'examiner le jugement, dans lequel le juge a condamné Pedro Varela Geiss à un an et trois mois de prison "en tant qu'auteur pénalement responsable d'un délit de diffusion d'idées génocidaires", et à un an et six mois de prison pour "un délit commis en violation des droits fondamentaux et des libertés publiques garantis par la Constitution". C'est un sarcasme insupportable, une injustice manifeste, que Varela ait été condamné pour un crime contre les droits fondamentaux et les libertés constitutionnelles, alors qu'il a précisément été victime de la violation de ces droits et libertés en sa personne. Il a également été convenu "de confisquer tous les livres décrits dans les faits avérés... et de procéder à leur destruction une fois la condamnation définitive".

Le jugement n'est devenu définitif qu'à la fin du mois d'octobre 2010. Auparavant, en mai 2010, l'Audiencia Provincial avait examiné l'appel. Ce tribunal de l'Audience a au moins respecté le décorum qu'il se doit en tant que cour de justice et a acquitté Pedro Varela du second délit, pour lequel il avait été condamné à un an et six mois de prison ; mais a maintenu le premier : "diffusion d'idées génocidaires", pour lequel il avait été condamné à un an et trois mois. Enfin, une autre juge de Barcelone, la présidente du tribunal pénal n° 15, n'a pas accepté d'accorder à Pedro Varela le sursis qu'il avait demandé. La juge a déclaré dans son jugement qu'en ordonnant l'emprisonnement du libraire, elle avait pris en compte le fait qu'il avait déjà été condamné à sept mois de prison en 2008, ce qui, d'un point de vue pénal, montrait "un casier judiciaire qui démontre sa dangerosité".

Pedro Varela est entré en prison le dimanche 12 décembre 2010. C'était une matinée d'hiver lumineuse, sans nuages, tout comme Pedro était à l'abri du crime. Il est arrivé dans une petite caravane de voitures, accompagné d'un grand groupe d'amis et de sympathisants qui l'ont entouré et encouragé jusqu'au dernier moment. Sur une grande banderole portée par plusieurs personnes, on pouvait lire : "Pour le droit d'informer. Plus de rédacteurs en prison". Un autre accompagnateur portait une banderole individuelle avec la phrase "Les livres sont interdits et les éditeurs sont enfermés". Avec une force d'âme et une dignité admirables, conscient de la nécessité de donner l'exemple de la force d'âme, Varela a exhorté ses amis à ne pas se décourager. Il a évoqué l'emprisonnement de Quevedo dans les cachots de San Marcos de León et a estimé que le moment était venu d'affronter la prison. Il a demandé à tous de rappeler au monde que les livres étaient traqués et les éditeurs emprisonnés. Nous pouvons faire en sorte, leur a-t-il dit, que personne d'autre ne soit emprisonné pour cette raison". Avec des accolades et des baisers, il a dit au revoir après les avoir remerciés et a franchi le portail. Il s'est éloigné vers les bureaux de contrôle d'accès sous les applaudissements et les cris enthousiastes de "Allez Pedro !", "Bravo !" et "On ne t'oubliera pas Pedro ! Heureusement, il n'a pas été interdit d'écrire, ce qui lui a permis de rédiger une série de lettres dans la cellule 88 du centre pénitentiaire de Can Brians 1, où il a purgé sa peine. Ces textes ont été publiés plus tard sous le titre *Cartas desde prisión. Pensées et réflexions d'un dissident.*

Le 8 mars 2011, Isabel Gallardo Hernández, une autre juge suppléante affectée au 15e tribunal pénal de Barcelone, a rendu une ordonnance dans laquelle elle a ordonné l'exécution de la destruction des livres, conformément à la sentence du 5 mars 2010. Nous citerons un fragment du dispositif de l'ordonnance afin d'avoir une trace de l'index des livres interdits en Espagne, pays où existe théoriquement la liberté d'expression et où, par conséquent, il n'y a pas de livres interdits.

"Je décide d'ordonner la destruction de tous les exemplaires des livres portant les titres suivants :
1er Mon combat. 2e Autoportrait de Léon Degrelle, un fasciste. 3ème Hitler et ses philosophes. 4e Hitler, discours des années 1933/1934/1935. Œuvres complètes (volume 1). 5ème Les crimes des "bons". 6ème Les fondements de la biopolitique : l'oubli et l'exagération du facteur racial. 7. la race, l'intelligence et l'éducation 8. la noblesse 9. l'homme nouveau

10. L'éthique révolutionnaire. 11e Garde de fer. Le fascisme roumain. 12° Les Protocoles des Sages de Sion. 13° L'œcuménisme à trois faces : juifs, chrétiens et musulmans. 14° La pluie verte de Yusuf. 15° La pensée wagnérienne. 16° L'histoire des vaincus (le suicide de l'Occident). Tome II. 17° Le manuel du chef. De la Garde de Fer.
Le buste d'Hitler, la croix gammée en fer, les casques militaires, ainsi que les photographies et les affiches à thème national-socialiste qui ont été retirés devraient également être détruits.
Remettre les drapeaux et le papier à lettres au prisonnier".

Constater que tout se fait au nom de la démocratie, de la liberté et des droits fondamentaux est tout à fait déplorable. La question se pose de savoir pourquoi les bustes de personnages historiques, les croix gammées, les casques militaires, les photos ou les affiches devraient être détruits. Si l'on nous dit qu'Hitler représente le mal absolu, nous devons soutenir que le communisme a produit les pires criminels de l'histoire. À notre connaissance, il n'existe aucune décision exigeant la destruction des bustes de Lénine, Trotski, Kaganóvich, Beria ou Staline dans les maisons privées. Il en va tout autrement des statues dans les lieux publics qui ont été enlevées dans certains pays, quand elles n'ont pas été démolies par des populations indignées après des années de totalitarisme communiste.

Quant aux livres, que dire de la destruction d'ouvrages lus dans le monde entier et librement consultables dans les bibliothèques espagnoles. Comment accepter l'interdiction de textes en Espagne au seul motif qu'un tribunal de Barcelone a considéré comme avéré que "le contenu des livres occupés reflète le mépris du peuple juif et d'autres minorités". C'est un sarcasme insultant que des ouvrages critiques à l'égard des Juifs soient détruits, alors qu'en Israël la haine raciale est à la base de l'éducation. Les talmudistes, qui haïssent viscéralement les chrétiens, enseignent dans "Abhodah Zarah" que "même les meilleurs des goyim (gentils ou non-Juifs) doivent être tués". Cet enseignement ne traduit-il pas une haine raciale et un sectarisme de la pire espèce ? Maurice Samuel (1895-1972), intellectuel sioniste, dans le chapitre XIV de son ouvrage *Vous les Gentils*, intitulé "Nous, les destructeurs", écrit ces mots aux Gentils : "Nous, les Juifs, sommes les destructeurs et nous le resterons. Rien de ce que vous pourrez faire ne répondra à nos exigences et à nos besoins. Nous détruirons éternellement parce que nous voulons que le monde nous appartienne". Ne s'agit-il pas là d'un racisme criminel ?

On peut supposer que la juge Pérez Franco n'a pas tergiversé et que si elle avait été suffisamment érudite sur les sujets qu'elle jugeait, elle n'aurait pas ordonné de brûler, par exemple, *la Pensée wagnérienne* (dont 12 exemplaires ont été saisis), un ouvrage du penseur britannique Houston Stewart Chamberlain, parce que l'auteur a osé écrire à la page 83 que "l'influence du judaïsme accélère et favorise le progrès de la dégénérescence en poussant l'homme dans un tourbillon effréné qui ne lui laisse le temps ni de se reconnaître ni de prendre conscience de cette lamentable décadence..."..." Cette citation est extraite de la rubrique "faits avérés", dans l'affligeant arrêt du 5 mars 2010.

"De l'école de la guerre de la vie. - Ce qui ne me tue pas me rend plus fort". Cette phrase du *Crépuscule des idoles* de Nietzsche est idéale pour expliquer l'état d'esprit avec lequel Pedro Varela a quitté la prison de Can Brians le 8 mars 2012. "À partir de maintenant, je vais redoubler d'efforts", a-t-il déclaré après avoir montré sa détermination à reprendre les activités de sa librairie et à continuer à lutter contre la répression. Un an plus tard, le 5 mars 2013, la Cour européenne des droits de l'homme de Strasbourg a condamné l'Espagne à verser 13 000 euros à M. Varela, estimant que l'Audience provinciale de Barcelone aurait dû lui permettre de préparer et d'exercer sa défense plus efficacement et avec plus de temps après l'arrêt de la Cour constitutionnelle de 2007. Il s'agit d'une victoire morale, puisque le libraire avait demandé 125 000 euros de dédommagement. Les juges de la Cour de Strasbourg ont estimé à l'unanimité qu'"il n'a été mis au courant que tardivement du changement de qualification" du délit pour lequel il a été condamné à sept mois d'emprisonnement.

Le fait que la Librería Europa et son propriétaire aient pu poursuivre la série de conférences et réorganiser ses activités commerciales et culturelles n'a pas plu à ses ennemis. Une douzaine d'hommes de main cagoulés ont été envoyés le 11 mars 2014 à Seneca Street. Ces braves se sont présentés à la librairie vers dix heures et demie du matin et, en plein jour, avec l'insolence de ceux qui se savent impunis, ont commencé l'attaque : depuis la rue, ils ont brisé les vitrines des magasins avec des objets contondants, puis ont jeté des pots de peinture sur les livres et les meubles. Heureusement, le personnel de la librairie n'a pas été attaqué. Selon des témoins oculaires, le groupe était composé d'une vingtaine de personnes, mais seuls les hommes cagoulés ont agi violemment. Pedro Varela a déposé une plainte auprès des Mossos d'Esquadra, mais avec peu d'espoir, voire aucun, que quelqu'un soit arrêté, car il n'y avait jamais eu d'arrestations auparavant.

L'Allemagne, l'État qui persécute sa propre ombre, ne pouvait rester à l'écart sans participer au harcèlement du libraire et éditeur espagnol. Son apparition dans la persécution a eu lieu en février 2009, lorsque le consulat général d'Allemagne à Barcelone a déposé une plainte contre Pedro Varela pour avoir commercialisé *Mein Kampf* (*Mon combat*) sans l'autorisation de l'État de Bavière. La publication de l'ouvrage en Allemagne était un délit jusqu'au 30 avril 2015, date à laquelle, soixante-dix ans après la mort d'Hitler, le livre est tombé dans le domaine public. C'est sous ce prétexte que l'infatigable Miguel Ángel Aguilar, juriste "progressiste" issu des rangs de Baltasar Garzón, Santiago Vidal, José María Mena et consorts, surnommé le procureur de la haine, puisqu'il dirige le service de lutte contre les délits de haine et de discrimination du parquet de Barcelone, a inculpé Pedro

Varela en septembre 2015 pour délit contre la propriété intellectuelle, délit qui n'a d'ailleurs rien à voir avec la haine et la discrimination. Le procureur de la haine a demandé avec soumission deux ans d'emprisonnement pour Varela, sa déchéance pendant trois ans en tant qu'éditeur et commerçant, et une amende de 10 800 euros pour avoir publié le livre sans autorisation ni licence, alors qu'il savait que les droits de l'œuvre appartenaient à l'État allemand de Bavière en vertu d'une décision de la Chambre de justice de Munich. En outre, il a réclamé à l'État de Bavière une amende supplémentaire de 216 000 euros et un dédommagement de 67 637 euros.

En ce qui concerne les droits sur les œuvres d'Hitler, on sait que Paula Hitler, la sœur du "Führer", avait confié à François Genoud, "Sheik François" (voir note 19), la gestion éditoriale de nombreux textes de son frère, dont *Mein Kampf*. Le banquier suisse travaillait à un accord global avec elle pour acquérir les droits sur l'ensemble des œuvres d'Adolf Hitler, mais Paula est décédée en 1960. Déjà à cette époque, les autorités bavaroises, qui avaient saisi le contrat entre Hitler et la maison d'édition du NSDAP (Franz Eher Verlag), réclamaient avec impatience les droits pour l'État de Bavière.

Quoi qu'il en soit, la haine de Pedro Varela devrait faire partie des faits avérés, puisque *Mein Kampf* a été et est vendu dans le monde entier. En Inde, par exemple, Hitler est un auteur culte. Son célèbre ouvrage est devenu un classique et a longtemps été un best-seller. On peut l'acheter dans des échoppes de rue et, de temps en temps, il figure dans la liste des dix premiers best-sellers. L'avocat de Pedro Varela, Fernando Oriente, a rejeté dans sa défense l'idée que l'État de Bavière et la République fédérale d'Allemagne avaient ou avaient eu les droits et a fait valoir que le consul allemand "n'avait aucune légitimité". L'avocat a rappelé que la première édition du livre en Espagne date de 1935 et que les droits d'auteur d'une personne décédée avant le 7 décembre 1987 sont libres, comme le prévoit un décret royal de 1996 sur la loi relative à la propriété intellectuelle. L'avocat de Varela a regretté que l'intention de la Bavière soit d'"agir comme un censeur de la pensée, en empêchant la libre diffusion des idées consacrées par la Constitution".

Nous étions sur le point de conclure, mais nous avons lu dans l'édition du 28 janvier 2016 d'*El País* en Catalogne le titre suivant : "Le procureur étudie l'acte d'un néo-nazi dans la librairie Europa". On peut y lire que "le leader historique de l'ultra-droite Ernesto Milá y présentera (à la librairie Europa) son nouveau livre *El tiempo del despertar*, qui exalte la montée du nazisme". En d'autres termes, le procureur de la haine comprend que la présentation d'un livre peut être un acte criminel. Après avoir enterré plus de cent millions de victimes du communisme dans le monde, après l'oppression de cette idéologie totalitaire dans la moitié de l'Europe pendant cinquante ans, une conférence sur les champions communistes est encore "progressiste" ; mais si le conférencier est "un néo-nazi", nous sommes face au mal absolu, à l'apologie du national-socialisme, de la haine raciale, de l'antisémitisme.

Malheureusement, le revanchisme, le ressentiment et la haine sont à l'ordre du jour dans l'Espagne d'aujourd'hui, mais ils se nichent dans les poitrines des "antifascistes" toujours aussi démocratiques. Quatre-vingts ans après la guerre civile, protégés par une loi sur la mémoire historique utilisée de manière sectaire pour ne rappeler que les crimes de l'une des parties au conflit fratricide, les partis de la soi-disant "gauche progressiste", qui ont pris le pouvoir dans les grandes mairies grâce à des pactes de tous contre un, se consacrent à la destruction de monuments, à l'enlèvement de plaques à la mémoire des religieux fusillés, au changement de noms de rues... Armés de raison et de supériorité morale, comme d'habitude, ils font preuve d'une intolérance et d'un fanatisme qui menacent l'harmonie et la réconciliation entre les Espagnols, qui semblaient assurées grâce à la Constitution de 1978. C'est pourquoi, au vu de l'atmosphère qui règne, on peut soupçonner que la persécution de Pedro Varela ne cessera pas.

Post Scriptum

Malheureusement, des mois après avoir écrit la dernière phrase, notre soupçon s'est concrétisé : alors que nous avions déjà conclu cette *histoire hors-la-loi*, nous avons appris que le 7 juillet 2016, une nouvelle plainte déposée par le ministère public contre l'Asociación Cultural Editorial Ojeda en tant que personne morale et contre son vice-président Pedro Varela est entrée au Juzgado de Guardia (Juzgado de Instrucción numéro 18 de Barcelone). La plainte était également dirigée contre Carlos Sanagustín García, Antonio de Zuloaga Canet, Viorica Minzararu et Nicoleta Aurelia Damian, des personnes liées à l'association et à Librería Europa. La juge Carmen García Martínez a immédiatement ordonné des mesures "conservatoires urgentes", parmi lesquelles la cessation des activités de Editorial Ojeda, la fermeture de Librería Europa et le blocage des deux sites web de la librairie. De manière absurde, le bureau du procureur de Barcelone a invoqué l'article 510.1 a de la Constitution espagnole, qui fait référence aux droits fondamentaux et aux libertés publiques, pour poursuivre son harcèlement impitoyable à l'encontre de Varela.

Le vendredi 8 juillet, les Mossos d'Esquadra ont arrêté à leur domicile les deux vendeurs de la librairie Europa, tous deux d'origine roumaine, ainsi que les deux membres de l'association culturelle Editorial Ojeda. Pedro Varela n'était pas en ville, car il avait voyagé avec sa fille cadette et campait dans les montagnes quelque part en Espagne. Lors de la perquisition de la librairie, quinze mille livres et du matériel informatique ont été confisqués. La librairie Europa a été mise sous scellés. Le même matin, à 7 heures, la police catalane a également perquisitionné le domicile de Pedro Varela. En plus des ordinateurs, les policiers ont saisi tout l'argent liquide qu'il conservait chez lui.

Après avoir appris qu'un mandat d'arrêt avait été émis, Pedro Varela a publié un communiqué annonçant qu'il se présenterait devant le tribunal, ce qu'il a fait le 15 juillet. Accompagné de ses avocats, le libraire et éditeur s'est présenté à la neuvième chambre d'instruction qui avait délivré le mandat d'arrêt. Il a refusé de témoigner. Le procureur, Miguel Ángel Aguilar, demande son placement en détention provisoire au motif qu'il présente un risque de fuite et que ses délits sont répétés. Le juge a ordonné son placement en détention provisoire moyennant une caution de 30 000 euros, que Varela n'a pas été en mesure de payer. Les avocats Luis Gómez et Javier Berzosa ont tenté d'obtenir une réduction de la caution. Ils ont fait valoir que leur client n'était pas un homme riche et qu'il ne pouvait pas utiliser l'argent saisi par les Mossos d'Esquadra à son domicile pour payer la caution. Ce qu'il possède", a déclaré M. Berzosa, "a été saisi lors de la perquisition de son domicile". Varela a donc été admis à la prison Modelo de Barcelone. Heureusement, un ami a payé la caution judiciaire le jour même et Pedro a pu retrouver la liberté dans la soirée.

Quant aux autres personnes, après 24 heures de détention, elles ont été libérées sous l'inculpation de promotion de la haine et de la discrimination pour avoir participé à "l'organisation de conférences dans la librairie où le génocide nazi est glorifié et justifié et où l'holocauste juif est nié". L'accusation avait l'intention d'emprisonner les deux hommes, le président et le trésorier de l'Asociación Cultural Editorial Ojeda, mais le juge les a libérés. Quelques jours après la mise sous scellés de la Librería Europa, une magnifique couronne est apparue devant la porte zippée, posée sur un chevalet en bois avec l'inscription suivante : "De la culture et de la liberté à la Librería Europa".

Le 18 juillet, Esteban Ibarra, un prétendu champion de la tolérance qui préside le Mouvement contre l'intolérance, une ONG qui a reçu près de sept millions d'euros de subventions publiques depuis 1995, a intenté une action en justice contre Pedro Varela et les autres gérants de la librairie et de la maison d'édition. Ibarra a annoncé qu'il allait mener une action populaire et qu'il comptait sur la participation de la Fédération des communautés juives d'Espagne, de la Ligue internationale contre le racisme (LICRA), de la communauté juive Bet Shalom de Barcelone, etc..., etc... Pour parachever le lynchage public d'un seul homme, la mairie de Barcelone a annoncé, par la bouche de l'adjoint au maire Jaume Asens, responsable des droits de l'homme au sein de Podemos, que la mairie se porterait partie civile dans l'affaire "pour l'offense faite à toute la ville". Jaume Asens, un "antisystème" devenu séparatiste, a déclaré que "la Librería Europa était un quartier général de l'extrême droite dans la ville".

Sous le régime de Franco, la censure existait, ce qui permettait de protéger les libraires, car ils savaient quels ouvrages ils ne pouvaient pas vendre. Aujourd'hui, il n'y a plus de censure en Espagne et, en théorie, aucun libraire ne devrait craindre quoi que ce soit. Pourtant, un homme d'affaires, un homme capable "d'offenser toute une ville" en vendant des livres, est vicieusement persécuté. Nous craignons que cette fois-ci, les ennemis de Pedro Varela soient déterminés à l'enfermer pour toujours dans une prison de silence. Après plus de vingt ans de persécution, Varela est devenu un dissident légendaire en Espagne et l'un des plus tenaces en Europe. Ses convictions et sa dignité de personne sont illustrées par son attitude exemplaire de résistance pacifique. Son combat pour la liberté d'expression et de pensée mérite la reconnaissance non seulement de ceux d'entre nous qui partagent ses opinions révisionnistes, mais aussi de tous ceux qui croient réellement en la liberté.

Autres libraires et éditeurs persécutés en Catalogne

L'affaire suivante confirme l'injustice faite à Pedro Varela. Connue sous le nom d'affaire Librería Kalki, elle concerne quatre libraires et éditeurs qui ont été acquittés par la Cour suprême alors que Varela, également libraire et éditeur, purgeait une peine de prison pour des faits identiques. On pourrait en tirer des conclusions nombreuses et variées, que nous laisserons pour la fin. Nous nous limiterons maintenant à un exposé succinct des faits après avoir présenté les personnages : Óscar Panadero, Ramón Bau, Juan Antonio Llopart et Carlos García, condamnés par l'Audience provinciale de Barcelone pour diffusion d'idées génocidaires dans un jugement du 28 septembre 2009.

Le premier, Óscar Panadero, fils d'un dirigeant du PSUC, neveu d'anarchistes et petit-fils de falangistes, a été éduqué dans son enfance aux discussions des trois credo idéologiques et a fini par choisir le national-socialisme. Né à Barcelone en 1977, il abandonne l'école avec d'excellentes notes et opte pour une éducation autodidacte. Ni les professeurs ni ses parents ne parviennent à convaincre le jeune adolescent, qui confirme qu'il n'a pas l'intention de céder à une école qui enseigne le mensonge. Après être passé par des associations comme Alternativa Europea et le Movimiento Social Republicano, il atterrit au Círculo de Estudios Indoeuropeos (CEI), dont le président est Ramón Bau. En janvier 2003, après avoir vendu sa propriété et abandonné un bon emploi, il ouvre la librairie Kalki, dont il est le propriétaire et le gérant. À peine six mois plus tard, son processus de persécution politique commence : le 8 juillet 2003 et le 25 mai 2004, la police régionale fait une descente dans l'établissement et, comme dans le cas de la librairie Europa, saisit des milliers de livres et de revues, ainsi que des catalogues, des prospectus, etc.

Le second, Ramón Bau, également originaire de Barcelone, a participé à l'âge de dix-sept ans à la fondation du Círculo Español de Amigos de Europa et a travaillé avec Pedro Varela dans le cadre de ses activités de publication. Bau a travaillé en étroite collaboration avec Varela et est devenu secrétaire général du CEDADE. En 1984, il crée les Ediciones Bau, Bausp y Wotton et publie plus d'une centaine de revues. En juin 1998, il fonde le Círculo de Estudios Indoeuropeos. Bau, intellectuel aux connaissances multiples, est un national-socialiste convaincu et un wagnérien autoproclamé.

Juan Antonio Llopart, troisième des Catalans persécutés, est né à Molins de Rei dans une famille falangiste. Fondateur des Ediciones Nueva República, il est également à l'origine de la revue *Nihil Obstat*. Llopart, à partir des Ediciones Nueva República, a parrainé et organisé un cycle de conférences, Disidencia, auquel ont participé pendant plusieurs années des personnalités internationales, combattants à contre-courant dans le domaine de la culture. Il est l'auteur de plusieurs ouvrages et a collaboré à différentes publications.

Le quatrième, Carlos García, membre de la CEI et également de tradition falangiste, se réclame du national-socialisme. Secrétaire d'Óscar Panadero, il a raconté une anecdote significative sur son arrestation : lorsque dix policiers ont fait irruption chez lui la nuit en 2004, celui qui menait la danse était en civil et portait une étoile communiste rouge à la boutonnière. García pense que c'était une façon de lui faire savoir qui était à ses trousses.

Après une arrestation humiliante et plusieurs jours de détention dans les cachots, une procédure a été ouverte contre eux au Juzgado de Instrucción n° 4 de Sant Feliu de Llobregat (tribunal d'instruction n° 4 de Sant Feliu de Llobregat). Une fois l'ouverture de la procédure orale décrétée, l'affaire a été renvoyée devant l'Audience provinciale de Barcelone, qui a rendu son jugement le 28 septembre 2009. Les quatre personnes ont été condamnées à des peines de prison allant jusqu'à trois ans et demi pour des délits de diffusion d'idées génocidaires, de délits contre les droits et libertés fondamentaux et d'association illicite. Ramón Bau, président de CEI, et Óscar Panadero, propriétaire de la Librería Kalki, ont été condamnés à trois ans et demi ; Carlos García, à trois ans ; Juan Antonio Llopart, administrateur des Ediciones Nueva República, n'a pas été reconnu coupable d'association illicite et a donc été condamné à deux ans et demi de prison.

Les avocats se sont pourvus en cassation devant le Tribunal suprême pour violation de la loi et des préceptes constitutionnels, ainsi que pour vice de forme. Le 12 avril 2011, le Tribunal suprême a rendu l'arrêt 259/2011, dont le rapporteur était le juge Miguel Colmenero Menéndez de Luarca. L'arrêt considère que les pourvois en cassation pour violation de la loi et du précepte constitutionnel, ainsi que pour vice de forme, sont recevables. En conséquence, les accusés ont été acquittés des crimes pour lesquels ils avaient été condamnés et toutes les décisions du jugement de la Haute Cour ont été rendues nulles et non avenues. Le jugement comporte 218 pages. Dans la section "Fundamentos de Derecho" (fondements du droit), on retrouve les mêmes arguments que ceux avancés par la défense de Pedro

Varela et qui ont été rejetés par les tribunaux catalans qui l'ont jugé et condamné. Un extrait est cité ci-dessous :

> "Par conséquent, dans le cas des éditeurs ou des libraires, la possession de quelques exemplaires de ces œuvres, en plus ou moins grand nombre, dans le but de les vendre ou de les distribuer, comme ce serait le cas pour de nombreuses autres œuvres possibles ayant des thèmes similaires, ou même contraires dans leur sens le plus profond mais tout aussi discriminatoire et excluant, ne constitue pas en soi un acte de diffusion d'idées au-delà du simple fait de mettre leurs supports documentaires à la disposition d'utilisateurs potentiels, et donc rien de différent de ce que l'on peut attendre de leur dévouement professionnel, même s'ils contiennent une forme de justification du génocide, ils ne constituent pas une incitation directe à la haine, à la discrimination ou à la violence contre ces groupes, ni une incitation indirecte à la commission d'actes constitutifs de génocide, et même si ces œuvres contiennent des concepts, des idées ou des doctrines discriminatoires ou offensants pour des groupes de personnes, on ne peut pas considérer que ces actes de diffusion créent à eux seuls un climat d'hostilité qui comporte un certain risque de se matérialiser par des actes concrets de violence à leur encontre.
> Il n'y a pas de description dans les faits prouvés, telle qu'elle serait nécessaire pour appliquer l'infraction, d'actes de promotion, de publicité, de défense publique, de recommandation, d'éloge ou d'incitation ou d'actes similaires attribués aux accusés qui se réfèrent à la bonté des idées ou des doctrines contenues dans les livres qu'ils ont édités, distribués ou vendus en raison de leur contenu philhonazi, discriminatoire, génocidaire ou justifiant le génocide, ou l'opportunité de les acquérir pour la connaissance et le développement de ces idées ou doctrines, ou préconisant de quelque manière que ce soit leur mise en œuvre, ce qui pourrait être considéré comme des activités de diffusion, qui ont une portée plus large et sont différentes du fait de publier certains ouvrages ou d'en mettre des exemplaires à la disposition de clients potentiels.
> Les actes allégués dans l'exposé des faits ne peuvent pas non plus être considérés comme glorifiant les dirigeants nazis en raison de leurs activités discriminatoires ou génocidaires et, par conséquent, sans préjudice de l'opinion que ces personnes peuvent mériter, par rapport à ce qui a été dit jusqu'à présent, ils ne peuvent pas être considérés comme une incitation indirecte au génocide ou comme une activité visant à créer un climat hostile dont on pourrait déduire des actes spécifiques à l'encontre des personnes offensées ou des groupes dont elles font partie".

En clair ("dans lequel les gens parlent habituellement à leurs voisins"), le fait que des libraires ou des éditeurs, dans l'exercice de leur activité professionnelle, vendent ou publient certains livres n'implique pas qu'ils justifient le génocide, la haine ou la violence à l'encontre de quiconque. La Cour suprême, et ceci serait applicable au cas de Pedro Varela, n'a pas considéré que dans les "faits prouvés" il y avait quelque chose en rapport avec des actes de promotion ou de justification de la pratique des idées contenues dans les livres publiés ou distribués. Il n'a pas non plus considéré qu'une quelconque incitation au génocide pouvait être attribuée aux condamnés sur la base des actes allégués dans l'exposé des faits. Quant à l'allégation selon laquelle les défendeurs faisaient partie d'une association illégale, la Cour suprême a expliqué dans son arrêt qu'"il ne suffit pas de prouver l'idéologie du groupe ou de ses membres" et a estimé que les données disponibles ne montraient pas que le groupe était "une organisation structurée ayant les moyens de transformer une orientation idéologique en une promotion de la discrimination".

L'arrêt STC 235 du 7 novembre 2007 et l'arrêt n° 259 du 12 avril 2011 de la chambre pénale de la Cour suprême protègent les droits à la liberté idéologique et à la liberté d'expression, afin que toute idée puisse être défendue et diffusée. Cependant, au lieu de se féliciter de deux arrêts qui protègent les libertés de tous, certains médias "progressistes", toujours soumis à la voix de leurs maîtres, ont déchiré leurs vêtements et considéré ces arrêts comme un pas en arrière. En d'autres termes, lorsque les juges et les procureurs agissent conformément à certains intérêts, même s'ils restreignent les droits fondamentaux, il s'agit de décisions exemplaires ; mais dans le cas contraire, les magistrats sont conservateurs et carcéraux. Dans leur sectarisme, ces médias et les groupes qui les soutiennent ignorent que la Constitution n'interdit pas les idéologies, qu'elles se situent à l'une ou l'autre extrémité de l'échiquier politique. Selon les juges de la Cour suprême, la Constitution "n'interdit pas les idéologies", de sorte que "les idées en tant que telles ne devraient pas faire l'objet de poursuites pénales". La Cour suprême a insisté sur le fait que la tolérance à l'égard de toutes sortes d'idées permet d'accepter même celles qui remettent en cause la Constitution elle-même, "aussi répréhensibles qu'elles puissent être". En bref, la Cour suprême s'est appuyée sur la jurisprudence de la Cour constitutionnelle, selon laquelle "dans la protection de la liberté d'opinion, il y a de la place pour toute opinion, aussi erronée ou dangereuse qu'elle puisse paraître au lecteur, même celles qui attaquent le système démocratique lui-même. La Constitution protège également ceux qui la nient".

L'arrêt du Tribunal suprême a été un revers, un revers, pour le Tribunal supérieur de Barcelone. À l'époque, Pedro Varela se trouvait toujours à la prison de Can Brians. En juin 2011, six mois après son admission volontaire, la commission de traitement de la prison lui a refusé la permission de voir sa femme et sa petite fille, qu'il n'a pas revues depuis. Depuis que les pouvoirs d'exécution des peines ont été transférés à la Generalitat de Catalunya, il est clair que les fonctionnaires pénitentiaires obéissaient aux instructions politiques du gouvernement catalan. Pedro Varela avait demandé à bénéficier du troisième degré, ce qui lui avait été refusé. Le 3 mars 2011, il a fait appel de ce refus. Si justice avait été rendue, dès que l'arrêt de la Cour suprême acquittant les quatre libraires et éditeurs condamnés pour les mêmes faits a été connu, le tribunal de surveillance pénitentiaire correspondant aurait dû statuer sur le recours contre le refus du troisième degré et ordonner automatiquement la libération conditionnelle du prisonnier. Bien que la jurisprudence de la Cour suprême ne considère pas les faits pour lesquels il était en prison comme un crime, Varela a purgé l'intégralité de sa peine. Ainsi, il a été démontré une fois de plus que son cas était politique et n'avait rien à voir avec l'équité et la justice.

7. Principales victimes de persécutions en Suède :

Ditlieb Felderer, le juif moqueur à la satire corrosive

Ce révisionniste, qui a été accusé, poursuivi, condamné et emprisonné en Suède, tient actuellement un site Internet irrévérencieux, *Ditliebradio*, où il a choisi l'humour sardonique pour dénoncer les impostures. De manière sarcastique et macabre, il utilise toutes sortes de photographies ironiques, y compris pornographiques, pour se moquer des mensonges sur l'Holocauste, des crimes du sionisme, de l'adhésion de l'Église catholique au dogme, des Témoins de Jéhovah et de tout le reste. Il utilise parfois des photomontages audacieux et ingénieux pour mieux illustrer ses dénonciations. Pour tout cela, Felderer est connu comme le révisionniste excentrique. Son humour bizarre a été utilisé par les exterminationnistes et les propagandistes pour le discréditer. Il semble s'en moquer, estimant que les "sensibilités" des falsificateurs de l'histoire et des menteurs compulsifs ne doivent pas être respectées.

Selon Elliot Y. Neaman, docteur en histoire de l'Université de Californie à Berkeley et professeur à l'Université de San Francisco, Ditlieb Felderer est juif, tout comme sa mère, issue d'une famille de Témoins de Jéhovah. Né à Innsbruck en 1942, il a fui les nazis avec sa famille : ils se sont rendus en Italie, puis ont émigré en Suède, où il a fait ses études. Il possède donc la nationalité suédoise. En 1976, travaillant pour une publication des Témoins de Jéhovah, il commence à se rendre dans les camps. Des années plus tard, entre 1978 et 1980, il a effectué une deuxième série de visites dans ce qui était censé être des camps d'extermination. Il a été l'un des premiers chercheurs à rechercher des preuves à Auschwitz. Au cours de ces voyages, il a pris près de 30 000 photographies, enregistrant même les détails les plus insignifiants des installations. Nombre d'entre elles sont utilisées dans ses photomontages. À Auschwitz, Felderer a photographié la piscine, l'hôpital moderne et sa section de gynécologie, le théâtre, la bibliothèque, les salles de classe où se donnaient les cours de sculpture, la cuisine, qui était l'une des plus grandes installations du camp. Il a eu accès à des archives nécessitant une autorisation spéciale et y a découvert la partition musicale d'un morceau intitulé "Auschwitz Waltz", qui aurait été joué par l'orchestre du camp.

Parmi ses principales contributions en tant que révisionniste, on peut citer la découverte du rôle joué dans les camps par les Témoins de Jéhovah, qui ont coopéré avec l'administration SS. Nous avons déjà mentionné plus haut qu'en tant que Témoin de Jéhovah éminent, il fut exclu de la secte lorsqu'il dénonça qu'il était faux que les Allemands aient exterminé 60.000 membres, puisque d'après ses enquêtes il avait établi que seuls 203 d'entre eux étaient morts (voir note 15). C'est à l'occasion de ce conflit avec la direction de la secte que le livre de Richard Verrall (Richard Harwood) *Did Six Million Realy Die ?* lui est tombé entre les mains, dont il a publié une édition suédoise en 1977 et distribué quelque 10.000 exemplaires. Depuis lors, son engagement en faveur du révisionnisme historique est permanent. Après avoir fondé le magazine *Bible Researcher* en 1978, il publie en 1979, année de sa rencontre avec Ernst Zündel, le livre *Auschwitz Exit* sous le pseudonyme d'Abraham Cohen. À la suite de ses recherches, il publie la même année *Le journal d'Anne Frank - un canular ?*

Felderer était déjà adepte de certaines excentricités, dont certaines dérangeaient Zündel, qui les considérait comme contre-productives. L'une d'entre elles lui a d'ailleurs valu d'être emprisonné. Le musée d'Auschwitz exposant des cheveux de prétendues victimes assassinées dans les chambres à gaz, Felderer eut l'idée de s'en moquer dans une brochure largement diffusée, intitulée : "Veuillez accepter ces cheveux d'une victime gazée". Cette brochure a été envoyée aux responsables du musée d'Auschwitz. Le texte de la brochure est parsemé de dessins et de blagues se moquant des responsables du musée et des exterminationnistes. Dans le premier dessin, une femme souriante tenait un cadeau emballé portant l'inscription suivante : "Envoyez-nous tout votre bric-à-brac. Nous en avons besoin pour nos expositions et notre documentation authentiques". La deuxième blague mettait en scène un clown qui disait : "Je suis un expert en extermination. Envoyez-nous généreusement vos documents à toutes nos adresses. On se souviendra de vous". La troisième illustration était un homme pleurant des larmes de crocodile, le texte en dessous disait : "J'ai été gazé six fois ! Non ! Dix fois, Non !... et il y a 5.999.999 autres comme moi à Neu Jork ! Les six millions de juifs gazés sont un canular !". Lors de son premier procès, Zündel a été interrogé et a expliqué que, selon lui, la satire était nécessaire pour dénoncer une imposture soutenue par des États puissants et le pouvoir de l'argent.

En 1980, la police suédoise a arrêté Ditlieb Felderer pour avoir publié le pamphlet. Cette première fois, il passe trois semaines en prison. En 1982, il est arrêté une seconde fois à cause de ce pamphlet controversé. Cette fois, il a été accusé d'agitation contre un groupe ethnique et un tribunal de

Stockholm l'a condamné à six mois de prison. Felderer a déclaré qu'il avait été traité de manière inhumaine pendant sa détention. Ne sachant pas s'il faisait jour ou nuit, il passait la plupart du temps à fixer le mur d'un bunker en béton de deux mètres sur trois, car il n'était guère autorisé à sortir pour respirer de l'air frais. La cellule n'avait pas de toilettes et il était escorté et enfermé dans les toilettes lorsqu'il avait besoin de se soulager. Pour protester contre sa situation et parce qu'on l'empêchait d'écrire, il a entamé trois grèves de la faim, jusqu'à ce qu'on l'autorise enfin à faire un peu d'exercice et qu'on lui fournisse du papier et un crayon. Felderer a déclaré avoir été battu à plusieurs reprises et avoir dû subir des insultes.

En 1988, lors de son second procès, Zündel montre 300 tracts pris lors de ses visites dans les camps et demande la protection du révisionnisme et la liberté d'expression au lieu de la persécution. La Couronne lui présente plusieurs de ses pamphlets. Il lui demande de lire celle intitulée "Trois contributions juives à la civilisation occidentale". Ces contributions font référence à la bombe atomique, développée par Robert Oppenheimer, à la bombe à hydrogène, dont le père est Edward Teller, et à la bombe à neutrons, développée par Samuel Cohen. Tous trois étaient juifs. Felderer a déclaré que son tract en disait long sur certaines personnes qui avaient créé ces terribles armes de destruction. Un autre des tracts qu'on lui a montré faisait allusion à son admission dans un hôpital psychiatrique lors de son procès : il se plaignait qu'en Suède, les détracteurs étaient internés et comparait cette pratique à celle utilisée en Union soviétique. Le ministère public a répondu à Felderer qu'il ne pouvait pas accepter que les autorités suédoises pensent qu'il était malade et avait besoin d'aide, mais il a insisté sur le fait que les tests qu'il avait subis montraient qu'il était parfaitement sain d'esprit.

Il semble qu'après son témoignage au procès de Toronto, il ait pensé qu'il avait fait tout ce qu'il pouvait et que ses recherches s'étaient arrêtées. Ernst Zündel a toujours reconnu l'excellent travail de Felderer sur les camps et sur le journal d'Anne Frank, mais il considérait que la satire n'était pas un genre efficace pour un historien car elle peut remettre en cause le sérieux d'autres travaux. Zündel en vint à regretter que Feldererer soit allé trop loin dans la moquerie par le biais de pamphlets et de dessins. Malgré sa disparition, Feldererer a fait état de harcèlements et d'insultes répétés. Ce n'est pas pour rien qu'il est considéré comme l'un des chercheurs pionniers du révisionnisme.

Comme nous l'avons indiqué dans la note de bas de page 15, les dernières nouvelles que nous avons reçues de Ditlieb Felderer sont qu'en novembre 2013, il a accusé le juge juif Johan Hirschfeldt d'être à l'origine d'"actions terroristes" contre lui et son épouse philippine. Sur son site web *Ditliebradio*, Feldererer s'est référé à des documents secrets du ministère suédois des affaires étrangères pour porter des accusations très graves contre Hirschfeldt, qu'il a accusé d'avoir fomenté des attaques contre eux par des voyous au nom de l'ADL (Anti-Defamation League). Il semble qu'au cours de l'un de ces actes, que Feldererer qualifie de terrorisme d'État, sa femme ait failli perdre la vie. Selon lui, Carl Bildt, alors ministre des affaires étrangères, pourrait être tenu pour responsable de son inaction. M. Felderer a également accusé le juge Hirschfeldt de harceler Ahmed Rami, un révisionniste marocain qui a été attaqué à plusieurs reprises et qui dirige le site web *Radio Islam* depuis de nombreuses années, avec de fausses accusations.

Ahmed Rahmi, architecte de *Radio Islam* et principal révisionniste musulman

Ce Marocain d'origine berbère était officier de l'armée royale marocaine lorsque, le 16 août 1972, il a participé à un coup d'État manqué contre le roi Hassan II, qu'il considérait comme une marionnette du pouvoir juif. Après avoir pris le maquis, Ahmed Rami s'est rendu à Paris, puis en Suède, où il a demandé et obtenu l'asile politique en 1973. Depuis lors, il vit à Stockholm, où il a publié cinq livres en suédois. Son apparition dans ces pages est due à ses activités révisionnistes qui lui ont valu d'être emprisonné dans le pays qui l'avait accueilli.

En 1987, il fonde et dirige une station de radio appelée *Radio Islam*, qui lui permet de communiquer avec les Suédois et les quelque 80 000 musulmans vivant dans le pays. Son slogan est "Radio Islam - Le combattant de la liberté - Rejoignez la lutte contre la domination juive et le racisme ! Dans ses émissions de radio, elle a commencé à lancer des contenus révisionnistes, en particulier les travaux de Robert Faurisson. En 1988, la station a rendu compte du procès d'Ernst Zündel à Toronto. Fervent défenseur de la cause palestinienne, Rami lie dès le départ l'Holocauste à l'usurpation sioniste de la Palestine et, par conséquent, la libération du peuple palestinien à la découverte des mensonges imposés par le sionisme. Cette franchise a valu à la radio d'être taxée d'antisémitisme et, en 1989, le ministre de la justice, sous la pression du lobby juif, a porté plainte pour incitation à la haine raciale.

Un procès contre Ahmed Rami s'est ouvert en septembre 1989 et a duré jusqu'en novembre. Le procès s'est ouvert le 15 septembre au tribunal de district de Stockholm. Dès le début, la défense de Rami a rejeté les accusations de grief et de diffamation à l'encontre d'un groupe ethnique et a avancé l'argument selon lequel la liberté d'expression ne pouvait être restreinte parce que quelqu'un se sentait insulté. En outre, l'avocat Ingemar Folke a insisté sur le fait que Rami avait simplement cité des passages de la Bible dans lesquels les Juifs étaient décrits comme des maîtres chanteurs, cupides, sadiques, exploiteurs et criminels. Le fait que les textes proviennent du Pentateuque a conduit la presse suédoise à penser que le tribunal devrait interpréter en dernier ressort s'ils contenaient des expressions de racisme ou de mépris à l'égard d'autres groupes ethniques. Le procureur Hakan Bondestam a convoqué le rabbin Morton Narrowe et l'ancien évêque luthérien de Stockholm Krister Stendahl, professeur honoraire à l'université de Harvard, venus des États-Unis pour témoigner contre le révisionniste marocain. Stendahl a déclaré que l'ouvrage de Luther *Les Juifs et leurs mensonges* n'était pas chrétien et que Luther était antisémite. Pour sa part, Rami a présenté comme témoins Jan Hjärpe, professeur renommé d'islam à l'université de Lund, et Jan Bergman, professeur de religion à l'université d'Uppsala. Tous deux ont déclaré qu'à leur avis, la liberté d'expression en Suède était attaquée lorsqu'il s'agissait de faire taire les critiques à l'égard d'Israël et de passer sous silence la question palestinienne. L'avocat Folke a insisté sur le fait qu'il fallait faire la distinction entre l'antisémitisme et l'antisionisme et a souligné que son client cherchait à défendre les droits du peuple palestinien et que la critique de la politique d'un État ne pouvait être considérée comme de la haine raciale. Le journal *Expressen*, faisant preuve d'une mauvaise foi insidieuse, estime dans son édition du 23 octobre 1989 qu'il est "pratiquement impossible de séparer l'antisémitisme de l'antisionisme".

Par ailleurs, Rami a été accusé de négationnisme. Il a soutenu impassiblement que le prétendu génocide de six millions de Juifs "était un énorme canular de propagande". Certains journaux se sont indignés des citations de Rami tirées des *Protocoles des Sages de Sion* et de son affirmation selon laquelle les Juifs n'avaient pas été exterminés dans les chambres à gaz. Le principal défenseur de Rami et des professeurs Hjärpe et Bergman dans la presse suédoise est Jan Myrdal, fils du prix Nobel Gunner Myrdal. Au fur et à mesure que le procès avançait, le procureur Bondestam s'est rendu compte qu'il était contre-productif de le prolonger car Rami l'utilisait pour "poursuivre sa propagande antisémite pendant le procès". Le 14 novembre, le verdict a été prononcé et Ahmed Rami a été reconnu coupable. Lors du prononcé de la sentence, il est condamné à six mois de prison pour "incitation contre un groupe ethnique", infraction pour laquelle il a été condamné à la prison en février 1990. La licence de *Radio Islam* lui a été retirée pour un an. Robert Faurisson a ensuite rendu compte des activités de son collègue révisionniste en prison. Selon le professeur, Rami a réussi à expliquer son point de vue non seulement aux prisonniers, mais aussi aux gardiens, raison pour laquelle les autorités l'ont transféré dans un autre établissement, plus petit, où le résultat a été le même.

En ce qui concerne l'annulation de l'autorisation d'émettre, le Conseil de la radio communautaire de Stockholm a permis à la station de continuer à émettre jusqu'au 28 novembre 1990. Lorsque la station a repris ses activités en 1991, elle l'a fait sous la direction de David Janzon, un nationaliste suédois membre du "Sveriges Nationella Förbund" (Alliance nationale suédoise), qui a ensuite été condamné pour le même délit en 1993. La station de radio est donc restée inactive entre 1993 et 1995. La programmation a été rétablie sous la direction d'Ahmed Rami en 1996, lorsqu'il a également lancé son célèbre site web, qui a gardé le même nom de *Radio Islam*. Au départ, ce site était très actif dans sa critique du racisme juif et de la domination sioniste du monde. En outre, des textes révisionnistes très intéressants sont apparus en 23 langues. Aujourd'hui, et depuis quelques années, le site, maintenu par un groupe de "combattants de la liberté" autoproclamés de différents pays qui soutiennent Ahmed Rami, est rarement renouvelé. Nous ne connaissons pas la raison de ce manque d'activité, mais il est probable qu'elle soit due au harcèlement de Rami.

Dans ses *Écrits révisionnistes*, Robert Faurisson raconte qu'entre le 17 et le 21 mars 1992, il s'est rendu à Stockholm à l'invitation de son ami marocain. Dans l'après-midi/soirée du jour même de son arrivée, Rami, deux jeunes Suédois et le professeur Faurisson ont été attaqués et presque lynchés par des individus armés de bâtons, de couteaux et de bombes lacrymogènes. Les leaders du groupe d'agresseurs étaient les responsables d'un club d'étudiants juifs. Grâce à ces menaces, la communauté juive de Stockholm a réussi à annuler toutes les conférences qu'Ahmed Rami avait organisées pour que le professeur Faurisson puisse s'exprimer ; mais il n'a pas été possible de l'empêcher de s'exprimer librement et abondamment sur *Radio Islam*. Le deuxième séjour du professeur à Stockholm a eu lieu entre le 3 et le 6 décembre de la même année. À l'aéroport, le "prophète nazi", comme l'ont qualifié certains médias, est accueilli par Rami, des amis arabes et un Somalien. Paradoxalement, deux manifestants juifs tenaient une banderole avec l'inscription "À bas le racisme ! Faurisson loge chez son hôte et raconte dans les *Écrits* qu'il y a eu deux attaques nocturnes au domicile de Rami.

En octobre 2000, Rami a de nouveau été condamné pour "incitation à la haine raciale". Le tribunal suédois qui l'a jugé par contumace lui a infligé une amende d'environ 25 000 dollars. En France et en Suède, il a fait l'objet d'une enquête pour "crimes de haine" en raison de son rôle dans le maintien de *Radio Islam*. En Suède, l'enquête s'est terminée en 2004 et le procureur n'a pas pu apporter la preuve qu'Ahmed Rami était responsable du contenu diffusé sur le site. L'affaire *Radio Islam* a été portée devant le Parlement suédois en novembre 2005. Le débat a eu lieu en raison du grand nombre de plaintes déposées par des organisations juives devant les tribunaux, exigeant qu'Ahmed Rami soit poursuivi en Suède ou traduit devant un tribunal international. Cette idée avait été proposée au Maroc par Robert Assaraf, le chef de la communauté juive marocaine, qui, en mars 2000, dans une déclaration au magazine *Jeune Afrique*, posait cette question rhétorique : "Les juifs marocains, dispersés dans le monde entier, ne devraient-ils pas se mobiliser pour faire juger Ahmed Rami ?

Le débat au Parlement suédois a eu lieu le 10 novembre 2005. Les membres juifs de la chambre ont critiqué le gouvernement pour avoir abdiqué devant Ahmed Rami et ses activités antijuives en Suède. Le ministre de la justice et des affaires intérieures, Thomas Bodström, s'est défendu en ces termes : "Dans un État de droit, il ne m'appartient pas, ni aux membres du Parlement, d'inculper ou de juger Ahmed Rami. C'est une question qui relève du bureau du procureur. Mais l'accusation n'a pas été en mesure de trouver la moindre preuve qu'Ahmed Rami a violé la loi suédoise". Devant le malaise de certains députés, le ministre a rappelé que "la loi suédoise n'interdit pas de remettre en question ou de nier l'Holocauste". Le ministre Bodström a rappelé qu'il avait été convenu en Suède que les citoyens ne pouvaient être contraints de croire en l'Holocauste et qu'il n'était pas possible d'interdire de mettre en doute sa véracité historique. Il a toutefois suggéré "la possibilité d'exercer une certaine influence au Parlement en proposant une loi et, bien sûr, en contribuant au travail effectué au sein de l'Union européenne".

La dernière information dont nous disposons sur Ahmed Rami et *Radio Islam* est qu'en décembre 2015, la police italienne a ouvert une enquête. La raison en était la publication en italien sur le site web d'une liste de juifs influents opérant dans le pays. On y trouvait les noms de journalistes, d'hommes d'affaires, d'acteurs et de diverses personnalités, qualifiés de "mafia judéo-nazie". Les représentants de la communauté juive ont considéré qu'il s'agissait d'une incitation à la violence sectaire et ont utilisé des adjectifs tels que "inacceptable" ou "méprisable" pour évoquer cette question. Le chef de la communauté juive de Rome a déclaré au *Corriere della Sera* qu'il s'agissait d'une "représentation insupportable de la haine antisémite". Certains avocats ont demandé la fermeture immédiate du site web. Giuseppe Giulietti et Raffaele Lorusso, président et secrétaire général de la Fédération nationale de la presse italienne, ont quant à eux qualifié la publication de la liste d'"acte misérable, raciste et intolérable". Dans un communiqué de presse, ils ont écrit : "Elle offense en premier lieu les musulmans qui ont choisi la voie du dialogue et du respect. Cette liste évoque les temps sombres et les murs que nous devrions tous abattre ensemble".

Ces deux hypocrites faisaient bien sûr référence à tous les murs, à l'exception du mur de huit mètres de haut érigé par les sionistes en Palestine. Quant au "dialogue et au respect", il n'inclut pas, bien sûr, le peuple palestinien, et encore moins le million et demi de Gazaouis qui vivent dans des conditions infrahumaines dans leur prison à ciel ouvert. Comme on le sait, en juillet/août 2014, quelque deux mille personnes, dont un quart d'enfants, ont été tuées et neuf mille ont été gravement blessées, voire gravement mutilées. Bien entendu, il ne s'agissait pas d'un "acte misérable, raciste et intolérable". Deux ans après le bombardement "tolérable" des civils palestiniens, Gaza, grâce au "dialogue et au respect", est toujours en ruines et ses habitants restent démunis.

8. Principales victimes de persécutions en Australie :

Frederick Töben, emprisonné en Allemagne, en Angleterre et en Australie

Fredrick Töben est l'une des victimes les plus illustres et les plus courageuses du mouvement révisionniste. Cet Australien d'origine allemande aurait pu figurer parmi les victimes en Allemagne, la "Bundesrepublik" étant le pays qui a été le plus vicieux dans sa persécution. Cependant, nous avons choisi de lui consacrer un espace exclusif et de le situer en Australie car c'est là qu'il a fondé en 1994 l'Adelaide Institute, une institution dédiée à la recherche historique, l'équivalent en Australie de l'Institute for Historical Review en Californie.

Les lobbies juifs d'Australie n'ont eu de cesse de faire fermer le site Internet de l'Institut d'Adélaïde. En 1996, le puissant lobby juif "Executive Council of Australian Jewry" (ECAJ) a intenté la première action en justice pour faire fermer le site de l'Institut. Le Dr Töben, auteur de nombreux ouvrages sur l'histoire, l'éducation et les questions politiques, a effectué des recherches sur la plupart des camps de concentration existant aujourd'hui : Buchenwald, Dachau, Oranienburg, Sachsenhausen, Auschwitz-Birkenau, entre autres. Dans ce dernier, il a inspecté la chambre à gaz présumée en avril 1997 et a tourné une vidéo hautement recommandable qui fait partie du documentaire *Judea Declares War on Germany*, publié par l'IHR à Los Angeles.

En 1999, il s'est rendu en Europe pour mener des recherches dans plusieurs pays, dont la Pologne, l'Ukraine, la Hongrie, la République tchèque et l'Allemagne. Alors qu'il se trouve dans le bureau d'un procureur allemand célèbre pour son travail contre les négationnistes, Hans-Heiko Klein, avec lequel il est censé discuter de la législation allemande interdisant toute dissidence par rapport à la version officielle de la Seconde Guerre mondiale, il est arrêté le 9 avril 1999 pour avoir publié ou transmis à l'Allemagne des textes révisionnistes de l'Institut Adélaïde. Le mandat d'arrêt précisait : "depuis avril 1996 et plus récemment entre janvier et avril 1999, il a posté d'Adélaïde (Australie) à des destinataires en République fédérale d'Allemagne, entre autres, un bulletin mensuel de l'Institut d'Adélaïde, dont il est le rédacteur responsable". Une infraction pénale, sans aucun doute, qui justifie, comme le précise le mandat d'arrêt, son placement en détention provisoire dans l'attente du procès.

Cette détention provisoire a été ignominieusement prolongée pendant sept mois. Le 3 mai, le parquet du tribunal de Mannheim l'a confirmée par un nouveau mandat d'arrêt. Les charges, outre l'envoi de la lettre d'information, précisent qu'elle est "l'un des principaux révisionnistes" et précisent certains des contenus inadmissibles de la lettre d'information, comme l'affirmation selon laquelle "l'extermination est une légende inventée par les Juifs dans le but d'assujettir le peuple allemand". Ce deuxième mandat d'arrêt l'accuse d'incitation à la haine, d'atteinte à la dignité d'autrui et de dénigrement de la mémoire des Juifs morts, autant de faits qui troublent l'ordre public.

Dès que la nouvelle de l'arrestation du directeur de l'Institut d'Adélaïde a été connue en Australie, les groupes de défense des droits civils se sont mobilisés pour dénoncer l'arrestation de Fredrick Töben en Allemagne en vertu de "lois draconiennes sur la liberté d'expression". John Bennett, un révisionniste australien bien connu et un activiste qui préside l'Australian Civil Liberties Union, a exhorté les gens à se rendre dans les ambassades allemandes et d'autres institutions pour protester. Bennett a organisé un fonds pour assurer la défense juridique et la libération de Töben. Un autre groupe, Electronic Frontiers Australia (EFA), un groupe indépendant qui promeut la liberté d'expression en ligne, s'est également élevé contre l'arrestation et a exprimé sa colère quant au fait que les autorités allemandes ont traité le matériel publié sur un site web australien comme s'il avait été publié en Allemagne. La présidente de l'EFA, l'avocate Kimberley Heitman, a accusé le gouvernement allemand d'essayer de légiférer en pratique pour le monde entier. Mark Weber, directeur de l'IHR, a également protesté avec indignation contre l'arrestation et la détention provisoire de son collègue australien, mais rien n'a changé la situation de Töben en Allemagne.

Après sept mois d'emprisonnement sans caution, il a été traduit devant un tribunal de district de Mannheim présidé par le juge Klaus Kern le 8 novembre 1999. Le premier jour du procès, Töben a annoncé qu'il ne se défendrait pas contre les accusations portées contre lui parce que cela ne servirait qu'à porter de nouvelles accusations contre lui pour des violations supplémentaires des lois allemandes sur la "négation de l'Holocauste" et l'"incitation à la haine". Il a toutefois rejeté l'affirmation des autorités allemandes selon laquelle les révisionnistes étaient de dangereux néo-nazis ou antisémites. Son avocat, Ludwig Bock, a également annoncé qu'il ne défendrait pas non plus le Dr Töben, car il risquait d'être inculpé à son tour. Il s'est donc contenté de lire une déclaration au tribunal dans laquelle il compare la persécution de M. Töben et d'autres "négationnistes" aux procès en sorcellerie du Moyen-Âge. Il a affirmé que les lois allemandes contre le révisionnisme violaient gravement le principe de la liberté d'expression. Il a justifié sa décision et celle de son client auprès d'un journaliste : "Si je dis quoi que ce soit, j'irai moi-même en prison, et s'il dit quoi que ce soit, il s'expose à un autre procès.

Le procureur Klein a confirmé plus tard que ces craintes étaient pleinement justifiées : "S'ils avaient répété des choses illégales devant le tribunal, j'aurais porté de nouvelles accusations". Comme nous l'avons déjà expliqué, le système juridique allemand rend les accusés et les témoins sans défense et empêche les avocats d'exercer librement leur profession. En effet, en novembre 1999, Ludwig Bock attendait le résultat de son appel, car alors qu'il défendait Günter Deckert, il avait été condamné à une amende de 9000

DM pour s'être plaint que les dirigeants politiques et les juges de son pays interdisaient tout débat sur le sujet de l'Holocauste.

Le procès s'est terminé le 10 novembre 1999. La Cour a déclaré Töben coupable d'incitation à la haine raciale, d'insulte à la mémoire des morts et de négation publique du génocide parce que, dans ses écrits envoyés à des personnes en Allemagne, il avait mis en doute les preuves de l'extermination de l'Holocauste. Klaus Kern, le président du tribunal, a déclaré qu'il ne faisait aucun doute que Töben était coupable de "négationnisme" et que, comme il ne montrait aucun signe de vouloir rectifier sa conduite, il devait être condamné à une peine de prison. Il a donc été condamné à dix mois de prison. Heureusement, le juge Kern tient compte du fait que l'accusé a déjà passé sept mois en prison et accepte de payer une amende de 6000 marks au lieu des trois mois restants de sa peine. Les amis allemands de Frederick Töben ont immédiatement collecté l'argent et, dans les 24 heures suivant le verdict, il a été libéré.

La décision relative à l'internet est particulièrement importante, car elle pourrait avoir des conséquences considérables. Le tribunal de Mannheim a déclaré que le droit allemand n'était pas compétent pour les écrits et les publications en ligne de M. Töben et a donc refusé d'examiner les preuves présentées par l'accusation en ce qui concerne le site web de l'Institut Adélaïde. Le juge Kern a fait valoir que le tribunal ne pouvait prendre en considération que les documents que M. Töben avait envoyés par courrier électronique ou distribués physiquement en Allemagne. Dès sa libération, M. Töben a déclaré qu'il s'agissait d'une victoire pour la liberté d'expression : "Nous avons sauvé l'internet", a-t-il déclaré, "en tant qu'endroit où l'on peut dire la vérité sans être puni pour cela". Pour sa part, le procureur Hans-Heiko Klein, conscient que le verdict du tribunal pourrait créer un dangereux précédent, a immédiatement fait appel. C'est la première fois", a-t-il déclaré, "qu'un tribunal allemand décide que certaines choses dites sur l'internet en Allemagne ne peuvent pas être soumises à la loi allemande. C'est une très mauvaise chose. Elle affaiblira notre législation, qui est très importante pour garantir que l'histoire ne se répète pas en Allemagne.

De retour en Australie, le combat s'est poursuivi avec une nouvelle bataille. Comme nous l'avons indiqué au début, en 1996, l'ECAJ (Executive Council of Australian Jewry), le plus puissant des lobbies juifs australiens, avait déposé une plainte visant à interdire le site de l'Institut d'Adélaïde sur l'Internet. Un an après la victoire de Töben sur la liberté d'Internet dans l'affaire allemande, le 10 octobre 2000, la Commission des droits de l'homme et de l'égalité des chances (HREOC), sous la pression des juifs australiens, a émis une injonction à l'encontre de l'Institut Adélaïde. Kathleen McEvoy, commissaire de la HREOC, a affirmé que l'institut avait violé la section 18C de la loi de 1975 sur la discrimination raciale en publiant des documents dont l'objectif principal était de dénigrer les Juifs. Mme

McEvoy a déclaré que ces documents, dont "aucun n'était d'un niveau historique, intellectuel ou scientifique suffisant", devaient être interdits parce qu'ils étaient "intimidants, insultants et offensants". Le vice-président d'ECAJ, Jeremy Jones, s'est empressé de réitérer que "le négationnisme de Töben était offensant, insultant et, comme l'a confirmé HREOC, illégal". Jeremy Jones a ajouté que la commissaire "avait démontré qu'elle comprenait la nécessité d'appliquer des lois qui incluent l'Internet et qu'elle avait approuvé le point de vue d'autres juridictions selon lequel l'antisémitisme déguisé en pseudo-histoire est aussi pernicieux que la pire forme de haine raciale". Peter Wertheim, avocat de l'ECAJ dans la procédure judiciaire et dirigeant de la communauté juive, a qualifié l'affaire d'"historique" parce qu'elle "traite de la haine sur Internet pour la première fois en Australie et très probablement dans le monde".

La réponse du Dr Töben a été provocante : il a affirmé qu'il n'avait pas l'intention de se conformer à l'ordre de la HREOC (Commission des droits de l'homme et de l'égalité des chances) et qu'il n'avait pas l'intention de s'excuser pour la publication de "matériel objectivement correct". M. Töben a accusé la HREOC de ne tenir compte que des intérêts des Juifs et a qualifié ses actions d'immorales. Il a déclaré qu'il n'avait "aucune intention de faire quoi que ce soit" parce que la vérité ne pouvait être considérée comme une offense pour personne. Au début du mois de novembre 2000, l'Australia/Israel & Jewish Affairs Council s'est joint à l'ECAJ pour demander à la Cour fédérale du pays d'appliquer l'ordonnance de censure de la HREOC à l'encontre de Töben et de l'Institut d'Adélaïde.

La tentative de censure de l'Institut d'Adélaïde a créé un précédent honteux dans un pays qui a une longue tradition de respect des libertés civiles et de la liberté d'expression. Terry Lane, chroniqueur et commentateur de télévision chevronné, a demandé à la commissaire McEvoy si elle allait "ordonner à toute personne sincère qui n'aime pas un groupe ou un autre de cesser, de s'abstenir et de s'excuser". Ce journaliste est allé jusqu'à dire que les affirmations de Töben sur les chambres à gaz "pouvaient être prouvées ou réfutées par les preuves", et qu'il n'était donc pas nécessaire de les censurer au préalable. Si Töben dit la vérité, ajoute Lane, rien ne peut l'arrêter. S'il s'agit d'un auteur malveillant, il sera ignoré. Nous devrions vérifier ses affirmations, et non les interdire". Un autre auteur, Nigel Jackson, défenseur des droits civils, a qualifié la HREOC d'organe "pseudo-judiciaire" et a qualifié son ordonnance de "victoire des intérêts sur les principes". Le 17 septembre 2002, la Cour fédérale, en réponse à la demande des lobbies juifs, a confirmé l'application des lois contre la haine raciale à l'encontre du site web de l'Institut d'Adélaïde. En 2003, dans l'affaire Töben c. Jones, la Cour a rendu le premier arrêt australien concernant la haine raciale à l'encontre de groupes religieux. Töben n'a pas retiré les documents en question et a également refusé de s'excuser.

En 2004, un tribunal de Mannheim a émis un mandat d'arrêt européen (MAE) à l'encontre de Frederick Töben, accusé d'avoir publié des documents antisémites et/ou révisionnistes en ligne en Australie, en Allemagne et dans d'autres pays. Malgré l'existence du mandat d'arrêt européen, M. Töben a voyagé dans le monde entier sans aucun problème. En 2005, il a accordé une interview à la télévision publique iranienne dans laquelle il a dénoncé l'État d'Israël, "fondé sur le mensonge de l'Holocauste". En décembre 2006, il participe à la conférence de Téhéran avec ses collègues révisionnistes. Cependant, des problèmes continuent à se poser dans son propre pays en raison de son refus de retirer les textes censurés du site Internet de l'Institut et, par conséquent, de sa confrontation avec la Cour fédérale.

Jeremy Jones, du Conseil exécutif des Juifs d'Australie (ECAJ), a quant à lui poursuivi son action sans relâche devant les tribunaux. Fin février 2008, le Dr Töben, convoqué à la Cour fédérale de Sydney, a lancé de vives accusations contre deux juges juifs de la Haute Cour, Alan Goldberg et Stephen Rothman, qu'il a accusés de "propager l'Holocauste juif" afin de "protéger un mensonge historique". Le 7 août 2008, le journal australien *The Advertiser* a rapporté que "le révisionniste de l'Holocauste Frederick Töben pourrait être emprisonné pour outrage criminel à la Cour fédérale s'il ne pouvait pas faire face à une amende". Il est accusé de continuer à publier des textes racistes sur le site web de l'Institut d'Adélaïde, en dépit d'une ordonnance de la Cour fédérale datant de septembre 2002 et d'une autre injonction en 2007.

Deux mois plus tard, le 1er octobre 2008, Töben se rendait des États-Unis à Dubaï. Lorsque son avion s'est posé à l'aéroport d'Heathrow pour une escale technique, la police britannique est montée à bord. La police britannique est montée à bord de l'avion et, en application du MAE de 2004, a arrêté le révisionniste australien qui se trouvait à bord. Il a été traduit devant le tribunal de district de Westminster le 3 et les magistrats britanniques ont décidé de le détenir dans la prison londonienne de Wandsworth dans l'attente d'une décision sur sa demande d'extradition. Töben a déclaré qu'il était protégé par le traité de Schengen et qu'il n'accepterait pas l'extradition, mais l'audience a été fixée au 17 octobre.

Les révisionnistes britanniques se sont mobilisés contre l'outrage fait à leur collègue australien. Un groupe de sympathisants, dont David Irving, manifeste devant le tribunal. La presse consacre une grande attention à l'affaire. *Le Telegraph* relate l'affaire Töben de manière appropriée, qualifiant l'arrestation d'"attaque flagrante contre la liberté d'expression". Dans un éditorial, il a averti : "L'arrestation du Dr Frederick Töben devrait tous nous alarmer". Au Parlement, le porte-parole du Parti libéral démocrate, Chris Huhne, a rappelé que la "négation de l'Holocauste" n'était pas un crime en Grande-Bretagne et a appelé les tribunaux britanniques à rejeter l'extradition de M. Töben. Parallèlement, Andreas Grossmann, procureur du tribunal de Mannheim, s'est félicité de l'arrestation et a déclaré que, malgré les tentatives pour éviter l'extradition vers l'Allemagne, il espérait voir Töben comparaître devant un tribunal l'année prochaine. Dans des déclarations aux médias australiens, Grossmann a averti que l'entêtement et l'obstination de l'accusé pourraient lui coûter cinq ans de prison en Allemagne.

Le 17 octobre 2008, il y avait de l'attente. Des journalistes munis de caméras et de microphones se sont rassemblés devant le tribunal de première instance de la ville de Westminster. Kevin Lowry-Mullins, l'avocat de Töben, a déclaré avant d'entrer qu'ils se battraient sur tous les fronts. Lady Michèle Renouf, le modèle révisionniste britannique d'origine australienne qui dirige le site web *Jailing Opinions* et qui assiste Töben depuis qu'elle a appris son arrestation, s'est également adressée aux journalistes. Fervente défenseuse de la liberté de recherche, d'expression et de pensée, Mme Renouf a souligné l'importance de la décision de justice pour les libertés au Royaume-Uni. L'audience a toutefois été reportée au 29 octobre. Lowry-Mullins a expliqué à l'aller la portée de l'arrêt, puisqu'il s'agissait de savoir si un État pouvait demander l'extradition vers le Royaume-Uni de toute personne, même si le délit reproché n'était pas un délit au Royaume-Uni.

Enfin, le 29 octobre, la victoire attendue par Töben, Lady Renouf et tant de révisionnistes à travers le monde est arrivée. Daphne Wickham, la juge de la Westminster Magistrates' Court, a statué devant une salle comble de partisans de Töben que le mandat d'arrêt européen était invalide parce qu'il ne spécifiait pas suffisamment les infractions : il ne mentionnait pas le nom du site web, où ou quand les documents avaient été publiés, mais se contentait de parler de publications sur Internet dans le monde entier. Melanie Cumberland, l'avocate représentant les autorités allemandes, a fait valoir que les informations demandées pouvaient être fournies, mais le juge de district a déclaré : "À mon avis, il n'est pas possible de répondre à cette exigence en fournissant des informations au compte-gouttes, au fur et à mesure, par l'autorité du pays d'émission. Je considère que les détails sont vagues et imprécis. Je considère que l'ordonnance n'est pas valable et je récuse donc le défendeur". En d'autres termes, sans même se demander si les délits d'opinion allégués étaient extradables, le juge a abandonné les poursuites contre le Dr Töben en raison de vices de forme dans le mandat d'arrêt. Cumberland a annoncé son intention de se pourvoir en cassation. Dans l'attente de ce recours, le juge Wickham, après lui avoir interdit de faire des déclarations à la presse, a accordé à Töben la liberté provisoire contre une caution de 100 000 livres sterling, à condition qu'il donne une adresse reconnue, qui serait celle de Lady Renouf.

Michèle Renouf a déclaré à la sortie qu'ils ne craignaient pas de se retrouver devant la Cour Suprême, ce qui permettrait à l'affaire du Dr Töben d'avoir un plus grand impact international. Enfin, considérant peut-être que l'introduction du recours pourrait finir par nuire aux intérêts du lobby de l'Holocauste, les avocats de Töben ont été informés le 18 novembre que les autorités allemandes renonçaient à leur recours. Dans la soirée du 19 novembre, alors que le Parlement britannique honore le sioniste Shimon Peres de l'Ordre de Saint-Michel et Saint-Georges, Fredrick Töben fête la liberté avec ses amis. Le 21 novembre, Kevin Lowry-Mullins annonce que son passeport lui a été rendu et qu'il s'apprête à quitter la Grande-Bretagne. L'avocat regrette que son client n'ait reçu aucune compensation pour les presque deux mois de détention contre son gré à Londres.

Le 3 décembre 2008, Töben est de retour en Australie, mais loin de bénéficier d'un répit, il doit faire face à la poursuite des poursuites engagées par le Conseil exécutif des Juifs d'Australie en 1996. En avril 2009, Töben a été reconnu coupable d'avoir ignoré une ordonnance de la Cour fédérale lui enjoignant de retirer des documents du site web de l'Institut d'Adélaïde. Condamné à trois mois d'emprisonnement, il a fait valoir qu'il n'avait pas les moyens de payer une amende pour éviter l'emprisonnement, et encore moins les frais de justice d'un procès aussi long, comme le demandait Jeremy Jones, qui avait porté l'affaire devant les tribunaux au nom des organisations juives. Töben a fait appel du verdict en juin.

L'audience en appel s'est tenue le 13 août 2009. L'avocat David Perkins a déclaré à la Cour que les textes publiés sur le site web de l'Institut d'Adélaïde n'étaient qu'une "goutte d'eau" par rapport à la quantité de documents révisionnistes disponibles en ligne. Les juges ont insisté sur le fait que l'affaire ne portait pas sur l'Holocauste, les chambres à gaz ou l'exécution de Juifs pendant la Seconde Guerre mondiale, mais sur la désobéissance à des ordres de la Cour fédérale. Il s'agissait manifestement d'une argutie, c'est-à-dire d'un faux argument présenté avec suffisamment d'habileté pour le faire passer pour vrai. Le Tribunal fédéral n'aurait pas ordonné le retrait du matériel en 2002 sans la pression des lobbies juifs qui cherchaient à faire interdire les textes qui remettaient en cause la version officielle de l'histoire. Les trois juges de la Cour fédérale d'Australie ont donc rejeté l'appel et confirmé l'incarcération. "Vous suivez les ordres aveuglément, messieurs", a déclaré M. Töben aux juges en quittant la salle d'audience.

Frederick Töben est ainsi devenu le premier prisonnier de conscience de l'histoire judiciaire australienne. Il a d'abord passé une semaine dans un quartier de haute sécurité de la prison de Yatala, dans la banlieue nord d'Adélaïde, une prison où sont détenus les pires criminels. Il a ensuite été transféré dans un centre de détention beaucoup moins rigoureux à Cadell, à environ 200 kilomètres au nord-est d'Adélaïde, où il a pu bénéficier du soutien de ses amis, qui n'ont cessé de lui rendre visite. L'Institut d'Adélaïde a été repris par Peter Hartung, un homme d'affaires et conseiller politique doté d'un esprit de résilience digne de son prédécesseur et ami.

Quant aux frais de procédure, le Dr Töben a dû les supporter. Le 25 juin 2010, Jeremy Jones, qui s'est comporté comme un chien de chasse qui ne lâche pas sa proie, a présenté un état des frais et dépens s'élevant à 104 412 dollars. Le 30 juin, la Cour fédérale a décidé de demander 56 435 dollars à titre de provision et, le 15 septembre 2010, elle a délivré un certificat d'évaluation indiquant que le montant demandé par la Cour était correct. C'est ainsi qu'a commencé une nouvelle bataille juridique compliquée entre Jeremy Jones et Fredrick Töben, qui a duré plus de deux ans et au cours de laquelle le montant demandé n'a cessé d'augmenter. Le 27 février 2012, Jeremy Jones a demandé une nouvelle évaluation des coûts. Le 10 avril, le Dr Töben a déposé une demande d'injonction interlocutoire dans laquelle il demandait, entre autres, la suppression ou l'exclusion de l'évaluation des frais de justice. Le 3 mai 2012, le juge Mansfield a rejeté la demande de Töben, et Töben a également dû payer les frais liés à la demande d'injonction interlocutoire. Le 18 mai 2012, Fredrick Töben a écrit à Jeremy Jones en ces termes :

> "Votre réclamation contre moi en matière de frais dépassant 175.000 dollars est injuste et irrecevable. J'ai vendu ma maison dans laquelle j'ai vécu pendant vingt-sept ans, le seul bien que je possédais, pour satisfaire vos demandes antérieures. Je n'ai pas d'autres fonds ou titres et ne pourrai pas payer un centime. Si nécessaire, vous pouvez demander mon insolvabilité. J'ai toujours exercé mon droit à la liberté d'expression. Afin de démontrer l'injustice que vous m'avez faite, je maintiens une demande reconventionnelle contre vous devant la Cour fédérale, réclamant des dommages et intérêts pour violation des articles 18 (1) et 20 (1) de la clause 2 de la loi sur la concurrence et la consommation (nous ne nous risquerons pas à traduire le titre de cette loi). J'ai également l'intention d'intenter une action en diffamation. Les motifs de cette action remontent à votre article du 31 août 2009 ("Le dernier mot : le mépris de la vérité"), que vous avez publié sur Internet et qui s'y trouve toujours. Si les actions que je propose sont entendues par la Cour, je m'attends à recevoir un montant substantiel de dommages et intérêts, suffisant pour répondre à vos demandes de dépens. Toutefois, je suis prêt à renoncer à mes droits légaux de vous poursuivre pour les actions susmentionnées, à condition que vous suspendiez votre demande de remboursement des frais. J'attends vos conseils avec impatience".

Ces lignes, extraites des archives documentaires de l'Institut d'Adélaïde, qui contiennent les textes des procédures judiciaires, reflètent la lutte inégale d'un homme humble, dépourvu de ressources, contre les lobbies juifs australiens, dont la richesse est pratiquement illimitée. Après avoir purgé des peines de prison en Allemagne, en Angleterre et en Australie, Fredrick Töben avait perdu tous ses biens matériels et était ruiné, mais il possédait une conviction et une grandeur exemplaires, qui en font aujourd'hui un paradigme pour tous ceux qui luttent d'une manière ou d'une autre pour que les générations futures de jeunes étudient une véritable histoire mondiale, dans laquelle les imposteurs sont démasqués.

Faute de place pour d'autres détails, nous ajouterons qu'après dix-sept ans de persécution judiciaire par les représentants de la communauté juive d'Australie, le Dr Fredrick Töben a été déclaré insolvable le 24 septembre 2012 par les magistrats de la Cour fédérale de Sydney. Après l'expiration du délai légal d'appel, *The Australian jewishnews* a annoncé la nouvelle à la fin du mois d'octobre en titrant "Töben tied up". Selon la loi australienne, la déclaration d'insolvabilité a entraîné la confiscation de son passeport afin de faciliter le contrôle de son patrimoine et de ses revenus. Ainsi, "ligoté", il est condamné à vivre dans l'indigence jusqu'à la fin de ses jours en punition de ses "crimes".

9. Autres victimes de persécutions pour des délits de pensée :

Tous contre l'évêque catholique Richard Williamson

Le cas de l'évêque catholique anglais Richard Nelson Williamson est internationalement connu en raison des répercussions de ses déclarations sur l'Holocauste. Monseigneur Williamson appartenait à la Fraternité Saint-Pie X et a été excommunié par Jean-Paul II en 1988. En novembre 2008, la télévision suédoise a enregistré une interview de Mgr Williamson à Ratisbonne (Allemagne), qui a été diffusée le 21 janvier 2009, quelques jours avant que le pape Benoît XVI ne publie un décret levant son excommunication et celle de trois autres évêques renégats. Les propos de l'évêque ont provoqué un scandale médiatique, déclenché par les organisations sionistes, et ont fini par compromettre les relations du Vatican avec les responsables religieux juifs. L'interview commence comme suit :

> P. Williamson, ce sont vos paroles : "Pas un seul juif n'a été tué dans les chambres à gaz. Ce ne sont que des mensonges, des mensonges, des mensonges". Est-ce bien ce que vous dites ?
> R. - Je pense que vous me citez du Canada, oui, il y a de nombreuses années. Je pense que les preuves historiques s'opposent de manière écrasante à ce que six millions de Juifs aient été assassinés dans des chambres à gaz à la suite d'une politique délibérée d'Adolf Hitler.
> P. - Mais vous avez dit que pas un seul juif n'a été tué.
> R. - Dans les chambres à gaz.
> P. - Il n'y avait donc pas de chambres à gaz.
> R. - Je pense qu'il n'y a pas eu de chambres à gaz, oui".

Le dogme de la foi de l'Holocauste venait d'être publiquement nié par un évêque catholique. Anathème ! Pour la suite de l'interview, Mgr Williamson s'est tourné vers les révisionnistes et a affirmé que, selon eux, entre 200 000 et 300 000 juifs étaient morts dans les camps de concentration, mais aucun dans les chambres à gaz. Après avoir demandé à l'interviewer s'il avait entendu parler du *rapport Leuchter,* Monseigneur Williamson a éclairé le journaliste en répondant qu'il ne le connaissait pas : les recherches à Auschwitz, les conditions dans une chambre à gaz, les caractéristiques du Zyklon B ont été les sujets expliqués par le prêtre. L'interviewer a réagi en posant la question suivante : "Si ce n'est pas de l'antisémitisme, qu'est-ce que l'antisémitisme ?". La réponse fut que la vérité historique ne pouvait pas être de l'antisémitisme.

La critique d'un crime de pensée aussi odieux a été féroce et les demandes immédiates. Dès le mois de janvier, le procureur de Ratisbonne, Günter Ruckdaeschel, annonçait l'ouverture d'une enquête contre Williamson. Les critiques se sont étendues au pape Benoît XVI pour la levée de l'excommunication. Un porte-parole du Vatican a immédiatement souligné que les opinions de l'évêque étaient inacceptables et violaient l'enseignement de l'Église. Dans un article de première page, le journal du Vatican *L'Osservatore Romano* a réaffirmé que le pape déplorait toute forme d'antisémitisme et que tous les catholiques devaient en faire autant. Le rabbin David Rosen du Comité juif américain, le rabbin Marvin Hier du Centre Simon Wiesenthal et l'Agence juive, véritable porte-parole du gouvernement israélien, ont dénoncé le Vatican pour avoir gracié un négateur de l'Holocauste.

Mgr Williamson, de retour à son siège de La Reja, dans la province de Buenos Aires, a remercié le pape pour sa décision, qu'il a qualifiée de "pas en avant pour l'Église". Le 26 janvier 2009, le cardinal Angelo Bagnasco, président de la Conférence épiscopale italienne, a défendu la décision du pape de réhabiliter Mgr Williamson, tout en critiquant ses opinions "infondées et injustifiées". Le président de la Conférence épiscopale d'Allemagne, Heinrich Mussinghoff, s'est également empressé de "condamner fermement la négation explicite de l'Holocauste". Monseigneur Williamson a publié une déclaration dans laquelle il s'excuse auprès du pape de lui avoir causé "de la détresse et des ennuis" en raison de ses opinions sur l'Holocauste, qu'il a lui-même qualifiées d'"imprudentes".

Les protestations et les pressions des organisations juives se multiplient et mettent en évidence l'incapacité du Vatican à réagir autrement que par l'obéissance et la docilité. Charlotte Knobloch, présidente du Conseil central des Juifs d'Allemagne, a annoncé que, dans ces conditions, elle suspendait ses dialogues avec les dirigeants catholiques. Le 3 février 2009, le Grand Rabbinat d'Israël a officiellement rompu ses relations avec le Vatican et annulé une réunion prévue les 2 et 4 mars avec la Commission du Saint-Siège pour les relations avec les Juifs. Oded Weiner, directeur général du rabbinat, a adressé une lettre au cardinal Walter Casper, dans laquelle il déclare : "sans excuses publiques et sans rétractation, il sera difficile de poursuivre le dialogue".

Le même jour, le 3 février, Angela Merkel, fidèle à la voix de ses maîtres, exigeait du pape Benoît XVI qu'il clarifie la position de l'Eglise : "Le pape et le Vatican, disait-elle, doivent dire clairement qu'il ne peut y avoir de négationnisme". En Allemagne, toute la machine à alimenter le feu du "scandale" était en marche : le *Bild Zeitung* a averti le pape que "l'extermination de six millions de Juifs ne pouvait être niée" sans réaction. Le *Süddeutsche Zeitung* applaudit l'avertissement du chancelier et rappelle qu'un pape allemand ne peut "soutenir un négationniste" sans offenser la communauté juive. Le *Berliner Zeitung* a écrit que Williamson n'avait pas seulement marmonné en privé, mais qu'il avait parlé en public, appelant le pape à l'excommunier à nouveau. Pour tenter de contenir les critiques, Benoît XVI a ordonné à Richard Williamson, le 4 février, de se rétracter "publiquement et sans équivoque".

L'évêque vivait en Argentine depuis cinq ans, mais le 19 février, il a été déclaré "persona non grata". Le ministère argentin de l'intérieur, par l'intermédiaire de la direction nationale des migrations, a demandé à l'évêque britannique de quitter le pays dans les dix jours. La note précise qu'elle prend en compte "la notoriété publique consécutive à ses déclarations antisémites à un média suédois, dans lesquelles il mettait en doute le fait que le peuple juif ait été victime de l'Holocauste". Le gouvernement argentin a ajouté dans la note que les déclarations de M. Williamson "ont profondément offensé le peuple juif et l'humanité".

Monseigneur Williamson, qui s'est rendu en Angleterre, a néanmoins résisté à toutes les pressions et a déclaré dans une interview à *Der Spiegel* qu'il avait toujours cherché la vérité et qu'il s'était donc converti au catholicisme. Il s'est déclaré convaincu de ce qu'il avait dit : "Aujourd'hui, je dis la même chose que dans l'interview à la télévision suédoise : les preuves historiques doivent prévaloir et non les émotions. Et si je trouve d'autres preuves du contraire, je me rétracterai, mais cela prendra du temps". L'évêque a rédigé des excuses écrites, mais Federico Lombardi, porte-parole du Vatican, a déclaré qu'il "ne remplissait pas les conditions pour être admis à nouveau dans l'Église". Bien entendu, la communauté juive a également rejeté ces excuses. Marvin Hier, du Centre Simon Wiesenthal, a exigé : "S'il veut s'excuser, il doit affirmer l'Holocauste".

Brigitte Zypries, ministre allemande de la justice, a finalement écarté la possibilité d'émettre un MAE pour que les autorités britanniques arrêtent l'évêque et l'extradent vers l'Allemagne. Finalement, en avril 2010, un procès s'est tenu à Ratisbonne auquel Williamson n'a pas comparu. Les trois journalistes suédois qui avaient participé à l'interview ne sont pas non plus venus témoigner. L'avocat Matthias Lossmann a demandé en vain l'acquittement. Monseigneur Williamson a été condamné à une amende de

10 000 euros pour "incitation à la haine raciale". À la suite d'un appel, en juillet 2011, toujours par contumace, Mgr Williamson a été condamné en deuxième instance à payer 6 500 euros, mais en raison de vices de procédure, un réexamen de la procédure a été imposé. Le 24 février 2012, il a été acquitté. Le tribunal a estimé que les accusations avaient été portées de manière incorrecte parce que l'accusation n'avait pas suffisamment précisé la nature de l'infraction. La condamnation a donc été annulée en raison d'erreurs de procédure. Comme la possibilité de nouvelles accusations restait ouverte, il a été condamné par contumace pour la troisième fois le 16 janvier 2013. Cette fois, l'amende a été réduite à 1600 euros. Williamson a refusé de payer et a de nouveau fait appel.

Comme on le voit, ce qui a été important dans cette affaire, c'est le tumulte monumental, le harcèlement incessant, les réactions disproportionnées à l'encontre d'un prêtre catholique simplement parce qu'il a osé dire ce qu'il pensait. Ce qui est vraiment regrettable, à notre avis, ce ne sont pas les condamnations et les menaces habituelles des organisations juives internationales, ni les exigences de la presse allemande et de la chancelière Merkel, fille d'un juif polonais et remariée à un professeur juif, à l'égard du Pape, mais la capitulation du Vatican et de l'Eglise. "Je suis venu dans le monde pour rendre témoignage à la vérité", répond Jésus à Pilate alors qu'il est sur le point d'être livré. "Vous connaîtrez la vérité, et la vérité vous rendra libres", a-t-il enseigné à ses disciples. Malheureusement, la hiérarchie catholique a depuis longtemps renoncé à dire la vérité comme Jésus-Christ l'a enseigné. Le Vatican et la Croix-Rouge savent très bien quelle est la vérité sur les soi-disant camps d'extermination, mais leurs dirigeants actuels ont capitulé, préférant mentir et se conformer douloureusement au dogme de la foi en l'Holocauste.

Le 25 mars 2016, Vendredi saint, le Saint-Père François a présidé le chemin de croix au Colisée de Rome. L'événement a été retransmis par de nombreuses chaînes de télévision à des centaines de millions de personnes dans le monde. Le pape a chargé le cardinal Gualtiero Basseti de rédiger les méditations. Pour la troisième station, Jésus tombe pour la première fois, Basseti a fait référence aux souffrances du monde d'aujourd'hui. Dans la première partie de la méditation, il écrit : "...Il y a des souffrances qui semblent nier l'amour de Dieu. Où est Dieu dans les camps d'extermination ? Et un peu plus loin, avant de prier le Notre Père : "...Nous te prions, Seigneur, pour les juifs qui sont morts dans les camps de la mort...". Il est évident qu'il n'était pas nécessaire de mentionner parmi les tragédies d'aujourd'hui et à l'honneur une souffrance d'il y a soixante-dix ans. Seule la servitude justifie cette mention du cardinal Basseti qui, bien sûr, a oublié d'écrire un seul mot pour le malheureux peuple palestinien. Oui, comme Monseigneur Williamson, l'Église sait que les camps de la mort n'ont pas existé. Elle sait la vérité, mais elle affirme le mensonge par lâcheté, parce qu'elle est inféodée à la tromperie et qu'elle ignore les paroles du Christ : "Vous connaîtrez la vérité, et la vérité vous rendra libres".

Haviv Schieber, le juif qui s'est taillé les poignets pour éviter la déportation en Israël

Dans *On the Wrong Side of Just About Everything But Right About It All,* Dale Crowley Jr. raconte qu'il a assisté aux funérailles de Haviv Schieber avec ses amis proches dans un blizzard de neige, une toile de fond appropriée à la vie tourmentée et courageuse de ce juif révisionniste. Dale Crowley cite cette phrase de Schieber : "Mes frères juifs aiment haïr. Ils ne savent pas pardonner. Ils sont malades et ont besoin du médecin, Jésus, et du médicament, la Bible". Schieber était donc chrétien et, dans ses articles, ses interviews et ses déclarations, il a toujours exprimé son désir de vérité et de justice. "Le nazisme, a-t-il dit un jour, m'a fait peur parce que j'étais juif. Le sionisme me fait honte d'être juif". Lorsqu'on lui demandait si les Protocoles des Sages de Sion étaient authentiques, il répondait invariablement : "Cela n'a pas d'importance. Tout est devenu réalité."

Ernst Zündel a beaucoup appris de Haviv Schieber, avec qui il a entretenu une bonne amitié. Zündel le considérait comme une personne extrêmement intelligente. Il obtient de lui des informations de première main sur le sionisme, Schieber lui expliquant la réalité de l'État d'Israël. En 1932, Schieber était un sioniste passionné qui a émigré de sa Pologne natale pour vivre dans la Palestine mandataire britannique. Il avait des amis palestiniens, vivait et faisait des affaires avec eux jusqu'en 1936, date à laquelle, désillusionné par la réalité, il choisit de retourner en Pologne. Il y voit comment, au lieu d'aider les Juifs les plus démunis, les organisations sionistes ne sélectionnent que les jeunes socialistes qui pourraient être utiles à leurs plans pour le futur État. En 1939, lorsque les nazis envahissent la Pologne, il retourne en Palestine, où il se marie, élève une famille et devient le maire juif de Beersheba. Son désenchantement définitif à l'égard du sionisme survient lorsqu'il en découvre la véritable nature lors de la guerre de conquête de 1948-1949. Lassé des meurtres et des injustices, il quitte Israël pour les États-Unis le 18 mars 1959.

Les sionistes commencent alors leur persécution et font pression sur les autorités américaines pour qu'elles l'expulsent. La bataille juridique pour obtenir l'asile politique dure plus de quinze ans. Il est d'abord autorisé à rester jusqu'au 1er février 1960. Le 4 avril 1961, un tribunal ordonne son expulsion, mais ses allégations selon lesquelles il serait physiquement persécuté en Israël sont entendues et reportées. Finalement, le 5 août 1964, il a été invité à quitter volontairement le pays comme alternative à l'expulsion, mais a été averti que s'il ne quittait pas les États-Unis, il serait expulsé. La procédure d'asile a duré jusqu'au début des années 1970. Le 23 juin 1970, une cour d'appel lui a refusé le statut de réfugié politique pour une durée indéterminée. Alors que les pressions sionistes étaient sur le point de porter leurs fruits, Haviv Schieber s'est ouvert les veines à l'aéroport de Washington D.C. pour éviter d'être mis dans un avion à destination d'Israël.

Aux États-Unis, Schieber devient le Quichotte admiré d'un groupe d'Américains, juifs et chrétiens, qui voient en lui un idéaliste indomptable. Schieber devient un tourbillon d'activités pour défendre les droits du peuple palestinien et dénoncer l'imposture du sionisme. Haviv Schieber est décédé en 1987. Durant les dernières années de sa vie, malgré deux graves opérations en 1985, il poursuit son travail à la tête de son "Comité de l'État de Terre Sainte", créé pour lutter en faveur d'un État dans lequel Juifs, Arabes et Chrétiens pourraient vivre en paix.

Hans Schmidt, l'Américain emprisonné pour quatre mots

Émigré aux États-Unis en 1949, Hans Schmidt en devient citoyen en 1955. Outre son mariage et ses deux enfants, il est devenu un homme d'affaires dans le secteur de la restauration, mais il a également fondé et présidé le German-American National Political Action Committee (GANPAC), une organisation dédiée à la protection des droits et des intérêts de la plus grande minorité ethnique du pays. En 1985, ses bureaux de Santa Monica (Californie) ont été attaqués et partiellement endommagés. Schmidt, qui était en contact avec l'IHR et avait assisté à certaines de ses conférences, éditait et publiait deux bulletins d'information percutants, le *GANPAC Brief* en anglais et le *USA-Bericht* en allemand. Militant des droits civiques, il n'hésitait pas à exprimer ses opinions révisionnistes, notamment en dénonçant la falsification de l'histoire et la campagne en faveur de l'Holocauste. Il était également impitoyable à l'égard de la trahison et de la capitulation des dirigeants politiques allemands.

Le 9 août 1995, il a été arrêté à l'aéroport de Francfort. Il était âgé de 68 ans et retraité. Il s'était rendu en Allemagne pour rendre visite à sa mère âgée et s'apprêtait à reprendre l'avion pour la Floride. Schmidt a été arrêté sur la base d'un mandat d'arrêt délivré le 28 mars 1995 par un juge de Schwerin, remplacé par un second mandat d'arrêt daté du 5 octobre. Le "crime" consistait en l'envoi d'un exemplaire de sa lettre d'information *USA-Bericht* (*Rapport USA*) au domicile de Rudi Geil, membre du "Bundesrat". Le bulletin contenait une lettre ouverte qu'il avait écrite en réponse à un article publié dans *Die Zeit*. Offensé par ce qu'il a lu, Geil a déposé la plainte qui a conduit au mandat d'arrêt. Le paragraphe incriminé, à l'origine de l'arrestation, faisait allusion à "la gauche, les anarchistes, le juif et le franc-maçon qui infestent le système politique, ainsi que la presse contrôlée". Selon le mandat d'arrêt, les expressions "le juif infesté" et "le franc-maçon infesté" visaient ces deux groupes de population en Allemagne. Les charges retenues contre lui se rapportent au fameux paragraphe 130 (I, 2) et sont habituelles.

Pour la première fois, un citoyen américain a été arrêté pour avoir écrit dans un courrier électronique envoyé depuis les États-Unis, pour avoir exprimé une opinion tout à fait légale dans son pays. Les dirigeants politiques américains, si prompts à condamner les violations des droits de l'homme et de la liberté d'expression lorsque cela sert leurs intérêts, sont restés silencieux. Lorsqu'ils ont été interrogés, ils ont rejeté l'affaire en invoquant l'habituelle "question nationale". Les protestations sont venues des militants américains des droits civiques, qui ont envoyé un flot de lettres aux fonctionnaires et aux journalistes allemands et ont fait paraître des annonces dans les journaux pour dénoncer le traitement réservé à M. Schmidt. Le 22 août, par exemple, un groupe de citoyens s'est posté devant le consulat allemand de New York et a brandi une grande banderole intitulée "Travelers Alert", avertissant les Américains qui prévoyaient de se rendre en Allemagne qu'ils risquaient d'être emprisonnés s'ils exprimaient des "opinions politiques incorrectes".

En prison, Schmidt a accusé l'ambassade des États-Unis d'avoir fourni de fausses informations à l'Allemagne pour faciliter ses poursuites. En raison de sa santé fragile, ses avocats ont réussi à le faire libérer sous caution en janvier 1996. Ainsi, après avoir passé cinq mois en prison, il est parvenu à retourner aux États-Unis et a pu éviter d'autres poursuites. Il y écrit un livre sur son expérience, intitulé *Jailed in "Democratic" Germany*, qui est publié en 1997. Jusqu'à sa mort en 2010, il a continué à lutter contre le pouvoir des lobbies juifs et leur influence aux États-Unis et dans le monde.

Arthur Topham, condamné au Canada pour "haine" des Juifs

Arthur Topham est un combattant révisionniste de longue date qui, en novembre 2015, a été condamné au Canada pour crime de "haine". Topham gère le site web *The Radical Press*. Depuis huit ans, il résiste au harcèlement des ennemis de la liberté d'expression, son combat a donc été long et héroïque. Le site a été saboté à plusieurs reprises. La première attaque contre les documents publiés sur le site a eu lieu en 2007. Des accusations ont été portées contre Topham en vertu de la loi canadienne sur les droits de l'homme. Sa première arrestation et son emprisonnement, le 16 mai 2012, ont coïncidé avec de nouveaux sabotages du site. Il a été accusé de "promouvoir délibérément la haine contre les personnes de race ou de religion juive". Les deux personnes qui l'ont poursuivi en justice sont connues pour avoir agi à la demande de la loge maçonnique juive B'nai B'rith du Canada.

Topham lui-même a révélé que le texte qui a le plus contribué au dépôt de la plainte est un article satirique intitulé *Israel Must Perish*, écrit en mai 2011, dans lequel Arthur Topham parodiait le célèbre *Germany Must Perish* de Theodore N. Kaufman, publié en 1941. Ce qu'il a fait, c'est simplement remplacer dans les phrases les noms qui dégagent le plus de haine pour l'Allemagne. En d'autres termes, là où le livre de Kaufmann parlait de "nazis", Topham avait écrit "juifs" ; au lieu d'"Allemagne", il avait écrit "Israël" ; au lieu d'"Hitler", il avait écrit "Netanyahu". Il entendait ainsi dénoncer l'hypocrisie des Juifs, qui accusent les autres de haine. Le 15 avril 2014, un juge de la cour provinciale nommé Morgan, imitant les pratiques de l'Inquisition, a interdit la publication des noms des deux personnes qui avaient déposé la plainte pénale contre Arthur Topham, éditeur de *The Radical Press*, pour "crime de haine".

Le procès contre Topham a débuté le 26 octobre 2015 et s'est terminé le 12 novembre par un verdict de culpabilité pour Topham. À l'heure où nous écrivons ces lignes, la peine, qui pourrait être de deux ans moins un jour, n'est pas encore connue. Les lecteurs intéressés par plus de détails sur le procès peuvent consulter le site web de *The Radical Press*, qui contient une transcription complète des archives de chaque session du procès. Le musicien de jazz et révisionniste juif Gilad Atzmon est intervenu dans le procès et a également publié un extrait le 8 novembre 2015. Il explique que la Couronne a présenté parmi les experts sur le judaïsme et l'antisémitisme Len Rudner, un "professionnel juif" qui a travaillé pendant quinze ans pour le Congrès juif du Canada et l'organisation qui lui a succédé, le Centre pour Israël et les affaires juives (CIJA). Avant le début du procès, il avait tenté de forcer le fournisseur d'accès à Internet à fermer le site. M. Rudner a lui-même engagé des poursuites civiles contre M. Topham. Comme dans les cas de Pedro Varela et de Librería Europa ou de Fredrick Töben et du site de l'Adelaide Institute, la plupart des livres et textes cités par Rudner peuvent être obtenus sur Internet ou achetés gratuitement sur Amazon et dans les librairies.

Gilad Atzmon (voir note 16), qui n'est pas seulement musicien mais aussi philosophe et auteur de plusieurs livres, était l'expert en questions juives présenté par Arthur Topham et son avocat Barcley Johnson pour contrer les arguments de Rudner. La compétence d'Atzmon en matière de "politique identitaire juive" a été reconnue par la cour. Le jury a écouté avec fascination les explications précises et complexes de ce Juif unique, qui a affirmé que de nombreux écrits apparemment antisémites avaient été produits par les premiers sionistes. Atzmon, ancien soldat, a fait l'expérience directe de l'idéologie perverse du sionisme et des mécanismes tribaux appliqués avec fanatisme en Israël.

Aux dernières nouvelles, le vendredi 20 novembre 2015, Arthur Topham, reconnu coupable lors du précédent procès, a comparu devant la Cour suprême de Quesnel pour une audience relative à la question de la libération sous caution ainsi qu'à d'autres demandes liées à la publication dans *The Radical Press* d'une photo du jury devant le palais de justice. Jennifer Johnson, la procureure de la Couronne, a demandé un certain nombre de conditions extrêmement sévères. Il semble que Topham et

Johnson aient comparu en personne, tandis que Bruce Butler, le juge de la Cour suprême, et Barcley Johnson, l'avocat de la défense, ont comparu par téléphone depuis Vancouver et Victoria respectivement. Le juge a estimé que la publication de la photo des jurés, qui étaient debout dans la neige et photographiés à une distance où l'on ne pouvait pas voir clairement leur visage, ne pouvait pas constituer un danger pour leur sécurité. En tout état de cause, il a exigé son retrait.

10. Annexe sur la persécution impitoyable des nonagénaires

Les personnes persécutées énumérées dans cette dernière section, que nous écrivons en annexe, ne sont plus des révisionnistes et n'ont pas commis de délits d'opinion. Ce sont des personnes qui, normalement, n'entreraient jamais dans les manuels d'histoire. Ils feraient peut-être partie de ce que Miguel de Unamuno considérait comme l'intrahistoire. Leurs noms ont fait la une des journaux pendant un jour ou deux, puis ont disparu à jamais. C'est précisément pour cette raison, afin qu'ils ne tombent pas dans l'oubli, que nous avons choisi de les inclure dans notre travail, même si c'est de manière concise. Il s'agit de nonagénaires victimes d'une persécution inqualifiable pour le simple fait d'avoir servi comme soldats dans l'armée pendant la Seconde Guerre mondiale. Normalement, ces hommes âgés qui ont servi leur pays à l'adolescence devraient être honorés et reconnus, mais ils sont traités comme des criminels.

Le cas célèbre de John Demjanjuk, extradé, accusé, jugé et condamné à mort, a déjà été mentionné. Un autre cas bien connu est celui de Frank Walus, témoin de Zündel au procès de 1985. Accusé à tort par le chasseur de nazis Wiesenthal d'être le "boucher de Kielce", il a fait l'objet d'une campagne virulente dans les médias américains, qui a abouti à son passage à tabac en public. Le mécanicien américain d'origine allemande a été attaqué à sept reprises par des hommes de main juifs, qui ont failli le tuer lors d'une attaque à l'acide. Pour financer sa défense, il a vendu sa maison et s'est retrouvé ruiné. Il a également perdu sa nationalité américaine. Après une longue et coûteuse procédure d'appel, il a obtenu gain de cause, mais sa santé était déjà très mauvaise et il est décédé après avoir subi plusieurs crises cardiaques. D'autres cas de ce genre pourraient être évoqués, mais nous préférons donner la parole aux anciens soldats anonymes, dont nous ne présenterons que quelques exemples.

En avril 2013, on a appris en Allemagne que les procureurs avaient décidé de faire un "dernier effort" pour trouver les criminels nazis. À cette fin, une liste avait été établie avec les noms de 50 gardiens vivants d'Auschwitz et d'autres camps qui devaient faire l'objet d'une enquête afin de donner satisfaction aux survivants de l'Holocauste. "Nous le devons aux victimes", a déclaré Kurt Schrimm, chef de l'Office central des autorités judiciaires pour l'instruction des crimes nationaux-socialistes, qui a indiqué que le musée d'Auschwitz leur avait transmis la liste des noms d'anciens gardiens.

Efrain Zuroff, chasseur de nazis acharné, directeur du Centre Simon Wiesenthal à Jérusalem et l'un des cerveaux de l'"Opération dernière chance", a déclaré que le fait que la plupart des noms figurant sur la liste soient des octogénaires ou des nonagénaires n'est pas une raison pour que "justice" ne soit pas rendue. Auteur de *Operation Last Chance : One Mans Quest to bring Nazi Criminals to Justice*, le justicier déclare dans son livre : "Ne regardez pas ces hommes en vous disant qu'ils ont l'air faibles et frêles. Pensez à quelqu'un qui, au sommet de sa force, a consacré son énergie à assassiner des hommes, des femmes et des enfants. Le passage du temps ne diminue en rien la culpabilité des meurtriers. La vieillesse ne doit pas les protéger". La célèbre Deborah Lipstadt, professeur à l'université Emory, a soutenu l'idée qu'il n'y a pas de limite d'âge pour poursuivre les criminels.

Laszlo Csatary

C'est le premier nom à apparaître sur la liste gérée par les procureurs allemands et le SWC (Centre Simon Wiesenthal). En juillet 2012, peu après l'arrivée du sioniste Laurent Fabius au ministère des Affaires étrangères, une réunion a eu lieu en France entre Fabius, les chasseurs de nazis et des groupes communautaires juifs. À la suite de cette réunion, la France a demandé à la Hongrie d'arrêter Laszlo Csatary, qui vivait à Budapest sous son propre nom. Le porte-parole du ministère déclare qu'il ne peut y avoir "aucune immunité" pour les auteurs de l'Holocauste. Le 18 juillet 2102, le SWC rapporte que Csatary a été arrêté. Son avocat, Gabor Horwath, a déclaré qu'il avait été interrogé pendant trois heures à huis clos par un procureur de Budapest, qui l'a accusé d'antisémitisme. Aucune charge n'a été retenue contre lui, mais il a été assigné à résidence. Selon ses persécuteurs, il a participé à la déportation de plus de 15 000 Juifs vers Auschwitz en 1944. Csatary a nié être antisémite et a cité des exemples de relations avec des Juifs dans sa famille et son cercle d'amis. Il a également nié avoir été commandant du ghetto de Kosice, en Hongrie, pays allié de l'Allemagne. Horwath a déclaré qu'il "aurait pu facilement être pris pour quelqu'un d'autre". Pour faire pression, des groupes d'autodéfense ont organisé des manifestations à l'extérieur de la maison avec des pancartes sur lesquelles on pouvait lire "Dernière chance pour la justice". Un groupe de l'Union européenne des étudiants juifs, aux visages très indignés, a formé une chaîne avec les mains attachées. Deux "activistes" sont montés à l'étage et ont collé sur la porte des croix gammées barrées et une pancarte avec le slogan "Nous n'oublions jamais". En août 2013, Laszlo Csatary est décédé à l'âge de 98 ans alors qu'il attendait son procès. En annonçant le décès, l'avocat a rappelé que Laszlo Csatary n'avait été qu'un intermédiaire entre les autorités hongroises et allemandes et qu'il n'avait été impliqué dans aucun crime.

Samuel Kunz

Le 21 décembre 2010, Christoph Göke, porte-parole du parquet de Dortmund, a annoncé l'inculpation d'un homme de 90 ans, Samuel Kunz, ancien gardien de Sobibor ayant participé à l'extermination de 430 000 Juifs. Selon la presse, M. Kunz a reconnu avoir travaillé en 1942-43 dans le "camp d'extermination" de Belzec. Lors de la perquisition de son appartement par la police, le vieil homme a nié avoir été personnellement impliqué dans un quelconque crime. Les journaux rapportent qu'une "vague d'arrestations" a lieu parmi les nonagénaires et que les chasseurs de nazis se réjouissent du zèle de la police. Parallèlement à la saignée des personnes, la saignée économique se poursuit : quelques jours avant l'arrestation de Kunz, le 9 décembre 2010, Ruediger Grube, directeur général de la Deutsche Bahn, a déclaré que les souffrances des victimes du nazisme n'étaient pas oubliées et que la société nationale des chemins de fer ferait don de 6,6 millions de dollars à EVZ (Fondation pour le souvenir, la responsabilité et l'avenir) pour financer des projets en faveur des survivants.

Johan Breyer

À la suite d'un mandat d'arrêt émis par l'Allemagne, Johan Breyer, un homme de 89 ans qui avait émigré aux États-Unis en 1952, a été arrêté en juillet 2014 à son domicile de Philadelphie, en Pennsylvanie, accusé d'avoir été complice de l'assassinat de centaines de milliers de Juifs. Breyer a admis avoir été garde à Auschwitz, mais a déclaré avoir servi à l'étranger et n'avoir rien à voir avec les meurtres. Bien que son avocat, Dennis Boyle, ait prévenu que son client était dans un état de santé trop fragile pour être emprisonné en attendant une audience d'extradition, le juge a déclaré que le centre de détention était équipé pour s'occuper de lui et a refusé toute libération sous caution. L'Associated Press a rapporté les déclarations à Jérusalem du chasseur de nazis Efraim Zuroff, qui a rappelé au public américain qu'en 2013, les autorités allemandes avaient placardé des affiches dans certaines villes avec le slogan "Tard, mais pas trop tard" pour que le décrépit Breyer soit extradé. Zuroff a ajouté que l'Allemagne "méritait d'être félicitée" pour avoir "fait un effort ultime pour maximiser les poursuites contre les responsables de l'Holocauste".

Oskar Gröning

La campagne d'affichage honteuse mérite un commentaire, Oskar Gröning étant l'un des trente gardiens d'Auschwitz visés dans le cadre de l'opération "Spät, aber nicht zu spät" (En retard, mais pas trop tard). Elles représentaient en noir et blanc la façade principale d'Auschwitz en arrière-plan et les voies ferrées sur le sol enneigé, qui convergeaient avant l'entrée du camp. En bas, une bande rouge avec l'inscription mentionnée ci-dessus. Le CFC a offert des récompenses de 25.000 euros à ceux qui dénonceraient les grands-parents. Le Centre Wiesenthal a indiqué que six cas étaient localisés dans le Bade-Wurtemberg, sept en Bavière, deux en Saxe-Anhalt, quatre en Westphalie du Nord, quatre en Basse-Saxe, deux en Hesse et un en Rhénanie-Palatinat, Hambourg, Schleswig-Holstein, Saxe et Mecklembourg-Poméranie occidentale. Tous étaient d'anciens gardiens.

L'un des quatre poursuivis en Basse-Saxe était Oskar Gröning, arrêté en mars 2014. Lorsqu'il a été formellement inculpé en septembre 2014, Gröning, connu sous le nom de "comptable d'Auschwitz", avait 93 ans et était accusé de complicité dans le meurtre d'au moins 300 000 personnes. "Oskar Gröning n'a tué personne de ses mains, mais il faisait partie de la machine d'extermination", a déclaré Judy Lysy, une survivante, au juge à la retraite Thomas Walter, qui a enquêté sur Gröning à Toronto et à Montréal. Le procès a débuté en avril 2015, et la santé défaillante de Gröning a contraint à suspendre le procès pendant quelques jours. Le verdict a été rendu public le 15 juillet. Alors que le procureur avait requis trois ans et demi de prison, le tribunal de Lunebourg, ignorant le fait que Gröning était déjà âgé de 94 ans et n'avait tué personne, l'a condamné à quatre ans. Le ministre de la justice, le social-démocrate Heiko Maas, a déclaré que ce procès avait contribué à atténuer le "grand échec" du système judiciaire allemand, qui n'avait réussi à traduire en justice qu'une cinquantaine de membres des SS d'Auschwitz sur les 6 500 qui ont survécu à la guerre.

Reinhold Hanning

Au cours de l'été 2015, le tribunal chargé de juger Reinhold Hanning, un ancien gardien d'Auschwitz âgé de 93 ans et accusé de complicité dans le meurtre de 170 000 personnes, attendait un rapport médical pour déterminer si le nonagénaire était mentalement apte à être jugé. Anke Grudda, porte-parole du tribunal de Detmold, en Westphalie du Nord, a déclaré à l'Associated Press que le procès ne pouvait pas commencer tant que le rapport neurologique n'était pas terminé. Le journal britannique *Daily Mail* a rapporté qu'il n'y avait pas suffisamment de preuves pour montrer si Hanning avait pris des décisions lui-même ou s'il avait simplement aidé d'autres personnes dans leur travail. Le dossier a été complété par les déclarations d'un petit-fils présumé des victimes, Tommy Lamm, 69 ans, qui a raconté depuis Jérusalem l'histoire de ses grands-parents, rasés et gazés peu après leur arrivée à Auschwitz, et qui a établi un lien entre Hanning et leur mort. Lamm a déclaré qu'il était prêt à se rendre en Allemagne pour le pendre de ses propres mains. Enfin, en novembre 2015, des neurologues ont conclu que Reinhold Hanning pouvait supporter des séances d'audience de deux heures par jour.

Siert Bruins

Accusé d'avoir tué un résistant pendant la guerre mondiale, Siert Bruins, un ancien agent de sécurité de 92 ans né aux Pays-Bas, a été jugé en Allemagne en septembre 2013. Le ministère public, malgré le fait qu'il soit nonagénaire, a demandé l'emprisonnement à vie. Le procureur a soutenu que Bruins avait tué Aldert Klaas Dijkema, qui, en septembre 1944, travaillait pour la résistance contre l'occupation allemande des Pays-Bas. De manière surprenante, le juge a estimé qu'il n'y avait pas suffisamment de preuves que l'accusé était l'auteur du crime présumé, qui avait eu lieu soixante-dix ans plus tôt. Detlef Hartmann, l'avocat de la sœur d'Aldert Klaas, qui aurait cherché à se venger, a déclaré que son client était contrarié par la décision du tribunal. De son côté, Siert Bruins a quitté la salle d'audience avec un déambulateur et n'a pas pu s'exprimer.

Une femme de 91 ans

De nombreux détenus étaient généralement malades, car il est impossible d'atteindre l'âge de 90 ans sans une grave détérioration physique et surtout mentale. Dans la plupart des cas, les noms complets de ces personnes âgées n'ont même pas été révélés à la presse. Nous nous retrouvons donc avec une victime anonyme, qui servira de symbole à tant d'inconnus qui ont souffert et souffrent encore de la haine insatiable qui, quatre-vingts ans plus tard, est toujours affichée par les éternelles "victimes" ; mais aussi de symbole à la misère morale et politique de la République fédérale d'Allemagne, dont la chancelière Angela Merkel déclare cyniquement que son pays doit payer "éternellement" pour l'Holocauste. Un État qui persécute des vieillards qui ont servi leur patrie et exécuté les ordres de leurs supérieurs n'a ni crédibilité ni dignité.

Le 22 septembre 2015, *Fox News* a publié l'article suivant : "Une Allemande de 91 ans est accusée d'avoir contribué à la mort de 260 000 personnes à Auschwitz". Le corps de l'article indiquait qu'une femme non identifiée de 91 ans avait été accusée par des procureurs allemands d'avoir participé à la mort de 260 000 Juifs à Auschwitz. *Le Times of Israel*, l'une des sources de *Fox News*, a précisé que cette femme, membre de la SS, avait été opératrice radio sous les ordres du commandant du camp en juillet 1944. Heinz Döllel, porte-parole du bureau du procureur, a déclaré qu'il ne semblait pas que la femme soit inapte à être jugée, même si le tribunal ne décidera pas de poursuivre l'affaire avant l'année prochaine. Il est très probable que le tribunal, considérant le métier d'opérateur radio comme un crime abominable, finisse par la juger.

CHAPITRE XIII

LE PREMIER GRAND MENSONGE DU 21ÈME SIÈCLE : LES ATTENTATS DU 11 SEPTEMBRE 2001

Peu de personnes moyennement informées adhèrent aujourd'hui à la version officielle des attentats du 11 septembre 2001. Des mouvements se sont créés dans le monde entier pour réclamer la vérité, car les preuves de la fabrication d'un grand mensonge sont irréfutables. Le principal problème pour savoir exactement ce qui s'est passé est, comme d'habitude, l'asservissement des médias, qui soutiennent une interprétation erronée des faits et dissimulent les preuves par leur traitement de l'information, ce qui équivaut à une coopération criminelle sous la forme d'une dissimulation. Aux États-Unis, de nombreuses associations pour la vérité sur le 11 septembre : pilotes, architectes et ingénieurs, scientifiques, pompiers, militaires, acteurs et artistes, professionnels de la santé, avocats, sportifs... exigent que les faits soient clarifiés. La plupart de ces organisations ont rejoint le "Mouvement pour la vérité sur le 11 septembre", créé en 2004. Le principal problème du mouvement pour la vérité sur le 11 septembre est qu'il est fortement infiltré. Ceux qui cherchent à le fragmenter et à le décrédibiliser utilisent la technique dite du "muddying the water", qui consiste à mélanger des informations de toutes sortes, des plus fantaisistes aux plus réelles, afin de créer la confusion et de briser la cohésion et la force du mouvement.

Les tours jumelles de New York ne sont pas tombées à cause de l'impact d'avions ou de feux de paraffine, mais se sont effondrées à la suite de démolitions contrôlées préparées à l'avance. Le vol 77 d'American Airlines ne s'est pas écrasé sur le Pentagone. Il est absolument incroyable que l'on puisse encore soutenir cette fausseté : l'impact a été provoqué par un missile et les preuves graphiques sont plus que suffisantes : des vidéos et des photographies montrent les trous ronds dans chacun des anneaux du bâtiment qui ont été pénétrés par l'engin. De plus, l'épave de l'avion n'a jamais été retrouvée, mais des morceaux du missile l'ont été. Le vol 93 de United Airlines ne s'est pas écrasé à Shanksville, mais a été abattu. L'histoire officielle selon laquelle des passagers héroïques se sont sacrifiés pour sauver d'autres vies est une invention. Nous fournirons suffisamment d'arguments et de preuves pour tout cela dans les pages suivantes.

Dans les jours qui ont suivi les attentats criminels, George W. Bush a déclaré que les États-Unis lançaient une guerre contre le terrorisme qui durerait quatorze ans. C'est le temps que les stratèges du 11 septembre avaient calculé pour restructurer le Moyen-Orient à travers les guerres qu'ils prévoyaient de lancer. En 2016, quinze ans plus tard, le cauchemar des peuples de la région semble sans fin. La déstabilisation est générale : les guerres déclenchées par les États-Unis en Afghanistan et en Irak ont été suivies de guerres civiles désastreuses dans ces deux pays et dans d'autres de la région, provoquées de l'extérieur. Le cas de la destruction totale de la Syrie, menée par des groupes terroristes financés et armés par l'Occident, Israël et les monarchies arabes de la région, est particulièrement grave. Une guerre civile est également en cours au Yémen avec l'intervention directe de l'Arabie saoudite. Seul l'Iran, principale cible d'Israël, garde son intégrité territoriale intacte. Aujourd'hui, l'intervention de la Russie, de l'Iran et du Hezbollah en Syrie, le rôle de la Turquie dans la guerre, la situation éruptive au Bahreïn, au Liban, en Egypte et en Libye constituent un cocktail explosif qui pourrait déboucher sur un conflit généralisé inédit depuis la Seconde Guerre mondiale. Tout cela trouve son origine dans les attentats du 11 septembre 2001.

Un nouveau Pearl Harbour ou le mensonge nécessaire pour déclencher la guerre

Dans le numéro de novembre/décembre 1998 du magazine *Foreign Affairs*, un article intitulé "Catastrophic Terrorism : Tackling the New Danger" (Terrorisme catastrophique : s'attaquer au nouveau danger) a été publié. L'article, rédigé par un juif sioniste du nom de Philip Zelikow, annonçait une attaque catastrophique qui "pourrait entraîner des pertes humaines et matérielles sans précédent en temps de paix et ébranler le sentiment fondamental de sécurité de l'Amérique, comme l'avait fait l'essai atomique soviétique en 1949". Les États-Unis, a poursuivi M. Zelikow, devraient réagir par des mesures draconiennes, en réduisant les libertés civiles, en autorisant une plus grande surveillance des citoyens, la détention de suspects et l'usage létal de la force. Il pourrait s'ensuivre d'autres violences, d'autres attaques terroristes ou des contre-attaques de la part des États-Unis....". Ce prophète moderne annonçait non seulement les attentats du 11 septembre et autres substituts, mais aussi le Patriot Act.

Après les attentats, ce sioniste a été nommé directeur exécutif de la Commission du 11 septembre, qui a publié le conte de fées connu sous le nom de *Rapport de la Commission du 11 septembre*. Ce texte, une insulte à l'intelligence, ne répond à aucune des questions pertinentes posées par le public et le Mouvement pour la vérité sur le 11 septembre. La Commission dirigée par Zelikow a été aidée dans sa mission de dissimulation de la vérité par l'aide précieuse du NIST (National Institute of Standards and Technology), dont l'enquêteur principal était un autre sioniste du nom de Stephen Cauffman. Ce juif est l'auteur principal d'un rapport absurde au raisonnement humiliant et honteux qui attribue la chute des trois bâtiments (WTC 1, WTC 2 et WTC 7) aux incendies. Mais reprenons pas à pas.

Le PNAC (Project for New American Century), créé en 1997 par deux sionistes extrémistes, William Kristol et Robert Kagan, était au cœur des plans des comploteurs. Il est rapidement devenu un groupe de réflexion influent et agressif qui a donné le ton de la politique étrangère des États-Unis. Avant les attentats, le PNAC avait appelé à "un événement catastrophique et catalytique, tel qu'un nouveau Pearl Harbour". On sait que Pearl Harbour est l'attaque que Roosevelt, qui a sacrifié trois mille militaires pour faire entrer les États-Unis dans la Seconde Guerre mondiale, a provoquée. Le PNAC était composé de membres de ce qu'on appelle les "néocons", dont le gourou intellectuel ou idéologue était le philosophe juif Leo Strauss, qui, avant sa mort en 1973, avait dirigé le doctorat de son protégé Abram Shulsky.

Avec Paul Wolfowitz, secrétaire adjoint à la défense et futur président de la Banque mondiale, Shulsky a été le directeur du Bureau des plans spéciaux, qui a préparé en 2003 l'invasion de l'Irak. Shulsky et Wolfowitz, tous deux juifs, ont coécrit un document de recherche intitulé *Leo Strauss and the World of Intelligence*, qui défend l'idée qu'"'une certaine dose de tromperie est essentielle pour gouverner". Strauss y défendait l'efficacité de la manipulation en politique, l'utilité du mensonge et son aptitude à diriger les masses. Un autre disciple juif de Leo Strauss était Samuel Huntington, auteur du célèbre ouvrage *The Clash of Civilisations and the Reshaping of the World Order (Le choc des civilisations et le remodelage de l'ordre mondial)*, dans lequel il exposait sa théorie d'un monde où les civilisations s'affrontent. Huntington a évidemment pointé du doigt le nouvel ennemi musulman et prédit une ère de confrontation.

Il est significatif que les principaux membres de la clique néocon/PNAC étaient des juifs sionistes. Il s'agit de Richard Perle, Paul Wolfowitz, Elliot Cohen, Douglas Feith, Kenneth Adelman, Dov Zakheim, Elliot Abrams, Lewis "Scooter" Libby, David Wurmser, Daniel Pipes et Stephen Bryen. Au-dessus d'eux, trois goyim avaient été placés en première ligne : George Bush, la marionnette portée à la présidence des États-Unis en novembre 2000 après avoir truqué les élections en Floride, où son frère Jeb Bush était gouverneur, le vice-président Dick Cheney et le secrétaire à la défense Donald Rumsfeld, qui, bien que n'étant pas juifs, étaient également sionistes, en ce sens qu'ils partageaient une politique de défense alignée sur les intérêts d'Israël et qu'ils étaient favorables à l'entrée des États-Unis dans une guerre prolongée au Proche-Orient. Le projet de plan d'hégémonie mondiale des États-Unis élaboré par le PNAC s'intitulait "Reconstruire les défenses de l'Amérique" et son principal auteur était Dov Zakheim.

En mai 2001, Donald Rumsfeld a nommé auditeur du Pentagone l'un de ces sionistes, peut-être le plus fanatique, le rabbin Dov Zakheim, qui avait non seulement la nationalité américaine mais aussi la nationalité israélienne.

En d'autres termes, un poste de la plus haute importance était entre les mains d'un sioniste détenteur d'un passeport israélien. Un individu dont le grand-père était un rabbin russe marié à une femme de la famille de Karl Marx. L'ouvrage de référence pour plonger dans les manœuvres de cette cabale de conspirateurs est *The High Priests of War (Les grands prêtres de la guerre)* de Michael Collins Piper.[23] Le père de Zakheim était membre de l'organisation terroriste Betar, liée à l'Irgoun. Dov Zakheim, éduqué dans les enseignements du *Talmud*, chroniqueur au *Jerusalem Post* et membre du comité éditorial d'*Israeli Affairs*, a réussi à s'introduire dans le ministère de la défense en 1981, sous la présidence de Ronald Reagan. Dès lors, cet initié évolue comme un poisson dans l'eau, infiltrant les agences de sécurité nationale du ministère. Outre son appartenance au PNAC, Dov Zakheim, conseiller de Bush lorsqu'il était gouverneur du Texas et principal conseiller en politique étrangère lors de la campagne présidentielle de 2000, est membre d'autres groupes de réflexion tels que le CFR (Council on Foreign Relations), la Heritage Foundation et le Center for International and Strategic Studies.

Dès juin 2003, un livre a été publié en Allemagne qui montrait clairement que le 11 septembre était le résultat d'une gigantesque conspiration. Nous disposons de l'édition espagnole, publiée en 2006 sous le titre *La CIA y el 11 de septiembre. El terrorismo internacional y el papel de los servicios secretos*. Son auteur, Andreas von Büllow, expert en machinations criminelles des services secrets, a été pendant vingt-cinq ans membre du Bundestag, où il a participé à des commissions d'enquête sur les "services". Après avoir été secrétaire général du ministre de la défense au Bundestag, il a été ministre de la recherche et de la technologie de 1980 à 1982.

Ce travail de von Büllow était novateur en 2003, mais il existe aujourd'hui des centaines de livres affirmant que le 11 septembre était un "coup monté de l'intérieur". Nombre d'entre eux ont été écrits par des laquais rémunérés pour "brouiller les pistes" et semer le trouble. Ils visent ainsi à discréditer les "théories du complot", une manière péjorative de désigner les allégations d'"esprits échauffés" qui remettent en cause la version officielle de certains événements ou de l'histoire en général. De manière significative, deux mois après les attentats, le 10 novembre 2001, George Bush a déclaré,

---

[23] Le livre de Michael Collins Piper révèle que, bien qu'on les appelle "néoconservateurs", ce sont des communistes et des trotskistes purs et durs. Selon Collins Piper, ces "néoconservateurs" sont une cabale secrète de juifs sionistes travaillant dans l'ombre. Soutenus et propulsés au pouvoir par les banquiers, ils contrôlaient le 11 septembre 2001 la Maison Blanche, la CIA et le Pentagone. Collins Piper fournit une foule d'informations essentielles, qui démontrent que le but ultime des conspirateurs est d'utiliser les États-Unis comme un pion pour faire le sale boulot des mondialistes dans leur objectif de construire un empire international avec un gouvernement central contrôlé par eux.

je cite : "Nous ne tolérerons pas les théories conspirationnistes scandaleuses sur les attentats du 11 septembre, des mensonges malveillants destinés à disculper les terroristes, les vrais coupables". Peu après, il a formulé une autre idée stratégique : "Soit vous êtes avec nous, soit vous êtes avec les terroristes". Plus tard, il a utilisé l'"axe du mal" pour désigner les pays qu'il visait dans sa "guerre contre le terrorisme".

Il est donc intéressant de savoir comment le nouveau Pearl Harbour a été préparé, qui a pu organiser les attentats du 11 septembre et qui les a exécutés. Les principales agences impliquées sont la National Security Agency (NSA), la CIA et le Mossad, mais il y en a eu d'autres. Il est clair que les vrais coupables ont pu contrôler le Pentagone, où, selon la version officielle, le vol 77 d'American Airlines s'est écrasé. Quant à l'absence de contrôle dans l'espace aérien américain, théoriquement le plus surveillé au monde et donc le plus sûr, il est impossible que les avions n'aient pas été interceptés par l'armée de l'air. Pour éviter cette interception, il a fallu désactiver les protocoles normaux d'action. C'est Donald Rumsfeld qui a transmis l'instruction J-3 CJCSI 3610.01A au président du Joint Chiefs of Staff, le général Richard Myers. Victor Thorn explique dans *9-11 Exposed* que, selon le DOD 3025.15 (DOD pour Department of Defense), cette instruction équivalait à un licenciement. Quant à la Maison Blanche, qui a été évacuée, c'est le vice-président Dick Cheney qui est resté à la tête du Centre présidentiel des opérations d'urgence (PEOC).

Événements importants avant les attentats

Le complexe du World Trade Center (WTC) est l'œuvre des frères Rockefeller, David et Nelson. Ce dernier, décédé en 1979, a été pendant quinze ans gouverneur de New York, puis vice-président des États-Unis avec Gerald Ford. Tous deux sont connus pour être d'éminents promoteurs du Nouvel Ordre Mondial (NOM) et des sionistes. Le 24 juillet 2001, Larry Silverstein, ancien président de l'United Jewish Appeal of New York, a loué le complexe du World Trade Center à l'autorité portuaire pour quatre-vingt-dix-neuf ans. Le prix du bail était de 100 millions de dollars par an. Ce juif, qui avait présidé l'UJA (United Jewish Agency), une organisation sioniste prétendument philanthropique, était l'un des criminels impliqués dans les attentats de New York qui ont réalisé les plus gros profits. Au lieu de faire l'objet d'une enquête et d'être traduit en justice, il est toujours en liberté sans problème après s'être enrichi grâce aux indemnités versées.

Politiquement lié au Likoud, Silverstein était un ami proche d'Ariel Sharon et de Benjamin Netanyahu. Son amitié avec ce dernier était et reste étroite : avant le 11 septembre, ils se parlaient au téléphone tous les dimanches après-midi. Il convient de rappeler que c'est Netanyahou qui a inventé l'expression "guerre contre le terrorisme", un slogan qui est resté en vogue depuis lors. De nombreux rapports associent Larry Silvertstein au trafic d'héroïne et au blanchiment d'argent. Le négociateur de l'opération avec les autorités portuaires était un autre juif sioniste, Saul Eisenberg, membre de l'UJA et de la Fédération juive unie. Eisenberg était également vice-président de l'AIPAC (American Israel Public Affairs Committee), le plus puissant lobby juif des États-Unis, dont le soutien est indispensable pour devenir président des États-Unis.

Le World Trade Center étant entre les mains de Larry Silverstein, la question de la sécurité du complexe pouvait être contrôlée avec une certaine facilité, surtout si l'on considère qu'elle était entre les mains du propre frère cadet du président Bush, Marvin Bush, qui avait de hautes responsabilités à Securacom, la société qui supervisait la sécurité du WTC, de United Airlines et de l'aéroport international de Dulles, situé à une quarantaine de kilomètres de Washington. Le vol 77 d'American Airlines, qui s'est écrasé sur le Pentagone selon la version officielle, avait décollé de l'aéroport de Dulles. Marvin Bush était également membre du conseil d'administration de KuwAm (Kuwait-American Coporation), une société qui était l'un des principaux actionnaires de Securacom. Un autre membre de la famille Bush, Wirt D. Walker III, cousin des frères Bush, a été le PDG de Securacom de 1999 à 2002.

Mais ce n'est pas tout. Une société de sécurité privée, "International Consultants on Targeted Security" (ICTS), a assuré la sécurité de chacun des terminaux où les détournements ont eu lieu. ICTS est une société israélienne fondée en 1982 par des membres du Shin Bet. Le système de sécurité de l'agence israélienne pour les passagers consiste à évaluer leur degré de risque en fonction d'une série de critères tels que l'âge, le nom, l'origine, etc. La méthode développée par ICTS est appelée Advanced Passenger Screening (APS). Ezra Harel et Menachem Atzmon en sont les présidents et nombre de ses employés étaient et sont d'anciens membres des forces de défense israéliennes (FDI), c'est-à-dire du Shin Bet. Par conséquent, cette société israélienne avait un accès privilégié aux aéroports vitaux le matin du 11 septembre. Il est très probable que parmi les employés américains se trouvaient des "sayanim", des juifs vivant à l'étranger qui profitent de leur nationalité pour fournir des informations au Mossad ou au gouvernement israélien.

Revenons maintenant aux activités de Larry Silverstein et de ses collègues dans les jours précédant le 11 septembre. Après avoir loué le WTC pour quatre-vingt-dix-neuf ans, l'ineffable Silverstein a souscrit une police d'assurance de 3,2 milliards de dollars, couvrant pour la première fois les attaques terroristes. Bien sûr, Silverstein, ami proche de Netanyahu, était un initié de longue date, mais il n'était pas le seul : beaucoup d'autres initiés l'étaient, comme le montrent les spéculations boursières dans les semaines précédant le 11 septembre. Merryl Lynch, Goldman Sachs et Morgan Stanley, des sociétés d'investissement qui occupaient vingt-deux étages dans chacune des tours jumelles, détenaient des actions des deux compagnies aériennes et les ont vendues avant les attentats.

Andreas von Bülow explique dans le livre précité que l'"Israeli Herzliya International Policy Institute for Counterterrorism" avait compilé dix jours après l'attentat un certain nombre de transactions liées aux infiltrés du 11 septembre. Le nombre d'actions United Airlines mises en vente chaque jour, par exemple, était de 4744 actions, contre une moyenne habituelle de 396 actions ; les actions American Airlines mises en vente chaque jour étaient au nombre de 4515, contre une moyenne de 748. Les deux transactions, écrit von Bülow, ont donc été respectivement onze et six fois plus importantes en volume que d'habitude". Merryll Linch, par exemple, a vendu 12 215 actions quatre jours avant le 11 septembre, contre 252 un jour auparavant. La Zim American Israeli Company avait loué des locaux aux seizième et dix-septième étages de la tour 1 du WTC. Pour rompre rapidement le bail, qui devait expirer à la fin de l'année, elle a dû payer une amende de 50 000 dollars. Une semaine avant le 11 septembre, elle a quitté ses bureaux. La société mère de l'entreprise est la "Zim Israel Navigation Company", détenue pour moitié par l'État d'Israël et pour moitié par "Israel Corporation", propriété de l'homme d'affaires israélien Frank Lowy.

Scott Forbes, un expert en informatique qui a travaillé comme analyste informatique pour le WTC Fiduciary Trust, a témoigné que le week-end précédant le 11 septembre, il y a eu une série sans précédent de pannes de courant et que l'électricité s'est complètement effondrée. Par conséquent, il n'y avait pas de caméras, pas de verrouillage ou d'autres protocoles de sécurité. Dans la vidéo *9-11 Marvin Bush, chef de Securacom au WTCS*, les déclarations de Forbes sont reprises dans une interview avec Victor Thorn dans *9-11 Exposed* : "L'accès était libre à moins de verrouiller les portes avec des clés manuelles. Il était inhabituel de voir autant d'étrangers qui ne travaillaient pas au WTC. Des hommes vêtus de combinaisons blanches de la tête aux pieds et munis de visières en plastique ont sorti des rouleaux de fil de fer de boîtes et se sont promenés dans les bâtiments ce week-end-là". Personne ne savait qui étaient ces hommes et ce qu'ils faisaient. Les déclarations de Scott Forbes ont également été corroborées par William Rodriguez, l'un des témoins les plus connus du 11 septembre. Tous deux se doutaient de ce qui s'était passé lorsqu'ils ont assisté à l'effondrement des tours. Scott Forbes a informé de nombreuses autorités, y compris la Commission du 11 septembre, mais a été ignoré. Ben Fountain, analyste financier, rappelle dans la vidéo les évacuations inhabituelles et répétées qui ont eu lieu dans les tours avant l'attaque. Dans sa dénonciation de l'inexplicable négligence des mesures de sécurité, certains commentent que même les chiens renifleurs d'explosifs manquaient à l'appel.

Victor Thorn, dans *9-11 Evil*, et Andreas von Bülow, dans *The CIA and 9/11*, soulignent tous deux le fait surprenant que quatre sociétés de télécommunications basées en Israël ont un accès presque total aux télécommunications américaines. Ces entreprises sont les suivantes : Amdocs, Converse Infosys, Odigo et Checkpoint Systems. La première était présidée jusqu'au 6 septembre 2011 par Dov Baharav, remplacé ensuite par Eli Gelman. Amdocs contrôle les enregistrements de la quasi-totalité des appels passés par les vingt-cinq plus grandes entreprises des États-Unis et est également responsable de la facturation et de l'assistance téléphonique pour 90% des entreprises. Son principal système informatique est situé en Israël. Andreas von Bülow l'explique judicieusement en ces termes :

> "90% des appels téléphoniques internes et probablement aussi une grande partie des appels transatlantiques entre les différentes compagnies de téléphone et leurs réseaux respectifs passent par une seule société de règlement qui collecte les données à régler et les met à disposition. Cette société, Amdocs, est aux mains des Israéliens. Les logiciels proviennent d'entreprises israéliennes. L'ordinateur principal de la société n'est pas situé aux États-Unis, mais en Israël.
> De même qu'il est tout à fait naturel que, dans le cadre de la division internationale du travail, une entreprise israélienne obtienne, lors de l'adjudication au meilleur soumissionnaire, le contrat pour la collecte et le règlement de la quasi-totalité du service téléphonique dans un pays aussi grand que les États-Unis, il est également évident que les services secrets utilisent ce même canal pour accéder à une grande partie des appels téléphoniques nationaux et internationaux, des télécopies, des courriers électroniques et des connexions informatiques. Cet organigramme n'a rien d'anodin. Si ces canaux ont été utilisés, il faut féliciter les mouchards du Mossad. Cette procédure doit être clairement expliquée au public et aux responsables politiques américains. Mais comme la politique et les médias américains sont totalement silencieux à ce sujet, les responsables peuvent aussi se taire".

C'est on ne peut plus clair. Cette société peut analyser et déterminer les télécommunications et grâce à elle, le Mossad a accès à des informations sensibles aux États-Unis, mais personne n'ouvre la bouche pour le dénoncer. Par conséquent, dans les mois et les semaines qui ont précédé le 11 septembre, les Israéliens ont pu prendre connaissance des communications liées aux attentats, mais pas seulement par l'intermédiaire d'Amdocs, mais aussi par celui des autres sociétés.

La deuxième entreprise israélienne de télécommunications est Converse Infosys, qui vend des technologies d'écoute aux services secrets et à la police. Converse Infosys a également été le fournisseur de matériel informatique de la Réserve fédérale. Cette société israélienne est responsable de l'installation du matériel d'écoute automatique. Sous prétexte qu'elle n'est nécessaire qu'à l'entretien des installations, Converse est reliée par des lignes de service directes à toutes les installations d'écoute de la confédération et de la plupart des États. C'est donc par l'intermédiaire de cette société que les écoutes téléphoniques sont réalisées. Les conversations sexuelles entre Bill Clinton et Monica Lewinsky, utilisées pour faire chanter le président, ont été enregistrées par Converse. Von Bülow explique que les fonctionnaires américains soupçonnent "d'avoir fait avorter des enquêtes criminelles en matière d'espionnage et de trafic de drogue en donnant suite à des appels téléphoniques mis sur écoute". En fait, Amdocs et Converse Infosys ont toutes deux été accusées de vendre furtivement leurs enregistrements téléphoniques. En ce qui concerne les attentats, une fois de plus, Israël avait donc la possibilité de mettre sur écoute, à sa discrétion, n'importe quelle conversation téléphonique aux États-Unis et l'écoute ne pouvait pas être détectée parce qu'elle était automatiquement intégrée dans le système de télécommunications lui-même.

Le quotidien israélien *H'aaretz* a publié un article révélateur concernant Odigo, la troisième entreprise détenue par des Israéliens. Selon le journal, deux heures avant que le vol 11 d'American Airlines ne s'écrase sur la tour nord du World Trade Center, Odigo, basée à Herzliya et spécialisée dans la transmission de données par SMS, a alerté les employés de son siège new-yorkais, situé à deux pâtés de maisons des tours jumelles, de l'imminence de l'attaque. L'entreprise est leader dans le domaine de la surveillance des messageries instantanées sur les ordinateurs personnels. Enfin, Checkpoint Systems, dont le siège est également en Israël, était responsable d'un pourcentage très élevé des barres de contrôle d'accès aux ordinateurs du gouvernement fédéral et des grandes entreprises américaines.

En bref, quatre sociétés israéliennes contrôlaient la quasi-totalité du réseau de communication américain. Elles pouvaient donc jouer le rôle de "Big Brother". Naturellement, elles ont pu créer la légende des dix-neuf pirates de l'air arabes en ne mettant sur écoute que leurs conversations téléphoniques. Ce sont donc ces sociétés israéliennes qui ont recueilli les conversations entre les prétendus terroristes, qui étaient sous surveillance constante. Toute la question des prétendus appels téléphoniques des parents des pirates de l'air ou des voix à l'intérieur des avions doit également être comprise en termes de mécanismes des sociétés israéliennes.

Les attaques

Le fait que les pirates de l'air présumés ne savaient même pas piloter un avion léger a été confirmé par leurs instructeurs de vol. Bruno Cardeñosa, journaliste et auteur de *9/11 : Historia de una infamia* et *11-M Claves de una conspiración*, dans son enquête sur les pilotes, rapporte qu'il a interrogé la personne qui a passé le plus de temps avec Mohamed Atta, son instructeur de vol, l'Espagnol Iván Chirivella, qui a également appris à piloter à Marwan Al-Shehhi, l'autre pilote suicidaire présumé. Chirivella a expliqué à Cardeñosa qu'au cours des mois de septembre et d'octobre 2000, il a passé des heures chaque matin dans l'avion avec les deux Arabes : "Bien que le règlement de l'école l'interdise", a déclaré Chirivella, "ils ont toujours volé ensemble. C'était une exception, mais qui paie bien a raison, comme nous le savons tous". Voici un bref extrait de l'interview :

> "Si vous deviez faire une estimation, combien d'élèves aviez-vous en charge à l'école ?
> - Une cinquantaine.
> - Si vous deviez les classer en fonction de leur catégorie de conducteur, quelle serait la place d'Al-Shehhi et d'Atta parmi les cinquante étudiants que vous avez eus ?
> - Le 49e et le 50e", répond Ivan sans hésiter.

L'instructeur espagnol d'origine canarienne, qui s'est vu interdire de retourner travailler aux États-Unis après y avoir séjourné pendant quatorze ans, a confirmé que Mohamed Atta était le pire élève qu'il ait jamais eu. Il est donc absolument impossible que ces deux élèves de Chirivella aient pu effectuer les manœuvres très compliquées qui leur sont attribuées. D'autres instructeurs de vol ont confirmé l'incompétence des pilotes suicidaires, dont la maîtrise de l'anglais était médiocre. Hani Hanjour, le kamikaze qui aurait volé au ras du sol pour frapper le Pentagone, n'était pas prêt à passer l'examen de pilote après 600 heures de vol. En août 2001, il n'a pas été autorisé à louer un avion léger Cessna à l'aéroport de Bowie, dans le Maryland, parce que les instructeurs estimaient qu'il n'était pas suffisamment compétent pour le piloter.

Concernant le détournement d'avions avec des couteaux en plastique, von Bülow explique que si l'existence d'armes dangereuses avait été négligée lors du contrôle des bagages et des passagers, cela aurait déclenché "une avalanche de demandes de dommages-intérêts d'un montant astronomique en vertu du droit américain". Un autre fait est que les compagnies aériennes ne mentionnent aucun des noms des pirates de l'air sur leurs listes de passagers. Selon les compagnies aériennes, aucun d'entre eux ne s'est enregistré. Des enquêtes menées par des journalistes britanniques ont montré que sept des dix-neuf kamikazes cités étaient encore en vie après l'attentat. Deux journaux, *The Independent* et *The Daily Mirror*, ainsi que la BBC ont réussi à les retrouver et à les interviewer.

Il ne fait aucun doute que l'histoire des dix-neuf pilotes suicidaires est un leurre, mais ni le FBI, ni les médias américains ou européens, si exigeants quand cela arrange leurs patrons, ne se sont préoccupés le moins du monde de la crédibilité douteuse de la liste des auteurs de l'attentat, qui a été offerte en quelques heures comme par enchantement. La preuve ultime, digne des pires films hollywoodiens, est venue quelques jours plus tard, lorsque le passeport de Mohamed Atta a été retrouvé intact dans les décombres. En d'autres termes, tout a été réduit en poussière, sauf le passeport d'un des pilotes suicidaires, preuve ultime qu'il pilotait le vol 11 d'American Airlines. La crédulité stupide de la presse et de l'opinion publique est à pleurer ou à éclater de rire. Comme nous le verrons dans les pages suivantes, il est presque certain que les avions ont été pilotés à distance depuis le bâtiment n° 7, qui a été démoli dans l'après-midi. Quant à l'effondrement des tours jumelles, il ne fait aucun doute qu'il a eu lieu par démolitions contrôlées.

On pourrait disserter longuement sur l'inaction de la défense aérienne et sur le rôle du général Richard Myers, qui dirigeait l'état-major. Andreas von Bülow explique que le contrôleur aérien a détecté que le Boeing AA 11 avait éteint son transpondeur automatique à 8h14 et qu'il a encore eu le temps d'entendre les pirates de l'air déclarer à 8h23 qu'ils avaient quelques avions en leur possession et qu'ils étaient sur le point de retourner à l'aéroport de Boston-Logan. Von Bülow écrit : "Après avoir éteint le transpondeur, les contrôleurs aériens au sol disposaient encore de 31 minutes, et après avoir écouté la conversation à bord, il leur restait 22 minutes pour agir avant la collision dans la tour nord. Ils ont pu suivre la trajectoire de l'avion et ont été obligés d'informer immédiatement le contrôle de l'espace aérien militaire". Le 13 septembre 2001, le général Richard Myers a témoigné devant la commission des forces armées du Sénat que les chasseurs n'avaient décollé qu'après la collision au Pentagone, soit une heure après l'attaque de la tour Nord. Cette explication inacceptable et dangereuse a stupéfié les sénateurs et les membres du Congrès. Elle a été remplacée peu après par la version du NORAD (North American Aerospace Defense Command), selon laquelle les chasseurs avaient décollé mais étaient arrivés trop tard.

Quant à l'effondrement des tours jumelles, il est incontestable qu'elles sont tombées par démolitions contrôlées. Les études techniques de nombreux ingénieurs et architectes sur les structures en acier sont concluantes. La température maximale que peut atteindre la paraffine en brûlant est d'environ 375°. L'acier ne fond qu'à des températures supérieures à 1300° et perd sa stabilité à 800°. La conductivité thermique d'une construction en acier dévie immédiatement la chaleur ponctuelle dans toutes les directions et la température à la source de l'incendie baisse donc rapidement. La théorie selon laquelle la température élevée serait à l'origine de l'effondrement des tours est indéfendable.

Les bâtiments se sont effondrés parce que des charges explosives avaient été installées à des endroits stratégiques de la structure. Plus d'une centaine de secouristes ont déclaré avoir entendu les explosions. Le nom de l'explosif utilisé est la thermite ou la nano-thermite. Les charges explosives ont été placées sur les piliers d'acier et à des endroits stratégiques du bâtiment. L'explosion aurait été déclenchée à partir d'un ordinateur. Les ordres électroniques ont probablement été programmés et transmis par fractions de secondes successives par mise à feu à distance. Les masses de débris sont tombées en chute libre. La vitesse à laquelle ils sont tombés est exactement la vitesse à laquelle la force de gravité s'exerce, la vitesse de chute des masses passant de 9,81 mètres au cours de la première seconde à 9,81 mètres supplémentaires au cours de chaque seconde suivante. Ils se sont donc effondrés en 9 et 11 secondes respectivement, ce qui constitue un effondrement sans précédent pour des gratte-ciel à structure métallique. La destruction a été extrêmement rapide. Des tonnes d'acier en fusion ont été retrouvées sous les décombres, bien que certains morceaux aient été projetés à 200 mètres de là. 80 000 tonnes de béton, de poutres et de plaques métalliques ont été pulvérisées dans l'air et d'énormes volumes de nuages pyroclastiques expansifs ont été produits. Des traces de thermite ont été trouvées dans l'acier fondu et dans la poussière du WTC.

Le bâtiment n° 7 mérite une mention spéciale. Il appartenait depuis 1987 à Larry Silverstein. L'hypothèque était entre les mains du Blackstone Group, dont le PDG était un juif sioniste du nom de Stephen A. Schwartzman. Le président de la société était un autre juif, Peter G. Peterson, qui, jusqu'en 2004, était en même temps président de la Federal Reserve Bank of New York et, avec son partenaire Schwartzman, membre du conseil d'administration du CFR. Peterson avait été président de Lehman Brothers de 1973 à 1977. L'immeuble abritait des bureaux de la CIA, du ministère de la Défense, de la Securities and Exchange Commission, des services secrets américains, de l'Office of Emergency Management, de quatre ou cinq banques et d'autant de compagnies d'assurance. Il y avait des millions de dossiers sur les enquêtes en cours contre la mafia, les banques, le trafic international de drogue, le blanchiment d'argent et le terrorisme.

Le bâtiment 7 du World Trade Center (WTC 7), situé à une centaine de mètres de la tour Nord, n'a été touché par aucun avion, mais ses 47 étages à charpente métallique se sont effondrés à 17h20 dans l'après-midi du 11 septembre. L'effondrement, comme pour les tours, s'est produit symétriquement en 6,5 secondes. L'effondrement de ce bâtiment a été annoncé 23 minutes avant qu'il ne se produise par BBC News. Lors de la retransmission télévisée, la journaliste Jane Standley dit que le Salomon building Brothers (WTC 7) s'est effondré sans savoir qu'il est visible derrière lui. On savait donc à l'avance que le bâtiment allait s'écrouler. Les pompiers étaient occupés à éloigner les gens des alentours entre 16h00 et 17h00. Les images montrent qu'il s'agit d'une démolition classique, puisque le bâtiment s'effondre à partir du rez-de-chaussée. Il s'est effondré de l'intérieur et la structure extérieure s'est repliée vers l'intérieur. Contrairement aux tours, les nuages de poussière ont pris naissance au niveau du sol et non à la hauteur des étages supérieurs.

Aussi incroyable que cela puisse paraître, le rapport de la Commission du 11 septembre, rendu public le 22 juillet 2004, ne mentionne même pas le bâtiment numéro 7. Lors d'une interview télévisée en 2004, Larry Silverstein a déclaré : "Je me souviens d'un appel du chef des pompiers. Il m'a dit qu'ils n'étaient pas sûrs de pouvoir contenir l'incendie, et j'ai répondu : "Nous avons eu une perte de vies humaines si terrible, peut-être que la chose la plus intelligente à faire est de l'abattre". Ils ont pris la décision de le jeter et nous avons vu le bâtiment s'effondrer". Avec son effronterie habituelle

(Chutzpah), Silverstein ment sans même tenir compte du fait que la démolition implique que les charges explosives avaient déjà été posées. Malgré cette reconnaissance publique de Silverstein, en 2007, le NIST ("National Institute of Standards and Technology") étudiait toujours les raisons de l'effondrement. Dans un rapport discréditant le NIST, ce dernier a exclu la possibilité d'explosifs et a insisté sur le fait que l'effondrement était dû aux incendies.

C'est dans ce bâtiment qu'était nécessairement installé le centre de contrôle à distance qui a permis de diriger les avions contre les tours jumelles. Entre 9h00 et 10h00, avant l'effondrement des tours jumelles, le WTC 7 a été vidé : sans aucun employé, les véritables auteurs du 11 septembre disposaient de l'ensemble du bâtiment. À 16 heures, la poussière générée par l'effondrement des tours s'est dissipée et l'équipe criminelle qui avait actionné la télécommande a pu quitter les lieux. Vers 16h10, CNN a annoncé que le WTC 7 était en feu. À ce moment-là, bien qu'il n'y ait eu des incendies qu'aux étages 7 et 12, les pompiers étaient déjà en train de faire sortir les gens de la zone environnante sous prétexte que le bâtiment risquait de s'effondrer à cause des incendies.

Dès les années 1950, les Britanniques avaient développé la technologie permettant de faire voler des avions militaires sans pilote. Dans les années 1970, cette technique, appelée "système de contrôle de vol", a été perfectionnée par la DARPA (Defense Advanced Projects Agency), une agence de défense du Pentagone chargée d'adapter les technologies militaires à un usage civil, afin de pouvoir faire atterrir à distance des avions détournés. La télécommande peut même priver le pilote du contrôle de son avion et le faire atterrir automatiquement dans des conditions de mauvaise visibilité. Andres von Bülow écrit ce qui suit au sujet du système de pilotage électronique :

> "Le 11 septembre, les 19 pirates de l'air se seraient emparés des quatre Boeing 757 et 767 et auraient affronté l'équipage et les pilotes, dont certains avaient reçu une formation militaire, avec seulement quelques couteaux grossiers. Les pilotes et les équipages des quatre avions étaient entraînés et préparés aux détournements. Selon les règles, ils auraient dû composer les numéros 7700 dans le cockpit et ailleurs dans l'avion, afin d'alerter le contrôle aérien au sol de ce qui se passait à bord. Or, aucun des quatre avions n'a donné ce signal. Les quatre avions ont volé pendant plus d'une demi-heure sans établir de connexion avec le sol avant d'être dirigés vers leurs cibles.

Victor Thorn complète ces informations dans *9-11 Evil*. Thorn explique que le rabbin Dov Zakheim, qui possède la double nationalité, se cachait dans les couloirs du gouvernement depuis plus de vingt ans. Entre 1981 et 1985, il a travaillé au ministère de la défense. De 1985 à 1987, il est sous-secrétaire adjoint à la défense pour la planification et les ressources. En

1997, il a rejoint le groupe de travail sur la réforme de la défense. Comme nous le savons, Donald Rumsfeld l'a nommé auditeur du Pentagone en 2001. Thorn le désigne comme un agent de haut niveau de la cabale des banquiers sionistes, dont la dynastie Rothschild est le principal représentant. Selon cet auteur, en tant qu'auditeur du Pentagone, Zakheim a orchestré l'attribution de plus de deux mille milliards de dollars. Mais ce qui est le plus pertinent pour la question du contrôle à distance des avions, c'est que Zakheim a été PDG et vice-président de Systems Planning Corporation, une agence de passation de marchés de défense spécialisée dans les technologies de guerre électronique et les systèmes de contrôle à distance des avions. Le Radar Physics Group, l'une des branches de la société, a produit la technologie de pointe appelée Flight Termination System, qui permettait de contrôler à distance tous les types d'aéronefs, y compris les avions de ligne. Ce système avait la capacité de prendre en charge jusqu'à dix vols différents en même temps et de mettre fin à leurs missions. C'est exactement ce qu'il fallait pour une opération comme celle du 11 septembre 2001, qui se préparait depuis des années. Nous donnons maintenant la parole à Victor Thorn (les parenthèses dans la citation sont de lui) :

> Cet argument prend encore plus de poids lorsqu'on sait que durant son mandat d'auditeur du Pentagone, l'armée a "perdu" 56 avions de chasse, 32 chars et 36 unités de lancement de missiles Javelin. Enfin, Zackheim a négocié un contrat en vertu duquel 32 avions Boeing ont été envoyés à la base aérienne de MacDill en Floride dans le cadre d'un contrat de location. Ces avions, les fonds et le matériel militaire manquants auraient-ils pu faire partie d'une opération visant à équiper certains avions de ligne d'une technologie de commande à distance destinée à être utilisée le matin du 11 septembre ? Si quelqu'un était en mesure de le faire, c'était bien le rabbin Dov Zakheim.
>
> Son rôle en tant que cerveau du 11 septembre n'est cependant pas terminé. L'une des filiales de sa société - Systems Planning Corporation - était une entité connue sous le nom de Tridata Corporation. Pourquoi est-ce pertinent ? Après l'attentat à la bombe de 1993 contre le WTC (organisé par des éléments infiltrés au sein du FBI, entre autres), devinez à qui a été confiée la tâche d'enquêter sur ce crime ? Tridata Corporation. Par conséquent, Dov Zakheim avait accès à tous les plans du World Trade Center et connaissait sa stabilité structurelle. Pourquoi pensez-vous que l'attentat "raté" de 1993 a eu lieu ? Précisément pour amorcer le processus menant au 11 septembre".

Eric Hufschmid, auteur de *Painful Questions : An Analysis on the September 11th Attack* et d'un supplément vidéo au livre intitulé *Painful Deceptions*, affirme que le bunker qui a servi de centre de commandement pour la destruction du WTC se trouvait au 23e étage du bâtiment n° 7. Andreas von Büllow apporte d'autres informations intéressantes. Ce bâtiment, écrit-il, contenait un espace creux de plus de cinq étages qui abritait deux sous-stations de transformation avec dix transformateurs, chacun d'entre eux mesurant dix mètres de haut et douze mètres de large". Le bâtiment a été construit sur ces transformateurs. En outre, il y avait des générateurs de secours de 20 mégawatts et des réservoirs de diesel. Au-dessus des générateurs et des réservoirs pour les générateurs de secours, "il y avait", poursuit cet auteur, "le quartier général du contre-terrorisme de la CIA, mais aussi la section d'espionnage contre les délégations de tous les pays de l'ONU à New York". L'extrait ci-dessous mérite la citation complète :

> "À la fin des années 1990, à la demande de Jerry Hauer, directeur du World Trade Center, un bunker d'urgence alternatif a été construit entre les 23e et 25e étages du bâtiment 7 pour le premier maire de New York, afin de servir de centre de commandement en cas d'attaque terroriste. Dans les années 1990, on craignait déjà que Saddam Hussein n'ait l'intention d'attaquer les États-Unis avec l'arme chimique de l'anthrax. C'est pourquoi ce quartier général d'urgence a été conçu non seulement pour les attaques à l'arme conventionnelle, mais aussi pour les armes biologiques. Le quartier général de commandement, avec ses 4 640 mètres carrés de bureaux, disposait de sa propre alimentation en air et d'une réserve d'eau de plus de 40 000 litres. Le bâtiment pouvait résister à des tempêtes de plus de 260 kilomètres par heure. Les générateurs de secours fonctionnaient avec 22 000 litres de carburant diesel, également stockés près du rez-de-chaussée".

Comme d'habitude, lorsque nous découvrons qui est Jerome (Jerry) Hauer, nous découvrons qu'il s'agit d'un autre juif sioniste, supposé être un expert en bioterrorisme. La raison pour laquelle ce centre d'urgence de la mairie est installé au-dessus de transformateurs de 130 000 volts de cinq étages et de réservoirs de diesel d'une capacité de 159 000 litres est une énigme. Quoi qu'il en soit, ce bunker était probablement le centre d'opérations à partir duquel les avions étaient téléguidés. C'est aussi là que devait être concentré tout le dispositif de déclenchement des charges explosives d'horlogerie qui ont provoqué la chute des tours.

Quant à l'attaque du Pentagone, il n'y a aucune trace de l'avion. Il faut savoir qu'un Boeing 757 vide contient 60 tonnes de métal, de plastique et de verre. Ensuite, il y aurait les personnes et les bagages. Ce qu'il est advenu du vol 77 d'American Airlines et des soixante-quatre personnes qui étaient censées se trouver à bord est une autre énigme, encore une autre. La seule chose qui est sûre, c'est qu'aucun avion n'a touché le bâtiment. Il suffit de penser que les images des tours ont été diffusées presque sans interruption, encore et encore, ad nauseam, mais qu'il n'y a pas une seule image du Pentagone. Les caméras de sécurité du Pentagone lui-même, de la station-service CITGO, de l'hôtel Sheraton et du département des transports de Virginie auraient filmé des images spectaculaires d'un avion volant au ras du sol. Les images enregistrées par les caméras de ces lieux ont été confisquées. Peu d'enquêteurs contestent aujourd'hui que c'est un missile de croisière qui a fait exploser un trou rond dans un côté du Pentagone récemment rénové. On n'y travaillait pas encore de manière routinière, ce qui explique que très peu de personnes aient été touchées par l'explosion. Les quelques débris retrouvés étaient le fuselage d'un missile. Des images de l'impact sont visibles sur Internet, puisqu'en réponse à une demande de l'association "Judicial Watch", le ministère de la Défense a fourni deux vidéos montrant le sillage du missile quelques instants avant l'explosion.

Pourtant, le vol 77 d'American Airlines a bien décollé. Des radars au sol, tant militaires que civils, ont suivi l'avion tout au long de son voyage et il a donc bien dû atterrir quelque part. Ce Boeing volait de l'aéroport international de Washington Dulles vers l'Ohio. Au-dessus de l'Ohio, la communication radio a été interrompue et le transpondeur a cessé de transmettre des signaux au radar au sol. La dernière conversation avec les contrôleurs aériens a eu lieu à 8h50. Six minutes plus tard, une nouvelle tentative des contrôleurs aériens a échoué. On suppose que l'avion a abandonné sa route et qu'il a fait demi-tour pour revenir à des centaines de kilomètres de Washington. Comme les contrôleurs au sol savaient déjà ce qui s'était passé à New York, ils ont tenté à plusieurs reprises d'établir la connexion, mais en vain. Selon la version officielle, l'avion s'est dirigé vers la Maison Blanche, a survolé le Pentagone et s'y est écrasé. Comme ce n'est pas le cas, la question est de savoir où a atterri le vol 77.

Le pilote suicidé était Hani Hanjour qui, un mois plus tôt, s'était vu refuser l'autorisation de décoller d'un des avions à l'aéroport de Bowie, dans le Maryland. Cet as de l'aviation, si l'on en croit la version officielle, est descendu d'une altitude de 2 100 mètres à une vitesse de 800 kilomètres par heure. Pour ce faire, il a effectué un virage de 270 degrés qui lui a permis de placer l'avion à quelques mètres du sol. Après avoir démonté des fils téléphoniques et être passé à proximité d'une station-service, il a précipité le Boeing 757 sur l'aile sud-ouest du Pentagone, sans endommager la pelouse. Une manœuvre ahurissante attribuée à un pilote inexpérimenté, incapable de piloter seul un avion léger de type Cessna. Les professionnels de l'aviation du monde entier s'accordent à dire qu'il faudrait un pilote d'une habileté extraordinaire pour réussir une telle manœuvre. Hani Hanjour ne pouvait manifestement pas être un tel pilote.

Le vol 93 de United Airlines, qui reliait Nevark (New Jersey) à San Francisco avec quarante-six personnes à bord, a fait couler beaucoup d'encre et a bien sûr été utilisé par Hollywood en 2006 pour présenter *Vol 93*, le film de propagande statutaire à l'appui de la version officielle du 11 septembre. Tout invitait à fabriquer une histoire médiatique de héros américains, selon laquelle les passagers ayant appris par leur téléphone portable que trois autres avions avaient été détournés, ils ont décidé d'agir de manière désintéressée et se sont sacrifiés pour sauver des inconnus qui allaient être la cible des kamikazes. Ils ont donc pris d'assaut le cockpit, se sont battus avec le kamikaze qui pilotait l'avion et ont provoqué l'écrasement de l'appareil. En réalité, il est peu probable que des téléphones portables d'une puissance de trois à cinq watts puissent établir et maintenir une connexion dans un avion volant à 800 km/h au-dessus d'une zone rurale. D'autre part, on sait que les téléphones mobiles ne parviennent pas à établir une connexion au-delà d'une altitude de vol de 700 mètres et qu'ils échouent généralement sans exception au-delà de 2000 mètres. Enfin, parmi les nombreux appels diffusés par la presse, l'un d'entre eux a permis d'établir que les pirates de l'air pourraient être d'origine iranienne, portant des bandeaux rouges et des écharpes rouges autour de la taille (comme ils apparaissent dans le film). L'un d'entre eux portait un sac dans lequel, théoriquement, la bombe était placée dans l'avion après avoir passé tous les contrôles. Comme nous avons déjà évoqué les entreprises qui avaient des télécommunications entre les mains et à qui elles appartenaient, nous laisserons ici la question des téléphones portables.

Quant à ce qui s'est réellement passé, Lisa Guliani et Victor Thorn ont publié leurs recherches conjointes dans *Phantom Flight 93*. Selon ces auteurs, le vol 93 ne s'est pas écrasé à Shanksville, en Pennsylvanie, mais a été abattu par les militaires et a atterri près d'un village de New Baltimore, à sept miles de l'endroit où le gouvernement l'avait prévu. En outre, pour détourner l'attention de l'emplacement réel de l'épave, une opération de diversion a été mise en place : un missile a été tiré sur une piste abandonnée à Shanksville, créant un important champignon atomique et laissant un grand cratère. Ainsi, alors que l'attention des médias était dirigée vers ce site, l'épave du vol 93 a été clandestinement enlevée du site de New Baltimore, qui a été immédiatement bouclé par des agents du FBI et de la police d'État locale.

Faits marquants après les attentats

L'élimination des preuves a été flagrante. Les structures métalliques ont été immédiatement enlevées et fondues pour être recyclées avant que les experts n'aient eu le temps de faire quoi que ce soit. Certains membres de la commission d'enquête de la Chambre des représentants s'en sont plaints par la suite. Le 6 mars 2002, lors d'une réunion convoquée pour entendre l'avis des experts, le professeur Astaneh-Asl de l'université de Berkeley s'est plaint que les pièces avaient été fondues avant qu'il n'ait pu étudier la structure et rassembler d'autres pièces métalliques. Dans son rapport, la Commission conclut que l'enquête sur place a été entravée et que "certaines pièces métalliques essentielles ont disparu avant que le premier enquêteur n'arrive sur le site". Le rapport note que les enquêteurs n'ont même pas été autorisés à conserver les pièces de métal avant qu'elles ne soient envoyées au recyclage, de sorte que "des preuves essentielles ont été perdues". Le professeur Corbett, du John Jay College of Criminal Justice, s'est plaint à la Commission que les ingénieurs chargés de l'enquête travaillaient à temps partiel et étaient mal payés.

Le bureau du maire a refusé pendant trois jours de répondre aux questions orales et écrites concernant la décision d'envoyer le métal des tours au recyclage. Le maire de New York était Michael Bloomberg, un sioniste avoué qui est un ami proche de Benjamin Netanyahu. Bloomberg était un partenaire des banquiers Salomon Brothers et a fait fortune grâce à une société d'information financière : "Bloomberg Limited Partnership". En février 2009, le magazine *Forbes* l'a classé parmi les vingt personnes les plus puissantes du monde. En 2013, il a reçu le prix Genesis, considéré comme le "Nobel juif". Le refus d'expliquer la soustraction illégale et irresponsable de preuves a indigné les familles des victimes, soutenues par les ingénieurs, qui estimaient qu'une étude des supports métalliques aurait permis de déterminer les causes de l'effondrement. Bloomberg a déclaré quelques mois plus tard qu'il y avait de meilleures façons d'expliquer la tragédie du 11 septembre. Si vous voulez vous faire une idée des méthodes de construction et de la conception", a-t-il déclaré, "aujourd'hui et à notre époque, vous devriez vous tourner vers l'ordinateur....". Regarder de près un simple morceau de métal ne vous dit généralement rien. Dans les semaines qui ont suivi les attentats, les experts n'ont pas été autorisés à consulter les plans des bâtiments.

En ce qui concerne les salaires des ingénieurs qui travaillaient à temps partiel, Andreas von Bülow explique qu'ils étaient tellement minimes que des scientifiques avaient travaillé pendant leurs week-ends sans être payés. Il mentionne que des critiques se sont élevées contre le chiffre "astronomique" de 600 000 dollars dépensés pour l'enquête sur les attentats. À titre de comparaison, il suffit de rappeler que la majorité républicaine au Congrès de l'époque avait alloué 40 millions de dollars à l'enquête sur l'affaire Monica Lewinsky et ses relations sexuelles avec Bill Clinton. Alors que le laboratoire du FBI a analysé les traces de sperme du président sur la robe de la stagiaire, le NIST ne s'est même pas intéressé à l'analyse des restes du WTC 7. À la question de savoir pourquoi le bâtiment n° 7 s'est effondré, le rapport de la FEMA (Federal Emergency Management Agency) a honteusement répondu que les spécificités de l'incendie du WTC 7 et la façon dont le bâtiment s'est effondré étaient inconnues.

Plus de soixante Israéliens ont été arrêtés après le 11 septembre. Les preuves liant certains d'entre eux aux attentats sont considérées comme des informations classifiées. Le cas des soi-disant "étudiants en art israéliens", en réalité des agents du Mossad qui ont toujours été proches de Mohamed Atta et des autres terroristes, est particulièrement scandaleux. En fait, ils vivaient dans les mêmes villes que les dix-neuf kamikazes présumés. Nombre d'entre eux vivaient même dans le même immeuble de Floride que Mohamed Atta et certains des pirates de l'air présumés. Dès le printemps

2001, ils avaient été repérés par le service de sécurité de la Drug Enforcement Administration (DEA) et le FBI, qui ont alerté d'autres agences sur ces individus. Le bureau de la DEA à Orlando a prouvé le lien de ce groupe d'Israéliens avec le trafic de drogue. Les numéros de téléphone de l'un des "étudiants" l'ont relié à des enquêtes en cours sur l'ecstasy en Floride, en Californie, au Texas et à New York.

Une enquête menée par le journaliste Carl Cameron a révélé que, dans les semaines précédant les attentats, plus de 200 Israéliens avaient été arrêtés parce qu'ils étaient soupçonnés de travailler pour des services de renseignement étrangers. Après le 11 septembre, les enquêteurs américains ont déclaré qu'ils supposaient que les détenus avaient recueilli des informations sur les attentats et ne les avaient pas partagées. "Les preuves liant les Israéliens au 11 septembre sont secrètes", a déclaré un haut fonctionnaire interrogé par Cameron. Une arrestation de ce type a eu lieu début mars 2001, celle de Peer Segalovitz, qui a été soumis à un interrogatoire. Selon un rapport de la DEA rendu public par Justin Raimondo dans son article "9/11 : What did Israel know ?", publié en octobre 2002, Segalovitz a admis qu'il était l'un des trente étudiants en art israéliens vivant en Floride à l'époque. Il n'a pas voulu révéler la raison de leur séjour, mais a admis qu'ils poursuivaient des objectifs non légitimes. L'"étudiant" de 27 ans a admis qu'il était officier (enseigne) dans une unité israélienne stationnée sur les hauteurs du Golan, sous le numéro d'identité 5087989, et qu'il était spécialisé dans le dynamitage.

Après les attentats, cinq de ces Israéliens, les "Israéliens danseurs", ont été les premières personnes arrêtées. Plusieurs services de police ont reçu des appels signalant des individus qui avaient non seulement enregistré les événements, mais les célébraient avec jubilation. Les hommes avaient été repérés dans le Liberty Park du New Jersey, près de New York, et se trouvaient dans un camion appartenant à la société de déménagement "Urban Moving Systems". Voici quelques-unes des déclarations des personnes qui les ont signalés : "Ils enregistraient la catastrophe avec des cris de joie et des moqueries". "Ils sautaient de joie après le premier impact. "On aurait dit qu'ils tournaient un film. Ils étaient heureux, vous savez... Je n'ai pas eu l'impression qu'ils étaient choqués. J'ai trouvé cela étrange. "On aurait dit qu'ils étaient liés à cette affaire. On aurait dit qu'ils savaient ce qui allait se passer quand ils étaient dans le parc". Il y en a d'autres, mais tous les témoins vont dans le même sens : les membres du groupe faisaient la fête, applaudissaient, se réjouissaient de la destruction.

Au cours des interrogatoires, ils ont affirmé qu'ils étaient inscrits à l'Académie Bezalel d'art et de design. Contactée, Pina Calpen, représentante de l'Académie Bezalel en Israël, a nié que l'un d'entre eux y ait étudié au cours de la dernière décennie. Ils avaient en fait travaillé pour le Shin Bet et leur spécialité était l'interception de signaux électroniques. Ces Israéliens ont été détenus pendant deux mois et interrogés par plusieurs agents de contre-espionnage du FBI, qui ont conclu que leurs activités s'inscrivaient dans le cadre d'une opération de renseignement israélienne. D'autres "étudiants" se déplaçaient avec des camions Urban Moving Systems : deux autres ont été arrêtés près du pont George Washington à New York. Le véhicule était apparemment équipé d'explosifs, puisqu'il a explosé après l'arrestation des suspects. Cet événement étrange est resté un mystère, car il n'y a pas eu d'enquête et tout ce que l'on sait, ce sont les premiers rapports.

Quant à l'entreprise de déménagement Urban Moving Systems, elle appartenait à un Israélien du nom de Dominik Otto Suter. La plupart des enquêteurs évitent ce nom et hésitent à l'approfondir, car ils savent qu'il a des implications directes avec le Mossad. Les agents juifs arrêtés étaient Silvan Kurzberg, Paul Kurzberg, Yaron Shmuel, Oded Ellner et Omer Marmari. Tous les cinq savaient ce qui devait se passer et se sont déplacés dans une grande camionnette du Mossad, dans laquelle des vêtements arabes, des résidus d'explosifs et des cutters ont été trouvés. Dominik Otto Suter figurait sur une liste de suspects du FBI et avait même été interrogé à une occasion. Lorsqu'ils ont essayé de lui rendre visite à nouveau, l'endroit avait été nettoyé et Suter s'était déjà envolé pour Israël. En mars 2002, le journal juif *The Forward* a rapporté que les services de renseignement américains avaient découvert qu'Urban Moving Systems servait de couverture au Mossad.

À la surprise de la DEA et du FBI, un juge a autorisé l'expulsion des Israéliens deux semaines après leur arrestation. L'indignation et les nombreuses protestations ont fini par porter leurs fruits. Les agents juifs ont donc été détenus pendant dix semaines supplémentaires, dont six en isolement. Finalement, un gros bonnet du ministère de la justice, Michael Chertoff, procureur général adjoint, citoyen israélien à la double nationalité, leur est venu en aide. Sa mère avait été un agent fondateur du Mossad et son père et son grand-père étaient des rabbins talmudiques. Chertoff, un sioniste exalté qui a ensuite été nommé secrétaire d'État à la sécurité nationale, a renvoyé des agents du Mossad en Israël en novembre 2001. Ce juif talmudique deviendra plus tard le principal auteur du Patriot Act, qui restreint les droits et libertés des Américains au nom de la lutte contre le terrorisme.

Michael Chertoff et Michael Mukasey, un autre juif talmudique qui, en 2007, a été nommé par Bush ministre de la justice des États-Unis, sont les deux principaux responsables de la non-enquête sur le massacre du 11 septembre. Il est évident qu'aucun d'entre eux n'avait la moindre loyauté envers les États-Unis. Ce sont en fait deux traîtres qui devraient être en prison. Il y a plus à dire sur Mukasey, qui a veillé à ce que son collègue Silverstein perçoive 4,6 milliards de dollars de la part des compagnies d'assurance. Michael Mukasey et Alvin Hellerstein, un autre juif talmudique, sont les juges qui ont traité les principaux litiges liés au 11 septembre. Un fils de Hellerstein, Joseph Z. Hellerstein, a émigré en 2001 en Israël et vit dans une colonie juive en Cisjordanie occupée, où il est membre de l'un des principaux cabinets d'avocats israéliens. Bien que Silverstein ait souscrit une police d'assurance de 3,2 milliards de dollars, Mukasey a accepté les affirmations de Silverstein et a considéré les tours comme deux cibles distinctes et non comme une seule attaque.

Insatiable, Larry Silverstein, surnommé "Lucky Larry", dans un élan d'impudeur extrême, a poursuivi American Airlines et United Airlines en 2004, réclamant 8 milliards de dollars de dommages et intérêts. Silverstein accuse les compagnies aériennes d'être responsables des manquements à la sécurité qui ont permis la destruction du WTC. L'effronterie était devenue si flagrante que même le juge Alvin Hellerstein n'a pas osé se prononcer contre les compagnies aériennes cette fois-ci. En 2013, Hellerstein a finalement statué que "Lucky Larry" avait déjà été indemnisé pour la perte de ses biens. M. Hellerstein a justifié ce verdict en faisant valoir que M. Silverstein ne pouvait pas être indemnisé deux fois pour les mêmes dommages, ce qui est interdit par la loi new-yorkaise. Cependant, un porte-parole de Silverstein a déclaré en août 2013 qu'ils feraient appel de la décision de Hellerstein.

Oussama ben Laden, Al-Qaïda et la fausse piste arabo-musulmane

Alors que des centaines de millions de personnes dans le monde étaient encore rivées à leur écran de télévision, des images de Palestine sont apparues de manière inattendue : une femme arabe et un groupe d'enfants l'entourant ont été présentés comme s'ils célébraient ce qui se passait à New York. Contrairement à la douleur et à la peur des gens devant les scènes de fuite terrorisée, ces images en direct de Jérusalem ont été diffusées en boucle dans tous les journaux télévisés. Quelques jours plus tard, il est apparu que les Palestiniens figurant sur ces images étaient heureux et que les enfants sautaient de joie parce qu'ils avaient reçu beaucoup de bonbons. Un article du *Jerusalem Times* du 14 septembre 2001 reconnaît que le ministère israélien de la défense était chargé du tournage. Ils auraient acheté pour 200 shekels de bonbons et de friandises et les auraient distribués aux passants et aux enfants de Jérusalem-Est.

Une fois les images enregistrées, elles ont été transmises à CNN par l'intermédiaire de Reuters à Londres. Il est clair que la cassette a ensuite été délibérément transmise aux salles de rédaction des télévisions et aux agences de presse afin de biaiser l'opinion publique internationale contre le peuple palestinien. Von Bülow dénonce la malveillance et la servitude des médias de son pays : "Les médias allemands ont reproduit dans leurs titres les images des tours effondrées avec celles des Palestiniens criant de joie". Quelques jours plus tard, Ariel Sharon a pris sur lui de relier directement le président

Arafat et tout son peuple à ce qui s'est passé en Amérique. Sharon a déclaré que Yasser Arafat et les Palestiniens étaient les principaux terroristes du Moyen-Orient et les complices d'Oussama ben Laden.

L'attribution des attentats à Oussama ben Laden a été quasi instantanée : à 16 heures, l'après-midi du 11 septembre, CNN le désignait déjà comme l'auteur possible des attaques contre les États-Unis. Ce média de manipulation citait des sources officielles et attribuait au terroriste d'origine saoudienne les attaques de 1998 contre les ambassades américaines au Kenya et en Tanzanie, ainsi que contre le cuirassé MSS Cole en 2000. Le lendemain, les médias établissaient déjà un lien entre Ben Laden et Al-Qaïda et le désignaient comme le chef d'un réseau international de terroristes musulmans. Le premier attentat contre le World Trade Center en 1993 lui est également attribué. Deux jours plus tard, le ministère de la Justice publiait les noms des dix-neuf pirates de l'air et le département d'État menaçait tous les pays qui soutenaient ou abritaient des terroristes. Le vice-président Cheney et le ministre de la défense Rumsfeld évoquent une soixantaine de pays et annoncent une guerre qui sera longue.

La version officielle basée sur une fausse piste était déjà établie en quelques jours et devait être consolidée. En d'autres termes, la thèse selon laquelle dix-neuf terroristes musulmans, sous les ordres du super-terroriste Oussama ben Laden, avaient pu échapper à la surveillance civile et militaire du pays le plus puissant du monde, devait être propagée de manière répétée dans le monde entier. Ces hommes, faisant fi de toutes les mesures de défense, s'étaient emparés sans entrave de quatre avions de ligne avec des couteaux en plastique et, avec des notions superficielles de pilotage d'avions légers, les avaient magiquement dirigés avec une précision mathématique vers des cibles vitales dans les villes les plus protégées de la planète. De plus, pour démontrer leur compétence en tant que terroristes, ils ont laissé des empreintes digitales partout : bagages dans les voitures, testaments, passeports, factures d'hôtel.... Les explications officielles ont d'abord été accueillies avec scepticisme, mais au fil des jours, des semaines et des mois, les messages répétés sont devenus efficaces et la guerre contre le terrorisme international s'est trouvée pleinement justifiée.

Les enregistrements montrant ben Laden à cheval, pointant une kalachnikov, assis avec un fusil sur le dos, parlant à son fils, caché dans sa cachette de montagne à Tora Bora, marchant en compagnie du médecin égyptien Aymán al-Zawahirí, son second et successeur à la tête d'al-Qaïda, ont constitué un élément important de la campagne de propagande et de manipulation..... Si un journal pakistanais a d'abord publié une interview de Ben Laden dans laquelle celui-ci niait son implication dans les attentats, les médias du monde entier ont rapidement diffusé une nouvelle version dans laquelle le chef d'Al-Qaïda se disait fier des attentats de New York et de Washington et les applaudissait. Après avoir exprimé sa haine des Américains, il a annoncé d'autres attaques terroristes contre les États-Unis et leurs amis occidentaux. Al-Jazeera, issue d'une station de la BBC au Qatar, a joué un rôle clé en donnant aux vidéos une aura d'authenticité dans le monde arabo-musulman. Dans un enregistrement diffusé par Al-Jazeera, Ben Laden prononce ces mots :

> "Dieu tout-puissant a atteint l'Amérique dans son endroit le plus vulnérable. Il a détruit ses bâtiments les plus emblématiques. Remercions Allah. Voici les États-Unis. Du nord au sud et de l'est à l'ouest, ils sont terrifiés. Louange à Allah... Mais lorsque maintenant, après quatre-vingts ans, l'épée tombe sur les États-Unis, on fait preuve d'hypocrisie en déplorant la mort de ces meurtriers qui ont souillé le sang, l'honneur et les lieux saints des musulmans.... Lorsque Dieu tout-puissant a voulu que la mission d'un groupe de musulmans, les vengeurs de l'islam, soit couronnée de succès, il leur a permis de détruire l'Amérique. Je demande à Dieu tout-puissant de les glorifier et de les faire entrer au Paradis".

C'est le Ben Laden que la propagande a popularisé, l'ennemi public numéro un, le terroriste dont l'image était imprimée sur des rouleaux de papier toilette qui se vendaient comme des petits pains aux États-Unis. Mais la réalité est tout autre. Oussama ben Laden était un agent double ou triple. Ses services à la CIA et à l'ISI (Pakistan Intelligence Service) étaient essentiels. Ben Laden a recruté pour la CIA des mercenaires musulmans fondamentalistes dans plus de quarante pays pour lutter contre les troupes soviétiques qui avaient envahi l'Afghanistan au début des années 1980. Ces "combattants de la liberté", comme les définissait le président Reagan, étaient répertoriés dans une base de données de la CIA, qui dépensait des millions de dollars pour les payer. Al Qaeda signifie précisément "la base". Ben Laden a probablement aussi travaillé pour l'Arabie saoudite, puisqu'il était un ami proche du chef de ses services secrets. Ces mercenaires musulmans, appelés "Afghans", ont été formés dans des camps construits dans les montagnes afghanes par la société de construction d'Oussama ben Laden, avec l'aide des Américains, mais certains ont également été formés dans des installations militaires américaines. Ces "Afghans" étaient armés clandestinement par la CIA et les instructeurs venaient de Grande-Bretagne, du Pakistan et des États-Unis. On sait que l'organisateur chimérique du 11 septembre, deux mois avant les attentats, en juillet, a été soigné pendant plus d'une semaine dans un hôpital américain de Dubaï pour une maladie rénale. Plusieurs médias, dont *Le Figaro* dans son édition du 11 octobre 2001 et *Global Free Press*, ont rapporté que le 12 juillet, le délégué de la CIA Larry Mitchel lui avait rendu visite en compagnie d'un prince saoudien, chef des services secrets. Tout indique donc que peu avant le 11 septembre, les relations entre le chef terroriste et la CIA étaient encore stables.

Oussama ben Laden a été tué et ressuscité à plusieurs reprises. La dernière fois qu'il a été tué, c'était le 2 mai 2011 à Abbottabad (Pakistan). En décembre 2012, moins de deux ans après la "brillante opération" des

"Navy Seals", le meilleur corps d'opérations spéciales de la marine, est sorti le film *Zero Dark Thirty*. Il est bien connu qu'Hollywood ne perd pas de temps et saisit toutes les occasions de gagner de l'argent avec des films de propagande qui sont vendus sur les cinq continents. Cependant, en août 2015, une interview exclusive d'Edward Snowden a été publiée dans le *Moscow Tribune*, dans laquelle l'ancien contractant de la National Security Agency (NSA) affirmait qu'Oussama Ben Laden était toujours en vie et qu'il résidait aux Bahamas.

Le fait que les médias du monde entier aient tout fait pour discréditer les informations de Snowden est presque certainement un signe qu'il dit la vérité. Snowden est peut-être l'un des combattants les plus précieux à avoir émergé depuis longtemps. Son courage et son intelligence forcent l'admiration. Voici ce qu'il a dit : "J'ai des documents, a-t-il déclaré, qui montrent que Ben Laden reçoit de l'argent de la CIA. Il reçoit plus de 100 000 dollars par mois qui sont transférés sur son compte bancaire personnel à Nassau. Selon M. Snowden, la CIA a diffusé la fausse nouvelle de sa mort afin que les agences de sécurité et de lutte contre le terrorisme du monde entier cessent de le rechercher et qu'il puisse vivre en paix. Il semble que la possibilité de le tuer ait été envisagée, mais M. Snowden a déclaré : "Oussama ben Laden était l'un des meilleurs agents de la CIA... Quel genre d'impression les États-Unis laisseraient-ils ? Quelle impression les États-Unis laisseraient-ils à leurs autres agents s'ils envoyaient les SEAL pour tuer Ben Laden ? M. Snowden a déclaré que l'ISI pakistanais avait coopéré avec la CIA pour faire croire au monde que l'ancien chef d'Al-Qaïda était mort à Abbottabad et a annoncé que, dans son nouveau livre à paraître, il fournirait des documents confirmant que Ben Laden est toujours en vie.

La vérité est connue, mais tous se taisent et obéissent.

Les attentats du 11 septembre 2001 sont ce que l'on a appelé aux États-Unis un "inside job", un plan complexe de terrorisme d'État élaboré par des traîtres infiltrés dans le département d'État, le Pentagone et la Maison Blanche, dont beaucoup avaient la double nationalité. Ils ont fait appel à une foule d'experts en informatique et en électronique, de sous-traitants et de techniciens en explosifs qui ont agi sous leurs ordres. Pour tromper l'opinion publique internationale, le rôle des médias juifs contrôlés par les capitalistes a été, comme d'habitude, essentiel. Les masses sont programmées pour accepter ce qui leur est présenté et sont incapables de voir derrière l'épais écran de fumée qui cache la réalité. Le Nouvel Ordre Mondial déjà en place, basé sur la falsification et le mensonge, exige que les gens soient incapables de discerner le vrai du faux.

L'objectif immédiat de ces attentats était de justifier une guerre pour le contrôle du Moyen-Orient qui, depuis le début, a toujours été dirigée contre les États considérés comme ennemis d'Israël. Pendant les deux mandats de George Bush, un groupe important de néoconservateurs au service du sionisme et du pouvoir occulte qui le soutient a pris le contrôle du département de la défense, et en particulier du Defense Policy Board Advisory Committee (DPBAC), un conseil de défense qui, le matin du 11 septembre et pendant les premières années de l'administration Bush, était présidé par Richard Perle, surnommé "le prince des ténèbres", un sioniste qui, en 1986, était déjà considéré par le *Washington Post* comme "l'homme le plus puissant du Pentagone". C'est ce Board of Defence Advisors qui a lancé les guerres. Ari Shavit, journaliste juif de *The Forward*, a publié le 9 avril 2003 un rapport dans lequel il affirme : "La guerre en Irak a été conçue par vingt-cinq intellectuels néo-conservateurs, pour la plupart juifs".

Le principal architecte de la guerre contre l'Irak a été Paul Wolfowitz, qui a créé l'OSP ("Office of Special Plans"), présidé par le susnommé Abram Shulsky, disciple de Leo Strauss. Cet Office of Special Plans était si puissant qu'il a même supplanté pendant deux ans le Defence Intelligence Board (DIA). Après l'opération Enduring Freedom en Afghanistan, Wolfowitz et Shulsky ont lancé l'opération Iraqi Freedom le 20 mars 2003. En récompense des services rendus, Paul Wolfowitz a été nommé en 2005 président de la Banque mondiale, poste qu'il a occupé jusqu'en 2007.

Le 30 novembre 2007, l'ancien président italien Francesco Cossiga a fait des déclarations explosives au prestigieux *Corriere della Sera*. Selon lui, tous les dirigeants occidentaux et tous les services secrets savent que les attentats du 11 septembre 2001 ont été perpétrés par les services de renseignement américains et israéliens. Francesco Cossiga, président du Sénat de 1983 jusqu'à son élection à la présidence de la République, était considéré comme un homme politique honnête et incorruptible, très respecté par le peuple italien. Après avoir dénoncé l'opération Gladio et le rôle des services secrets des États-Unis et de l'OTAN, cachés derrière des opérations "false flag" qui ont fait de nombreuses victimes civiles, il a dû démissionner. Cossiga disait justement : "On nous a fait croire qu'Oussama Ben Laden avait avoué être l'auteur de l'attentat du 11 septembre 2001 contre les deux tours de New York, alors qu'en réalité les services secrets américains et européens savent parfaitement que ce funeste attentat a été planifié par la CIA et le Mossad pour accuser les pays arabes de terrorisme afin de pouvoir attaquer l'Irak et l'Afghanistan".

C'est la vérité la plus douloureuse. Les dirigeants et les gouvernants occidentaux et internationaux connaissent la vérité, mais ils n'osent pas la révéler publiquement comme l'a fait Cossiga. Bien que connaissant la perversion du Pouvoir Caché qui a asservi les peuples et les nations du monde entier, ils préfèrent s'y soumettre, car ils n'ignorent pas que ceux qui s'y sont opposés ont été immanquablement détruits. Les médias, la partitocratie, les politiciens cooptés, le chantage économique, la corruption, le meurtre, sont les moyens fondamentaux utilisés pour imposer la peur. Comme dans le cas de l'Holocauste, tout le monde, y compris l'Église catholique, préfère suivre l'histoire pour éviter des coups douloureux comme celui que nous, Espagnols, avons subi le 11 mars 2004. Oui, les services secrets et les dirigeants espagnols savent aujourd'hui que le carnage de Madrid était, comme le 11 septembre, une opération sous faux drapeau attribuée à Al-Qaïda et organisée par des services secrets étrangers, un crime odieux à des fins politiques qui a coûté la vie à près de deux cents personnes innocentes qui se rendaient à leur travail. Ils savent, mais ils ne peuvent que se taire. Nous pourrions écrire longuement sur le 11 mars 2004 à Madrid, mais il est temps d'arrêter là.

BIBLIOGRAPHIE

ADLER, Cyrus, *Jacob H. Schiff : His Life and Letters*, édité par William Heinemann, Londres, 1929.

ALGER, John Goldworth, *Paris en 1789 à 1794*, éd. AMS Press, New York, 1970.

ALLISON PEERS, Edgar, *The Spanish Tragedy 1930-1936*, éd. Methuen & Co. Londres, 1936.

ALLISON PEERS, Edgar, *Catalonia Infelix*, éd. Methuen & Co, Londres 1937.

ALLEN, Gary et ABRAHAM, Larry, *Nadie se atreve a llamarlo conspiración*, Ojeda, Barcelona, 1998.

ANTELMAN, S. Marvin, *To Eliminate the Opiate* (vol.1), éd. Zahavia Ltd. New York-Tel Aviv, 1974.

ANTELMAN, S. Marvin, *To Eliminate the Opiate* (vol 2), Rabbi Marvin S. Antelman, imprimé en Israël, 2002.

ANTI-KOMINTERN, *Das Rotbuch über Spanien*, éd. Nibelungen Verlag GmbH, Berlin-Leipzig, 1937.

ARAD, Yitzhak , *Belzec, Sobibor, Treblinka : The Operation Reinhard Death Camps*, éd. Indiana University Press. USA, 1999.

ARMSTRONG, George, *Rothschild Money Trust*, éd. Bridger House Publishers, USA.

ARMSTRONG, Hamilton Fish, *Titus and Goliath*, édité par Victor Gollancz Ltd, Londres, 1951.

AVTORKHANOV, Adburahman, *Staline Assassiné. Le complot de Béria*, éd. Presses de la Renaissance, Paris, 1980.

AZAÑA, Manuel , *Memorias políticas y de guerra*, éd. Oasis, Mexico DF, 1968.

BACQUE, James, *Other Losses*, éd. Macdonald and Co, Londres, 1990.

BAKONY, Itsvan, *El comunismo chino y los judíos chinos*, éd. Udecan, Mexico, 1968.

BARNES, Harry Elmer, *En quête de vérité et de justice*, éd. National Historical Society, Chicago, 1928.

BAR-ZOHAR, Michel, *Les vengeurs*, éd. J'ai Lu, Paris, 1968.

BERBEROVA, Nina, *Histoire de la baronne Boudberg*, éd. Actes Sud, Arles, 1988.

BETHELL, Nicholas, *The Last Secret*, Basic Books, Inc, Publishers, New York, 1974.

BIEBERSTEIN, Johannes Rogalla von, *Antisemitismo, bolchevismo y Judaísmo*, La Editorial Virtual (édition électronique), Argentine, 2011.

BIRD, Kai et LIFSCHULTZ, Lawrence, *Hiroshima's Shadow*, éd. The Pamphleteer's Press, Stony Creek, Connecticut, 1998.

BLACK, Edwin, *The Transfer Agreement : The Untold Story of the Secret Pact Between the Third Reich & Jewish Palestine*, éd. Macmillan Publishing Co., New York, 1984.

BLANC, Olivier, *Les hommes de Londres, histoire secrète de la terreur*, éd. Albin Michel , Paris, 1989.

BLUMENSON, Martin, *The Patton Papers*, éd. Houghton Mifflin Co., Boston, 1972.

BOCHACA, Joaquín, *Los crímenes de los "buenos"*, éd. Ojeda, Barcelone, 2005.

BOLLOTEN, Burnett, *La Guerra Civil española : Revolución y contrarrevolución*, ed. Alianza, Madrid, 1989.

BOLLOTEN, Burnett, *El gran engaño. Las izquierdas y su lucha por el poder en la zona republicana*, ed. Luis Caralt, Barcelona 1975.

BORKENAU, Franz, *El reñidero español*, éd. Ruedo ibérico, Paris, 1971.

BRASOL, Boris, *The World at the Cross Roads*, éd. Christian Book Club of America, Palmdale, Californie, 1970.

BRASOL, Boris, *The Balance Sheet of Sovietism*, éd. Duffield and Co, New York, 1922.

BRENAN, Gerald, *El laberinto español*, éd. Círculo de Lectores, Barcelone, 1988.

BRENNER, Lenni, *51 Documents : Zionist Collaboration with the Nazis*, éd. Barricade Books, Fort Lee (New Jersey), 2002.

BRITON, Frank L., *Behind Communism*, éd. Criminal Politics Book Club, Cincinnati, 2003.

BRONDER, Dietrich, *Bevor Hitler kam*, éd. Hans Pfeiffer Verlag, Hanovre, 1964.

BROUÉ, Pierre, *Les Procès de Moscou*, éd. René Juliard, France, 1964.

BROUÉ, Pierre, *Trotsky y la guerra civil española*, éd. Jorge Álvarez, Buenos Aires, 1966.

BROUÉ, P. et TÉMINE, E., *La revolución y la guerra en España* (2 vol.), éd. Fondo de Cultura Económica, Madrid, 1977.

BUBER-NEUMANN, Margarete, *Under two dictators : Prisoner of Stalin and Hitler*, éd. Pimlico, Londres, 2008.

BUCHAN John, *Oliver Cromwell*, éd. Reprint Society, Londres, 1941.

BUECHNER, Howard A., *Dachau : The Hour of the Avenger*, éd. Thunderbird Press, Metairie, Louisiane, 1986.

BULLÓN DE MENDOZA, Alfonso, *José Calvo Sotelo*, éd. Ariel, Barcelone, 2004.

BÜLLOW, Andreas von, *La CIA y el 11 de septiembre*. Ellago, éd. Ellago, Castellón, 2006.

BUTZ, Arthur Robert, *The Hoax of the Twentieth Century*, éd. Theses & Dissertations Press, Chicago, 2003.

CAMPOAMOR, Clara, *La revolución española vista por una republicana*, éd. Espuela de Plata, Séville, 2005.

CARDEÑOSA, Bruno, *11-M Claves de una conspiración*, éd. Espejo de Tinta, Madrid, 2004.

CARDEÑOSA, Bruno *11-S : Historia de una infamia*, éd. Corona Borealis, Málaga, 2003.

CARDOZO, Harold, *The March of a Nation*, éd. The "Right" Book Club, Londres, 1937.

CARR, E. H., *La Revolución Bolchevique 1917-1923*, éd. Alianza, Madrid, 1979.

CASADO, Segismundo, *Así cayó Madrid*, éd. Guadiana, Madrid, 1968.

CERESOLE, Norberto, *La falsificación de la realidad*, Ediciones Libertarias, Madrid, 1998.

CHEREP-SPIRIDOVICH, Arthur, *Le gouvernement mondial secret ou "La main cachée"*, éd. The Book Tree, Escondido (Californie), 2000.

CHOMSKY, Noam, *El triángulo fatal : Estados Unidos, Israel y Palestina*, Popular, Madrid, 2004.

COCHRAN, M. H., *Germany Not Guilty in 1914*, éd. Ralph Myles, éditeur, Colorado Springs, 1972.

COHEN, Avner, *Israel and the Bomb*, éd. Columbia University Press, New York, 1998.

COLEMAN, John, *The Conspirator's Hierarchy : The Committee of 300*, éd. Global Review Publications Inc. Las Vegas (Nevada),

COLEMAN, John, *The Rothschil Dynasty*, éd. Global Review Publications Inc, Las Vegas (Nevada), 2006.

COLLINS PIPER, Michael, *La nouvelle Babylone. Those Who Reign Supreme*, éd. American Free Press, Washington D.C., 2009.

COLLINS PIPER, Michael, *The High Priests of War*, éd. American Free Press, Washington, DC, 2003.

COLLINS PIPER, Michael, *The Golem*, éd. American Free Press, Washington, DC, 2007.

CONQUEST, Robert, *Stalin and the Kirov Murder*, éd. Hutchinson, Londres, 1989.

CONQUEST, Robert, *Staline - le briseur de nations*, éd. Penguin Books USA Inc, 1991.

CONQUEST, Robert, *La Grande Terreur. A Reassessment*, éd. Hutchinson, Londres, 1990.

CONQUEST, Robert, *The Harvest of Sorrow Soviet Collectivization and the Terror Famine*, éd. Oxford University Press, New York, 1986.

CORTI, Egon Caesar, *The Rise of the House of Rothschild*, éd. Victor Gollancz Ltd. Londres, 1928.

CORTI, Egon Caesar, *The Reign of the House of Rothschild*, éd. Cosmopolitan Book Corporation, New York, 1928.

COSTON, Henri, *Les causes cachées de la Deuxième Guerre mondiale*, éd. Lectures Françaises, Paris, 1975.

COSTON, Henri, *L'Europe des banquiers*, éd. Documents et témoignages, Paris, 1963.

COURTOIS, Stéphane, WERTH, Nicolas, PANNÉ, Jean-Louis et autres, *El libro negro del comunismo*, ediciones B, Barcelona, 2010.

CUFFI, Canadell José -Oriol, *L'ombre de Bela Kun*, éd. Cat. Casals, Barcelone, 1950.

CUNNINGHAM, Cushman, *The Secret Empire*, éd. Leela Publishing, North Fort Myers (Floride), 2001.

DAVIDSON Eugene, *The Making of Adolf Hitler*, édité par Macdonald and Jane's Publishers Ltd, Londres, 1978.

DAVIES, Joseph E., *Mission to Moscow*, édité par Victor Gollancz Limited, Londres, 1942.

DAVIES, Raymond Arthur, *Odyssey Through Hell*, édité par L. B. Fischer, New York, 1946.

DEUTSCHE INFORMATIONSSTELLE, *Dokumente polnischer Grausamkeit*, ed. Volk und Reich , Berlin, 1940.

DILLON, George F., *The War of Antichrist with the Church and Christian Civilization : Lectures delivered in Edinburg in October 1884*, éd. BiblioLife, États-Unis, 2009.

DISRAELI, Benjamin , *Coningsby*, éd. Everyman's Library, Londres 1911.

DJILAS, Milovan, *Conversations avec Staline*, éd. Harcourt, Brace and World, New York, 1962.

DOLLINGER, Hans, *Les cent derniers jours*, éd. Plaza & Janes, Barcelone, 1967.

DOUSSINAGUE, José María , *España tenía razón 1939-1945*, éd. Espasa-Calpe, Madrid, 1950.

DWINGER, Edwin Erich, *Der Tod in Polen : Die volksdeustsche Passion*, éd. Eugen-Diederichs, Jena, 1940.

DZIAK, John J., *Chekisty : A History of the KGB*, Lexington Books, Lexington, 1987.

ECKEHART, Dietrich, *Cuatro años de gobierno de Hitler*, éd. Zig-Zag, Santiago du Chili, 1937.

ENAULT, Louis, *Paris brulé par la Comunne*, éd. Plon Henri, Paris 1871.

ESSER, Heinz, *Die Hölle von Lamsdorf. Dokumentation über ein polnisches Vernichtungslager*, ed. A. Laumannsche, Dülmen, 1973.

EVANS, M. Stanton, *Blacklisted by History. The Untold Story of Senator Joe McCarthy*, Crown Forum, New York, 2007.

FAY, Bernard, *La guerra de los tres locos*, éd. Organización Sala, Madrid, 1974.

FAHEY, Denis, *The Rulers of Russia*, éd. Browne & Nolan, Dublin, 1939.

FAURISSON, Robert, *Las Victorias del revisionismo*, éd. Ojeda, Barcelone, 2008.

FAURISSON, Robert, *Écrits révisionnistes (1974-1998)*, PDF Sax.overblog.com

FERGUSON, Niall, *The House of Rothschild Money's Prophets 1798-1848* (vol. 1), éd. Penguin Books, New York, 1999.

FERGUSON, Niall, *The House of Rothschild The World's Banker 1849-1999* (vol. 2), éd. Penguin Books, New York, 2000.

FERRER, Benimeli J. A., *La Masonería en la españa del Siglo XX*, éd. Universidad de Castilla la Mancha, 1996.

FERRER, Joan, *Histoire de la langue yiddish*, Universitat de Girona, 2005.

FINK, Carole, *Marc Bloch. Una vida para la Historia*, éd. Universitat de València, Valencia, 2004.

FINKELSTEIN, Israël, *The Archaeology of the Israelite Settlement*, éd. Israel Exploration Society, Jerualem, 1988.

FINKELSTEIN, Israël, *From Nomadism to Monarchy : Archaeological and Historical Aspects of Early Israel*, éd. Biblical Archaeological Society, Washington D.C., 1994.

FLYNN, John T., *El mito de Roosevelt*, éd. Mateu, Barcelona, 1962.

FORD, Henry, *Le Juif international. Un problema del mundo*, éd. Orbis, Barcelone, 1942.

FORRESTAL, James, *The Forrestal Diaries*, éd. The Viking Press, New York, 1951.

FOSS, William et GERAHTY, Cecil, *The Spanish Arena*, The Right Book Club, Londres, 1938.

FRANKEL, Jonathan, *L'affaire de Damas. "Ritual Murder", Politics and the Jewis in 1840*, Cambridge University Press, New York, 1997.

FREEDMAN, Benjamin , *Facts are Facts*, (Lettre au Dr David Goldstein), New York, 1954.

FREEDMAN, Benjamin , *The Hidden Tyranny*, ed. Liberty Bell Publications.

FRY, Leslie, *Waters Flowing Eastward : The War Against The Kingship of Christ*, éd. Britons Publishing House, Londres, 1953.

GARAUDY, Roger, *Los mitos fundacionales del Estado de Israel*, Ed. Ojeda, Barcelona, 2008.

GARAUDY, Roger, *Mi vuelta al siglo en solitario*, éd. Plaza & Janés, Barcelona, 1996.

GEORGE, Konstantin, *The U.S.-Russian Entente that Saved the Union, The Campaigner, juillet 1978*, éd. The Campaigner, juillet 1978, éd. Campaigenr Publications, New York.

GIBSON, Ian, *Paracuellos : cómo fue*, éd. Arcos Vergara, Barcelone, 1983.

GIBSON, Ian, *Grenade, 1936. El asesinato de García Lorca*, Círculo de Lectores, Barcelone, 1986.

GIL-WHITE, Francisco, *L'effondrement de l'Occident : The Next Holocaust and its Consequences* (10 vol.), éd. F.A.C.C.E. S, Mexico, 2013.

GILBERT, Martin, *Churchill et les Juifs. A Lifelong friendship*, édité par Henry Holt and Company, New York, 2007.

GILLIARD, Pierre, *Le tragique destin de Nicolas II et de sa famille*, éd. Payot, Paris, 1928.

GOLLANCZ, Victor, *In Darkest Germany*, édité par Victor Gollancz Ltd, Londres, 1947.

GOLDSTEIN, Paul, *B'nai B'rith, British Weapon Against America. The Campaigner* (Vol. 11 no. 10), décembre 1978, éd. Campaigner Publications, New York.

GOODRICH, Thomas, *Hellstorm : The Death of Nazi Germany, 1944-1947*, éd. Aberdeen Books, Sheridan, 2010.

GOULÉVITCH, Arsène de, *Tsarisme et Révolution*, éd. Alexis Redier (Editions de la Revue Française), Paris, 1931.

GRAF, Jürgen, *El Holocausto bajo la lupa*, éd. Ojeda, Barcelone, 2007.

GRAF, Jürgen, KUES Thomas et MATTOGNO Carlo, *Sobibor : Holocaust Propaganda and Reality*, éd. The Barnes Review, Washington D. C., 2010.

GRAF, Kessler Harry, *Walter Rathenau. Sein Leben und sein Werk*, ed. Rheinische Verlags-Anstalt, Wiesbaden, 1962.

GRENFELL, Russell, *La haine inconditionnelle. Culpabilidad de guerra alemana y el futuro de Europa*, éd. Espasa-Calpe, Madrid, 1955.

GRIFFIN, Des, *Fourth Reich of the Rich*, éd. Emissary Publications, South Pasadena, 1981.

GRUSD, Edward E., *B'nai B'rith The story of a covenant*, éd. Appleton Century, New York, 1966.

GUNTHER, John, *Behind Europe's Curtain*, éd. Hamish Hamilton, Londres, 1949.

GUY CARR, William, *Pawns in the Game*, St. George Press, Glendale, Californie, 1979.

GUY CARR, William, *Satan, Prince de ce monde*, éd. Omini Publications, Palmadale, 1997.

HAGEN, Walter , *Le Front Secret*, éd. Les Iles d'Or, Paris, 1952.

HALLETT, Greg, *Hitler was a British Agent*, éd. FNZ Inc, Auckland, Nouvelle-Zélande, 2006.

HALLIDAY, E. M., *Russia in Revolution*, éd. American Heritage Publishing Co., New York, 1967.

HART, Alan, *Arafat. Biografía política*, éd. Iepala, Madrid, 1989.

HARWOOD, Richard, *¿Murieron realmente seis millones*, édition sponsorisée par CEDADE, Barcelone, 1986.

HERMANN, Greife, *Jewish-Run Concentration Camps in the Soviet Union*, éd. Truth at Last, Marietta (Georgia), 1999.

HERNÁNDEZ, Jesús, *Yo fui un ministro de Stalin*, éd. Gregorio del Toro, Madrid, 1974.

HERREN, Ricardo, *La Biblia, sólo leyenda y religión*, in La aventura de la Historia, no. 36, ed. Arlanza, Madrid, 2001.

HERZEN, Alexander, *My Past and Thoughts*, éd. University of California Press, Berkeley, 1982.

HESS, Moses, *Rome et Jérusalem*, éd. Philosophical Library, New York, 1958.

HILBERG, Raúl, *La destrucción de los judíos europeos*, éd. Akal, Madrid, 2005.

HITLER, Bridget, *The Memoirs of Bridget Hitler*, éd. Duckworth, Londres, 1979.

HOBSON, John Atkinson, *Imperialism : A Study*, éd. Cosimo Classics, New York, 2005.

HOGGAN, David L., *The Myth of the Six Million : Examining the Nazi Extermination Plot*, éd. The Barnes Review, Washington, D.C., 2006.

HOGGAN, David L., *Der Erzwungene Krieg*, éd. Verlag der deutschen Hochschullehrer-Zeitung, Tübingen, 1963.

HOGGAN, David L., *The Forced War : When Peaceful Revision Failed*, éd. Institute for Historical Review, Los Angeles, 1989.

HOGGAN, David L., *The Myth of the 'New History' : Technics and Tactics of the New Mythologists of American History*, éd. Institute for Historical Review, Torrance, Californie, 1985.

HONSIK, Gerd, *Une solution pour Hitler*, éd. Bright-Rainbow, Barcelone, 1993.

HOWSON, Gerald, *Weapons for Spain : The Untold Story of the Spanish Civil War*, Península, Barcelona, 2000.

HUFSCHMID, Eric, *Painful Questions : An Analysis of the September 11th Attack*, éd. Endpoint Softward, Goleta (Californie), 2002.

HUGHES, Emrys, *Winston Churchill : British Bulldog*, éd. Exposition Press, New York, 1955.

IRVING, David, *La destruction de Dresde*, éd. Ojeda, Barcelone, 2009.

IRVING, David, *La guerra de Hitler*, éd. Planeta, Barcelone, 1988.

JACKSON, Gabriel, *Juan Negrín*, éd. Crítica, Barcelone, 2008.

JASNY, Naum, *L'agriculture socialisée de l'URSS. Plans and Performance*, éd. Standford University Press, Standford, 1949.

JEFFRIES, J. M. N., *Palestine : The Reality*, éd. Longmans, Green & Co, Londres, 1939.

JENSEN, B., *The Palestine Plot*, éd. Omni Publications, Hawthorne (Californie) 1987.

JORDAN, George Racey, *From Major Jordan's Diaries*, éd. Harcourt, Brace & Co, New York, 1952.

JOSEPHSON, Emanuel M., *Roosevelt's Communist Manifesto*, éd. Chedney Press, New York, 1955.

KAHAN, Stuart, *Le loup du Kremlin*, éd. Datanet, S. A., Barcelone, 1988.

KAPLAN, Fred, *Les sorciers d'Armageddon*, éd. Simon & Schuster, New York, 1984-

KARDEL, Hennecke, *Adolf Hitler, fondateur d'Israël. Israël en guerre contre les Juifs*, éd. Marva, Suisse, 1974.

KARL, Mauricio, *Yalta* (2 vol.), éd. AHR, Barcelone, 1955.

KARL, Mauricio, *Técnica del Komintern en España*, éd. Gráfica Corporativa, Badajoz, 1937.

KARL, Mauricio, *Pearl Harbour, traición de Roosevelt*, NOS, Madrid, 1954.

KARL, Mauricio, *Malenkov*, NOS, Madrid, 1954.

KASTEIN, Josef, *Histoire et destin des Juifs*, Simon Publications, New York, 2001.

KAUFMAN, Theodore N., *Germany must perish*, Liberty Bell Publications, West Virginia, 1980.

KENNAN, George F., *Mémoires d'un diplomate*, éd. Luis de Caralt, Barcelone, 1972.

KHADER, Bichara, *Los hijos de Agenor*, éd. Bellaterra, Barcelone, 1998.

KNOBLAUGH, Edward, *Corresponsal en España*, édité par Fermín Uriarte, Madrid, 1967.

KOCH, Paul H. *Illuminati*, éd. Planeta, Barcelone, 2004.

KOESTLER, Arthur, *The Thirteenth Tribe*, Random House, New York, 1976.

KOGON, Eugen, *Sociología de los campos de concentración*, éd. Taurus, Madrid, 1965.

KOLENDIC, Anton, *Les derniers jours. De la mort de Staline à celle de Béria (mars-décembre 1953)*, Fayard, Paris, 1982.

KOLTSOV, Mikhail, *Journal de la guerre d'Espagne*, Ruedo Ibérico, Paris, 1963.

KRIVITSKY, Walter , *Yo, jefe del Servicio Secreto Militar Soviético*, NOS, Madrid, 1945.

KÜHNL, Reinhard, *La República de Weimar*, ed. Alfons el Magnàmim, IVEI, Valencia, 1991.

KULISHER, Eugene M., *The Displacement of Population in Europe*, éd. Inland Press Ltd, Montréal, 1943.

LAMM, Hans, *Walter Rathenau. Denker und Staatmann*, éd. Landeszentrale für politische Bildung, Hanovre, 1968.

LANDOWSKY, José , *Sinfonía en rojo mayor*, éd. Latino Americana S. A., México, 1971.

LASKE, Karl , *Le banquier noir François Genoud*, éd. Du Seuil, Paris, 1996.

LAUGHLIN, John C. *La arqueología y la Biblia*, éd. Crítica, Barcelona, 2001.

LAZARE, Bernard, *L'antisémitisme, son histoire et ses causes*, Kareline, 2010.

LEESE, Arnold Spencer, *My Irrelevant Defence : Meditations inside Gaol and Out on Jewish Ritual Murder*, éd. The Patriot Press, Henderson (Nevada), 2004.

LENOE, Matthew E. *The Kirov Murder and Soviet History*, Yale University Press, 2010.

LEUCHTER, Alfred, *Rapport Leuchter*, édition parrainée par CEDADE, Barcelone, 1989.

LEUCHTER, Fred A., FAURISSON, Robert, RUDOLF, Germar, *The Leuchter Reports*, éd. Theses & Dissertations Press, Chicago, 2005.

LIDDELL, HART B. H., *The Other Side of the Hill*, éd. Pan Books, Londres, 1999.

LIDDELL, HART B. H., *The Revolution in Warfare*, éd. Faber & Faber, Londres, 1946.

LILIENTHAL, Alfred, *Quel est le prix d'Israël*, H. Regnery Co., Chicago, 1953.

LINA, Jüri, *Sous le signe du Scopion*, éd. Referent Publishing, Stockholm, 2002.

LIVINGSTONE, David , *Terrorism and the Illuminati*, éd. BookSurge LLC, USA 2007.

LOCKHART, R. H. Bruce, *Memoirs of a British Agent*, éd. Pan Books, Londres, 2002.

LOCKHART, Robin Bruce, *Reilly Ace of Spies*, éd. Futura Publications, Londres, 1983.

LOMBARD, Jean, *La cara oculta de la Historia Moderna* (quatre volumes), éd. Fuerza Nueva, Madrid, 1976-1980.

LOOMIS, Stanley, *Paris dans la terreur, juin 1793 - juillet 1794*, éd. J. B. Lippincott Company, Philadelphie, 1964.

LUTTIKHUIZEN, Gerard P., *La pluriformidad del cristianismo primitivo*, ed. El Almendro, Córdoba, 2007.

MACDONOGH, Giles, *After the Reich*, éd. Galaxia Gutenberg, Barcelone, 2010.

MADELIN, Louis, *Fouché*, éd. Espasa-Calpe, Madrid, 1972.

MADARIAGA, Salvador de, *España. Ensayo de historia contenporánea*, éd. Espasa Calpe, Madrid, 1978.

MANDEL, Arthur, *Le Messie Militant ou La Fuite du Ghetto*, Archè, Milan, 1989.

MANDELL HOUSE, Edward, *Philip Dru : Administrator*, édité par Robert Welch University Press, Appleton (Wisconsin), 1998.

MARGIOTTA, Domenico, *Souvenirs d'un trente-troisième : Adriano Lemmi, chef suprême des francs-maçons*, éd. Facsimile Publisher, Londres, 2013.

MARSCHALKO, Louis, *Les conquérants du monde*, éd. Joseph Sueli Publications, Londres, 1958.

MARX, Karl, *Las luchas de clases en Francia (1848 a 1850)*, ed. Ayuso, Madrid, 1975.

MATA, Santiago, *El tren de la muerte*, éd. La Esfera de los Libros, Madrid, 2011.

MATTOGNO, Carlo, *Belzec in Propaganda, Testimonies, Archeological Research and History*, éd. The Barnes Review, Washington D. C., 2011.

MATTOGNO, Carlo et GRAF, Jürgen, *Treblinka : Extermination Camp or Transit Camp*, éd. The Barnes Review, Washington D. C., 2010.

McCORMICK, Donald, *The Mask of Merlin : A Critical Study of David Lloyd George*, éd. MacDonald and Co, Londres, 1963.

McFADDEN, Louis T., *Federal Reserve Exposed. Collective Speeches of Congressman Louis T. McFadden*, éd. Omni Publications, 1970.

McMEEKIN, Sean, *History's Greatest Heist. The Looting of Russia by the Bolshevics*, Yale University Press, New Haven et Londres, 2009.

MELGUNOV, Sergei P., *The Red Terror in Russia*, éd. Hyperion Press, Connecticut, 1975.

MELGUNOV, Sergei P., *The Bolshevik Seizure of Power*, éd. ABC-Clio Inc. Santa Barbara (Californie), 1972.

MILES, Jonathan, *Les neuf vies d'Otto Katz*, éd. Bantam Books, Londres, 2010.

MOCH, Jules, *Yougoslavie terre d'expérience*, éd. Du Rocher, Monaco, 1953.

MOCK, James R. LARSON, Cedric, *Words that Won the War : The Story of the Committee on Public Information 1917-1919*, éd. Cobden Press, Meriden (Connecticut), 1984.

MOLA, Emilio, *Memorias de mi paso por mi paso por la Dirección General de Seguridad* (3 vol.), éd. Librería Bergua, Madrid, 1932.

MULLINS, Eustace, *This Difficult Individual, Ezra Pound*, éd. Angriff Press, Hollywood, Californie, 1961.

MULLINS, Eustace, *The Secrets of the Federal Reserve*, éd. Bridger House Publishers, Carson City (Nevada) 1991.

MULLINS, Eustace, *The Curse of Canaan*, éd. Revelation Books, Staunton, Virginie, 1987.

MULLINS, Eustace, *Mullins' New History of the Jews*, éd. The International Institute of Jewish Studies, Staunton (Virginie), 1968.

MULLINS, Eustace, *L'histoire secrète de la bombe atomique*, 1998.

NEILSON, Francis, *The Makers of War*, édité par C. C. Neelson Publishing Co, Appleton, Visconsin, 1950.

NETCHVOLODOW, Alexandre, *L'empereur Nicolas II et les Juifs*, éd. Etienne Chiron, Paris, 1924.

NOSSACK, Hans Erich, *Le naufrage. Hamburgo, 1943*, éd. La Uña Rota, Segovia, 2010.

NUNBERG, Ralph, *The Fighting Jew*, éd. Creative Age Press, New York, 1945.

ORDÓÑEZ MÁRQUEZ, Juan , *La apostasía de las masas y la persecución religiosa en la provincia de Huelva 1931-1936*, C.S.I.C., Madrid, 1968.

ORLOV, Alexander, *Historia secreta de los crímenes de Stalin* éd. Destino, Barcelone, 1955.

OSIPOVA, Irina, *Si el mundo os odia*, éd. Encuentro, Madrid, 1998.

OSTROVSKY, Victor et HOY, Claire, *By Way of Deception*, éd. St. Martin's Press, New York, 1990.

PAPPÉ, Ilan, *La limpieza étnica de Palestina*, éd. Crítica, Barcelone, 2008.

PATKIN, A. L. *The Origins of the Russian Jewish-Labour Movement*, F. W. Cheshire, Melbourne, 1947.

PAYNE, Stanley G., *Falange. Historia del fascismo español*, éd. Sarpe, Madrid, 1985.

PEREA CAPULINO, Juan, *Los culpables : Recuerdos de la guerra/1936-1939*, ed. Flor de Viento, Barcelona, 2007.

PERRY, Roland, *Le cinquième homme*, éd. Pan Books, Londres, 1995.

PINAY, Maurice, *Complot contra la Iglesia* (trois volumes), Mundo Libre, Mexico, 1985.

PIPES, Richard, *A Concise History of the Russian Revolution*, éd. Harvill Press, Londres, 1995.

PONCINS, Léon de *Histoire secrète de la révolution espagnole*, éd. Gabriel Beauchesne et ses fils, Paris, 1938.

PONCINS, Léon de, *Secrets d'État*, éd. Britons Publishing Company, Devon, 1975.

PONCINS, Léon de, *Freemasonry and Judasism Secret Powers Behind Revolution*, A&B Publishers Group, Brooklyn, New York, 2002.

PONCINS, Léon de, *Société des Nations, super-état maçonnique*, éd. Gabriel Beauchesne et ses fils, Paris, 1936.

POOL, Ithiel de Sola, *Satellite Generals : Study of Military Elites in the Soviet Sphere*, éd. Greenwood Press, Londres, 1976.

POUGET de SAINT-ANDRÉ, Henri, *Les auteurs cachés de la Révolution Française*, éd. Perrin & Cie Libraires-Éditeurs, Paris, 1923.

POUND, Ezra, *Ici la voix de l'Europe. Alocuciones desde Radio Roma*, éd. Nueva República, Barcelone, 2006.

PUNTILA, L. A., *Histoire politique de la Finlande de 1809 à 1955*, Éditions de la Baconnière, Neuchâtel, 1966.

QUIGLEY, Carroll, *Tragedy & Hope*, The Macmillan Company, New York, 1974.

RADOSH, Ronald, HABECK, Mary R et SEVOSTIANOV, Grigory, *Spain Betrayed. The Soviet Union in the Spanish Civil War*, éd. Yale University Press, New Haven et Londres, 2001.

RAPHAEL, Marc Lee, *Jews and Judaism in the United States : A Documentary History*, éd. Behrman House, INC, New York, 1983.

RASSINIER, Paul, *Las mentira de Ulises*, éd. Ojeda, Barcelone, 2006.

RASSINIER, Paul, *Les responsables de la Seconde Guerre Mondiale*, éd. Nouvelles Editions Latines, Paris, 1967.

RAYFIELD, Donald, *Stalin y los verdugos*, éd. Taurus, Madrid, 2003.

REED, Douglas, *The Controversy of Zion*, Durban, Dolphin Press, 1978.

REED, Douglas, *Insanity Fair*, éd. Jonathan Cape Ltd, Londres, 1938.

REED, John, *Diez días que estremecieron al mundo*, éd. Akal, Madrid, 1974.

REEVES, John, *The Rothschilds : The Financials Rulers of Nations*, éd. Gordon Press, New York, 1975.

REITLINGER, Gerald, *La solución final*, éd. Grijalbo, Barcelone, 1973.

RENIER, G. J., *Robespierre*, éd. Peter Davies, Londres, 1936.

RICCIOTTI, Giuseppe, *Historia de Israel. De los orígenes a la cautividad* (vol. 1), éd. Luis Miracle, Barcelone, 1945.

RICCIOTTI, Giuseppe, *Historia de Israel. Desde la cautividad hasta el año 135 después de Jesucristo* (vol. 2), éd. Luis Miracle, Barcelone, 1947.

ROBISON, John, *Proofs of a Conspiracy Against All Religions and Governments of Europe Carried on in the Secret Meetings of Freemasons, Illuminati and Reading Societies*, éd. Forgotten Books, Londres, 2008.

ROMERSTEIN, Herbert et BREINDEL, Eric, *The Venona Secrets*, éd. Regnery Publishing, Inc, Washington, D.C., 2000.

ROSENSTEIN, Neil, *The Unbroken Chain : Biographical Sketches and the Genealogy of Illustratious Jewish Families from the 15th-20th Century*, édité par Shengold Publishers, Inc, New York, 1976.

ROSS, Marjorie, *El secreto encanto de la KGB : Las cinco vidas de Iosif Grigulievich*, ed. Grupo Editorial Norma, USA, 2006.

ROTH, Cecil, *Los judíos secretos. Historia de los marranos*, Altalena editores, Madrid, 1979.

ROTHMAN, Stanley, LICHTER, S. Robert, *Roots of Radicalism*, éd. Oxford University Press, New York, 1982.

RUDOLF, Germar, *Dissecting the Holocaust*, éd. Theses & Dissertations Press, Illinois (Chicago), 2003.

RUDOLF, Germar, *Resistance is Obligatory*, éd. Castle Hill Publishers, Uckfield (UK) 2012.

RUDOLF, Germar, *Lectures on the Holocaust*, éd. Theses & Dissertations Press, Illinois (Chicago), 2004.

RUMMEL, Jack, *Robert Oppenheimer Dark Prince*, éd. Facts On File, New York, 1992.

SACHAR, Howard, *Israel and Europe : An Appraisal in history*, Random House, Inc. New York, 1999.

SACK, John, *Œil pour œil*, Basic Books, New York, 1993.

SAINT-AULAIRE, Comte de, *La Renaissance de l'Espagne*, Plon, Paris, 1938.

SALLUSTE, *Les origines secrètes du bolchevisme Henri Heine et Karl Marx*, éd. Jules Tallandier, Paris, 1930.

SÁNCHEZ ALBORNOZ, Claudio, *Origenes de la Nacion Española. El Reino de Asturias*, Madrid, Ed. Sarpe, 1985.

SAROLEA, Charles, *Impressions de la Russie soviétique*, éd. Eveleigh Nash & Grayson, Ltd, Londres, 1924.

SAYERS, Michael et KAHN, Albert E., *The Great Conspiracy Against Russia*, éd. Current Books Distributors, Sydney, 1949.

SCHACHT, Hjalmar, *Mémoires*, éd. AHR, Barcelone, 1954.

SCHLAYER, Félix, *Diplomático en el Madrid rojo*, éd. Espuela de Plata, Séville, 2008.

SCHOLEM, Gershom, *Le messianisme juif*, Calman-Lévy, 1974.

SCHOLEM, Gershom, *Las grandes tendencias de la mística judía*, éd. Fondo de Cultura Económica, Mexico 1996.

SCHÖNMAN, Ralph, *The Hidden History of Zionism*, éd. Veritas Press, Santa Barbara, 1988.

SERGE, Víctor, *Memorias de mundos desaparecidos (1901-1941)*, éd. Siglo XXI, Mexico, 2003.

SETON-WATSON, Robert William, *German, Slav, and Magyar : a Study in the Origins of the Great War*, éd. Williams and Norgate, Londres, 1916.

SEYMOUR, Charles, *The Intimate Papers of Colonel House* (2 vol.), Ed. Ernest Benn, Londres, 1926.

SHAHAK, Israel, *Historia judía, religión judía*, Madrid, Antonio Machado Libros, 2003.

SHAHAK, Israël, *Open Secrets : Israel Nuclear and Foreign Policies*, éd. Pluto Press, Londres, 1997.

SHERWOOD, Robert E., *Roosevelt et Hopkins. An intimate history* (2 vol.) ed. Los Libros de Nuestro Tiempo, Barcelona, 1950.

SKOUSEN, W. Cleon, *The Naked Capitalist*, édité par W. Cleon Skousen, Salt Lake City, Utah, 1971.

SLEZKINE, Yuri, *The Jewish Century*, éd. Princeton University Press, New Jersey, 2004.

SOLOMON, Georg, *Unter den Roten Machthabern*, éd. Verlag für Kulturpolitik, Berlin, 1930.

SOLZHENITSYN, Alexandr, *Archipiélago Gulag* (trois volumes), éd. Tusquets (Tiempo de Memoria), Barcelone, 2005 (volumes I et II), 2007 (volume III).

SOMBART, Werner, *The Jews and Modern Capitalism*, éd. Transaction Publishers, États-Unis, 1982.

SPRINGMEIER, Fritz, *Bloodlines of the Illuminati*, éd. Ambassador House, Westminster, 1999.

STARR MILLER, Edith (Lady Queenborough), *Occult Theocracy*, éd. Christian Book Club of America, Palmdale (Californie), 1980.

STEINHAUSER, Karl , *EG -Die Super-UdSSR von Morgen* , ed. Gruber, Vienne, 1992.

STOLYPINE, Alexandra, *L'homme du dernier tsar*. Alexis Redier (Editions de la Revue Française), Paris, 1931.

SUTTON, Antony C., *Wall Street and the Rise of Hitler*, éd. GSG& Associates, San Pedro (Californie), 2002.

SUTTON, Antony C., *Wall Street and the Bolshevik Revolution*, éd. Veritas Publishing Co., Morley (Australie), 1981.

SUTTON, Antony C., *Wall Street and FDR*, éd. Arlington House Publishers, New York, 1975.

SZEMBEK, Jean, *Journal, 1933-1939*, Plon, Paris 1952.

TANSILL, Charles Callan, *America Goes to War*, éd. Little, Brown and Co. Boston, 1938.

TAYLOR, Alan J. P., *The Origins of the Second World War*, Penguin Books, Londres, 1964.

THOMPSON, Thomas L., *The Mythic Past : Biblical Archaeology and Myth of Israel*, éd. The Perseus Books Group, USA, 2000.

THORN, Victor, *9-11 Exposed*, éd. Sisyphus Press, State College, Pennsylvanie, 2004.

THORN, Victor, *9-11 Evil*, éd. Sisyphus Press, State College, Pennsylvanie, 2006.

TROTSKY, León, *Mi vida. Ensayo autobiográfico*, éd. Cénit, Madrid, 1930.

UTLEY, Freda, *The China Story*, édité par Henry Regnery Co, Chicago, 1951.

VALTIN, Jan, *La noche quedó atrás*, édité par Luis de Caralt, Barcelone 1966.

VEALE, F. J. P., *Advance to Barbarism*, éd. C. C. Nelson Publishing Co., Appleton, Wisconsin, 1953.

VEGA, Lope de, *El niño inocente de la Guardia*, édité par Marcelino Menéndez Pelayo dans Atlas, Madrid, 1965.

VELARDE FUERTES, Juan , *Política económica de la Dictadura*, éd. Guadiana de Publicaciones, Madrid, 1968.

VIDARTE, Juan-Simeón, *No queríamos al Rey : testimonio de un socialista español*, ed. Grijalbo, Barcelona, 1977.

VIDARTE, Juan-Simeón, *Todos fuimos culpables : testimonio de un socialista español*, ed. Grijalbo, Barcelona, 1978.

VORA, Erika, *Silent No More*, éd. Xlibris Corporation, États-Unis, 2012.

VRIES DE HEEKELINGEN, Herman de, *Israël. Son Passé. Son avenir*, éd. Librairie Académique Perrin, Paris, 1937.

WALSH, William Thomas, *Isabelle d'Espagne*, éd. Sheed & Ward, New York, 1931.

WARBURG, Sidney, *El dinero de Hitler*, éd. NOS, Madrid, 1955.

WARD, John, *With the "Die-Hards" in Siberia*, Londres, Cassell, 1920.

WASSERSTEIN, Bernard, *The Secret Lives of Trebitsch Lincoln*, éd. Yale University Press, New Haven, 1988.

WEBSTER, Nesta, *Revolución mundial*, ediciones de "El libro bueno", Mexico, 1935

WECKERT, Ingrid, *Flashpoint : Kristallnacht 1938 : Instigators, Victims and Beneficiaries*, Institute for Historical Review, Californie, 1991.

WEDEMEYER, Albert, *Wedemeyer Reports*, Henry Holt & Co, New York, 1958.

WEINTRAUB, Ben, *The Holocaust Dogma of Judaism : Keystone of the New World Order*, édité par Robert L. Brook, Washington, D.C. 1995.

WEIZMANN, Chaim, *Trial and Error. L'autobiographie de Chaim Weizmann*, éd. Hamish Hamilton, Londres, 1949.

WEXLER, Paul, *Two-Tiered relexification in Yiddish. Jews, Sorbs, Khazars and the Kiev-Polessian Dialect*, Berlin, Mouton de Gruyter, 2002.

WHALEN, William J., *Christianity and American Freemasonry*, éd. The Bruce Publishing Company, Milwaukee, 1961.

WILCOX, Robert T., *Target Patton : The Plot to Assassinate General George S. Patton*, éd. Regnery Publishing, Washington D. C., 2008.

WILTON, Robert, *The Last Days of the Romanov*, édité par le Christian Book Club of America, Hawthorne (Californie), 1969.

WITTLIN, Thaddeus, *Commissar Beria*, Euros, Barcelone, 1975.

ZAYAS, Alfred M. de, *Némésis à Potsdam. The Expulsion of the Germans from the East*, éd. University of Nebraska Press, Lincoln, 1989.

ZENTNER, Christian, *Las guerras de la posguerra*, éd. Bruguera, Barcelone, 1975.

ZETTERBERG, Seppo, *La Finlande après 1917*, Editions Otava S.A. Helsinki, 1991.

ZWEIG, Stefan, *Joseph Fouché : The Portrait of a Politician*, éd. Cassell, Londres 1934.

AUTRES LIVRES

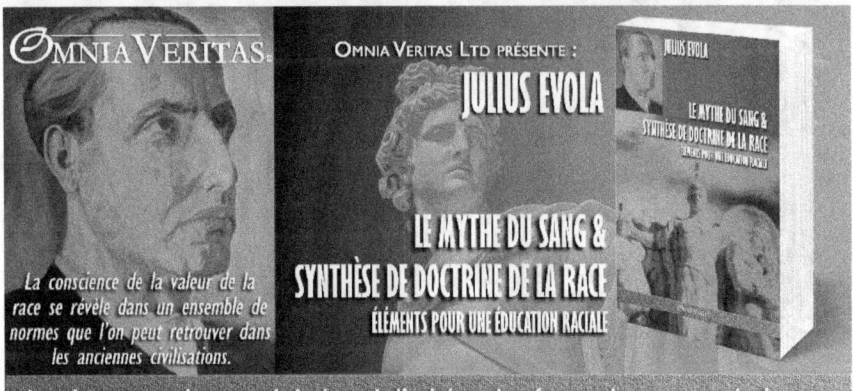

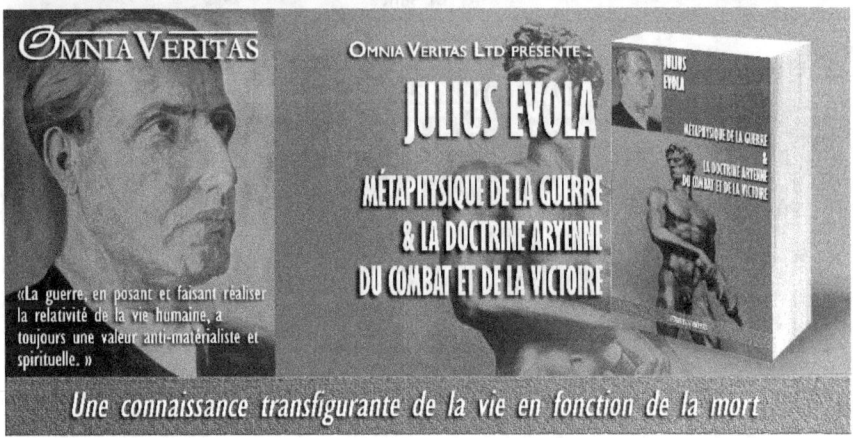

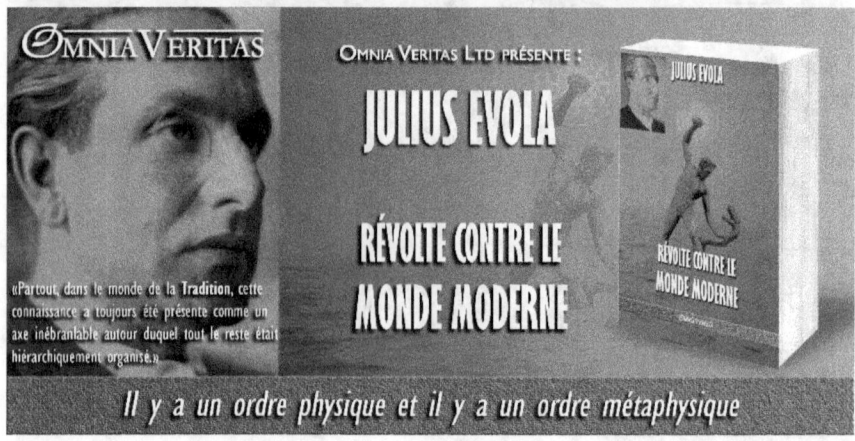
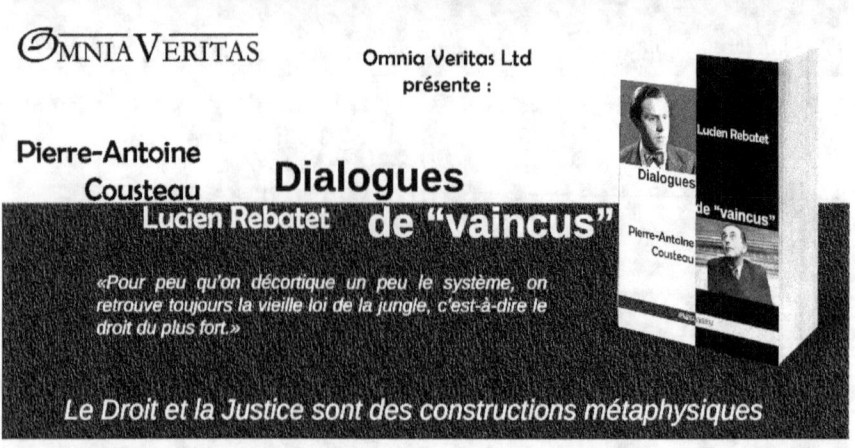

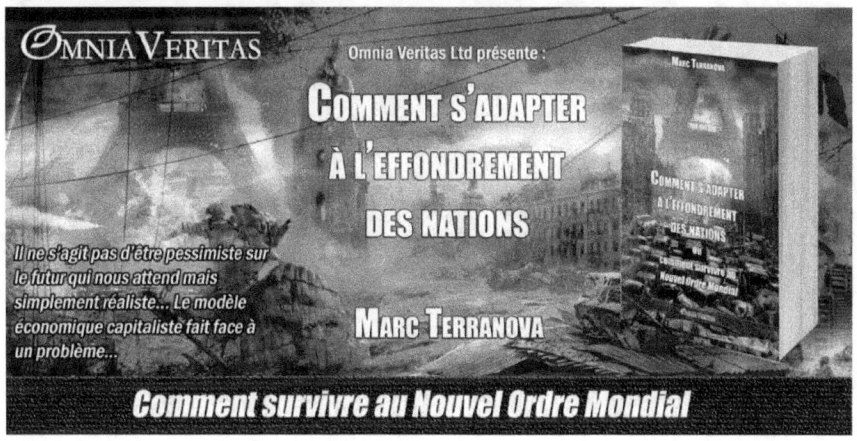

www.ingramcontent.com/pod-product-compliance
Lightning Source LLC
Chambersburg PA
CBHW070313240426
43663CB00038BA/1776